Filosoficamente 1

Ambiente educativo

www.scuola.com

Il sito della Casa Editrice: risorse aggiuntive a portata di un click!

- Contestualizzazioni di casi filosofici utilizzabili per lavorare nell'ottica delle competenze
- Aggiornamenti

Libro di testo misto

Il libro cartaceo: punto di riferimento condiviso da **studenti** e **insegnanti** per un apprendimento integrato e completo, supportato dalle risorse digitali online e offline.

eBook studente

Il libro dello studente in versione digitale anche su **TABLET** (iOS e Android):

- tutte le unità didattiche
- antologia filosofica che completa la presenza dei testi d'autore
- video di contestualizzazione storica
- link a siti di grandi organizzazioni internazionali
- glossario in italiano e in inglese, anche in formato audio.

Per l'Insegnante

Guida didattica con:

- proposte di programmazione
- verifiche sommative e verifiche globali sulle competenze
- glossario in italiano e in inglese
- correttori

CD-Rom con strumenti utili per un insegnamento personalizzato:

- risorse multimediali per lezioni con la LIM
- sintesi in .ppt, modificabili
- files delle verifiche in formato word

Petrini

Member of CISQ Federation
RINA
ISO 9001:2008
Sistema Qualità Certificato

Il Sistema di Gestione per la Qualità di De Agostini Scuola S.p.A. è certificato per l'attività di "Progettazione, realizzazione e distribuzione di prodotti di editoria scolastica"

internet: www.petrini.it

e-mail: scrivi@scuola.com

Redattore responsabile: Alessandro Roccia
Tecnico responsabile: Stefano Garzaro, Riccardo Massaro
Copertina: Ambra Coniglione, Simona Corniola
Progetto grafico: Simona Speranza
Realizzazione: Quadri folio
Ricerca iconografica: Marcella Bertola, Laura Fiorenzo, Rosi Berghelli

Art Director: Nadia Maestri

Gli Autori ringraziano Attilio Dughera per la collaborazione.

1ª edizione: gennaio 2013
Printed in Italy

Foto di copertina: Testa di marmo di Aristotele, I secolo d.C.
Copia da un originale greco in bronzo di Lisippo del IV secolo a.C. Particolare: il volto. De Agostini Picture Llibrary

Le fotografie di questo volume sono state fornite da: DeA Picture Library; Y. Arthus-Bertrand/Corbis; Foto Scala, Firenze – su concessione del Ministero dei Beni e Attività Culturali; DeA Picture Library/G. Nimatallah; Lessing Photo Archive/Contrasto; DeA Picture Library/R. Merlo; Foto Scala, Firenze/BPK, Bildagentur Fuer Kunst, Kultur und Geschichte, Berlin; DeA Picture Library/C. Sappa; L. Tettoni/The Bridgeman Art Library/Archivi Alinari; DeA Picture Library/G. Sioen; RMN-GP/T. Ollivier/Archivi Alinari;V. Archive/Corbis; DeA Picture Library/G. Cigolini; RMN-GP (Musée du Louvre)/H. Lewandowski; DeA Picture Library/J.E. Bulloz; R. Baker/Alamy; Foto Scala, Firenze; A. Ronan/Heritage Images/Scala, Firenze; DeA Picture Library/A. Dagli Orti; P. Willi/The Bridgeman Art Library/Archivi Alinari; DeA Picture Library/Veneranda Biblioteca Ambrosiana; CameraPhoto/Scala, Firenze; DeA Picture Library/G. Dagli Orti; Shutterstock; DeA Picture Library/F. Fini; Fototeca Storica Nazionale Ando Gilardi; DeA Picture Library/A. De Gregorio; White Images/Scala, Firenze; DeA Picture Library/ I. Moretti; The Bridgeman Art Library/Archivi Alinari; DeA Picture Library/M. Seemuller; Mondadori Portfolio/AKG Images; DeA Picture Library/Rapuzzi; Mary Evans/Archivi Alinari; DeA Picture Library/V. Pirozzi; RMN-GP (Musèe du Louvre)/Les Frères Chuzeville; DeA Picture Library/G. Cozzi; Museum of Fine Arts, Boston/Scala, Firenze; DeA Picture Library/G. Wright; Ancient Art and Architecture Collection Ltd/The Bridgeman Art Library/Archivi Alinari; DeA Picture Library/S. Vannini; E. Disney/The Bridgeman Art Library/Archivi Alinari; RMN/The Trustees of The British Museum/distr. Alinari; DeA Picture Library/L. Pedicini; DeA Picture Library/A. Garozzo

Stampa: AGS – Novara

Ristampa:	0	1	2	3	4	5	6	7	8	9	10	11
Anno:	2013		2014		2015		2016		2017		2018	

Indice

Capitolo 2
Le filosofie pluralistiche

Il tema: Altre filosofie
L'induismo

Il tema: Altre filosofie
Il buddhismo

Il tema: Altre filosofie
Il confucianesimo e il taoismo

Unità 2
La filosofia ad Atene nel V secolo a.C.

Il contesto: storia, cultura, società

Le strutture socio-politiche e la cultura nella *pólis* ateniese

Il dibattito filosofico

L'essere umano al centro della filosofia. I sofisti e Socrate

Unità 3

La grande filosofia ateniese: Platone

Il contesto: storia, cultura, società

La civiltà e la cultura attica

Il dibattito filosofico

La filosofia come uso del sapere a vantaggio dell'essere umano

Capitolo 1

La filosofia al servizio della *pólis*

Capitolo 2
La filosofia come scelta di vita

Il tema: Filosofia dell'amore

La concezione dell'amore presso i Greci

Unità 4

La grande filosofia ateniese: Aristotele

Il contesto: storia, cultura, società

Le conquiste di Alessandro Magno e la cultura ateniese

Il dibattito filosofico

La costruzione dell'enciclopedia delle scienze

I luoghi e i destinatari

Le forme della trasmissione

Il metodo della filosofia

I problemi della filosofia

Capitolo 1

Logica e metafisica

Capitolo 2
Fisica, etica e politica

Il tema: Schiavitù ed emancipazione

La schiavitù nel mondo antico

Il tema: Il pensiero delle donne

L'immagine e il pensiero della donna nell'antichità classica

Unità 5

Le filosofie ellenistiche

Il contesto: storia, cultura, società

I regni ellenistici e la cultura cosmopolita

VIDEO

Il dibattito filosofico

La ricerca della felicità

Capitolo 1

Epicuro: la felicità è il piacere

Capitolo 2

Lo Stoicismo e lo Scetticismo

Unità 6

La filosofia a Roma

Il contesto: storia, cultura, società

Storia e civiltà di Roma dalla fondazione alla decadenza

Il dibattito filosofico

L'interesse etico, politico e religioso

I problemi della filosofia

Unità 7

Le origini della filosofia cristiana

Il contesto: storia, cultura, società

Il cristianesimo dal popolo ebraico ai gentili

Il dibattito filosofico

Cultura pagana e fede cristiana

Capitolo 1
Agostino: credere e comprendere

ANTOLOGIA FILOSOFICA

Il tema: Schiavitù ed emancipazione

Gli schiavi: da oggetti di proprietà a persone

Il tema: Filosofia dell'amore

L'amore nel pensiero cristiano

TESTI ANTOLOGICI

Il tema: Il pensiero delle donne

La concezione della donna nei testi sacri del cristianesimo

Unità 8

La filosofia nell'Alto Medioevo

Il contesto: storia, cultura, società

L'impero carolingio, il feudalesimo e la cultura della Chiesa

VIDEO

Il dibattito filosofico

Filosofia: consolazione e comprensione della Verità

I luoghi e i destinatari

Il metodo della filosofia

Le forme della trasmissione

Il metodo della filosofia

Le forme della trasmissione

I problemi della filosofia

ANTOLOGIA FILOSOFICA

Capitolo 1
Tommaso d'Aquino, l'Aristotele cristiano

ANTOLOGIA FILOSOFICA

Unità 10

La filosofia nell'autunno del Medioevo

Il tema: Filosofia dell'amore

Amore sacro e amore profano

Filosofia e cittadinanza

Parole chiave

Presentazione

Gli obiettivi e la struttura del corso

Questo corso di filosofia, progettato sulla base delle ultime Indicazioni nazionali che hanno proposto nuovi obiettivi e una diversa organizzazione dei contenuti (in molti casi parallelamente a una riduzione delle ore di lezione) rappresenta uno strumento flessibile, utilizzabile efficacemente, in particolare nei casi in cui si debba far fronte ai nuovi quadri orari senza per questo penalizzare la disciplina.

Il testo rivolge particolare attenzione ai seguenti obiettivi:

- consapevolezza della riflessione filosofica come modalità specifica della ragione umana;
- conoscenza dei punti nodali dello sviluppo storico del pensiero occidentale;
- sviluppo della riflessione personale e del giudizio critico;
- attitudine all'approfondimento e alla discussione razionale;
- capacità di argomentare una tesi;
- utilizzo di un lessico specifico e delle categorie della disciplina;
- contestualizzazione delle questioni filosofiche;
- comprensione delle radici concettuali e filosofiche dei principali problemi della cultura contemporanea;
- individuazione dei nessi tra la filosofia e le altre discipline.

Ciascun volume è suddiviso in unità di apprendimento, chiuse da una verifica delle competenze acquisite.

Ogni unità è dedicata a un momento dello sviluppo del pensiero filosofico e comprende più parti o "percorsi":

1. un primo percorso (verde), relativo alla contestualizzazione storico-culturale, illustra i principali aspetti economico-sociali e politico-istituzionali, nonché i più rilevanti fenomeni culturali, letterari e artistici propri del periodo preso in esame.
2. un secondo percorso (azzurro) espone il dibattito filosofico che si svolge nel periodo, esaminandone gli aspetti fondamentali secondo uno schema ricorrente:
   - i luoghi deputati allo svolgimento del dibattito, che mutano di volta in volta in relazione ai protagonisti, e i destinatari ai quali esso è rivolto;
   - il problema o i problemi che costituiscono il cuore del dibattito;
   - il metodo d'indagine elaborato per sviluppare il ragionamento filosofico;
   - le forme della trasmissione ossia il modo di comunicazione del proprio pensiero adottato dai singoli filosofi.
3. un terzo percorso (bianco) approfondisce sistematicamente i più importanti filosofi del periodo in esame, con l'ausilio anche di brani delle opere;
4. un quarto percorso (rosso), presente quando l'argomento ne fornisce l'occasione, affronta alcuni temi di particolare rilievo nel pensiero e nella cultura occidentale, illustrando in modo organico le prospettive filosofiche che questi aprono. I nodi tematici affrontati sono: l'amore, l'immagine della donna e la filosofia delle donne, la schiavitù, le filosofie orientali.

Di questi quattro percorsi solo il percorso bianco, focalizzato sulla trattazione degli autori maggiori, è quello tradizionalmente presente nei manuali.

I primi due percorsi rappresentano il profilo didattico qualificante del presente manuale: costituiscono la base necessaria per la corretta e completa comprensione dei singoli filosofi poiché spiegano il contesto storico-culturale in cui essi si formano, la consonanza o la dissonanza del loro pensiero rispetto alla civiltà nella quale vivono, la condivisione o meno delle loro tematiche con gli altri protagonisti del dibattito culturale.

In particolare il secondo percorso svolge una funzione essenziale sul piano didattico: far comprendere allo studente come autori diversi, che hanno elaborato sistemi differenti e talvolta in polemica tra loro, si muovano comunque all'interno di paradigmi omogenei. Anziché puntare al montaggio di una galleria di ritratti monografici, si tenta di dare ragione e ordine al susseguirsi dei temi affrontati dai vari filosofi.

La presenza del percorso azzurro rende il manuale particolarmente flessibile e adattabile alle esigenze di programmazione, perché consente all'insegnante di scegliere quali autori approfondire singolarmente e quali tralasciare, dal momento che anche del pensiero di questi ultimi lo studente possiederà le informazioni fondamentali grazie alla trattazione svolta nel percorso stesso. Essa è anche l'occasione per esporre molto brevemente il pensiero di autori minori, non trattati singolarmente nella terza parte.

Queste due prime parti del testo sono corredate da semplici verifiche della memorizzazione che hanno lo scopo di facilitare l'apprendimento degli elementi più significativi.

La terza parte, altrettanto rilevante sul piano didattico, dedicata ai filosofi più significativi secondo la tradizione della trattatistica disciplinare, sceglie un modo semplice e sintetico di esposizione, corredato da brevi testi in funzione di documenti, testimoni della correttezza della trattazione. Di ogni autore è data una sintesi che coglie i punti essenziali e i concetti-chiave del loro pensiero. Per facilitare l'apprendimento, su ogni autore sono presentate domande di verifica, aperte o chiuse, e un laboratorio di lavoro su testi.

All'interno di questa terza parte sono presenti parole chiave, mappe concettuali e schemi di sintesi.

L'ultima sezione di ciascun volume (*Filosofia e cittadinanza. Parole chiave*) affronta grandi temi della cittadinanza attraverso brevi monografie d'autore (Norberto Bobbio e altri) scritte per UTET (*Il Dizionario di Politica* di Bobbio, Matteucci, Pasquini e *Dizionario dei Diritti umani*, a cura di M. Flores).

La versione digitale

La versione digitale del libro (ebook per PC/Mac, anche su Tablet iOS e Android) consente varie funzionalità quali ricerche nel testo, possibilità di annotazioni, link ecc. È arricchita inoltre da una serie di contributi multimediali (video che illustrano e commentano i percorsi di contestualizzazione), di passi d'autore aggiuntivi (nei percorsi tematici) e di un'ampia antologia filosofica che completa la presenza di testi nei percorsi azzurri e nei capitoli dedicati agli autori.

Le parole chiave che compaiono nel corso dei capitoli sono presenti, nella versione digitale, anche in formato audio e tradotte in inglese.

«Gli uomini hanno cominciato a filosofare, ora come in origine, a causa della meraviglia: mentre da principio restavano meravigliati di fronte alle difficoltà più semplici, in seguito giunsero a porsi problemi sempre maggiori: per esempio i problemi riguardanti i fenomeni della luna e quelli del sole e degli altri astri, o i problemi riguardanti la generazione dell'intero universo. [...] Cosicché se hanno filosofato per liberarsi dall'ignoranza, è evidente che hanno ricercato il conoscere solo al fine di sapere e non per conseguire qualche utilità pratica.»

Aristotele

Unità 1

La filosofia arcaica

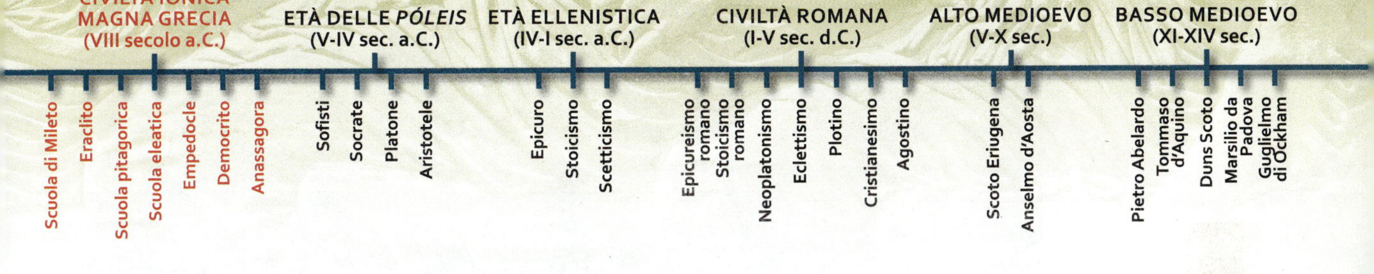

Dal Medioevo ellenico alla *pólis*

VIDEO

1. La nascita della *pólis* Con la caduta della civiltà micenea, intorno all'XI secolo a.C., si assiste allo sgretolamento delle istituzioni tradizionali e all'involuzione di quella cultura che aveva contribuito allo splendore non solo di Micene, ma anche dei centri urbani cretesi. A tutt'oggi è difficile stabilire con esattezza quali siano state le cause di questa decadenza, anche se ormai è accertato il peso esercitato dalle invasioni dal Nord, soprattutto da parte dei Dori, e dalle scorrerie dei pirati, i cosiddetti «popoli del mare», oltre alle rivalità e alle contese tra i sudditi ribelli.

La civiltà tra l'XI e l'VIII secolo a.C., meno complessa, evoluta e raffinata di quella micenea, corrisponde probabilmente a quella descritta dai poemi omerici che raccontano della guerra di Troia, risalente al 1250 a.C., ma con elementi riconducibili al periodo seguente e caratteristici della società successiva a quella micenea. Il territorio greco si organizza in piccoli regni, ciascuno con il proprio *basiléus* («re»), che è allo stesso tempo capo militare e amministratore della giustizia. L'economia è povera, basata su una stentata agricoltura e alimentata dal bottino delle frequenti scorrerie e degli scontri armati tra i vari regni.

Attraverso un'evoluzione lenta il tessuto economico, sociale, politico e culturale si trasforma fino a dare origine alla città-stato, la *pólis*. Dapprima si mettono in luce quelle città che costituiscono i principali centri marittimi e commerciali della Ionia; in seguito la struttura della *pólis* si estende a tutta l'Ellade. All'inizio dell'VIII secolo si afferma la *pólis* aristocratica, che comprende, in un governo unitario, più villaggi distribuiti su un territorio contiguo. Il ceto dominante è la nobiltà, che possiede le grandi proprietà terriere.

2. Le caratteristiche della *pólis* Il termine *pólis* indica originariamente solo la parte più alta del centro abitato, successivamente passa a designare tutto lo spazio urbano, spesso separato dalla campagna da una cinta muraria. I suoi abitanti si incontrano in due luoghi principali: l'acropoli, o città alta, che è la parte più sicura dal punto di vista strategico ma anche il centro religioso dove sorgono i templi dedicati agli dei protettori; l'*agorá*, o piazza principale, che è il cuore giuridico e politico e, insieme, il luogo del mercato e delle riunioni, fulcro delle attività commerciali e delle discussioni.

L'acropoli rappresenta il potere della vecchia aristocrazia conservatrice, legata alla tradizione eroica narrata dai poemi omerici. L'*agorá* è il simbolo del *dêmos* («popolo») urbano ancora privo di diritti politici, che aspira a partecipare alla gestione degli interessi pubblici ed è più propenso al cambiamento.

Il confronto e lo scontro tra queste due realtà porterà allo sviluppo di una nuova società e al progressivo sgretolamento del potere aristocratico.

Panoramica aerea del sito archeologico dell'isola di Delos, nell'arcipelago delle Cicladi.

A determinare la trasformazione concorrono diverse innovazioni tecniche, che consentono l'emergere di nuovi ceti sociali, interessati alla partecipazione nella gestione della cosa pubblica in modo proporzionale alla crescita del loro peso economico. Ad esempio, l'estrazione e la lavorazione del ferro, più resistente del bronzo, permette di farne la materia prima per costruire armi e attrezzi agricoli e contribuisce allo sviluppo di un raffinato artigianato.

Sul versante commerciale, l'utilizzo della moneta metallica, di derivazione orientale, favorisce gli scambi e incrementa la crescita dell'attività economica. Parallelamente si forma una forte coesione sociale dei produttori di questa nuova ricchezza: artigiani, navigatori e commercianti sono i cittadini più attivi, che mirano a ottenere il potere politico e a poter fruire di una nuova cultura più vicina alle loro esigenze concrete.

Nel VII secolo a.C. la crisi della *pólis* aristocratica comporta l'avvento di due novità che rappresentano due diverse modalità di mediazione dei conflitti sociali: l'istituzione della tirannia e la trascrizione delle leggi, fino ad allora trasmesse oralmente. I tiranni pongono un freno allo strapotere degli aristocratici proprietari terrieri e quindi sono sostenuti dal ceto degli artigiani e dei commercianti. Col tempo, però, la tirannia finisce per limitare il potere dei cittadini e, per questo, dalla fine del VI secolo, le tirannidi vengono abbattute.

La trascrizione delle leggi sottrae all'arbitrio dei potenti l'amministrazione della giustizia, sottoposta da allora in poi al controllo di tutti i cittadini. L'evoluzione in senso democratico (cioè favorevole al *dêmos*) è cominciata: presto anche questa parte di cittadini avrà voce in capitolo nelle decisioni politiche della città.

3. La fondazione delle colonie Tra l'VIII e il VI secolo a.C. il mondo greco allarga i suoi confini e il suo modello di civiltà si diffonde in tutta l'area del Mediterraneo. Le principali città greche fondano colonie che per secoli mantengono legami economici, linguistici, religiosi, di costume e culturali con la madrepatria, ma che politicamente si governano in modo del tutto autonomo. Le colonie più importanti sorgono nell'Italia meridionale e in Sicilia e quest'area viene chiamata Magna Grecia perché assimila e sviluppa la cultura greca. In Sicilia si affermano le città di Siracusa, Akrágas (poi Agrigento), Selinunte e Taormina.

Rispetto ai grandi imperi mediorientali (la cui popolazione si conta a milioni), le città greche delle colonie e della madrepatria sono entità piccole (alcune migliaia di cittadini) e hanno esigenze più limitate, ma hanno anche maggiori possibilità di arricchimento culturale, oltre che economico: i Greci, in concorrenza con altri popoli (i Fenici in particolare), navigano e commerciano in un mare ormai privo di misteri. I redditi derivanti

In alto: un fabbro al lavoro nella sua bottega, da una coppa del VI sec. a.C.

Particolare di epigrafe con incise le Leggi di Gortina, originariamente collocata sull'acropoli dell'omonima città sull'isola di Creta (V sec. a.C.).

dal commercio navale consentono lo stabilirsi di ricche corti nelle isole e nelle città costiere. È un pullulare, per secoli, di attività economiche, facilitate dall'introduzione della moneta, che mettono in rapporto le diverse civiltà: da quella egiziana a quella assiro-babilonese e poi persiana, da quelle fenicie a quelle più arretrate delle coste occidentali del Mediterraneo.

Una galea greca, utilizzata sia per le battaglie navali sia come mezzo di trasporto privilegiato nelle rotte commerciali del Mediterraneo. Frammento di vaso del VI sec. a.C.

4. La lingua greca come fondamento dell'identità La lingua greca è il fondamento primo dell'identità dei cittadini delle *póleis*, elemento comune alle genti stanziate nell'Ellade, nella Ionia, nelle isole dell'Egeo e sulle coste dell'Italia meridionale. Pur nella grande frammentazione politica, ciascun abitante di una qualsiasi *pólis* dell'area mediterranea sa di appartenere alla medesima comunità civile, poiché condivide un codice linguistico comune.

La lingua greca presenta tre principali varietà dialettali, l'attica, la dorica e l'eolica. I Greci chiamano gli altri popoli «barbari» (in greco *bárbaroi*), che letteralmente significa «balbuzienti», perché non parlano la loro lingua. Poiché per i Greci la parola *lógos* significa sia «discorso, linguaggio», sia «ragione, pensiero», ne deriva di conseguenza che i barbari "balbettano" e sono anche incapaci di esprimere chiaramente il loro pensiero.

Una specificità della lingua greca è quella di possedere (come l'italiano e diversamente dal latino) l'articolo determinativo, che permette di dire, ad esempio, «il giusto», «il bello», «l'essere», «l'avere», consentendo un alto livello di astrazione e di generalizzazione, indispensabili per la nascita del pensiero filosofico.

Statuetta in terracotta di un cantore (aedo), il principale divulgatore del patrimonio culturale antico (VI sec. a.C.).

5. Dal mito alla filosofia Anche il mito rappresenta un fattore unificante della civiltà greca. Nel corso dei secoli la cultura greca ha continuamente attinto al suo vasto patrimonio mitologico. Mito significa «discorso», «parola», «racconto»: racconto delle gesta di divinità, di semidei o di eroi, ai quali si riconduce la spiegazione di eventi sia naturali, sia storici. Le narrazioni mitiche propongono visioni del mondo, concezioni dell'essere umano, del suo destino e del suo ruolo nel tentativo di dare una risposta ai ricorrenti interrogativi degli esseri umani circa l'origine dell'universo, della Terra e dell'uomo stesso.

Alcuni miti si dicono «cosmogonici» perché cercano di dare una spiegazione all'origine del cosmo, che si riconduce ora all'attività ordinatrice degli dei, ora al caos originario.

Altri vengono detti miti teogonici, perché spiegano la nascita degli dei e la gerarchia stabilitasi tra di loro. Miti della sovranità sono specificamente quelli che narrano la lotta per il comando sul mondo degli dei e della natura; miti storici quelli che fanno risalire a un dio o a un semidio (o un eroe) la fondazione di una città.

Largamente dibattuto è il problema del rapporto tra il mito e la filosofia: il mito, pur conservando aspetti favolistici e ricorrendo al sovrannaturale, esprime già un bisogno razionale di individuare un'unica causa per la molteplicità degli eventi; la filosofia, pur privilegiando la ragione come strumento di spiegazione della realtà, per lungo tempo convive con le narrazioni mitiche, necessarie ancora ai grandi filosofi, come ad esempio Platone, per rendere più chiara la comprensione di concetti particolarmente complessi.

6. Il ruolo della religione nella società arcaica Il terzo fattore unificante, oltre alla lingua e al mito, all'interno del variegato mondo greco, è costituito dalla religione. Si tratta di una religione politeistica, che non possiede un libro sacro, che non divinizza alcun monarca e che non ha una potente casta sacerdotale detentrice di privilegi intoccabili.

Tale religione tradizionale è nota come «religione olimpica», essendo l'Olimpo la sede degli dei, il cui re è Zeus. Data la frammentazione politica della Grecia, diverse sono le divinità venerate per ciascuna città: Atena ad Atene, Apollo a Delfi, Zeus a Olimpia ecc. Alcuni centri come Delfi e Olimpia diventano luoghi di culto comuni; il primo perché sede di un oracolo (ossia il responso della divinità e, per estensione, il luogo in cui veniva reso noto), il secondo perché ospitava i celebri Giochi Olimpici.

Insieme alla religione olimpica, propria dell'aristocrazia cittadina, molto diffusa è la religione misterica, che deriva da culti di origine agreste, forse di influsso orientale: i riti misterici portano gli adepti a uno stato di esaltazione orgiastica, come nel culto di Dioniso, o all'estasi (l'abbandono della corporeità per raggiungere una dimensione solo spirituale) come nel culto di Orfeo. Da questo culto, detto «orfismo», la filosofia eredita la tesi della trasmigrazione dell'anima, ossia il suo passaggio da un corpo ad un altro per espiare una colpa originaria: si tratta di un continuo ciclo di vita e di morte che è detto metempsicosi. Solo chi vive unicamente per il bene dell'anima, senza essere schiavo del corpo, può aspirare all'estasi e alla liberazione definitiva dalla catena delle vite e delle morti.

I due più antichi e significativi poeti della cultura greca arcaica, Omero ed Esiodo, ci hanno fornito le principali informazioni sugli dei della religione greca, narrandone le numerosissime vicende (Omero) o ricostruendone dettagliatamente la genealogia (Esiodo). Omero racconta, sia nell'*Iliade* sia nell'*Odissea* (trascrizioni, probabilmente dell'VIII secolo, di precedenti tradizioni orali) come gli dei

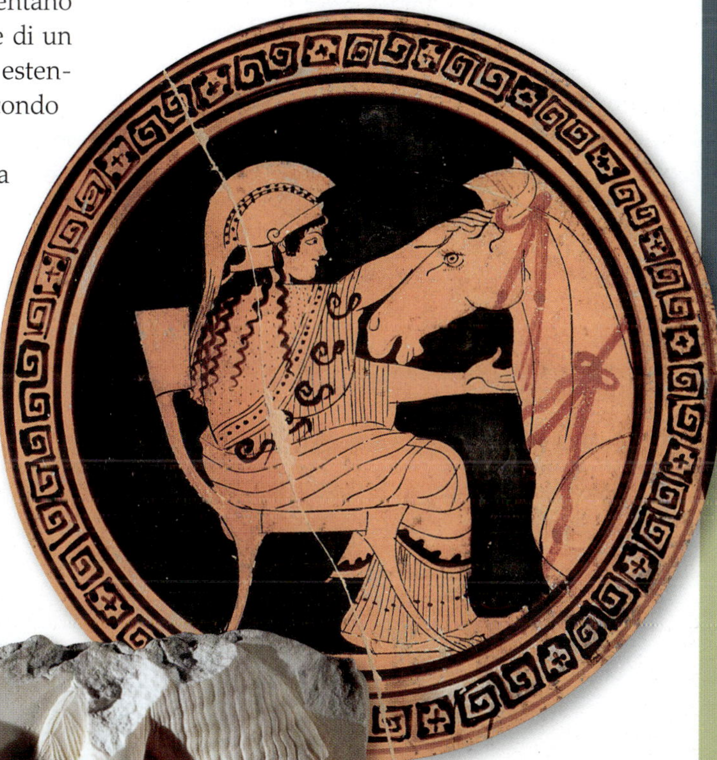

La dea Atena, che nell'*Iliade* è schierata a favore degli Achei, sovrintende alla costruzione del celebre cavallo di Troia.

La nascita di Afrodite, particolare dal trono Ludovisi (V sec. a.C.).

siano arbitri del destino umano e fornisce un quadro complessivo dell'Olimpo e della gerarchia fra le divinità, fissando nello stesso tempo il sistema di valori ai quali si deve attenere la società aristocratica. La pace e l'ordine sociale, infatti, sono assicurati da un corretto rapporto con la divinità.

Esiodo, nella sua opera *Teogonia* (VII secolo a.C.), descrive in maniera meno poetica e più teologica (la «teologia» è il discorso sugli dei) la successione delle generazioni degli dei, fino al dominio supremo conquistato da Zeus.

Senofane, poeta e filosofo vissuto tra il VI e il V secolo a.C., indica con estrema chiarezza ed efficacia quello che egli considera il limite di fondo della religione istituzionalizzata, vale a dire il suo carattere antropomorfo:

«Se, forniti di mani, cavalli, buoi, leoni sapessero dipingere e scolpire come gli uomini, simili le parvenze degli dei dipingerebbero i cavalli ai cavalli, i bovi ai bovi, e corpi tali farebbero ad immagine del corpo di ciascuno. Gli uomini dunque creano gli dei a loro immagine e somiglianza e non certo viceversa» (fr. 13).

7. I nuovi eroi

Omero, rappresentante della società arcaica, aveva cantato gli eroi mitici, celebrato le loro gesta, consacrando i valori di una società aristocratica e guerriera, aveva esaltato nell'*Iliade* le virtù della forza e della fierezza e nell'*Odissea* le capacità razionali, la curiosità per le altre culture, l'astuzia, l'amore per la famiglia e lo spirito d'avventura.

Successivamente la società greca crea nuovi eroi, canta le gesta di nuovi esponenti della forza e della bellezza cioè dei partecipanti e dei vincitori delle gare atletiche.

Questo passaggio dall'eroe mitico (tale perché rappresentante di un antico clan familiare di discendenza spesso divina) all'atleta, protagonista per le sue sole forze individuali e non familiari (di clan) o politiche (di potere), è molto significativo. Segna infatti un diverso parametro di giudizio e di valutazione rispetto al passato: è l'essere umano in quanto tale che fa valere le sue capacità e per il quale valgono soltanto i traguardi raggiunti.

Verifica immediata

1. Quando nasce la *pólis* e in quali regioni? Quali sono i suoi punti di aggregazione?
2. Qual è il segno più vistoso della potenza acquisita dalle *póleis* greche?
3. Qual è il fondamento primo dell'identità dei cittadini delle *póleis*?
4. Qual è la funzione del mito?
5. Quali sono le religioni principali della società arcaica?
6. Chi sono i nuovi eroi?

Alcuni atleti si esercitano in una palestra. Stele del VI sec. a.C.

La ricerca del "principio"

1. Le colonie e i ceti produttivi

I luoghi e i destinatari

1.1 Le colonie ioniche e della Magna Grecia

Tra il VII e il VI secolo si afferma un **nuovo genere culturale** che in seguito verrà chiamato **filosofia**, le cui origini non sono da ricercarsi nella Grecia continentale, ancora prevalentemente agricola, ma nella ricca e colta città commerciale di **Mileto**, in un'**area "coloniale"**. La spiegazione di questo luogo di origine sta nel fatto che lo sviluppo economico-sociale verificatosi nelle colonie determina un'accentuazione del divario tra campagna e città.

La gente di campagna vive a stretto contatto con la natura e ha imparato a conoscerne le caratteristiche per ottenere da essa il necessario per vivere. La religione è sufficiente per spiegare il regolare succedersi delle stagioni, l'alternarsi del giorno e della notte e le catastrofi naturali; inoltre essa fonda i corretti rapporti tra gli esseri umani e le loro celebrazioni, i loro riti, ribadisce ed evidenzia la dipendenza della comunità dall'Olimpo divino. Per gli **abitanti della città**, invece, la **natura** è più **distante** e quindi più difficile da conoscere; il **rapporto tra l'essere umano e la divinità** diventa pertanto **oggetto di nuove riflessioni**, che arrivano a mettere in dubbio la funzione degli dei quali artefici del destino umano.

A Mileto, la più ricca, colta e influente delle colonie ioniche, operano, tra il VII e il VI secolo a.C., **Talete**, **Anassimandro** e **Anassimene** (vedi p. 15 e ss.). Nelle colonie della **Magna Grecia**, a **Crotone** e ad **Elea**, nascono tra il VI e il V secolo due importanti scuole: quella di **Parmenide** e quella di **Pitagora** (vedi p. 20 e ss.). In un'area ancora periferica rispetto al centro della civiltà greca, e cioè in **Tracia**, ad **Abdera**, operano, nella seconda metà del V secolo, **Leucippo** e il suo discepolo **Democrito** (vedi p. 36).

1.2 I ceti emergenti delle *póleis* come destinatari della filosofia

La filosofia fa la sua comparsa in Grecia in un periodo di transizione da una società agricola verso un tipo di **società** e di **economia** con prevalenza **mercantile** e **marinara**. I filosofi trovano ascoltatori più interessati tra gli abitanti delle colonie che tra quelli dell'Attica e del Peloponneso. Nella madrepatria, infatti, prevalgono ancora assetti economici e politici in cui hanno un peso notevole i discendenti delle vecchie classi possidenti e dei clan guerreschi ed aristocratici di epoca arcaica. Si tratta di classi e ceti sociali che vivono e sentono in maniera anche drammatica il cambiamento dei tempi e la svalutazione del loro *status* sociale.

In un quadro di cultura ancora trasmessa prevalentemente per via orale, i filosofi trovano gradualmente il loro **pubblico** tra gli **esponenti dei ceti emergenti**, un pubblico certamente diverso da quello che ascoltava i sacerdoti o gli aedi, cantori di gesta eroiche presso le corti.

Legati al commercio e alle attività artigianali, i nuovi ricchi vogliono esibire una cultura nuova, desiderosi di spiegare con **chiarezza razionale** gli eventi naturali, interpretando il mondo come fatto di ordine e di regolarità e quindi dominabile.

1.3 La filosofia arriva ad Atene: V secolo a.C.

Con le guerre tra Greci e Persiani, causate anche dalla distruzione ad opera di questi ultimi di Mileto (494 a.C.), e con la vittoria dei Greci uniti sotto la guida politica di **Atene**, la città attica diventa il nuovo punto di riferimento politico e culturale al posto di Mileto e delle colonie della Magna Grecia. **Anassagora di Clazomene** (vedi p. 40 e ss.) vi si trasferisce portando con sé le istanze del nuovo **modo di pensare razionale**. Egli diventa consigliere del celebre uomo politico **Pericle**, esponente di punta della democrazia, e tiene lezioni pubbliche di filosofia. Anassagora mostra chiaramente la sua fiducia nella razionalità come carattere costitutivo della realtà e sottolinea il legame tra i nuovi sapienti e i ceti artigianali e commerciali. Oltre a sostenere che la vita intellettuale di ogni essere umano ha sede nel cervello e non nel cuore, Anassagora pone la distinzione dell'essere umano dagli animali nel possesso delle mani. È un modo per tessere l'elogio delle tecniche possedute da coloro che, conoscendo le leggi naturali, sono in grado di operare sulla natura e di modificarla a proprio vantaggio.

Gli esponenti della classe sacerdotale e i nobili, sentendosi minacciati a causa della laicità delle sue teorie, lo accusano di empietà e lo costringono ad abbandonare Atene.

Verifica immediata

1. Quali i luoghi e i destinatari dei primi dibattiti filosofici?

La casta sacerdotale, custode della tradizione, osteggia le istanze innovatrici della filosofia. Dipinto di F. Netti, *Coro che esce dal tempio* (1875-1877).

2. L'*arché* e l'essere

2.1 Proposta di definizione della filosofia

Non è facile proporre una definizione di filosofia, anzitutto perché quest'attività assume significati diversi a partire dall'età antica sino ai giorni nostri.

Il termine deriva da due vocaboli greci, il verbo ***phileîn*** e il sostantivo ***sophía***, e significa letteralmente «**amare la sapienza**». Dunque il filosofo è colui che ama il sapere. Si tratta di vedere con che tipo di sapere la filosofia abbia a che fare, che tipo di sapienza sia essa stessa. Occorrerà allora chiarire man mano in quale ambiente storico-culturale si muovano i filosofi, quali problemi affrontino e individuino come peculiari di tale disciplina, con quale metodo essi li sviluppino, utilizzando modi e forme di comunicazione diversi per interlocutori e destinatari via via differenti.

Si è molto discusso su chi per primo abbia coniato il termine "filosofia": forse **Pitagora**, filosofo e matematico del VI secolo a.C., ma è certo che il termine acquista un significato specifico solo nel V secolo a.C. grazie all'ambiente culturale ateniese, dove agiscono i sofisti (i «sapientissimi») e Socrate. La filosofia diventa la forma più generale e più alta di sapere con Platone e con Aristotele, i due grandi maestri della tradizione filosofica greca.

La filosofia si caratterizza, rispetto ad altri saperi, per essere un'**indagine razionale autonoma**, il prodotto della capacità logica dell'essere umano, che sottopone ogni affermazione alla discussione critica e cerca con argomenti di giustificarne la validità.

Il filosofo, per **Socrate** (470 ca-399 a.C.), è come il demone: non è sapiente, ma aspira a diventarlo e si colloca a metà strada tra l'ignorante e il sapiente. Solo gli dei sono sapienti, il filosofo non possiede un sapere definitivo, ma un sapere che è in continuo sviluppo.

La filosofia, dunque, è **aspirazione alla sapienza**, ignoranza che vuole sapere, vita dedicata alla ricerca del sapere: è la vita più nobile che l'essere umano possa vivere.

Platone (427-348 a.C. ca), il celebre filosofo ateniese, dice che la filosofia è figlia di Taumante, la divinità greca il cui nome significa «colui che prova meraviglia» e propone, nel *Simposio*, una definizione di filosofia come «**amore del sapere**» che meglio chiarisce e arricchisce il senso etimologico del termine.

Aristotele (384-322 a.C.) ritiene che la filosofia nasca dalla **meraviglia** che l'essere umano prova di fronte alla natura e dall'instancabile domandarsi perché le cose siano così e non altrimenti. È la conoscenza delle cause degli eventi cui l'essere umano gradatamente perviene grazie alla filosofia ad attenuare l'iniziale atteggiamento di meraviglia. Condizione indispensabile per poter esercitare la filosofia, continua Aristotele, è quella di aver soddisfatto le necessità fondamentali che garantiscono la sopravvivenza.

2.2 Il campo di indagine dei primi filosofi: il problema del principio (*arché*)

La domanda fondamentale che si pongono i **filosofi ionici** (Talete, Anassimandro, Anassimene) riguarda l'**origine della natura**, intesa come l'insieme di tutte le cose che esistono. Essi fanno risalire l'intero universo a elementi originari dalla cui mescolanza sono costituiti tutti i fenomeni.

Questi filosofi sono detti **fisiologi**, cioè studiosi della ***phýsis*** («natura») e hanno in comune l'esigenza di trovare l'***arché***, cioè il principio originario e costitutivo di tutta la realtà, e di individuare le modalità di funzionamento dei processi naturali, del mondo celeste (fenomeni meteorologici), di quello terrestre, acquatico e biologico (che comprende anche quello umano). Essi individuano un **unico principio** (seppure non lo stesso) a cui riportare tutta la molteplicità dei fenomeni naturali e si dicono d'accordo sul fatto che tutta la realtà procede dalle modificazioni continue di tale principio.

L'individuazione dell'elemento originario serve anche a spiegare le leggi e l'ordine che regolano l'intero cosmo. Individuare l'*arché* significa trovare il **principio vitale**, l'elemento vivificatore della natura.

Il termine *phýsis* deriva dal verbo *phýo*, che significa «generare, crescere»: dunque la **natura** viene concepita per lo più in analogia con l'**organismo vivente**, che nasce, cresce e muore. Tutto ciò avviene secondo un **ordine** e secondo **cicli precisi**. Il termine «natura» indica inoltre la specifica qualità di ogni essere, ciò che contraddistingue una certa cosa come ciò che essa effettivamente è. La ricerca del principio è perciò volta a rinvenire la struttura organizzata del cosmo, oltre che le forze oggettive che lo muovono e ne generano lo sviluppo.

Il filosofo si presenta come colui che, grazie all'uso della ragione e delle sue modalità d'indagine, è in grado di conoscere la realtà, di trovarne le leggi e di raggiungere quindi la verità. È il **nuovo sapiente** che deve all'esercizio delle proprie capacità razionali il possesso di una vera conoscenza e che è consapevole quindi della propria eccellenza. Il filosofo è l'unico capace di raggiungere la verità e di comprenderla. Gli **uomini comuni** si fermano all'**apparenza** delle cose e non giungono a capire la vera realtà.

Si stabilisce quasi subito, all'inizio della pratica di questo nuovo sapere, una distinzione fondamentale tra la strada che si apre all'essere umano che segue la conoscenza razionale e quella che si apre a chi segue unicamente la testimonianza offerta dai **sensi**. Solo la prima strada conduce alla **verità**, la seconda si ferma all'**apparenza** e consente tutt'al più di formulare **opinioni**.

È il filosofo **Parmenide** nel suo poema *Sulla natura* a usare per primo la metafora della **doppia via**. Costui ribadisce la distinzione tra chi sa e chi si ferma all'esperienza dei sensi: solo pochi giungono alla contemplazione dell'unica «ben rotonda verità», i più, «sordi e ciechi», si fidano dell'esperienza.

La verità si rivela a chi non si ferma all'esperienza sensibile. Particolare dal trono Ludovisi (V sec. a.C.).

2.3 La filosofia e il problema dell'essere

Ad **Elea**, dove fonda la sua scuola all'inizio del V secolo, **Parmenide** non si limita a porre le domande comuni ai suoi predecessori ionici ma elabora nuove questioni, relative allo stesso "filosofare", cioè ai limiti e ai compiti di una valida ricerca filosofica. Per rispondere al problema del metodo corretto per accedere alla verità, egli individua proprio e solo in **ciò che è** l'oggetto che assicura la validità assoluta al nostro sapere. D'ora in poi al centro della riflessione dei filosofi vi sarà il **problema dell'essere**, vale a dire di ciò che è **prima dell'*arché***: infatti lo stesso principio, per essere tale, **deve prima essere**.

L'**essere**, oggetto della conoscenza razionale, meta della via della verità, è **unico**, **immobile**, **immutabile** ed **eterno**. Quindi i fenomeni naturali, che sono molteplici, mutevoli e mobili, sono oggetto di pura opinione e non di conoscenza vera. Ma un uomo di scienza non può rinunciare a sostenere la **perfetta conoscibilità razionale della *phýsis*** e perciò questo è il compito che Parmenide affida alla filosofia: trovare una conciliazione tra il mondo testimoniato dai sensi, quello che egli definisce apparenza, e il mondo della realtà perfetta, oggetto della ragione.

La domanda fondamentale a cui rispondono i filosofi dopo Parmenide è come sia possibile costruire una scienza della natura, se quest'ultima abbia caratteri totalmente opposti a quelli dell'essere.

Questi nuovi fisiologi, detti anche **fisici posteriori**, intendono costruire una scienza della natura che ponga come *arché* dell'universo non un solo e unico principio, ma una **molteplicità di elementi primi** dotati delle caratteristiche proprie dell'essere. Così il divenire e il movimento, testimoniati dai sensi, non sono la contraddittoria alternanza di essere e non essere, ma semplice unione e disunione di elementi eterni e immutabili. I nuovi fisiologi propongono la visione di un cosmo privo di qualsiasi presenza divina o antropomorfica, dominato soltanto dai **movimenti meccanici della materia**. Le nuove cosmologie non hanno più bisogno di affidare agli dei il controllo dell'universo e non contano su un Olimpo sede di divinità care alla tradizione aristocratica.

Verifica immediata

1. **Qual è il significato etimologico della parola «filosofia»? Come può essere definita l'indagine di tipo filosofico?**
2. **Qual è il primo campo di indagine della filosofia?**
3. **Come sono detti i primi filosofi?**
4. **Completa opportunamente le seguenti affermazioni.**

   Secondo la filosofia arcaica, in particolare da .... in poi due sono le strade, quella della verità, che solo il filosofo comprende, e quella dell'.................... , propria dell'uomo comune. La prima si avvale della .... come strumento di conoscenza, la seconda dei .... , che conducono non alla .... ma all'.................... .
5. **Completa opportunamente la seguente affermazione.**

   Dalla ricerca dell'*arché* si passa con .... alla riflessione sull'.............. , principio primo perché lo stesso *arché* per essere tale deve prima ....
6. **Quali sono le caratteristiche dell'essere?**
7. **Completa opportunamente la seguente affermazione.**

   I .... costruiscono una scienza della natura che ha un principio non unico ma ....

3. La spiegazione razionale

Il metodo della filosofia

ANTOLOGIA FILOSOFICA
Esiodo, *Teogonia*

3.1 Dal mito al *lógos*

I pensatori ionici del VI secolo non sono stati certamente i primi a chiedersi come si è formato e come funziona il mondo o l'universo; sono stati però i "padri" del pensiero filosofico occidentale. La fase iniziale del percorso filosofico è caratterizzata, dal punto di vista metodologico, dal passaggio **dalla narrazione mitica e poetica alla riflessione razionale**, secondo la quale lo studio della realtà ricorre all'**esperienza** e all'**osservazione**.

Molte **tracce di pensiero mitico** sono ancora presenti nei filosofi ionici, in quegli studiosi della natura che all'opera degli dei sostituiscono **elementi naturali** come l'acqua, l'aria e il fuoco, ma poi li considerano forze animate, che danno vita e ordine

al cosmo. Ad esempio Gea, Urano, Oceano e Crono, entità divine primarie, si spogliano delle loro sembianze antropomorfe e diventano la terra, il cielo, l'acqua e il tempo, potenze dinamiche eterne, eventi naturali che l'esperienza quotidiana di ogni essere umano conferma e che è possibile concepire in maniera astratta.

I nuovi studiosi tentano però di affrontare e risolvere i problemi della natura servendosi esclusivamente delle loro capacità razionali, proponendo un "modello di approccio" a quegli interrogativi che farà scuola in Grecia e che orienterà e influenzerà il successivo cammino della filosofia nel mondo occidentale fino ad oggi. Viene così stabilita la centralità della nozione di **ragione** (***lógos*** in greco), in tutta la tradizione filosofica occidentale: il *lógos,* come guida in tutti i campi nei quali è possibile la ricerca, è la facoltà che distingue l'essere umano dagli altri animali. Questo concetto costituisce uno dei cardini della cultura classica. Il termine *lógos* significa anche «**discorso**» e la capacità di costruire discorsi è l'altra caratteristica che differenzia nuovamente l'essere umano dagli altri esseri viventi. L'essere umano è l'unico animale in grado di parlare, quindi di fare discorsi; nel discorso si riflette la ragione, poiché il linguaggio costituisce l'espressione esteriore del pensiero.

La comunicazione verbale distingue il genere umano dagli altri esseri viventi. Metopa del tempio di Zeus a Olimpia (V sec. a.C.).

Peraltro, il ragionare è nient'altro che una forma di linguaggio interiore. Il procedimento "discorsivo", tecnica propria della ragione, è la capacità di legare insieme i concetti-parole di cui è fatto un **ragionamento**.

3.2 Dialettica e tecnica dell'argomentazione

La ricerca filosofica trova fin dai primi passi il suo metodo nella **dialettica**, intesa come arte della **discussione** e del **ragionare** insieme. **Zenone** (vedi p. 28 e ss.), filosofo della scuola eleatica, viene riconosciuto come l'inventore della **dialettica**, cioè dell'arte della discussione, l'arte di confermare o, viceversa, di confutare la tesi contraria mostrando come essa cada in contraddizione. La filosofia trova proprio in questo metodo la sua specificità. Al di là delle domande alle quali intende trovare risposta, al di là quindi dei contenuti che ovviamente cambiano nel tempo, la filosofia è una disciplina che ritiene fondamentale la capacità di **argomentare**. Argomentare significa «fornire buone ragioni» a sostegno di una certa tesi, proporre argomenti come motivazioni per accettare i princìpi che si affermano.

3.3 La filosofia come pratica comunitaria

La maggior parte dei filosofi dell'epoca considerano come proprio compito non solo conoscere e costruire il sapere, ma anche **condividere questa sapienza** con altri che dimostrino di possedere i medesimi interessi e una forte volontà di apprendere. Nascono così le prime **scuole filosofiche,** dove si pratica la ricerca in comune, dove si trasmettono gli insegnamenti appresi e dove, vivendo insieme, occorre anche rispettare regole di vita comunitaria.

Le vere scuole filosofiche sono **tìasi**, cioè comunità religiose, seppure di una religiosità diversa da quella tradizionale che non prevede riti, ma obbliga a severi comportamenti di rinuncia ai piaceri e di mortificazione del corpo. Sono confraternite di studiosi che si raccolgono intorno ad un maestro e con lui coltivano il sapere. Già ai suoi inizi, la filosofia è perciò non solo una dottrina che arricchisce la ragione umana, ma uno **stile di vita**.

Pitagora è il primo a costituire, a Crotone, una **scuola filosofica-religiosa-politica**; questa, aperta anche alle donne e agli stranieri, con varie vicende e trasformazioni interne, svolgerà un'influenza di grande portata, per molti secoli, nella cultura greca e, più in generale, nell'intero bacino del Mediterraneo.

Pitagora è il maestro rispettato e onorato dai suoi discepoli, venerato perché depositario della verità e del sapere ed esempio di vita virtuosa improntata al rispetto della giustizia, codificatore di severe regole comportamentali.

Per rendere più forte il desiderio di conoscere, i pitagorici teorizzano anche la speranza relativa al destino dell'anima dopo la morte. Rifacendosi alle sette orfiche, Pitagora propone ai suoi allievi il raggiungimento della "purificazione", in grado di garantire, al momento della morte, la liberazione dell'anima immortale dal corpo e dall'obbligo della trasmigrazione. L'aspirazione a questa meta comporta l'esercizio della virtù e lo studio delle scienze.

Parmenide, come Pitagora, fonda a Elea una scuola, poiché ritiene compito del filosofo essere anche maestro di pochi a cui affidare il suo insegnamento e con i quali discuterne. Mentre sette e misteri continuano a rimanere assolutamente chiusi e a difendere il segreto delle proprie tesi (come ancora fanno i pitagorici), la scuola di Elea si apre a nuovi discepoli e arricchisce la vita culturale e politica della *pólis*.

Verifica immediata

1. Che cosa significa *lógos* nella cultura filosofica delle origini?
2. Che cos'è la dialettica?
3. Come si chiamano le prime scuole filosofiche?

4. Poemi, aforismi e prosa

Le forme della trasmissione

4.1 Trattati, oralità e poesia

Mentre procede alla definizione del proprio ruolo e dei propri problemi, la filosofia cerca di trovare le più adatte **modalità di comunicazione** dei suoi nuovi contenuti. I filosofi ionici si propongono, come abbiamo detto, una spiegazione razionale che cerchi non nell'opera degli dei, ma in fattori naturali e scientifici, il perché dei fenomeni. Per raggiungere questo obiettivo essi "inventano" un **genere letterario nuovo**: opere in **prosa**, **trattati** intitolati solitamente *Sulla natura*, che si avvalgono del linguaggio usato nella vita quotidiana e che vengono da loro letti e discussi in pubblico.

Accanto al nuovo genere letterario sopravvive anche la **trasmissione orale**; nella scuola pitagorica l'insegnamento del maestro è affidato solo all'oralità e soggetto al segreto: ciò spiega perché le notizie relative alla scuola stessa siano oscure e lacunose.

Con Eraclito e Parmenide, continua invece la tradizione "colta" della **poesia**. I due pensatori hanno in comune l'intento di proclamare la superiorità dei filosofi rispetto al resto degli uomini e il tono profetico-oracolare.

Eraclito (vedi p. 18 e ss.) è un profeta che distilla perle di sapienza, inaccessibili ai più, e che, avendo per il popolo parole di scherno, di sdegnosa invettiva, scrive **aforismi**, ossia brevi sentenze su tavolette d'oro che consegna in custodia al tempio di Artemide, come a sottolineare che solo i sacerdoti e le divinità hanno accesso al vero sapere, al «sacro discorso».

Parmenide scrive un **poema** e ricorre alle tecniche della metafora e della simbologia per elevare la qualità del messaggio e renderlo più accettabile ai fruitori della vecchia cultura letteraria. Egli sceglie la forma poetica, la stessa dei tradizionali aedi della cultura omerica, utilizzandola però non come sacerdote delle divinità o cantore degli eroi mitici, bensì come depositario della verità razionale.

4.2 Le fonti: testimonianze indirette

Il problema delle fonti della filosofia antica è estremamente complesso: infatti buona parte delle opere dei filosofi che vissero prima di Platone è andata perduta. Per questo è possibile soltanto ricostruire la loro vita e il loro pensiero attraverso **fonti indirette**, spesso posteriori di almeno un secolo, che o riportano un testo o lo riassumono o lo interpretano. Talora, però, più fonti sostengono a proposito del medesimo autore posizioni diverse e si è addirittura appurato che alcune interpretazioni fornite sono manipolazioni.

La prima fonte attendibile è certamente **Platone**, che non solo si dimostra profondo conoscitore della cultura dei suoi contemporanei, ma cita anche gli autori a lui precedenti e i temi da loro trattati.

Aristotele nel libro I della *Metafisica* ricostruisce in maniera organica il percorso compiuto dall'indagine filosofica dalle origini ioniche sino al suo personale contributo: si tratta di una fonte imprescindibile, anche se l'esposizione è subordinata alla sua concezione del fare filosofia e presenta lo sviluppo della disciplina come finalizzato al risultato esauriente e scientifico costituito dalle sue tesi.

Grande importanza ha anche la **dossografia**, una raccolta sistematica di "opinioni" avviata all'interno della scuola aristotelica ad opera di **Teofrasto** (IV-III secolo a.C.), autore della raccolta *Opinioni dei fisici*, che espone le teorie dei filosofi per temi: gli dei, il mondo, la meteorologia, la fisiologia e la psicologia.

Sempre alla scuola di Aristotele sono da attribuire le ricostruzioni biografiche note con il nome di *Successioni*, composte a partire dal II secolo a.C., che raccontano la storia delle scuole filosofiche, prima illustrando la personalità dei fondatori e poi gli sviluppi successivi dovuti agli allievi.

Tutti questi lavori di raccolta e di commento delle tesi specifiche della disciplina confluiscono nell'opera di **Diogene Laerzio**, autore del II secolo d.C., opera intitolata *Vite e dottrine dei filosofi*.

Verifica immediata

1. Quali sono le modalità di comunicazione dei contenuti filosofici?

Il banchetto è un'occasione privilegiata per socializzare e fare conversazione. Particolare di sarcofago del V sec. a.C.

Qual è il principio di tutte le cose, che permane identico nel loro mutare e che è causa dell'ordine dell'universo?

Capitolo 1

La filosofia delle origini

1. I filosofi ionici

1.1 Talete: tutto deriva dall'acqua

Talete, uno dei sette sapienti

Talete, forse di origine fenicia, vive tra la fine del VII e la prima metà del VI secolo a.C. a **Mileto**. Non si ha notizia di suoi scritti. Compie numerosi viaggi in Egitto e in Asia Minore e partecipa alla vita politica della città. È annoverato tra i **Sette sapienti**. Secondo alcune tarde testimonianze, sarebbe stato esperto di astronomia, matematica e fisica, oltre che di filosofia.

Come tutti i primi pensatori ionici, Talete opera a Mileto, grande città commerciale di cerniera tra il mondo greco, quello fenicio e quello persiano. Questi filosofi, stimolati dalla conoscenza di altre culture, cercano di fornire spiegazioni di tipo razionale a problemi che coinvolgono **diversi ambiti cosmologici** (che riguardano, cioè, com'è fatto e come funziona il mondo), astronomici, matematici e geometrici, biologici e fisiologici.

Arché è l'acqua, principio animatore

Talete individua l'*arché* nell'**acqua** o nella materia umida e liquida in genere. Secondo Aristotele questa tesi avrebbe origine dalla constatazione che il nutrimento di tutte le cose è umido, che dall'umido e con l'umido si generano le specie animali e vegetali, le quali senza l'umido non potrebbero sopravvivere.

Per Aristotele, Talete «ha tratto forse tale supposizione vedendo che il nutrimento di tutte le cose è umido, che il caldo stesso deriva da questo e di questo vive [...]». Questa teoria, secondo molti studiosi, laicizza antichi miti babilonesi ed egiziani, riecheggiati anche nel famoso verso omerico sull'«Oceano padre di tutte le cose». Inoltre, l'elemento umido, acquatico tende sia a **rarefarsi**, diventando vapore e aria, sia a **condensarsi**, diventando ghiaccio e quindi qualcosa di solido.

Ancora secondo Aristotele, Talete avrebbe parlato di un qualche **principio animatore** che promuove il movimento e il cambiamento, affermando che tutta la realtà sarebbe «piena di dei», cioè di tale principio animatore. A questa affermazione generale sulla natura umida dell'*arché* come principio-radice sarebbe associata anche l'idea che la Terra, proveniente da una trasformazione parziale del principio acquatico, galleggia su tale principio, cioè sul mare, come una zattera o barca.

Le parole della filosofia

***Arché*:** principio, origine, causa, legge e ordine del cosmo, l'*arché* è il punto di partenza di qualsiasi processo. Per i fisiologi (Talete, Anassimandro e Anassimene) è l'elemento costitutivo delle cose ed è il principio vivificatore del cosmo.

1.2 Anassimandro: l'*arché* è l'*ápeiron*

Anassimandro, nato probabilmente a Mileto nel 610 a.C., è **allievo di Talete**. Partecipa alla vita politica della città, si occupa di scienze naturali e di astronomia, soprattutto in merito alla loro utilità per la navigazione. Sembra che abbia disegnato la prima carta geografica del mondo e che abbia importato dall'Oriente il primo orologio solare o gnomone. Scrisse un'opera intitolata dai commentatori posteriori *Sulla natura*, della quale rimane un solo frammento (riportato da Simplicio, filosofo greco, commentatore di Aristotele del VI secolo d.C.), che è il più antico testo filosofico che si conosca. Sarebbe morto all'incirca verso il 545 a.C.

L'*ápeiron* è indeterminato e illimitato

Anassimandro, sempre secondo testimonianze successive, un po' più ricche rispetto a quelle su Talete, individua il principio generatore e costitutivo di tutta la realtà in un qualcosa di **indeterminato** e di **illimitato** (***ápeiron***, in greco, che significa «senza determinazione» o «senza limite»), non generato da altro, indistruttibile e quindi eterno.

Anassimandro si chiede perché la primordiale massa materiale indeterminata si sia "determinata", cioè abbia assunto l'insieme delle forme e dei processi che costituiscono la natura. Egli individua la causa del "determinarsi" di ciò che all'inizio è indeterminato nell'operare di **forze cosmiche opposte**, ma convergenti nel provocare i cambiamenti e i processi della natura: caldo e freddo, secco e umido. La tensione tra forze contrastanti avrebbe dato vita ai processi della natura come li osserviamo intorno a noi.

La stessa Terra occupa, secondo Anassimandro, il centro dell'universo, perché tenuta lì da forze opposte che si compensano vicendevolmente. La Terra è di forma cilindrica (come la sezione di colonna), circondata da una sfera d'aria, e quest'ultima avvolta anch'essa da una sfera di fuoco, della quale vediamo – attraverso alcuni "fori" o "spiragli" della sfera dell'aria – singoli punti, che sarebbero gli astri. Secondo una testimonianza tarda, Anassimandro dice che, alla nascita di questo mondo, dal principio eterno si separò il principio generatore del caldo e del freddo e si formò una sfera di fuoco attorno all'aria che circonda la Terra, come cresce la corteccia attorno a un albero. Quando questa si spezzò, si originarono il sole, la luna e le stelle.

L'osservazione astronomica e naturale in genere (il ciclo degli astri, delle stagioni) è all'origine della **concezione ciclica** (ripetersi successivo di "cicli" dell'universo) delle vicende del cosmo che caratterizza il suo pensiero. L'universo sarebbe costituito da una **successione senza fine di mondi infiniti**.

La separazione dell'indeterminato e la colpa

Secondo altre testimonianze, il succedersi di questo e di altri mondi dall'originario **scindersi dell'indeterminato** sarebbe stato visto da Anassimandro come un succedersi di **colpa** (rottura dell'indeterminatezza e unità originarie) e di **espiazione** (le vicende e le tensioni di ogni ciclo cosmico), che il **tempo** (una sorta di giudice cosmico) regolerebbe, facendo tornare l'universo, alla fine di ogni ciclo, all'unità indistinta originaria.

Nel testo del frammento superstite, egli espone il principio secondo cui l'origine è anche la fine alla quale tutto ciò che è nato ritorna per perire. Anassimandro spiega le motivazioni del ciclo: la separazione delle cose viventi (che formano quindi la *phýsis*) dall'*ápeiron* comporta necessariamen-

Le parole della filosofia

Phýsis: il termine designa l'insieme delle cose e degli esseri esistenti nell'universo. La *phýsis* è il principio di vita e di movimento di tutte le cose esistenti. Il termine indica altresì ciò che è proprio di ogni cosa, l'elemento che contraddistingue ogni essere affinché esso sia ciò che è e non possa essere diverso da come è. Spesso si traduce *phýsis* con «natura», tuttavia mentre «natura» designa comunemente ciò che è diverso dall'uomo o dalla cultura, *phýsis* abbraccia la totalità del reale.

te il loro **ritorno all'unità infinita**, poiché il distacco è colpa e costituisce un atto ingiusto che si deve espiare, rispettando la successione del tempo, per poter fare ammenda e tornare all'*ápeiron*. Il frammento così si esprime: «[...] da dove infatti gli esseri hanno origine, ivi hanno anche la distruzione secondo necessità: poiché essi pagano l'un l'altro la pena e l'espiazione dell'ingiustizia secondo l'ordine del tempo» (Anassimandro, in Simplicio, *De physica*, 24, 13).

L'espiazione per il ripristino dell'unità

1.3 Anassimene: tutto deriva dall'aria

Anassimene visse a Mileto tra il 590 e il 560 circa. Di una generazione più giovane di Anassimandro, ebbe come suoi interessi principali l'astronomia e la meteorologia. Fu autore di un'opera intitolata in seguito *Sulla natura*, di cui è pervenuto un solo frammento.

Anassimene, come gli altri filosofi ionici, afferma l'unicità e l'indistruttibilità di un principio costitutivo originario per tutta la realtà, identificandolo con l'elemento **aria** e assimilandolo a una sorta di **principio animatore** dell'universo corrispondente a quello che anima le singole persone. L'anima per gli antichi Greci è una sorta di "soffio vitale" che produce vita e movimento sia per l'essere umano sia per il cosmo. Aezio, teologo ariano vissuto nel IV secolo d.C., riporta l'unico frammento rimasto dell'opera di Anassimene: «Anassimene, figlio di Eurisistrato, milesio, sostiene che l'aria è il principio delle cose: dall'aria tutto deriva e in essa poi tutto si risolve. Come l'anima (*pneûma*) nostra – egli dice – che è aria, ci tiene insieme, così il soffio e l'aria abbracciano tutto il mondo».

Aria, principio di vita e soffio vitale

Anche per Anassimene i processi e i cambiamenti della natura provengono dal modificarsi dell'aria: con la **rarefazione** l'aria diventa fuoco, con la **condensazione** essa diventa vento, nuvole, acqua, terra, pietra. Caldo e freddo, quindi, in qualche modo ricompaiono anche in Anassimene come modalità di trasformazione dell'aria originaria. La natura dell'aria – anche nelle forme più comuni in cui ci appare – è di essere sempre in movimento e il movimento è anche vita. La Terra per Anassimene non sarebbe sferica ma piatta e sarebbe sostenuta dall'aria.

Rarefazione e condensazione, princìpi dei processi naturali

La scuola di Mileto: l'*arché*

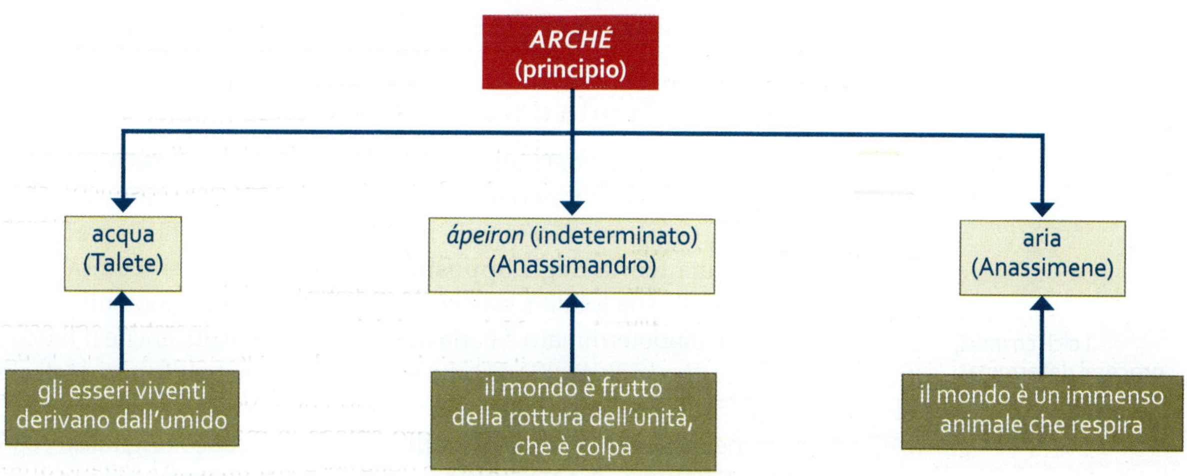

2. Eraclito

2.1 Il fuoco come *arché*

ANTOLOGIA FILOSOFICA
Eraclito, *Frammenti*

Eraclito (540-480 a.C. ca) nasce ad **Efeso** da famiglia aristocratica intorno al 540 circa. Si racconta che egli abbia rinunciato ai privilegi ereditati dal padre e spettanti al suo rango a favore del fratello. Non si hanno altre notizie precise sulla sua vita e sul suo ruolo politico nella comunità. Scrive aforismi, brevi sentenze, spesso di difficile interpretazione, che si dice avrebbe depositato nel tempio di Artemide.

Eraclito è, tra gli ionici, il pensatore più complesso, tanto che nell'antichità al suo nome veniva comunemente associato l'appellativo di «**oscuro**». Nella versione più tradizionale del suo pensiero si è attribuita ad Eraclito la tesi radicale che non c'è nulla di fermo e di fisso e che esiste soltanto il **fluire delle cose** (*pánta reî*, in greco, «tutto scorre»). Comunque Eraclito sostiene che il continuo divenire è una caratteristica della realtà.

Il fuoco come principio originario

Eraclito, come gli altri ionici, cerca di individuare il principio originario e costitutivo dell'universo e ritiene di poterlo indicare nel **fuoco**, ovviamente inteso tanto come fenomeno fisico quanto come *arché,* indistruttibile ed eterno. Anch'egli ritiene che questo principio si identifichi con tutta la realtà, per cui non c'è alcun ricorso a entità di tipo religioso e ultramondano nelle sue teorie.

Il contrasto fra i contrari, causa del divenire necessario

Il fuoco è l'elemento che meglio rappresenta e simboleggia il continuo divenire dell'universo e il **contrasto tra i contrari** che è la causa del mutamento incessante. Nella combustione qualcosa muore, ma qualcosa si genera, quindi tutto si trasforma. L'ordine del cosmo non è opera degli dei, ma opera del fuoco, eterno artefice dell'armonia che governa il mondo: «Quest'ordine universale, che è lo stesso per tutti, non lo fece alcuno tra gli dei o tra gli uomini, ma sempre era, è e sarà fuoco sempre vivente, che si accende e si spegne secondo giusta misura» (fr. 30).

Il fuoco originario è il dio interno alla natura: come il fuoco, sempre uguale a se stesso, quando brucia diversi arbusti odorosi assume ogni volta il profumo proprio dei cespugli bruciati, così ogni cosa è una delle tante possibili forme del fuoco: «Il dio è giorno-notte, inverno-estate, guerra-pace, sazietà-fame, e muta come il fuoco quando si mescola ai profumi e prende nome dall'aroma di ognuno di essi» (fr. 67).

Il fulmine di Zeus esprime la collera e porta il giusto castigo agli uomini da parte del signore dell'Olimpo e il fuoco di Eraclito ne è l'equivalente: come elemento celeste esso è il principio ordinatore che ordina e governa tutta la realtà.

2.2 La teoria dell'unità dei contrari

La tesi generale che vede nel fuoco l'*arché* del mondo viene arricchita da precisazioni e articolazioni che fanno tesoro dell'eredità degli altri filosofi ionici e aggiungono anche qualcosa di originale rispetto a quella eredità. In particolare Eraclito elabora una **teoria degli opposti** che spiega i processi e i movimenti dell'universo sia nella sua totalità, sia nei suoi singoli aspetti e momenti.

I cicli cosmici, processi determinati dallo scontro degli opposti

Come l'acqua, l'indeterminato e l'aria dei suoi predecessori, anche il fuoco si trasforma tramite una serie di processi che gli fanno assumere la forma degli altri elementi, e questi processi sono determinati da forze contrarie come il caldo e il freddo. Anche per Eraclito i processi di cambiamento del fuoco originario costituiscono dei **cicli cosmici** che si concludono ogni volta nel ritorno alla condizione originaria di fuoco.

Il carattere conflittuale dei processi cosmici

Il ricorso alla accensione e allo spegnimento, al caldo e al freddo, come motivi di spiegazione dei cicli cosmici, fa di Eraclito uno dei primi assertori del "**carattere conflittuale**" dei processi cosmici, della centralità e del ruolo essenziale degli **opposti** nella vita dell'universo. Tutto ha origine dalla guerra *(pólemos)*, che è principio universale che opera in tutti gli eventi, le cui conseguenze sono per i vinti la schiavitù, per i vincitori la libertà.

Al di là del disordine apparente regna un'armonia profonda

Nell'universo, apparentemente, regnano disordine e caos, ma in realtà sovrana è una segreta **armonia** che stabilisce ordine e interdipendenza tra tutte le cose del mondo sia naturale sia umano. L'opposizione e il contrasto, infatti, non sono l'unica caratteristica dei contrari: **il conflitto si risolve in un'armonia profonda**, che evidenzia come tra i due contrari vi sia un rapporto indissolubile che li lega proprio grazie alla loro differenza. Ogni elemento è inscindibilmente legato al suo opposto proprio in virtù di tale opposizione. I contrari sono tra loro **complementari**: se il bene non si opponesse al male, la salute alla malattia, la luce alle tenebre, il caldo al freddo, l'umido al secco, la sazietà alla fame non esisterebbe nessuna di queste realtà. Alla diversità si contrappone l'identità, ai contrari l'unità: «La malattia rende piacevole e buona la salute, la fame la sazietà, la fatica il riposo».

I contrari sono complementari

L'esperienza stessa conferma la legge dell'**unità dei contrari**: quando la medesima cosa viene considerata dagli opposti punti di vista presenta le due facce antitetiche: ad esempio, una strada di collina se viene guardata dall'alto è in discesa e se viene guardata dal basso è in salita.

2.3 La teoria del divenire

La natura è in continuo **mutamento**, frutto della trasformazione dei contrari nei reciproci opposti e il **divenire** non è caotico, ma è **ordinato trasformarsi degli elementi**.

Il divenire come trasformazione degli elementi

Eraclito sembra pensare che il divenire dipenda dalla compenetrazione e dalla **trasformazione degli elementi gli uni negli altri**: «La stessa cosa sono il vivente e il morto, lo sveglio e il dormiente, il giovane e il vecchio: questi infatti mutando sono quelli e quelli di nuovo mutando sono questi. [...] Le cose fredde si scaldano, il caldo si fredda, l'umido si secca, ciò che è arido s'inumidisce» (fr. 88).

Questo mutare delle cose è paragonato dal filosofo di Efeso allo scorrere incessante delle acque del fiume. La più nota tra le sue affermazioni è quella secondo la quale non ci si può bagnare due volte nella stessa acqua di un fiume, giacché l'acqua scorre continuamente e del resto anche noi, che discendiamo due volte nello stesso fiume, siamo cambiati tra la prima e la seconda volta.

2.4 Il sapiente e gli ignoranti: il filosofo e il *lógos*

Il sapere è di pochi

Molti frammenti di Eraclito documentano un atteggiamento sprezzante verso l'opinione degli ignoranti, della massa e privilegiano per contro il **sapere dei pochi** che si dedicano ad esso. Questi testi denunciano l'insufficienza della sensazione e dell'opinione comune come strumenti di conoscenza.

Secondo Eraclito infatti la sensazione e l'opinione comune ci fanno ritenere che le cose possiedano una loro stabilità e per questa stabilità riteniamo di dare ad esse un nome. In realtà, se da questo livello di conoscenza passiamo a quello della **ragione** (***lógos*** in greco, ed è la prima volta che il termine viene usato in

Il *lógos* come segreta armonia della natura

questo senso filosofico), vediamo che le cose non sono altro che momenti passeggeri, transitori, continuamente fluenti e cangianti dell'unico principio originario, il fuoco appunto: questo principio non lo conosciamo affatto con la sensazione, ma esclusivamente con la ragione. È la ragione che mostra come anche la segreta armonia della natura non sia altro che *lógos*.

Il filosofo è desto, i più sono "dormienti"

Chi si limita alla **conoscenza sensibile** è **come uno che dorme**; chi raggiunge la **conoscenza razionale** è **come uno che è sveglio**: così dice Eraclito in uno dei suoi frammenti più noti.

Per raggiungere lo stato di veglia bisogna **conoscere se stessi,** vale a dire analizzare i propri poteri conoscitivi e non ritenere definitivi gli strumenti del sapere comune. Questo motivo diventerà una presenza costante, in differenti accezioni o versioni, anche nella filosofia successiva.

Per Eraclito solo il filosofo è in grado di intendere la natura delle cose, la legge del mondo e la legge dell'uomo. La **filosofia** trova in Eraclito la sua prima fondazione come **disciplina autonoma** capace di spiegare la natura del cosmo, mettendone in luce la legge dell'armonia dei contrari, principio che solo la ragione è in grado di afferrare. La filosofia è sapere, scienza per pochi, attività che esige la **solitudine**, il **distacco** dell'intellettuale del resto della società. Il filosofo non ha alcun obbligo di insegnare ai "dormienti" la verità oggetto della sua disciplina.

Le parole della filosofia

***Lógos*:** il termine indica sia la ragione umana sia il discorso; come discorso è la manifestazione del pensiero attraverso i suoni articolati di una lingua. Per Eraclito è anche la legge dell'universo.

3. Pitagora

3.1 La filosofia nell'area italica

Pitagora (570-495 a.C. ca) nasce e si forma a Samo, isola greca vicina alle coste dell'Asia Minore. Intorno al 540 è costretto ad andare in esilio per contrasti con il tiranno locale. Si trasferisce a Crotone, colonia greca sul versante adriatico dell'Italia meridionale, e lì non solo fonda una comunità, una **setta rigidamente segreta**, ma con questa prende il potere nella città e lo mantiene per alcuni decenni. In seguito a una rivolta popolare contro la sua politica aristocratica è costretto a fuggire a Metaponto, dove morirà.

La scuola pitagorica come setta segreta

Pitagora non scrive nulla per l'ampio pubblico e il suo insegnamento si svolge nell'ambito della scuola, aperta anche alle donne e agli stranieri, vincolata al segreto su quanto si teorizzava e praticava al suo interno.

Con la figura di Pitagora e dei suoi allievi ci spostiamo nell'**area italica** (la Magna Grecia), dove era confluito un **copioso flusso migratorio** delle popolazioni greche. I Greci si erano rivolti verso Occidente, sulle rotte tracciate dai Fenici, e avevano fondato, già tra il X e l'VIII secolo, alcune città destinate a crescere in numero ed estensione.

3.2 La scuola pitagorica

Il pitagorismo, nato come "setta segreta", è la prima scuola filosofica vera e propria. Coloro che entrano nella setta devono superare un periodo di iniziazione, compiendo riti purificatori, rispettando il silenzio e senza incontrare direttamente il maestro, che parla loro nascosto dietro una tenda. I discepoli novizi,

tenuti al silenzio, sono detti **acusmatici**, cioè «ascoltatori» (dal verbo greco *akoúein* che significa, appunto, «ascoltare») mentre i membri effettivi, dotati della possibilità di rivolgere domande e di sviluppare i loro studi con apporti personali, sono chiamati **matematici** (dal verbo greco *manthánein*, che significa «conoscere»).

Agli allievi è imposto il rispetto degli dei, la fedeltà agli amici e alla sera una riflessione relativa al comportamento tenuto durante il giorno. A **Pitagora** è riservato un **culto quasi divino** e le sue affermazioni sono considerate verità assolute. Alla scuola del filosofo di Samo la tradizione fa risalire il detto ***autós épha*** (in latino *ipse dixit*), cioè «egli lo ha detto»: la parola del maestro è indiscutibile, i suoi discepoli non possono che ascoltare e imparare ciò che rivela loro.

Pitagora è "l'autorità"

Molte sono le regole imposte, come il celibato e l'abolizione della proprietà individuale.

A Pitagora si fa risalire anche il primo uso del termine «**filosofia**» («**amore del sapere**»), per designare le dottrine che individuavano nel sapere il mezzo per portare la salvezza a pochi eletti facenti parte delle varie "scuole" e resi edotti delle dottrine del maestro.

3.3 La filosofia come strumento per la salvezza dell'anima

ANTOLOGIA FILOSOFICA
Porfirio, *Vita di Pitagora*

L'aspetto più noto delle dottrine di Pitagora riguarda la sua etica alternativa a quella della religione ufficiale. Per la prima volta appare nella storia del pensiero antico l'idea che l'essere umano è costituito da due realtà radicalmente differenti: quella **corporea** e **mortale** e quella **spirituale** e **immortale**.

L'essere umano è formato da anima immortale e corpo mortale

La realtà spirituale e immortale, cioè l'**anima**, ha un'origine ultraterrena in un mondo al quale tende a ritornare. L'anima "cade" nei corpi (umani, ma anche animali) e qui resta, come in un carcere o in una tomba, fino alla morte, per poi "trasmigrare" in un nuovo corpo (dottrina della **metempsicosi**). Ispirandosi a concezioni largamente presenti in alcune filosofie e religioni indiane e nella religione egiziana, Pitagora ritiene che soltanto una vita pura e dedita al sapere e all'educazione "salvifica" (da qui i precetti molto rigidi imposti ai membri della confraternita) può far rinascere l'anima in corpi superiori rispetto a quelli nei quali è vissuta.

La metempsicosi, trasmigrazione dell'anima verso la purificazione

Queste dottrine accomunano il pitagorismo all'**orfismo**, religione misterica: in entrambe le concezioni è presente e centrale la teoria dell'anima e della sua trasmigrazione fino a una meta finale in cui il livello di "purificazione" è tanto alto da non richiedere ulteriori trasmigrazioni. Pitagorismo e orfismo, tuttavia, si differenziano relativamente ai mezzi per attuare la purificazione.

Per i pitagorici i mezzi per liberare l'anima dal corpo sono quelli legati al sapere; per gli orfici i mezzi sono quelli legati al culto (un culto misterico, "notturno" e non quello pubblico e "solare" della religione ufficiale).

3.4 Il numero come *arché*

Al di là dei precetti di comportamento, quel che contava di più nella scuola era la **pratica speculativa**, cioè la dedizione al sapere, in particolare a quello considerato il più alto e perfetto: la **matematica**, con le sue applicazioni in campo astronomico e cosmologico.

La scienza più alta è la matematica

Il discorso relativo all'uso della matematica per spiegare l'origine, la natura, l'ordinamento e il funzionamento dell'universo, si presenta alquanto complesso e articolato a causa delle fonti spesso incerte e non sempre univoche.

I numeri come struttura e principio d'ordine della realtà

Forse proprio dalla **musica** e dai **rapporti numerici** che costituiscono l'**armonia** i pitagorici traggono ispirazione per sostenere che i **numeri** sono gli **elementi fondamentali** e le **proprietà costitutive** delle cose. Il numero è considerato il principio d'ordine del reale in quanto costituisce la struttura quantitativamente misurabile dell'universo. I numeri non sono entità astratte convenzionali, ma **entità reali**, concrete.

I numeri sono non solo quantità aritmetiche, ma grandezze spaziali, disegnate come agglomerati di punti. Il pitagorico **Filolao di Crotone** (470-390 a.C.) afferma che «tutto quel che si conosce ha un numero; senza il numero non sarebbe possibile né pensare, né conoscere alcunché».

Il numero come sostanza e *arché* dell'universo rende possibile la conoscenza della realtà in quanto essa è misurabile e regolata da un ordine quantitativo. L'armonia e la coesione del cosmo dipendono dal fatto che i cicli naturali e il succedersi degli eventi sono una costante scansione di intervalli numerici.

3.5 La teoria aritmetico-geometrica

La teoria matematica, astrologica e cosmologica dei pitagorici pone alla base delle loro spiegazioni alcuni numeri che rimarranno come numeri chiave delle loro dottrine: l'**Uno**, il **Quattro**, il **Dieci**.

L'Uno è considerato l'origine del tutto, né pari né dispari (perciò detto **parimpari**). I primi quattro numeri nella scala numerica sono ritenuti il **fondamento della realtà** in quanto corrispondenti rispettivamente al punto, alla linea, alla superficie triangolare e alla piramide solida (ecco perché si parla di una concezione del numero che è in realtà una figura geometrica). Essi costituiscono la **tetrade** (*tetraktýs* in greco), numero sacro per i pitagorici, rappresentato come un triangolo equilatero i cui tre lati sono formati da quattro punti, sacra è anche la decade, che rappresenta la somma dei primi quattro numeri:

La tetrade, numero perfetto

• 1
• • 2
• • • 3
• • • • 4

La perfezione sta nel limite

La **perfezione** sta nel **limite**, tutto ciò che è **illimitato** è **imperfetto** in quanto incompiuto. Dunque i **numeri dispari** sono ritenuti perfetti poiché sono l'espressione del limite, sinonimo di ciò che è compiuto e ordinato, **i numeri pari** sono imperfetti poiché in essi prevale l'illimitato: infatti, se nella rappresentazione grafica noi dividiamo i numeri dispari in due parti, abbiamo sempre un numero punto che chiude la figura e impedisce la possibilità di un'ulteriore divisione, rimanendo come resto; ad esempio, il numero 5 si rappresenta in questo modo:

5

• •
→ •
• •

Invece se si divide un numero pari, che è illimitato, tra le due parti non rimane nulla e perciò la figura è aperta, non delimitata e quindi imperfetta e non rimane alcuna unità di resto; ad esempio il numero 4 si rappresenta in questo modo:

4

• •

→

• •

All'**opposizione di dispari e pari** corrispondono altre nove **coppie di contrari**: limite-illimitato, uno-molti, destra-sinistra, maschio-femmina, luce-tenebra, bene-male, immobile-mobile, retta-curva, quadrato-rettangolo. La perfezione è sempre del primo elemento degli opposti, l'imperfezione è sempre del secondo. Per questo si può dire che la filosofia di Pitagora è **dualistica**, poiché basata sulla contrapposizione di due principi opposti.

Significati simbolici dei numeri

Ai numeri i pitagorici attribuiscono **significati simbolici**, mistico-religiosi: l'Uno esprime l'intelligenza sicura e sempre identica a sé; il Due la mobile opinione che varia e oscilla tra diverse posizioni; il Quattro e il Nove, essendo l'uno e l'altro il quadrato dei primi due numeri (2 e 3), stanno in luogo della giustizia; il Cinque, come somma del Tre e del Due, rappresenta il matrimonio.

Pitagora e i pitagorici

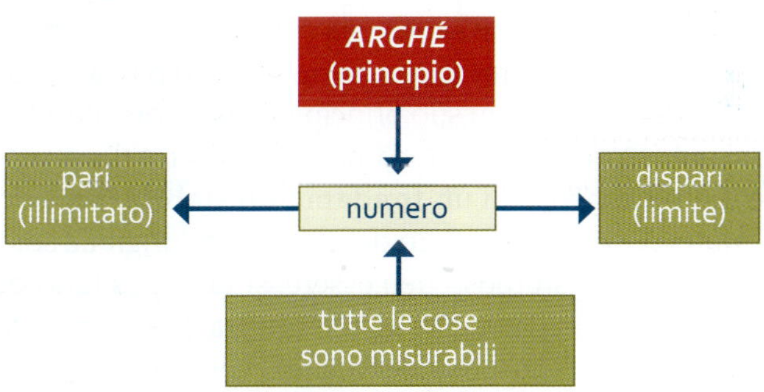

3.6 La cosmologia dei pitagorici

Nel primo libro della *Metafisica*, Aristotele espone una teoria attribuibile ai pitagorici: come esistono somiglianze tra numeri e cose, così ci sono **analogie** tra le **proprietà aritmetiche** e quelle della **struttura degli enti del cosmo**.

Il movimento regolare degli astri produce l'armonia celeste

Rapporti e proporzioni numeriche sarebbero stati estesi dai pitagorici, soprattutto da Filolao di Crotone e Archita di Taranto (428-347 a.C.), a tutta la realtà e in particolare a quella degli astri, che con il loro movimento regolare e matematicamente ordinato avrebbero prodotto la cosiddetta "armonia celeste", cioè l'insieme dei rapporti numerici del movimento degli astri assimilato ai rapporti numerici tra le note e i suoni musicali.

Ai pitagorici viene attribuita, in particolare da Aristotele, una teoria astronomica e cosmologica che si differenzia notevolmente dalle versioni più diffuse per il fatto di non considerare la Terra come centro dell'universo. Per questi filosofi l'universo sta in un vuoto infinito e al suo centro non c'è la Terra, ma il **fuoco originario** dell'universo stesso. Intorno a questo fuoco si muovono **dieci corpi celesti**, posti a distanza via via maggiore: Terra, Luna, Sole, i cinque pianeti (Venere, Mercurio, Marte, Giove, Saturno), cielo delle stelle fisse. Il decimo corpo celeste è un "doppio" della Terra, l'antiterra, un astro impossibile a vedersi perché sta dalla parte opposta rispetto al fuoco centrale. L'antiterra viene supposta dai pitagorici per raggiungere la quota di dieci, numero sacro alla base della loro astronomia.

Il fuoco originario al centro dell'universo

4. Parmenide

ANTOLOGIA FILOSOFICA
Parmenide, *Sulla natura*

4.1 La scuola eleatica

Parmenide nasce ad **Elea**, città situata sulla costa tirrenica, vicino a Paestum, intorno al 515-510 a.C. Di famiglia aristocratica, partecipa alla vita politica della sua città come legislatore. Intorno al 450 si reca ad Atene insieme al suo allievo Zenone. Vive a lungo e muore probabilmente intorno ai 75 anni.

Il suo poema *Sulla natura,* di cui restano circa 154 versi raggruppati in 19 frammenti, è diviso in due parti: la prima è dedicata all'esposizione della verità (*alétheia*), la seconda alle opinioni (*dóxa*).

Parmenide è il fondatore di un'altra **scuola italica**, quella di **Elea**, il cui allievo più celebre è **Zenone**. Il maestro presenta la propria dottrina come frutto di una rivelazione divina e ritiene che il sapere sia patrimonio di pochi.

I problemi affrontati da Parmenide non riguardano più la natura percepita dai sensi, e nemmeno la ricerca di un suo principio generatore altrettanto materiale e sensibile, ma si riferiscono piuttosto ad una realtà diversa. La sua ricerca filosofica ha come fine il disvelamento di un **fondamento stabile**, perfetto, di una realtà più alta, non mutevole ma eterna, ben definita e raggiungibile solo dalla ragione.

Parmenide, in quanto studioso dell'essere, si fa depositario della verità non più teologica, ma filosofica; tuttavia agisce ancora come un sacerdote quando dichiara che la scienza dell'essere è per pochi. I contenuti della filosofia parmenidea vengono discussi all'interno della scuola e, se sottoposti a critiche, vengono difesi, come farà Zenone, con stringenti argomenti razionali.

4.2 La ricerca dell'unica verità

Parmenide fa compiere alla filosofia un passo di portata notevolissima. È il primo filosofo, se si escludono alcune parziali anticipazioni di Eraclito, che si pone con grande vigore e chiarezza l'interrogativo che diverrà centrale ad ogni tipo di indagine filosofica successiva: è possibile individuare un **metodo**, una via, che consenta di pervenire all'**unica verità**? Quale è l'oggetto della conoscenza vera? Di quale realtà è possibile costruire una scienza?

Le domande della filosofia

È la ragione che ci porta a contemplare la struttura del reale, il vero modo d'essere di tutte le cose, e ad esprimere tale conoscenza come la **verità** a cui ogni sapiente aspira.

Grazie alla riflessione proposta dall'eleate, nasce la contrapposizione ben netta tra **conoscenza sensibile** e **conoscenza razionale**.

4.3 Il viaggio verso la verità

Il cammino verso la conoscenza, frutto della rivelazione divina

Nel suo poema, con abile capacità narrativa, Parmenide racconta, usando espressioni e immagini proprie della tradizione poetica e mitologica, un **viaggio**, metafora del **cammino** che si compie **verso la conoscenza**, per giungere alla porta che separa le tenebre dalla luce, l'errore dalla verità. Su di un carro trainato da cavalle guidate dalle figlie del Sole, il filosofo immagina di lasciare alle sue spalle le case della notte, dove abitano i comuni mortali, per giungere, mosso dal suo desiderio di conoscere, presso la porta custodita dalla Giustizia (*Díke*). Al di là di essa si apre il regno della Luce e le dee convincono *Díke* a lasciar passare il loro protetto. La Giustizia ricorda al filosofo che il suo compito è sia conoscere la «ben rotonda Verità», sia le opinioni dei mortali. La ricerca del vero, sembra sottolineare Parmenide, impegna tutto l'essere umano e non solo la sua ragione.

La filosofia è per pochi

Qual è poi il significato che si può attribuire alle divinità che aiutano il protagonista nell'impresa? Intanto il suo viaggio non ha **scopi** religiosi, ma solo **conoscitivi** e quindi l'opera di Parmenide non è un poema religioso; l'uso di temi ed espressioni mitologiche serve a chiarire che il sapere del filosofo è in armonia con quello della tradizione religiosa e mitica. Avendo la piena collaborazione della divinità, il filosofo non potrà essere accusato di ateismo né di infrangere le regole dell'antica sapienza. Nello stesso tempo Parmenide è ben consapevole dell'originalità del contenuto della sua **filosofia**, insolita poiché **lontana dalle esperienze degli uomini comuni**. Occorre comunque che chi indaga in ogni senso conosca anche come sono le cose che semplicemente appaiono.

T1 Conoscere verità e apparenza

La dea mi accolse benevolmente, con la mano
la mano destra mi prese e mi rivolse le seguenti parole:
«O giovane, che insieme a immortali guidatrici
giungi alla nostra casa con le cavalle che ti portano,
salute a te! Non è un potere maligno, quello che ti ha condotto
per questa via (perché in verità è fuori del cammino degli uomini),
ma un divino comando e la giustizia:
bisogna che tu impari a conoscere ogni cosa,
sia l'animo inconcusso della ben rotonda Verità,
sia le opinioni dei mortali, nelle quali non risiede legittima credibilità».

(Parmenide, *Sulla natura*, in *I presocratici*, a cura di G. Giannantoni, Laterza 1990)

Parmenide sottolinea l'eccezionalità dell'evento che solo a lui è stato concesso.

È molto chiara la distinzione tra verità e …………… .

4.4 L'essere come oggetto del pensiero e del linguaggio

Le due vie dell'essere (verità) e del non essere (non indagabile)

Parmenide propone, per la ricerca del vero, non di osservare la natura, partendo dall'esperienza per giungere al principio che, come (*arché*), viene prima, ma di chiedersi anzitutto che cosa può essere pensato e quindi espresso nel linguaggio, e che cosa invece non può essere pensato e quindi nemmeno detto.

Si aprono così **due "vie"** percorribili: la prima, **quella dell'essere** (della luce), è «il cammino della persuasione», giacché questa tiene dietro alla verità; la seconda, **quella del non essere**, **non è indagabile**, poiché il «non essere né si può pensare, né si può esprimere». Infatti «lo stesso è il pensare e l'essere». Solo ciò che è disgiunto dal non essere può essere pensato e espresso in parole. Un abisso perenne e incolmabile separa il sapere dell'essere, che è la verità o **scienza necessaria del necessario** (dal momento che «l'essere è impossibile che non sia» e quindi è necessario che sia), dall'errore e dalle tenebre della completa ignoranza.

Gli esseri umani mescolano «essere» e «non essere»

I comuni mortali imboccano un'**altra strada**: **quella che mescola «è» e «non è»**: parlano ad esempio di **nascita** e di **morte**, concetti che comportano l'unione di essere e di non essere. Ciò che nasce è, ma prima non era, ciò che muore non è più, ma prima era. Così il pensiero comune e il linguaggio dei mortali mettono erroneamente sullo stesso piano la pensabilità e l'esprimibilità dell'essere e del non essere, mescolano verità ed errore.

Si può conoscere come vero solo **ciò che è**, **è sempre e necessariamente**, **poiché non può non essere**. L'essere è detto *to eón* («ciò che è») e coincide con tutta la realtà, con tutto ciò che esiste. Ecco la grande intuizione dell'eleate: la coincidenza tra essere, pensiero e linguaggio. Le leggi della realtà coincidono con le leggi della ragione. Con Parmenide nasce la **scienza dell'essere**, che sarà detta molto più tardi **ontologia**.

Le parole della filosofia

Ontologia: è la dottrina dell'essere e delle sue forme. Il termine è stato introdotto nel XVII secolo e indica quella disciplina definita da Aristotele «filosofia prima», ovvero ricerca sull'essere in quanto essere.

4.5 La via dell'essere

Per Parmenide non possono esserci molte verità, ma una sola. E questa **sola verità** ci porta necessariamente ad affermare che possiamo pensare l'**essere originario** e costitutivo soltanto come **uno**; e ancora che, al di là delle apparenze sensibili che danno luogo alle opinioni, l'essere non può correttamente essere pensato come qualcosa di diverso da quel che è; cioè non può essere pensato come non essere, divenire, movimento, molteplicità. Soltanto dell'essere in quanto uno si può avere, per Parmenide, conoscenza vera.

La dea, protagonista del poema di Parmenide, prosegue, nella parte dell'opera dedicata alla verità, precisando ulteriormente questo concetto delle **due vie**, **verità** (*alétheia*), e **opinione** (*dóxa*), e dei relativi oggetti della loro ricerca: **l'essere** (l'Uno, il Tutto) e **il non essere** (il divenire, la molteplicità).

La verità ha per oggetto l'essere ingenerato e imperituro, l'opinione ha per oggetto il divenire

Dove ci porta la prima via, che deve essere percorsa non con i sensi ma con il solo pensiero? Ci porta ad affermare che il principio primo deve necessariamente essere **ingenerato e imperituro**, cioè eterno ed eternamente presente: non può essere pensato, infatti, come originato o generato. Da che cosa, infatti, potrebbe derivare? Dal non essere, dal nulla (e come potrebbe?) o da un altro essere (in questo caso questo essere si negherebbe per diventare un altro, cosa già esclusa in precedenza). Il **principio-radice** costitutivo del mondo è qualcosa che esiste eternamente e non può né essere originato né originare qualcos'altro, e quindi è il tutto in tutto, non divisibile, compatto, tutto continuo, senza vuoti al suo interno, immobile e finito.

Se quindi si deve cercare un principio-radice, originario e costitutivo di tutta la realtà, si deve abbandonare la via dell'opinione (quella che consente al principio di cambiare natura, di essere e non essere se stesso, di essere uno e molti allo stesso tempo, immobile e mobile) e percorrere quella certa della verità.

4.6 I caratteri dell'essere

L'essere, come abbiamo detto, è **ingenerato e imperituro**, poiché se nascesse dovrebbe derivare dal non essere e se morisse dovrebbe terminare ancora nel non essere: ma il non essere non è, non può esistere. L'essere non ha né passato né futuro, non vive nel tempo, ma è **eterno presente**, poiché il passato non è più e il futuro non è ancora (cioè il non essere non appartiene all'essere). Non ha quindi nemmeno fine, poiché ciò che finisce appartiene al non essere.

L'essere è eterno presente...

È **intero**, continuo e indivisibile, poiché se avesse fratture confinerebbe con il non essere; inoltre non è composto da parti poiché ognuna di esse non sarebbe l'altra e ancora una volta occorre ribadire che l'essere non ha nulla a che fare con il non essere.

È **unico**, poiché se fosse molteplice uno di questi non sarebbe l'altro, ma ciò che è non può non essere.

... unico...

È **immobile**, poiché se si muovesse si troverebbe in una successione di posizioni, dal punto di partenza a quello d'arrivo; ma se l'essere è qui non si può trovare altrove, perché il non essere non appartiene all'essere.

... immobile...

È **definito da ogni lato**, cioè **finito**, dal momento che se fosse non finito non sarebbe perfetto (la finitudine è sinonimo di compiutezza e perfezione). È **simile ad una sfera,** dal momento che la sfera è l'unica figura geometrica che è perfetta, tutta conclusa in se stessa.

... finito, simile a una sfera

Non si deve però ritenere che Parmenide neghi quello che abbiamo continuamente sotto gli occhi (movimento, molteplicità, cambiamento): di questo parla nella seconda parte dell'opera, proponendone una versione simile a quella dei suoi predecessori ionici. Ma il mondo del **divenire**, del movimento, della molteplicità, non può essere considerato oggetto della ragione: esso **riguarda la sfera dei sensi e dell'opinione**.

Il divenire è oggetto della conoscenza sensibile

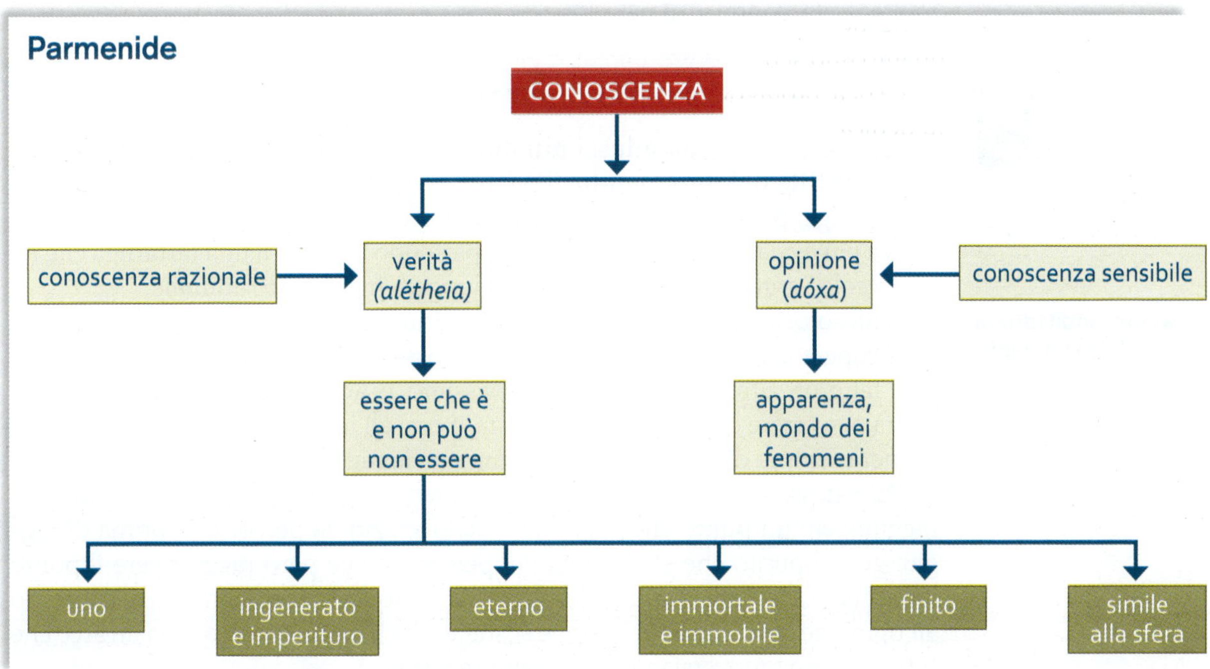

5. Zenone

5.1 Discussione dialettica e paradossi

Zenone nasce ad **Elea** nel 490 a.C. circa, frequenta la scuola di Parmenide e con lui compie un viaggio ad Atene intorno al 450 a.C. Partecipa ad una congiura ordita nella sua città contro un tiranno che aveva preso il potere ma, scoperto, viene ucciso. Scrive un'opera in prosa con lo scopo di confutare le posizioni contrarie a quelle parmenidee.

Dialettica: trattazione per argomentazioni razionali

Zenone è considerato (in particolare da Aristotele) il primo filosofo che ha utilizzato per la divulgazione delle proprie teorie filosofiche non più la forma del poema ma quella del dialogo (alla quale si sarebbe poi ispirato Platone): il metodo della formulazione sentenziosa o in versi lascia il posto alla **discussione dialettica**, cioè alla trattazione per **argomentazioni razionali** stringenti e rigorose, veri e propri esercizi di "ginnastica mentale" che portano a conclusioni spesso sconvolgenti per il pensiero comune.

I paradossi

La discussione dialettica si svolge nella maniera seguente: muove dalla formulazione di una tesi contraria a quella che si vuole difendere e procede a dimostrarne la contraddittorietà, in maniera che si debba accettare di necessità la tesi difesa, cioè la propria, se si vuole uscire dalla contraddizione. Le discussioni dialettiche di Zenone si concludono il più delle volte con quelli che vengono chiamati **paradossi** (*pará* = «contro», *dóxa* = «opinione comune»), vale a dire ragionamenti che sfociano in **affermazioni** apertamente **contrarie ai dati** più ovvi **dell'esperienza**. Di tali suoi paradossi, o a lui attribuiti in tempi più tardi (alcuni di essi hanno impegnato molto gli studiosi di logica di tutti i tempi), se ne tramandavano nell'antichità una quarantina.

Zenone condivide con Parmenide la netta distinzione tra **conoscenza razionale** e **conoscenza sensibile**. La prima, avendo per oggetto l'**essere** che è immobile, ingenerato, imperituro, finito, conduce alla conoscenza della verità. La seconda avendo per oggetto il **divenire**, i cui caratteri sono il movimento e la molteplicità, conduce al paradosso.

ANTOLOGIA FILOSOFICA
I paradossi di Zenone riportati da Simplicio

5.2 I paradossi sul movimento

Gli argomenti e i **paradossi più noti** sono quelli **contro la tesi che afferma la possibilità del movimento**. Il più noto di tali paradossi è quello di Achille e la tartaruga. Secondo l'argomentazione di Zenone, e contrariamente all'esperienza più ovvia, il «piè veloce» Achille, partendo insieme a una tartaruga che ha un piccolo vantaggio su di lui, non raggiungerà mai il lento animale.

La contraddittorietà del movimento

Il filosofo, infatti, asserisce che Achille, prima di raggiungere la tartaruga, deve occupare la posizione da cui essa si è mossa. Nel frattempo però la tartaruga avrà fatto un altro tratto, seppure brevissimo, e Achille, prima di raggiungerla, dovrà percorrere quella piccola distanza, e così all'infinito: dunque Achille si avvicinerà sempre di più alla tartaruga, ma non la raggiungerà mai.

Allo stesso modo una freccia prima di raggiungere un qualsiasi punto deve raggiungere un punto che sta a metà dello spazio da percorrere; prima di raggiungere il punto che sta a metà del percorso deve però raggiungere il punto intermedio, e così di seguito all'infinito. Anche questo ragionamento è contrario all'opinione dei più; infatti Zenone sostiene che la freccia scoccata da un arco che tutti credono muoversi in realtà è sempre ferma.

T2 Il paradosso della freccia

Il ragionamento di Zenone, assumendo che tutto ciò che è lungo uno spazio uguale a sé o si muove o è in quiete, e che nulla si muove nell'istante, e che sempre il mosso è lungo uno spazio uguale a sé in ogni istante, pare che proceda così: la freccia che si muove, che è in ogni istante lungo uno spazio uguale a sé, non si muove dal momento che nulla si muove nell'istante; ma ciò che non si muove è in quiete, dal momento che tutto o si muove o è in quiete, allora la freccia che si muove finché si muove è in quiete per tutto il tempo della traslazione.

(da Simplicio, *Commento alla* Fisica *di Aristotele*, in *I presocratici*, a cura di A. Pasquinelli, Einaudi 1958)

In ogni istante della sua traiettoria, la freccia occupa in lunghezza uno spazio determinato, ma ciò che occupa uno spazio determinato è fermo e dunque la freccia è sempre ferma. Palesemente contraddittorio è che il movimento risulti dalla somma di istanti fermi.

5.3 Ragione e osservazione

Zenone, attraverso gli esercizi di ginnastica mentale ai quali costringe i suoi interlocutori, utilizza metodi di argomentazione molto sottili con i quali riesce a "confonderli". Nelle sue argomentazioni e paradossi sul movimento, per esempio, applica il concetto di **divisibilità spaziale** (plausibile in geometria) al tempo, ma il tempo non può essere né fermato né diviso come lo spazio.

Le conclusioni delle argomentazioni paradossali prodotte da Zenone portano a **smentire la realtà** e l'**osservazione quotidiana**: qualsiasi persona veloce, infatti, può raggiungerne un'altra più lenta, anche se mossasi prima, se procede con un'andatura più rapida e certamente una freccia scoccata dall'arco ci appare come un oggetto in movimento.

Zenone vuole negare l'innegabile esperienza della quotidianità? Certamente no. Il suo intento, attraverso il paradosso, è piuttosto quello di sostenere la tesi di Parmenide, evidenziando la **differenza radicale**, l'"incommensurabilità", **fra il mondo della ragione** (*lógos*) e della verità **e il mondo dell'opinione** e dell'apparenza. Non c'è possibilità di contatto fra questi mondi: il ragionamento porta a smentire l'esperienza più ovvia e comune.

La differenza radicale tra l'essere e il divenire (tra verità e opinione)

Zenone: le vie della conoscenza

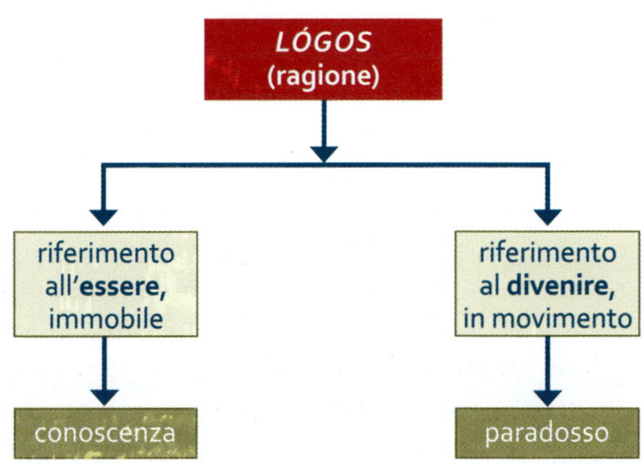

Sintesi

La filosofia delle origini

La scuola ionica

La filosofia può essere definita come un'indagine razionale, critica e libera che cerca sempre di argomentare le proprie tesi.

I primi filosofi, gli ionici, detti fisiologi (da *phýsis*, cioè «natura») si pongono alla ricerca dell'*arché*, o principio unico, da cui ha avuto origine il cosmo, dal quale dipende la vita dell'universo e che ne costituisce la legge, l'ordine.

Per Talete tale principio è l'acqua, fondamentale per la vita di qualsiasi essere; per Anassimandro è l'*ápeiron*, un insieme indeterminato e infinito di natura materiale, da cui si separano i contrari e così si distinguono caldo e freddo, umido e secco. La separazione dall'infinito, come rottura dell'unità, è vista come una colpa che si deve espiare.

Per Anassimene il principio è l'aria, che è soffio vitale, sia come anima individuale sia come anima del mondo, e dalla quale derivano tutti gli altri elementi per condensazione o rarefazione.

Eraclito e Pitagora

Per Eraclito l'*arché* è il fuoco, da cui tutto ha origine e a cui tutto ritorna secondo cicli cosmici: questo elemento eterno e indistruttibile simboleggia il divenire continuo della realtà.

Il divenire è una lotta di contrari (caldo-freddo, giorno-notte ecc.) tra i quali la legge ordinatrice del *lógos* mantiene l'armonia.

Pitagora, che istituisce a Crotone una comunità scientifico-filosofica e impone ai suoi adepti severe regole di vita e il segreto sulle dottrine, sostiene la teoria della metempsicosi, cioè della trasmigrazione dell'anima.

I pitagorici considerano il numero principio della realtà, in quanto essa è tutta quantitativamente ordinata, misurabile e perciò conoscibile.

La scuola eleatica

Parmenide di Elea si chiede che cosa possa essere pensato e quindi espresso con le parole e che cosa invece no.

La ragione può conoscere solo «ciò che è e non può non essere», mentre il non essere né può essere pensato né espresso.

L'essere è unico, ingenerato e imperituro, eterno presente, intero, continuo e indivisibile, immobile, definito da tutti i lati e simile ad una sfera.

L'oggetto della conoscenza sensibile, praticata dagli uomini comuni è il mondo dell'apparenza, cioè dei mutevoli fenomeni naturali.

Zenone, allievo di Parmenide, difende le tesi del maestro facendo ricorso a paradossi, ragionamenti che si concludono in affermazioni che sono contrarie all'opinione corrente. Dimostra l'irrazionalità del movimento e della molteplicità portando alla contraddizione i ragionamenti che partono dall'ammissione dell'uno e dell'altra.

Conoscenze

1. Collega ciascun filosofo della colonna di sinistra con uno o più concetti elencati nella colonna di destra.

1. Talete
2. Eraclito
3. Pitagora
4. Anassimandro
5. Anassimene
6. Parmenide

a. L'aria è l'*arché*.
b. Numero.
c. Condensazione e rarefazione.
d. Compie su un carro il viaggio verso la verità.
e. *Ápeiron.*
f. Tutto scorre.
g. L'acqua «è piena di dei».
h. Il fuoco.
i. L'unità dei contrari.
l. L'anima è prigioniera del corpo.
m. La tetrade.
n. L'essere è, è sempre e necessariamente poiché non può non essere.
o. Il passaggio dall'indeterminato-illimitato al determinato limitato è dovuto a forze opposte.

2. Quali sono i significati molteplici del termine *lógos* per Eraclito?

3. Quale atteggiamento, secondo Eraclito, caratterizza il filosofo rispetto agli altri uomini?
a. L'incomprensione.
b. La condivisione.
c. L'isolamento.
d. Il conflitto.

4. Qual è il significato dell'equazione tra essere e pensare in Parmenide?

5. Di quale tipo di conoscenza è oggetto il mondo del divenire secondo Parmenide?

Abilità (lavoro sui testi)

T3 Frammenti

In tutti i frammenti seguenti, benché slegati l'uno dall'altro, Eraclito pone l'accento sul conflitto che costituisce la legge della realtà.

«Si deve sapere che la guerra è comune e che la giustizia è contesa e che tutto avviene secondo contesa e necessità».

«*Pólemos* (la guerra) di tutte le cose è padre e di tutte re, e gli uni rivela dei, gli altri uomini, gli uni schiavi, gli altri liberi».

«Anche la mistura di vino e formaggio si scompone se non si agita».

«Non capiscono come con se stesso concordi pur discordando: armonia di tensioni contrastanti come nell'arco e nella lira».

(Eraclito, fr. DK 22 B)

Lettura guidata

Nel primo frammento si va implicitamente sovrapponendo e identificando il *lógos* e il *pólemos*, la necessità e la contesa. Il secondo frammento mette in evidenza la paternità universale di pólemos su tutta la realtà. La spiegazione del terzo frammento è la seguente: la mistura di formaggio e vino, che era impiegata nelle cerimonie di iniziazione ai misteri eleusini, si decomponeva se non veniva miscelata spesso. Allo stesso modo la realtà si dissolverebbe senza l'eterno *pólemos* che la domina. Nel quarto frammento si sottolinea che ogni cosa è intimamente costituita dalla discordia; ma tale conflitto non è distruttivo, anzi determina l'armonia della realtà.

Controllo della comprensione

1. **Che cosa regna dietro l'apparente caos dei conflitti?**

T4 I caratteri dell'essere

Nel suo poema Sulla natura *Parmenide specifica che la via «che non è» è impercorribile e illusoria. Procedendo sulla via «che è» si trovano i segni rivelatori della natura dell'essere.*

Resta solo un discorso della via:
che "è". Su questa via ci sono segni indicatori
assai numerosi: che l'essere è ingenerato e imperituro,
infatti è un intero nel suo insieme, immobile e senza fine.
Né una volta era, né sarà, perché è ora insieme tutto quanto,
uno, continuo. Quale origine, infatti, cercherai di esso?
Come e da dove sarebbe cresciuto? Dal non-essere non ti concedo
né di dirlo né di pensarlo, perché non è possibile né dire né pensare
che non è. Quale necessità lo avrebbe mai costretto
a nascere, dopo o prima, se derivasse dal nulla?
Perciò è necessario che sia per intero, o che non sia per nulla. [...]
E neppure è divisibile [...].
Perciò è tutto intero continuo: l'essere, infatti, si stringe con l'essere.
Ma immobile, nei limiti dei grandi legami
è senza un principio e senza una fine, poiché nascita e morte
sono state cacciate lontane e le respinse una vera certezza.
E rimanendo identico e nell'identico, in sé medesimo giace,
e in questo modo rimane là saldo. Infatti, Necessità inflessibile
lo tiene nei legami del limite, che lo rinserra tutt'intorno,
poiché è stabilito che l'essere non sia senza un compimento:
infatti non manca di nulla; se invece, lo fosse, mancherebbe di tutto.

(Parmenide, *Poema sulla natura*, DK 28B, trad. di G. Reale, Bompiani 2003)

Lettura guidata

Parmenide fornisce in questo brano l'elenco delle proprietà (dette da lui *sémata*, «segni», «caratteri») fondamentali dell'essere che necessariamente "è" e quindi nulla ha a che fare con il "non essere". Il procedimento usato dal filosofo eleate per illustrare la costituzione dell'essere è quello della dimostrazione per assurdo: gli indizi o contrassegni dell'essere vengono dimostrati attraverso l'eliminazione di tutte le determinazioni contrarie, sulla base dell'affermazione che il non essere assolutamente non è.

L'essere è ingenerato e imperituro: infatti se nascesse dovrebbe nascere dal non essere, il che è assurdo, data l'impensabilità e l'impossibilità di dire il non essere. Né può nascere dall'essere poiché come potrebbe una cosa nascere da se stessa? Dunque l'essere è in una sorta di eterno presente.

L'essere è una totalità omogenea, che non è priva di nulla e che è uguale a se stessa. È unico, immobile ed eterno, è indivisibile e continuo poiché non ha fratture al suo interno, è sempre a contatto con se stesso, è intero e compatto, sempre identico a se stesso; è immobile poiché la Necessità lo tiene stretto nei limiti di possenti legami. L'essere è limitato poiché non può essere illimitato dal momento che se lo fosse sarebbe imperfetto, incompiuto, mancherebbe di qualcosa, ma l'essere non manca di nulla, è perfetto.

La deduzione dei vari attributi è così avvenuta dimostrandone la necessità logica.

Controllo della comprensione

1. **Da quali segni indicatori è caratterizzato l'essere?**
2. **L'essere è infinito? Perché?**

Com'è possibile costruire una scienza che spieghi il divenire, la molteplicità e il movimento del mondo dei fenomeni?

Capitolo 2

Le filosofie pluralistiche

1. Empedocle

1.1 «Salvare i fenomeni»

Parmenide e i suoi allievi avevano negato valore di verità alla conoscenza sensibile che attesta la realtà del divenire, del movimento e della molteplicità.

La scienza della realtà naturale che diviene

Un gruppo di pensatori, ben consapevoli delle difficoltà logiche legate al problema dell'incompatibilità tra essere e non essere, tenta di trovare una spiegazione rigorosa del mondo dell'esperienza che eviti i paradossi sul movimento e sulla molteplicità. Occorre, secondo loro, trovare una **spiegazione unitaria della realtà dell'apparenza** (in greco *phainómenon*, «ciò che appare»), cioè dei fenomeni naturali al fine di costruire una scienza possibile.

I princìpi sono molteplici

I filosofi **Empedocle**, **Democrito** e **Anassagora**, detti anche **fisici posteriori** perché riprendono le istanze di spiegazione del cosmo precedentemente avanzate dai naturalisti ionici, sostengono che i **princìpi** non sono unici, ma **molteplici**, tutti dotati delle caratteristiche dell'essere unico, immobile, ingenerato, imperituro ed eterno di Parmenide. Così il nascere e il perire non saranno che l'unione o la disunione di questi princìpi, che, considerati singolarmente, permarranno sempre identici a se stessi. Proprio perché questi filosofi sostengono la pluralità degli esseri, le loro filosofie sono state definite **pluralistiche**.

1.2 La natura del mondo

Empedocle (495-435 a.C. ca) vive e opera anch'egli nell'area italica, ad **Agrigento** in Sicilia, e scrive moltissimo: tra gli autori antichi che precedono Platone è quello del quale rimane il numero più consistente di frammenti di due sue opere in versi, *Sulla natura* e *Purificazioni*. Forse ha conosciuto Parmenide, e sembra averne subìto l'influenza, come vedremo, nelle sue dottrine cosmogonica (sull'origine del mondo) e cosmologica (sull'ordinamento e funzionamento del mondo). Empedocle appartiene ancora alla tradizione dei Sapienti, e si presenta come **dotato di sapere e di abilità eccezionali**, di origine divina.

L'opera di Empedocle *Sulla natura* propone una spiegazione dell'origine e della natura del mondo: la teoria di Empedocle da una parte continua il tipo di indagine dei pensatori ionici (ricerca di princìpi-radice originari e costitutivi dell'universo), dall'altra ne modifica profondamente le soluzioni sulla base delle critiche avanzate da Parmenide all'idea che un principio-base possa trasformarsi, cambiare, divenire.

1.3 Conoscenza sensibile e conoscenza razionale

Contro le posizioni di Parmenide tendenti a limitare i poteri conoscitivi della mente che si rifà all'esperienza, Empedocle afferma che, a parte l'inconoscibilità del divino (inafferrabile tramite i sensi) che rivela agli eletti il sapere sacro, l'**esperienza sensibile** costituisce una base solida per la conoscenza di quanto ci circonda.

L'esperienza sensibile come ricreazione di effluvi è il primo momento della conoscenza

Empedocle crede alla capacità dei sensi di conoscere la realtà: infatti nei nostri organi sensoriali penetrano degli **effluvi**, cioè delle immagini emanate (che si staccano) dagli oggetti. La conoscenza avviene tra simili: è il simile che conosce il simile, ad esempio si avverte il freddo perché si è freddi, il caldo perché si è caldi. Egli, inoltre, sottolinea i limiti delle nostre capacità conoscitive, ma ne esalta le **potenzialità**: l'**esperienza sensibile** deve essere accompagnata e approfondita dall'**intelletto**, il quale si accresce tramite la **conoscenza**. Utilizzando in modo appropriato questi strumenti l'essere umano, secondo Empedocle, è in grado di giungere a conoscere l'origine e la natura dell'universo.

1.4 L'origine dell'universo e le quattro radici

ANTOLOGIA FILOSOFICA
Brano di Plutarco su Empedocle

I princìpi-radice: terra, acqua, aria e fuoco, eterni, immodificabili e indistruttibili

L'osservazione, l'esperienza sensibile, gli approfondimenti apportati con l'intelletto, conducono Empedocle a individuare nell'universo l'operare di alcuni **princìpi-radice**; a differenza degli ionici che ne indicavano uno soltanto, egli ne indica **quattro**, destinati a rimanere, nella successiva accezione platonica e aristotelica, alla base di quasi tutte le definizioni cosmologiche per quasi due millenni.

Tali princìpi sono: la **terra**, l'**acqua**, l'**aria** e il **fuoco**. Sembra che Empedocle sia rimasto molto imbarazzato dalle **critiche e dalle analisi raffinatissime di Parmenide**, il quale riteneva di aver dimostrato con ragionamenti molto stringenti che un principio-radice è o non è, ma non può comunque cambiare, trasformarsi, divenire. Se diviene e si trasforma, non può essere fissato come uno; se può essere invece fissato, definito e pensato come uno, allora esso è (rimane nella sua natura fissata) e non diviene, non si trasforma (altrimenti diverrebbe un puro fluire senza soggetto, come alcuni seguaci di Eraclito avrebbero sostenuto).

Empedocle, allora, avrebbe trovato la **soluzione** che rendeva compatibile la linea di ricerca ionica (principio originario eterno e indistruttibile) con le critiche di Parmenide. Ciascuno dei quattro elementi, infatti, viene considerato da Empedocle come **eterno**, **indistruttibile**, «**uno**» e **non modificabile**. La terra è e rimane sempre terra, l'acqua pure, e così ancora l'aria e il fuoco.

I quattro elementi si mescolano per l'azione di due forze

Come si spiegano, allora, il **movimento** e la serie di trasformazioni che vediamo e viviamo ogni giorno? Empedocle risponde affermando che questi quattro elementi, eterni e immodificabili, **si mescolano** tra di loro **conservando ciascuno la sua natura** e la sua immodificabilità. E perché si mescolano? Certamente non possono avere in sé l'impulso a muoversi e a mescolarsi con gli altri, giacché in tal caso smentirebbero e contraddirebbero la loro natura immutabile. Si mescolano, dunque, per iniziativa di **due forze o impulsi** che non stanno dentro i quattro elementi ma al di fuori di essi.

1.5 Amore e Odio

Tali forze sono l'**Amore** e l'**Odio**. Empedocle personalizza, nei nomi, questi due impulsi, come pure in qualche caso divinizza i quattro elementi, dando loro nomi di dèi, ma si tratta di licenze poetiche, giacché il discorso è rigorosamente naturalistico e non religioso.

Amore è la forza che unisce gli elementi. Odio è la forza che li divide

Amore e Odio, dall'esterno, spingono rispettivamente i quattro elementi originari e immutabili a unirsi o a separarsi per dare origine al mondo come noi lo vediamo.

Empedocle però non conclude qui il suo pensiero. Egli riprende, in linea con gli ionici e per altri aspetti con Pitagora, la dottrina dei **cicli cosmici**, che dipendono dalla misura in cui prevalgono, nell'azione di unione o separazione degli elementi, rispettivamente l'Amore e l'Odio.

I cicli cosmici

Nella condizione iniziale di unione dei quattro elementi, quando non ci sono ancora il sole, il mare, la terra, l'universo è uno «**sfero ben rotondo**, gioioso nella sua solitudine circolare»; in esso prevale totalmente l'Amore. Da questo stato felice e gioioso di «sfero» i quattro elementi vengono separati e mescolati per opera dell'Odio; a metà dei due cicli, nelle due fasi di transizione si colloca il nostro mondo, fatto sia dell'una sia dell'altra forza.

Nello sfero si sviluppano elementi di differenziazione, e nel caos si attuano processi di unificazione. Il tutto avviene in un processo senza fine, eterno, un **ciclo cosmico** nel quale tutto si trasforma (unioni, separazioni e mescolanze) ma nulla nasce o perisce.

Empedocle sostiene che dalla mescolanza delle quattro radici eterne, immutabili e intrinsecamente unitarie derivano tutte le cose dell'universo; ciò che gli uomini chiamano nascita e morte non sono che l'**unione** o la **disunione** dei quattro elementi.

T5 Mescolanza e separazione

Ma un'altra cosa ti dirò: non vi è nascita di nessuna delle cose
mortali, né fine alcuna di morte funesta,
ma solo c'è mescolanza e separazione di cose mescolate,
ma il nome di nascita, per queste cose, è usato dagli uomini.

(Empedocle, fr. 31 B 8, in *I Presocratici*, a cura di A. Pasquinelli, Einaudi 1958)

La nascita e la morte non toccano mai i quattro elementi, ma solo le loro aggregazioni.

Empedocle: essere e divenire

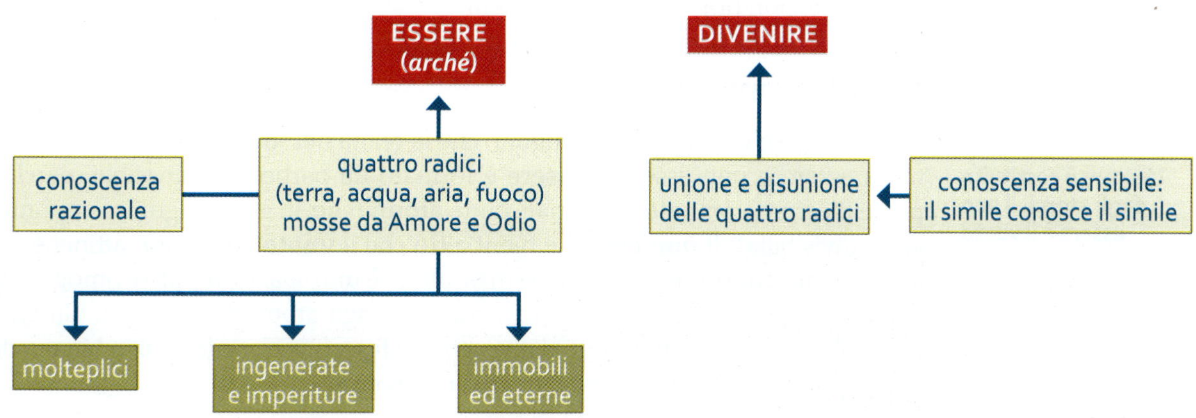

2. Leucippo e Democrito

2.1 Gli elementi eterni del cosmo

Leucippo (490-420 a.C. ca), nato forse a **Mileto**, è stato allievo di Parmenide e solo più tardi, trasferitosi ad **Abdera**, in Tracia (ancora ai margini del centro politico e culturale greco, rappresentato ormai da Atene), fonda una scuola dove si formerà il suo più celebre allievo, Democrito. Gli sono attribuite due opere: l'una intitolata *Il grande ordinamento del mondo*, della quale non rimane nulla (forse perché confluita nelle opere di Democrito); dell'altra, il cui titolo è *Dell'intelletto*, resta un solo frammento.

Democrito nasce ad **Abdera**, in Tracia (460-390 a.C. ca) e, grazie a una eredità che gli garantisce una certa indipendenza economica, dedica la vita allo studio e scrive moltissime opere, forse una cinquantina. Trasillo, uomo politico ateniese, elabora nel I secolo d.C. un catalogo dei suoi scritti che comprende, forse, anche le opere di Leucippo, suddividendoli per tetralogie, cioè in gruppi di quattro, il cui contenuto, spaziando dall'etica alla fisica, dalla musica alla tecnica e alla matematica, testimonia i vastissimi interessi dei due autori.

Le leggi del cosmo

Il maestro Leucippo propone i temi della speculazione che Democrito, contemporaneo di Socrate, svilupperà in seguito. Entrambi eredi della tradizione ionica, si interrogano su quali siano **i princìpi e le leggi che regolano il cosmo** e cercano di costruire una scienza rigorosa che consenta loro di «salvare i fenomeni».

Leucippo e Democrito accettano i contenuti essenziali delle considerazioni parmenidee (distinguere tra la via della verità e la via dell'opinione) e anche alcune delle condizioni poste da Parmenide per poter pensare correttamente l'essere. Utilizzando la ragione, essi indagano quali siano gli **elementi eterni** che stanno all'**origine del cosmo** e cercano di provare che la loro unione e disunione costituisce i fenomeni naturali soggetti al divenire.

2.2 Verità e opinione

Due vie: conoscenza sensibile e conoscenza razionale

I due filosofi concordano con la questione parmenidea delle **due vie**, quella della verità e quella dell'opinione: ciò che cade sotto i nostri sensi non costituisce la via per raggiungere la conoscenza razionale. In un frammento (fr. B11), Democrito distingue nettamente tra **conoscenza sensoriale** «**oscura**», che porta all'**opinione**, e **conoscenza razionale «genuina»**, che porta alla **verità**.

La conoscenza razionale si acquisisce se si prende atto dei limiti della nostra **conoscenza sensoriale**, che è capace solo di conoscere caratteristiche non fondamentali, non originarie dei fenomeni.

2.3 Gli atomi e il vuoto

L'essere è costituito dagli atomi, il non essere è il vuoto

Leucippo e Democrito sostengono che la realtà nel suo complesso è costituita da essere e non essere. L'**essere** è formato da particelle indivisibili, perché piene d'essere, compatte, materiali, dette **atomi** (che, in greco, significa appunto «non divisibili»). Il **non essere** è nient'altro che il **vuoto** necessario affinché gli atomi si muovano, si incontrino e si mescolino; è uno spazio infinito e omogeneo che non oppone resistenza e perciò consente agli atomi di muoversi. Gli enti molteplici sono distinti tra loro dal vuoto che li separa come lo spazio bianco di una pagina separa le lettere che vi scriviamo sopra.

Essere e non essere, atomi e vuoto non si contraddicono e non si annullano a vicenda. Essi costituiscono, al contrario, le condizioni originarie e permanenti, indistruttibili ed eterne, della realtà nel suo complesso. Solo che, a differenza di quanto sostenevano sia gli ionici sia Parmenide, e in accordo con quanto in quegli stessi decenni andavano sostenendo Empedocle e Anassagora, Leucippo e Democrito ritengono che gli atomi non siano riducibili ad un unico principio ma costituiscano una molteplicità, e per l'esattezza una **molteplicità infinita**.

2.4 Gli oggetti naturali

Dalla **mescolanza fra gli atomi** derivano gli oggetti naturali che entrano in contatto con noi nell'esperienza sensibile.

Ogni composto di atomi è frutto dell'unione di un numero finito di atomi, non ulteriormente divisibili. Quindi, ogni grandezza fisica può essere scomposta solo fino ai suoi fondamentali componenti, che non permettono una divisione all'infinito.

Gli atomi: ingenerati, eterni, differenti quantitativamente

Ogni atomo è **ingenerato**, **eterno** e **indistruttibile**, ma non tutti gli atomi sono uguali. Leucippo e Democrito non pensano a differenze qualitative fra gli atomi (come invece sosteneva Empedocle per i suoi quattro elementi, e come negli stessi anni sosteneva Anassagora per le sue particelle), ma a **differenze** esclusivamente **quantitative**.

2.5 Le qualità oggettive e le qualità soggettive

Le qualità oggettive (quantitative) sono proprie degli atomi; le qualità soggettive sono relative ai sensi

Democrito elabora la distinzione tra **qualità oggettive**, proprie dell'atomo, e **qualità soggettive**. Le prime sono di natura quantitativa, le seconde sono frutto dell'incontro tra i nostri organi di senso e i composti degli atomi: «Opinione il dolce, opinione l'amaro, opinione il caldo, opinione il freddo, opinione il colore; verità gli atomi e il vuoto».

Gli atomi possiedono quelle qualità oggettive che li rendono pensabili dall'intelletto nella loro differenza e distinzione. Si tratta di **differenze quantitative**, geometriche come la forma, la grandezza, la posizione e l'ordine: «Le differenze sono tre: la figura, l'ordine e la posizione; sostengono infatti che l'essere può avere solo differenze di configurazione, di contatto delle parti e di orientamento»· Non attribuisce invece agli atomi qualità come il colore, il sapore, l'odore: queste qualità sono definite soggettive, perché nascono dall'incontro tra i sensi del soggetto e gli oggetti e quindi non esistono in natura.

Le differenze tra gli atomi sono simili a quelle che esistono tra le lettere dell'alfabeto. Ad esempio, come A e B differiscono secondo la forma perché sono figure diverse, gli atomi differiscono per grandezza, perché hanno volumi diversi e masse diverse. Secondo la posizione o l'orientamento N e Z sono differenti, ma se si ruota di novanta gradi N si ottiene Z. Infine, secondo l'ordine, AN è diverso da NA.

2.6 Il movimento degli atomi

Il vuoto è spazio infinito, omogeneo e isotropo

Gli atomi si muovono nel **vuoto**, spazio infinito in grandezza, **omogeneo**, perché ogni punto equivale a ogni altro, e **isotropo**, perché in esso ogni direzione si equivale non esistendo né un alto né un basso assoluto, e si dirigono in ogni direzione senza mai arrestarsi, senza una meta prestabilita e non per realizzare qualche scopo.

Il movimento degli atomi e gli infiniti mondi

Il **moto** delle particelle è **disordinato** e **casuale**, ma **necessario**: infatti esse si urtano e così o si uniscono o si respingono e originano un moto vorticoso a cui se ne aggiungono via via altre. Questa è l'**origine dell'universo** infinito nello spazio e nel tempo. Il nostro cosmo, come tutti gli altri già formatisi o che si formeranno, è costituito da unioni di atomi, che si mettono l'uno accanto all'altro senza mai fondersi in una unità. Gli **infiniti mondi** sono fenomeni passeggeri, sottoposti al divenire, percepibili dall'esperienza, unioni temporanee non certo eterne e indivisibili come le piccolissime unità componenti, invisibili ai nostri occhi.

Tutto diviene secondo un rigido meccanismo

Tutto questo avviene secondo un rigido **meccanicismo**, poiché tutti gli eventi sono collegati dal **principio di causa ed effetto**. Tutti i mondi sono il risultato dell'unione di atomi e secondo necessità nascono, mutano e muoiono quando i loro componenti si separano per poi ridare vita a **mondi diversi**, realizzando nuove combinazioni.

Leucippo e Democrito non fanno ricorso a nessun essere o forza cosmica (pensiamo all'Amore e all'Odio postulati da Empedocle) per spiegare il mescolarsi degli atomi, i quali conservano ciascuno la propria indistruttibilità e eternità.

Democrito: atomi e fenomeni

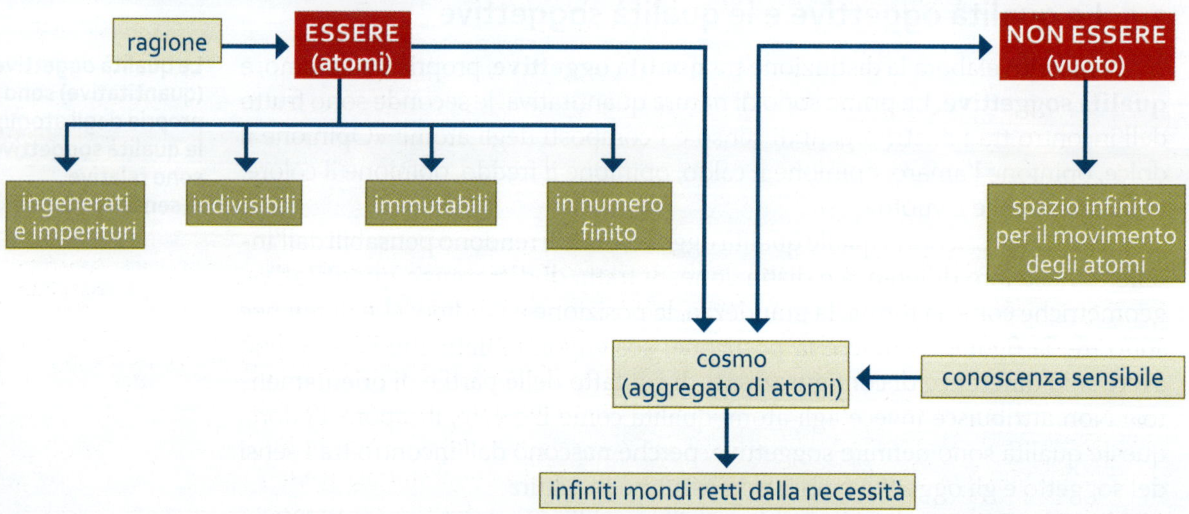

ANTOLOGIA FILOSOFICA
Democrito, *Frammenti*

2.7 Il meccanismo della conoscenza

Gli **atomi** e il **vuoto** costituiscono l'oggetto della **conoscenza razionale**, capace di raggiungere la **verità**. I risultati della mescolanza degli atomi sono invece gli oggetti comuni della nostra conoscenza sensoriale sulla base della quale si origina l'**opinione**. Con questa teoria Leucippo e Democrito ritengono di essere riusciti a salvare la definizione di opinione come frutto della **conoscenza sensibile**, attribuendole una dignità conoscitiva (a differenza di Parmenide), anche se

Conoscenza razionale e conoscenza sensibile

riconoscono che essa non può pervenire al livello della verità, riservato alla **conoscenza razionale** (in accordo con Parmenide). Sia la nostra conoscenza sensoriale, sia quella razionale vengono spiegate anch'esse con la teoria del movimento degli atomi o meglio dei loro composti, che operano in maniera più "grossolana" sui nostri sensi e in maniera più "sottile" sul nostro intelletto, a sua volta composto di atomi più "sottili" rispetto a quelli che compongono i sensi. La nostra **percezione** avviene sempre **per contatto**.

> **Le parole della filosofia**
>
> **Percezione:** il termine designa la conoscenza empirica, cioè la conoscenza immediata di un oggetto reale. Talora è utilizzato per indicare la conoscenza in senso generico.

La percezione avviene nel contatto tra gli organi di senso e le immagini (*éidola*)

Da ogni cosa reale, composta di atomi in continuo movimento, si staccano delle **immagini**, in greco ***éidola***, simili a pellicole o "scaglie" superficiali che conservano la forma della cosa; attraverso l'aria esse giungono ai nostri pori e ai nostri organi di senso e su di essi si stampano, permettendoci così di cogliere come sono fatti gli oggetti che stanno davanti a noi. Molto interessante è la **tesi relativa all'udito**, le cui sensazioni sono dovute ai moti meccanici dell'aria che penetra nell'orecchio subendo una compressione: «Quando l'aria è giunta nell'interno [dell'orecchio], per la sua velocità si diffonde: e il suono è appunto l'effetto di aria che si comprime e penetra con forza».

Tutte le nostre **sensazioni** sono quindi **tattili** poiché è al contatto con gli *eídola* che dobbiamo la percezione della figura e delle qualità soggettive dei vari oggetti.

L'anima è fatta di atomi più leggeri

Anche la nostra **anima** è fatta di **atomi più leggeri** e caldi di natura ignea e risiede nel nostro corpo. Essa è il principio della vita poiché per vivere occorre il suo calore che tramite la respirazione viene trasferito al nostro corpo.

Assolutamente inaccessibile alla percezione sensibile è invece l'atomo, che si conosce solo grazie all'intelletto.

2.8 La vita morale

ANTOLOGIA FILOSOFICA
Democrito, *Frammenti*

Etica edonistica: piacere e dolore

Oltre alla nostra conoscenza, anche la nostra condotta viene spiegata dagli atomisti come risultato dell'operare degli atomi e delle loro mescolanze. Nell'**etica** degli atomisti svolge un ruolo centrale l'**aspetto edonistico** (di ricerca del piacere): **piacere e dolore**, infatti, costituiscono il criterio per valutare ciò che è utile e ciò che è dannoso. Ma come nella teoria della conoscenza vengono individuati due livelli (sensoriale e razionale), così nella teoria etica l'aspetto edonistico viene riferito a due livelli di comportamento. Il piacere materiale viene ricercato da chi limita la sua vita al livello corrispondente alla **conoscenza sensoriale**; chi si porta al **livello razionale** cerca un piacere di tipo più alto, staccato dalla sfera materiale: «Il bene e il vero – sostiene Democrito – sono identici per tutti gli uomini; il piacere è diverso per ognuno».

Piacere materiale e piacere spirituale

Democrito distingue la ricerca del **piacere materiale**, che è tipica di chi pensa solo a se stesso, dalla ricerca del **piacere spirituale** (il bene e il vero), che è tipica di chi allarga il suo sguardo al di là di se stesso, abbracciando l'umanità nel suo complesso: «All'uomo sapiente tutta la Terra è praticabile, poiché dell'anima buona è patria il mondo intero».

Piacere materiale significa egoismo, piacere spirituale significa tener conto degli altri.

3. Anassagora

3.1 Gli elementi primi del cosmo

Anassagora nasce a **Clazomene** nel 496 a.C. ca e si trasferisce intorno al 462 ad **Atene**, dove diventa amico e consigliere di Pericle. Tiene pubbliche lezioni e, di fatto, fonda per la prima volta nella città una scuola filosofica. La sua opera intitolata *Sulla natura*, suscita molto interesse ma, a causa di un decreto approvato verso il 438-7 che stabilisce la possibilità di sottoporre a processo chi sostiene cose "empie" a proposito dei corpi celesti, il filosofo, che aveva definito il sole una pietra incandescente e la luna un corpo terroso, viene condannato all'esilio. Muore a Lampsaco, la città della Ionia nella quale si era rifugiato, nel 428 a.C.

Gli elementi primi

Dell'opera di Anassagora, *Sulla natura*, scritta su papiro, circolata ampiamente e liberamente per oltre mezzo secolo (abbiamo diverse testimonianze in merito), ci rimangono soltanto qualche breve frammento e alcune testimonianze. Le domande alle quali **Anassagora** intende rispondere sono relative alla **formazione dell'universo** a partire da **elementi primi**, aventi le caratteristiche dell'essere parmenideo e conoscibili dalla ragione. Le risposte che egli fornisce negano qualsiasi ruolo nella creazione del cosmo. Il filosofo riprende il motivo dell'insufficienza della conoscenza sensibile (motivo che abbiamo trovato in Eraclito, in Parmenide e in Zenone soprattutto, ma anche in Empedocle e presso gli atomisti), la quale ci mostra quello che cade sotto i nostri sensi ma non quello che la ragione può cogliere al di là di essi. È il motivo della differenza tra **opinione** e **verità**.

3.2 Conoscenza sensibile e conoscenza razionale

Le due vie della conoscenza: sensibilità e ragione

La **conoscenza razionale** è lo strumento con cui andare al di là dei sensi, dell'opinione – ma non contro di essi (e in questo Anassagora è d'accordo con gli atomisti) – per cogliere la verità. Il vero si coglie individuando qualcosa di eterno, indistruttibile, immodificabile, che ci consenta di spiegare la natura e l'origine del mondo quale appare ai nostri sensi. La tesi di Anassagora è che questa realtà extra-sensibile, che origina e costituisce la natura in tutte le sue parti, non è una realtà unica, un principio esclusivo (come voleva Parmenide); è invece una **infinità di particelle**.

Con la sensazione il simile conosce il simile

La **sensibilità** opera attraverso i **contrari**, in quanto, ad esempio, se si è accaldati si percepisce il freddo delle cose e, viceversa, se si è freddi si percepisce il calore delle cose. In ciò Anassagora si distanzia da quanto sosteneva Empedocle, il quale riteneva che solo il simile potesse conoscere il simile. L'accumulo di sensazioni si sedimenta nella memoria, che conserva l'**esperienza acquisita**.

3.3 I semi come elementi infinitamente indivisibili

I semi (omeomerie), particelle differenti per qualità e divisibili

Per Anassagora il mondo è un aggregato indefinito di particelle che egli chiama **semi** (*spérmata* in greco); la tradizione filosofica, seguendo la terminologia usata da Aristotele, le chiama comunemente **omeomerie** (particelle le cui parti sono simili al tutto che contribuiscono a creare). Queste particelle si differenziano nei loro aspetti qualitativi (come sosteneva Empedocle per i suoi quattro elementi eterni) e non in quelli quantitativi (come sostenevano invece Leucippo e Democrito). Ogni seme è a sua volta un insieme di numerose qualità.

Tutto è in tutto

Tutto è in tutto; ogni cosa contiene in sé i semi di tutte le altre, ma in essa prevalgono quelle che lo fanno essere un certo elemento e non un altro. Ad esempio, all'interno di un seme-acqua, sono contenuti i semi di tutti gli altri elementi come aria, terra, fuoco, oro ecc. anche se prevalgono quelli dell'acqua: «All'uomo sapiente tutta la Terra è praticabile, poiché dell'anima buona è patria il mondo intero».

Ogni seme è dunque **infinitamente divisibile** in parti, in ognuna delle quali compaiono tutte le qualità. Anassagora sostiene che qualsiasi quantità, per quanto piccola, può sempre essere ancora suddivisa, poiché essa non si può mai ridurre a nulla.

Anche cose eterogenee tra di loro hanno sempre **qualcosa in comune**, per cui possono sempre trasformarsi le une nelle altre.

3.4 Le caratteristiche dei semi

In un seme specifico prevalgono i semi di quella qualità

Per chiarire il senso della sua dottrina Anassagora utilizza esempi tratti dalla **fisiologia**. Noi mangiamo un pezzo di pane e beviamo un bicchiere d'acqua; questi alimenti si trasformano nel nostro corpo in sangue, carne, ossa, ossia in qualcosa di molto diverso dal pane e dall'acqua. Ma ai nostri sensi una cosa appare come pane, un'altra come acqua, un'altra ancora come oro e via dicendo. Anassagora spiega la capacità di cogliere la differenza tra le cose affermando che in in esse **un tipo di seme predomina sugli altri**, per cui una cosa ci appare come pane, un'altra come oro…

I composti soggetti al divenire

Particelle qualitativamente diverse e numericamente infinite, quindi, costituiscono la realtà originaria e queste particelle per Anassagora sono eterne, indistruttibili e immodificabili. Le cose sono il risultato del mescolarsi di tali particelle, che non nascono e non muoiono. **Nascono** e **muoiono**, secondo Anassagora, soltanto **le combinazioni di particelle**, ma non queste ultime; ne consegue che nella realtà – cioè nella realtà delle particelle-semi – nulla nasce e nulla perisce. Inoltre nulla cresce e nulla diminuisce, dal momento che il numero delle particelle-semi non cambia nei processi di unione e di separazione.

3.5 Il *noûs* come regolatore dei fenomeni

ANTOLOGIA FILOSOFICA
Anassagora, *Frammenti*

Il *noûs* origine del movimento e dell'ordine

Resta da spiegare perché queste particelle si mescolino, si riuniscano e si separino, dando luogo ai fenomeni della natura che quotidianamente osserviamo. È qui che Anassagora introduce il concetto di **intelletto** (***noûs*** in greco), costituito da un insieme di particelle di materia più sottile delle altre, che con la sua azione rompe la comunanza originaria delle particelle e, provocando una specie di vortice – continuando a stare all'interno delle particelle –, dà origine a quell'insieme di agglomerati e separazioni che costituisce il nostro mondo e gli altri simili al nostro.

Pluralità di mondi

Gli **agglomerati di semi** danno origine alle cose naturali e quindi anche agli uomini; poiché la materia è ovunque omogenea, ovunque ci siano agglomerati è possibile che ci sia vita. Nell'universo, pertanto, ci sono probabilmente una **pluralità di mondi** abitati da altri uomini: «Bisogna supporre […] che uomini siano stati composti e le altre creature quante hanno vita, e che questi uomini abbiano città abitate ed opere costruite, come da noi, e abbiano il sole e la luna e tutto il resto, come da noi, e che la terra produca per loro (molte cose) e di ogni genere, che essi usano portando le migliori a casa» (DK 59 B 4).

Anassagora: *noûs*, semi e fenomeni

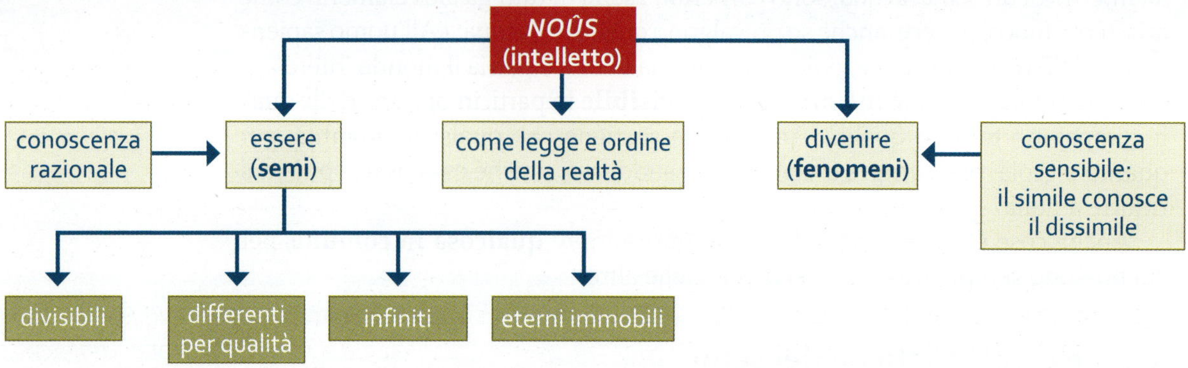

3.6 La pluralità dei mondi

Questa tesi della **pluralità dei mondi** è di grande interesse, in quanto toglie fondamento alla religione istituzionalizzata (per esempio credere gli dei all'origine dell'universo). Anassagora nella sua dottrina non lascia alcuno spazio agli dei e alla loro azione sul mondo.

Il *noûs* è di materia sottilissima, eterno e causa del movimento iniziale

L'intelletto (il *noûs*) per Anassagora non è infatti assimilabile ad un dio. Esso è costituito da una **materia sottilissima**, è eterno come tutte le particelle-semi. È una specie di **anima del mondo**, ma non separata dal mondo: ha dato la spinta iniziale, ha provocato il movimento, le mescolanze che a noi appaiono nascita e morte, ma continua a stare dentro l'insieme di mescolanze che costituiscono l'universo con i suoi numerosi mondi simili al nostro.

Anassagora fa un lungo elenco delle caratteristiche e del fondamentale ruolo svolto da questo principio. Ciò che distingue il *noûs* dai semi è la sua assoluta purezza e sottigliezza. L'intelletto è **padrone di se stesso** poiché non è mescolato a nessun'altra cosa, altrimenti subirebbe i mutamenti di queste, ma **tutto governa e dirige** secondo un **ordine necessario**.

T6 «[Il *noûs*] la più sottile di tutte le cose»

Quali sono le caratteristiche dell'intelletto (*noûs*)?

Tutte le altre [cose] hanno parte a tutto, mentre l'intelletto è alcunché di autocrate e a nessuna cosa è mischiato, ma è solo, lui in se stesso [...] perché è la più sottile di tutte le cose e la più pura: ha cognizione completa di tutto e il più grande dominio e di quante [cose] hanno vita, quelle maggiori e quelle minori, su tutte ha potere l'intelletto.

(Anassagora, fr. DK 59 B 12, in *I Presocratici*, cit.)

Il *noûs*, che tutto governa e conosce, è illimitato

Il *noûs* è **illimitato in grandezza** perché, a causa della sua rarefazione, si estende senza limiti; è senza limiti in piccolezza perché, a causa della sua purezza, è contenuto in tutte le cose.

Dato che la conoscenza avviene attraverso i contrari (il caldo per sentire il freddo, il dolce per l'amaro), l'intelletto solo, che è diverso da tutti gli elementi, può conoscerli tutti.

Sintesi

Le filosofie pluralistiche

Empedocle

Empedocle, con Leucippo, Democrito e Anassagora fa parte dei cosiddetti fisici pluralisti, i pensatori che tentano di rifondare una scienza del mondo dei fenomeni, non accettando che questo sia ridotto a mondo dell'apparenza, e sostenendo che il principio è non uno, ma molteplice e possiede tutte le altre caratteristiche individuate da Parmenide.

Empedocle individua quattro radici, terra, acqua, aria e fuoco come *arché* originari che, unendosi e disunendosi, generano la nascita e la morte di tutte le realtà del mondo sensibile.

Essendo però i quattro elementi immobili, è necessario che per produrre le mescolanze o le dissoluzioni operino due forze: Amore e Odio.

L'universo è retto da un processo ciclico: lo «sfero» è il regno della concordia e quindi della massima unità, poi incomincia ad agire l'Odio che disunisce parzialmente generando il cosmo, in seguito l'Odio porta alla totale disintegrazione e infine interviene nuovamente l'Amore che "ricompatta" progressivamente gli elementi per ritornare allo «sfero».

È il simile che ci permette di conoscere il simile: ad esempio, conosciamo il caldo perché siamo caldi.

Leucippo e Democrito

Gli atomisti Leucippo e Democrito identificano l'essere con gli atomi, particelle indivisibili, differenti per aspetti quantitativi e infinite, e il non essere con il vuoto, spazio infinito in cui gli atomi, imperituri e ingenerati, dotati di movimento meccanico proprio, possono muoversi.

I mondi infiniti sono il risultato delle collisioni caotiche tra atomi trascinati in un vortice.

Tutto ciò che avviene è determinato da una ferrea necessità meccanica.

Solo la ragione ci permette di conseguire una conoscenza autentica poiché ci consente di concepire gli atomi e le loro caratteristiche strutturali.

La conoscenza sensibile è soggettiva e deriva dall'incontro tra gli effluvi che provengono dagli aggregati di atomi e i nostri organi di senso.

Sul piano della morale, Democrito sostiene che la nostra condotta deve mirare alla saggezza come moderazione ed equilibrio.

Anassagora

Anassagora, primo filosofo ad Atene, parla di elementi originari, i semi, che con la loro mescolanza generano tutte le cose.

In essi sono contenute tutte le possibili qualità, ma una sola, predominando, decide la natura della stessa particella. Ecco perché si riferisce ad Anassagora la tesi che «tutto è in tutto».

La sua visione del cosmo è assolutamente naturalistica poiché esclude ogni presenza divina.

A dare ordine ai semi, detti anche omeomerie (particelle simili, secondo Aristotele), è un'intelligenza, il *noûs*, mente ordinatrice e forza materiale, non spirituale.

Verifica. Verso le competenze

Conoscenze

1. **Prendi in considerazione le riflessioni su essere e non essere e sui caratteri dell'essere. Quali sono gli elementi di continuità fra il pensiero dei tre filosofi pluralisti e quello di Parmenide?**
2. **Quali sono le radici della realtà per Empedocle e Anassagora e da quale principio sono mosse e ordinate?**
3. **Quali sono i caratteri degli atomi democritei?**
4. **Qual è per Democrito la condizione che permette agli atomi di muoversi creando i loro aggregati?**
5. **Quale ruolo ha la conoscenza sensibile per Democrito?**

Abilità (lavoro sui testi)

T7 La necessità dell'essere

La spiegazione data da Democrito sulla natura del cosmo, e sul suo essere e divenire è di tipo razionale: infatti per gli atomisti la sensibilità fornisce una conoscenza assolutamente soggettiva e quindi produce solo opinione. Il pieno e il vuoto sono oggetto della conoscenza razionale.

Analogamente anche il suo [di Leucippo] discepolo, Democrito di Abdera, pose come principio il pieno e il vuoto, chiamando essere il primo e l'altro non essere; essi, infatti, considerando gli atomi come materia dei corpi, fanno derivare tutte le altre cose dalle differenze degli atomi stessi. Le differenze sono: misura, direzione, contatto reciproco, che è quanto dire forma, posizione e ordine. Essi ritengono infatti che per natura il simile è posto in movimento dal simile e che le cose congeneri sono portate le une verso le altre e che ciascuna delle forme, andando a disporsi in un altro complesso, produce un altro ordinamento; di modo che essi, partendo dall'ipotesi che i princìpi sono infiniti di numero, promettevano di spiegare in modo razionale le modificazioni e le sostanze e da che cosa e come si generano i corpi; perciò essi anche dicono che soltanto per coloro che considerano infiniti gli elementi tutto si svolge in modo conforme a ragione [...].

(Simplicio, fr. DK 68 A 38)

Lettura guidata

Il pieno sono le infinite sostanze, gli enti solidi chiamati atomi, poiché indivisibili. Il vuoto è lo spazio infinito. Nel vuoto infinito gli enti infiniti si muovono per un proprio squilibrio, finendo con l'incontrarsi.

Tutte le cose che noi conosciamo attraverso l'esperienza sono aggregati di atomi, diversi tra loro per misura, posizione e ordine. Dall'incontro degli atomi scaturiscono le aggregazioni, nelle quali gli enti microscopici sono trattenuti per le proprie strutture geometriche.

Il simile attira il simile, le cose dello stesso genere si attraggono a vicenda; le stesse forme, quando si uniscono in un altro composto danno luogo ad un altro insieme.

Controllo della comprensione

1. **Che cosa sono gli atomi per i corpi?**
2. **Quali sono le differenze che distinguono un atomo dall'altro?**
   a. Forma e direzione.
   b. Misura e posizione.
   c. Misura e ordine.
   d. Forma, posizione, ordine.
3. **Qual è il significato di «congeneri» nell'espressione «cose congeneri»?**

L'induismo

1. Le filosofie orientali e quella occidentale

Quando si parla di tradizioni filosofiche tramandateci dall'antichità, possiamo far riferimento alle seguenti tre aree geografiche:

1. area indiana: documentata dai testi più antichi, presenta due correnti principali, la brahmanica e la buddhista, entrambe ricche di articolazioni interne, perpetuatesi e rinnovatesi nell'arco di molti secoli, fino all'epoca moderna;

2. area cinese: anch'essa caratterizzata da due correnti principali, confucianesimo e taoismo;

3. area greca: le realtà più significative sono due anche in questo caso, quella platonica e quella aristotelica, perpetuatesi e rinnovatesi, in numerose articolazioni, fino all'inizio dell'epoca moderna (in particolare nel confronto con le tre religioni monoteiste: giudaismo, cristianesimo e islamismo ognuna delle quali si richiama al «Libro» contenente la «Rivelazione»); ad esse si affiancano, anche qui in posizione e con influenza complessivamente marginali, altre correnti, in particolar modo quella stoica ed epicurea.

In tutte e tre le aree appena accennate ciò che favorisce e caratterizza la nascita e lo sviluppo della filosofia come attività culturale autonoma è il distacco operato, da alcuni individui o da gruppi di individui colti, nei confronti delle rispettive tradizioni religiose, la cui continuità è assicurata da uno specifico ceto sociale-culturale (sacerdoti), regolarmente retribuito per esercitare tale funzione. Nelle aree nelle quali non si è formato un gruppo di individui colti che si è "separato" dal ceto sacerdotale la filosofia non si è sviluppata (come, ad esempio, nella civiltà egiziana e in quella assiro-babilonese).

Quali sono le cause di questa separazione, questo distacco, da parte di individui singoli o di gruppi di individui dalle tradizioni religiose del loro Paese?

Alcuni nobili di corte indiani porgono i loro omaggi a un asceta (XVIII sec.).

2. Religioni e filosofie

Rispondere a questa domanda ci aiuta a definire cos'è la filosofia come attività autonoma distinta dalla religione, ma anche da tutte le altre attività "culturali" che, come la scienza, l'arte, la tecnica, sono anch'esse nate da un'analoga separazione rispetto alla religione e al ceto sociale-culturale dal quale la religione viene tenuta in vita.

In ciascuna delle tre aree menzionate – indiana, cinese e greca – in un preciso momento storico, la religione non viene più ritenuta sufficiente, da alcuni individui o gruppi di individui, ad assolvere i compiti a cui era tradizionalmente preposta. Il compito fondamentale è cercare di dare una risposta alle domande che ciascun essere umano, nel corso della propria vita, si pone e che riguardano da una parte il mondo esterno (la sua origine, la sua natura, il suo funzionamento), dall'altra il senso, il valore, della sua vita e delle sue azioni, anche rispetto agli altri individui e alla realtà circostante.

In molte aree e periodi della storia del mondo la religione è stata ritenuta sufficiente ad assolvere i compiti ai quali abbiamo fatto cenno. Per l'antichità possiamo pensare all'Egitto, con la sua casta sacerdotale perpetuatasi per diversi millenni; all'area assiro-babilonese, anch'essa caratterizzata dalla presenza di una casta sacerdotale perpetuatasi per millenni nonostante il susseguirsi di diversi regimi; all'area marginale, ma destinata a svolgere un'influenza molto grande, del popolo ebraico, la cui religione – il giudaismo – è rimasta pressoché immutata fino ad oggi. Per il periodo medievale, possiamo pensare all'area europea, nella quale il cristianesimo è stato per molti secoli la religione universalmente condivisa; alla vasta area islamica, che pure ha avuto al suo interno un periodo di "concorrenza" filosofica rapidamente assorbita, e che ancora oggi, in molti paesi, vede dominare in maniera esclusiva la religione inaugurata da Maometto; alla versione induista del brahmanesimo, che da oltre un millennio ha emarginato nel continente indiano il buddhismo; ad alcune aree orientali nelle quali si sono affermate versioni religiose differenziate dello stesso buddhismo.

Un giovane brahmano, esponente della più alta tra le caste indiane.

Non tutti i periodi e non tutte le aree del passato – e del presente – sono stati caratterizzati da questa sorta di accettazione generale, universale, della religione della propria epoca e del proprio Paese. Nelle tre aree sopraindicate (indiana, cinese, greca), e nello stesso arco di secoli, alcuni individui o gruppi di individui presero atto che la religione non assolveva in maniera soddisfacente i compiti per i quali essa esisteva. Essi cercarono perciò vie diverse da quella religiosa, per trovare risposte più adeguate. Queste vie diverse costituiscono, in maniera diversa nelle diverse aree, le tradizioni filosofiche tramandateci dal lontano passato di quelle tre aree culturali. Brahmanesimo e buddhismo filosofici nell'India antica, confucianesimo e taoismo filosofici nella Cina antica, platonismo e aristotelismo nella Grecia antica, insieme alle correnti filosofiche collaterali e meno influenti in ciascuna area, hanno costituito le risposte non religiose alle domande di senso (della vita nostra e degli altri, e del mondo in generale) che ognuno di noi, in qualsiasi periodo o Paese viva o sia vissuto, si è posto e continua a porsi, nei momenti "liberi" della propria vita.

3. La religione e la filosofia nel mondo orientale

Nei sistemi filosofici orientali le preoccupazioni religiose – o almeno quelle che a noi occidentali appariono tali – risultano centrali. Difficilmente si riesce a distinguere il piano strettamente religioso da quello più propriamente filosofico-speculativo. Nelle culture orientali la religione, ancor oggi, penetra profondamente il tessuto sociale e l'*êthos* («costume») di un popolo, tanto che, senza di essa, non sarebbe possibile comprendere gli atteggiamenti (ad esempio le forme di rispetto condivise) o l'organizzazione sociale (ad esempio le rigide distinzioni di casta) o famigliare (le gerarchie tra consanguinei e i sentimenti di "debito" reciproco).

Un'altra differenza rispetto alle filosofie occidentali è l'assenza o la ridotta presenza di una tradizione filosofica scritta e di filosofi storicamente identificabili, e quindi anche suscettibili di essere messi in questione, o anche solo interpretati, all'interno di una tradizione filosofica. Per secoli e secoli la trasmissione dei testi filosofico-religiosi è stata orale; poi, in tempi più recenti, affidata a supporti deperibili come le foglie di palma, che richiedevano un continuo lavoro di copiatura. La figura del pensatore, del filosofo o del commentatore originale di un testo quasi scompare.

Per queste ragioni abbiamo una conoscenza molto più precisa e dettagliata del nostro passato filosofico rispetto a quella delle aree culturali indiana e cinese. Per fare un esempio: noi di solito conosciamo, con ragionevole certezza, l'autore, la data e le modalità di composizione e di trasmissione nel corso secoli di qualsiasi testo filosofico della tradizione del passato; sono rari i casi di incertezza su tali dati. Per le aree indiana e cinese accade esattamente l'opposto: sono molto rari i casi in cui possiamo datare con precisione la composizione di un testo (talvolta le datazioni variano non di qualche anno ma addirittura di qualche secolo), come pure sono rari i casi in cui possiamo attribuire senza ombra di dubbio la paternità di un'opera. Di qui la grande differenza tra un normale manuale di filosofia greca (e occidentale in generale) e quello di filosofia indiana o cinese.

4. La religione indiana

L'origine della tradizione religiosa e filosofica indiana è costituita dalla formazione e codificazione del sapere rivelato, depositato nei quattro libri dal titolo generale di *Veda* (letteralmente «saggezza»). Tramandati per secoli per via orale, sembra abbiano raggiunto la forma che noi conosciamo nel periodo che va dall'VIII al III-II secolo a.C. Ognuno dei quattro libri è a sua volta suddiviso in quattro sezioni (inni, formule rituali, regole sacrificali e considerazioni di carattere etico-religioso-filosofico), l'ultima delle quali ha lo stesso titolo in ciascun libro, *Upanishad* (che significa «siedi qui sotto»; il riferimento è al rapporto tra il saggio e l'allievo). Si può ben dire che tutto l'insieme delle tradizioni religiose e filosofiche della civiltà indiana si sia formato, sviluppato e diversificato in riferimento a questi testi originari: le tradizioni che vi si adeguano sono chiamate in genere "ortodosse" (conformi alla tradizione ufficiale istituzionalizzata); quelle che non vi si adeguano, "eterodosse" (difformi dalla tradizione).

Brahma, la divinità creatrice dell'universo, raffigurato a cavallo di un'oca in una stampa settecentesca.

Dai *Veda* traggono origine sia le tradizioni religiose sia quelle filosofiche. Queste ultime si precisano nel differenziarsi di un discorso, filosofico appunto, distinto e resosi successivamente autonomo rispetto alla tematica specificamente religiosa.

La religione indiana, come la maggior parte delle religioni antiche, traduce e traspone in termini di entità divine le principali forze o i più importanti aspetti della natura: il fuoco, l'acqua, la luce, la terra e così via. Gli inni più antichi, raccolti nei *Veda*, documentano in maniera molto semplice e chiara il carattere naturalistico delle divinità personificanti, appunto, forze e aspetti della natura.

La mitologia composita e complessa che ne risulta ha molti tratti in comune con quella indoeuropea, anche se numerose caratteristiche provengono dalle religioni indigene dell'India arcaica. La pratica religiosa, officiata dai sacerdoti, i brahmani, consisteva in preghiere e sacrifici (offerta di animali o cibo, che poi veniva consumato dagli officianti e dai partecipanti al rito). Fin dai tempi più remoti dell'induismo, dovevano essere presenti pratiche ascetiche e culti magici che poi avrebbero continuato a caratterizzare la religione e il pensiero indiano.

Le figure principali dell'antico pantheon indiano sono Brahma, Vishnu e Shiva. Essi costituiscono la Trimurti e rappresentano sostanzialmente le tre funzioni principali nel ciclo dell'universo: creazione (Brahma), conservazione (Vishnu) e distruzione o riassorbimento dell'universo (Shiva).

Altri testi, raccolti sempre nei *Veda*, ci mostrano il graduale modificarsi del rapporto tra le diverse divinità, tra le quali, alternativamente, una o l'altra assume una posizione di supremazia. Si tratta, per così dire, di un primato mobile, dal momento che nessuna delle divinità ha raggiunto, in questo sviluppo, un primato stabile. Nel corso dei secoli, e in particolare nei testi epico-mitico-religiosi formatisi tra il III secolo a.C. e il III secolo d.C. e riconosciuti da tutta la cultura indiana come continuatori della tradizione vedica, si è venuta a comporre una sorta di famiglia al vertice del politeismo indiano: quella formata dalle due coppie Shiva-Parvati e Vishnu-Lakshmi. Le incarnazioni (*avatar*) di Vishnu sono Krishna e Rama, il primo eroe del poema epico *Bhagavadgītā*. Queste incarnazioni della divinità, che appaiono come un'espressione più umana e vicina a noi del dio, sono oggetto di particolare venerazione.

Raffigurazione di Vishnu proveniente da Jaipur (XIX sec.).

5. I grandi poemi epico-religiosi

Da questa "famiglia", che sta al vertice della religione induista, prolifera poi una miriade di dei minori, spesso rappresentati dagli *avatar*, o personificazioni, di quelle sei divinità che costituiscono le coppie principali (in ogni coppia, il primo nome è quello del dio maschio, che però, in qualche caso, può assumere sembianze femminili). La maggior parte dei miti religiosi riferiti alle divinità principali e alla loro discendenza, o alle loro successive manifestazioni, si trova in una serie di testi, in genere letterariamente molto pregevoli, dal titolo complessivo di *Purāna*. Altri riferimenti a queste divinità si trovano nei due grandissini poemi epici dello stesso periodo, il *Rāmāyaṇa* («Il viaggio di Rama») e il *Mahābhārata* («La grande storia di *Bhārata*»).

Il *Rāmāyaṇa* racconta, in una maniera insieme realistica e fiabesca, le avventure del più noto eroe della civiltà indiana, il giovane Rama (incarnazione di Vishnu), alla ricerca della sposa Sita, rapita dal suo nemico Ravana e tenuta prigioniera in una zona forse riconducibile all'isola di Ceylon. Secondo alcuni la vicenda rievocherebbe, in termini mitici, l'invasione dell'India da parte degli indoeuropei, il cui eroe, Rama, rappresenta anche la nuova religione, quella appunto di ascendenza vedica, portata in India dal popolo invasore.

Il *Mahābhārata*, un poema di gran lunga più ampio del precedente, racconta le guerre intestine tra i principali clan dei popoli indoeuropei che hanno occupato l'India. Il momento più alto dell'opera, uno dei vertici della civiltà religiosa e letteraria indiana, è costituito da un gruppo di capitoli del libro sesto, in genere pubblicati in maniera indipendente sotto il titolo *Bhagavadgītā* («Il canto del Signore Divino»). In queste pagine, tradotte in molte lingue e molto note, avviene il dialogo tra il dio Krishna e il guerriero Arjuna, angosciato all'idea di dover combattere contro l'esercito schierato davanti a lui, esercito in cui riconosce alcuni suoi parenti stretti. Il dio Krishna (qui alquanto diverso dal giovane dio innamorato di Radhā, che godrà di una popolarità e di una devozione immense nell'induismo, a causa della maggiore somiglianza con un giovane essere umano e anche a causa dell'esaltazione dell'erotismo in alcune sue vicende) rassicura il guerriero Arjuna: le vicende umane non sono nulla rispetto a quelle cosmiche, caratterizzate da una unificazione sostanziale di tutte le cose, di tutti gli esseri umani e di tutti gli dei, sotto il dominio provvidenziale di un dio supremo che assorbe in sé tutti gli dei e tutta la realtà.

Krishna e Arjuna, in assetto da combattimento, si apprestano alla battaglia (XVIII sec.).

Il *Bhagavadgītā* è un testo chiave per comprendere lo sviluppo della religione indiana, dai numerosi dei naturalistici dei primi *Veda* alle coppie di divinità maschili e femminili della trasformazione induista del politeismo vedico. Quest'ultimo si era sviluppato in direzione monoteistica e anche panteistica. Ma queste due direzioni verranno sopraffatte, nel campo specificamente religioso, dal politeismo "a coppie" dell'induismo. La direzione monoteistica e panteistica, semmai, verrà sviluppata non nel campo della religione ma in quello della filosofia, sempre di ascendenza vedica.

6. Devozione e pratiche religiose

Occorre fare un accenno alle pratiche religiose dell'induismo per comprendere la presenza della religione nel pensiero e nella vita indiana. La preghiera, interiore e a voce, è basata sull'invocazione di mantra o formule sacre, ripetute o cantate come una litania. Questa ripetizione incessante di una preghiera (ad esempio il famoso mantra «Om»), associata all'adozione di una particolare posizione corporea e al controllo del respiro, si fonda sulla convinzione dell'esistenza di una particolare unità che connette la mente con il corpo.

La pratica delle tecniche yoga facilita l'accesso, attraverso esercizi fisici e di meditazione, al più alto livello di spiritualità interiore.

Il culto riveste grande importanza nella vita quotidiana e consiste in abluzioni, preghiere rivolte agli dei, adorazione di immagini sacre consacrate, cerimonie collettive nei templi con l'offerta di fiori, incenso, frutta e burro fuso. In questa forma di religiosità convergono pratiche brahmaniche, così come antichi riti naturalistici anteriori all'introduzione del brahmanesimo (presumibilmente precedenti le invasioni ariane dell'India), cosicché la pratica religiosa appare non solo onnipresente nella vita, ma anche particolarmente varia, colorata e gioiosa.

L'esistenza virtuosa, per il devoto indù, deve passare attraverso quattro stadi: il primo consiste nell'apprendimento dei *Veda* e dei testi sacri della tradizione; il secondo è dedicato alla famiglia, agli obblighi religiosi, morali e civili; il terzo è quello della vecchiaia, che prevede il ritiro nella foresta dedicato alla preghiera e alla contemplazione; il quarto è lo stato di rinuncia totale, la condizione di monaco mendicante che può anche essere scelta in ogni altro momento della vita, ma che pochi riescono effettivamente a raggiungere. La figura dell'asceta senza casa, casta o nome è la condizione ideale della spiritualità indiana.

Tra le discipline che conciliano la cura dell'anima con quella del corpo riveste una grandissima importanza lo yoga. Si tratta di una tecnica di controllo del respiro, di concentrazione e di meditazione. Nonostante lo yoga prescriva, in certe sue varianti, esercizi fisici o anche di sublimazione delle energie sessuali, la sua finalità è di essere una via di accesso alla più alta forma di vita spirituale. Il suo obiettivo è la congiunzione del praticante (lo *yogin*) con l'assoluto; resta un fatto che pochi raggiungono (o intendono raggiungere) questa meta, sebbene molti possano godere dei benefici fisici e psichici apportati dalle tecniche yoga di rilassamento, concentrazione e respirazione.

7. I sistemi filosofici

I *Veda* sono all'origine sia della religione sia della filosofia indiane. La filosofia trova le sue prime manifestazioni nelle sezioni finali dei *Veda* e cioè nelle *Upanishad*. Si tratta di circa duecento testi, di varia lunghezza, frequentemente tradotti in molte lingue. In questi testi, resi noti alla cultura europea tra la fine del Settecento e i primi dell'Ottocento, si trovano i temi e i concetti chiave della originaria riflessione filosofica indiana, sviluppati, articolati e commentati sia dalle tradizioni ortodosse sia da quelle eterodosse, che ne avrebbero rifiutato parti consistenti. Altri testi della tradizione vedica o brahmanica si sarebbero occupate, nei secoli immediatamente successivi alla codificazione dei *Veda*, di altri problemi relativi all'organizzazione pubblica e privata della società indiana.

Anche la parte filosofica dell'eredità vedica è opera dello stessa casta, quella brahmanica, alla quale si deve l'elaborazione delle dottrine religiose incorporate nei *Veda* e nei testi successivi. La filosofia nasce quindi nell'ambito dell'unico strato sociale capace di elaborare intellettualmente, per il possesso esclusivo degli strumenti concettuali e intellettuali, teorie generali e particolari, quello dei brahmani. Il ceto brahmanico, dedito alla religione, trovava la sua ragione d'essere e di vivere nell'ambito dell'espletamento di riti, sacrifici e cerimonie relativi alle molte divinità del politeismo vedico e nelle molte occasioni della vita privata e pubblica che richiedevano il suo intervento (nascite, matrimoni, funerali, eventi pubblici solenni). La parte del ceto brahmanico che cercherà nella filosofia, e nelle regole di vita da questa suggerite, la sua ragion d'essere e di vivere eliminerà i riti, i sacrifici, le cerimonie dal suo orizzonte teorico e pratico e, con essi, eliminerà gli dei della tradizione vedica.

8. *Brahman* e *atman*

La prospettiva filosofica che emerge dall'insieme delle *Upanishad* e dei testi successivi, nelle sue articolazioni e variazioni, che in alcuni casi conservano il riferimento a pratiche della religione istituzionalizzata (per esempio la recitazione della sillaba «Om»), è ormai di fatto al di fuori della religione vedica con i suoi numerosi dei.

Già nelle prime *Upanishad* vi è una marcata speculazione mistico-filosofica associata a una ricerca etica, in cui si dimostra una interiorizzazione dei riti religiosi e un'apertura verso problemi filosofico-razionali: l'origine del cosmo, il sé, la realtà, il rapporto con l'assoluto. La realtà viene considerata come un'unica "tensione" tra un principio universale e oggettivo (*brahman*, una sorta di anima dell'universo) e un principio individuale e soggettivo (*atman*, una sorta di anima dei singoli esseri umani), che la riflessione, la meditazione e la pratica di vita filosofica riescono a unire in un reciproco assorbimento. La finalità pra-

Una cerimonia indù celebrata con un accompagnamento musicale e l'offerta rituale di cibo (XVII sec.).

tica di questa dottrina, in cui si afferma l'unità di tutta la realtà, consiste nell'aiutare l'essere umano a raggiungere la consapevolezza dell'identità del proprio *atman* e del *brahman* universale. Si tratta però di un cammino lungo e difficoltoso, poiché la vita umana è inserita in un ciclo universale di nascite e rinascite (*samsara*): gli impulsi che spingono all'agire (*karma*) possono essere superati tramite il sapere filosofico e la meditazione, consentendo la liberazione da quel ciclo (*moksha*).

I filosofi-brahmani indicano quindi, sia in alcune *Upanishad* sia soprattutto in un testo contemporaneo o di poco successivo, il *Codice di Manu*, i tempi e le modalità, le scansioni della vita umana, in riferimento soprattutto a quella brahmanica, che portano gradualmente alla liberazione. Non dimentichiamo, infatti, che la società in cui vivono e dominano i brahmani è una società strettamente gerarchica e rigidamente castale. Il *Codice di Manu*, espressione diretta del ceto brahmanico, indica le quattro caste in gerarchia discendente: i brahmani, con funzione sia di sacerdoti sia di insegnanti, depositari cioè della cultura e dei suoi strumenti; i *ksatriya*, titolari dell'azione di governo e di difesa (re, guerrieri, principi vari); i *vaishya*, mercanti e commercianti; i *shudra* infine, cioè gli agricoltori e i titolari di un'attività economica produttiva in genere. Tutti coloro che non rientrano in queste categorie sono dei fuori casta, i paria, gli intoccabili, secondo alcuni studiosi le popolazioni indigene rese schiave dagli invasori indoeuropei.

Nel quadro di una siffatta società castale, la via della liberazione (*moksha*) dal ciclo delle nascite e rinascite (*samsara*) privilegia, ovviamente, i brahmani. Essi soli, da quanto si ricava leggendo il *Codice di Manu*, possono percorrere fino all'ultimo i quattro stadi della vita: quello iniziale di studente, che viene a conoscenza dei testi vedici; quello successivo di padre e capo di famiglia (i brahmani non praticavano il celibato); quello di abitatore delle foreste, cioè del padre di famiglia che da solo o con la moglie si ritira a vivere fuori dai centri abitati, una volta che i figli sono diventati adulti; quello infine dell'asceta eremita che, lasciando la moglie presso i figli, si ritira a vivere completamente isolato una vita di pura contemplazione e meditazione, di distacco dalle cose e dai problemi del mondo.

Un asceta in meditazione. La scelta mistica impone l'abbandono di ogni "distrazione" mondana per dedicarsi completamente alla vita contemplativa.

È una filosofia, quindi, che concepisce la vita umana, individuale e sociale, nel quadro complessivo della vita universale, e indica modalità di condotta individuali (contemplazione e meditazione) e non riti devozionali (cerimonie sacrificali per gli dei) per raggiungere la liberazione dal ciclo dell'esistenza corporea. Non si tratta di un invito indiscriminato a ritirarsi dal mondo, dalla vita della famiglia, degli affari, del governo. Anzi, il ceto brahmanico (per altro rigorosamente maschile) esalterà, in certo modo, la vita nei suoi due primi momenti (il giovane studioso e il capofamiglia, la vita economica e la vita pubblica, politica), dedicando ad essi diversi trattati: dall'*Arthashastra*, sull'ordinamento e l'impegno politico ed economico-giuridico e su come impegnarsi in esso, al *Kamasutra*, sulla varietà di modi in cui l'attività erotica può essere goduta, anche indipendentemente dalle finalità procreative. La via del ritiro dal mondo, con lo stadio finale dell'ascesi isolata, eremitica, della pura contemplazione e meditazione, riguarda gli anziani, i vecchi, e sembra limitata allo stesso ceto brahmanico di orientamento filosofico e non religioso.

Il buddhismo

TESTI ANTOLOGICI

VIDEO

1. Buddhismo e induismo

Contemporaneamente alle scuole ortodosse dell'induismo e, in generale, alla tradizione vedico-brahmanica, si affermano intorno al VI secolo a.C. quelle che vengono comunemente indicate come le "scuole eterodosse", cioè quelle che non riconoscono come autorità la tradizione vedico-brahmanica. Ecco le principali:

1. la scuola *cārvāka*, di tendenze scettiche e materialistiche, non organizzata in una tradizione ufficialmente riconosciuta;

2. la scuola giainica, di influenza limitata all'area nord-occidentale del continente indiano; tutt'oggi costituisce una realtà significativa nel tessuto culturale ed economico del Paese;

3. la scuola buddhista, la più ricca ed influente, soprattutto al di fuori dell'India, in cui è stata di fatto emarginata tra il V e il X secolo d.C.

Tutte queste scuole filosofiche, nelle loro differenti posizioni, nascono al di fuori della tradizione vedica e brahmanica in quanto istituzione castale sia nei suoi aspetti filosofici, sia nei suoi aspetti religiosi. Sono quindi scuole "laiche", anche se il buddhismo, in alcune sue versioni, soprattutto fuori dell'India, ha assunto col passare dei secoli caratteristiche apertamente religiose e di una religione fortemente istituzionalizzata.

2. Il Buddha o l'«illuminato»

Il buddhismo è la tradizione filosofica indiana più importante, dopo quella brahmanica e vedica, e quella che ha riscosso – e continua a riscuotere – il maggior interesse nella cultura occidentale dalla metà circa del XIX secolo, alcuni decenni dopo la diffusione delle *Upanishad* e di altri testi della tradizione vedica e brahmanica.

Siddharta, o Sakiamuni, o Gautama (sono questi i vari nomi del Buddha, termine che significa «il risvegliato» e, più in generale, «l'illuminato»), vissuto tra il VI e il V secolo a.C., trasgredisce, già nella sua biografia, una serie di importanti regole della tradizione vedica e brahmanica. È figlio di un re, quindi sembra appartenere non al ceto più alto, quello dei brahmani, ma al secondo, quello dei governanti e dei guerrieri, e quindi in qualche modo, come "maestro di vita" usurpa funzioni (l'insegnamento, l'ammaestramento) che non gli spettano: abbandona moglie e figlio quando è ancora molto giovane, trasgredendo il codice brahmanico che prevede la mutua soddisfazione

Buddha ritratto mentre pronuncia un sermone (IX-X sec. d.C.). Questo affresco proviene dalle grotte di Kumtura, che risalgono al primo periodo della diffusione in Cina della tradizione buddhista indiana (IV sec. d.C.).

– anche sessuale – tra marito e moglie e l'uscita dalla famiglia in una età più avanzata; vive per qualche anno la suprema esperienza della tradizione brahmanica, cioè quella ascetico-eremitica, ma la abbandona considerandola insufficiente; affronta l'esperienza dell'"illuminazione" e la giudica più alta di quella dell'ascesi eremitica, fondando di conseguenza una comunità di ricercatori dell'illuminazione o del risveglio, che nega l'isolamento eremitico come culmine della via per la liberazione.

Sono abbastanza note le vicende che hanno portato il giovane e prestante Siddharta, principe dei Sakya, a fuggire di nascosto dal palazzo reale e ad abbandonare moglie e figlio per scegliere prima la vita eremitica e poi, a seguito dell'illuminazione, la vita comunitaria di ricerca comune della liberazione dal ciclo delle nascite e rinascite: l'esperienza traumatica con la malattia, la povertà, la vecchiaia e la morte lo ha spinto a porsi domande sul senso e sul valore della vita e del mondo. Le risposte a tali domande scaturiscono dall'analisi della realtà considerata come un ciclo continuo di nascite e rinascite (non solo in forma umana ma anche animale), determinato dall'agire sollecitato dal desiderio e dagli impulsi alla vita in genere. L'ignoranza di tale fondamento della vita umana ci tiene legati a quel ciclo; l'illuminazione o risveglio, invece, ci permette di cogliere l'essenza della realtà e ci concede la possibilità di uscire da quel ciclo. Solo allora siamo in grado di interrompere il susseguirsi di nascite e rinascite e di pervenire all'annullamento dei desideri, cui consegue una serenità definitiva (*nirvana*).

Il principe Siddharta lascia il suo palazzo e la sua vita di agi per seguire la via dell'illuminazione (manoscritto illustrato del 1776).

3. La negazione del ciclo delle rinascite (*samsara*)

Il superamento dell'ignoranza, l'illuminazione, il raggiungimento dello stato di *nirvana* avvengono tramite un tipo di vita che nega la violenza (vige il divieto di uccidere qualsiasi essere vivente e di commettere suicidio) e che pratica la meditazione in comunità, la povertà, l'amore e la compassione verso gli altri, fino alla negazione della propria individualità nel caso in cui essa costituisca un ostacolo sulla strada della compassione.

Tra le numerose storie (*jataka*) che narrano dei suoi "cicli" di vita, una delle più celebri racconta che il Buddha, stando sull'orlo di un precipizio e

Un mandala («diagramma») di scuola tibetana (XIX sec.) che illustra il periodo che intercorre tra la morte e la reincarnazione.

vedendo sul fondo una tigre che, per fame, sta per divorare i suoi cuccioli, spinto da amore e compassione, si lancia e si offre come cibo alla tigre, morendo come "individuo", ma rimanendo nel "tutto indistinto" nel quale tutti noi siamo. L'amore e la compassione non sono limitati all'umanità.

Buddha ha potuto mettere in pratica e formulare il suo insegnamento per quarant'anni fondando comunità sempre più ampie. Comunità non esclusivamente brahmaniche, ma caratterizzate dalla partecipazione di appartenenti alle diverse caste e addirittura aperte anche alle donne, in palese contrasto con le rigide consuetudini castali e maschiliste della tradizione brahmanica.

4. Princìpi fondamentali del buddhismo, la «via di mezzo»

Più che una religione, il buddhismo, nei suoi tratti originali, appare ai nostri occhi come una filosofia o una pratica di vita che ha per fine l'estinzione del dolore.

Il Buddha, personaggio storico e, al di là delle leggende fiorite nei secoli successivi alla sua morte, più umano che divino, individua e predica una via per sottrarsi al dolore che permea l'esistenza. Nel suo primo sermone il Buddha enuncia le «Quattro Nobili Verità», e in questo modo conquista come primi discepoli i suoi cinque compagni del precedente periodo di vita ascetica, ai quali insegna come superare l'ascetismo sterile. Le «Quattro Nobili Verità» sono: la verità del dolore, che ognuno di noi può provare; la verità dell'origine del dolore, che deriva dal desiderio che – come una sete inestinguibile – affligge tutti gli esseri umani; la verità dell'estinzione del dolore; la verità della via che conduce all'estinzione del dolore.

L'esistenza è dominata dal dolore psichico e fisico, il desiderio ci incatena in un ciclo infinito di nascita e di morte (*samsara*), che si protrae in successive reincarnazioni. Il dolore deriva proprio dal fatto che ogni condizione od oggetto desiderato è transeunte, effimero, destinato a finire. Non solo il piacere sensibile è illusione, ma anche l'esistenza di un sé individuale (*atman*) è illusoria. Eliminare la sete o il desiderio, significherebbe dunque eliminare il dolore alla sua origine, partendo dalla causa e questa condizione è indicata come *nirvana*, letteralmente «spegnimento», «estinzione».

La formulazione della via per ottenere il *nirvana* è denominata l'«Ottuplice Sentiero», che prescrive delle regole di ordine pratico-morale per comportarsi in modo corretto e non lasciarsi ingannare dal mondo illusorio della realtà sensibile (*maya*). Queste otto regole sono: retta opinione, retta risoluzione, retto parlare, retto agire, retto modo di sostentarsi, retto sforzo, retta concentrazione, retta meditazione. Tali precetti prescrivono delle pratiche di vita morale e una adesione emotivo-intellettuale alla dottrina del Buddha, indicata come la dottrina della salvezza o la legge (*Dharma*).

Proprio il rifiuto dell'ascetismo, così come il rifiuto di cedere alle lusinghe dei sensi e ai piaceri illusori, fa sì che il buddhismo si qualifi come «la via di mezzo», distante sia dalla rinuncia al mondo sia dalla sua accettazione, entrambe fonti di sofferenza.

Le speculazioni teoretiche, quali le domande sull'esistenza dell'anima o di Dio, poiché non portano nulla ai fini della salvezza, vengono messe da parte dal Buddha, in quanto possono solo essere ragione di affanni e, quindi, non utili per il raggiungimento della serenità individuale.

5. Le principali scuole filosofiche del buddhismo

Nonostante alcuni concilii che, a cominciare dal IV secolo a.C., tentarono di fissare in maniera definitiva l'insegnamento filosofico e le regole pratiche per la comunità e anche per i laici (anche a costoro è aperta la strada dell'illuminazione), il buddhismo si è diversificato in tempi abbastanza rapidi con differenze anche radicali. In particolare, le due tradizioni principali, chiamate il «Piccolo Veicolo» (*Hinayana*) e il «Grande Veicolo» (*Mahayana*), si caratterizzano per alcune profonde differenze.

Il buddhismo del Piccolo Veicolo rimane sostanzialmente filosofico, con le pratiche comunitarie e di meditazione previste dall'insegnamemnto e dall'esempio del Buddha, e raccoglie in maniera sistematica i testi contenenti l'insegnamento attribuito direttamente a Siddharta nella monumentale raccolta chiamata *Le tre Ceste* (*Tripitaka*). Esso si svilupperà inizialmente nell'isola di Ceylon, e si diffonderà in maniera stabile in alcune aree estremo-orientali: Birmania,

Vita di Buddha, rotolo dipinto del XVIII secolo.

Thailandia e Sud-Est Asiatico; la figura dell'illuminato viene qui designata come il Santo (*arhat*), il quale, raggiunta l'illuminazione, non deve pensare più agli altri.

Il buddhismo del Grande Veicolo assume invece gradualmente connotazioni sempre più religiose, facendo del Buddha una sorta di divinità suprema di un ciclo cosmico lungo migliaia di anni; il Buddha si è manifestato più volte in questo ciclo storico prima dell'ultimo Buddha, come raccontano le numerose storie delle sue successive incarnazioni. Colui che cerca e raggiunge l'illuminazione (il *boddhisattva*) non perviene subito al *nirvana* e all'assorbimento nel Buddha-divinità, ma vive come un aspirante-Buddha che aiuta gli altri suoi simili nella via della liberazione: il *boddhisattva* viene riconosciuto e venerato, diventa oggetto di culto, come i numerosi dei del politeismo brahmanico.

La tendenza di questa versione del buddhismo è quella che porta a una religione istituzionalizzata, che si affermerà prima in India e poi (dopo il Mille, anche a seguito delle invasioni islamiche) verrà messa ai margini e alla fine cacciata dal continente e sarà sostituita completamente dall'induismo. Il buddhismo del Grande Veicolo ha messo radici comunque in altre aree dell'estremo Oriente ed è largamente professato ancora oggi.

6. Buddhismo tantrico e zen

Molto più tardi rispetto a questi due originari Veicoli si svilupperà, con dimensioni e influenza più limitate, un terzo Veicolo, quello «della Folgore» o «del Diamante» (*Vajrayana*), noto anche come buddhismo tantrico (i *tantra* sono testi che svolgono la funzione di formule magiche), nel quale largo spazio hanno le pratiche di tipo sessuale sublimate come esperienza massima di illuminazione e di ascesi.

Un'altra forma di buddhismo, che ha avuto una più larga diffusione in Cina e in Giappone che in India, è il buddhismo zen: secondo questa versione l'illuminazione non è necessariamente il risultato derivante dalla meditazione ma può avvenire in qualsiasi momento della vita quotidiana e costituisce una sorta di trasfigurazione, momentanea o duratura, di una qualsiasi esperienza, anche la più banale.

Nell'ambito del buddhismo si sono sviluppate, nel corso di oltre due millenni, scuole filosofiche per così dire specialistiche, nel senso che, come per le scuole ortodosse della tradizione brahmanica, sono stati affrontati problemi di vario genere, da quelli logico-linguistici a quelli etico-politici. Tali scuole – così come quelle brahmaniche – hanno continuato a essere attive fino al XVII secolo circa. Il buddhismo è comunque presente ancora oggi nelle sue varie versioni, dall'India all'Estremo Oriente, e ha messo radici anche in molte aree del mondo occidentale. Costituisce uno dei massimi contributi filosofici lasciatici dall'antica India e la sua ricca diversificazione non sembra mettere in pericolo, anzi sembra favorire, la sua vitalità nelle più varie regioni del mondo.

Il confucianesimo e il taoismo

TESTI ANTOLOGICI

1. La filosofia cinese

L'area cinese antica si presenta molto diversa rispetto a quella indiana. In quest'ultima, tranne alcuni periodi abbastanza brevi nei quali si è realizzata una unificazione politica e statuale peraltro parziale, la caratteristica di fondo è stata per millenni il frazionamento politico in regni di piccole o medie dimensioni; il che aveva consentito al ceto brahmanico di teorizzare e anche praticare il proprio primato rispetto ai ceti governanti. L'unificazione della civiltà indiana venne realizzata, in realtà, dalla casta dei brahmani sul terreno religioso e non dalla casta dei politici-guerrieri sul terreno politico-statuale.

In Cina la situazione è opposta. Tranne alcuni periodi nei quali il Paese fu diviso in diversi regni spesso in lotta fra di loro, l'unità politica rimase la regola. Il primato della sfera politica, statuale, su quella sacerdotale e religiosa venne quindi teorizzato e praticato fin da tempi molto antichi.

Ideogrammi cinesi in una composizione di arte tantrica destinata alla preghiera.

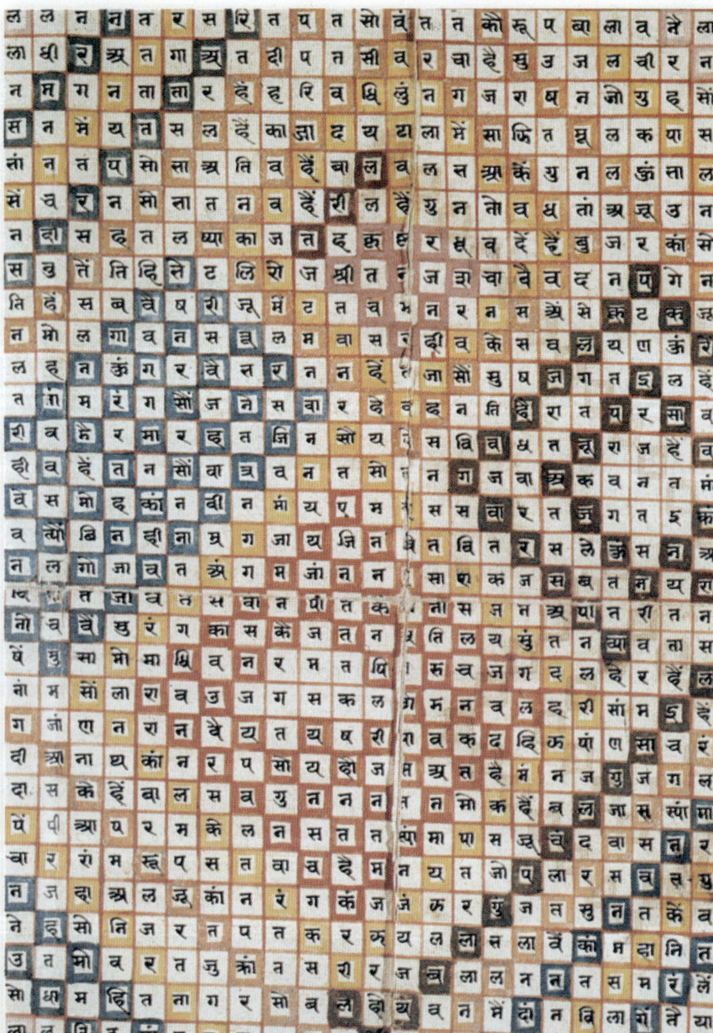

Possiamo anche indicare con maggior precisione rispetto all'area indiana le date, i testi e gli autori che, tra il VI e il III secolo a.C., hanno costituito il patrimonio essenziale del pensiero filosofico cinese dell'antichità: un patrimonio rispetto al quale gli autori dei duemila anni successivi hanno svolto un lavoro di commento, di arricchimento, ma non di sostanziali modifiche per quanto riguarda le tematiche di fondo. Anche questa possibilità di maggiore precisione su date e testi è dovuta al fatto che l'unificazione politica ha determinato una conservazione della memoria degli eventi attraverso l'uso della documentazione scritta e della storiografia finanziate ed organizzate dal potere centrale. Come vedremo, anche in Cina la filosofia nasce come conseguenza della inadeguatezza della religione rispetto alle esigenze che la sfera pubblica (obbedienza al potere imperiale) e la sfera privata (come vivere la propria vita individuale) manifestavano in maniera più acuta nei momenti di crisi della società cinese.

Il confucianesimo e il taoismo, le due principali correnti filosofiche, originatesi intorno al VI secolo a.C., proporranno delle risposte a quelle esigenze che risulteranno tanto valide ed efficaci da durare per millenni.

2. Il «Mandato del Cielo» e il Cielo senza dei

Gli storici fanno risalire a una data precisa, l'anno 1111 a.C., la svolta più significativa nell'antica cultura cinese, coincidente con il cambiamento della dinastia imperiale, con il passaggio dalla dinastia degli Shang (al potere da circa seicento anni) a quella dei Chou. La nuova dinastia dovette anzitutto affrontare il problema di darsi una legittimazione in qualche modo "religiosa", dal momento che la precedente dinastia era considerata la rappresentante in terra del potere del Signore divino in Cielo. La soluzione drastica adottata dai nuovi regnanti fu di considerarsi rappresentanti in terra non più del Signore divino in Cielo ma del Cielo stesso, inteso come impersonale legge di virtù.

È la teoria del «Mandato del Cielo», che da allora in poi accompagnò tutte le successive dinastie. Il Cielo di cui le dinastie regnanti portano e realizzano il "mandato" (governare rettamente) è ora un Cielo senza Signore, cioè un Cielo senza dei. La plurimillenaria storia della Cina ci mostra, dopo questa svolta, un'enorme area della civiltà antica priva ufficialmente – cioè nella sfera pubblica e politica – di una religione facente capo a una o più divinità dei residenti in cielo. Negli altri paesi dell'antichità, invece, il potere politico si legittimava in quanto rappresentante in terra del dio o degli dèi residenti in cielo.

La cosa risultò pressoché inspiegabile ai primi missionari cristiani che misero piede in Cina verso la fine del XVI secolo. I gesuiti, ad esempio, sostennero presso le corti europee che il Cielo dei cinesi si potesse assimilare al Dio dei cristiani; altri ordini religiosi in concorrenza missionaria con i gesuiti gridarono allo scandalo e alla bestemmia di fronte a questo paragone. Ne nacque una contesa che durò per circa un secolo e mezzo.

L'imperatore, dunque, si dichiara depositario del Mandato del Cielo e nessuno, ovviamente, può smentirlo, dato che non esiste un ceto sacerdotale indipendente in grado di contrastare il potere dei governanti. Non essendoci degli interlocutori divini in cielo cui rivolgersi direttamente per chiedere o ricevere lumi sul senso della vita e del mondo, su come comportarsi in maniera giusta e virtuosa, spetta a chi abita su questa terra trovare delle risposte. In particolare, tale compito spetta a chi è in grado di usare gli strumenti necessari all'analisi dei problemi e alla ricerca delle soluzioni, cioè, al personale intellettuale, colto, che viene formato per le esigenze amministrative del potere imperiale. Un grande impero centralizzato, infatti, ha bisogno di un numeroso e adeguato personale di funzionari per elaborare le leggi, i decreti, i divieti e le ingiunzioni e per applicarli. I filosofi dell'antica Cina nascono tra questo ceto di intellettuali-funzionari e non, come nell'area indiana, nella casta ereditaria e sacerdotale dei brahmani.

3. Confucio e il confucianesimo

Il primo e il più importante di questi filosofi-funzionari è il maestro Kung (K'ung-fu-tzu, latinizzato in «Confucio»), nato nel 551 a.C. nell'attuale provincia di Shandong, chiamato «il maestro» perché dopo molti anni di esperienza politico-amministrativa decise di dedicarsi all'insegnamento e istituì una scuola nella quale propose le sue dottrine (confucianesimo). Il complesso di queste dot-

Confucio, vestito di giallo (il colore riservato ai più alti dignitari), accompagnato da due divinità.

trine, che regolano un modello di vita privata, familiare e pubblica, riguardante, dunque, sia il singolo sia la società e il potere politico, venne incorporato nel corso dei due secoli successivi in molte raccolte di scritti, dalle quali furono in seguito scelti come ufficiali quattro libri. Essi sono: i *Colloqui* (una raccolta di aneddoti e aforismi composta molti anni dopo la morte di Confucio), il *Libro di Meng-tzu*, *Il Grande Insegnamento*, *La dottrina del mezzo*. Questi quattro testi saranno ordinati in seguito in una raccolta dal titolo *I quattro libri* o *I quattro classici*; per molti secoli, fino all'ultima dinastia imperiale detronizzata nel 1911, costituirono il programma di base dei famosi concorsi con i quali venivano scelti i dipendenti pubblici, gli intellettuali-funzionari noti in Occidente con il nome di «mandarini».

Il pensiero di Confucio (confucianesimo) si concentra sulla sfera etico-politica, cioè sui problemi riguardanti la condotta morale dell'individuo, considerati nel quadro della condotta, anch'essa morale, dei governanti. C'è corrispondenza tra la sfera privata e quella pubblica: se infatti, osserva ripetutamente Confucio nei *Colloqui*, si realizza nell'ambito familiare il massimo della virtù, rappresentato dalla congiunzione di pietà filiale (venerazione assoluta per i genitori, e in particolare per il padre) e di rispetto fraterno, ne risulterà una società, uno Stato, in cui regna l'armonia e la giustizia. Il modello della buona famiglia è anche il modello dello Stato buono: il capofamiglia ha l'obbligo morale di curare gli interessi dei suoi famigliari, seguendo la via del giusto mezzo, cioè senza ledere gli interessi di altre famiglie. I componenti la famiglia, in particolare i figli, hanno l'obbligo morale di venerare il padre e di rispettarsi vicendevolmente; lo stesso modello è valido anche per il rapporto tra l'imperatore e i suoi sudditi.

L'insieme dei compiti morali dei singoli, delle famiglie, dello Stato impersonato dai suoi governanti, non fa alcun riferimento a una sanzione divina ultraterrena. Il riferimento al Cielo è il riferimento a un modello generale di virtù e di giustizia, non a una sede da cui ricevere premi o punizioni. Semmai, questo compito è ascrivibile ai propri antenati: essi osservano e giudicano la nostra condotta, e in qualche modo intervengono per cercare di correggerla. Da qui la venerazione, con appositi riti di grandissima importanza nella civiltà cinese, nei confronti degli antenati che, per l'imperatore comprendono fino a sette generazioni precedenti, mentre scendono a due o una generazione per i più poveri nella scala sociale. La venerazione, scrive ripetutamente Confucio, riguarda solo i propri antenati, non quelli degli altri (alcuni discepoli, per esempio Meng-tzu, cercheranno di "addolcire" il pensiero del maestro, introducendo un concetto di amore del tutto assente nelle tesi originarie di Confucio).

4. Lao-tzu, Chuang-tzu e il taoismo

Al confucianesimo, che è presto divenuta la dottrina ufficiale nella storia plurimillenaria della civiltà cinese, si è contrapposto da subito il taoismo, la corrente filosofica che ha esercitato una influenza vastissima non solo nel costume e nel pensiero ma anche nell'arte di quella stessa civiltà. Come il buddhismo, con il quale ha molte affinità, il taoismo col passare dei secoli si trasformerà in una religione organizzata in comunità di tipo conventuale, che convivranno in concorrenza pacifica con quelle buddhiste ampiamente affermatesi in Cina. Chi legga qualche testo letterario cinese dei secoli passati noterà in occasione di ogni circostanza importante (nascite, matrimoni, funerali, occasioni pubbliche solenni) la presenza di monaci o bonzi taoisti e buddhisti, senza alcuna rivalità. Anche oggi molti templi orientali ospitano le statue di Buddha, Confucio e Lao-tzu sotto lo stesso tetto.

I due testi fondamentali del taoismo risalgono anch'essi al periodo che va dal VI al IV secolo a.C. e sono il famosissimo e breve testo attribuito a Lao-tzu (probabile contemporaneo di Confucio, il quale, secondo un racconto non documentato, sarebbe andato a trovarlo per chiedere lumi), il *Tao Tê Ching* («Libro della via e della virtù») e il più lungo e molto più suggestivo *Chuang-tzu* (il titolo porta il nome dell'autore), composto da moltissimi dialoghi, spesso enigmatici, ma con squarci molto efficaci nel delineare i princìpi della filosofia taoista.

Abbiamo visto che la filosofia confuciana teorizza una società fortemente gerarchizzata e differenziata per obblighi e doveri, distinguendo tra chi sta in posizione dominante (l'imperatore, i padri di famiglia) e chi sta invece in posizione subordinata (i sudditi, i figli) e mette in pratica tale gerarchizzazione con un rigido cerimoniale rituale. Il taoismo invece fa riferimento essenzialmente al singolo individuo, quale che sia la sua posizione sociale, e al suo rapporto con il Tao, cioè con la totalità del reale. Ogni categoria sociale, ogni forma di comportamento disciplinata dalle leggi e dalle consuetudini deve essere ricondotta al processo indefinito e indeterminato individuato nel Tao.

La tradizione taoista racconta che Lao-tzu, ormai in età avanzata, lascia la vita mondana e iniza la sua peregrinazione a cavallo di un bufalo d'acqua (ceramica del XV sec.).

5. Il Tao

Che cos'è il Tao? Lao-tzu ne propone varie definizioni, Chuang-tzu sostiene invece che è indefinibile e che tale domanda non deve essere posta: entrambi però convergono nell'indicarne la natura inattingibile dalla nostra conoscenza. Nel *Tao Tê Ching* Lao-tzu afferma: «C'è un qualcosa che completa nel caos, il quale vive prima del Cielo e della Terra. Come è silente, come è vacuo! Se ne sta solingo senza mutare, ovunque s'aggira senza correr pericolo, si può dir la madre di quel ch'è sotto il cielo. Io non ne conosco il nome e come appellativo lo dico Tao, sforzandomi a dargli un nome lo dico Grande. [...] L'uomo si conforma alla Terra, la Terra si conforma al Cielo, il Cielo si conforma al Tao, il Tao si conforma alla spontaneità». Il Tao per Lao-tzu è la totalità originaria che si distingue in Cielo e Terra, o, in altri passi, nei due princìpi cosmici originari e sempre presenti in reciproca tensione nella vita universale e individuale: il principio maschile (*Yin*) e quello femminile (*Yang*), che caratterizzano, anzi costituiscono con la loro opposizione, il fluire di tutta la realtà e la tengono in vita (le stagioni, il giorno e la notte e, nelle vicende umane, le tensioni tra i vari esseri e quelle interne a ciascun individuo).

Chuang-tzu parla più diffusamente e in maniera non sentenziosa ma argomentata del Tao e del nostro rapporto con esso. Non ha senso, per il saggio, chiedersi che cosa sia il Tao; solo gli ignoranti se la pongono:

«La folla degli uomini ne discute comunemente, ma chi è perfetto non ne discute: se ne discute non è perfetto. Veder chiaramente non ha alcun valore, è meglio tacere che argomentare. Il Tao non può essere comunicato con le parole: è meglio otturarsi le orecchie che sentirne parlare. Questo è il grande acquisto».

(*Testi taoisti*, a cura di F. Tomassini, UTET 1977)

Il Tao, infatti, è il tutto ed è presente quindi nel tutto, nel grande e nel piccolo, nel nobile e nell'umile, per cui non si può rispondere, a chi chiede dove stia il Tao, se non nel modo seguente:

«Sta in una formica. E più in basso? Sta in una pianta di miglio. E più in basso ancora? Sta in un pezzo di coccio. E più in basso ancora? Sta negli escrementi».

Il compito del saggio, allora, è di prendere atto del fluire delle cose senza domandarsi da dove esso abbia avuto origine e dove esso sia diretto. Il saggio deve distaccarsi dalla propria individualità e dagli affetti umani comuni.

All'amico che si meravigliava vedendolo cantare serenamente subito dopo la morte dell'amata moglie, Chuang-tzu risponde che ogni essere, e quindi anche ogni essere umano, non è altro che una delle tante modificazioni interne alla totalità costituita dal Tao; prendere atto di questo e comportarsi conseguentemente è da saggi, il che rende comprensibile la sua serenità.

A un discepolo che gli chiedeva chi fosse allora il padrone della nostra persona Chuang-tzu rispose:

«È una forma che t'è stata affidata dal Cielo e dalla Terra. La tua vita non appartiene a te: è l'armonia che t'è stata affidata dal Cielo e dalla Terra. Il tuo mandato alla vita non appartiene a te: è la sottomissione che t'è stata affidata dal Cielo e dalla Terra. I tuoi figli e i tuoi nipoti non appartengono a te: sono le spoglie che ti sono state affidate dal Cielo e dalla Terra. Per questo cammini senza sapere dove vai, stai senza sapere a chi ti sostieni, mangi senza sapere quel che gusti».

Si tratta di posizioni teoriche abbastanza vicine ad alcuni aspetti essenziali del buddhismo, che troverà in Cina un'accoglienza molto favorevole anche per certa vicinanza (distacco dalla vita, rifiuto degli impegni pubblici, tenersi appartati dal mondo, primato della meditazione) con il taoismo.

Figure di saggi, al centro il simbolo di Yin e Yang (XVIII sec. ca).

«Perché io, per me, non ho proprio coscienza di essere sapiente, né poco né molto.
[...] Mi parve insomma che almeno per una piccola cosa io fossi più sapiente, per questa che io, quel che non so neanche credo di saperlo.»

Platone, *Apologia di Socrate*

Unità 2

La filosofia ad Atene nel V secolo a.C.

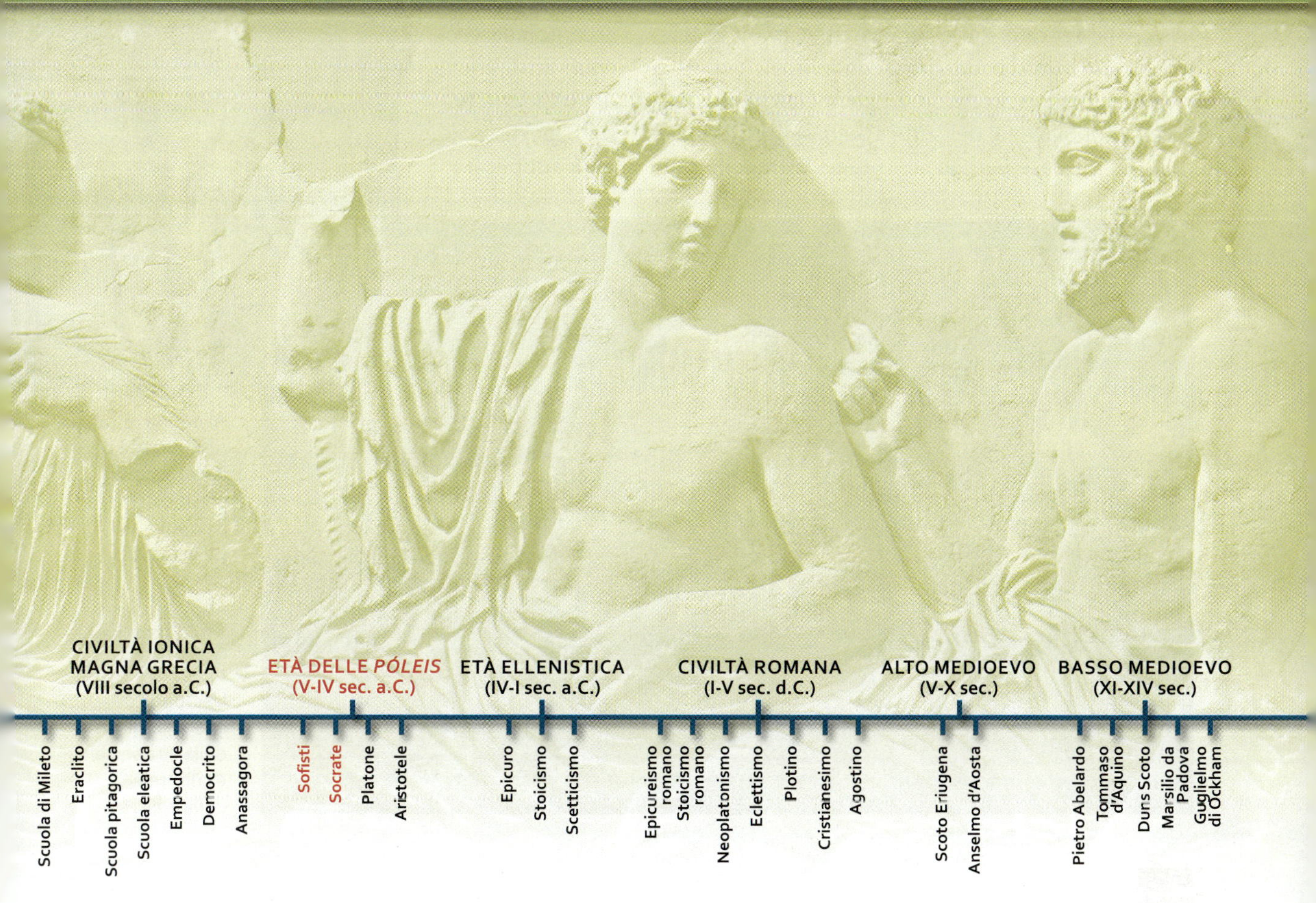

Le strutture socio-politiche e la cultura nella *pólis* ateniese

VIDEO

1. La democratizzazione della vita politica Agli inizi del VI secolo Atene non è ancora una vera e propria città-stato, poiché è priva di istituzioni stabili; ma recupera con tale rapidità da diventare nel V secolo la *pólis* per eccellenza del mondo antico. Questo percorso è il risultato del progressivo e contrastato processo di conquista del potere da parte del *dêmos* («popolo»). Una tappa di questa trasformazione è costituita dalla legislazione messa a punto da Solone (640-560 a.C.), incaricato dall'aristocrazia di evitare una pericolosa sommossa dei contadini, oberati dai debiti e spesso ridotti in schiavitù. La politica è, come dice lo stesso legislatore, lo spazio comune entro il quale si compongono gli interessi delle parti: tale armonizzazione permette la realizzazione della coesione sociale. Le leggi, dunque, sono le norme il cui rispetto costituisce la giustizia. Con la legislazione di Solone, che prevede la divisione della cittadinanza in quattro classi in base al reddito, l'aristocrazia conserva il potere, ma secondo una costituzione condivisa.

La successiva riforma di Clistene del 508 a.C. divide la popolazione dell'Attica su base territoriale e non più su base gentilizia, in dieci tribù, che raggruppano i demi in cui era stato suddiviso il territorio. Il termine democrazia ha origine proprio dai termini *dêmos* («popolo») e *krátos* («potere»).

Anche in politica estera Atene conquista la supremazia, sconfiggendo la temibile potenza confinante dei Persiani nelle due battaglie decisive di Maratona (490 a.C.) e Salamina (480 a.C.). Afferma in tal modo la sua egemonia su tutte le città greche, compresa Sparta che tardivamente si è impegnata nello sforzo bellico.

Sul piano economico Atene promuove lo sviluppo di molteplici attività, come quelle necessarie al rafforzamento della flotta e quelle tese a intensificare i traffici verso il mar Nero per il rifornimento di grano; inoltre percorre nuove rotte verso l'Occidente e soprattutto verso le coste italiche. Le trasformazioni economiche favoriscono l'ascesa di un nuovo ceto benestante che, accanto alla vecchia aristocrazia di possidenti terrieri, gestisce la cosa pubblica.

Allegoria raffigurante la democrazia che incorona il popolo (IV sec. a.C.).

L'acropoli di Atene, il centro della vita sociale e culturale della *pólis*.

I temibili soldati spartani in formazione di combattimento.

cessivi, concentra entro le sue mura la quasi totalità della produzione culturale greca.

La partecipazione alla vita politica, come ai principali eventi socioculturali, è di massa: lo documentano i grandi dibattiti e scontri politici, gli eventi teatrali che coinvolgono tutta la cittadinanza, le grandi festività religiose, con annesse attività sportive e culturali molteplici, e i grandi processi giudiziari, anch'essi con partecipazione di massa.

È il secolo dei grandi poeti tragici (Eschilo, Sofocle, Euripide), dei grandi storici (Erodoto, Tucidide, Senofonte), dei grandi oratori (da Lisia a Isocrate), dei grandi architetti e scultori (come Fidia che realizza le grandi sculture del Partenone, sull'Acropoli), del grande commediografo Aristofane.

2. L'età di Pericle Un uomo politico, di nascita aristocratica, si impegna a favore dell'emancipazione economica e politica del *dêmos*: Pericle, che è, durante il V secolo, il protagonista principale della scena pubblica ateniese. Grazie ad un suo provvedimento che concede un'indennità giornaliera a chi esercita funzioni pubbliche, Atene diventa un concreto esempio di democrazia: la politica si apre a tutti e diventa un'attività praticabile anche da chi non possiede ricchezze. Alcune cariche sono attribuite per sorteggio, altre, che richiedono maggiore competenza, rimangono elettive.

La scomparsa di Pericle (429 a.C.) segue di poco l'apertura del conflitto con Sparta, iniziato all'incirca nel 433 a.C. In questa città il potere è in mano a un ristretto gruppo di Spartiati, rispetto ai quali la grandissima maggioranza dei cittadini svolge un ruolo politico puramente passivo. Sparta rappresenterà l'ideale dei conservatori antidemocratici ateniesi (da essa più volte sostenuti), che ammireranno la stabilità delle sue strutture di governo e la sua potenza militare

Sparta, però, è una città in cui la cultura viene trascurata e osteggiata, mentre Atene, dalla metà del V secolo a.C., diventa il centro di elaborazione e sviluppo delle espressioni più raffinate della cultura greca.

3. L'arte e il modello ideale Nonostante l'impegno gravoso in alcune guerre, fra cui quella quasi trentennale con Sparta (431-404 a.C.), Atene, per tutto il V secolo e in quelli immediatamente suc-

Busto di Pericle, uno dei protagonisti della scena politica ateniese del V secolo.

L'Acropoli è lo specchio della supremazia economica, politica, culturale e artistica della città: a partire dal 450 a.C. circa, si arricchisce di splendidi templi, visibili da ogni parte della città, e di meravigliose sculture, che dimostrano l'abilità raggiunta dagli artisti ateniesi.

È l'epoca della centralità riconosciuta all'essere umano, alla sua forza, alla sua iniziativa quali creatrici di storia e di cultura. Le figure umane scolpite da Fidia, nelle loro fattezze, non si differenziano dagli dei e dagli eroi mitici, segno che intorno alla metà del secolo comincia a farsi strada la consapevolezza della dignità dell'essere umano che non è più suddito, come nei grandi imperi persiano ed egiziano o nei regimi monarchici greci dell'epoca precedente, ma libero e padrone del proprio destino.

4. Le diverse concezioni di storiografia La consapevolezza del ruolo dell'uomo come protagonista del mondo si riscontra anche nelle principali testimonianze letterarie dell'epoca.

Il primo grande storico greco, Erodoto (484-430 a.C. ca), spiega, nelle *Storie*, la differenza fra le democrazie greche e i regimi imperiali della Persia e dell'Egitto, esaltando la struttura sociale e politica della *pólis*. Erodoto prende in considerazione non solo gli aspetti politici e militari della storia, ma anche quelli economici, istituzionali, giuridici, culturali e di costume.

La sua storia risponde appieno alle esigenze di cultura proprie di un ceto sociale fatto di mercanti, di viaggiatori, di cittadini dinamici e desiderosi di impegnarsi anche nella politica attiva.

Tucidide (460-400 a.C. ca) scrive una storia di tipo diverso, prevalentemente politica, tralasciando ogni analisi degli aspetti economici, delle caratteristiche dei costumi, dei modi di vita e di lavoro, delle tradizioni religiose e culturali.

Questo tipo di storiografia analizza i meccanismi del dominio e della gestione del potere, comprese le vicende relative ai rapporti diplomatici e militari con le altre *póleis*. Il prevalere di quest'ottica politica è il segno dell'importanza primaria che la costruzione del consenso ha nella vita sociale quotidiana degli Ateniesi.

5. La tragedia come veicolo di nuovi valori Il genere teatrale della tragedia, sviluppatosi con Eschilo (525-456 a.C. ca), Sofocle (496-406 a.C.) ed Euripide (485-406 a.C. ca), porta sulle scene personaggi che sono protagonisti delle vicende storiche contemporanee e ritratti in una fitta trama di relazioni fra esseri umani, nel loro quotidiano rapporto con gli dei e il destino.

I grandi autori di teatro si riappropriano della tradizione mitica, reinterpretandola in funzione dei problemi della città. La rappresentazione teatrale, alla quale i cittadini assistono gratuitamente, diventa un momento centrale nella vita degli Ateniesi.

Il teatro è una scuola di "eticità", occasione di riflessione sui valori etici; come altre manifestazioni culturali, rispecchia la progressiva perdita di fiducia nel sistema di valori ancorato alla tradizione religiosa arcaica e apre il dibattito

Poseidone e Apollo, scolpiti sul fregio est del Partenone dalle abili mani di Fidia (447-432 a.C.).

Una scena delle *Eumenidi*, una delle tragedie di Eschilo. Da un cratere a figure rosse del V secolo a.C.

sulle norme morali e sui princìpi politici che devono essere accettati e condivisi.

I tre grandi autori affrontano la materia tragica con modalità differenti: mentre in Eschilo il ruolo degli dei nel determinare le vicende umane rimane fondamentale, in Sofocle l'attenzione è concentrata sull'essere umano. Euripide prende le distanze dalla tradizione mitica, che riduce a occasione per esprimere i problemi di un mondo soltanto umano, i cui personaggi sono estremamente complessi, scossi da una drammaticità interiore che li trasforma continuamente e li rende inafferrabili.

Verifica immediata

1. **Quali sono le principali tappe della conquista del potere da parte del *dêmos*?**
2. **Completa inserendo opportunamente i termini mancanti.**
   Durante l'età di Pericle nel .... secolo si apre a tutti la .... politica, grazie a una .... giornaliera per chi esercita funzioni pubbliche.
   Sparta è simbolo del potere .... , Atene è il centro della vita .... greca.
   La cultura greca del V secolo afferma la .... dell'essere umano, la consapevolezza della centralità del singolo, non più .... ma .... del proprio destino.
3. **Quali sono i due storiografi greci più celebri del V sec. a.C. e quali le pricipali differenze tra i due?**
4. **Qual è la funzione del teatro nella società greca?**

L'essere umano al centro della filosofia. I sofisti e Socrate

I luoghi e i destinatari

1. La piazza del mercato e i giovani, futura classe dirigente

1.1 La filosofia nell'*agorá*

Per oltre un secolo la riflessione filosofica greca si era svolta in diverse **aree periferiche** rispetto alla Grecia propriamente intesa, e cioè presso le colonie del versante orientale, asiatico (gli ionici) e presso quelle del versante occidentale, italico (i pitagorici, gli eleati, Empedocle), con alcune propaggini in un'altra area periferica, la Tracia (gli atomisti).

Grazie all'**egemonia politica**, **economica e culturale** conseguita da **Atene** nel V secolo, la filosofia trova nella città attica il suo ambiente ideale; questa sede diventa definitiva e pressoché unica, a cominciare dal 450 circa, per molti secoli.

Ad Atene la filosofia cessa di essere l'espressione del pensiero di un autore presentato in alcune occasioni speciali (festività religiose, gare atletiche) ed entra in contatto con i cittadini, con il potere e la religione tradizionale.

La filosofia insegna a esercitare il diritto di critica perché solo dove regna la libertà di pensiero ognuno può esprimere la propria opinione. I **sofisti** e **Socrate** (470-399 a.C.) discutono sulla pubblica piazza, nell'***agorá***, sono ospiti graditi e ricercati nelle case dei ricchi esponenti del *dêmos*, e ottengono successo e ascolto (nelle palestre per esempio) anche presso i giovani rampolli della vecchia aristocrazia, amanti delle novità e desiderosi di fama e di prestigio per le proprie personali capacità e non solo per il nome che portano. La piazza (cioè l'insieme dei luoghi pubblici) come centro pulsante della *pólis* simboleggia l'apertura culturale e la libertà di pensiero che i nuovi filosofi intendono diffondere e salvaguardare.

1.2 I ceti benestanti come pubblico privilegiato dei sofisti

Ai ricchi desiderosi di affermarsi nella vita politica si rivolgono i **sofisti** («sapienti» o «maestri del sapere», propriamente di competenze tecniche; vedi p. 73 e ss.), che si recano nei luoghi più frequentati dai Greci, a Delfi, a Olimpia e ad Atene, sfoggiando la loro abilità nel suscitare dibattiti e tenere conferenze su argomenti proposti da loro stessi o dai presenti. Essi si cimentano in **gare oratorie** e così suscitano l'interesse del pubblico che, convinto della loro sapienza, richiede il loro insegnamento per eccellere nella vita sociale, politica e culturale.

I sofisti sono intellettuali che conoscono bene le **tecniche del discorso e dell'argomentazione**, utili per poter supportare le proprie convinzioni nelle assemblee o nei processi e prevalere così sugli avversari. Mettono al servizio dei ceti ricchi le loro competenze e la loro professionalità in diversi campi del sapere, nelle principali città greche e soprattutto ad Atene. I nuovi maestri si sostituiscono nella funzione pedagogica ai poeti che cantavano le gesta degli antichi eroi, e ai sacerdoti, depositari del mito ed esecutori dei riti che propiziavano il favore divino.

Questi nuovi intellettuali non mettono in discussione il contenuto della tradizione proponendo nuovi valori, non tradiscono né gli eroi di Omero né gli dei di Esiodo: essi intendono riproporre ai loro contemporanei i contenuti tradizionali secondo una **nuova metodologia di trasmissione**.

Per i sofisti l'apprendimento delle tecniche del ben parlare e dell'argomentare sono le condizioni per la formazione di una personalità completa, tanto sapiente quanto virtuosa. L'allievo, dopo il percorso educativo proposto dai sofisti, è in grado di conseguire successo e prestigio. I sofisti preparano i giovani a svolgere il **ruolo politico di classe dirigente**, che dovrebbe agire per il bene della comunità rispettando le regole pattuite con i cittadini.

1.3 La giovane classe dirigente e Socrate, alternativo ai sofisti

Socrate (vedi p. 80 e ss.) si presenta come un attento e rigoroso critico dell'attività professionale e dei contenuti dell'insegnamento proprio dei sofisti, ma anch'egli si preoccupa della **formazione dei giovani**. La pratica educativa socratica, però, non ha di mira né il successo né il prestigio, ma la **conoscenza di sé**, il **raggiungimento della virtù** che non consiste in tecniche particolari, ma in una disposizione dell'animo umano a conoscere e a **rispettare il bene**, criterio universale di giustizia valido per tutti.

Socrate passa la maggior parte del suo tempo nell'*agorá* per parlare con tutti, frequenta le case dei cittadini più in vista, le palestre e partecipa ai banchetti che animano la vivace vita sociale di Atene.

Gli interlocutori di Socrate, che pur non vive in condizioni economiche molto favorevoli, hanno tutti un ruolo sociale ben definito nella città e riflettono varie posizioni ideologiche e politiche: fanno parte della classe dirigente e sono esponenti politici e militari, alcuni oligarchi, altri democratici.

Verifica immediata

1. Qual è il luogo per eccellenza del dibattito filosofico nella *pólis* ateniese? Chi sono i destinatari?
2. Di quali tecniche sono maestri i sofisti? Qual è il loro impiego?
3. Di che cosa è maestro Socrate?

Le forme della trasmissione

2. La parola come mezzo di comunicazione

2.1 L'arte della parola

Nell'area ateniese è la **parola** (quella scritta oltre che quella orale delle assemblee, dei grandi processi o delle recitazioni dei poeti) a imporsi come **mezzo essenziale** non solo di produzione letteraria, ma soprattutto **di dibattito** sui problemi della vita dell'essere umano, sulla sua moralità e sul ruolo politico che deve svolgere all'interno della comunità.

È nel corso del V secolo che si afferma, per poi consolidarsi sempre di più nei secoli successivi, la prassi di scrivere i testi su rotoli di papiro, che vengono poi venduti dai librai. In una città sempre più vivace e dinamica sul piano culturale e politico, le storie, i drammi teatrali, le arringhe giudiziarie, i discorsi politici, i testi poetici e quelli filosofici sono a disposizione. La **pratica della scrittura** diventa **tanto diffusa** che lo stesso Platone si sentirà in dovere di metterne in luce, almeno per la filosofia, i limiti e i pericoli: nel *Fedro* e nella *Settima lettera* osserverà che la scrittura «fissa» un pensiero che invece deve essere «mobile» e «vivo» come un organismo.

La trasmissione orale è lo strumento principale di divulgazione. Coppa a figure rosse del V secolo a.C.

2.2 Le fonti: i dialoghi platonici

Di questo cinquantennio, del quale ci sono rimaste molte opere complete di storici, poeti, drammaturghi, oratori, poeti, purtroppo possediamo soltanto **frammenti molto scarsi** relativi alla produzione scritta dei filosofi, cioè dei **sofisti** e di **Socrate**.

I sofisti scrissero molto, in genere testi brevi e spesso d'occasione, e su numerosissimi temi, ma tali scritti vennero ben presto dimenticati e non considerati degni di essere conservati. Le loro tesi compaiono in alcuni dialoghi di Platone (*Ippia Maggiore*, *Ippia Minore*, *Protagora*, *Gorgia* e *Eutidemo*) dedicati alla polemica con Socrate per mettere in luce l'incompatibilità della loro concezione della virtù con quella socratica. La presentazione del loro pensiero da parte di Platone è dunque apertamente motivata dalla pretesa superiorità di Socrate rispetto ai sofisti. Altre testimonianze ci pervengono da autori dei secoli successivi, quindi meno affidabili, come **Timone di Fliunte**, scettico del IV-III secolo a.C. e **Sesto Empirico**, scettico del II secolo d. C.

Socrate svolgeva la sua attività filosofica partecipando a discussioni pubbliche, in casa di amici o nelle palestre o addirittura sulla strada e non mise nulla per iscritto. Fortunatamente però, dopo la sua morte, il suo più grande allievo e ammiratore, **Platone**, ci ha trasmesso la sostanza del pensiero socratico. Un altro testimone, lo storico e memorialista **Senofonte**, ci ha lasciato altre testimonianze preziose, sebbene meno rilevanti sul piano filosofico, sulla personalità e sulla dottrina di Socrate.

Aristofane, celebre autore satirico, fustigatore della corruzione dei costumi del suo tempo, ci lascia nell'opera *Le nuvole* un ritratto caricaturale di Socrate e lo descrive come uno strano ed eccentrico sofista che sta tra le nuvole.

Verifica immediata

1. Attraverso quali mezzi espressivi avviene la comunicazione filosofica nel V secolo a.C.?

3. I maestri di virtù

I problemi della filosofia

3.1 L'uomo e l'insegnabilità della virtù

La filosofia dei **presocratici** è legata al vecchio genere letterario e filosofico del **poema sulla natura**, di cui troviamo ancora un esempio nell'opera di Anassagora. Con i **sofisti** appare sulla scena di Atene una **nuova figura di intellettuale** che mette al centro dei suoi studi gli esseri umani e le varie problematiche relative ad essi, tematiche che diverranno progressivamente centrali nello sviluppo del pensiero filosofico greco.

L'indagine filosofica dei sofisti si concentra su campi di ricerca differenti: le **tecniche oratorie**, in particolare **retorica** e **dialettica** e la loro funzione nella società democratica ateniese; la valutazione critica delle **possibilità di conoscenza** possedute dall'uomo; l'analisi di ciò che è giusto attraverso la **distinzione tra *nómos*** (la «legge» politica, come prodotto storico relativo ad ogni comunità) **e *phýsis*** (la «natura», cioè la legge naturale che vale per tutti, che deve costituire il criterio per valutare la validità di quella storica); il **lavoro umano** e il suo ruolo per i singoli e nella società. Questi argomenti indirizzano la riflessione filosofica verso nuovi interessi, che dalla natura e dall'universo si spostano sul mondo umano, individuale e sociale, naturale e politico.

Socrate che, come i sofisti, mette al centro delle proprie riflessioni l'essere umano come individuo e come membro della società e attribuisce al dibattito un ruolo fondamentale per affrontare i problemi, non si propone solo come maestro di tecniche oratorie e di competenze retoriche, ma anche come maestro di virtù, poiché cerca di costruire un **nuovo sistema di valori**, che presenti caratteri di universalità e di oggettività indiscusse.

Particolare dal fregio est del Partenone (V sec. a.C.).

L'oggetto della **ricerca socratica** è la **virtù**, non come insieme di abilità, ma come qualità globale dell'animo, non come una lista di precetti e comportamenti, ma come la capacità di distinguere ciò che è giusto da ciò che non lo è, ossia la capacità di riconoscere il bene. Socrate tenta di definire una **vita insieme felice e virtuosa** e vivere filosofando significa proprio realizzare un progetto di vita fondato sul rispetto degli altri e tendente al bene di tutti.

Verifica immediata

1. **Qual è l'argomento al centro del dibattito filosofico ateniese?**
2. **Completa inserendo opportunamente i termini mancanti.**

   I sofisti insegnano le tecniche della .... e della .... ; indagano le modalità della conoscenza dell'essere umano; cercano di definire che cos'è .... distinguendo tra *nómos* e *phýsis*.

   Per Socrate occorre conoscere la .... e per essere virtuosi occorre sapere ciò che è universalmente ....

4. La retorica e l'argomentazione dialogica

4.1 Protagora e Gorgia: antilogie e retorica

I sofisti, dei quali rimangono brevi frammenti di opere, non costituiscono una scuola ma si possono ritenere piuttosto accomunati da una pratica professionale che privilegia il **discorso** e le **sue tecniche**. A **Protagora** è attribuita la creazione della **tecnica del contendere a parole** come abilità di sostenere contemporaneamente tesi contraddittorie (antilogie), a **Gorgia** quella della **retorica** come **arte della persuasione**. Il fine della retorica non dev'essere tanto la verità, quanto la **verosimiglianza**, soprattutto quando, come avviene sovente in tribunale, è difficile conoscere con esattezza gli avvenimenti accaduti e occorre cercare di convincere con le prove di cui si è in possesso. Per generare persuasione il retore deve tener conto del tipo di uditorio che lo ascolta e dell'occasione in cui pronuncia il suo intervento. A riprova della sua onestà professionale, Gorgia dichiara, nell'omonimo dialogo platonico, che il retore non usa mai la propria arte per praticare ingiustizia.

4.2 Socrate: la filosofia come ricerca e dialogo

Il metodo usato da Socrate per coinvolgere gli interlocutori nel dialogo, che non è solo un pacifico scambio di opinioni ma anche un appassionato e faticoso lavoro che smaschera le false certezze, è lo **scambio di domande e risposte**. Socrate, procedendo come se non fosse lui a insegnare ma, al contrario, come se i suoi interlocutori dovessero insegnare a lui, rivolge loro delle domande in merito al significato di concetti come la bellezza, il coraggio, la santità, la temperanza ecc. Ne ottiene sempre risposte che fanno riferimento a **casi particolari** ed egli le **confuta**, spingendo gli interlocutori a elaborare nuove definizioni.

Come il tafano che stimola con il suo morso il cavallo e lo fa procedere spedito, induce il suo uditorio a **porsi delle domande** e a cercare autonomamente le risposte adeguate.

La via discorsiva e dialogica, dunque, procede dalle opinioni alla verità, da definizioni e concetti dimostrati razionalmente insostituibili a definizioni e concetti razionalmente e universalmente validi.

Socrate ritratto in un affresco del V secolo proveniente da Efeso.

Verifica immediata

1. Quali sono le tecniche dell'indagine filosofica dei sofisti?
2. In cosa consiste il metodo socratico?

Esiste una verità oggettiva valida per tutti?

Capitolo 1

I sofisti

1. Il ruolo dei sofisti nella società ateniese

1.1 La formazione culturale e politica del cittadino

«**Sofista**» significa «**sapiente**». I sofisti sono intellettuali itineranti, molto colti, che fanno professione del proprio sapere, in genere a pagamento.

Di loro sappiamo quello che ci è stato tramandato da Platone che li giudicava negativamente e ne lasciò un ritratto talvolta poco lusinghiero. Ancora oggi la parola ha una connotazione negativa: l'aggettivo «sofistico» significa «falso», «truccato», «artificioso».

Maestri dell'arte della politica

Con i sofisti il tema principale della riflessione filosofica diventano **l'essere umano e la società** in cui vive: al cittadino essi vogliono insegnare quel sapere e quelle competenze che ritengono indispensabili in una democrazia. Il sapere che i sofisti insegnano permette di prendere parte alla **vita politica**, di svolgere **attività accusatorie** o **difensive nei tribunali**, di **eccellere** come cittadini della *pólis*.

Nell'omonimo dialogo, Platone fa dire a Protagora: «Il mio insegnamento concerne l'accortezza, sia negli affari privati – cioè il modo migliore di amministrare la propria casa –, sia negli affari pubblici – cioè il modo di diventare in sommo grado abile nel governo della cosa pubblica –, sia negli atti, sia nelle parole» (Platone, *Protagora*, 318e-319a).

2. Protagora

2.1 L'uomo misura di tutte le cose

ANTOLOGIA FILOSOFICA
Platone, *Teeteto*, *Protagora*

Il più celebre dei sofisti è Protagora. Nato ad **Abdera**, in Tracia, intorno al 480 a.C., soggiorna più volte ad **Atene** e viene incaricato da Pericle di elaborare un progetto di costituzione per la colonia di **Turi**. Scrive un'opera intitolata *Sugli dei* di cui dà pubblica lettura nella *pólis* ateniese; accusato di empietà per le tesi esposte lascia la città. Secondo la tradizione sarebbe morto all'incirca nel 410 a.C. in un naufragio. Altri suoi scritti celebri sono i *Discorsi demolitori*, *Le antilogie* e *Sull'essere*.

La domanda fondamentale che si pone il sofista è: c'è una verità oggettiva, cioè indipendente dalle caratteristiche del soggetto conoscente e dunque valida per tutti?

Criterio di verità è l'essere umano

La risposta che Protagora dà alla domanda sulla verità riassume il suo pensiero; non c'è un criterio universale e oggettivo per la verità, ma l'**essere umano** è **misura di tutte le cose**: «Io ritengo [...] esser cioè ciascuno di noi misura di tut-

te le cose che sono e che non sono; certo che poi ci corre un abisso tra un individuo e l'altro per la ragione, appunto, che per uno sono ed appariscono certe date cose, per un altro altre» (Platone, *Teeteto*, 152a).

Dire che l'individuo è «misura» significa affermare che il criterio della verità, ovvero il metro in base al quale si giudica la verità, è l'essere umano, che è in grado di distinguere ciò che è vero e ciò che è falso.

I critici hanno ritenuto di poter individuare nell'«uomo» di Protagora tre dimensioni.

L'essere umano come singolo...

1. La prima intende l'essere umano come **singolo**: ogni individuo, in base alla sua esperienza, cioè al rapporto che ha con l'oggetto, può esprimere un giudizio su di esso. Platone conferma questa tesi con le seguenti parole: «E non vuol dire con ciò che quali le singole cose appaiono a me, tali sono per me, e quali a te, tali sono per te, perché uomo sei tu come sono io? [...] Ma non avviene alle volte che soffiando lo stesso vento, uno di noi sente freddo e l'altro no? E uno appena appena, e un altro molto?» (Platone, *Teeteto*, 166d). Generalizzando la constatazione delle opposte valutazioni che gli uomini danno di tutte le cose, Protagora introduce il criterio della relatività del proprio conoscere.

... come parte di un popolo...

2. La seconda considera l'essere umano in quanto **parte di un popolo**, in grado di giudicare la realtà in base alla **cultura** di appartenenza che guida la sua esperienza, i suoi comportamenti e le sue abitudini.

... come parte dell'umanità

3. La terza mette al centro l'individuo in quanto **parte dell'umanità**, che condivide con gli altri il modo di percepire gli oggetti e di conoscerli.

Le parole della filosofia

Agnosticismo: è la posizione di chi afferma di non poter esprimere nulla in merito a ciò che ritiene non possa essere conosciuto. L'agnostico sul piano religioso è colui che sostiene di non poter dimostrare o negare l'esistenza di Dio.

Dalle parole di Protagora, inoltre, possiamo capire che l'uomo conosce in base all'esperienza che ha delle cose e non può sapere nulla di ciò di cui non riceve informazioni attraverso i sensi. Questo è il motivo per cui egli si dichiara **agnostico** in tema di divinità: degli dei non si può affermare nulla, perché non rientrano nell'ambito dell'esperienza sensibile. Protagora non afferma che non esistono gli dei, ma si limita a dire che non ha conoscenze in proposito e che conoscenze del genere sono difficilmente reperibili. Non c'è in Protagora alcuna teoria generale sulla divinità, come non c'è nessuna teoria generale sull'essere delle cose e sulla natura del cosmo.

Il secondo significato della parola «uomo» (in quanto parte di un popolo) aiuta a comprendere perché, a proposito dell'atteggiamento dei sofisti si parli di **relativismo culturale**, che li pone in contrasto con la mentalità dei Greci cotemporanei, secondo i quali tutti i popoli di cultura differente da quella ellenica erano "barbari".

Le parole della filosofia

Relativismo culturale: è la teoria di chi afferma la pluralità dei modi di vivere e di pensare e l'assenza di un "modello" culturale universale, valido per tutti.

2.2 Il relativismo culturale

Non esistono costumi migliori di altri, come **non esiste un bene univoco**, perché sono considerate buone le cose che giovano a chi le ricerca e convenienti le azioni e i comportamenti diversissimi, che per tradizione e abitudini, ogni popolo ha adottato secondo un giudizio di utilità relativa e non secondo un criterio di verità oggettiva. Leggiamo in proposito un estratto dai *Ragionamenti duplici* (*Dissoì lógoi*), un'opera anonima del V secolo a.C., in cui i critici hanno individuato chiari influssi del pensiero di Protagora.

T1 La pluralità di culture

Presso i Macedoni si ritiene bello che le fanciulle prima di sposarsi amino e si congiungano con un uomo, e dopo le nozze, brutto; presso i Greci è brutta l'una e l'altra cosa. Presso i Traci, il tatuaggio per le fanciulle è un ornamento; presso gli altri popoli, invece, il tatuaggio è una pena che si impone ai colpevoli. Gli Sciti ritengono bello che uno, dopo aver ammazzato un uomo e averne scuoiata la testa, ne porti in giro la chioma posta dinanzi al cavallo, e dopo averne indorato e argentato il cranio, con esso beva e faccia libagioni agli dei; invece, presso i Greci, neppure si vorrebbe entrare nella casa di uno che avesse compiuto tali cose. I Massageti squartano i genitori e se li mangiano, perché pensano che l'esser sepolti nei propri figli sia la più bella sepoltura, invece, se qualcuno lo facesse in Grecia, cacciato in bando morirebbe con infamia come autore di cose turpi e terribili. I Persiani reputano bello che anche gli uomini si adornino come le donne, e si congiungano con la figlia, con la madre, con la sorella; per i Greci sono cose turpi e contro legge. Presso i Lidi, che le fanciulle si sposino dopo essersi prostituite per denaro, sembra bello; presso i Greci, nessuno le vorrebbe sposare. Anche gli Egizi non s'accordano con noi su ciò che è bello; qui è ritenuto bello che siano le donne a tessere e a filar lana; lì invece gli uomini, e che le donne facciano quel che qui fanno gli uomini. Impastare l'argilla con le mani, e la farina coi piedi, lì è bello, ma per noi è tutto il contrario.

(*Ragionamenti duplici*, Diels-Kranz 90, 2, trad. di M. Timpanaro Cardini, Laterza 1981)

Vengono riportati come esempio di relativismo comportamenti e costumi di popoli molto diversi tra loro, a conferma che non si può valutare in modo positivo soltanto le proprie abitudini.

Non esistono popoli inferiori e superiori, ogni cultura ha la medesima dignità.

2.3 Le antilogie

La retorica e l'eristica come tecniche del dibattito

Se chiunque può entrare nel merito delle decisioni da prendere e se esistono solo verità soggettive, diventa importante apprendere la **retorica**, per argomentare in modo efficace e convincere chi ascolta, e l'**eristica** (la "battaglia delle parole"; dal greco *erízein*, «lottare»), per prevalere nelle dispute verbali. I sofisti trasmettono ai loro allievi, mediante lunghi discorsi, le conoscenze e i "trucchi" volti a difendere le proprie opinioni; ponendosi da un certo punto di vista è infatti possibile dimostrare la verità di una tesi e poi, cambiando prospettiva, affermare la verità di quella opposta. Si tratta delle cosiddette **antilogie**, o discorsi doppi, la cui invenzione si attribuisce a Protagora.

Il sofista di Abdera sviluppa intorno al *lógos*, inteso come discorso razionale, come linguaggio argomentativo, riflessioni molto acute che rivelano la consapevolezza che nei processi comunicativi si formano le opinioni e si assumono le decisioni. La molteplicità dei punti di vista messi in rilievo dalle antilogie determina la **crisi del discorso e del linguaggio**: si apre un profondo divario tra il *lógos* e la realtà, che rimane oscura e inafferrabile.

La retorica al servizio della politica

Un discorso non è necessariamente vero, ma risulta valido in base al suo grado di utilità per l'individuo e soprattutto per la comunità. Protagora, insegnando a usare con abilità e competenza il linguaggio, fornisce lo strumento migliore per partecipare alla **vita politica**. Egli, fautore della democrazia, ritiene che la politica, intesa come attività fondamentale della vita associata, debba essere **patrimonio di ciascun cittadino**: a ognuno Zeus ha infuso il concetto di giustizia e il rispetto di esso.

Anche il *nómos*, la legge, come la verità, perde ogni garanzia di validità universale. Protagora riconosce l'**origine convenzionale della legge** che, quindi, non ha alcun valore assoluto, ma solo relativo. La questione del fondamento legittimo della legge viene risolta facendo riferimento alla **comunità politica**, alla città.

Spetta alla *pólis* stabilire ciò che è giusto e ciò che non lo è: «[...] quali cose a ogni città sembrino giuste e belle, queste sono anche tali per essa, fintanto che tali le creda» (Platone, *Teeteto*, 167 e). La vita associata degli esseri umani è impensabile e impossibile senza la normatività (obbligo di rispetto) della legge.

Protagora: conoscenza e verità

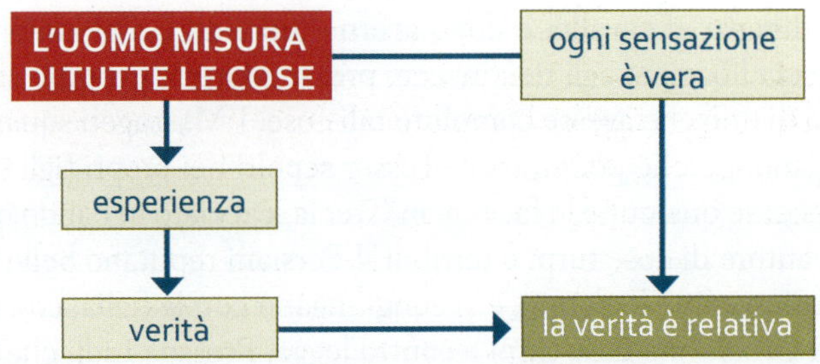

3. Gorgia

3.1 Non c'è verità: né assoluta né relativa

Gorgia sottolinea il potere della parola ed è **maestro di retorica**, intesa come arte capace di suscitare persuasione.

Nato a Lentini, in Sicilia, nel 485 a.C. circa, forse è allievo di Empedocle; viaggia moltissimo e soggiorna a lungo ad Atene. Muore nel 375 a.C. circa, ultracentenario, in Tessaglia, dove è ospite del tiranno Giasone di Fere.

Gli vengono attribuite due brevi opere, la prima intitolata *Encomio di Elena*, nella quale dimostra l'innocenza della bellissima moglie di Menelao fuggita con l'amante troiano, la seconda, *Sul non essere*, volta a dimostrare da una parte l'insostenibilità delle tesi di Parmenide e di Zenone e dall'altra l'importanza e l'autonomia della parola rispetto al pensiero e alla realtà.

La sua posizione teorica si discosta da quella di Protagora: la tesi più nota a lui attribuita, infatti, è che **non c'è la verità** e di conseguenza la parola acquisisce una potenza che può portare a influenzare i comportamenti umani sia in senso positivo sia negativo.

Priorità della retorica

Occorre tenere presente che Gorgia ha scarsi interessi filosofici e **prevalenti interessi retorici**.

Si è fatto di Gorgia un nichilista, negatore di ogni verità e di ogni morale sulla base delle **tre tesi** contenute nell'opera *Sul non essere*:

Le tre tesi sul non essere

1. **nulla esiste**;
2. se anche qualcosa esiste, **non è conoscibile** dall'uomo;
3. se anche è conoscibile, è di certo **incomunicabile** e inspiegabile agli altri.

Gorgia esclude la possibilità di raggiungere una verità oggettiva poiché dell'inesistente, dell'inconoscibile e dell'inesprimibile non si dà possibilità di giudizio. Se per Protagora esiste una verità relativa, nel senso che tutto è vero se tale pare all'uomo, per Gorgia **non c'è verità** né assoluta né relativa.

Che nulla esista il retore di Lentini lo prova contrapponendo tra loro le diverse concezioni dell'essere che i fisici dell'*arché* (come Empedocle, Anassagora e Democrito) avevano sostenuto, che sono tali da annullarsi reciprocamente. Anche la seconda tesi è sostenuta tenendo ben presente l'affermazione parmenidea della identità tra essere e pensare secondo cui il pensiero è sempre e solo pensiero di ciò che è, nel senso che il pensiero c'è nella misura in cui esprime l'essere;

viceversa il non essere è inesprimibile proprio perché solo l'essere è pensabile ed esprimibile. Gorgia dimostra che ci sono dei "pensati", dei contenuti dei pensieri, che non hanno una corrispondenza nella realtà. La **separazione tra essere e pensiero** non poteva essere più radicale.

3.2 La retorica e la difesa di Elena

Lo stile retorico di Gorgia è caratterizzato dalla **capacità di improvvisazione** e dall'ampio uso di **figure retoriche** come, ad esempio, l'antitesi e la metafora.

Un esempio della grande abilità argomentativa del sofista di Lentini è l'*Encomio di Elena* pervenutoci in una versione rielaborata. Gorgia immagina di dover difendere Elena, di fronte a un tribunale, dall'accusa di essere responsabile della feroce guerra tra Greci e Troiani. Dopo aver individuato tutti i motivi possibili che potrebbero avere indotto Elena ad abbandonare il marito, la scagiona, proprio perché le sue azioni sono state causate dal Fato o dagli dei o dalla Necessità; la donna, insomma, appare come vittima di forze molto più potenti di lei.

Le argomentazioni a favore di Elena

T2 Elena non è colpevole

E dunque è giusto opporsi ai calunniatori di Elena, donna sulla quale si è imposta l'unanime testimonianza dei poeti, accanto alla fama del nome, divenuto simbolo di un'esistenza tormentata. Pertanto io voglio, svolgendo il discorso secondo un certo metodo logico, liberare dall'accusa lei, così diffamata, e, dimostrando che i suoi accusatori dicono il falso, ristabilire la verità. Infatti, agì in quel modo o per cieca volontà del Caso, e meditata decisione degli Dèi, e disposizione della Necessità[1]; oppure rapita per forza; o indotta con parole; o presa da amore.

Se è valido il primo motivo, è giusto attribuire la responsabilità a chi l'ha avuta, poiché non si possono impedire i disegni divini con la previdenza umana. È, infatti, naturale non che il più forte sia ostacolato dal più debole, ma che il più debole sia comandato e condotto dal più forte; e il più forte guidi, il più debole segua. E la Divinità supera l'uomo in forza, in saggezza e nel resto. Se dunque la colpa va attribuita al Caso e alla Divinità, Elena va liberata dall'infamia.

E se fu rapita a forza, violentata e offesa contro ogni legge e giustizia, è chiaro che la colpa è dell'autore della violenza, e che la rapita, proprio perché vittima, subì una sventura.

Se poi fu la parola a persuaderla o ad illuderle l'animo, neppure questo è difficile a scusarsi e a giustificarsi così: la parola è un gran dominatore che con piccolissimo e invisibilissimo corpo, divinissime cose sa compiere; riesce infatti a calmare la paura e a eliminare il dolore e a suscitare la gioia, e ad aumentare la pietà [...]. Se ella fu persuasa con la parola, non fu colpevole ma sventurata.

Qual è il potere della parola? In che modo Gorgia definisce la parola?

Ora la quarta cosa spiegherò col quarto ragionamento. Che se fu l'amore a compiere il tutto, non sarà difficile a lei sfuggire all'accusa della colpa attribuitele [...]. Se l'amore è un dio e ha la potenza divina degli dei, in che modo mai un essere inferiore può rifiutarlo e tenerlo lontano?

[...] Come dunque si può ritenere giusto il disonore gettato su Elena, la quale, sia che abbia agito come ha agito perché innamorata, sia perché lusingata da parole, sia perché rapita con violenza, sia perché costretta da costrizione divina, in ogni caso è esente da colpa?

Perché Elena, in ogni caso, è innocente?

(Gorgia, *Encomio di Elena*, in *I Presocratici*, a cura di G. Giannantoni, Laterza 1990)

1. **Caso** … **Dèi** … **Necessità**: sono forze che sovrastano l'uomo e alle quali egli non può opporsi.

L'insegnamento dei sofisti

Sintesi

I sofisti

Caratteristiche

«Sofista» significa «sapiente»; il termine «sofistico», anche in seguito al giudizio negativo di Platone sui sofisti, ha assunto, nel tempo, significato negativo ed è diventato sinonimo di «falso», «artificioso».

Per i sofisti il tema centrale della riflessione è l'essere umano come cittadino e le sue possibilità conoscitive. Essi intendono insegnare le competenze indispensabili in una democrazia per poter conquistare l'approvazione dei membri dell'assemblea e vincere nelle dispute in tribunale.

Insegnano la retorica come arte del ben parlare e l'eristica per prevalere nelle dispute verbali.

Un discorso non deve essere vero, ma è valido se utile all'individuo e alla collettività.

Protagora

Protagora, per quanto riguarda la conoscenza, sostiene che «l'uomo è misura di tutte le cose». Ogni individuo percepisce in modo differente la realtà (perciò tutto è vero), perché è influenzato dalla cultura del Paese in cui vive. Per ogni essere umano, dunque, non esiste una verità oggettiva e assoluta. L'atteggiamento di Protagora nei confronti della divinità è improntato all'agnosticismo e la sua posizione nei confronti degli usi e costumi delle altre civiltà è ispirata al relativismo culturale.

Anche la legge non ha validità universale, poiché essa ha origine convenzionale. Solo la comunità può stabilire che cosa è giusto e che cosa non lo è.

Gorgia

Gorgia è maestro di retorica come arte della persuasione. In riferimento alle possibilità di conoscenza, per il sofista di Lentini non ce n'é alcuna. Celebre la sua triplice tesi: nulla esiste; se anche qualche cosa esistesse, non sarebbe comprensibile; se anche fosse comprensibile, non sarebbe esprimibile.

Nella sua opera, *Encomio di Elena*, esempio di tecnica dell'argomentazione, sostiene che la moglie di Menelao non ha nessuna colpa in relazione alla guerra di Troia.

Verifica. Verso le competenze

Conoscenze

1. Che cosa sostiene Protagora a proposito della verità?
2. Che cosa significa che l'uomo è «misura di tutte le cose»?
3. Quali sono le due tecniche di cui Protagora è maestro?
4. Come definisce Gorgia la retorica?
5. In quale opera Gorgia difende Elena e con quali motivazioni la libera dalla responsabilità dello scoppio della guerra di Troia?

Abilità (lavoro sui testi)

T3 La relatività dei valori

I Ragionamenti duplici *sono forse un insieme di appunti presi da un allievo nel corso della lezione di un sofista, oppure un breve trattato unitario, formato da 9 capitoli che contengono coppie di discorsi tra loro contrastanti. Il primo capitolo tratta del bene e del male, il secondo del bello e del brutto, il terzo del giusto e dell'ingiusto e via via di altre coppie. Come si nota, la medesima cosa può essere definita bene o male a seconda delle circostanze in cui è compiuta. I termini componenti la coppia non sono qualità oggettive delle cose, ma semplici valutazioni che su di esse vengono espresse e che variano.*

Un duplice ordine di ragionamenti si fa in Grecia da parte dei cultori di filosofia intorno al bene e al male. Gli uni sostengono che altro è il bene, altro è il male: altri, invece, che sono la stessa cosa la quale, per alcuni sarebbe bene, per altri male; e per lo stesso individuo, sarebbe ora bene, ora male. Quanto a me, io mi metto dal punto di vista di questi ultimi; e ne ricercherò le prove nella vita umana, le cui preoccupazioni sono il mangiare, il bere e i piaceri sessuali, poiché questi soddisfacimenti per l'ammalato sono un male, ma per chi è sano e ne ha bisogno, un bene [...]. E ancora, la morte per chi muore è un male ma per gli impresari di pompe funebri e per i becchini è un bene. E che l'agricoltura dia abbondante raccolto, è un bene per gli agricoltori, ma per i commercianti è male. Così pure, che le navi da carico si scontrino e si fracassino, per l'armatore è male, ma per i costruttori è bene.

(*Ragionamenti duplici*, trad. di M. Timpanaro Cardini, Laterza 1981)

Lettura guidata

Non solo la verità oggettiva non esiste, ma neppure esistono valori morali assoluti: il bene e il male possono essere tali per alcuni, il contrario per altri. I termini componenti le coppie non sono qualità oggettive delle cose, ma semplici valutazioni, variabili, che vengono espresse su di esse.

Controllo della comprensione

1. **Quale risultato si può trarre da questi ragionamenti rispetto al problema politico della convivenza civile?**
2. **Prova a rifare un ragionamento analogo a quello che hai letto nel testo sulla coppia bello/brutto, tenendo presente anche il modo di procedere di Gorgia che prevede una tesi e un'antitesi. Dimostra come la medesima cosa possa essere considerata bella o brutta a seconda del contesto, delle circostanze e del punto di vista.**

Capitolo 2

Socrate, filosofo della virtù

La vita

Socrate, per sua scelta, non scrisse nulla e questo fatto ha creato non pochi problemi agli studiosi antichi e moderni. Il suo pensiero, infatti, è documentato in maniera non sempre concorde neppure dalle due fonti contemporanee più autorevoli: il grande filosofo Platone, suo allievo, e lo storico Senofonte che scrissero entrambi dopo la sua morte.

La critica contemporanea ritiene sostanzialmente attendibile la ricostruzione biografica proposta da Platone nei tre dialoghi più strettamente socratici, relativi al processo e alla condanna subita dal filosofo ateniese (l'*Apologia*, con i tre discorsi pronunciati da Socrate prima e dopo la condanna), al carcere (il *Critone*) e alle ultime ore di vita trascorse insieme ai familiari e ai suoi amici più stretti (il *Fedone*). Viene ritenuta in genere attendibile anche la ricostruzione platonica dei contenuti e delle modalità dell'insegnamento socratico presentata nei dialoghi.

Anche le testimonianze raccolte e documentate da Senofonte (nell'opera intitolata *Memorabili*) appaiono attendibili sebbene, a tratti, si focalizzino su aspetti che tendono a svilire la figura di Socrate e la portata del suo pensiero.

Né Platone né Senofonte però ci danno notizie dettagliate sulla sua vita o sul suo lavoro (non sappiamo esattamente di che cosa vivesse). Figlio di uno scalpellino o scultore (Sofronisco) e di una levatrice (Fenarete), nasce ad Atene nel 470 (o 469) a.C., dove vive con la moglie Santippe e i tre figli in maniera agiata, forse dello stesso lavoro del padre, trascorrendo le ore libere prevalentemente in discussioni su temi morali con amici e discepoli. Sembra si sia allontanato da Atene soltanto in occasione del servizio militare. Avrebbe combattuto durante la guerra del Peloponneso almeno in tre occasioni cruciali e si sarebbe comportato coraggiosamente, salvando la vita al giovane Alcibiade, esponente fra i più prestigiosi dell'aristocrazia cittadina e suo fervido ammiratore.

Nonostante i meriti civili e militari, nel 399 a.C. Socrate viene accusato di empietà e corruzione dei giovani, processato e condannato a morte. Dai dialoghi di Platone conosciamo l'atteggiamento rassegnato di Socrate di fronte alla condanna, il rifiuto di fuggire dal carcere e la serenità con cui il filosofo trascorre l'ultima giornata di vita discutendo con i suoi discepoli sull'immortalità dell'anima. Quando giunge il carceriere con il veleno di cicuta, Socrate lo beve senza esitare e, confortati i presenti in lacrime, attende che il veleno faccia il suo effetto e gli porti «un sonno senza sogni».

1. La filosofia: un'attività ad alto rischio

1.1 L'insegnamento socratico e la condanna a morte

ANTOLOGIA FILOSOFICA
Senofonte, *Memorabili*
Aristofane, *Le nuvole*
Platone, *Fedone*

La vicenda del processo intentato a Socrate e della condanna a morte è ben documentata, sia da **Platone** (nell'opera *Apologia di Socrate*), testimone oculare durante il processo, sia da **Senofonte**; possediamo perciò due versioni abba-

stanza convergenti della vicenda e del comportamento di Socrate durante il processo. I fatti risalgono all'anno 399 a.C., quando Socrate ha settant'anni. L'accusa, presentata da tre cittadini (Meleto, modestissimo tragediografo, l'oratore Licone e Anito, uomo politico molto influente del partito democratico al potere) è duplice: di empietà, cioè di **non riconoscere gli dei dello Stato**, e di **corruzione dei giovani**, in quanto Socrate avrebbe fatto propaganda pubblica delle sue idee. Socrate respinge le accuse ma viene **riconosciuto colpevole** da un tribunale composto da cinquecento cittadini. L'**accusa mossa a Socrate** è molto grave, altrimenti non avrebbe comportato la pena di morte. Non è, quello contestatogli, un reato che oggi definiremmo d'opinione, ma un reato di attentato alla sicurezza dello Stato. Le basi dell'accusa vanno ricercate nel clima politico in cui si svolge il processo. I popolari, o democratici, sono da poco tempo ritornati al potere ad Atene (403 a.C.), dopo il governo dei Trenta tiranni (404-403 a.C.), cioè della minoranza aristocratica, imposto e insediato dagli Spartani all'indomani della loro vittoria. I nuovi governanti democratici, cacciati i Trenta e trovato un accordo con Sparta, hanno come obiettivo principale la ricostituzione della compattezza della città, da realizzare anche tramite la concessione dell'amnistia per chi si era compromesso con il regime precedente. Per raggiungere tale obiettivo è necessario richiamarsi con forza alle tradizioni religiose, etiche e politiche della città, fondamento di quella coesione, escludendo ed emarginando chiunque sia di ostacolo a tale progetto. Con il suo insegnamento pubblico, affermano i tre accusatori, Socrate attenta per l'appunto all'unità o compattezza "ideologica" – diremmo oggi – della città.

L'accusa contro Socrate

Dal punto di vista del potere istituzionalizzato, che trovava nella **religione tradizionale** il pilastro principale del consenso dei cittadini verso lo Stato (al di là dell'alternarsi talvolta drammatico dei gruppi sociali al potere), certamente le accuse **potrebbero apparire fondate**. Non c'è dubbio, infatti, che l'**insegnamento** quotidiano di **Socrate** nelle strade, e in altri luoghi pubblici di Atene, tenda – consapevolmente o meno – a **minare quel consenso**, in una situazione di crisi militare, politica e culturale che dura da diversi decenni. Non che Socrate sia un ateo militante e apertamente critichi gli dei della tradizione. Da questo punto di vista, in realtà, sembra che non sia mai uscita dalla sua bocca una critica diretta nei confronti della religione istituzionalizzata. Socrate parla con rispetto e venerazione della divinità, ma il concetto che il filosofo ha della divinità non è applicabile agli dei e alle dee della religione ufficiale. E soprattutto Socrate parla della **divinità** come se fosse sottoposta a **obblighi** e condizionamenti **"morali" validi universalmente**, non dipendenti dalla volontà divina. Il contenuto del suo insegnamento, e le conseguenze di esso, sono pertanto facilmente presentabili come **contrari al sistema etico-religioso** favorito dai democratici: già Aristofane nel 423 a.C., nella commedia *Le nuvole*, aveva accusato Socrate per queste sue posizioni.

Socrate critico verso la tradizione

1.2 La filosofia come pubblico dibattito

Durante il periodo che va all'incirca dal 450 al 380 a.C., nella *pólis* la filosofia è presente in maniera pressoché esclusiva come **pubblico dibattito**. La reazione della religione ufficiale, sostenuta dai poteri dello Stato, è molto dura nei confronti degli **innovatori** considerati più audaci e pericolosi: **Anassagora**, **Protagora** – come già si è visto – e **Socrate**. Accuse ufficiali portano a condanne che arrivano a prevedere il **carcere** e la **pena di morte**.

Tra l'**esercizio del potere** e la **filosofia** c'è un **legame indissolubile**: il fine della nuova disciplina è educare gli abitanti di Atene a essere **buoni cittadini** ed esponenti di primo piano dell'amministrazione democratica, tenendo conto che princìpi morali giusti per il singolo individuo sono validi anche per l'individuo inserito in una collettività.

I costi di un pensiero critico e libero

Una disciplina così impegnata nei problemi del presente, però, comporta **gravi rischi**, poiché tende a sottrarre l'esercizio della cosa pubblica a chi occupa il potere ereditato per tradizione dai propri antenati (l'aristocrazia). Socrate, infatti, paga la sua autonomia rispetto al conformismo tradizionalista con il processo e la morte. I seguaci a lui più vicini preferiscono, per ragioni di sicurezza, allontanarsi da Atene: alcuni si rifugiano a Cirene, sulla costa africana, altri inaugurano scuole di filosofia in altre città dell'area greca (come Megara).

I **filosofi successivi** avranno, ad Atene, **sorte migliore** sia perché il loro pensiero apparirà meno in contrasto con il potere e la religione istituzionalizzati, sia perché il dibattito delle idee – grazie anche al "sacrificio" dei filosofi precedenti – si svolge in maniera più libera, anche se in luoghi più appartati. Con Platone la filosofia avrà quale sede una sorta di associazione scientifica e politica: l'**Accademia**. Dopo di lui la filosofia continuerà a essere praticata quasi esclusivamente in sedi di questo tipo.-

2. Socrate e l'impegno educativo della filosofia

2.1 La ricerca di valori universali

Socrate intende e pratica la filosofia come un'**incessante ricerca**. Infatti egli ci viene presentato dalle fonti come un curioso **indagatore dell'animo umano**, deciso a trovare una **definizione** disinteressata **di bene e di virtù**.

Il suo impegno come filosofo non è quello proprio di un uomo pubblico, di un politico, ma di un amico leale che stimola i giovani che lo ascoltano e li aiuta a crescere nella conoscenza.

La ricerca come cammino personale

Ognuno però deve scoprire da sé gli autentici valori secondo cui orientare la propria vita, valori che ciascuno deve trovare attraverso un **personale cammino di ricerca**.

Conoscere e seguire valori universali

Socrate tenta di fondare il suo impegno morale e politico su **valori e princìpi** ritenuti **validi per tutti**, confermati nella loro **universalità dall'esercizio critico della ragione**. Nel dialogo continuo che instaura con i suoi interlocutori, con un atteggiamento critico verso i giudizi comuni e le credenze diffuse, intende portare alla luce quei valori che sono alla portata di ciascun individuo grazie all'uso della ragione e che concorrono a fondare sia la **dimensione morale del singolo** sia la **dimensione politica dell'intera comunità**.

Le caratteristiche proprie della figura del filosofo che emergono da queste considerazioni ne fanno un **personaggio scomodo**, inviso a certi uomini politici, poiché vigile e attento fustigatore della loro avidità e corruzione.

L'**impegno** fondamentale di Socrate è **educativo**. Egli non si presenta come "maestro di virtù", cercando gli applausi e il consenso, come Protagora, e non è nemmeno maestro di retorica (come "arte della persuasione"), come Gorgia, capace di discorsi ammaliatori.

Molti pensatori, che hanno seguito il suo insegnamento, si porranno come continuatori del pensiero e del rigoroso modo di vivere proprio del maestro ateniese, tra cui spicca Platone. Significativi per gli sviluppi impressi alla dottrina socratica saranno anche i fondatori delle cosiddette **scuole socratiche minori**, la megarica, la cinica e la cirenaica.

2.2 La "rivoluzione socratica": la ricerca del bene

Questo grande pensatore con il suo insegnamento e con il suo esempio ha compiuto una vera **rivoluzione** nel campo della filosofia.

È infatti, Socrate, il primo pensatore condannato a morte per le sue idee e non per aver commesso delitti «materiali» contro le leggi della sua città. È inoltre il primo grande filosofo di cui si possa dire che ha affrontato in maniera esclusiva i problemi più delicati dell'agire umano, producendo una svolta radicale nella storia del pensiero occidentale che fino ai suoi tempi aveva privilegiato problemi relativi all'origine, alla natura e al funzionamento dell'universo (il contributo dato dai sofisti a tale svolta è di incidenza filosofica molto più modesta).

La filosofia come indagine sulla moralità e sulla politica

Con Socrate l'essere umano, la sua **coscienza morale**, le modalità del suo pensare e agire, diventano il centro della riflessione filosofica con una esclusività che raramente ritroveremo nella storia successiva del pensiero.

La rivoluzione socratica, dunque, rappresenta una **svolta tematica epocale** con il passaggio dall'indagine sull'universo a quella sull'**essere umano**, con i suoi problemi concreti di tipo morale e politico. Diversamente dai sofisti, che insegnavano a pagamento le tecniche per realizzare una vita di successo, Socrate promuove il **dibattito su come si possa pervenire a una vita "buona"**.

3. Maieutica, scienza e virtù

3.1 Un nuovo metodo di ricerca

ANTOLOGIA FILOSOFICA
Platone, *Menone*

Il filosofo attua anche una **svolta tecnica** nel fare filosofia: non propone una filosofia da difendere con le armi della dialettica, della retorica e dell'eristica (vedi p. 75) ma, pur conoscendo approfonditamente queste arti, come documenta con grande efficacia Platone in alcuni suoi dialoghi (*Protagora*, *Gorgia*, *Eutidemo*...), le usa in modo del tutto diverso rispetto ai sofisti. Socrate, con i suoi interlocutori, parte da zero, non mette in campo idee precostituite, ma anzi invita l'interlocutore (o lo "costringe" con la dialettica) ad abbandonare le proprie idee e a cercare insieme nuove idee per risolvere problemi morali concreti e cercando la **definizione di virtù**; inaugura la tecnica del **dialogo come mezzo privilegiato di ricerca filosofica**, tecnica che verrà ripresa in maniera insuperata da Platone.

Il dialogo come metodo

Fondamentale, come via di ricerca della verità e di abbandono delle opinioni o verità apparenti, è l'**argomentazione dialogica**.

All'interlocutore viene richiesto di esporre la sua tesi e di definire il concetto etico su cui discutere (ogni dialogo è dedicato in genere a un singolo concetto, per esempio che cos'è giusto, che cos'è buono...); Socrate dichiara la sua ignoranza in merito, dicendo sempre di «non sapere» quale sia la definizione corretta del concetto in discussione.

I tre momenti del metodo dialogico: ironia, confutazione e maieutica

È questo il **primo momento** del procedimento dialogico, quello dell'**ironia**, in cui Socrate costringe l'interlocutore, facendolo cadere in contraddizione e quindi esponendolo al ridicolo, a mettere in discussione ciò in cui crede e che corrisponde in genere alle opinioni correnti sul concetto discusso. L'ironia mette in luce la superiorità di Socrate che, già liberatosi dal pregiudizio o dal sapere apparente di cui l'interlocutore ingenuamente si vanta, appare in realtà saperne molto di più dell'interlocutore.

Il **secondo momento** è quello della **confutazione** della prima e delle successive definizioni che l'interlocutore ha dato del concetto in discussione; la confutazione avviene attraverso un'analisi demolitoria delle singole definizioni, attraverso l'uso magistrale delle tecniche sofistiche allora in voga (dialettica, retorica, eristica).

Il **terzo momento**, che non è presente in tutti i dialoghi, è quello conclusivo della **maieutica** (che in greco significa «arte della levatrice»; Socrate era figlio di una levatrice), durante il quale Socrate fa "venir fuori", fa "nascere" il nuovo concetto del valore etico in discussione, come se fosse stato già presente dentro l'inconsapevole interlocutore, impedito dalle opinioni correnti a riconoscerlo come vero e universale.

ANTOLOGIA FILOSOFICA
Platone, *Eutifrone*

3.2 La filosofia come missione divina

La via discorsiva e dialogica, dunque, procede dalle opinioni alla verità, da definizioni e concetti rivelatisi razionalmente insostenibili a definizioni e concetti razionalmente e universalmente validi.

La filosofia diventa così **missione divina** diretta a togliere di mezzo i pregiudizi e l'ignoranza sul piano morale, e a creare le condizioni di ricerca e di adozione di **nuovi princìpi morali** riguardanti la **condotta privata** e **pubblica**. Socrate si sente ispirato a intervenire fra gli esseri umani per realizzare la sua **missione di illuminazione razionale**: una illuminazione che non ha niente di "mistico" o di connesso a una "rivelazione divina", ma che si manifesta tramite il dialogo libero e indipendente dai pregiudizi che ognuno di noi si porta appresso.

L'illuminazione razionale

Lo scopo del dialogo per Socrate è di trovare insieme all'interlocutore una **definizione di virtù** (per esempio della giustizia) che non sia il risultato di una somma di esempi (le azioni giudicate comunemente giuste) ma che ne colga l'essenza, che ne dia la definizione valida per tutti, universale, il **concetto** (che cos'è il giusto in sé).

3.3 Dal piano conoscitivo al piano morale

Una volta realizzata la conoscenza di una determinata virtù morale, secondo Socrate sentiamo l'obbligo di adottarla come **guida della nostra condotta**. Dal piano conoscitivo si passa immediatamente al **piano pratico**, morale: la conoscenza dei concetti morali è pertanto condizione del miglioramento della nostra vita.

La conoscenza della virtù porta alla pratica della virtù

La **ragione**, che conduce alla **conoscenza della virtù**, è **guida della volontà morale**: questa posizione teorica di Socrate viene definita **intellettualismo etico**, cioè teoria del primato della ragione sulla volontà nelle scelte morali. Conoscenza del bene e comportamento moralmente virtuoso, quindi, per Socrate vanno di pari passo: **chi conosce il bene sceglie anche di fare il bene**. Non è pensabile che, conoscendo il bene, si faccia il male, perché significherebbe non solo commettere ingiustizia nei confronti di altri, ma anche nei confronti di se

stessi. Chi commette ingiustizia peggiora se stesso, e può farlo soltanto se non conosce il bene, cioè soltanto per ignoranza. Chi conosce il bene è come un medico che conosce gli effetti delle medicine sulla salute, propria e degli altri, e si comporta di conseguenza.

Identità fra scienza e virtù

L'esame critico e "confutatorio" delle opinioni deve portare al loro abbandono e alla **ricerca comune della verità**: l'abbandono delle definizioni correnti e "tradizionali" dei valori morali conduce all'individuazione di una definizione nuova, razionalmente sostenibile e universalmente valida, di quei valori; fra questi spiccano quelli di **giustizia** e di **virtù**. In tal modo Socrate compie la sua missione divina: migliora gli altri non alla maniera di Protagora (insegnando loro a render forti le ragioni deboli e viceversa), ma in una maniera del tutto nuova, diretta a scoprire un sistema di valori morali superiore a quello corrente.

Le parole della filosofia

Virtù: per Socrate la virtù è la condotta conforme al bene. La virtù (fare ciò che è bene) si identifica con il sapere ciò che è bene fare. Non esistono molte virtù, bensì una sola: sapere che cosa fare nelle diverse situazioni.

La **verità** (il vero sapere raggiunto con la ragione) è per Socrate la **conoscenza della giustizia** come scopo autentico della vita umana, scopo raggiungibile tramite la **virtù**; nella pratica della giustizia e della virtù si realizza la **felicità** umana o la vita buona, anche se tale pratica, può comportare prezzi molto alti.

Solo chi conosce la verità, infatti, può operare il bene, comportarsi cioè virtuosamente, e pervenire alla vita buona, alla felicità. Conoscenza del vero e virtù per Socrate coincidono.

3.4 Socrate e il «sapere di non sapere»

ANTOLOGIA FILOSOFICA
Platone, *Apologia di Socrate*

Socrate è convinto che il compito principale della sua vita sia quello di non accettare in maniera acritica le opinioni e le credenze morali tradizionali, ma di riflettere su di esse, mostrandone i limiti per ricercare la **verità autentica sul piano morale**. Questa sua consapevolezza gli è suggerita da un segno divino o demonico presente in lui fin dalla fanciullezza, che egli chiama ***dáimon*** («demone»), una sorta di voce che lo trattiene dall'adottare in maniera acritica norme di condotta che invece devono essere esaminate, valutate ed eventualmente modificate o sostituite.

Il *dáimon* come voce interiore che guida Socrate

Il **carattere divino** di questo segno è stato confermato da un evento, anch'esso coinvolgente la divinità, in seguito al quale Socrate avrebbe dedicato la sua vita a interrogare se stesso, e gli altri, sulla via migliore di pervenire alla verità autentica. Nell'*Apologia*, scritta da Platone, Socrate racconta l'episodio del suo amico Cherefonte il quale, recatosi a **Delfi**, sede dell'**oracolo di Apollo** più venerato e ascoltato dell'intera Grecia, per domandare al dio chi fosse l'uomo più sapiente della Grecia, si era sentito rispondere che quest'uomo era Socrate. Quest'ultimo interpreta la risposta del dio come un **invito ad autoesaminarsi** e a trarre le dovute conseguenze («Conosci te stesso» era la frase scolpita nel tempio di Apollo a Delfi).

Condizione preliminare: sapere di non sapere

Socrate acquisisce la consapevolezza che il suo sapere – quello attribuitogli dal dio – è in realtà **sapere di non sapere**, cioè essere consapevole che le opinioni e credenze tradizionali da lui possedute non reggono all'analisi razionale. La conseguenza che trae è questa: controllare, esaminando le opinioni e le credenze dei suoi interlocutori, il valore di queste opinioni; se non reggono all'esame della ragione, costringere gli interlocutori a riconoscerle non vere, ad abbandonarle, e a cercare insieme a lui la verità che sostituisca l'opinione.

T4 I motivi del risentimento contro Socrate

SOCRATE: A questo punto potrebbe saltar su qualcuno di voi e dire: «Ma allora, o Socrate, che cos'è che fai tu? Da che parte sono venute fuori queste calunnie? Ché certamente non già perché non facevi niente di straordinario furono poi messe in giro tante dicerie sul conto tuo; questa voce non sarebbe venuta fuori, se tu non avessi fatto niente di diverso da quello che fanno tutti. E dunque raccontaci che cos'è questo; perché non vogliamo di te giudicar così alla leggera».
Chi dice così a me pare dica bene; e io mi proverò a mostrarvi che cos'è che dette origine a tal voce e calunnia contro di me. Ascoltatemi dunque.
[...] Della mia sapienza, se davvero è sapienza e di che natura, io chiamerò a testimone davanti a voi il dio di Delfi.

[*Socrate commenta la risposta dell'oracolo di Delfi a Cherofonte su chi sia il più sapiente.*]

Non potendo mettere in dubbio l'oracolo, Socrate compie un'indagine presso poeti, politici e artigiani (che reputa più sapienti di lui). Infine comprende che l'oracolo lo indica come il più sapiente perché egli soltanto è pienamente consapevole di non sapere.

Perché il dio ha definito Socrate il più sapiente?

Qual è il motivo che ha attirato a Socrate tanto odio?

Che cosa mai vuole dire il dio? Che cosa nasconde sotto l'enigma? Perché io, per me, non ho proprio coscienza di essere sapiente, né poco né molto. Che cosa dunque vuol dire il dio quando dice che io sono il più sapiente degli uomini? Certo non mente egli; ché non può mentire". E per lungo tempo rimasi in questa incertezza, che cosa mai il dio voleva dire. Finalmente, sebbene assai controvoglia, mi misi a farne ricerca, in questo modo. Andai da uno di quelli che hanno fama di essere sapienti; pensando che solamente così avrei potuto smentire l'oracolo e rispondere al vaticinio: «Ecco, questo qui è più sapiente di me, e tu dicevi che ero io». Mentre dunque io stavo esaminando costui – il nome non c'è bisogno che ve lo dica, o Ateniesi, vi basti che era uno dei nostri uomini politici questo tale con cui, esaminandolo e ragionandoci insieme, feci l'esperimento che sono per dirvi – ebbene, questo brav'uomo mi parve, sì, che avesse l'aria, agli occhi di altri molti e particolarmente di se medesimo, di essere sapiente, ma in realtà non fosse; e allora mi provai a farglielo capire, che credeva di essere sapiente, ma non lo era. E così, da quel momento, non solo venni in odio a colui, ma a molti anche di coloro che erano quivi presenti. E, andandomene via, dovetti concludere meco stesso che veramente di codest'uomo ero più sapiente io: in questo senso, che l'uno e l'altro di noi due poteva pur darsi non sapesse niente né di buono né di bello; ma costui credeva di sapere e non sapeva, io, invece, come non sapevo, neanche credevo di sapere; e mi parve insomma che almeno per una piccola cosa io fossi più sapiente di lui, per questa che io, quel che non so neanche credo di saperlo. E quindi me ne andai da un altro, fra coloro che avevano fama di essere più sapienti di quello; e mi accadde precisamente lo stesso; e anche qui mi tirai addosso l'odio di costui e di altri molti.

(Platone, *Apologia di Socrate*, 20c-22c, in *Opere*, Laterza 1967)

3.5 L'«Eutifrone» e il «Critone»: il non commettere ingiustizia

Nell'omonimo dialogo di Platone, Eutifrone, sacerdote di Apollo, viene interrogato da Socrate su **che cosa sia la santità**, **la pietà**. Eutifrone definisce «santo» ciò che è caro agli dei. Socrate fa notare che gli dei tra loro litigano e ciò che è caro all'uno non lo è necessariamente per l'altro. Eutifrone, allora, propone una nuova definizione di santità, che consisterebbe nell'aver cura degli dei, onoran-

doli con sacrifici e chiedendo in cambio qualcosa, ma Socrate definisce tale rapporto una vile mercatura.

Dopo alcune altre definizioni, tutte confutate, si perviene a quella condivisa da Socrate e dal suo interlocutore: santo e giusto è piuttosto il **rispetto assoluto degli altri e di se stessi**, è il **non commettere ingiustizia**. Solo chi pratica giustizia e santità vive bene ed è felice.

Non rispettare le leggi è commettere ingiustizia

In un altro dialogo di Platone, il *Critone* (ambientato nel carcere dove Socrate attende l'esecuzione della condanna a morte), Socrate spiega perché ha rifiutato la proposta di fuggire fattagli dai suoi giovani amici. Egli sceglie di obbedire alle leggi della sua città in base alle quali è stato condannato, benché siano state mal applicate, anche a costo di perdere la vita. In realtà «ciò che si deve apprezzare di più non è il vivere, ma il vivere bene» (*Critone*, cap. 8). Se accettasse di fuggire, dice Socrate all'amico Critone, questa scelta significherebbe che egli ha posto come valore umano la vita e non la **vita buona**. Salverebbe la vita, ma perderebbe l'aspetto buono, giusto di essa. Commetterebbe ingiustizia verso la città e le sue leggi da lui liberamente accettate e questo per Socrate è il maggior delitto che una persona possa compiere. Se le leggi, che Socrate ha accettato volontariamente, lo incontrassero nell'atto di fuggire potrebbero rimproverarlo di commettere un atto di ingiustizia, di violenza verso le leggi stesse.

Il vivere bene come valore

Se Socrate fuggisse non andrebbe tanto contro una legge particolare, quanto contro l'idea stessa di legge. Infatti la legge è tale solo se è vincolante e perciò le si deve ubbidire anche quando è applicata ingiustamente.

Il **rispetto delle leggi accettate** è infatti un **obbligo morale assoluto**, ciò che è giusto fare. Il criterio che deve guidare la nostra vita è saper distinguere ciò che è giusto da ciò che non lo è: «Per nessuna ragione si deve volontariamente commettere ingiustizia» (*Ibid.*). Questa espressione sta a significare il **fondamento nuovo della morale socratica**, per la quale anche **far male ad altri** per ragioni e scopi legittimi indicati dalla morale tradizionale **equivale a commettere ingiustizia**.

La nuova morale socratica: far male ad altri è commettere ingiustizia

T5 L'obbedienza alle leggi

SOCRATE: Se ce ne andiamo di qui contro il volere della città, facciamo male a qualcuno e precisamente a chi meno si dovrebbe, o no?

CRITONE: Non so rispondere alla tua domanda, Socrate, perché non capisco.

SOCRATE: Allora considera la cosa così. Se, mentre siamo sul punto di scappare di qui o come altrimenti si debba dire, arrivassero le leggi e l'insieme della città, si fermassero davanti e dicessero: «Dimmi, Socrate, che cosa hai in mente di fare? Con quest'azione a cui ti accingi non pensi forse di distruggere noi, le leggi e l'intera città, per quanto sta in te? Credi che possa ancora esistere e non essere sovvertita quella città in cui le sentenze pronunciate non hanno forza, anzi sono rese inefficaci e distrutte da privati cittadini?». Che cosa risponderemmo, Critone, a queste e a altre simili parole? Molte cose si potrebbero dire, soprattutto da parte di un retore, in difesa di questa legge infranta, la quale prescrive che le sentenze pronunciate abbiano vigore. Risponderemo ad essi: «La città ci ha fatto ingiustizia e non ha sentenziato rettamente». Risponderemmo questo o che cosa?

Socrate, accettando di vivere ad Atene, ha sottoscritto con le leggi della città un accordo che ora non può tradire.

CRITONE: Questo, per Zeus, Socrate.

SOCRATE: E che cosa risponderemmo se le leggi dicessero: «Socrate ci siamo accordati anche in questo, tu e noi, o piuttosto di attenerci alle sentenze pronunciate dalla città?». Se ci meravigliassimo delle loro parole, forse risponderebbero:

Quale tipo di rapporto intercorre tra il cittadino e le leggi?

«Socrate, non meravigliarti delle nostre parole, ma rispondi: anche tu sei solito servirti del domandare e del rispondere. Che cosa hai da rimproverare a noi e alla città, per cercare di distruggerci? [...] Osserva, dunque, Socrate – potrebbero continuare le leggi – se è vero ciò che diciamo, cioè che non è giusto ciò che ora cerchi di farci, Noi che ti abbiamo generato, allevato, educato, che abbiamo partecipato a te a tutti gli altri cittadini tutti i beni di cui disponevano, dichiariamo tuttavia di aver dato a chiunque degli Ateniesi lo desideri, quando sia stato iscritto come cittadino e conosca le faccende della città e noi leggi, la possibilità, se non siamo di suo gradimento, di prendere le sue cose e andarsene dove vuole».

(Platone, *Critone*, XI, in *Opere*, cit.)

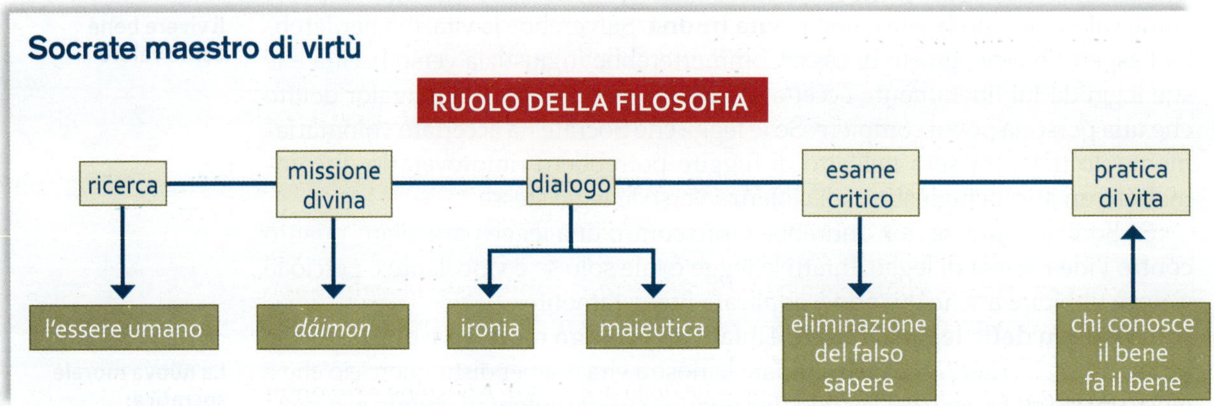

4. Le scuole socratiche minori: megarica, cinica, cirenaica

4.1 Gli eredi dell'insegnamento socratico

Euclide, Antistene, Aristippo, continuatori del pensiero socratico

Molti pensatori, in maniere differenti, si pongono come **continuatori** del pensiero e della pratica di vita del maestro Socrate. Abbiamo già detto che Platone è il più importante allievo fedele al pensiero di Socrate. I fondatori delle tre cosiddette «**scuole socratiche minori**» (**megarica**, **cinica** e **cirenaica**) non sono cittadini ateniesi: **Euclide**, mentre Socrate è ancora vivo, apre la sua scuola a Megara, città ostile ad Atene; **Antistene** è ateniese ma non cittadino a pieno titolo (la madre è straniera) e opera presso il quartiere di Cinosarge dove risiedono i ceti sociali più bassi; **Aristippo** proviene dalla ricca colonia greca di Cirene (dove apre la sua scuola), sulle coste africane vicine all'Egitto, e vive frequentando molte corti.

Più anziani di Platone, gli iniziatori delle tre scuole (due di esse – la megarica e la cinica – sopravviveranno per diversi secoli) non hanno lasciato nulla di scritto o comunque nulla è rimasto che possa con sicurezza essere loro attribuito.

4.2 Euclide e i megarici: «amici delle forme»

Euclide di Megara (450-380 a.C. ca) avrebbe accolto nella sua scuola i più vicini discepoli del maestro, che avrebbero corso qualche rischio rimanendo ad Atene.

Euclide e i suoi allievi vennero ben presto chiamati «**dialettici**» ed «**eristici**», per la loro abilità nell'esercizio delle rispettive arti.

Quanto alle idee dei megarici, sembra che ritenessero del tutto impraticabile la via dei sensi e dell'opinione, indicando nella **via della ragione** la sola che portasse alla **verità**.

I paradossi o antinomie

I megarici devono la loro fama alla scoperta di alcuni **paradossi** (o **antinomie**), argomentazioni che sembrano contraddire il senso comune, rimasti famosi nella storia della filosofia. Il più noto paradosso è quello del mentitore, secondo cui se qualcuno dice «sto mentendo», enuncia una proposizione contraddittoria: se dice la verità, infatti, mente; se mente, dice la verità (la versione "consueta" del paradosso è «tutti i Cretesi sono mentitori»). Un'affermazione così generica, che non specifica su cosa si stia mentendo, non permette di uscire dall'ambiguità dell'enunciato.

4.3 Antistene e i cinici: materialisti e anarchici

Antistene (436-366 a.C. ca) è considerato il padre fondatore di quel gruppo di saggi a cui viene attribuito il nome di «**cinici**», così chiamati perché conducevano una vita "da cani" (da *kýon*, «cane» in greco) oppure perché si riunivano nel ginnasio di Atene, chiamato «Cinosarge».

Vita semplice e anarchia

Il filosofo pratica un tipo di **vita semplice e frugale**, riducendo al minimo i suoi bisogni. Nega che si possa andare oltre ciò che vediamo, tocchiamo, sentiamo con i nostri sensi. Sul piano etico l'aneddotica sulla sua vita ci mostra un Antistene **anarchico**, contrario a ogni tipo di potere, contrario ai bisogni indotti dalla civiltà, convinto che tutti gli esseri umani sono tutti uguali per natura e che le differenze sono prodotte dalla civiltà.

Una radicalizzazione pratica, esistenziale delle dottrine di Antistene è riscontrabile in **Diogene di Sinope**, che, nato in Asia minore intorno al 400 a.C., poi fuggito dalla sua città, diventa seguace entusiasta dell'insegnamento di Antistene. Si raccontano di lui molti aneddoti, il più famoso dei quali lo descrive andare in giro con una lanterna accesa di giorno dicendo «cerco l'uomo», lasciando intendere, provocatoriamente, la difficoltà di ritrovare la **vera natura dell'essere umano**, alterata da un eccesso di sovrastrutture e di condizionamenti che la vita sociale impone.

4.4 Aristippo e i cirenaici

L'esperienza della scuola cirenaica, a differenza delle altre due scuole socratiche, si esaurisce piuttosto presto, prima della fine del IV secolo a.C. Il suo fondatore è **Aristippo** (435-366 a.C.), le cui dottrine subiscono l'**influenza di Protagora**; dopo la morte del fondatore, l'eredità della scuola viene raccolta dalla figlia **Areté** («virtù» in greco; una chiara allusione alla dottrina socratica).

Le sensazioni sono la fonte della conoscenza

Aristippo afferma che sono valide solo le **conoscenze derivate dalle sensazioni**; non c'è **nessuna verità assoluta**, tutto scorre nel fluire continuo delle nostre sensazioni. Non esistono neppure fini o beni o valori assoluti. Solo il **piacere momentaneo**, del presente, ha una sua validità; la felicità consiste nella soddisfazione dei bisogni e dei desideri, nel piacere che ricaviamo da tale soddisfazione. La **felicità**, infatti, è la **somma dei piaceri** passati, presenti ed attesi per il futuro. **Edonismo** (teoria del piacere come fine della condotta) ed eudemonismo (teoria della felicità come fine della condotta) si armonizzano nelle posizioni di Aristippo, che nega il carattere di assolutezza ai concetti di giusto e di ingiusto, dipendenti non dalla natura umana ma dalle circostanze, dai costumi e dalle convenzioni.

L'edonismo

La libertà individuale

Sul **piano politico** egli ritiene che si debba perseguire la **libertà individuale** in ogni caso e che a tal fine si debba rifiutare sia il ruolo del comando sia quello dell'obbedienza, che in maniera diversa impediscono tale libertà. Inoltre sostiene che il saggio, uomo libero, è cittadino del mondo e non della sua patria, per la quale non ha l'obbligo di sacrificarsi o di morire.

Sintesi

Socrate, filosofo della virtù

La "rivoluzione socratica"

Socrate non ha lasciato scritti e le notizie che restano, sia sulla sua vita sia sul pensiero derivano dallo storico Senofonte e dai dialoghi scritti da Platone (*Apologia di Socrate*, *Critone*, *Fedone*). La novità della filosofia socratica è anzitutto tematica poiché è l'essere umano, la sua coscienza morale al centro della riflessione e non più l'universo, ma anche metodologica, poiché sceglie come tecnica il dialogo, la discussione con i suoi interlocutori.
La filosofia non è una disciplina da studiare, ma una scelta di vita, una missione divina di illuminazione razionale diretta a togliere di mezzo i pregiudizi e l'ignoranza sul piano morale. L'impegno fondamentale di Socrate è educativo e la sua riflessione si concentra nella coscienza dell'essere umano.

La ricerca della verità

Nella ricerca della verità è fondamentale procedere con l'argomentazione dialogica, seguendo tre momenti distinti. Il primo è quello dell'ironia, in cui viene chiesto all'interlocutore di definire il concetto etico; Socrate risponde di non conoscere tale definizione. Lo scopo è di far emergere le contraddizioni delle opinioni correnti sul concetto di bene.
Il secondo momento è quello della confutazione delle affermazioni fatte dall'interlocutore mediante l'uso delle tecniche tipiche dei sofisti. Il terzo momento è quello della maieutica, tramite il quale Socrate fa «venire fuori» dall'interlocutore il concetto di valore etico, come se fosse già stato presente in lui.

Il sapere di non sapere

Lo scopo del dialogo è trovare una definizione della giustizia, cioè della virtù, che ne colga l'essenza universale. Poi occorre adottare quel criterio di giustizia nella propria condotta poiché chi conosce il bene non può che fare il bene.
Socrate non accetta in maniera acritica le opinioni morali tradizionali. La condizione prima di questa valutazione critica è la consapevolezza della propria ignoranza: per cercare di sapere occorre dapprima sapere di non sapere e smentire coloro che si credono sapienti.

Il rispetto delle leggi

Per Socrate, la santità consiste nel rispetto assoluto degli altri e di se stessi, nel non commettere ingiustizia. Il cittadino deve obbedire alle leggi della propria città che hanno un valore vincolante anche qualora vengano applicate in maniera ingiusta. È in forza di tale principio che egli stesso accetta di sottostare alla condanna a morte inflittagli dai governanti, anche se le accuse sono infondate.

Le scuole socratiche

Le principali scuole fondate da allievi di Socrate sono tre: la scuola megarica (fondata da Euclide), la scuola cinica (fondata da Antistene), la scuola cirenaica (fondata da Aristippo).
Per i megarici, esperti nell'arte della discussione e di eristica, solo la ragione porta alla verità; sono celebri i loro paradossi (fra tutti il più famoso è quello del mentitore).
I cinici, anarchici e cittadini del mondo, ritengono che l'uomo possa conoscere solo attraverso i sensi, e perseguono un tipo di vita che rifugga da ogni bene superfluo.
Per gli allievi di Aristippo unico criterio di verità sono le sensazioni: non esistono né fini, né valori assoluti. La felicità, scopo dell'agire, consiste nel piacere come soddisfazione dei desideri.

Conoscenze

1. **Perché Socrate non ha scritto nulla?**
   1. Perché il sapere è frutto di un dialogo condotto con gli altri e non è contenuto nei libri scritti.
   2. Perché il demone che egli sente parlare in lui gli ha ordinato di non scrivere.
   3. Perché lo Stato ateniese ordinò che fossero distrutti i suoi scritti.
   4. Perché, essendo rivelazione di un dio, il sapere non può essere scritto da un uomo.

2. **Che cosa significa «sapere di non sapere»?**

3. **Quali e quante sono le virtù?**

4. **Completa il periodo inserendo opportunamente i seguenti termini.**
   ignoranza – levatrice – ironia – definizione della virtù
   La maieutica è l'arte della .... che Socrate esercita nei confronti dei giovani che l'ascoltano per stimolarli alla ricerca della .... , smascherando per mezzo dell'.................... la loro ....

5. **Il compito che Socrate attribuisce a se stesso come filosofo è ben diverso da quello che si attribuiscono i sofisti, sia per il fine che tende a realizzare sia per gli strumenti da usare. Illustra tale diversità.**

Abilità (lavoro sui testi)

T6 L'arte maieutica

In un celebre passo, contenuto nel dialogo platonico Teeteto, *Socrate enuncia con grande chiarezza e passione i caratteri della sua missione divina paragonandola all'arte maieutica, cioè l'arte delle levatrici.*

Alla mia tecnica maieutica appartengono tra l'altro tutte le proprietà che appartengono a loro[1], ma con questa differenza, che la mia fa da levatrice a uomini, non a donne, e sovrintende al parto delle loro anime, non dei corpi. Ma la cosa più importante inerente alla mia tecnica è la capacità di saggiare in ogni modo se il pensiero del giovane partorisce un'immagine e una falsità oppure qualcosa di vitale e di vero. [...] Il dio mi costringe a far da levatrice, ma mi ha vietato di generare. Da parte mia, dunque, non sono affatto sapiente, né di mio esiste qualche scoperta che sia tale e sia parto della mia anima; quelli che mi frequentano, invece, da principio alcuni appaiono anche del tutto ignoranti, ma proseguendo a frequentarmi, tutti quelli a cui il dio lo conceda ne traggono un profitto straordinario, com'è opinione loro e degli altri. E questo è evidente, che essi da me non hanno appreso nulla, ma da sé hanno trovato e generato molte e belle cose, ma di averli aiutati a generare, questo sì, il merito spetta al dio e a me. Ed eccone la prova. Molti che non conoscevano ciò e ritenevano che il merito fosse tutto loro, e mi riguardavano con un certo disprezzo, un giorno, più presto che non bisognasse, si allontanarono da me, o di loro propria volontà o perché istigati; e, una volta allontanatisi, non solo il restante tempo non fecero che abortire, per mali accoppiamenti in cui capitarono, ma anche tutto ciò che con l'aiuto mio avevano potuto partorire, per difetto di allevamento lo guastarono, tenendo in maggior conto menzogne e fantasmi che la verità; e finirono per apparire ignorantissimi a se stessi e ad altrui. Di costoro uno fu Aristide, figlio di Lisimaco; e moltissimi altri. Ce n'è poi che tornano a impetrare la mia compagnia e fanno per riaverla cose stranissime; e se con alcuni di loro il demone che in me è sempre presente mi impedisce di congiungermi, con altri invece lo permette, e quelli ne ricavano profitto tuttavia. Ora, quelli che si congiungono meco, anche in questo patiscono le stesse pene delle donne partorienti: ché hanno le doglie, e giorno e notte sono pieni di inquietudine assai più delle donne. E la mia arte ha il potere di suscitare e al tempo stesso di calmare i loro dolori.

(Platone, *Teeteto*, 150b-151a, trad. it. di M. Valgimigli, Laterza 1971)

1. a loro: alle levatrici (le ostetriche).

Lettura guidata

Socrate vuole condurre passo dopo passo anche l'interlocutore ad affermare di sapere di non sapere, cioè a considerare non più valide e non più sostenibili di fronte all'analisi critica razionale le opinioni professate in materia etica. Egli aiuta i giovani a "partorire" conoscenze corrette; il filosofo non ritiene di avere alcuna disciplina specifica da insegnare, ma di essere in grado di esaminare se le intelligenze dei suoi interlocutori sono gravide di pensieri validi e degni di essere sviluppati oppure di falsità o illusioni che non vanno incoraggiate.

Socrate precisa che è il dio che gli dà la capacità di "fare la levatrice", ma gli impedisce di generare; con ciò egli vuole sottolineare che i suoi interlocutori non apprendono da lui ma da soli. Grazie al suo intervento trovano la loro verità.

Controllo della comprensione

1. **Che cosa significa la frase di Socrate: «Il dio mi costringe a far da levatrice, ma mi ha vietato di generare»?**

2. **La maieutica consiste:**
   a. nel suggerire la risposta corretta.
   b. nel dare all'interlocutore la vera definizione.
   c. nel discutere su varie ipotesi.
   d. nell'aiutare l'interlocutore a trovare la risposta corretta.

«Chi sono allora, o Diotima, quelli che filosofano, se non lo sono né i sapienti né gli ignoranti? È chiaro anche ad un bambino ormai – disse – che sono quelli a metà tra questi due e che di essi fa parte anche Amore. La sapienza, infatti, fa parte delle cose più belle e Amore è amore del bello, sicché è necessario che Amore sia filosofo e, in quanto filosofo, stia in mezzo tra il sapiente e l'ignorante.»

Platone

Unità 3

La grande filosofia ateniese: Platone

La civiltà e la cultura attica

VIDEO

1. La crisi della *pólis* ateniese Il cinquantennio successivo alla morte di Socrate (avvenuta nel 399 a.C.) vede Atene perdere il dominio su gran parte del Mediterraneo in seguito alla drammatica sconfitta militare che, nel 404 a.C., conclude la guerra del Peloponneso con Sparta, durata più di 25 anni (431-404 a.C.).

La città non recupera più il potere e l'influenza economica e politica raggiunti con Pericle. La sconfitta di Atene segna anche il definitivo tramonto del progetto di superare la divisione della Grecia e creare uno Stato unitario.

Nella prima metà del IV secolo, dunque, tutte le città greche, prime fra tutte quelle che avevano avuto in precedenza la supremazia, cioè sia Atene sia Sparta, risentono di una profonda crisi che impedisce loro di svolgere un ruolo dominante e il predominio di Sparta risulta effimero. La pace stipulata tra le *póleis* nel 386 a.C. è detta Pace del re, perché a farsene garante è chiamato il re di Persia, Artaserse II. Tebe esercita per un breve periodo la supremazia, poi le guerre tra le *póleis* riprendono e su questo scenario di debolezza e di crisi politica si profila la crescita della potenza del regno macedone. Atene si avvia a entrare nell'orbita della politica imperiale della nuova potenza emergente, la Macedonia, intorno alla metà del IV secolo, quando Filippo II il Macedone diventa il nuovo protettore della Grecia e anziché re si proclama accortamente capo di una lega militare delle *póleis*.

Filippo II di Macedonia ritratto su una moneta del IV sec. a.C.

Decorazione in bronzo raffigurante soldati greci durante un combattimento (V-IV sec. a.C.).

2. La civiltà attica Dopo la floridezza e la potenza raggiunta nel V secolo, Atene conosce una lenta decadenza sul piano politico ed economico, ma rimane il centro più prestigioso sul piano della civiltà e della cultura, anche se si affermano, sul finire del secolo, sedi prestigiose come Alessandria d'Egitto e Pergamo. Intellettuali di ogni genere, non solo ateniesi di nascita, ma provenienti da tutto il mondo greco hanno trovato e continuano a trovare nella *pólis* l'atmosfera più stimolante per realizzare le loro potenzialità artistiche e scientifiche.

La fioritura della civiltà attica è derivata dalla ricchezza di esperienze, e di influssi reciproci, forniti da scultori, architetti, poeti e oratori, uomini politici e filosofi. L'immagine che tale civiltà offre di sé può essere riassunta dai canoni estetici di bellezza "ideale, perfetta e assoluta", fatta di armonia, misura ed equilibrio, qualità che sono l'espressione somma della cultura ateniese.

Attori comici in scena. Vaso a figure rosse del IV sec. a.C.

3. La commedia Una delle principali forme letterarie che si afferma in questo periodo è la commedia. Essa si sofferma a descrivere quello che oggi definiremmo «ceto medio» e ne racconta le vicende quotidiane, benché senza grande ricerca di approfondimento psicologico e senza grande varietà (si basa su alcuni modelli fissi che prevedono, ad esempio, il riconoscimento di fanciulli scambiati nella culla da schiavi disonesti o il ricongiungimento di fratelli che si ritrovano dopo viaggi, naufragi e peripezie varie). È sempre d'obbligo il lieto fine. Il più celebre esponente della commedia attica è Aristofane (445-338 a.C.), che nelle sue opere affronta in modo satirico argomenti politici e filosofici, oltre che di costume.

Successivamente, svuotata di riferimenti e contenuti politici, la commedia perderà la sua linfa vitale e, nonostante la vasta produzione, verrà meno il suo vigore polemico e comico.

Verifica immediata

1. Quale città-stato perde la propria supremazia politica ed economica ma non culturale?
2. Quali sono i canoni estetici dominanti nella cultura attica?

Le rovine della città di Pergamo che, sul finire del V secolo a.C., si afferma come nuovo polo economico e culturale dell'area mediterranea.

La filosofia come uso del sapere a vantaggio dell'essere umano

I luoghi e i destinatari

1. Atene e l'Accademia

1.1 Atene centro filosofico per eccellenza, ma colpevole della morte di Socrate

Atene rimane il centro più importante della filosofia, il luogo per eccellenza dove **si producono cultura e sapere**, anche se non è più la potenza egemone della Grecia. La *pólis* richiamerà a sé dalla vicina Macedonia i migliori cittadini, che qui compiranno i loro studi, diventandone gli intellettuali più prestigiosi.

Le vicende storiche che condizionano la giovinezza di **Platone** (427-347 a.C., vedi p. 101 e ss.), filosofo ateniese, sono quelle relative a Socrate, tradito dalla sua città che lo condanna a morte (vedi p. 80). L'esperienza del rapporto personale con Socrate e il suo destino segnano profondamente la riflessione di Platone, che vive in prima persona il dramma fondamentale per ogni uomo: il **continuo emergere dell'ingiustizia**. Per il filosofo occorre cercare di essere giusti sia come individui singoli sia come membri del corpo sociale: questo è il compito dell'uomo e in particolare del filosofo, che deve insegnare a tutti il rispetto delle regole morali. Platone, cittadino di Atene, elabora un **progetto politico** volto ad eliminare l'ingiustizia che regna nella sua città dove le istituzioni sono corrotte e degenerate. Egli dedica la sua attività di filosofo alla **ricostruzione** di una *pólis* giusta e forte, esempio di **corretta convivenza civile**.

1.2 La nascita dell'Accademia

Con la **morte di Socrate** si chiude l'epoca dei filosofi che portavano sulle strade e nei dibattiti pubblici le loro idee, pronti al confronto con quelle altrui. Con Platone la filosofia avrà quale sede una sorta di **associazione scientifica e politica**: l'**Accademia**. Anche dopo di lui continuerà a essere esercitata quasi esclusivamente in sedi di questo tipo.

L'Accademia deve il suo nome a un **bosco sacro** dedicato all'eroe Academo, situato fuori le mura, nella zona nord-ovest di Atene. Platone acquista questo sito e nel 387 a.C. vi fonda la sua scuola, che dirigerà quasi ininterrottamente per quarant'anni. Con

la fondazione dell'Accademia, Platone colloca la filosofia in un'area "istituzionale".

La trasformazione della **filosofia** in un'**istituzione stabile** costituisce una svolta radicale: la disciplina si professionalizza e si specializza, diventando un'attività riservata a studiosi che si preparano con molti anni di studi regolari e ben pianificati.

Agli scolari del ginnasio (il luogo deputato tradizionalmente agli esercizi fisici, che diverrà sede di discussioni e dibattiti) di Platone si attribuisce il nome di **accademici**.

Nel recinto sacro dell'Accademia sembra che Platone abbia eretto un altare ad Apollo e alle Muse, presso il quale poi sarebbe stato sepolto. Tale importante componente sacrale fa sì che l'Accademia platonica possa essere considerata un **tìaso**, cioè un'**associazione religiosa**. Poco si conosce dell'organizzazione e del tipo di insegnamento svolto, ma certamente l'Accademia non va interpretata come una moderna università, bensì piuttosto come un luogo deputato alla **ricerca** e all'**approfondimento** di alcuni saperi ritenuti **"scientifici"**.

Tra i frequentatori dell'Accademia spiccano i nomi di importanti personaggi politici, legislatori, ambasciatori ed esponenti della cultura del tempo. I nomi più noti oltre a quello del nipote di Platone, **Speusippo** (393-339 a.C. ca), sono quelli di **Aristotele** (vedi p. 150 e ss.), **Senocrate** (396-314 a.C.) e **Eudosso** (408-355 a.C.). Costoro non sono allievi subordinati al sapere del maestro, ma collaboratori, docenti liberi di esprimere profonde divergenze rispetto alle dottrine platoniche.

Tutti gli accademici condividono e diffondono l'esortazione platonica a **praticare la filosofia**. Il filosofo deve tendere al raggiungimento dei **valori dello spirito** e della **conoscenza**, ma non disdegna beni esteriori come la **fama** e la **ricchezza**. Gli accademici non propongono ideali ascetici e suggeriscono a chi occupa posizioni di prestigio sul piano sociale un modello di vita improntato alla ricerca e allo studio che ben si concilia con l'agiatezza e il benessere economico.

Verifica immediata

1. Qual è il nome della scuola platonica?
2. Quali sono gli allievi più celebri della scuola?

2. Dialoghi e trattati

Le forme della trasmissione

2.1 Platone e il dialogo scritto

Anche per Platone, come per il suo maestro Socrate, gli uomini credono erroneamente che nei testi scritti sia contenuta in maniera chiara e ben definita la verità, la quale, invece, non si raggiunge se non al termine di un lungo e faticoso cammino di ricerca. Il **libro** fornisce solo una **conoscenza indiretta**, approssimativa, o meglio un'**opinione**. Il libro crea uniformità e appiattimento culturale, poiché è una realtà immobile che contiene la verità valida solo per l'autore.

Frammento dal fregio est del Partenone (V sec. a.C.).

Tuttavia Platone ci ha lasciato un **ingente numero di dialoghi** da lui composti. Ciò non contraddice quanto egli stesso ha affermato circa la **superiorità della discussione diretta**. Il **dialogo scritto** è la forma di comunicazione letteraria che permette di riprodurre il rapporto attivo tra maestro e allievo, o tra colleghi ricercatori, ed è perciò un surrogato efficace della parola orale e del confronto diretto fra persone ugualmente interessate alla ricerca del vero.

Il dialogo scritto ha una più facile circolazione all'esterno della scuola e serve come un'esortazione alla filosofia, mentre all'interno prevale l'approfondimento specialistico, ottenuto attraverso il confronto orale. Lo scritto fa conoscere a un pubblico più vasto, ai concittadini in primo luogo, la funzione della filosofia come ricerca della giustizia e del bene per l'individuo e per la comunità.

Il tipo di oralità che Platone privilegia è quello della **dialettica** intesa come lo **sforzo di costruzione di una conoscenza fondata e dimostrata**. Per i suoi allievi e colleghi dell'Accademia egli tiene lezioni «intorno al bene», mai messe per iscritto. Sono le cosiddette «**dottrine non scritte**» che, per la profondità delle tesi sostenute, si affidano al dialogo e al dibattito interno tra specialisti.

2.2 Le fonti: il problema degli scritti platonici

L'opera di Platone ha posto agli studiosi due problemi principali: il primo relativo all'**autenticità dei dialoghi** a lui attribuiti, il secondo relativo alla **cronologia** degli stessi.

La tradizione gli attribuisce l'*Apologia di Socrate,* 34 dialoghi e 13 lettere. Un grammatico latino, **Trasilio**, vissuto ai tempi dell'imperatore Tiberio (42 a.C.-32 d.C.), ordinò questi scritti in 9 tetralogie, cioè in 9 gruppi di 4 opere ciascuno, alcune delle quali però sono spurie.

Oggi si ritengono **genuinamente platonici** all'incirca **28 dialoghi**, suddivisi in quattro periodi: quello della giovinezza, in cui si illustra l'insegnamento socratico; un secondo periodo di formazione del pensiero platonico; un terzo corrispondente alla maturità; un quarto coincidente alla vecchiaia. Poiché Platone non scrive un trattato con l'esposizione organica delle sue teorie, ma concepisce il suo esercizio di filosofo come una ricerca che risponde a interrogativi via via originatisi dal dibattito con i suoi interlocutori, è fondamentale, per ricostruire l'effettivo formarsi della sua filosofia, collocare ogni dialogo nella corretta successione.

Verifica immediata

1. Qual è la forma privilegiata di trasmissione del sapere platonico?

Il metodo della filosofia

3. Dialettica e ragionamento dimostrativo

3.1 La filosofia come dialogo

Platone considera il **dialogo** il **modo corretto di fare filosofia**, convinto che essere filosofi sia un compito inesauribile, mai concluso, uno sforzo comune per avvicinarsi alla verità.

Nell'Accademia sviluppa dunque il suo insegnamento e le sue riflessioni in forma dialogica: da una parte il maestro, o **dialettico** (*dialéghesthai* in greco significa «discutere»), che padroneggia l'arte della discussione, dall'altra gli **interlocutori**, che rappresentano all'inizio del dialogo il sapere legato all'opinione, alla falsa conoscenza.

La comunicazione è un **processo attivo di scambio** fra persone che si aiutano nella **ricerca della verità**, alla quale cercano di avvicinarsi progressivamente.

La filosofia per Platone non è compito individuale e privato, ma viene esercitata da uomini che, vivendo insieme, «discutono con benevolenza» (*Lettera VII*), poiché appartengono a «una comunità della libera educazione».

Nel dialogo *Fedro*, dopo aver spiegato la superiorità del dialogo orale rispetto al testo scritto, Platone compie un'efficace ricapitolazione delle **specificità del filosofo**, che è colui che scrive solo di ciò che conosce, sa difendere le proprie teorie se confutate e sa ammettere l'inferiorità dello scritto rispetto al confronto diretto con gli altri.

Il dialettico conduce una discussione con alcuni interlocutori. Rilievo votivo in marmo (IV sec. a.C.).

3.2 La dialettica come metodo della diàiresi o divisione

La **dialettica** è il **metodo scientifico della dimostrazione** e perciò il modo più corretto di fare filosofia. Essa – come Platone dice nel dialogo *Parmenide* – parte dalle **ipotesi** ed esamina tutte le **conseguenze logiche** che derivano sia dall'ammetterle come vere sia dal negarle. Il filosofo, grazie alla dialettica, risale **dall'ipotesi al principio** che la fonda e poi ridiscende alle **conclusioni** che ne derivano.

Come metodo per eccellenza della filosofia, nella *Repubblica* la dialettica è detta **sinossi**, cioè «visione d'insieme», perché è la capacità di ridurre i caratteri delle realtà molteplici a una forma unica (detta **idea**, *êidos* o *idéa* in greco) e al vero essere unitario delle cose. L'arte del dialettico comporta la capacità di avere una visione d'insieme della realtà.

La dialettica non solo **riconduce il molteplice all'unità**, ma passa anche dall'unità alla **diàiresi** (o «divisione»), che parte dall'idea più generale e, distinguendo via via le idee particolari contenute nelle generali sulla base delle loro articolazioni, giunge alle idee che non includono in sé ulteriori idee. Grazie al suo procedimento discensivo, questa tecnica consente di scoprire i **nessi di compatibilità** delle idee tra di loro, e quindi i rapporti tra le forme uniche e il molteplice dell'esperienza. Così la dialettica perviene a stabilire il posto che una data idea occupa nella struttura gerarchica del mondo ideale.

Verifica immediata

1. **Qual è il metodo della filosofia per Platone?**
2. **Come viene definita la dialettica nel dialogo *Repubblica*?**

4. La costruzione di un sapere vero

I problemi della filosofia

4.1 Il dissenso nei confronti dei sofisti

Platone, il più fedele degli allievi di Socrate, si allontana da Atene dopo l'esecuzione della condanna del suo maestro, nel 399 a.C., consapevole della crisi della sua città, di cui ritiene siano responsabili sia gli uomini politici al potere, sia i **sofisti** che vendono il loro sapere, cioè le **tecniche della retorica** che secondo lui sono **forme illusorie di sapere**, in quanto mutevoli e prive di stabilità.

Proprio in questo discredito gettato sul sapere dall'atteggiamento sofistico, Platone individua uno dei fattori responsabili della morte di Socrate: compito prioritario diviene pertanto per lui quello di **restituire centralità** al **sapere filosofico**, lavorando alla costruzione di un **sapere vero**, in grado di ancorarsi a criteri assoluti che lo sottraggano all'incertezza, alla mutevolezza e all'illusorietà del sapere sofistico. Platone sa unire l'analisi dell'uomo, del suo compito morale e del suo dovere sociale allo studio della realtà e ai problemi relativi al sapere, al suo oggetto e alle sue procedure metodologiche.

Il **filosofo** è colui che, per realizzare il progetto di una **società giusta** e per costruire uno Stato ispirato ai più alti **valori etici**, si dedica alla **conoscenza della verità** e allo **studio delle scienze** quali la matematica, l'astronomia, la musica e la dialettica, fondendo così le problematiche che sino ad allora sono state trattate separatamente dalla filosofia dei presocratici, dei sofisti e dello stesso Socrate.

4.2 La filosofia come amore

Per Platone, Socrate si propone come maestro dei giovani ateniesi, e quindi come filosofo, proprio perché si dedica con loro alla ricerca del giusto. Solo chi sa può insegnare, ma per possedere e quindi insegnare la sapienza occorre amarla. **Amare la sapienza** significa **filosofare**.

Socrate esorta dunque a diventare filosofi, cioè ad amare il sapere. La caratteristica propria del filosofo è di essere spinto alla ricerca da una passione interiore molto forte. Questa definizione è l'esplicitazione del significato letterale della parola greca «filosofia», formata dall'aggettivo *fílos* («che ama») e dal sostantivo *sofía* («sapienza»).

Ma dall'esortazione socratica è possibile dedurre anzitutto che per Platone la filosofia è un'attività che ogni uomo può compiere e che il sapere a cui spinge il desiderio è frutto di un lungo e faticoso cammino che l'individuo deve percorrere insieme agli altri.

La **filosofia è amore**, Eros; il filosofo non è sapiente, ma aspira a diventarlo e si colloca a metà strada tra l'ignorante e il sapiente.

La filosofia è aspirazione alla sapienza, ignoranza che vuole sapere, vita dedicata alla ricerca del sapere, che è la vita più nobile che l'uomo possa condurre.

4.3 L'idea eterna e immutabile come oggetto della conoscenza

Qual è l'**oggetto** che la filosofia come scienza deve conoscere? Tutto è relativo – dicono i sofisti – e contro il loro negare qualsiasi criterio di verità già Socrate fa riferimento all'universale morale, al bene come a ciò che è uguale per tutti. Platone compie un passo ulteriore sulla strada socratica, attribuendo al concetto di **bene** e di **giustizia** un'**esistenza** non solo nella mente umana, ma **ontologica**, nel regno perfetto dell'essere e una realtà ben più assoluta di quella transitoria e mutevole delle cose del mondo naturale.

Per Platone si ripresenta il **dualismo tra opinione e scienza**: la prima si occupa delle realtà sensibili, delle **cose naturali soggette al divenire**; la seconda conosce le realtà intelligibili, gli enti razionali, le **idee eterne e immutabili** sussistenti di per sé in un mondo che si colloca al di sopra del nostro universo. Queste idee sono esse sole l'oggetto della scienza e in particolare della dialettica che è la forma più alta di filosofia.

Noi possiamo dire sia che Socrate è buono, sia che il cane è buono, poiché abbiamo un unico criterio di giudizio, un'unica unità di misura a cui fare riferimento: il bene in sé, o meglio l'**idea del bene**. Le idee che l'uomo può conoscere non dipendono per la loro esistenza dalla mente umana che le pensa, ma esistono anche se nessuno le conosce. Il filosofo che, dopo un lungo cammino, giunge a contemplarle può ricostruire una Stato giusto perché conosce la giustizia perfetta, il modello, l'idea di giustizia.

Verifica immediata

1. Qual è, per Platone, il compito del filosofo? Che cosa occorre fare per portarlo a termine?
2. Qual è la definizione platonica di filosofia?
3. Quali sono, per Platone, gli oggetti della filosofia?

La filosofia al servizio della *pólis*

La vita

Su Platone e sulle vicende della sua vita abbiamo numerose testimonianze, compresa quella sua personale, contenuta nello scritto noto come *Lettera VII*.

Il suo vero nome è Aristocle, ma gli viene attribuito il soprannome di *Platús* («largo» in greco) a causa della sua robusta corporatura. Nasce ad Atene nel 427 a.C., in una famiglia aristocratica. Dopo la formazione scolastica comune alle giovani e ricche generazioni della città, può assistere frequentemente alle discussioni tra Socrate, che considererà sempre il suo maestro, e i suoi interlocutori, discussioni che si svolgono nella cerchia delle più influenti famiglie aristocratiche della città.

Durante il regime dei Trenta Tiranni, i cui i massimi esponenti sono suoi stretti parenti, Platone è invitato ad aderire al governo e a dare il suo contributo, ma preferisce non avere un coinvolgimento diretto.

Dopo la morte di Socrate, nel 399 a.C., Platone si tiene in disparte dalla vita pubblica e, forse per motivi di prudenza, viaggia, allontanandosi da Atene. Sembra che abbia visitato diverse aree del Mediterraneo (Egitto, Creta, Sicilia e Italia meridionale), cogliendo l'opportunità di studiare i diversi regimi di governo di quelle aree.

Il biennio 388-387 corrisponde alla prima delle tre esperienze filosofico-politiche riguardanti il suo impegno in Sicilia, a Siracusa. Questa esperienza, presso la corte del tiranno Dionigi il Vecchio, ha risvolti drammatici.

Platone ritiene di poter svolgere un ruolo di consigliere politico di primo piano per il tiranno e lega a sé, imponendogli un maggiore impegno culturale e morale, il giovane Dione, cognato di Dionigi e molto influente a corte. La cosa, però, non è gradita al tiranno, che – secondo una versione un po' romanzata – fa imbarcare con la forza Platone su una nave il cui comandante lo vende come schiavo a Salamina, l'isola posta di fronte ad Atene.

Liberato in seguito al pagamento di un riscatto, Platone ritorna ad Atene. Altre due esperienze in Sicilia falliranno e il filosofo non riuscirà a mettere in pratica il suo progetto politico. Ad Atene Platone fonda la sua scuola e per oltre vent'anni si dedica a essa e alle sue ricerche filosofiche che lo rendono famoso in tutto il Mediterraneo.

Nel 387 a.C. fonda, in un bosco sacro presso Atene, l'Accademia, una grande istituzione scolastica e scientifica di livello superiore, nella quale si formeranno, lungo il suo quarantennale insegnamento, intere generazioni di studiosi, scienziati (matematici, astronomi, naturalisti) e filosofi.

Gli ultimi anni della vita del filosofo ateniese, fino alla morte avvenuta o nel 348 o nel 347 a.C., sono dedicati all'insegnamento e allo studio.

Platone è il primo filosofo ad aver lasciato una grande raccolta di opere filosofiche sotto forma di dialoghi e di lettere.

1. La filosofia come professione

1.1 Un *corpus* di scritti e una sede specifica

Con Platone la ricerca filosofica compie un enorme **salto di qualità**, dettagliatamente documentato in maniera diretta e autentica dal **primo grande *corpus* di opere filosofiche** complete tramandatoci dall'antichità greca: con la morte di Socrate (399 a.C.) si è chiusa l'epoca dei filosofi che discutevano in dibattiti pubblici le loro idee confrontandole con quelle altrui.

La scuola platonica nell'Accademia

Platone fa i conti con tutti i principali pensatori che l'hanno preceduto, oltre che con i "concorrenti" delle diverse scuole socratiche, portando avanti e sviluppando in direzione radicalmente nuova l'eredità dell'insegnamento socratico. Inoltre, con la fondazione dell'**Accademia**, colloca la **filosofia**, diventata una **professione**, in una sorta di istituto di studi superiori, il cui *curriculum* viene delineato con molta precisione nell'opera principale della sua prima maturità, la *Repubblica*.

ANTOLOGIA FILOSOFICA
Platone, *Repubblica*, VII

1.2 Il compito della filosofia: sapere che cosa è giusto per guidare lo Stato

Il potere ai filosofi, in grado di costruire uno Stato giusto

Dalla *Lettera VII* possiamo trarre l'indicazione più chiara circa il compito che Platone affida al filosofo: fondare una comunità retta dalla giustizia, costruire uno **Stato giusto**.

Il comportamento dei Trenta Tiranni prima e quello dei democratici poi, che mandano a morte Socrate, l'uomo più giusto tra gli Ateniesi, lo deludono e lo feriscono profondamente. Di qui nasce e si rafforza in lui la convinzione che lo Stato può essere giusto e il genere umano può uscire dal male solo se i **filosofi** giungono **al potere**. Al filosofo compete la costruzione di una comunità politica che non si macchi mai più d'ingiustizia nei confronti dei suoi cittadini migliori.

Solo colui che ricerca il sapere e sa che cos'è la giustizia può fondare su di essa lo Stato ed è in grado di governarlo rettamente. Con il suo **amore per la sapienza**, il filosofo ha costruito le condizioni per poter diventare "re", uomo politico capace di rifondare uno Stato giusto.

Il filosofo, che conosce il bene e perciò è in grado di progettare e di realizzare uno Stato che coniughi giustizia e felicità, sa anche che il bene è un valore universale: dunque egli deve mettersi a disposizione degli altri per **provvedere al bene di tutti**.

La giustizia va definita a partire dallo Stato

Per quanto riguarda l'analisi della problematica etica, Platone percorre la via che parte non dall'individuo, ma dallo Stato. La **giustizia** è un **modo d'essere dello Stato** ed è partendo dalla convivenza civile organizzata secondo le leggi che deve essere considerata la giustizia intesa come modo d'essere e di agire dell'individuo. Platone non afferma più, alla maniera socratica, una tesi "assoluta" riferita al singolo (non commettere ingiustizia, in nessun caso); egli inserisce invece il problema della giustizia in un discorso che tiene conto del **contesto politico**. Questo è il grande passo compiuto da Platone rispetto a Socrate, e tale passo gli consente di costruire un intero sistema filosofico che tocca molti altri aspetti oltre a quelli più strettamente etici e politici.

T1 I filosofi al potere

Indotto di nuovo a riflessione su queste vicende, su chi si occupava di politica, sulle leggi, sulla morale in genere, quanto più passava il tempo e andavo avanti nell'età facendo di queste considerazioni, tanto più mi sembrava difficile riuscire a far qualcosa con la politica. Senza amici e compagni, impossibile realizzare niente; non era agevole il trovarne di disponibili fra quelli che c'erano, dato che la città non veniva più amministrata secondo i costumi e le abitudini dei padri; del tutto impossibile poi arrivare ad acquistarne facilmente di nuovi. La lettera delle leggi e i costumi in generale si andavano corrompendo ad un punto tale che io, pur inizialmente tutto pieno dal desiderio di occuparmi della vita pubblica, guardando a ciò e vedendo come tutto si trascinava sbandando per ogni dove, finii col rimanere sconcertato. Continuai però ad osservare la situazione, caso mai si verificassero dei miglioramenti, sia in generale, sia soprattutto nel governo, ed aspettando sempre l'occasione buona per entrare in azione.

L'intenzione di Platone è di fare politica, malgrado le difficoltà

Quali sono le considerazioni di Platone sul governo della sua e delle altre città? Qual è l'atteggiamento del filosofo di fronte a questa situazione?

Compresi, infine, che tutte quante le città di allora si trovavano ad essere malamente governate [...] e fui costretto a limitarmi a fare gli elogi della retta filosofia, come quella da cui sola può venire la capacità di scorgere ciò che è giusto nella vita pubblica e in quella privata; mai le generazioni degli uomini avrebbero potuto liberarsi dai mali, fino a che o non fossero giunti ai vertici del potere politico i filosofi veri e schietti, o i governanti delle città non diventassero, per un destino divino, filosofi.

Quali sono i rapporti tra la filosofia e la giustizia?

(Platone, *Lettera VII*, 324b-326b, in *Lettere*, a cura di P. Innocenti, Rizzoli 1986)

1.3 La scrittura filosofica: il dialogo

I dialoghi: il protagonista Socrate a confronto con vari interlocutori

Si può affermare che con Platone nasce la **tradizione letteraria della filosofia**: prima di lui, infatti, il ricorso alla scrittura da parte dei filosofi era rimasto per lo più limitato, spesso ridotto a testi saltuari, in cui era riassunta la concezione complessiva della realtà. Con Platone, in ogni modo, non nasce il prototipo del trattato sistematico (come può essere, ad esempio, un manuale) ovvero del saggio filosofico; a lui dobbiamo piuttosto la prima articolata produzione di **dialoghi filosofici**, di finzioni letterarie, nelle quali un **protagonista** – quasi sempre **Socrate** – si confronta su temi morali, politici, scientifici con altri **interlocutori** in qualche modo coinvolti, come persone competenti o presunte tali, nell'Atene del V secolo.

I dialoghi socratici

Dal 395 al 388 a.C. Platone compone i suoi **primi dialoghi**, noti agli studiosi come «**socratici**» in quanto hanno lo scopo prevalente di mostrare, in forme letterariamente molto pregevoli, l'attività dialogica del suo maestro:

1. dialoghi relativi al processo e agli ultimi giorni di Socrate (*Apologia* e *Critone*);
2. dialoghi che trattano ognuno uno specifico tema morale (*Eutifrone, Carmide, Liside, Lachete* e qualche altro di dubbia attribuzione);
3. dialoghi che mostrano Socrate alle prese con i più noti sofisti (*Protagora, Gorgia, Ippia Maggiore, Ippia Minore, Eutidemo,* il primo libro della *Repubblica*) o con altri personaggi pubblici del tempo (*Alcibiade* con qualche riserva di attribuzione) e poeti (*Ione*).

I dialoghi della maturità

I **dialoghi della piena maturità**, quelli scritti durante i primi vent'anni di insegnamento all'Accademia, nei quali viene formulata e argomentata la più celebre dottrina filosofica di Platone, la teoria delle idee, sono i seguenti: la *Repubblica*, composta di dieci libri (il primo è del periodo precedente) che equivalgono, come lunghezza, a dieci dialoghi; forse il *Cratilo*; sicuramente il *Menone*, il *Fedone*, il *Fedro* e il *Simposio*.

Gli ultimi dialoghi

I **dialoghi dell'ultimo periodo** (gli ultimi vent'anni circa dell'Accademia) documentano i dubbi, le perplessità, il ripensamento di Platone intorno alla dottrina delle idee, sollecitati quasi sicuramente dai dibattiti interni alla stessa Accademia. Questi dialoghi, notevolmente più complessi e di comprensione più difficile rispetto a quelli del periodo centrale, sono: *Teeteto*, *Parmenide*, *Sofista*, *Politico*, *Filebo*, *Timeo* e *Leggi* (rimaste incompiute, composte di dodici libri, equivalenti come lunghezza a una decina di dialoghi).

A questo elenco devono essere aggiunte **13 lettere**, la cui autenticità è ancora molto discussa; di esse la più importante è la *Lettera VII*, nella quale Platone spiega le motivazioni del suo essere filosofo.

Per Platone il dialogo esprime il carattere di socialità (la ricerca è fatta insieme ad altri) e il lento e progressivo procedere dell'indagine filosofica.

1.4 Il ruolo del mito nei dialoghi

Il mito, fede razionale e strumento complementare alla filosofia

Un aspetto originale dei dialoghi platonici risiede nell'utilizzazione del **mito**, cioè di racconti immaginari che esemplificano argomentazioni e concetti. Il ricorso al mito proviene dalla tradizione orfica e pitagorica (vedi p. 4 e p. 21), a cui molte volte Platone si riallaccia.

Non si tratta però di un semplice omaggio a una tradizione religiosa che esprimeva in questa forma artistica le sue riflessioni sul senso della realtà e dell'uomo, ma della scelta di uno strumento complementare alla filosofia.

Al mito, secondo Platone, si fa ricorso anche per **intuire verità** che oltrepassano la portata della ragione dialettica. Il mito è espressione di una **fede razionale**, manifestazione di una certezza soggettiva non dimostrabile con prove logico-argomentative. La fondamentale funzione del mito è quella di consentire una spiegazione – tramite un racconto per immagini – più facile per un pubblico di non specialisti di argomenti particolarmente complessi e ostici.

1.5 I dialoghi della polemica con i sofisti

ANTOLOGIA FILOSOFICA
Platone, *Eutidemo*, *Gorgia*

I dialoghi giovanili di Platone, il *Protagora* e l'*Eutidemo*, illustrano le dottrine socratiche.

I dialoghi che segnano il passaggio dalle prove del periodo giovanile alla formulazione delle tesi centrali della speculazione platonica sono quelli dedicati alla polemica con i sofisti.

Il sapere dei sofisti è opinione, quello di Socrate è scienza

Per i **sofisti** il *lógos*, la ragione umana, non era in grado di raggiungere una verità condivisa da tutti e d'altra parte il linguaggio non poteva comunicare tale verità; perciò il pensiero di Protagora e di Gorgia approdava a un **agnosticismo** e **relativismo conoscitivo**. Per **Socrate** esistono invece **criteri universali** di bene e di giustizia, che l'uomo può trovare con l'uso della ragione aperta al dibattito.

In alcuni dialoghi, come il *Protagora*, il *Cratilo*, l'*Eutidemo* e soprattutto il *Gorgia*, Platone mette in luce il contrasto esistente tra il **sapere dei sofisti**, che è **semplice opinione** (*dóxa*), e il **sapere di Socrate**, che è **scienza** (*epistéme*).

La filosofia come uso del sapere a vantaggio dell'essere umano

Socrate, attraverso le parole di Platone, afferma che negare la differenza tra **errore** e **verità** rende impossibile e inutile apprendere qualsiasi cosa e propone una definizione di filosofia come «uso del sapere a vantaggio dell'uomo»: essa è «una scienza nella quale coincidono il fare e il sapersi servire di ciò che si fa» (*Eutidemo*, 290d). Il filosofo appare non un generico sapiente, ma l'autore di una ricerca complessa, un vero specialista della scienza, capace di **coniugare il sapere con l'operare**; è colui che sa individuare il **giusto uso della verità**.

Le parole rivelano l'essenza delle cose

Nel *Cratilo* la polemica è condotta a proposito dei termini del linguaggio, le **parole**, e sul fatto che esse, secondo Platone, non debbano essere puri suoni convenzionali, ma debbano anche **rivelare la natura**, **l'essenza delle cose** che indicano.

2. La «Repubblica» e la concezione dello Stato

2.1 Una morale basata sulla cittadinanza

ANTOLOGIA FILOSOFICA
Platone, *Repubblica*, II

Nella *Repubblica* (*Politéia* in greco, che significa approssimativamente «governo della *pólis*») Platone mostra di aver raggiunto la sua piena **maturità filosofica**.

È un'opera ponderosa che consente al filosofo di esporre le sue **concezioni fondamentali**, proprie del periodo della maturità, con una organicità non riscontrabile in nessun altro dei suoi dialoghi. Inoltre in essa si coglie in maniera diretta l'insieme di ragioni filosofiche per le quali è possibile mostrare sia la continuità, sia il distacco del pensiero di Platone rispetto a quello del suo maestro Socrate.

Ricerca del concetto di giustizia a partire dalla comunità politica

Socrate aveva impostato la sua ricerca filosofica nel tentativo di individuare e formulare, attraverso il dialogo con i suoi interlocutori, dei **concetti etici universali**. Nella *Repubblica* possiamo vedere direttamente, toccare con mano, sia la ricerca socratica che già conosciamo, sia la **svolta operata da Platone**, che consiste nella **ricerca del concetto di giustizia** a partire **non dall'individuo**, **ma dalla comunità politica** e dalla sua storia reale rispetto a un modello ideale di Stato. Solo il concetto di giustizia come operante nella dimensione della comunità politica consentirà a Platone di proporne un'interpretazione e un'applicazione anche nella dimensione del singolo individuo e cittadino.

Nel dialogo gli interlocutori di Socrate sono i due fratelli di Platone, Glaucone e Adimanto, i quali affermano che nella realtà storica di Atene chi è ingiusto sta meglio dei giusti e perciò nessuno si propone davvero di essere giusto. Nella città domina la massa e aspirazione di tutti è l'accaparramento delle ricchezze. Anche per il filosofo è molto difficile non cedere alle lusinghe dei potenti.

Socrate conclude, paradossalmente, che se il **filosofo** non vuole essere corrotto dal potere deve esercitarlo, deve governare. Solo così è possibile essere contemporaneamente **giusti** e **felici**.

2.2 L'ordinamento politico ed etico dello Stato

Le tre classi che compongono lo Stato: lavoratori, guardiani e governanti

Nella *Repubblica* Platone ricostruisce le origini dello Stato e del conseguente ordinamento politico.

Tre sono le **classi** che compongono lo Stato: la classe dei **lavoratori** (chi produce e commercia), la classe dei **guardiani** (custodi o militari) e la classe dei **governanti**, i quali, per garantire un buon governo, devono essere filosofi.

Temperanza, forza e sapienza

Ognuna di queste classi, se lo Stato funziona bene, è portatrice e realizzatrice di una **virtù specifica**: la **temperanza** (moderazione nei piaceri e desideri) per chi produce e tende ad arricchirsi e a godere dei beni materiali; la **forza** e il **coraggio** per i guardiani; la **sapienza** o saggezza per i governanti.

Se ognuna delle tre classi pratica la virtù a essa corrispondente (anche se la temperanza, sottolinea Platone, riguarda tutte e tre le classi) si avrà uno Stato ben ordinato e governato, cioè uno Stato in cui ciascuno esegue bene il proprio compito. In esso regna la **giustizia**, che è quindi il **risultato dell'armonia fra le altre tre virtù**: sapienza, forza e temperanza. La tradizione cristiana farà proprie queste quattro virtù che verranno chiamate «**virtù cardinali**», ossia i cardini su cui "ruota" la vita umana improntata al bene, sia individuale, sia collettiva.

Giustizia come armonia delle tre virtù

T2 La giustizia

– Se il coraggio e la prudenza, che si trovano soltanto in una parte dello Stato, lo rendono l'una prudente, l'altro coraggioso, così non è per la temperanza: la temperanza, infatti, si estende senz'altro a tutta la città facendo sì che tutti ad una voce cantino la stessa canzone, i più deboli, i più forti e quelli di mezzo, o che tu li voglia tali per intelligenza, o per forza, o numero, o ricchezza, o per qualsivoglia altro carattere simile. Abbiamo, dunque, pienamente ragione di affermare che la temperanza consiste in questa concordia, in questa naturale sinfonia della parte peggiore e della migliore nel decidere quale delle due debba comandare e nello Stato ed in ciascun singolo individuo[1].

In che cosa consiste la temperanza?

– Sono pienamente d'accordo! – esclamò.

– Bene – dissi –, nello Stato abbiamo riconosciuto tre delle virtù, così almeno sembra: quale può essere ora l'ultima, che lo rende compiutamente virtuoso? La giustizia evidentemente.

– È evidente.

[...] Già da molto, mi sembra, stiamo parlando e sentiamo parlare della giustizia, senza accorgerci che è proprio di lei che parliamo. [...]

– Ecco, dunque, «attuare ciascuno ciò che gli è proprio», in una certa ben precisa maniera, potrebbe effettivamente essere la giustizia, amico mio – io dissi. – E sai donde lo argomento?

In che cosa consiste la giustizia?

– No, ma dillo! – esclamò.

– Io credo, cioè, che sia proprio quello che resta nella città – dissi – delle tre virtù che abbiamo esaminate, temperanza, coraggio, prudenza, che dà loro la possibilità di essere, e che una volta nate le conserva, finché vive in esse. D'altra parte abbiamo affermato che, scoperte le altre tre virtù, quella che resta è la giustizia.

– Per forza – disse.

– Ma – seguitai –, se dovessimo giudicare quale di queste virtù sia quella che più di ogni altra contribuirà alla bontà del nostro Stato, sarebbe difficile dire se è l'accordo fra chi governa ed è governato, o la difesa che si attua fra i guerrieri della giusta opinione intorno a ciò che è o no da temere, o la prudenza e la vigilanza fra i magistrati, o se questo veramente lo renda buono, questa virtù cioè per cui bambini e donne e schiavi e liberi ed operai, governanti e sudditi, ciascuno fa rispettivamente ciò che gli spetta, senza inserirsi in ciò che è proprio di altri».

Qual è il compito di ciascuno nello Stato giusto?

(Platone, *Repubblica*, IV, 432a-433d, in *Dialoghi politici. Lettere*, a cura di F. Adorno, UTET 1996)

1. **Se il coraggio ... individuo:** è Socrate a parlare, il suo interlocutore è Glaucone.

2.3 Le origini dello Stato reale

ANTOLOGIA FILOSOFICA
Platone, *Repubblica*, II

Le motivazioni economiche all'origine dello Stato

Per Platone l'**origine dello Stato** non va fatta risalire agli dei, ma può essere spiegata in **termini** che potremmo definire **naturalistici** ed **economici**: «Il sorgere dello Stato io credo sia dovuto al fatto che ciascuno di noi si trova nell'impossibilità di bastare a se stesso, avendo bisogno di una infinità di cose».

Divisione del lavoro

I primi bisogni dell'essere umano (vivere, nutrirsi, ripararsi, vestirsi) producono molto presto la **divisione** e la **specializzazione del lavoro**, che risultano "convenienti" rispetto al fare ognuno tutto da sé. Dai bisogni elementari si passa a quelli più evoluti, che danno luogo alla produzione: le comunità originarie sono composte da produttori di cose (cibo, vestiario e strumenti tecnici) e da commercianti capaci di scambi anche con comunità diverse da quelle di appartenenza.

Questa prima classe è attirata dalle prospettive di facili guadagni e di una **vita lussuosa**. Il lusso determina la nascita dell'**ingiustizia**.

Necessità di un esercito

Cresce la popolazione e cresce il **bisogno di nuovo territorio** per ingrandire la comunità. L'uomo conosce la guerra; nasce il bisogno di un **esercito**, che presto si trasforma in milizia specializzata: sono i **guardiani** o custodi o difensori dello Stato, con funzione simile a quella dei cani da guardia – mansuetudine verso le persone di famiglia, comportamento ostile verso gli altri –, che sanno usare la forza solo contro i nemici. Tra i guardiani, in seguito agli sviluppi successivi della comunità statale, si forma un terzo gruppo che assume l'incarico di governare: si tratta dei **governanti**.

Come si vede, Platone ha delineato in termini naturalistico-economici l'origine e gli sviluppi della comunità statale, individuando, gradualmente, l'emergere delle principali classi che la compongono.

2.4 Lo Stato ideale: abolizione della proprietà e della famiglia

Lo Stato deve garantire a tutti la massima felicità

Nello **Stato ideale** ma possibile delineato da Platone è necessario che non si crei uno squilibrio economico-sociale troppo forte. Il **fine del governo**, infatti, non è di consentire a pochi o ad una classe di essere felici a spese di altri, ma di **consentire a tutta la comunità il raggiungimento della «massima felicità possibile»**.

La ricchezza e la povertà squilibrano lo Stato in quanto producono «lusso, pigrizia e moti rivoluzionari».

I **guardiani-custodi** e i **governanti-filosofi**, che svolgono le mansioni più delicate, devono essere esenti dalla tentazione della ricchezza. Devono essere, perciò, **mantenuti a spese dello Stato** poiché svolgono compiti d'utilità comune.

Per i custodi e i governanti viene abolita la proprietà...

I guardiani, difensori dello Stato, devono essere educati – dai filosofi – a svolgere bene il loro compito. Essi vivranno in caserme e non maneggeranno né oro né argento. Per questi, quindi, è prevista l'**abolizione della proprietà privata**.

Solo i **produttori**, i **commercianti** e i salariati potranno possedere le **risorse necessarie** per il loro lavoro, ma non certo ricchezze eccessive, che li potrebbero portare ad abbandonare il loro lavoro.

... e la famiglia

Per evitare, diremmo oggi, interessi privati nel servizio e nelle cariche pubbliche, i **guardiani** e i **governanti** devono anche essere **esclusi dalla possibilità di avere una famiglia**. Nell'ambito di queste due classi i genitori non sapranno chi sono i loro figli e questi ultimi non sapranno chi sono i loro genitori.

L'affetto universale...

Tutti gli adulti, quindi, considereranno tutti i bambini della comunità come loro figli; tutti i bambini considereranno tutti gli adulti come loro genitori. Si affermerà un **affetto reciproco universale**.

La conseguenza più rilevante della fratellanza di tutti con tutti, tra guardiani e filosofi, è che sarà molto più difficile il formarsi di solidarietà ristrette, di parentele preferite e avvantaggiate e di proprietà esclusive; ciò favorirà la concordia e la solidarietà dei cittadini; inoltre la scelta e il reclutamento non avverranno più sulla base dell'appartenenza a una certa famiglia ma sulla base dei **meriti personali** di ciascuno.

... e la parità fra uomini e donne

Le **donne** devono essere ammesse, al pari degli uomini, all'**educazione** e alla **formazione** dirette a costituire le due classi che hanno le responsabilità maggiori nello Stato: quella dei guardiani e quella dei governanti. I metodi e i contenuti di tale formazione sono **unici e uguali per tutti**, maschi e femmine.

Secondo Platone nell'amministrazione dello Stato non c'è nessuna occupazione esclusiva della donna. La parità tra femmine e maschi – afferma il filosofo – è comune per natura agli animali e agli esseri umani. L'unica differenza è che il sesso femminile è più debole di quello maschile.

2.5 Spetta ai filosofi governare

Il governo dei filosofi garantisce uno Stato ordinato e armonioso

Altra condizione, oltre all'abolizione della proprietà e della famiglia, perché ci sia uno Stato giusto è che il **governo** sia **assegnato ai filosofi**, formati appositamente in molti anni di studio e preparazione. Il compito della filosofia è di dare a tutti i cittadini la possibilità di vivere in una **società ordinata** e **armoniosa** in cui ogni componente svolge bene il proprio compito.

La **virtù** consiste, infatti, nel **fare bene il proprio compito**: è giusto e virtuoso chi, ad esempio, essendo preparato per essere un difensore dello Stato, svolgerà questo compito e non usurperà la funzione di reggitore dello Stato che spetta al filosofo.

La realtà ideale a cui occorre rifarsi come modello perfetto di Stato non è una realtà primitiva del passato a cui si cerca di fare ritorno. La **repubblica ideale**, che può essere o un regno o un'aristocrazia, è fondata su un **equilibrio difficile**, **perfetto**, **ma precario** che rischia sempre di trasformarsi in una forma politica degenerata.

La virtù consiste nello svolgere bene il proprio compito

Naturalmente, i filosofi di cui parla Platone non sono gli intellettuali-conferenzieri, che passano di città in città a dimostrare le loro abilità argomentative e confutatorie, o quelli che si vantano di insegnare le arti del discorso o della politica. I **veri filosofi** sono – dice Platone – quelli che amano **contemplare la verità**, che rifuggono sia dall'ignoranza sia dall'opinione e dalle credenze comunemente correnti, e si rivolgono esclusivamente alla **ricerca** disinteressata **della verità**. I veri filosofi, in realtà, preferirebbero non impegnarsi nei compiti di governo, inferiori e meno "interessanti" rispetto al fare filosofia. Tuttavia, essi sono tenuti a offrire per qualche anno i loro servizi allo Stato, a governare, perché tale istituzione ha permesso loro, fornendo i finanziamenti, di diventare filosofi dopo un lunghissimo *curriculum* di studi. È una sorta di risarcimento che lo Stato chiede ai filosofi, da realizzarsi come **esercizio del governo**.

I filosofi cui spetta il compito di governare sono quelli che ricercano la verità

2.6 Le forme di governo

Lo Stato giusto, abbiamo visto, è quello amministrato dai filosofi. Platone sa benissimo di parlare di uno **Stato ideale**, a cui fare riferimento per valutare e classificare i vari tipi di Stato realmente esistenti. La valutazione e la classificazione dei tipi di Stato tiene conto del **prevalere**, **in ogni regime**, di **una delle tre classi e virtù**.

Aristocrazia o governo dei migliori: è lo Stato perfetto

Il **primo tipo** è quello ideale, giusto nella sua complessità, nelle sue classi e nei suoi individui. In esso vige la piena armonia – giustizia – fra classi. È lo Stato che Platone definisce **aristocratico**, nel senso letterale greco del termine, cioè **governo dei migliori**.

Timocrazia o governo della forza

Il **secondo tipo** è quello rappresentato dai regimi spartano e cretese, nei quali domina la classe dei guardiani o militari. È il regime **timocratico**, cioè il **governo della forza-animosità**, quello più vicino al tipo ideale.

Oligarchia o governo dei pochi

Il **terzo tipo** è quello che Platone definisce **oligarchico**, cioè **governo dei pochi** (e non necessariamente dei migliori!), e più precisamente dei ricchi, di una parte della classe dei produttori e commercianti, che rappresentano una ristretta minoranza all'interno della terza classe. È questo uno Stato **molto instabile** nel quale il valore massimo da perseguire è la **ricchezza**, da raggiungere con qualsiasi mezzo, onesto o disonesto. In questa corsa sfrenata alla ricchezza i ricchi "mancati", cioè impoveriti e caduti in miseria, tentano la rivincita organizzando le masse dei poveri – di cui anch'essi ora fanno parte – e **spronandole a ribellarsi** contro il dominio dei ricchi.

Democrazia o governo del popolo

In questo modo si instaura il **quarto tipo** di Stato, la **democrazia**, cioè il «governo del popolo»; ma il popolo ha una sete sfrenata di libertà che inevitabilmente porta alla **crisi** del governo democratico. Si produce così una sorta di **anarchia** nella quale non esistono più valori morali stabili e universalmente condivisi.

Tirannia o governo di uno solo

Come conseguenza di questa anarchia, si afferma il **quinto tipo** di Stato, la **tirannide** o **governo di uno solo**: tiranno diventa colui che sa ingraziarsi le masse e che trasforma l'eccesso di libertà in schiavitù di tutto il popolo.

I tipi di Stato secondo Platone

1. aristocrazia (governo dei migliori)

2. timocrazia (governo dei della forza)

3. oligarchia (governo dei pochi)

4. democrazia (governo del popolo)

5. tirannide (governo di uno solo)

2.7 Dallo Stato all'individuo: le virtù dell'anima

L'anima è costituita da tre parti

Come lo Stato è costituito da tre classi, così la nostra **anima** è costituita da **tre parti o elementi**: un elemento **razionale**, quello con cui ragioniamo, un elemento **animoso o irascibile**, con cui sentiamo la nostra forza e l'impulso ad agire, e un elemento **concupiscibile**, irrazionale e appetitivo, che ci fa provare amore, fame, sete ed eccita gli appetiti corporei.

L'individuo giusto

Anche per quanto riguarda l'**anima**, la **virtù** consiste nel **realizzare bene il proprio compito**, poiché ogni facoltà è adatta a svolgere certe funzioni piuttosto che altre. Le tre parti dell'anima possono operare d'**accordo** o in **disaccordo**, al pari di quello che può avvenire fra le tre classi nello Stato; quando operano d'accordo, cioè «quando ciascuna delle parti che è in noi attuerà pienamente la propria funzione, allora saremo giusti e compiremo il nostro dovere». Analoghe, quindi, sono le condizioni perché si possano formare uno **Stato giusto** e un **individuo giusto**.

3. Il modello educativo e la teoria della conoscenza

3.1 Il cammino del filosofo verso il sapere

Platone dedica una lunga trattazione al problema dell'**educazione dei giovani e dei cittadini**, che considera non marginale ma centrale nella sua esposizione.

La formazione dei filosofi

Nello Stato ideale coloro che devono seguire un preciso percorso educativo sono quelli destinati a diventare guardiani e governanti. Per diventare **difensori** dello Stato occorre praticare la **ginnastica** e conoscere la **letteratura epica** e **altre arti**. Gli aspiranti filosofi devono studiare, giunti ai vent'anni, la **matematica**, che ha un ruolo decisivo nella scelta dei migliori. La matematica è la scienza che, necessitando di capacità di astrazione, conduce alla filosofia.

A trent'anni coloro che amano il sapere devono passare allo studio della **filosofia** o **dialettica** per almeno cinque anni. Fino ai cinquant'anni il filosofo deve impegnarsi in **attività militari** e nello svolgimento di **funzioni politiche**, necessarie per il buon andamento della comunità.

Il comando a chi mette in pratica la nozione di bene

Soltanto dopo questo lungo tirocinio egli prende in mano le redini del potere ed esercita il **comando supremo**, alternando lo studio ai compiti politici. Per governare il filosofo deve saper **tradurre in atto** la **nozione di «bene»** che egli ha appreso.

Come è giunto il filosofo a conoscere che cos'è il bene (la giustizia)? Se il filosofo è colui che ama il sapere e dedica la sua vita alla ricerca della verità che rapporto esiste tra il bene, come valore universale, e la verità?

Il discorso platonico, nei libri VI e VII della *Repubblica*, passa ora a definire il percorso che il filosofo deve compiere per diventare tale, attraverso l'esposizione della teoria relativa alla **gnoseologia** o **dottrina della conoscenza**.

3.2 Le idee come enti razionali

Come si può raggiungere la verità?

Che cos'è la verità? Non è quello che ci suggeriscono i nostri sensi e più in generale l'opinione; non è la conoscenza che si riferisce agli oggetti comuni della nostra esperienza quotidiana quali appaiono a livello di sensazione.

Su questo Platone è d'accordo con Parmenide e con i filosofi che avevano escluso la verità dall'orizzonte della conoscenza sensoriale e dell'opinione, cioè delle credenze comuni. Il filosofo dell'Accademia condivide la dottrina eleatica secondo la quale **il pensiero riflette l'essere** (non le apparenze) e afferma che la mente conosce la vera realtà.

L'essere parmenideo, però, era assolutamente uno, poiché la molteplicità ne avrebbe eliminato la perfezione. Per Platone, invece, gli **oggetti della conoscenza razionale** sono **enti ontologicamente perfetti** pur nella loro **molteplicità**.

Le idee sono l'oggetto della conoscenza

Esistono **realtà primarie**, **archetipi** e **modelli** di tutte le realtà e su di essi il filosofo costruisce un sapere vero, una **scienza universale** (*epistéme* in greco). Si tratta delle **forme**, o **generi**, o **idee** (dal greco *eîdos* o *idéa*: «forma», «aspetto», «figura») che non sono assolutamente prodotti della nostra mente, parte razionale dell'anima, ma sono **entità immateriali indipendenti** che la mente può cogliere o conoscere. Appartengono a un mondo diverso da quello naturale (mutevole e transeunte) conosciuto attraverso la conoscenza sensibile, poiché sono **immutabili** ed **eterne**.

La **verità** è la **conoscenza di queste entità ideali**, universali e immutabili.

Le idee sono in primo luogo enti razionali che sussistono indipendentemente da noi, ma da noi sono conoscibili soltanto attraverso la parte razionale dell'anima – come Platone dice nel *Fedone*.

La nostra conoscenza razionale è non solo superiore alla sensibilità, ma anche vera e scientifica in quanto conoscenza di enti perfetti immutabili, universali. Il compito prioritario del filosofo è quello di allontanare l'anima dalla ricerca «fatta con gli occhi, con gli orecchi e con gli altri sensi» e di dirigerla dentro di sé, perché nel proprio interno essa troverà «l'essere in sé».

Solo dalle idee deriva un sapere universale

Come oggetti della verità, **enti razionali** universali e immutabili, le idee risolvono il problema della possibilità di una conoscenza valida sconfiggendo l'agnosticismo e il relativismo dei sofisti: la conoscenza delle idee costruisce la **scienza**, vale a dire un **sapere universale** cioè valido per tutti, non mutevole.

Le tesi sopra proposte costituiscono ciò che gli interpreti definiscono «teoria delle idee».

3.3 Le idee come criteri di giudizio e causa delle cose naturali

Le idee sono criteri di giudizio, quantitative e qualitative

In secondo luogo le idee rappresentano **criteri di giudizio**: in quanto unità di valutazione e di misura, ci permettono di pensare e giudicare tutto ciò che è. Esistono idee che consentono di misurare in **termini quantitativi** la realtà (quantità, uguaglianza e grandezza) e che sono l'oggetto della matematica e della geometria (**idee numeri**). Altre consentono di valutare la realtà in **termini qualitativi**: se vogliamo giudicare se una cosa è o non è bella e giusta, dobbiamo riferirci a un criterio di bellezza e di giustizia valido universalmente. Si tratta delle **idee-valori** come **supremi princìpi etici**, estetici e politici.

Le idee sono causa e spiegazione delle cose

In terzo luogo le idee sono **cause delle cose naturali**. Già Anassagora aveva, secondo Platone, individuato nel *noûs* il principio intelligente all'origine del cosmo. Rimanendo sulla medesima via tracciata dal filosofo dei semi come principi materiali, Platone afferma che trovare «la causa per la quale ogni cosa si genera, si distrugge o esiste significa trovare qual è per essa il modo migliore di esistere, di modificarsi o di agire» (*Fedone*, 97c). Unica **causa di ogni cosa è l'ottimo**, l'eccellente, poiché solo dal meglio può derivare il meno bene, dal maggiore il minore.

> **Le parole della filosofia**
>
> **Idea:** concetto cardine della teoria della conoscenza, per Platone è ente razionale, criterio di giudizio, causa delle cose naturali, forma unica del molteplice e modello della realtà.

Le **idee** non sono solo cause in quanto archetipi, modelli dai quali dipendono per la loro esistenza gli oggetti naturali, ma sono i ***lógoi***, le ragioni delle cose, il **principio di spiegazione** delle cose stesse.

Le idee sono nell'iperuranio, ordinate in una gerarchia che culmina nel bene

Le idee sussistono nell'**iperuranio** («sopra il cielo»), una sorta di empireo che non ha nulla a che fare con il mondo naturale, un "al di là" non collocabile nello spazio. Esse sono strutturate secondo una **gerarchia ben ordinata** che vede al suo **culmine** l'**idea del bene**.

Il bene è ciò che dà la vita e mantiene in vita le idee, come il Sole fa nascere e crescere il filo d'erba. Tutte le idee infatti derivano il loro essere da ciò che sta al di là di esse, vale a dire dall'idea suprema del bene.

3.4 Le idee come forme uniche

L'idea come forma unica e perfetta del molteplice...

Nei dialoghi della vecchiaia per Platone l'idea si precisa come la **forma unica** e **perfetta** che definisce ciò che è comune ad ogni gruppo di cose: «io credo che tu creda esserci una specie unica ogni volta che molte cose ti appaiono, per esempio, grandi e tu puoi abbracciarle con un solo sguardo: un'unica e stessa Idea ti pare allora che sia in tutte quelle cose e perciò ritieni che il grande sia uno» (*Parmenide*, 132a).

... e come universale logico, dotato di realtà ontologica

L'idea è l'**universale logico**, ma anche **realtà ontologica** (che è di per se stessa), e permette di classificare un **insieme molteplice** di oggetti diversi l'uno dall'altro, ma individuati da una sola caratteristica o **natura comune**.

Un'idea-forma, ad esempio «cavallo», consente alla ragione di "applicarla" al mondo dell'esperienza sensoriale: l'idea-forma «cavallo» (essere ideale immutabile, che non nasce e non muore, uno, oggetto della verità) consente di avere conoscenza dei singoli cavalli (divenienti in quanto nascono e muoiono; molti in quanto ce ne sono tanti e diversi; oggetti della conoscenza sensoriale, dell'opinione, ma non per questo falsi o illusori).

La teoria delle idee-forme costituisce quindi la **soluzione** di quel **dilemma eleatico** formulato in termini drasticamente oppositivi ed escludentisi reciprocamente: l'essere o il non-essere, la verità o l'opinione, l'uno o i molti.

T3 L'uno e i molti

Come possiamo allora definire le idee? Come si conoscono le idee?

Noi affermiamo che ci sono molte cose belle, e belle le definiamo col nostro discorso; e diciamo che ci sono molte cose buone e così via. [...] E poi anche che esistono il bello in sé e il bene in sé; e così tutte le cose che allora consideravamo molte, ora invece le consideriamo ciascuna in rapporto a una idea, che diciamo una, e ciascuna chiamiamo «ciò che è». – È così. – E diciamo che quelle molte cose si vedono, ma non si colgono con l'intelletto, e che le idee invece si colgono con l'intelletto, ma non si vedono.

(Platone, *Repubblica*, VI, 507b, in *Opere complete*, a cura di M. Gigante, Laterza 1975)

Definizione di idea

IDEA
- ente razionale
- criterio di giudizio
- causa delle cose
- forma unica del molteplice

3.5 La conoscenza delle idee come reminiscenza

ANTOLOGIA FILOSOFICA
Platone, *Menone*

In che modo siamo sollecitati, nel mondo dell'opinione e dei sensi nel quale viviamo, a "elevarci" verso il mondo delle idee? Come possiamo pensare che al di là di quanto ci offrono i nostri sensi ci siano delle **realtà che escludono i sensi** come loro **mezzo di conoscenza**?

La tesi platonica esposta in termini mitologici nel *Menone* è che l'**origine prima della conoscenza** delle idee non sia nel nostro mondo sensibile, naturale, ma nell'**iperuranio**, dove vanno le anime dopo la morte del corpo e dove "preesistono" prima della rinascita in un altro corpo.

La trasmigrazione delle anime

Per Platone l'**anima** dell'individuo è infatti **indipendente dal suo corpo** (ritorna qui la tesi orfica e pitagorica dell'anima incarcerata nel corpo), non muore con il corpo in cui si trova, ma **esiste eternamente** e **trasmigra** in altri corpi, umani e animali. Noi possiamo arrivare a conoscere le idee attraverso la **reminiscenza** (o **anamnesi**): il ricordo ci riporta alle idee che la nostra anima ha contemplato quando, tra una vita e l'altra, soggiornava nell'iperuranio.

Conoscenza come reminiscenza

Quando la nostra anima si incarna in un corpo dimentichiamo ciò che avevamo appreso, ma l'esperienza sensibile risveglia in noi la reminiscenza di un'idea. Celebre è l'esempio (nel *Menone*) dello schiavo, che, privo di qualsiasi istruzione, riesce, se ben interrogato, a ricostruire il teorema di Pitagora. **Imparare** vuol dire infatti **richiamare alla mente** una cosa che si conosceva già prima della nascita ma che si era dimenticata nel nascere.

Il mito della reminiscenza spiega in maniera semplice il **principio dell'unità del mondo**, della continuità tra cose naturali, idee e anima: l'essere umano può conoscere a partire dalle realtà sensibili le realtà ontologiche perfette, cause delle cose, perché la sua ragione è parte del mondo ideale, in cui sussistono le idee.

Nel *Menone*, dopo aver riportato la dottrina dell'immortalità dell'anima e della sua trasmigrazione, viene esposta la teoria della conoscenza come reminiscenza.

T4 Reminiscenza e ricerca

Socrate "Poiché l'anima è immortale ed è nata molte volte e ha visto ogni cosa, sia qui che nell'Ade, non c'è niente che essa non abbia appreso: sicché non meraviglia che si possa ricordare, a proposito della virtù e di altre cose, ciò che prima sapeva. Poiché, d'altra parte, la natura tutta è imparentata con se stessa e l'anima ha tutto appreso, nulla impedisce che l'anima, ricordando (ricordo che è poi quello che si chiama apprendimento) trovi da sé tutto il resto, se è coraggioso e instancabile nella ricerca, poiché il ricercare e l'apprendere, nella loro interezza, non sono che reminiscenza. Non dobbiamo dunque affidarci al ragionamento eristico, ci renderebbe pigri ed esso suona dolce solo alle orecchie della gente senza vigore; il nostro, invece, rende operosi e tutti dediti alla ricerca; convinto d'essere nel vero, desidero cercare con te cosa sia la virtù.

(Platone, *Menone*, 80d-82b, in *Opere complete*, cit.)

La natura è conoscibile perché congenere con l'anima. Se conoscere è ...., dobbiamo recuperare ciò che abbiamo già conosciuto.

3.6 Le cose e le idee: l'analogia tra il Sole e il bene

Platone è il primo filosofo che della filosofia come disciplina e procedimento di ricerca fa uno specifico oggetto di studio e di riflessione sistematica, sviluppando il motivo parmenideo della distinzione tra opinione e verità. Nella *Repubblica*, in particolare, egli vuole indicare la **natura della ricerca filosofica**, le procedure e il **fine ultimo**, individuato nella **verità**, che si può raggiungere solo attraverso la conoscenza dell'idea suprema del **bene**, che "illumina", fa vivere e permette di conoscere tutte le altre idee.

La verità come conoscenza del bene

Come il Sole ci fa conoscere le cose sensibili...

Il filosofo si serve di un'**analogia** tra **mondo sensibile** o **dell'opinione** e **mondo intelligibile** o **della verità**, che gli consente di rispondere alle domande sulla conoscibilità e sulla funzione del bene. L'analogia è molto semplice: la vista può funzionare soltanto se c'è la luce, cioè il **Sole**; solo allora può vedere gli **oggetti**. Alla stessa maniera, l'**intelletto** può funzionare, cioè "cogliere" le idee, nella loro unità e immutabilità, soltanto se viene "illuminato" dal bene.

Sui due diversi piani – sensibile (vista-cose) e intelligibile (intelletto-idee) – si presenta quindi la **stessa sequenza**: **Sole-vista-oggetti** da una parte, **bene-intelletto-idee** dall'altra. Un'ulteriore analogia tra Sole e bene mostra anche la funzione che entrambi svolgono concretamente nei due ambiti di conoscenza, sensibile e intelligibile: il Sole consente alla vista di vedere le cose tramite la luce, il bene consente all'intelletto di cogliere le idee tramite la scienza conoscitiva, e cioè la filosofia, definita – in questa funzione – come **scienza dialettica**.

Tra il Sole e la vista c'è, dunque, la luce, così come tra il bene e l'intelletto c'è la scienza dialettica (così definisce Platone la filosofia). La **dialettica**, quindi, ci **fa pervenire al bene**, cioè alla condizione prima e ultima della conoscenza delle idee.

... così il bene ci fa conoscere le idee

C'è ancora un'ulteriore e ultima analogia: come il **Sole**, osserva Platone, non è soltanto la **condizione della conoscibilità degli oggetti sensibili**, naturali, tramite i sensi e la luce, ma è anche **condizione della loro esistenza** (senza il Sole la vita vegetale e animale non potrebbe esserci), senza però identificarsi con essi; così il **bene** non è soltanto **condizione della conoscenza delle idee** tramite l'intelletto e la scienza dialettica, ma è anche **condizione della loro esistenza**, senza però identificarsi con esse.

ANTOLOGIA FILOSOFICA
Platone, *Repubblica*, VI

3.7 Conoscenza sensibile e conoscenza intelligibile

Due livelli di conoscenza: sensibile (*dóxa*)...

È lo stesso Platone a proporre uno schema complessivo e molto articolato dei **due livelli di conoscenza**, quello **sensibile** (**opinione**) e quello **intelligibile** (**verità**).

Platone illustra un segmento di linea diviso in due settori.

Nel primo (**conoscenza sensibile** che rispecchia il mondo sensibile) l'essere umano, nel suo processo conoscitivo inferiore denominato ***dóxa*** («apparenza», «opinione»), percorre tramite i sensi due gradi, quello dell'**immaginazione** (***eikasía***), che gli mostra le immagini delle cose (riflessi, ombre), e quello della **credenza** (***pístis***), che gli mostra le cose stesse (i comuni oggetti del mondo).

... e intelligibile (*epistéme*)

Nel secondo (**conoscenza intelligibile** che rispecchia il mondo delle idee) l'essere umano nel suo processo conoscitivo superiore (***epistéme***, letteralmente «scienza») tramite l'intelletto percorre altri due gradi: quello del **pensiero dianoetico** o discorsivo (***diánoia***), che gli fa cogliere enti intellettivi intermedi tra il sensibile e l'intelligibile (le idee-numero, le figure geometriche, i numeri), e infine quello della **intellezione** (***nóesis***), che gli fa cogliere direttamente le idee-forme nella loro unità e immutabilità.

Come si può vedere dallo schema alla pagina seguente, rimangono fuori, come oggetti di conoscenza, sia il Sole sia il bene, che costituiscono le condizioni sia della conoscibilità sia dell'esistenza dei rispettivi mondi.

Il Sole e il bene sono condizione di conoscibilità ed esistenza delle realtà sensibile e intelligibile

Queste due realtà ultime, il Sole e il bene, non possono essere conosciute se non come **condizioni degli oggetti** (sensibili e intelligibili) che concretamente conosciamo o a livello di opinione o a livello di scienza. Ma qualcosa di più preciso Platone aggiungerà dopo l'esposizione del **mito della caverna**, certamente il più complesso e il più celebre tra i miti platonici.

I tipi di conoscenza

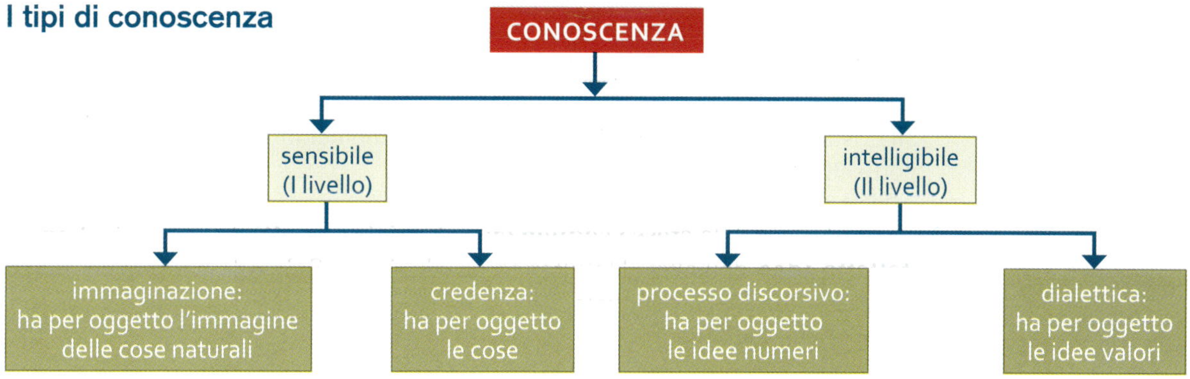

3.8 Dall'opinione alla verità: il mito della caverna

La teoria della conoscenza che abbiamo appena esposta viene riproposta da Platone all'inizio del libro VII della *Repubblica* nella forma di un mito.

Il mito della caverna: dalle ombre alla realtà

Platone ci chiede di immaginare una caverna all'interno della quale stanno, incatenati e rivolti verso il muro di fondo, alcuni esseri umani costretti a guardare soltanto quel muro. Si supponga che sul muro appaiano le ombre di statuette che sono sulle spalle di portatori che, non visti, si muovono alla luce di un fuoco. Gli esseri umani incatenati riterrebbero che gli unici oggetti esistenti siano le ombre che si susseguono sul muro.

Ma se uno di essi venisse liberato e potesse voltarsi e avvicinarsi agli oggetti e al fuoco dubiterebbe inizialmente della realtà degli oggetti visti fino ad allora e verrebbe inizialmente abbagliato dal fuoco, ma poi si ricrederebbe e riconoscerebbe nelle ombre soltanto delle ombre.

Se poi uscisse fuori della caverna, alla luce del Sole, ne verrebbe abbagliato, e solo gradualmente perverrebbe a conoscere la vera realtà passando dalle statuette alle cose reali illuminate dalla luce del Sole.

Se poi, lo schiavo che si è liberato, preso da compassione per quelli rimasti incatenati, andasse a dire loro come stanno veramente le cose, certamente verrebbe coperto di ridicolo, verrebbe considerato un visionario con gli occhi danneggiati; e se addirittura «cercasse di scioglierli e di condurli in alto, se potessero avere quel tale fra le mani ed ucciderlo, non lo ucciderebbero?» (*Repubblica*, 517a).

Dall'ignoranza alla vera conoscenza

Il mito-racconto descrive i passi successivi che possono portare l'essere umano **dall'ignoranza e dall'opinione alla vera conoscenza**. Indica anche il fatto che la massa preferirebbe rimanere nell'ignoranza e che addirittura i pochi che raggiungono la conoscenza vera e tentano di comunicarla rischiano la vita.

Non è difficile vedere nelle ultime parole del racconto un **riferimento al destino di Socrate**, ucciso perché accusato di mettere in discussione le opinioni comuni e per aver tentato di portare luce ai non vedenti, la verità agli ignoranti.

È lo stesso Platone che ci fornisce l'interpretazione autentica del racconto mitico: il **mondo interno alla caverna** equivale al **mondo sensibile**, naturale, in cui viviamo, e il fuoco al sole; il **mondo esterno** alla caverna equivale al **mondo intelligibile**, e il **Sole** al **bene**. L'uscita dalla caverna e la contemplazione del sole e del mondo sono «immagine dell'ascesa dell'anima verso il mondo intelligibile» (*ibid.* 517b).

T5 Il Sole e il bene

– Potrai dunque dire – seguitai – che è proprio il Sole che io intendo per il figlio del bene, che il bene generò a sua somiglianza, e che è nel mondo visibile, in rapporto alla vista e agli oggetti visibili, quello che è il bene nel mondo intelligibile, in rapporto all'intelletto ed agli intelligibili.
– Ma come? – domandò – Spiegalo ancora. – Sai – risposi – che quando gli occhi si volgono agli oggetti che non sono rischiarati dalla luce del giorno, ma solo dagli astri notturni, vedono debolmente e sono quasi ciechi come se avessero perduto la netta chiarezza della vista.
– Davvero! – esclamò.
– Quando invece si volgono verso oggetti alla piena luce del Sole, vedono distintamente e quegli stessi occhi sembra abbiano purissima vista.
– Ebbene?

Quando l'anima raggiunge la piena conoscenza?

– Pensa che accade così anche all'anima. Quando l'anima affissa i suoi sguardi su ciò che è illuminato dalla verità e dall'essere, subito comprende, conosce e sembra che possegga intelligenza: ma quando si rivolge a ciò che è pieno d'ombra, su ciò che nasce e muore, altro non ha se non opinioni, e vede oscuro, e tira a indovinare, e somiglia a chi non abbia intelligenza.
– Davvero che vi somiglia.
– Ciò che, dunque, spande la luce della verità sulle conoscenze acquisite, ciò che dà all'anima la facoltà di conoscere, di' pure che è l'idea del bene. Essa è il principio della scienza e della verità, in quanto appartengono all'intelligenza, ma per quanto belle siano – la scienza e la verità – l'idea del bene ne è distinta e sarai nel giusto se la riterrai di gran lunga più bella. E come nel mondo visibile è giusto credere che la luce e la vista abbiano una qualche analogia col Sole, ma sbaglieremmo se le prendessimo per il Sole stesso, così nel mondo intelligibile è giusto credere che la conoscenza e la verità siano simili al Sole, ma sbaglieremmo se le credessimo lo stesso bene: ancora più in alto è da porsi il bene.

Il Sole è il principio della visibilità delle cose naturali, ma anche principio della loro stessa vita.

– Di una infinita bellezza tu parli! – esclamò – se di conoscenza e verità è causa, e se conoscenza e verità supera in bellezza: ché certo qui tu non intendi parlare del piacere.
– Non bestemmiare! – dissi – Ma considera la sua immagine ancora meglio, in questo modo.
– Come?
– Sarai d'accordo, no?, io credo, nel dire che il Sole dà agli oggetti visibili non soltanto la possibilità di essere veduti, ma dà anche vita, sviluppo e nutrimento, pur non essendo il Sole né vita né generazione.
– E come no?

Il bene è la fonte dell'intelligibilità delle idee, ma anche principio del loro essere. Se le idee traggono il loro essere dal bene, sono valori.

– Così gli esseri conoscibili dirai che non hanno dal bene soltanto la possibilità di essere conosciuti, ma anche il loro essere e la loro essenza, per quanto il bene non sia affatto essenza.

(Platone, *Repubblica*, VI, 508b-509b, in *Opere complete*, cit.)

3.9 La filosofia, disciplina per pochi

La filosofia è un'attività riservata a pochi

La **filosofia** – scrive ripetutamente Platone – **è per pochi**: per quei pochi che, abbandonando le credenze comuni (le ombre sul muro della caverna), si elevano verso i veri oggetti di conoscenza (escono dalla caverna a vedere il Sole).

La filosofia, inoltre, non è il frutto di un'improvvisa illuminazione. Il percorso che porta fuori dalla caverna, al di là del mondo delle opinioni e dei due primi

gradi dell'"opinione" (immaginazione e credenza) fino al mondo delle idee e del Bene, è lungo, faticoso e selettivo.

Platone considera infatti la filosofia come una **disciplina scientifica**, una pratica del ragionare e dell'argomentare che muovendo dalle matematiche – intermedie fra il mondo della conoscenza sensibile e quello della piena conoscenza intelligibile – perviene alla definizione delle idee-forme-modelli dopo averne colto l'intima essenza.

Sintesi

La filosofia al servizio della *pólis*

Il dialogo filosofico

Platone non espone il suo pensiero attraverso la stesura di trattati sistematici ma attraverso il dialogo, che è finzione letteraria. Per Platone il dialogo riproduce la vivacità del confronto. Importante è anche il ricorso al mito come spiegazione più comprensibile per un pubblico di non specialisti. Il protagonista dei dialoghi, quasi sempre Socrate, affronta temi morali, politici e scientifici.

Il compito della filosofia

Compito del filosofo è governare uno Stato giusto: per Platone la giustizia non è riferita al singolo, ma va definita in relazione al contesto politico e alla convivenza civile. Per governare, il filosofo deve aver appreso che cosa è il bene come valore universale.
Secondo *La Repubblica* tre sono le classi che compongono lo Stato: la classe di chi produce o commercia, la classe dei guardiani o militari, la classe dei governanti che per garantire un buon governo devono essere filosofi.
Tre sono le virtù: la temperanza come moderazione nei piaceri e nei desideri, la forza e il coraggio per i guardiani, la sapienza per i governanti-filosofi. La giustizia è il risultato dell'armonia fra le altre tre virtù.
I guardiani e i governanti non possono godere di alcuna proprietà privata. Guardiani e governanti sono uomini e donne (anche queste ultime possono essere istruite a compiti di governo).

Le forme di governo

Il fine del governo è consentire a tutti il raggiungimento della massima felicità possibile.
Lo Stato migliore è quello aristocratico, definito governo dei "migliori"; segue la timocrazia, nella quale è considerato massimo valore l'onore. Il terzo tipo è l'oligarchia, governo di pochi, dei ricchi. Quarto tipo di Stato è la democrazia, cioè governo del popolo, la cui degenerazione è la tirannide o governo di uno solo, che sa ingraziarsi le masse.

La teoria delle idee

Il filosofo deve conoscere i valori universali, i modelli di tutte le realtà, gli archetipi perfetti, definiti o idee.
Le idee sono entità immateriali, eterne e immutabili che la nostra ragione può conoscere, enti razionali che sussistono indipendentemente dall'uomo che le conosce, e criteri di giudizio. Le idee sono cause delle cose naturali.
Le idee si trovano nell'iperuranio e sono ordinate gerarchicamente con al culmine l'idea del bene.
L'idea è la forma unica e perfetta che definisce ciò che è comune a ogni gruppo di cose.
L'idea è l'universale logico, e come tale consente di conoscere e di parlare correttamente, ma anche realtà ontologica, cioè ha esistenza propria.
La nostra anima preesiste all'unione con il corpo e può vedere le idee quando anch'essa si trova nell'iperuranio. Noi conosciamo le idee tramite la reminiscenza o anamnesi.

Conoscenza sensibile e intelligibile

La teoria della conoscenza platonica muove dalla distinzione tra opinione e verità.
La conoscenza è conoscenza sensibile e conoscenza intelligibile. La prima (*dóxa*) comprende immaginazione (*eikasía*) e credenza (*pístis*); la seconda (*epistéme*) pensiero discorsivo (*diánoia*) e intellezione (*nóesis*).
Come lo Stato è giusto se ogni classe esegue bene il suo compito, così l'anima individuale sarà giusta se ciascuna delle sue parti – quella razionale, quella irascibile e quella concupiscibile – svolgerà bene il proprio compito. Questo equilibrio è armonia interiore.

Verifica. Verso le competenze

Conoscenze

1. **Qual è il compito del filosofo secondo Platone?**

2. **Lo Stato perfetto si fonda sulla giustizia, che significa:**
   a. dare a ciascuno ciò che gli è dovuto.
   b. svolgere ciascuno il proprio compito.
   c. obbedire ai comandi imposti dal capo dello Stato.
   d. seguire le leggi che i cittadini hanno dato a se stessi.

3. **Quali altre forme di governo, oltre a quello aristocratico, sono previste da Platone e su quali caratteristiche sono fondate? Perché sono meno perfette?**

4. **Definisci il termine «idea» secondo Platone.**

5. **Quanti e quali sono i gradi della conoscenza per Platone? A che cosa corrispondono?**

Abilità (lavoro sui testi)

T6 Il mito della caverna

Per rendere più comprensibile la teoria della conoscenza, Platone introduce il mito della caverna. Racconta di uomini prigionieri da sempre nel buio, appena rischiarato dalla luce di un fuoco posto alle loro spalle. Essi sono in grado di vedere solo ombre. Il filosofo prova a immaginare quale potrebbe essere la reazione sia di colui che si libera sia di coloro che, rimasti al buio, non vogliono credere a quanto racconta "l'ex schiavo" al suo ritorno.

Ora [...] immaginati la nostra condizione nel modo seguente. Pensa a uomini in una caverna sotterranea, dotata di un'apertura verso la luce che occupi tutta la parete lunga. Essi vi stanno chiusi fin dall'infanzia, carichi di catene al collo e alle gambe che li costringono a rimanere lì e a guardare soltanto in avanti, poiché la catena al collo impedisce loro di volgere intorno il capo. In alto, sopra di loro, brilla lontana una fiamma; tra questa e i prigionieri corre una strada, in salita, lungo la quale è stato costruito in muretto, simile ai paramenti divisori al di sopra dei quali i saltimbanchi mostrano al pubblico i loro prodigi. [...] Ecco dunque lungo quel muretto degli uomini che portano oggetti d'ogni sorta che sopravanzano il muretto, e immagini di uomini e di animali in pietra, in legno e in fogge d'ogni tipo. Alcuni degli uomini che le portano, com'è naturale, parlano, altri stanno zitti».

«Che strana visione! E che strani prigionieri!».

«Eppure sono simili a noi» risposi. «Pensi, in primo luogo, che di se stessi e dei compagni abbiano visto qualcos'altro se non le ombre proiettate dalla fiamma sulla parete della caverna di fronte a loro? [...] e non si trovano nella stessa situazione verso gli oggetti che vengono fatti sfilare?». [...] «Se dunque potessero parlare fra loro, non credi che considererebbero reali le immagini che vedono? [...] per tali uomini la realtà consisterebbe soltanto nelle ombre degli oggetti». «È assolutamente inevitabile» rispose.

«Pensa ora quale potrebbe essere per loro l'eventuale effetto della liberazione dalle catene e dall'ignoranza. Un prigioniero che venisse liberato e costretto ad alzarsi, a volgere il collo, a camminare e a levare gli occhi verso la luce, soffrirebbe facendo tutto ciò, rimarrebbe abbagliato e sarebbe incapace di mirare ciò di cui prima vedeva le ombre. E se gli si dicesse che prima vedeva solo apparenze vane mentre ora può vedere meglio, perché il suo sguardo è più vicino all'essere e rivolto a oggetti più reali; e se gli si mostrasse ognuno degli oggetti che sfilano e lo si costringesse con alcune domande a rispondere che cosa sia, tu come pensi che si comporterebbe? Non credi che rimarrebbe imbarazzato e riterrebbe le cose che vedeva allora più vere di quelle che gli vengono mostrate ora? [...] E se egli fosse costretto a guardare proprio verso la luce. gli occhi non gli farebbero male, non cercherebbe di sottrarsi e di fuggire verso ciò che può vedere, e non crederebbe che questo sia in realtà più vero di ciò che gli si vuole mostrare?».

«È così» rispose.

«E se qualcuno lo strappasse a forza di lì e lo spingesse su per l'aspra e ripida salita, senza lasciarlo prima d'averlo condotto alla luce del sole, il prigioniero non proverebbe dolore e rabbia di venire così trascinato? E una volta giunto alla luce, non è forse vero che con i suoi occhi accecati dai raggi del sole non riuscirebbe a contemplare neppure uno degli oggetti che noi ora consideriamo reali?». [...]

«Per contemplare quelle realtà superiori dovrebbe abituarsi, io credo. E innanzi tutto vedrebbe con la massima facilità le ombre, poi le figure umane e tutte le altre riflesse nell'acqua, e da ultimo le potrebbe vedere come sono in realtà. Poi sarebbe capace di guardare le costellazioni e il cielo stesso di notte, alla luce delle stelle e della luna, anziché di giorno quando sfolgora il sole. [...] Infine, io credo, contemplerebbe anche il sole, non la sua immagine riflessa nell'acqua o in qualche altra superficie, ma nella sua realtà e così com'è, nella sua propria sede. [...] E poi si metterebbe a riflettere che è il sole a portare le stagioni e gli anni, a governare tutti i fenomeni del mondo visibile, e che insomma in qualche misura esso è la vera causa di ciò che i prigionieri vedevano [...].

E poi che farà? Memore della sua antica dimora e della sapienza di laggiù e dei suoi vecchi compagni di prigionia, non credi che si riterrebbe fortunato per il mutamento della sua sorte, e proverebbe pietà per loro?». [...]

«Se quelli si attribuissero a vicenda onori, elogi e premi per chi vedesse meglio il passaggio delle ombre e si ricordasse con maggiore esattezza quali passano per prime e quali per ultime e quali assieme, e in base a ciò indovinasse con suprema abilità quelle destinate a passare in ogni momento: credi che egli proverebbe desiderio e invidia dei loro onori e del loro potere, oppure si troverebbe nella condizione dell'eroe omerico e vorrebbe ardentemente «lavorare come salariato al servizio di un povero contadino» e patire qualsiasi sofferenza, piuttosto che condividere le opinioni di costoro e vivere a modo loro?».

«Sì,» rispose «credo che accetterebbe qualsiasi destino pur di non vivere a quel modo.»

«E [...] se quell'uomo scendesse a sedersi di nuovo al suo posto, non sentirebbe male agli occhi per l'oscurità, venendo all'improvviso dal sole? [...] E se dovesse di nuovo valutare quelle ombre e gareggiare con quegli eterni prigionieri prima che i suoi occhi, ancora confusi, si fossero ripresi, e a riacquistare questa abitudine gli occorresse un certo tempo, non credi che sembrerebbe ridicolo, e si direbbe di lui che l'ascesa gli ha rovinato la vista e che non vale neppure la pena di affrontare la scalata? E non verrebbe ucciso chi tentasse di liberare e far salire gli altri, se solo potessero averlo tra le mani e ucciderlo?».

«Non c'è dubbio» rispose.

(Platone, *Repubblica*, VII, 514a 517a, in *Dialoghi politici. Lettere*, cit.)

Lettura guidata

L'allegoria ha illustrato i quattro successivi gradi del cammino della conoscenza, i due della dóxa o opinione e i due della scienza. Le ombre corrispondono al primo livello di conoscenza sensibile, quello dell'immaginazione; la scoperta degli oggetti portati sule spalle corrisponde al secondo livello, quello della credenza. Lo schiavo vede fuori dalla caverna le cose reali del mondo e così approda al primo momento della conoscenza intelligibile, quello del pensiero discorsivo che ha per oggetto le idee; infine guarda direttamente il Sole, cioè l'idea suprema del bene, e arriva all'intellezione.

Il filosofo, giunto a conoscere il bene, cioè l'idea prima, sarà in grado di orientare anche la politica concreta nella direzione della giustizia. Il suo ruolo è quello di educatore e per questa sua specifica funzione egli rischia anche la vita. Il destino del filosofo, dunque, è di essere incompreso dagli uomini comuni, deriso e perfino ucciso (è chiara l'allusione alla condanna di Socrate).

Controllo della comprensione

1. **Perché i prigionieri della caverna sono simili a noi?**

2. **Indica se le seguenti affermazioni sono vere o false.**

1. Il prigioniero, liberato dalle catene, rimane abbagliato dalla luce e continua a credere reali le ombre. V F

2. Il prigioniero liberato rimane accecato dalla luce ma si rende conto di aver percepito, nella caverna, solo ombre. V F

3. Il prigioniero liberato non può contemplare direttamente le cose illuminate dal Sole ma deve contemplare la loro immagine riflessa nell'acqua. V F

4. Il prigioniero liberato non ritiene migliore la sua condizione rispetto a quella dei suoi compagni rimasti nella caverna. V F

5. Ritornato nella caverna, il prigioniero liberato avrebbe difficoltà a riabituarsi all'oscurità e sarebbe deriso dai compagni. V F

6. Ciononostante anche gli altri prigionieri vorrebbero fare l'esperienza dell'ascesa verso la luce. V F

In che modo l'amore diventa filosofia?

Capitolo 2

La filosofia come scelta di vita

ANTOLOGIA FILOSOFICA
Platone, *Fedone*, XXIX

1. La teoria dell'anima

1.1 Le prove dell'immortalità dell'anima

L'immortalità dell'anima a completamento della teoria della conoscenza

Complemento essenziale alla definizione della teoria della conoscenza platonica è la **teoria dell'anima** e della sua **immortalità**.

Le principali argomentazioni circa l'**immortalità** dell'anima sono le seguenti:

1. ogni **processo** (per esempio, quello dell'addormentarsi) è vincolato al proprio **contrario** (per esempio il risvegliarsi): così vivere e morire sono intimamente connessi, come poli, nella continuità incessante della vita;

2. il fatto che l'anima sia in grado di conoscere nozioni (per esempio l'uguaglianza) non desumibili dall'esperienza, rinvia alla **reminiscenza** e quindi a una sua esistenza precedente l'unione con il corpo;

3. l'anima può conoscere la verità di **enti** che sono **eterni**, immutabili, semplici ed è loro congenere;

4. l'essenza, l'idea specifica dell'anima è la **vita**, per cui essa non potrà mai accogliere in sé la morte;

5. il **male** proprio del corpo è la malattia, quello proprio **dell'anima** è il **vizio**: tuttavia, mentre il male fisico porta alla morte del corpo, quello morale non riesce a fare altrettanto con l'anima: se essa non può essere distrutta dal suo male specifico, nulla potrà riuscirvi;

6. ciò che **si muove sempre** è immortale; si muove sempre l'ente che si muove da sé ed è causa di movimento per gli altri enti.

Le parole della filosofia

Anima: è il principio della vita, della sensibilità e delle attività intellettuali e costituisce un'entità a se stante. Tutte le manifestazioni cosiddette spirituali, psichiche, sono dunque l'espressione di un principio autonomo, irriducibile, che è appunto l'anima.
Per Platone l'anima si muove da sé e perciò è definibile in base a questa caratteristica; è causa della vita e dunque immortale, è semplice e incorporea.

1.2 L'anima come biga alata

Nel *Fedro*, con il **mito della biga alata**, Platone spiega la natura dell'anima che, immaginata nel mondo iperuranio, è simile ad una biga guidata da un cocchiere (parte razionale dell'anima), trainata da due cavalli alati: uno bianco, di buona razza (parte irascibile, ossia volitiva, che si lascia condurre dalla ragione), e uno nero, di pessima razza (parte concupiscibile o desiderativa, che segue gli impulsi irrazionali). Il destriero bianco è dotato di una forza positiva, quello nero, è dotato di una forza negativa. Il cocchiere deve dirigere la biga verso il cielo, dove dimorano gli dei, respingendo gli impulsi del cavallo nero che tende verso il basso, cioè verso la realtà sensibile e la corporeità.

L'anima precipita per oblio o per colpa

A un certo punto, purtroppo, l'anima sentirà appesantirsi le sue ali e **per oblio o per colpa** si incarnerà: più è durata la contemplazione delle idee più l'uomo nel quale l'anima si è incarnata svilupperà la ricerca della sapienza.

Nell'anima caduta il ricordo delle idee è risvegliato dalla **bellezza**. Infatti, l'uomo riconosce subito la bellezza per la sua luminosità: «Alla bellezza soltanto toccò il privilegio d'essere la più evidente e la più amabile». Essa risveglia l'amore e così porta l'uomo dalla **bellezza naturale** dei corpi alla **bellezza perfetta** all'idea di Bellezza in sé.

L'amore per la bellezza si fa guida e veicolo verso il mondo della verità e dell'essere.

La natura e la funzione dell'anima

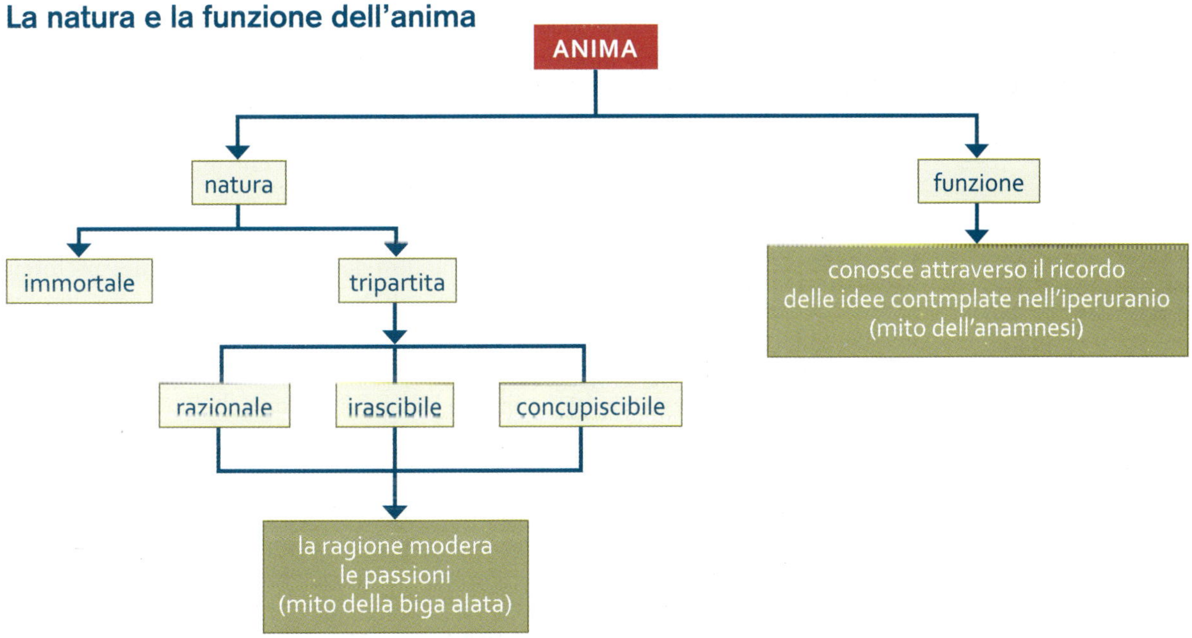

1.3 Morte e rinascita: il mito di Er

Nella parte finale della *Repubblica* Platone, attraverso il **mito di Er**, spiega quale sia il **destino** che spetta a ogni anima; infatti, la nostra sorte attuale dipende dalla scelta che ognuno di noi ha operato nell'iperuranio al momento di riprendere un corpo reincarnandosi.

La reincarnazione dell'anima

Er, un guerriero morto in battaglia e resuscitato dopo dodici giorni, racconta quale sorte tocchi a tutte le anime che si reincarneranno. La parca Lachesi, divinità dell'Ade, raduna in una pianura tutte le anime di coloro che dovranno riprendersi un corpo e ribadisce l'**assoluta libertà**, e quindi la **responsabilità di ognuno**, nel decidere il tipo di vita futuro: «Ogni uomo è responsabile del proprio destino, la divinità non ne ha colpa».

Ognuno è responsabile della propria scelta

Er racconta la varietà di scelte che ha visto compiere: le anime più ignoranti scelgono destini e tipi di vita apparentemente vantaggiosi, ma che in realtà conducono al male; le anime più sagge, o che hanno provato esperienze negative nella vita precedente, fanno scelte molto diverse. Ad esempio Ulisse, dopo aver vissuto in maniera avventurosa e spericolata spinto dall'ambizione, sceglierà di condurre i propri giorni futuri in modo modesto e semplice.

La chiamata a scegliere la vita possibile avviene secondo l'**ordine stabilito dalla sorte**. Compiuta la scelta, ogni anima, accompagnata dal suo demone, viene condotta alla pianura di Lete (che letteralmente significa «dimenticanza») dove scorre il fiume la cui acqua, se bevuta, fa dimenticare la vita precedente. Er riceve il divieto di bere l'acqua del fiume e quindi potrà ricordare e riferire quanto ha visto dopo la sua morte. Tutte le altre anime hanno l'ordine di bere l'acqua che produce l'oblio.

T7 Il mito di Er

A detta di Er era uno spettacolo degno di essere visto, quello delle anime che sceglievano ciascuna la propria vita: era una scena a volte pietosa, a volte buffa e a volte meravigliosa.

Da che cosa dipende, perlopiù, la scelta della vita futura?

La scelta dipendeva perlopiù dalle vicende della vita precedente, sicché Er riferì di aver visto l'anima che un tempo fu di Orfeo scegliere la vita di un cigno; onde evitare di venire alla luce generato da una donna – in effetti egli odiava il genere femminile che era responsabile della sua morte – e anche l'anima di Tamiri scegliere la vita dell'usignolo. Ma assisté anche alla scelta di un cigno che mutò la sua vita con quella di un uomo e di altri animali canori che si comportarono allo stesso modo. L'anima che sorteggiò il ventesimo posto – e si trattava di Aiace Telamonio che non voleva più saperne di nascere uomo, ricordandosi del giudizio delle armi – preferì la vita di un leone. Dopo questa veniva l'anima di Agamennone e anch'essa, in odio all'umanità per le sofferenze che le aveva inflitte, scelse la vita dell'aquila [...].

Dopo che ogni anima ebbe scelto la propria vita, si presentava a Lachesi nello stesso ordine in cui era stata sorteggiata, e questa le dava il demone che si era eletto come compagno e custode della sua vita e altresì come garante della piena realizzazione delle scelte fatte. Il demone, poi, in primo luogo, portava l'anima da Cloto[1] sotto la sua mano e sotto il fuso nel suo vorticoso roteare; in tal modo, il destino che uno si trovava ad aver scelto diveniva irreversibile. Toccato il fuso, il solito demone conduceva l'anima nel luogo in cui Atropo filava e così rendeva immutabile il destino.

Da qui passavano, poi, senza mai volgersi indietro, fin sotto il trono della Necessità e superato questo, quando anche gli altri erano passati, tutti insieme, prendevano la via della pianura di Lete in un caldo insopportabile, da togliere il fiato: in effetti in questi luoghi non si troverebbe nessun albero né alcun prodotto della terra. Alla sera posero le tende sulle sponde del fiume Amerete, la cui acqua nessun recipiente riesce a contenere.

L'acqua dell'oblio costringe le anime a dimenticare la vita precedente.

Pertanto ogni anima era costretta a berne solo una certa misura, anche se talune che il senno non soccorreva ne trangugiavano più del dovuto. E man mano che uno bevevo perdeva completamente la memoria. A tal punto il sonno le avvolse, ma allo scoccare di mezzanotte, si verificò un boato e un terremoto e d'improvviso le anime si involarono da lì verso la nascita in tutte le direzioni, schizzando via come stelle cadenti.

(Platone, *Repubblica*, X, 620a-621b, in *Tutti gli scritti*, trad. it. di G. Reale, Rusconi 1991)

1. **Lachesi ... Cloto**: due delle tre parche o moire (la terza è Atropo), le divinità che reggono il destino degli uomini e degli dèi.

2. Filosofia ed Eros

2.1 Il filosofo e la liberazione dell'anima dal corpo

ANTOLOGIA FILOSOFICA
Platone, *Fedone*, XI-XII

Nel *Fedone* sono descritte le ultime ore di vita di Socrate, trascorse nella cella a discutere con gli amici, mentre la moglie e i figli stanno in disparte.

L'argomento principale è il **problema della morte**, alla luce della condizione in cui si trova Socrate (è in attesa che il carceriere gli porti la ciotola con la cicuta che lo indurrà in un sonno di morte).

La filosofia aiuta l'essere umano a liberarsi dal corpo

La **filosofia** ha a che fare con la morte, afferma ripetutamente Socrate, è **esercizio di morte** perché è separazione dell'anima dal suo involucro mortale, "prigione" dell'anima, come dicevano le dottrine orfico-pitagoriche.

Il filosofo si sforza di **liberare l'anima dalla prigione del corpo** sia perché sul piano morale quest'ultimo, in quanto fonte dei desideri e dei sentimenti, può distogliere dalla ricerca del bene sostituendolo con il piacere, sia perché sul piano della conoscenza i sensi possono cadere in errore. Mentre la **sensibilità funziona** solo **tramite il corpo**, **l'anima è in grado di pensare senza di esso**. L'anima che pensa **coglie la verità**, conosce le cose «nella loro purezza», comprende cioè **la realtà delle cose**.

2.2 La filosofia come amore del sapere

Eros e filosofia

Il *Simposio* descrive un banchetto in cui i diversi partecipanti svolgono a turno un **elogio del dio Eros** (personificazione dell'amore, del desiderio erotico), il più trascurato dai poeti, come si dice all'inizio del dialogo. In questa cornice Platone affronta l'importante tema del **rapporto del filosofo con il mondo delle idee**, con il sapere e con coloro che si associano con lui nella comune ricerca. Tale rapporto è di **amore**. Nel dialogo le idee di Platone vengono esposte da Socrate che le attribuisce a un personaggio misterioso, **Diòtima**, sacerdotessa di Mantinea. Il discorso di Diòtima assimila Eros alla filosofia. **Eros** è figlio di Poros («Ricchezza») e di Penia («Povertà»), è caratterizzato dal fatto che **manca di qualcosa**, oscilla tra gli estremi, non è né mortale né immortale, né sapiente né ignorante, è intermediario e messaggero fra gli dei e gli esseri umani, spinge verso il sapere e la felicità pur non possedendoli, sollecita a generare il bello, sia nella sfera corporea sia in quella intellettiva, punta all'immortalità (sia promuovendo la generazione della prole sia promuovendo l'attività delle opere dell'intelletto). Insomma, «è necessario che Amore sia filosofo e, in quanto filosofo, sia in mezzo tra il sapiente e l'ignorante». Eros, cioè, spinge chi ne sente l'impulso sulla via che porta **dall'ignoranza** (mondo dei sensi e delle cose) **alla conoscenza** (mondo della ragione e delle idee); spinge cioè a un **miglioramento dell'essere umano** sia sul piano conoscitivo sia su quello morale: per Platone, come per Socrate, la **conoscenza** è **assimilata alla virtù**, al comportamento buono.

L'amore per la conoscenza è filosofia

La bellezza risveglia l'amore

Da che cosa è risvegliato Eros, verso quale oggetto si dirige? Qual è l'idea, la cui visione ci permette di recuperare il ricordo della conoscenza avuta dall'anima prima di incarnarsi? È l'**idea della bellezza**. Eros tramite i diversi livelli di contatto umano con la bellezza (da quella fisica dei corpi a quella ideale o spirituale delle anime) promuove l'**ascesa** insieme **conoscitiva e morale** dell'essere umano: passare dall'amore dei corpi belli all'amore delle anime belle costituisce infatti una elevazione sia conoscitiva sia morale.

Dalla bellezza corporea alla bellezza in sé

L'idea di bellezza non si conosce né si raggiunge immediatamente, ma attraverso una lunga e faticosa ascesa conoscitiva: dal singolo corpo bello si perviene al bello in sé che risiede non nel mondo corporeo ma in quello immateriale, divino, delle idee. L'idea della bellezza appare alla fine di quella ascesa come «una bellezza meravigliosa per natura».

Il filosofo ha finalmente portato a termine la prima parte della sua missione: il raggiungimento di questa meta – la **conoscenza delle idee** – compie il primo tratto del percorso della filosofia e realizza l'**ascesa conoscitiva e morale** alla quale Platone punta sempre nei suoi dialoghi. Il passo successivo per il filosofo è offrire le sue competenze alla comunità per fare sì che i suoi membri siano giusti e felici.

La filosofia secondo Platone

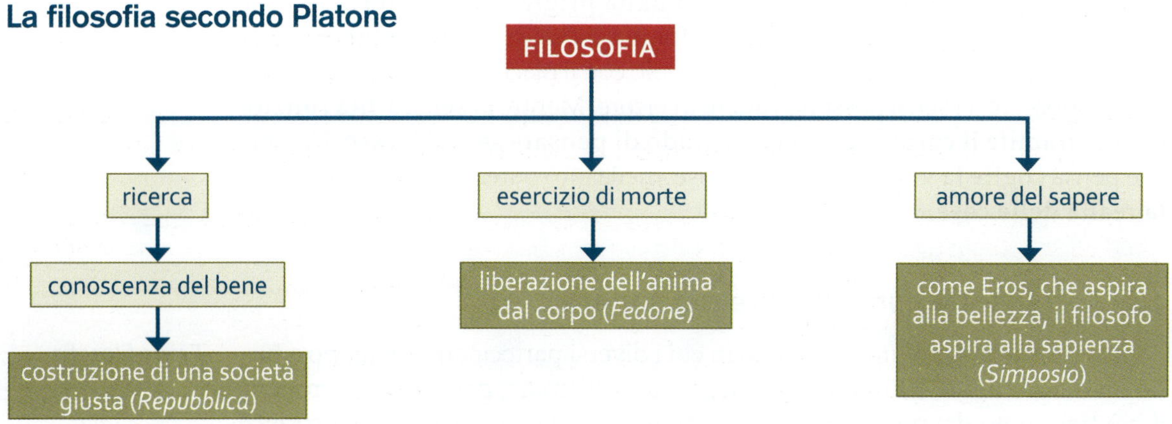

3. La revisione critica della teoria delle idee

3.1 Dal «Parmenide» al «Sofista»

ANTOLOGIA FILOSOFICA
Platone, *Sofista*

Il rapporto fra il mondo sensibile e il mondo delle idee

Nel dialogo intitolato *Parmenide*, Platone riprende a ragionare sulle **idee**, sulla loro definizione, sul loro essere enti sussistenti nel mondo dell'iperuranio, e sul problema del loro rapporto con il mondo delle cose sensibili e del rapporto che esse hanno tra di loro.

La teoria platonica delle idee e della loro conoscenza aveva mostrato la possibilità di risolvere il vecchio dilemma proposto da Parmenide: o la via dell'opinione, o la via della verità. Platone però, nella teoria delle idee, aveva oscillato tra **due posizioni**: quella della *Repubblica* sembrava privilegiare, con l'analogia tra gradi della conoscenza e segmenti di una linea, il momento della **continuità tra i due mondi** (dell'opinione e della verità). La posizione espressa nei dialoghi dello stesso periodo (*Fedone, Simposio, Fedro*) sembrava invece privilegiare – soprattutto con il ricorso al mito delle anime e del loro destino e con la tesi del corpo come carcere o tomba dell'anima – il momento della **differenza radicale** tra i due mondi.

Platone si trova ora costretto ad approfondire due grossi problemi che la sua speculazione precedente non aveva risolto in modo soddisfacente: il **rapporto tra mondo delle idee e realtà sensibile** e il rapporto delle **idee tra di loro**.

La sua nuova posizione viene presentata e argomentata in uno degli ultimi dialoghi della sua produzione, il *Sofista*. Alla fine del dialogo le idee o concetti generali rimangono il punto di forza dell'intero sistema platonico della cono-

scenza, ma **scompare il «mondo delle idee»**: quella sorta di "altra" realtà, che veniva individuata in un altro mondo radicalmente differente da quello in cui viviamo la nostra vita corporea.

Le idee sono strumenti logico-linguistici

Le idee rimangono, non come «sostanze» o «enti» separati, ma come **strumenti logico-linguistici, termini universali** indispensabili per poter pensare e parlare correttamente di qualsiasi cosa, anche di quelle cose per le quali permaneva il "divieto" parmenideo, come la molteplicità, il divenire e il movimento, caratteristiche negate all'essere poiché implicanti il non essere (ciò che non è, non può essere né pensato né detto, sosteneva il filosofo di Elea).

Platone perviene a una **nuova ontologia**, che comporta una nuova definizione dell'essere e delle idee. Pur tenendo in gran conto le tesi parmenidee sull'essere, il fondatore dell'Accademia non solo **respinge l'unicità dell'essere**, la sua immobilità e la sua sostanziale estraneità rispetto al mondo del divenire, ma giunge ad affermare che il **significato fondamentale** e primario **dell'essere** non è la sua necessità (per Parmenide l'essere è e non può non essere), ma la **possibilità** o **potenzialità**, in quanto è essere tutto ciò che o compie un'azione o anche soltanto la subisce. Se il conoscere della mente corrisponde a compiere un'azione su un'idea, essere conosciuto (per l'idea) significa subire un'azione.

La nuova ontologia come possibilità

Essere, moto, quiete, identità e diversità

A questo «essere» definito come **possibilità**, nel *Sofista* si possono attribuire **due qualità** generali: il **moto** e la **quiete**.

L'essere, il moto e la quiete sono definiti da Platone **generi sommi** e ognuno di essi è uguale a se stesso e diverso dagli altri.

All'essere in moto o in quiete si possono aggiungere altre due qualità (due ulteriori generi sommi): **identità** e **diversità**, in quanto l'essere è l'essere e quindi identico a sé e diverso dal moto e dalla quiete. Grazie all'idea generalissima di diversità si può definire il non essere, che non è più ovviamente il non essere inteso in senso assoluto, l'irrazionale nulla che non è pensabile né esprimibile, ma quello relativo, che specifica la differenza di un'idea da un'altra.

Le idee possono unirsi o disunirsi

Platone ha corretto il significato parmenideo dell'essere riuscendo a garantire non solo l'esistenza della **molteplicità delle idee**, ma anche la loro **dinamicità**, il loro possibile rapporto non solo con le cose in divenire della realtà sensibile, ma soprattutto il loro possibile **collegarsi** e **separarsi**, unirsi e disunirsi per costituire un'articolata struttura che risulta compatibile con la ragione umana.

L'**essere** è la **possibilità** stessa **di entrare in relazione**: è essere tutto ciò che entra in un campo di connessioni possibili. Platone apre la strada a una conoscenza più libera.

4. Il problema del metodo: la dialettica

4.1 Il «Fedro»: la dialettica come strumento per conoscere le idee

Essendo la filosofia, prima di tutto, lavoro di ricerca, molto importante è il problema delle **tecniche con le quali "fare filosofia"**, cioè pervenire razionalmente alla conoscenza delle idee.

Platone aveva affrontato l'argomento nella *Repubblica*, indicando la **scienza dialettica** come l'ultima e la più elevata delle discipline del *curriculum* di studi del filosofo, definendola come la disciplina che consente di **conoscere le idee**. Nel *Fedro* specifica la tecnica che la dialettica deve usare per realizzare tale tipo di conoscenza.

La retorica è subordinata alla dialettica

Mentre il retore sostiene di poter insegnare qualunque cosa a chiunque (Protagora) e di poter persuadere chiunque su qualunque argomento (Gorgia), facendogli accettare in successione anche opposte opinioni, Platone afferma che il vero insegnamento e la vera persuasione devono puntare a **far accettare verità e non opinioni**, devono fondarsi pertanto sulla conoscenza preliminare della verità, per poter persuadere "veracemente" la persona a cui ci si rivolge.

> **Le parole della filosofia**
>
> **Dialettica:** è per Platone lo strumento della conoscenza delle idee, la forma di conoscenza più elevata. Essa prevede due momenti: il primo consiste nell'unificazione in un'unica idea delle idee disperse, il secondo nella suddivisione. Il primo momento è riconducibile alla sintesi, il secondo all'analisi.

Per Platone, cioè, la **retorica** deve essere **subordinata alla dialettica**, alla filosofia, alla conoscenza. Prima di insegnare o persuadere dobbiamo conoscere la vera natura delle cose che intendiamo fare oggetto di insegnamento o di persuasione, la vera natura delle persone a cui ci si rivolge, la vera natura del tipo di discorso da utilizzare per queste persone.

Due procedimenti dialettici: unificazione e suddivisione

Il metodo per realizzare la conoscenza preliminare, cioè la conoscenza delle idee nella loro "specifica" e individuale complessità, viene individuato da Platone nella **duplice tecnica propria della dialettica**: quella della **unificazione** (*synagoghé* in greco) e quella della **suddivisione** (*diáiresis* in greco) riconducibili, grosso modo, alla **sintesi** e all'**analisi**. La messa in pratica di tale tecnica si trova nel *Sofista*.

Conoscere un'idea, quindi, significa percorrere necessariamente due vie: la prima consiste in un percorso che **dalle cose sensibili** (le cose definite belle) si eleva gradualmente fino **all'idea** (il bello in sé) la quale unifica tutti gli aspetti "belli" riscontrabili nel mondo sensibile; la seconda è il percorso successivo che **coglie**, nell'ambito dell'**unità immutabile** dell'idea stessa, **i suoi aspetti** o **le sue articolazioni** (come le membra di un corpo che non ne «lacerano» l'unità) che ci consentono di individuarne la ricchezza e complessità e consiste nel «dividere secondo generi e non assumere per diversa la stessa forma o per identica una forma diversa» (*Sofista*, 253d).

L'opera del dialettico è come quella dello scalco, di un buon macellaio che riesce a sezionare perfettamente le carni senza smembrarne le ossa, seguendo "le nervature naturali".

4.2 Il «Sofista»: la dialettica come tecnica dicotomica e come scelta tra possibilità

La ragione dice il vero dicendo ciò che è, distinguendo ciò che è identico da ciò che è diverso e ciò che è in moto da ciò che è in quiete.

L'errore è l'attribuzione a un determinato soggetto di un predicato sbagliato

L'**errore** consiste nel **coniugare termini che non si possono unire**: attribuire per esempio all'"uomo Socrate" la capacità di volare è errato poiché il termine «uomo» non può legarsi al termine «volare»; giusto è invece il collegamento tra l'"uomo Socrate" e «camminare» poiché i due termini sono compatibili. L'**errore**, pertanto, deriva dall'**attribuzione di un predicato sbagliato** («volare»), cioè non pertinente a un certo soggetto («Socrate»).

Tutto ciò chiarisce ancor più la definizione dell'**essere**, data da Platone negli ultimi dialoghi, inteso come la **possibilità** stessa **di entrare in relazione**: è essere tutto ciò che entra in un campo di connessioni possibili. Sulla base di tale definizione si chiarisce meglio il compito proprio della dialettica, strumento della vera conoscenza. I **nessi esistenti tra le parole** devono **riprodurre i nessi** che esistono **tra le cose reali**.

La definizione della realtà attraverso il rifiuto di caratteristiche alternative

Definire una qualche realtà significa **identificarla man mano con alcune caratteristiche** scartando ad ogni passo quelle alternative.

Come si può constatare, la definizione di ciò che una determinata cosa è si ottiene anche attraverso il rinvenimento di ciò che essa non è.

La **tecnica dialettica** è allora della stessa natura e lavora in **piena conformità col mondo delle idee**: come l'essere è possibilità, così il procedimento che lo studia comporta la scelta tra possibilità. Il metodo della filosofia consiste nel procedere mediante la formulazione di ipotesi e la libera scelta tra le ipotesi possibili; alla conoscenza di qualsiasi realtà si arriva non attraverso un'unica via obbligata, ma attraverso molteplici sentieri che rappresentano le molteplici ipotesi di definizione di quella realtà.

T8 Il procedimento dialettico

Come è possibile attribuire a un soggetto predicati diversi da esso?

STRANIERO Certo, una di queste alternative è necessaria: o tutto consente a mescolarsi o nulla consente o alcune cose sì e altre invece no.

TEETETO Come no?

STRANIERO E le prime due si è trovato che sono impossibili.

TEETETO Sì.

STRANIERO Chiunque voglia rispondere correttamente porrà dunque la rimanente delle tre.

TEETETO Precisamente.

STRANIERO Ora, se alcune cose consentono a fare questo e altre invece no, si troveranno praticamente nella stessa situazione delle lettere dell'alfabeto. Anche tra queste, infatti, alcune non si combinano tra loro, mentre altre si combinano, mi pare.

TEETETO Come no?

STRANIERO Le vocali, diversamente dalle altre lettere, corrono come un legame attraverso tutte le altre, tanto che senza qualcuna di esse è impossibile che una delle altre lettere si possa combinare con un'altra.

TEETETO Proprio così.

STRANIERO E ognuno sa quali lettere con quali altre abbiano la possibilità di comunicare oppure occorre una tecnica per chi intende farlo in maniera soddisfacente?

TEETETO Occorre una tecnica.

STRANIERO Quale?

TEETETO La grammatica.

A quali paragoni ricorre Platone nelle sue argomentazioni?

STRANIERO E per i suoni acuti e gravi non è forse lo stesso? Chi possiede la tecnica di riconoscere i suoni che si accordano e quelli che non si accordano non è musico e chi invece non li intende profano di musica?

TEETETO È così.

(Platone, *Teeteto*, 252e-253b, in *Dialoghi politici. Lettere*, a cura di F. Adorno, UTET 1996)

5. La nuova concezione di etica e di politica negli ultimi dialoghi

5.1 La vita buona secondo il «Filebo»

L'oggetto del dialogo intitolato *Filebo* è la **vita buona per l'essere umano**.

Il bene non può coincidere con il piacere poiché un'esistenza dedita solo alla ricerca del piacere è propria degli animali e non degli esseri umani. Il bene non può coincidere con il sapere, poiché una tale vita è propria solo degli dei.

La vita buona è mescolanza di piacere e di intelligenza

La vita buona è una **giusta mescolanza di piacere e di intelligenza**; occorre saper determinare la **giusta proporzione** dell'uno e dell'altra.

I **piaceri** devono essere **puri**, vale a dire **privi assolutamente di dolore**, e tra questi occupano il primo posto nella gerarchia quelli della **conoscenza**, seguiti da quelli **estetici** che derivano dalla contemplazione delle belle forme e dei bei colori. Quindi per l'uomo il **bene supremo è l'ordine**, la misura, il limite.

L'etica è scienza della misura

La **scienza del bene**, l'**etica**, diventa, dopo la trasformazione della stessa ontologia platonica testimoniata nel Sofista, una **scienza della misura**, una disciplina rigorosa che realizza l'affermazione socratica che stabilisce l'identità tra virtù e scienza.

5.2 La politica nei dialoghi della vecchiaia: il «Politico» e le «Leggi»

Nei dialoghi *Politico* e *Leggi* viene ulteriormente sviluppata la **tematica politica**. In particolare è da rilevare una notevole differenza rispetto a quanto affermato nella *Repubblica*: la cornice storica che caratterizzava la trattazione della genesi e della struttura degli Stati, nel *Politico* e nelle *Leggi* è del tutto assente. Fra questi due ultimi dialoghi, inoltre, c'è una grande differenza rispetto al ruolo "personale" della politica nel governo degli Stati.

Il ruolo del governante...

Nel *Politico*, infatti, viene fortemente **privilegiato il ruolo del governante**, preferibilmente unico, che è simile al tessitore, in quanto ha il **senso della misura** e **conosce** sia il **materiale** su cui lavora (i cittadini) sia le **tecniche** con cui lavorarlo (le regole del governo, dato che la politica è una scienza): la competenza personale del politico risulta superiore alle leggi scritte che, troppo rigide, risultano incapaci di affrontare le novità e di adattarsi ai cambiamenti.

... e delle leggi

Nelle *Leggi*, al contrario, il ruolo personale del politico viene tenuto in secondo piano: il **primato** è, infatti, **assegnato alle leggi** e non alle persone.

Il sistema di leggi deve **evitare gli estremi dell'autoritarismo e dell'eccesso di libertà**, riuscendo nel contempo a **regolare dettagliatamente** sia la sfera della **vita pubblica** sia, almeno in parte, la sfera della **vita privata**.

6. La cosmogonia

ANTOLOGIA FILOSOFICA
Platone, *Timeo*

6.1 L'origine e la struttura dell'universo: il «Timeo»

Il dialogo intitolato *Timeo* ha avuto larga fortuna grazie al fatto che la sua **traduzione latina**, effettuata da **Cicerone**, ne ha facilitato la **circolazione nella cultura occidentale medievale**. Per quasi tutto il Medioevo il **pensiero di Platone** viene sostanzialmente **identificato con la cosmogonia** proposta nel *Ti-*

meo. Tale opera costituisce una specie di **grande enciclopedia della natura**, dedicata soprattutto allo studio del cielo e degli astri, ma anche degli animali e delle piante.

Una grande enciclopedia di scienza della natura

Il protagonista del dialogo, Timeo (identificabile con l'astronomo Timeo di Locri del V secolo a.C.), muove, nella sua esposizione, dalla ben nota **tesi platonica dei due mondi**, quello dell'**essere e della verità**, eterno e immutabile, e quello del **divenire e dell'opinione**, caratterizzato da nascita e morte e dal mutamento.

Se il mondo del divenire nasce e muore vuol dire che c'è qualche causa che lo fa nascere, altrimenti non avrebbe avuto origine. Questa causa viene individuata nell'**Artefice** (o **Demiurgo**), il quale guarda il mondo eterno delle **idee-forme** e, ispirandosi a questo, "forma" o "modella" la **materia caotica** originaria, dando origine al mondo o universo. Le condizioni per la nascita del mondo, dunque, sono: un Demiurgo o Dio, un mondo di idee-modelli, e una materia informe e "caotica" (una sorta di caos originario) alla quale attribuire forme e regole secondo il modello delle idee eterne cui si ispira il Demiurgo.

Il Demiurgo dà forma alla materia caotica servendosi dei modelli eterni (idee)

Tale divinità non produce dal nulla il cosmo (cioè il mondo "regolato"), ma ordina, dà struttura e regolarità a una realtà preesistente. La massa magmatica materiale è formata dalla mescolanza di **terra**, **acqua**, **aria** e **fuoco** che si muove disordinatamente. Il Demiurgo impone al magma un **ordine geometrico**, fatto di **numero** e di **misura**.

Il **mondo naturale** e in divenire delle cose, nel quale viviamo, è quindi l'**immagine del mondo eterno delle idee**. Tale mondo si può immaginare come un grande animale sferico rotante, una creatura vivente senza né braccia né gambe, munita di anima intelligente.

Il mondo naturale è immagine di quello ideale

Il **movimento rotatorio è quello più perfetto**; la **Terra** occupa il **centro dell'universo** ed è di forma sferica.

6.2 Il mondo in cui viviamo

L'anima cosmica

Il fine del Demiurgo-Dio, che si ispira al mondo eterno delle idee, è di **formare «la cosa più bella»**, cioè il miglior mondo possibile: il mondo, l'universo, è quindi fornito fin dall'origine di un'anima intelligente, l'**anima cosmica** o **anima del mondo**. Essa sta **dentro il mondo** (della natura) come principio animatore e ordinatore del movimento e della vita, ma sta anche **fuori del mondo** (della natura) come insieme del cielo e della realtà celeste, sede della o delle divinità e delle creature superiori a quelle umane.

Insieme al mondo il Demiurgo-Dio produce anche il **tempo** che, con un'espressione destinata a ricorrere nelle successive discussioni filosofiche e teologiche, viene definito «**immagine mobile dell'eternità**».

Il tempo, nato con il mondo, è l'immagine mobile dell'eternità

Nel tempo si può parlare di **momenti successivi** e quindi **numerabili**, di «era», «è» e «sarà», mentre per l'eternità del mondo delle idee e dell'anima si può parlare soltanto di «è», cioè di qualcosa che non ammette successione o numerabilità. Il tempo è collegato all'origine degli **astri** e in particolare dei **pianeti**, senza la cui presenza e il cui movimento ordinato e ripetitivo non potrebbe essere calcolato.

Il mondo è frutto dell'azione del Demiurgo, guidata dal presupposto che identifica il **bene** con l'**ordine** e il **male** con il **disordine**.

T9 L'Artefice ordinatore dell'universo

L'Artefice buono, con la sua attività, ha fatto sì che i suoi prodotti fossero i migliori possibili. Che cosa ha sostituito al disordine? Quale modello ha adottato il Demiurgo per produrre il mondo?

Rispetto ai mondi possibili, com'è il mondo?

TIMEO Diciamo dunque per quale causa l'Artefice costituì la generazione e quest'universo. Egli era buono, e in chi è buono non nasce mai nessuna invidia per nessuna cosa. Immune dunque da questa, volle che tutte le cose si generassero simili a lui quanto potevano. Se alcuno accetta questo dagli uomini saggi come il principio più importante della generazione e dell'universo, l'accetta molto rettamente. Perché il dio volendo che tutte le cose fossero buone e, per quant'era possibile, nessuna cattiva, prese dunque quanto c'era di visibile che non stava quieto, ma si agitava sregolatamente e disordinatamente, e lo ridusse dal disordine all'ordine, giudicando questo del tutto migliore di quello. Ora né fu mai, né è lecito all'ottimo di far altro se non la cosa più bella. Ragionando dunque trovò che dalle cose naturalmente visibili non avrebbe potuto mai essere elaborato un tutto, privo d'intelligenza, che fosse più bello di un altro tutto dotato d'intelligenza, e che era impossibile che avesse intelligenza senz'anima. Per questo ragionamento componendo l'intelligenza nell'anima e l'anima nel corpo, fabbricò l'universo, affinché l'opera da lui compiuta fosse la più bella secondo natura e la più buona che si potesse. Così dunque secondo ragione verosimile si deve dire che questo mondo è veramente un essere vivente animato e intelligente generato dalla provvidenza del dio. Posto ciò, occorre che passiamo in seguito a dire a somiglianza di quale essere vivente l'abbia fatto l'Artefice. Certo non reputeremo che l'abbia fatto a somiglianza d'alcuno di quelli che hanno forma di parte, perché niente che sia simile a cosa incompiuta può mai essere bello: ma lo porremo somigliantissimo a quello, del quale sono parti gli altri esseri viventi considerati singolarmente e nei loro generi. Perché quello ha dentro di sé compresi tutti i viventi intelligibili, così come questo mondo contiene noi e tutti gli altri esseri visibili. E il dio volendolo rassomigliare al più bello e al più completamente perfetto degli enti intelligibili, compose un solo vivente visibile, che dentro di sé raccoglie tutti i viventi che gli sono naturalmente affini.

(Platone, *Timeo*, 32b, in *Dialoghi politici. Lettere*, cit.)

Sintesi

La filosofia come scelta di vita

L'anima è immortale

Platone espone diverse prove dell'immortalità dell'anima: l'essenza specifica dell'anima è la vita, per cui non potrà mai accogliere in sé la morte.
L'anima è simile ad una biga (mito della biga alata) guidata da un cocchiere che è la ragione e trainata da un cavallo bianco (parte irascibile) dotato di forza positiva e da un cavallo nero (parte concupiscibile) dotato di forza negativa. Il cocchiere deve condurre la biga verso il cielo dove risiedono le idee.

La "prigione" del corpo e l'aspirazione alla conoscenza

La filosofia è esercizio di morte, perché la morte libera l'anima dalle catene del corpo (*Fedone*). Con il mito di Er, guerriero morto in battaglia e resuscitato, Platone illustra il destino dell'anima dopo la morte. Ogni anima sceglie la vita successiva in piena libertà, seguendo il ricordo dell'esperienza passata. Dopo la scelta le anime, condotte nella pianura di Lete (della «dimenticanza»), bevono l'acqua dell'oblio e non hanno ricordo alcuno delle vite precedenti.
La filosofia non è attività per le masse, è per pochi; il cammino verso di essa è lungo e complicato. Insegna all'uomo a non tenere conto dell'esperienza sensibile e a liberarsi dalle passioni, privilegiando la ragione come strumento di conoscenza e guida della vita virtuosa.
Il filosofo è come Eros (*Simposio*), figlio di Poros e Penia: non è un dio ma un demone, manca di qualcosa, non è mortale e non è immortale, né sapiente né ignorante, aspira al sapere e alla felicità, sollecita a generare il bello e spinge alla conoscenza. L'amore è risvegliato dalla bellezza, prima fisica, poi dell'anima (spirituale), delle leggi e delle istituzioni e, infine, dall'idea di bello in sé.

Una nuova ontologia

Il rapporto tra mondo sensibile e mondo intelligibile delle idee viene ripensato negli ultimi dialoghi. Nel *Sofista* le idee non sono un'altra realtà, ma sono strumenti logico-linguistici indispensabili per poter pensare e parlare correttamente. Si può parlare correttamente anche del "non essere" come diverso giacché essere e non essere "funzionano" come concetti logico-linguistici.
Nella nuova ontologia il significato primario dell'essere non è la necessità, ma la possibilità o potenza, in quanto è essere tutto ciò che o compie un'azione o anche la subisce. È essere tutto ciò che entra in un campo di connessioni possibili.

La tecnica dialettica

La tecnica che la dialettica deve usare è fatta di unificazione (*synagoghé*) e di divisione (*diáiresis*). L'opera del dialettico consiste nel cogliere le idee nei loro singoli aspetti e articolazioni e assomiglia a un bravo macellaio, che seziona le carni senza smembrarne le ossa.
L'errore consiste nel coniugare termini che non si possono unire, nell'attribuire al soggetto un predicato sbagliato. Come l'essere è possibilità, così la scienza che lo studia è scelta tra possibilità e procede mediante formulazione di ipotesi.

Il Demiurgo ordinatore

Il *Timeo* è una grande enciclopedia della natura; per quasi tutto il Medioevo il pensiero di Platone fu identificato con la cosmogonia proposta in questo dialogo, che spiega l'origine divina del mondo: l'Artefice divino è il Demiurgo che, ispirandosi ai modelli delle idee-forme, non crea, ma modella la materia caotica originaria. Il Demiurgo ha costruito il migliore dei mondi e ha prodotto anche il tempo "immagine mobile dell'eternità".

Verifica. Verso le competenze

Conoscenze

1. **Nel *Sofista* Platone definisce i cinque generi sommi delle idee (essere, quiete, movimento, identità e diversità). Con questa nuova tesi il filosofo tradisce Parmenide, per quale concezione dell'essere? Puoi scegliere più di una risposta.**
   a. La concezione dell'essere come eterno.
   b. La concezione dell'essere come immobile.
   c. La concezione dell'essere come necessità.
   d. La concezione dell'essere come unico.
   e. La concezione dell'essere che implica il non essere.

2. **Quali sono gli argomenti che Platone elabora per affermare che l'anima è immortale? Elencane almeno quattro.**

3. **Quali sono gli elementi necessari all'origine del cosmo?**

4. **Come dobbiamo intendere il Demiurgo di Platone?**

Abilità (lavoro sui testi)

T10 L'anima biga alata

Nel dialogo Fedro *Platone spiega, con il mito della biga alata, la natura tripartita dell'anima. Rifacendoci al mito della reminiscenza (il mito di Er), sappiamo che l'anima, quando è nell'iperuranio, può contemplare le idee, enti razionali, grazie alle ali che la tengono sollevata. Quando essa perde le ali, cade e si unisce ad un corpo diventando mortale. La vita che attende l'anima sarà la conseguenza della capacità di conoscere realizzata nel mondo posto "sopra il cielo".*

Si raffiguri l'anima come la potenza d'insieme di una biga alata e di un auriga. Ora tutti i destrieri degli dei e i loro aurighi sono buoni e di buona razza, ma quelli degli altri esseri sono un po' sì e un po' no. Innanzitutto, per noi uomini, l'auriga conduce la pariglia, poi dei due corsieri uno è nobile e buono e di buona razza, mentre l'altro è tutto il contrario e di razza opposta. Di qui consegue che, nel nostro caso, il compito di tal guida è davvero difficile e penoso. E ora bisogna spiegare come gli esseri viventi siano chiamati mortali e immortali. Tutto ciò che è anima si prende cura di ciò che è inanimato, e penetra per l'intero universo assumendo secondo i luoghi forme sempre differenti. Così, quando sia perfetta ed alata, l'anima spazia nell'alto e governa il mondo; ma quando un'anima perda le ali, essa precipita fino a che non s'appiglia a qualcosa di solido, dove si accasa, e assume un corpo di terra che sembra si muova da solo, per merito della potenza dell'anima. Questa composita struttura d'anima e corpo fu chiamata essere vivente, e definita mortale.

[...] Delle altre anime[1], invece, quella che meglio sta al seguito di un dio e gli si rende simile, innalza la testa del suo auriga nella regione esterna ed è condotta nel moto circolare anch'essa, ma disturbata dai cavalli, a stento riesce a scorgere gli enti. Un'altra, invece, ora innalza, ora abbassa la testa e, per la violenza dei cavalli, vede alcuni enti, ma altri no. Seguono poi le altre che, pur aspirando tutte all'alto, ne sono impotenti e sommerse sono travolte nel giro, calpestandosi e urtandosi a vicenda nel tentativo di sorpassarsi l'una con l'altra. Ne nascono allora tumulto, lotta e sudore estremo, dove per inettitudine degli aurighi molte rimangono storpiate e molte ne hanno spezzate numerose piume. E tutte, stremate dalla grande fatica, si allontanano senza essere state iniziate alla visione dell'essere e, una volta allontanatesi, utilizzano il cibo dell'opinione. L'obiettivo del loro grande zelo è vedere dove sia la pianura della verità e dal prato che è là si ottiene appunto il pascolo appropriato alla parte migliore dell'anima e di questo, che rende l'anima leggera, si nutre la natura dell'ala. Questa è poi la legge di Adrastea[2]. Ogni anima che, trovatasi al

1. **altre anime**: le anime degli esseri mortali.
2. **Adrastea**: la personificazione della Necessità.

seguito di un dio, abbia scorto qualcuna delle verità, fino alla rotazione successiva rimane incolume e, se è in grado di farlo sempre, rimane sempre indenne. Quando invece, impotente a stare al seguito, non sia riuscita a vedere e, colpita da qualche disgrazia, si sia riempita di oblio e di malvagità e ne sia rimasta appesantita e, appesantitasi, abbia perso le ali e sia precipitata sulla terra, allora è legge che essa nella prima generazione non s'innesti in nessuna natura ferina, ma quella che abbia visto di più s'innesti nel seme di un uomo che diventerà amico della sapienza o amico del bello o dedito alle Muse ed esperto in amore; la seconda invece in quello di un re osservante delle leggi o di un esperto di guerra e di comando; la terza in quello di un uomo politico o di un esperto amministratore o di un abile finanziere; la quarta in quello di un uomo amante della fatica o di un esperto di ginnastica o di uno che si dedicherà alla guarigione dei corpi; la quinta avrà assegnata una vita da indovino o da iniziatore ai misteri; alla sesta sarà adatta la vita di un poeta o di qualcun altro dedito all'imitazione; alla settima la vita di un artigiano o di un agricoltore; all'ottava quella di un sofista o di un demagogo; alla nona quella di un tiranno.

E tra tutti questi chi sia vissuto con giustizia ottiene in cambio una sorte migliore, mentre chi sia vissuto ingiustamente una peggiore.

(Platone, *Fedro,* 246a-248c, in *Opere complete* a cura di M. Gigante, Laterza 1975)

Lettura guidata

Platone paragona l'anima umana a una biga alata. La biga è trainata da due cavalli, uno di buona razza e l'altro di razza mediocre o pessima. L'anima, come principio che dà vita, è alata e percorre la via dell'iperuranio; quando perde le ali precipita e assume un corpo al quale dona il movimento. A seconda dell'abilità dell'auriga nel governare i cavalli, ogni anima può, nell'iperuranio, contemplare molte o poche idee.

Nel tentativo di scorgere gli enti razionali, le bighe si ostacolano a vicenda: alcune non riescono a "conoscere" l'essere e quindi sono destinate a rimanere legate all'opinione, senza mai giungere alla conoscenza intelligibile.

Solo la «pianura della verità» è il pascolo appropriato per la parte migliore dell'anima, cioè per la ragione.

Solo le anime che hanno pascolato in questa pianura apparterranno a uomini amici della sapienza e del bello, dediti alle Muse ed esperti in amore. Costoro saranno certamente filosofi. Le anime, una volta incarnate in un corpo mortale, svolgeranno le attività di qualità equivalente alla quantità di conoscenza acquisita nell'iperuranio.

Così un'anima potrà diventare un re osservante delle leggi, un esperto di guerra e di comando, un abile amministratore, un bravo finanziere ecc.

Tra tutti costoro otterrà una vita futura migliore chi avrà vissuto con giustizia.

Controllo della comprensione

1. **Che cosa determina l'unione dell'anima col corpo?**

2. **Ogni anima vede ciò che riesce a scorgere della verità; quelle che non riescono a contemplare nulla, che cosa sono destinate a seguire?**

3. **Mentre la salita verso la sommità della volta celeste è agevole per gli dei, come si presenta il percorso delle anime umane e perché?**

4. **In base a che cosa Platone esemplifica il diverso destino delle anime?**

5. **Elenca le varie tipologie di attività umane secondo la gerarchia indicata nel brano di Platone.**

La concezione dell'amore presso i Greci

TESTI ANTOLOGICI

G. Segantini, *L'Amore alla fonte della vita* (1896).

1. Amore e filosofia

Fin da quando l'uomo ha iniziato a filosofare, l'amore ha avuto un posto particolare nel pensiero. L'amore non è stato soltanto oggetto di filosofia, tema su cui riflettere, ma in certi casi è apparso anche come la forza stessa della filosofia, in quanto energia che ci spinge a cercare di comprendere il mondo che ci sta attorno.

D'altra parte basta pensare come l'amore, anche nella nostra vita, rivesta un'importanza e una funzione di primo piano. Coinvolge tutti gli aspetti del nostro essere e colora tutte le nostre azioni e i nostri sentimenti. È qualcosa che ci tocca da vicino e che ciascuno di noi ha provato in forme sempre diverse. Nonostante sia un fenomeno che ci coinvolge come pochi altri, la sua azione appare sempre misteriosa e i suoi meccanismi irriducibili al pensiero. Una cosa è certa: senza l'amore l'esistenza non solo apparirebbe molto povera, ma la vita stessa come fenomeno biologico sarebbe destinata a finire.

Poiché l'amore è una forza fondamentale della vita, è stato affrontato con particolare interesse dai filosofi, i quali vi hanno scorto sia ciò che muove l'individuo, sia ciò che anima l'universo. Altri filosofi, invece (o gli stessi filosofi in fasi diverse della vita), lo hanno considerato con diffidenza e trattato con cautela, se non ignorato ed escluso dall'ambito delle questioni degne di una trattazione filosofica. Infatti l'amore si presenta come una forza difficilmente riconducibile a una concettualizzazione filosofica e potenzialmente pericolosa per l'ordine sociale. Molti pensatori, specie nell'era cristiana, hanno invece ritenuto che ignorare la portata di un sentimento tanto potente fosse una garanzia contro il peccato e contro un comportamento sociale scorretto. Ancora oggi, sentendo parlare di amore in un libro di filosofia, c'è chi alza le spalle con diffidenza, come se l'amore non fosse un oggetto degno del pensiero.

Iniziando dalle origini della nostra cultura, dalla Grecia, ci accorgeremo che le cose in passato non erano affatto come ce le aspetteremmo oggi e che la riflessione sull'amore ha una lunghissima tradizione.

2. L'amore in Grecia

La parola greca per dire «amore» è *éros*. Nella religione greca tradizionale Eros è il dio dell'amore, una forza che muove gli uomini e gli dei, il principio animatore dell'universo. Nei testi religiosi più antichi (i testi orfici e la *Teogonia* di

Esiodo) Eros è una divinità primigenia e una delle forze misteriose che danno origine al cosmo.

Successivamente Eros viene considerato come figlio di Afrodite e rappresentato come un fanciullo alato che, armato di arco e frecce, colpisce a capriccio i cuori degli esseri umani facendoli innamorare. Questa è un'immagine tarda che si afferma nella cultura ellenistica e sopravvive fino a noi attraverso il neoclassicismo. Si tratta di una rappresentazione quasi "frivola", che non rende conto dell'importanza di Eros per il pensiero greco arcaico.

La versione più nota del mito racconta, come abbiamo detto, che Eros è figlio di Afrodite, la dea della bellezza, nata dalla spuma del mare. La dea ha un'intensa vita amorosa, ama ed è riamata, e tradisce continuamente il brutto marito Efesto: il suo amante preferito è Ares, il dio della guerra. Omero nell'*Odissea* narra che il Sole rivela ad Efesto che Afrodite lo tradisce. Per punire il tradimento e svergognare gli amanti Efesto, che è il fabbro divino, costruisce una sottilissima e invisibile rete che, stesa sul letto coniugale, imprigionerà i due amanti sul talamo.

Afrodite, Eros e Ares in un dipinto di L. Sustris (1550).

I primi filosofi greci non poterono fare a meno di sottolineare la funzione fondamentale dell'amore, capace di unire e di generare, riconoscendo la sua forza anche nel mondo naturale. Empedocle di Agrigento (495-435 a.C. ca) considera la realtà composta da quattro «radici» o elementi: aria, acqua, terra e fuoco, diversamente combinati tra loro e tenuti assieme dalla forza dell'amore. L'odio, al contrario, tende a disunirli, e da questa lotta tra amore e odio deriva il divenire del cosmo. L'uomo può conoscere la forza cosmica dell'amore in quanto ha dentro di sé la medesima forza, l'amore appunto, che agisce nell'individuo così come agisce nel cosmo. Poiché, secondo il principio di Empedocle, «il simile si conosce con il simile», l'uomo, grazie all'amore che opera in lui, può conoscere le forze che uniscono gli elementi dell'universo.

La poesia lirica ed epica classica ci restituisce un'immagine analoga dell'Eros: si tratta di un principio che non ha nulla a che fare con l'amore «romantico» e «dolce» come lo intendiamo noi, ma è forza primordiale, oscura, incontrollabile, che domina l'uomo e che lo porta ad azioni estreme, fino a commettere i più atroci delitti.

Ecco come si esprime il tragediografo Sofocle (496-406 a.C.) nell'*Antigone*:

«Eros invincibile,
Eros che sulle tue prede ti abbatti,
e sulle tenere guance
della fanciulla la notte ti posi,
tu che vaghi sul mare
e sulle campagne:
nessuno ti sfugge,
né uomo né dio. E la mente impazzisce».

(Sofocle, *Antigone*, vv. 781 e ss.)

È con questa immagine oscura e minacciosa dell'Eros che si trova ad avere a che fare il primo filosofo che affronta l'argomento in termini specificamente filosofici, Platone, e il cui pensiero ancora oggi condiziona il nostro modo di vedere l'amore.

3. Eros e filosofia

Con Platone l'amore diventa un elemento centrale nella filosofia. Platone non lo considera genericamente come forza che unisce, ma come vera e propria energia «erotica», come desiderio che spinge a «conquistare» l'oggetto desiderato, ovvero il sapere delle cose più importanti. Platone è consapevole di tutta la potenza di Eros, e da filosofo comprende la necessità di riconoscerlo e di utilizzarlo nella prassi filosofica. Infatti «la sapienza è tra le cose più belle ed Eros è amore del bello, sicché necessariamente Eros deve aspirare alla sapienza, deve essere filosofo» (*Simposio*, 204b). Platone individua nell'amore la "molla" che spinge alla conoscenza, che dall'esperienza della bellezza delle cose corporee e materiali (i corpi) conduce ad apprezzare e ricercare la bellezza delle cose ideali e spirituali (le idee). Ad una forza tanto potente è necessario porre dei freni e dei vincoli affinché non diventi un'energia distruttrice capace di annientare l'uomo o di porlo su una cattiva strada.

Una coppia di innamorati raffigurata su una coppa a figure rosse (V sec. a.C.).

Due considerazioni preliminari sono necessarie. Innanzitutto Platone considera l'amore dal punto di vista corporeo e sensuale. Nel dialogo *Fedro* egli descrive l'effetto dell'amato sull'amante:

«[Tra le molteplici idee presenti nel mondo iperuranio] alla sola bellezza toccò questa sorte di essere la più appariscente e la più amabile. Pertanto chi non è fresco di iniziazione o è già corrotto non si slancia rapidamente di qui verso la bellezza in sé lassù, quando contempla ciò che quaggiù ne ha la denominazione, sicché al vederla non prova venerazione, anzi abbandonandosi al piacere alla maniera di un quadrupede cerca solo di montare e seminare figli e familiarizzandosi con gli eccessi, non teme né si vergogna di perseguire un piacere contro natura. Chi invece è iniziato da poco ed ha contemplato molto degli oggetti di allora, quando scorge un volto d'aspetto divino, buona imitazione della bellezza, o qualche forma corporea, dapprima rabbrividisce ed è invaso da qualcuno degli sgomenti di allora, poi contemplandolo lo venera come un dio e, se non avesse paura della taccia di follia completa, farebbe sacrifici all'amato come a un simulacro e a un dio. Alla sua vista, come succede al passar del brivido, lo prende un mutamento, un sudore e un calore insolito».

(Platone, *Fedro* 250d-251b, in *Dialoghi filosofici*, a cura di G. Cambiano, UTET 1981)

Come non riconoscere nelle parole di Platone lo smarrimento procurato dall'innamoramento? Come non ritrovare le mani sudate e l'agitazione che si prova davanti alla persona di cui si è innamorati? Nella nostra cultura «amore platonico» indica un tipo di amore contemplativo, in cui non c'è sesso né rapporto fisico. Questo concetto nasce molti secoli più tardi, quando si considera con sospetto o in termini di "peccato" l'esperienza della sensualità. Per Platone invece l'amore, almeno al suo grado iniziale, si manifesta proprio come desiderio fisico.

Va precisato che, in un secondo momento, l'amore sensuale per la bellezza corporea (nella quale rifulge la bellezza intelligibile delle idee del mondo iperuranio) diventa il punto di partenza di un percorso educativo, e quindi filosofico, che eleva l'amante verso il mondo delle idee. L'aspetto fisico non viene sminuito, ma, sostiene Platone, non possiamo soltanto accontentarci dell'amore fisico. Sarebbe un peccato!

In secondo luogo occorre considerare che per Platone, fedele in questo alla concezione greca dell'amore, le donne non avevano un grande ruolo e l'oggetto d'amore erotico preferito dall'uomo erano i giovinetti. L'amore di un uomo maturo e possibilmente sapiente doveva far parte integrante della loro educazione. Infatti per Platone in amore occorre comprendersi, e per comprendersi occorre essere affini. La sola forma d'amore degna di questo nome è l'amore omosessuale, quello di chi si ama perché si sente simile e spiritualmente affine alla persona amata. Anche questa forma di amore, naturalmente, deve partire dall'attrazione fisica, ma non deve accontentarsi del piano fisico, perché non porterebbe alla crescita e alla conoscenza.

Il legame amoroso tra maestro e discepolo è parte del percorso educativo dei giovani greci. Coppa a figure rosse del V secolo a.C.

Nel dialogo *Simposio* Platone espone ampiamente la sua visione dell'amore. Per bocca dei vari invitati presenti a un banchetto vengono trattati i diversi aspetti di Eros. Uno di questi, Pausania, tiene un discorso in cui distingue tra un Eros volgare e un Eros celeste:

> «Dunque l'amore dell'Afrodite volgare è veramente volgare e opera a caso ed è quello che amano gli uomini da poco. Costoro amano in primo luogo non meno le donne che i ragazzi; in secondo luogo di questi che amano, i corpi più che le anime, e infine i meno intelligenti possibile, mirando solo a raggiungere lo scopo e trascurando se ciò avviene in modo bello o no. [...] Il fatto è che esso [questo tipo di amore] deriva anche dalla dea che è molto più giovane dell'altra e partecipa nella sua nascita tanto della femmina quando del maschio. L'altro, invece, deriva da Afrodite Urania, la quale, in primo luogo, non partecipa della femmina, ma solo del maschio – ed è questa la pederastia – e in secondo luogo è più antica e priva di dissolutezza. Perciò si rivolgono al maschio coloro che sono ispirati da questo amore, prediligendo ciò che per natura è più forte e possiede più intelligenza. E nello stesso amore per i ragazzi si può riconoscere quelli che sono stimolati schiettamente da questo amore, perché non amano i ragazzi se non quando cominciano ad avere già intelligenza, il che è vicino allo spuntar della barba. Infatti quelli che cominciano ad amarli da questo momento sono disposti, credo, a trascorrere assieme tutta la vita e a viverla in comune e non, dopo averli ingannati e colti nella loro ingenuità giovanile, a deriderli e ad andarsene per correre dietro ad un altro».
>
> (Platone, *Simposio* 180-181, in *Dialoghi filosofici*, cit.)

L'amore per Platone non è né bello né brutto, né nobile né volgare, tutto dipende da come viene praticato, dal valore di chi ama, dalla finalità del suo amore. Un fatto è certo: il semplice soddisfacimento sessuale non è di per sé né bello né nobile, anzi, toglie all'uomo ciò che lo distingue dalle bestie: la sua intelligenza.

4. L'amore come tentativo di restaurare un'interezza perduta

Sempre nel *Simposio* (189d-193e) il commediografo Aristofane, presente tra gli invitati, racconta un mito divenuto molto famoso. In un tempo lontano, racconta Aristofane, non esistevano soltanto maschi e femmine. Sulla Terra viveva un genere di esseri umani, fatto di coppie congiunte a forma sferica: coppie maschili, coppie femminili e coppie androgine, il cui corpo univa i caratteri dell'uomo e della donna. Gli umani, d'altra parte, erano tutti dotati di quattro braccia e quattro gambe, due volti, due sessi: insomma erano tutti doppi e «di forma rotonda». Si trattava di esseri enormi, vigorosi e anche superbi, alti come due uomini messi insieme e pericolosi. Questi esseri mostruosi erano uniti per il ventre e avevano gli occhi posti sulla nuca.

Giove, per punire la superbia di esseri tanto forti, un giorno pensò di tagliarli a metà, sia per indebolirli, sia per aumentare il numero di quelli che avrebbero venerato gli dèi. Attuò il suo proposito e li divise in due in senso verticale.

Ad ognuno spettarono due braccia e due gambe e un solo sesso: o maschile o femminile. Ogni essere, benché diviso, non poteva dimenticare la parte da cui si era separato; se le parti erano dello stesso sesso nella coppia originaria l'attrazio-

A. Feuerbach, *Il Simposio di Platone* (1869).

ne era di tipo omosessuale, se le parti erano di sesso diverso (sfera originaria androgina), l'attrazione era di tipo eterosessuale:

«Dopo che la natura umana, dunque, fu tagliata in due, ciascuna metà, anelando all'altra metà, le andava incontro e gettandosi le braccia intorno e avvinghiandosi l'una all'altra per il desiderio di connaturarsi, morivano di fame e in generale d'inerzia, per il fatto di non voler fare nulla l'una separata dall'altra».

(Platone, *Simposio*, 191b, in *Dialoghi filosofici*, cit.)

Giove allora, colto da pietà, spostò i genitali sulla parte anteriore del corpo, cosicché gli esseri umani potessero abbracciarsi e generare, perpetuando la specie (se si trattava dell'unione tra un uomo e una donna), oppure raggiungere l'appagamento del desiderio (se si trattava dell'unione tra due esseri dello stesso sesso):

«Da tanto tempo dunque è connaturato negli uomini l'amore reciproco, che ricongiunge la nostra antica natura, tentando di fare di due esseri uno solo e di risanare così la natura umana. Ciascuno di noi, dunque, è metà di un uomo, dato che è stato tagliato come le sogliole, da uno in due: per questo ognuno è sempre alla ricerca della propria metà».

(Platone, *Simposio*, 192d, adatt., in *Dialoghi filosofici*, cit.)

L'amore è la ricerca della completezza attraverso il ricongiungimento con la propria metà. Brocca del IV secolo a.C.

Secondo il mito narrato da Aristofane l'amore risponde a una mancanza che nasce da una vera e propria mutilazione fisica di una parte di noi. Amando si cerca di ricostruire il nostro essere completo, mentre la mancanza di amore ci fa vivere come fossimo ridotti a metà. Poiché ogni essere umano è la metà di un altro, è costantemente in cerca di un altro essere umano che è la sua parte complementare. È al desiderio e al perseguimento dell'intero, dunque, che si dà il nome «amore», afferma Platone. L'amore è precisamente desiderio dell'intero, di ricostruire il tutto dal quale proveniamo, il tentativo di restaurare un'interezza perduta.

L'amore eterosessuale costituisce un caso particolare che tocca i discendenti degli androgini, gli esseri umani che assommavano caratteri maschili e femminili. Solo l'uomo che discende da un androgino si sente attratto dalle donne e cerca di completarsi con esse, e lo stesso vale per le donne. La forma di amore più virile è quella di chi ama il proprio simile, dunque di chi discende da un essere che possedeva doppi caratteri maschili. Solo gli uomini che amano gli uomini «amano ciò che è loro simile» e dimostrano la loro superiorità sugli altri, e se si sposano e generano figli lo fanno soltanto per convenzione sociale o spinti dalle leggi. Anche in questo Platone dimostra di condividere la concezione greca dell'unione coniugale: in esso né il piacere né il sentimento, generalmente, giocavano un ruolo significativo. La famiglia era finalizzata esclusivamente alla riproduzione e alla trasmissione del nome e del patrimonio.

Presso i Greci i sentimenti e la passione non sono un ingrediente indispensabile per il matrimonio, il cui fine principale è la procreazione. Stele funeraria del V sec. a.C.

5. L'amore come ricerca infinita anziché possesso

L'amore non si manifesta solo come la forza che spinge a desiderare un'altra persona, ma più in generale come forza che spinge a desiderare tutto ciò che ci manca. Platone infatti ritiene che l'amore non sia possesso, bensì mancanza. Chi ama conoscere, il filosofo, deve essere animato dal desiderio di possedere ciò che ancora gli manca, la conoscenza, appunto. Chi non sente la mancanza di ciò che non ha, non si sforzerà mai di averlo. L'amore, che è mancanza, è il presupposto del conoscere.

Un altro ospite che interviene al banchetto presentato nel *Simposio* è Socrate. Egli presenta Eros come la forza che spinge il filosofo nella sua missione conoscitiva. Eros non è un dio, afferma Socrate, ma un demone, a metà tra il divino e il mortale. Egli, figlio di Acquisto e di Povertà, ha ereditato i caratteri dei genitori. Non possiede nulla, è povero, ma è intraprendente e avido di avere, di comprendere, di possedere. Eros non è né sapiente né ignorante, perché se fosse sapiente non avrebbe ragione di cercare di capire ciò che già sa, e se fosse ignorante non proverebbe il desiderio di sapere:

Eros è fonte di ispirazione per filosofi, artisti e poeti (M. Rossi, *L'ispirazione del poeta*, 1785).

«La sapienza infatti fa parte delle cose più belle ed Eros è amore del bello, sicché è necessario che Eros sia filosofo e, in quanto filosofo, sia in mezzo tra il sapiente e l'ignorante».

(Platone, *Simposio*, 204a, adatt., in *Dialoghi filosofici*, cit.)

Eros è il demone che spinge il filosofo nella sua ricerca. Il desiderio di «acquistare», di raggiungere, di conoscere proprio dell'essere umano animato da Eros porta a voler possedere il bene. Anche i poeti e gli artisti sono animati da un tale demone che li spinge a generare, a creare quanto prima non esisteva, a crearlo nella bellezza e nell'armonia. Vi è però anche un altro modo di creare, sempre nella bellezza e nell'armonia, ed è il generare degli esseri umani, che fa di loro, mortali, la parte di un meccanismo immortale. Alla domanda: «che cos'è l'amore?», Socrate risponde:

«[L'amore] è la procreazione nel bello, sia secondo il corpo, sia secondo l'anima. [...] Tutti gli uomini, Socrate, sono gravidi, sia secondo il corpo, sia secondo l'anima, e quando arrivano a una certa età, la nostra natura desidera procreare. Ma procreare nel brutto non può, mentre nel bello sì. Infatti, l'accoppiamento dell'uomo e della donna è procreazione. Ed è questa la cosa divina ed è questo ciò che c'è d'immortale nel vivente che è mortale: ingravidare e generare. Ma è impossibile che ciò avvenga in ciò che è disarmonico. E disarmonico rispetto a tutto ciò che è divino è il brutto, mentre il bello è armonico».

(Platone, *Simposio*, 206c, in *Dialoghi filosofici*, cit.)

La celebre Afrodite di Milo (II sec. a.C.), una delle più alte espressioni artistiche dell'ideale di bellezza femminile.

Insomma, Platone connette strettamente il desiderio di possedere la bellezza (sia fisicamente mediante l'amore erotico sia intellettualmente mediante la conoscenza) con l'amore. La bellezza esprime appunto il desiderio di eternità: l'educazione alla bellezza sensibile del corpo umano, maschile e femminile, ci educa alla bellezza di tutti i corpi. Questa bellezza universale dei corpi non è che l'inizio di un percorso che conduce a scoprire la bellezza delle anime, delle istituzioni, delle scienze, per giungere infine a contemplare la bellezza di ciò che è eterno e non muta, delle idee come oggetto di contemplazione filosofica. Il bello in sé, oggetto della filosofia, non è che il gradino finale di un percorso che dall'amore fisico (eccitato appunto dalla bellezza corporea) ci conduce ad apprezzare la bellezza della realtà perfetta, quella delle idee. La bellezza fisica è la manifestazione sensibile e terrena del bene, che costituisce il grado superiore della conoscenza.

Platone ha creato un nesso strettissimo tra amore e conoscenza, tra fisicità e intelletto. La bellezza che anima l'attrazione erotica è la stessa che splende, più intensa, negli oggetti di conoscenza intellettuale. L'uomo per sua natura si trova a una distanza incolmabile dalle idee, così come si trova a una distanza incolmabile dall'essere complementare che desidera. L'amore è proprio il tentativo continuo di superare questo abisso. L'amore nasce dalla mancanza, dal desiderio della persona amata più che dal suo possesso, e questo lo accomuna alla ricerca della conoscenza. Platone afferma che le manifestazioni più alte dell'uomo sono una ricerca infinita, continua, e non un possesso definitivo.

«Non bisogna dare retta a coloro che consigliano all'uomo, perché è uomo e mortale, di limitarsi a pensare cose umane e mortali; anzi, al contrario, per quanto è possibile, bisogna comportarsi da immortali e far di tutto per vivere secondo la parte più nobile che è in noi.»

Aristotele

Unità 4

La grande filosofia ateniese: Aristotele

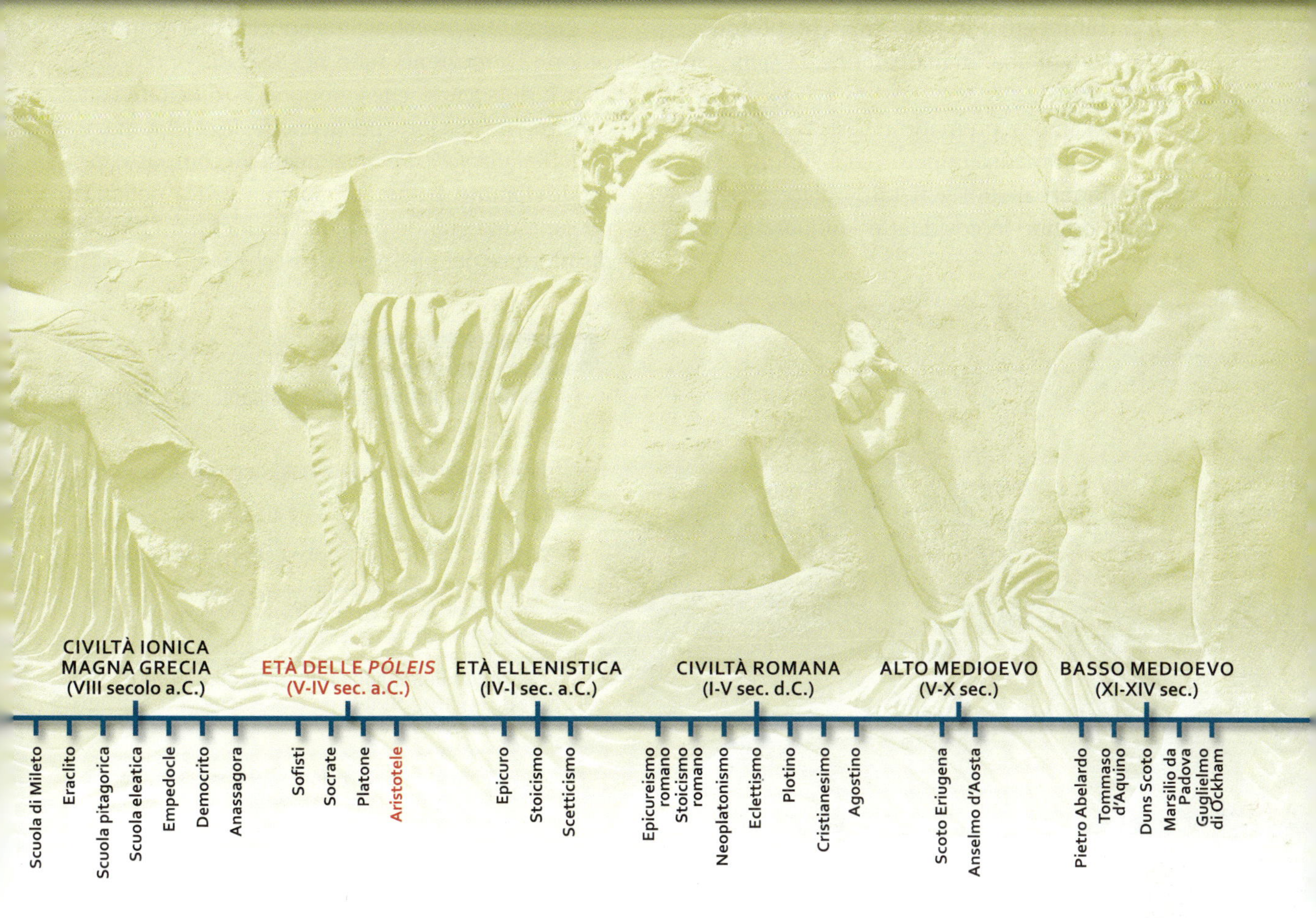

Le conquiste di Alessandro Magno e la cultura ateniese

VIDEO

1. L'impero macedone Alla morte di Filippo II il Macedone (336 a.C.) il figlio Alessandro stronca ogni tentativo di rivolta da parte dei Greci e distrugge completamente Tebe (335 a.C.).

Il giovane macedone progetta una spedizione contro i Persiani e, varcato nel 334 a.C. l'Ellesponto con un forte esercito formato anche di soldati greci, libera le città ioniche cedute in precedenza all'impero persiano; poi conquista l'Egitto di cui diviene il nuovo faraone. Dopo aver sconfitto anche i Persiani nella battaglia di Isso (333 a.C.), e divenutone il nuovo sovrano, continua la sua marcia verso Oriente fino a giungere ai confini dell'India. Nasce il più grande impero mai esistito fino ad allora e ad Alessandro si attribuisce il titolo di Magno.

Lungo il percorso e nei Paesi via via conquistati, il giovane condottiero fonda numerose città che spesso prendono il loro nome (Alessandria) da quello del condottiero macedone. Cerca di diffondere la cultura greca in tutto l'impero, promuovendo l'utilizzo di una lingua comune, la *koiné*, cioè il dialetto attico.

Dopo la morte prematura di Alessandro nel 323 a.C., il suo immenso impero viene suddiviso in più regni (affidati ai suoi generali, i diàdochi), da cui avranno origine le cosiddette «monarchie ellenistiche».

2. Il mondo della cultura ateniese Il mondo della cultura e i principali intellettuali del tempo ritengono ancora possibile che Atene mantenga la propria supremazia e tentano di sostenere e incitare i concittadini a lottare contro i nemici interni ed esterni che minacciano la forza e la solidità della democrazia e della libertà ateniese.

Due esempi di tale accorato appello alla coscienza civica degli Ateniesi sono Isocrate e Demostene. Il primo, nato ad Atene nel 436 a.C. da famiglia agiata, diviene un grande maestro di eloquenza; apre una scuola a pagamento nella sua città e forma i giovani sia in vista di una carriera politica e giuridica, sia come futuri letterati e storici. Dopo la comparsa sulla scena politica di un nuovo protagonista, Filippo il Macedone, il retore ateniese confida in lui per operare una riconciliazione tra Atene, Sparta, Tebe e Argo e ricondurre tutti i Greci alla concordia, ma il suo progetto va incontro a una profonda delusione.

Non nutre invece alcuna fiducia nel sovrano macedone Demostene, nato nel 384, discepolo di un allievo di Isocrate, che compone, per incitare i suoi concittadini alla lotta per la libertà, le celebri orazioni dette *Filippiche*. Le orazioni da lui composte, piene di vibrante ardore, di violenta carica polemica, rivelano una grande passione politica e un marcato disinteresse per gli onori e le ricchezze.

Verifica immediata

1. **Completa inserendo opportunamente i termini mancanti.**
   Alla morte di Filippo II, diventa re il figlio .... che, conquistato l'................. e sconfitti i .... prosegue la sua marcia verso Oriente. Alla morte di Alessandro il vasto regno viene ereditato dai suoi .... (o ....).
2. **Chi sono i due maggiori maestri di retorica?**

La cruenta battaglia di Isso sancisce la vittoria di Alessandro Magno sui Persiani.

La costruzione dell'enciclopedia delle scienze

1. Il Peripato e i collaboratori scienziati

I luoghi e i destinatari

1.1 La fondazione del Liceo

Aristotele (384-322 a.C., vedi p. 150 e ss.), nato a Stagira, vive la sua giovinezza in una famiglia molto vicina alla **corte macedone** (suo padre è medico del sovrano e dei suoi famigliari) e assiste al trionfo del re Filippo II che porta a compimento l'espansione del regno e la conquista della Grecia, avvenuta nel 338 a.C. ad opera di un forte e agguerrito esercito.

La **formazione** scientifica e filosofica di Aristotele è però avvenuta ad Atene **presso l'Accademia platonica**, dalla quale si allontana alla morte del maestro. Il filosofo diventa poi il **precettore di Alessandro**, figlio di Filippo II, destinato a espandere il suo impero sin nel lontano Oriente.

Ritornato **ad Atene** qualche anno dopo la sconfitta di Cheronea (338 a.C.), **fonda una sua scuola**, il **Peripato** (letteralmente «passeggiata», per l'uso di fare lezione passeggiando), un ginnasio pubblico **chiamato Liceo**, perché sacro ad Apollo Licio, ed elabora una sua dottrina filosofica che si ricollega e al tempo stesso si contrappone a quella del suo maestro Platone.

Aristotele abbandona ogni tentativo di ricostruire la *pólis* come Stato perfetto, dal momento che Atene ha perso ormai totalmente il suo ruolo egemone. Lo stagirita non considera più prioritario per il filosofo il compito politico, ma privilegia il **sapere** come **principale strumento** per costruire una **vita umana perfetta**. Per Platone era la comunità a contare più dei singoli individui, per Aristotele è il singolo, anche se naturalmente destinato a vivere insieme agli altri, ad avere un'importanza ben maggiore della società.

1.2 I caratteri del Peripato

Il Liceo è molto diverso dall'Accademia platonica: non è un tiaso, poiché non vi è alcun legame o credo religioso condiviso tra coloro che lo frequentano; non è un'associazione con scopi politici, dal momento che non prevede di realizzare nessun progetto di riforma della società; esso è essenzialmente un luogo dove gli studiosi **coltivano il sapere**, fatto di discipline specialistiche e settoriali.

Tale istituzione prevede un **rigoroso *curriculum* di studi**: innanzitutto la **logica**, con caratteri e finalità propedeutiche alle altre discipline, quindi la **fisica** (e la metafisica connessa), che studia il mondo in tutti i suoi aspetti, infine l'**etica**, che si occupa della sfera morale individuale e collettiva (politica, economia).

La scuola di Aristotele, dunque, sembrerebbe molto simile a una università o a un centro di ricerca costituito da vari dipartimenti scientifici: logica, fisica, matematica, astronomia, zoologia, botanica, anatomia, fisiologia e psicologia degli animali e degli esseri umani, e altre discipline specialistiche. In questa "università" la **filosofia** è la **disciplina "prima"** rispetto alle altre, che sono le discipline "seconde". È la disciplina prima perché affronta i problemi preliminari: infatti la filosofia studia «**l'essere in quanto essere**» nella sua **universalità** e non l'essere particolare con i suoi aspetti qualitativi e quantitativi, studiati invece dalle singole discipline.

Aristotele definisce la **vita dedicata alla conoscenza** e al sapere disinteressato **la più virtuosa e felice** esistenza che l'uomo possa condurre. Il fine da raggiungere è, per realizzare l'autonomia e la reciproca indipendenza delle scienze, la **costruzione di un sapere unitario e complessivo** in cui ogni disciplina trova il suo posto e la filosofia occupa uno spazio importante, ma senza prevaricare o subordinare a sé gli altri campi di indagine.

1.3 I destinatari dell'insegnamento aristotelico

Dapprima collaboratore e poi successore di Aristotele nel Liceo dal 322 al 287 a.C., **Teofrasto** (371-287 a.C.) prosegue l'attività filosofica e scientifica del maestro, finendo per accentuare il carattere di laboratorio di ricerca della scuola. Accanto a lui studiano e si dedicano alla costruzione dei diversi saperi disciplinari personaggi autorevoli come Stratone, Eudemo, a cui Aristotele dedica l'opera etica *Eudemia*, e Dicearco.

La scuola è sotto la protezione di Demetrio Falereo, che ha frequentato il Liceo e ora regge, in nome del re macedone Cassandro, Atene. L'attività conoscitiva e la vita contemplativa sono per pochi eletti. L'esercizio della sapienza, virtù dianoetica (intellettiva, propria delle facoltà dell'anima razionale) superiore a tutte le altre, assicura agli studiosi la massima felicità, cioè una gioia pura, da godersi con pochi amici che condividano l'esercizio del sapere.

Dopo la morte di Teofrasto la scuola aristotelica entra in crisi; infatti Demetrio Falereo, essendo stato deposto, lascia la polis e si reca presso Tolomeo ad Alessandria portando con sé il nuovo scolarca Stratone. Costui con altri allievi dello stagirita fonda la più importante istituzione culturale dell'età ellenistica, il **Museo,** che sottrae al Liceo buona parte dell'attività di ricerca scientifica.

Neleo, che era un amico e allievo di Aristotele, riceve da Teofrasto in eredità gli scritti di scuola di Aristotele e, trasferitosi a Scepsi, in Asia minore, porta con sé come ricordo le opere autografe del maestro che lì rimangono ignorate per circa due secoli.

Verifica immediata

1. Qual è il nome della scuola aristotelica?
2. Quali sono gli allievi più celebri della scuola?

2. Le opere e la loro catalogazione

Le forme della trasmissione

2.1 Le opere essoteriche, esoteriche e acroamatiche di Aristotele

La scrittura e la forma delle opere di Aristotele non presentano la brillantezza e la ricchezza espressiva della gran parte dei dialoghi di Platone, il filosofo che aveva dominato la scena filosofica ateniese per quasi mezzo secolo. Aristotele si serve di un genere che ancora oggi definiamo «**trattatistica scientifica**»: espone in maniera ordinata i termini di un problema, ne ricostruisce in genere i "precedenti", ne chiarisce gli aspetti generali e particolari e, infine, fornisce una o talvolta più di una soluzione. Si tratta di scritti da utilizzare in un lavoro di ricerca e di insegnamento, fra esperti delle singole discipline.

Aristotele sembra aver cominciato a scrivere e a pubblicare alcuni dialoghi alla maniera platonica durante gli anni dell'Accademia. Negli anni successivi ha scritto altri dialoghi diretti a un pubblico ampio, esterno al Liceo. Di questi ultimi, chiamati **scritti essoterici** (destinati cioè a un pubblico esterno alla scuola) **non è rimasto nulla**.

Gli scritti superstiti, invece, si distinguono in **esoterici** (contenenti dottrine riservate agli accademici) e **acroamatici** (destinati all'uditorio che assisteva alle sue lezioni pubbliche).

Platone e Aristotele dominano la scena nella *Scuola di Atene* di Raffaello (1509-1511 ca).

2.2 Le fonti

Gli scritti aristotelici ci sono pervenuti in una stesura e in un ordine dati loro non da Aristotele ma da **Andronìco di Rodi** (I sec. a.C.), continuatore della tradizione del Liceo e suo caposcuola, che ne **curò l'edizione completa** intorno all'anno **60 a.C.**

Andronìco di Rodi, nell'edizione da lui curata, non segue **né un criterio cronologico né un criterio di fedeltà alla composizione originaria** dei singoli testi, che talvolta vengono raggruppati per costituire un'opera che come tale non era stata composta in quella forma da Aristotele. Il caso più significativo è la *Metafisica*, che raccoglie 14 brevi trattati di argomento affine ma non costituenti un progetto unitario e che deve il suo nome al fatto che Andronìco collocò questi scritti dopo (*metá* in greco) quelli sulla *Fisica*. Anche la *Fisica* raccoglie testi non composti per costituire un'unica opera.

Questo ordinamento degli scritti aristotelici ha reso **molto difficile e del tutto congetturale** il tentativo degli studiosi, nel secolo scorso, di **riscontrare e ricostruire uno sviluppo cronologico** del pensiero di Aristotele. Inoltre la raccolta, con testi di diversa origine e destinazione tramandati sotto uno stesso titolo, ha favorito per secoli la presentazione di un Aristotele "sistematico". Negli ultimi decenni molti studiosi hanno scelto però un'altra direzione. Di Aristotele, oggi, si tende piuttosto a indicare la **problematicità delle sue soluzioni**, l'**assenza di un preciso disegno sistematico**.

Verifica immediata

1. Qual è la forma di trasmissione del sapere aristotelico?
2. Come vengono classificati gli scritti aristotelici?

Andronìco, nel mettere insieme i testi, segue il criterio "sistematico" e "curriculare" in vigore anche nel Liceo fondato da Aristotele (vedi par. 1): prima la logica, poi la fisica (e la metafisica connessa), e infine l'etica.

Nel quadro di tale suddivisione, all'interno di ciascun livello curriculare, **l'ordinamento prescinde dalla cronologia** della composizione originaria e si basa invece su una articolazione che **privilegia l'utilizzazione didattica** dei testi.

Il metodo della filosofia

3. La logica come strumento per la costruzione del sapere

3.1 I diversi usi del linguaggio

Aristotele concepisce la **logica** come **mezzo preliminare a qualsiasi tipo di ricerca**. L'**uso corretto del linguaggio**, come strumento di espressione del ragionamento, dà modo infatti di costruire un **sapere articolato in molte discipline** e insieme **profondamente unitario e omogeneo**.

Nell'*Órganon* (letteralmente «strumento»), la sua opera di logica, Aristotele esamina il problema di quel che si può esprimere con il linguaggio e di quale sia il suo uso corretto nei vari campi. Il filosofo precisa la **differenza fra i diversi usi o tecniche del discorso**: la **dialettica** (trattata soprattutto nei *Topici*, una delle parti di cui si compone l'*Órganon*) non è più la platonica scienza conoscitiva delle idee, ma è il metodo migliore per **vincere in una disputa** con un interlocutore; il **discorso dimostrativo** – logico o scientifico in senso stretto –, viene **usato invece nelle scienze** le quali muovono da princìpi già noti in quanto "scoperti" dalla ricerca filosofica.

Desideroso di costruire un pensiero e un discorso rigorosi Aristotele concepisce la logica come vera e propria **tecnica autonoma** che stabilisce le **regole del corretto argomentare**. Codificate in maniera completa e sistematica, quelle regole valgono per qualsiasi ambito disciplinare.

Lo strumento principe del discorso scientifico è rappresentato dal **sillogismo**, un tipo di argomentazione dimostrativa composta da tre proposizioni, due premesse e una conclusione che deriva necessariamente dalle due premesse.

Il linguaggio viene studiato principalmente nel suo impiego «dichiarativo», quello che enuncia il vero o il falso (per esempio: «l'essere umano è un animale senza ali», «l'essere umano è un animale alato»).

Una trattazione specifica, anche se pervenuta incompleta, viene destinata da Aristotele al linguaggio poetico e una a quello retorico.

Verifica immediata

1. Che cos'è la logica per Aristotele e qual è il procedimento tipico della dimostrazione?

I problemi della filosofia

4. La ricerca del sapere come fine

4.1 L'esortazione alla filosofia

Aristotele ritiene che la filosofia sia necessaria per esercitare con correttezza qualsiasi attività e per godere di ogni bene. Anche chi sostiene che essa è superflua dimostra di aver filosofato poiché il dibattito sulla opportunità di farsi filosofo o meno è già "fare filosofia". Nel ***Protreptico***, in cui si **esorta alla vita filosofica**, lo stagirita sostiene che rinunciare alla filosofia vuol significare «dire addio alla vita, dipartirsi dal mondo» (*Protreptico*, b110); solo chi pratica tale attività, che è ricerca del sapere per se stesso, può conseguire la **massima felicità**.

Dal filosofare derivano poi molti vantaggi; infatti chi è amante del sapere **vive piacevolmente**, ha **comportamenti corretti e giusti** e quindi gode di una sicura fiducia da parte degli altri, è un **ottimo cittadino** e può collaborare nella gestione del potere.

Il filosofare costituisce una nobile scelta per l'uomo, che è **per natura portato al sapere** dal momento che «esistiamo per pensare e imparare» (*ibid.*, b17); risolti i problemi dell'esistenza si procede alla ricerca dei princìpi e delle cause dell'intera realtà.

La filosofia è un sapere che giunge alla conoscenza mediante la dimostrazione, la quale, muovendo da premesse vere, perviene a conclusioni altrettanto vere.

4.2 La «filosofia prima»

Per Platone il mondo naturale dell'esperienza non può essere oggetto di scienza. Per Aristotele, invece, esso è degno di essere indagato scientificamente poiché è ordinato secondo un **preciso ordine eterno**.

Per Aristotele le discipline dedite a quella conoscenza che non ha altro fine se non il sapere sono la matematica, la fisica e la filosofia prima, tutte collocate sullo stesso piano e caratterizzate da un medesimo valore.

Precede tutte le scienze la «**filosofia prima**»: essa infatti **studia l'aspetto fondamentale** di ogni realtà che ha una sua natura specifica, condizione essenziale per essere ciò che è. Tra le scienze che perseguono la conoscenza senza altro scopo, essa **precede**, ma non subordina a sé, **le altre discipline** poiché nessun altro aspetto può essere studiato se non si è prima conosciuta la **sostanza** (*ousía*) o **essenza** o **essere in quanto essere**.

La filosofia prima fonda, giustifica e sviluppa la tesi generale che ogni aspetto della realtà o è una sostanza o dipende da una o più sostanze.

La filosofia è la prima fra tutte le discipline che hanno come oggetto la conoscenza.

Verifica immediata

1. **Completa inserendo opportunamente i termini mancanti.**
A differenza di Platone, Aristotele ritiene che il mondo naturale possa essere indagato con metodo .... Le scienze prime sono la matematica, la fisica e la .... Quest'ultima studia l'essere di ogni realtà, cioè la sua ....

Quali sono gli oggetti della filosofia?

Capitolo 1

Logica e metafisica

La vita e le opere

Aristotele (384-322 a.C.) nasce a Stagira, piccola città situata all'estremità orientale della penisola calcidica. Il padre è medico di corte del re macedone Aminta III. Certamente riceve un'ottima educazione e a diciassette anni si reca ad Atene dove è allievo all'Accademia di Platone per circa vent'anni. In questo periodo, con il soprannome di «mente» per la sua vivace intelligenza, viene a contatto con il vivace ambiente culturale, scientifico e filosofico della città. Si allontana da Atene negli anni immediatamente successivi alla morte del maestro e si reca a Pella, accettando l'incarico di precettore del giovane Alessandro, figlio del re macedone Filippo II e futuro erede al trono.

Intorno al 335 a.C., Aristotele ritorna ad Atene e apre la sua scuola (Liceo o Peripato) in concorrenza con l'Accademia platonica. Alla notizia della morte di Alessandro Magno, in Atene riemerge l'antica ostilità verso i Macedoni e perciò il filosofo si allontana dalla città. Poco dopo, ammalatosi, muore all'improvviso. Il Liceo continuerà ad esistere per molti secoli dopo la morte del suo fondatore.

Non tutte le opere di Aristotele ci sono pervenute; di alcune ci parlano antichi autori o cataloghi ellenistici o romani, di altre rimangono brevi frammenti. Sono molte comunque quelle conservatesi dalle quali è agevole ricostruire esaurientemente il pensiero dello stagirita.

Aristotele comincia a scrivere e a pubblicare alcuni dialoghi alla maniera platonica durante gli anni dell'Accademia. Si tratta di scritti di cui rimangono i titoli e, in qualche caso, alcuni frammenti: un dialogo sull'anima, *Eudèmo*, che avrebbe contenuto tesi vicine a quelle platoniche sul rapporto anima-corpo; un dialogo sulla retorica, intitolato *Grillo*; il *Protrettico* («esortazione»alla filosofia) soprattutto, di cui rimangono numerosi frammenti, che costituisce un invito alla filosofia (lo stesso Cicerone ne avrebbe tratto ispirazione per un dialogo andato perduto) e che contiene secondo gli studiosi alcune tesi personali di Aristotele, non riconducibili a Platone. Anche alcuni scritti su problemi cosmologici (come, ad esempio, *Sul cielo*) appartengono alla prima attività di Aristotele. Si dice che negli anni successivi abbia scritto alcuni dialoghi diretti a un pubblico ampio, esterno al Liceo. Di questi scritti essoterici, rivolti cioè all'esterno, non è rimasto nulla. Gli scritti rimastici, invece, vengono definiti dall'antichità esoterici, rivolti cioè all'interno della scuola.

Queste opere, in tutto circa tremila pagine, ci sono pervenute in una stesura e in un ordine dati loro non da Aristotele ma dal grammatico Andronìco di Rodi, che ne curò l'edizione completa intorno all'anno 60 a.C.

Andronìco, nel mettere insieme i testi, segue il criterio "sistematico" e "curriculare" in vigore da secoli sia nel Liceo, fondato da Aristotele, sia nelle altre istituzioni superiori e filosofiche ateniesi.

Il primo livello curriculare comprende gli scritti di logica, che noi meglio definiremmo come scritti di filosofia del linguaggio e di tecniche del discorso nei suoi vari usi e il loro insieme assumerà molto più tardi e conserverà fino ad oggi il titolo comune di *Órganon*, cioè «strumento», per indicare che il loro contenuto riguarda non i problemi veri e propri della filosofia, ma i diversi usi del linguaggio, che bisogna conoscere bene prima di affrontare i problemi delle diverse discipline. Essi sono, nell'ordine canonico, che in pratica è inverso all'ordine cronologico della loro composizione, le *Categorie*, *Dell'interpretazione*, *Analitici primi*, *Analitici secondi*, *Topici*, *Confutazioni sofistiche*. A questi scritti possiamo aggiungere, in quanto relativi agli usi del linguaggio e del discorso in due campi specifici, la *Retorica* e la *Poetica*.

Il secondo livello curriculare è quello della fisica in senso lato, e della metafisica come sua appendice. Gli scritti relativi a questo livello sono numerosi: *Lezioni di fisica* e il contemporaneo trattato *Sul Cielo*, oltre ai libri *Sulle meteore*, che affrontano i problemi e i concetti più generali relativi al mondo sublunare e a quello sopralunare; gli scritti biologici in generale (*Sulla generazione e corruzione*) e sugli animali in particolare; quelli fisiologici e psicologici, sui quali spicca il trattato *Sull'anima*. Seguono, come appendice alla fisica, i quattordici libri costituenti la *Metafisica* («dopo i libri di fisica»), una delle opere più importanti dell'intero *corpus* aristotelico.

Il terzo livello curriculare, quello etico-politico, è rappresentato da un numero inferiore di opere: tre di carattere strettamente etico (*Etica nicomachea*, la più importante, *Etica eudemia*, *Grande etica*); le altre riguardano argomenti disparati: la *Politica*, la *Costituzione degli Ateniesi* (rinvenuta a fine Ottocento), l'*Economia*.

1. Oltre i confini della *pólis*

1.1 Una situazione di tipo nuovo e una nuova filosofia

Quando muore Platone, nel 347 a.C., Atene sta per perdere il suo ruolo di primo piano sulla scena politica del mondo greco.

La **nuova potenza macedone**, emersa in un'area greca periferica, costituisce ormai una seria alternativa al precario equilibrio realizzato tra i Greci nel cinquantennio successivo alla guerra del Peloponneso (431-404 a.C.).

Al di fuori di tale area, inoltre, l'antico nemico di tutti i Greci, l'**impero persiano**, si muove con abilità per ripristinare il **dominio sulle città greche della costa ionica** ed estendere la propria influenza su parti estese del mondo greco.

Aristotele vive gli anni della sua maturità in una città, Atene, ormai rassegnata a entrare nell'orbita di Filippo II il Macedone.

La filosofia si specializza

In questa nuova prospettiva la filosofia, la retorica e la letteratura, la cultura in generale, non possono più svolgere una funzione politica attiva. **La filosofia**, infatti, **"si apparta"** e si **specializza**.

Compito del Liceo è unificare il sapere

Il suo compito specifico, per opera di Aristotele e della sua scuola, il Liceo, è di **accrescere il sapere** nei suoi diversi campi di studio e di unificarlo in una **sintesi unitaria e complessiva** che ne colga l'articolazione nelle differenti discipline e i punti di raccordo tra di esse.

1.2 Il distacco da Platone: le idee non sono enti separati dalla realtà sensibile

Già negli anni vissuti nell'Accademia, Aristotele aveva maturato **posizioni personali**, originali, **differenti rispetto a quelle platoniche**. La cosa, ovviamente, era del tutto naturale, dal momento che l'Accademia, diretta da Platone, non era una scuola in cui un maestro esponeva le sue teorie e rendeva vincolante la loro accettazione, ma un'istituzione di studi superiori, una sorta di università, nella quale il **libero dibattito delle idee** doveva essere abituale.

Critica alle idee come enti separati

Aristotele, occupandosi della dialettica e della retorica, e quindi della presenza dei concetti generali nel linguaggio, aveva raggiunto presto la convinzione che delle **idee-forme** (equivalenti ai concetti generali) si dovesse fare uso; ma riteneva che si dovesse **prescindere dalla natura di realtà «separata»**, appartenenti a un mondo ideale, distinto da quello materiale.

Le idee platoniche in Aristotele diventano, gradualmente – nelle riflessioni logiche circa la natura e il funzionamento del linguaggio e in quelle metafisiche intorno all'essenza «ultima» della realtà – degli **strumenti linguistico-concettuali del linguaggio e del pensiero**.

Maggiore importanza delle realtà individuali

I contenuti dei termini universali (per esempio «l'uomo») non rimandano a realtà universali separate dalle cose del mondo sensibile, ma alle **realtà individuali** del **mondo dell'esperienza**, delle quali specificano la natura (nel caso di uomo, «animale razionale»). Per Aristotele si può e si deve parlare prima di tutto dei **singoli esseri umani** e poi del concetto generale di «essere umano», senza dover attribuire a quest'ultimo concetto una realtà in un mondo diverso dal nostro.

Critica alla cosmogonia platonica

Anche sull'**origine e sulla natura del mondo**, altro punto essenziale della filosofia di Platone, Aristotele compirà già da giovane un'opera di "sfoltimento" in relazione alla teoria platonica del Demiurgo-Artefice presentata in forma mitica nel *Timeo*. Egli **elimina la figura di questo dio-artefice**, per affermare che il mondo si può spiegare benissimo considerandolo eterno in quella che è la struttura di funzionamento in cui ci appare.

Aristotele ritiene di poter dimostrare, in maniera logico-argomentativa e con il solo riferimento all'esperienza legata alle ricerche scientifiche, che l'**universo**, la sua origine e il suo funzionamento, possono essere spiegati in maniera soddisfacente con il solo ricorso agli strumenti della **ragione** e dell'**esperienza**.

2. Il problema logico-linguistico

2.1 Gli elementi del linguaggio: parti, usi, tecniche

La logica si occupa dell'uso dichiarativo del linguaggio

La **logica** propriamente intesa rappresenta per Aristotele una premessa, uno strumento indispensabile per la **costruzione di qualsiasi sapere**. Le sue riflessioni investono l'**uso «dichiarativo» del linguaggio**, quello che enuncia la verità o la falsità e quindi il discorso costituito da **proposizioni apofantiche**, cioè che affermano o negano qualcosa di qualcosa e possono essere vere o false (per esempio: «l'essere umano è un animale senza ali»; «l'essere umano è un animale alato»; «quell'uomo dorme»; «quell'uomo è sveglio»), escludendo dalla trattazione altri usi del linguaggio (come preghiere, comandi, domande, discorsi persuasivi ed elogi, trattati nella *Retorica*).

Le parole della filosofia

Logica: è la disciplina che studia le forme, le strutture proprie del ragionamento. Per Aristotele è l'*órganon*, lo «strumento» tramite il quale si costruisce la conoscenza nei vari campi del sapere.

Il livello semantico del linguaggio

L'oggetto di studio della logica è costituito propriamente dalle **tecniche del discorso dialettico e del discorso scientifico** o dimostrativo. Aristotele prende in esame le varie tipologie di discorso intese a descrivere, giudicare, argomentare e dimostrare. In primo luogo, quindi, egli si preoccupa dell'**ambito** che oggi diremmo **semantico** del linguaggio (che concerne, cioè, il **rapporto di significato tra i termini e le cose** a cui essi si riferiscono).

In secondo luogo affronta le problematiche dell'**ambito sintattico** (cioè il rapporto dei segni linguistici all'interno del linguaggio stesso).

Il livello pragmatico

In terzo luogo si occupa del **livello pragmatico** del linguaggio, cioè del suo rapporto con chi lo usa, dal momento che il fine del linguaggio è raggiungere una comunicazione efficace. Grosso modo si può dire che il livello semantico è studiato prevalentemente nelle due opere le *Categorie* e *Dell'interpretazione*; l'ambito sintattico prevalentemente nei due libri di *Analitici*; l'ambito pragmatico nei *Topici* e nelle *Confutazioni sofistiche* oltre che nella *Retorica* e nella *Poetica*.

Le parole della filosofia

Semantica: disciplina che studia il rapporto dei segni con gli oggetti a cui si riferiscono. Il termine deriva etimologicamente dal verbo *semaínein* («significare»), introdotto da Aristotele per indicare la specifica funzione del segno linguistico che "designa" o "indica" qualche cosa.

2.2 Suoni, parole, proposizioni

ANTOLOGIA FILOSOFICA
Aristotele, *Dell'interpretazione (Órganon)*

Il linguaggio è costituito, nei suoi elementi più elementari, da **parole** (suoni e voci), le quali, unite in un certo modo nella formulazione di giudizi o proposizioni, esprimono in maniera simbolica (sono simboli, segni, non copie o immagini) **affezioni dell'anima** (concetti, pensieri, emozioni). Queste ultime, tramite suoni e parole, **rinviano alle cose a cui fanno riferimento**: «Ora, i suoni che sono nella voce sono simboli delle affezioni che sono nell'anima, e i segni scritti lo sono dei suoni che sono nella voce».

Le parole esprimono affezioni dell'anima

Questo passo, all'inizio di *Dell'interpretazione*, è seguito dalla precisazione che le **parole** diventano **significative per convenzione**, cioè per un accordo stipulato fra gli esseri umani, e non lo sono quindi per natura.

Le parole, dunque, si riferiscono, muovendo affezioni dell'anima di cui sono simboli, agli oggetti ed eventi del mondo; lo fanno tramite **unità elementari del discorso**, o **unioni ordinate di parole**, che sono i giudizi o enunciati dichiarativi o **proposizioni**, quelli che ognuno di noi usa quotidianamente e che sono costituiti, nella forma più semplice, da un **soggetto** o nome («quel motorino») e da un **predicato** o verbo («appartiene a mio fratello», oppure «è mezzo guasto»).

Le proposizioni sono unioni ordinate di parole

2.3 Le categorie o predicati generalissimi

ANTOLOGIA FILOSOFICA
Aristotele, *Metafisica*, IV

Quali sono gli oggetti ed eventi del mondo e come il linguaggio si rapporta a essi?

Aristotele indica tali oggetti (le cose, le persone, i loro attributi o qualità e le loro relazioni) raggruppandoli in **dieci categorie** o **predicati generalissimi** (*kategoría* letteralmente significa «predicato», «attributo»), che vengono esaminate sia nei *Topici* sia nelle *Categorie* e indicano le proprietà di carattere generale o particolare attribuibili a un soggetto.

Il termine «categoria» proviene dal linguaggio giudiziario greco e sta a indicare ciò di cui è accusato un imputato; per estensione "filosofica" e "logica" sta a indicare tutto quello che si può dire di qualcuno o qualcosa. Le dieci categorie aristoteliche sono: **sostanza**, **quantità**, **qualità**, **relazione**, **dove** (luogo), **quando** (tempo), **giacere**, **avere**, **agire**, **patire**.

Le dieci categorie indicano le proprietà fondamentali di un oggetto

Le dieci categorie aristoteliche esemplificate su Socrate in un momento della sua vita:

1. **sostanza**: questo animale razionale (o questo uomo);
2. **quantità**: alto 1.70;
3. **qualità**: sposato;
4. **relazione**: ateniese (rispetto alla Grecia);
5. **dove**: in carcere;
6. **quando**: allora del crepuscolo;

7. **giacere**: sdraiato;
8. **avere**: ha indosso una tunica;
9. **agire**: consola gli amici;
10. **patire**: prova fastidio per il pianto degli amici.

Quando parliamo «dichiarando qualcosa» (non quando preghiamo, comandiamo ecc.), osserva Aristotele, necessariamente usiamo nei nostri discorsi le dieci categorie: senza questi strumenti del linguaggio dovremmo limitarci a comunicare con i gesti, ma la nostra comunicazione sarebbe molto più limitata.

2.4 La categoria della sostanza

La categoria principale è quella della sostanza

Fra le dieci categorie la prima, **la sostanza**, è **la principale**: ci dice «che cos'è» un oggetto, cioè ci indica la sua essenza o, in termini divenuti classici, la sua sostanza (*ousía* in greco). Quando parliamo, parliamo di qualcosa, e questo qualcosa dobbiamo definirlo come una «sostanza» (una penna, un libro, una persona ecc.).

Qui troviamo la tesi principale di Aristotele rispetto alla teoria delle idee, tesi che verrà sviluppata più ampiamente, come vedremo più avanti, nella *Metafisica*. Per Platone dire di un oggetto «che cos'è» significava collegarlo a un'idea del mondo razionale, immateriale o oltremondano, di cui quell'oggetto costituiva una copia nel mondo sensibile e materiale.

Sostanza come sostrato

Per Aristotele le cose stanno in una maniera radicalmente diversa oltre che molto più semplice: **un determinato oggetto è una sostanza**, un **sostrato**, ossia ciò che "sostiene" gli attributi, le qualità, le relazioni (per esempio, «un uomo», «un animale razionale»). Di questo sostrato si possono predicare le altre nove categorie. Sostanza, sostrato, indicano individui in carne e ossa e gli oggetti di questo nostro mondo naturale (l'unico per Aristotele, se si comprende in esso anche quello celeste e astrale). Sostanze sono un uomo, un cavallo, un cane, una penna, un libro.

Sostanza prima e sostanze seconde

Aristotele distingue tra **sostanza prima**, vale a dire il singolo individuo o oggetto determinato (ad esempio questo libro, che è un manuale), e **sostanze seconde**, vale a dire le specie e i generi ai quali quell'individuo o oggetto fa riferimento per poter essere definito (il libro in generale, di cui questo manuale è un esemplare diverso da un romanzo, anch'esso un libro). Sostanza prima, o sostanza in senso proprio o primario è, per esempio, un certo uomo, vale a dire Socrate, Senocrate ecc. o un certo cane, Fido, Puck ecc. Invece sono dette sostanze seconde i generi e le specie come predicati logici: un certo uomo, per esempio Socrate, esiste come esemplare della specie «uomo» e come tale è un esemplare della specie «animale». Queste, dunque, sono dette sostanze seconde: per esempio, uomo e animale in generale.

Le parole della filosofia

Sostanza: il termine indica ciò che sta sotto, il substrato, ciò che permane in un ente che muta. In Aristotele viene a significare innanzitutto il soggetto determinato, l'individuale, il substrato ultimo, ciò che non si predica mai di altra cosa, ma del quale si predicano le altre cose. Significa anche ciò che è necessariamente ciò che è, l'essenza necessaria, la definizione che è oggetto della conoscenza scientifica.

L'intelletto costruisce le idee

Per Aristotele le specie e i generi differenti dal singolo individuo o oggetto che a esse fa riferimento e tramite le quali viene definito e "individuato" non esistono per conto loro e in un loro mondo. Tutta la sua opera conferma la riduzione radicale delle idee di tipo platonico a **idee prodotte da noi** nel progredire della nostra conoscenza **dalla sensazione all'immaginazione**, **all'attività intellettiva che «costruisce» le idee**.

3. Il linguaggio e i suoi usi

3.1 La diversa destinazione dei discorsi

Le **parole** sono i **"mattoni" fondamentali delle proposizioni**, o enunciati dichiarativi, che svolgono la funzione discorsiva del linguaggio.

Tali enunciati, a differenza delle singole parole fornite di significato ma che da sole non dichiarano o affermano nulla, possono essere **veri** o **falsi** (dal momento che si riferiscono a eventi reali oppure no). Possono, inoltre, essere **concatenati fra loro** in modo da formare **ragionamenti**, argomentazioni, dimostrazioni, confutazioni, descrizioni o altro.

Proposizioni concatenate e ragionamenti

Aristotele fornisce, in questa parte della sua filosofia del linguaggio (che non si esaurisce negli scritti di logica) un quadro molto ricco dei possibili **usi del linguaggio**, connessi agli scopi di chi lo utilizza. Anche in quest'area di interessi egli procede sulla via iniziata da Platone, ma si differenzia dal suo maestro nella distinzione tra **uso filosofico** e **uso scientifico del linguaggio** e nell'individuazione dei suoi diversi procedimenti tecnici.

3.2 La dialettica e la scienza

Platone, lo ricordiamo, considerava la dialettica come la scienza filosofica per eccellenza; Aristotele **non accetta**, invece, l'identificazione tra dialettica, filosofia e scienza e **la tesi che la dialettica sia la scienza per eccellenza** diretta a scoprire la verità; **non riconosce** neppure come caratteristica essenziale della dialettica **la tecnica della suddivisione dicotomica**. Egli, anzi, **distingue nettamente** fra **dialettica (o filosofia)** da una parte, che riguarda prevalentemente il campo dell'opinione, e **scienza dimostrativa** dall'altra, che riguarda la **sfera della verità**.

Dialettica e opinione

Entrambe le discipline, dialettica e scienza dimostrativa, utilizzano il **sillogismo**, cioè un "concatenamento" di enunciati o proposizioni, come strumento del loro operare. Il sillogismo, per Aristotele, non è esclusivo delle due discipline, ma viene utilizzato anche in altri impieghi del linguaggio (sofistica, eristica, retorica).

Scienza dimostrativa e verità

Le parole della filosofia

Sillogismo: per Aristotele, il modello del ragionamento deduttivo, formato da tre proposizioni, di cui due premesse, dalle quali si deduce necessariamente, grazie al termine medio presente in entrambe, la conclusione.

Qual è la differenza fondamentale fra dialettica e scienza dimostrativa? Per Aristotele tale differenza riguarda il punto di partenza e il punto di arrivo delle due discipline o modi di operare linguistico-discorsivo.

La **scienza dimostrativa** (definita da Aristotele «abito apodittico») parte da **premesse vere** (proposizioni iniziali) e perviene a **conclusioni nuove** rispetto alle premesse con le quali però condividono il **carattere di verità**. La scienza comprende **tre discipline fondamentali**: la **filosofia prima**, la **matematica** e la **fisica**. La prima ha per oggetto l'essere in quanto essere; la seconda l'essere come quantità; la terza l'essere come movimento.

Scienze sono la filosofia prima, la matematica e la fisica

La **dialettica o filosofia** parte da **premesse opinabili** e perviene a conclusioni di tipo pratico o teoretico che hanno più il **carattere di plausibilità** (opinioni) che di verità. La dialettica, come metodo dell'argomentare, si svolge tra **due interlocutori**; essi concordano sulle premesse, ma il primo espone la sua tesi, mentre il secondo la confuta dimostrandola in contraddizione con le premesse.

La **scienza** (dimostrazione), quindi, ha a che fare con la **verità**, la **filosofia** (dialettica) ha a che fare con l'**opinione**. Verità e opinione, però, non vengono contrapposte alla maniera platonica e parmenidea. Non si esclude, infatti, che la dialettica pervenga anch'essa a individuare verità che a loro volta costituiscano le premesse di un'ulteriore dimostrazione sillogistica.

Dialettica e scienza

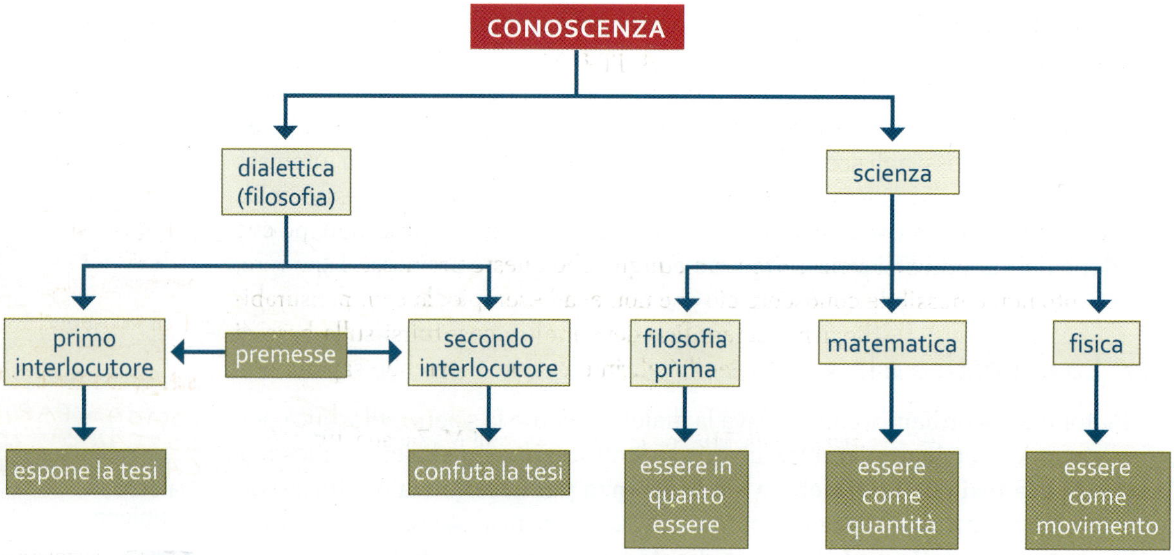

3.3 Induzione e deduzione nella dialettica e nella scienza

> **Le parole della filosofia**
>
> **Induzione:** è il procedimento che dal particolare porta all'universale.

> **Le parole della filosofia**
>
> **Deduzione:** è il tipo di ragionamento che fa derivare una conclusione da una o più premesse. Tipico esempio di deduzione aristotelica è il sillogismo.

Aristotele affianca come tecniche possibili per la **ricerca della verità** sia il **procedimento induttivo**, in cui il sillogismo è dialettico (da casi particolari a conclusioni generali che riconoscono una o più verità), sia il **procedimento deduttivo**, in cui il sillogismo è dimostrativo (da verità già riconosciute nelle premesse a nuove verità nelle conclusioni).

Il sillogismo è dimostrativo quando parte da premesse vere, cioè dalle verità, ed è invece dialettico quando parte da premesse probabili, cioè dalle opinioni. Tecnica di ricerca è anche l'**induzione**, che utilizza sillogismi dialettici ed è «il passaggio dai particolari all'universale: per esempio, se il timoniere che ha conoscenze è il migliore, e così il cocchiere, anche in generale colui che in ciascun settore ha conoscenze è il migliore» (*Topici*, I, 12).

In questo modo la dialettica offre alla scienza una **verità di carattere generale** («colui che in ciascun settore ha conoscenze è il migliore») che può costituire una premessa vera dalla quale **procedere deduttivamente**, attraverso sillogismi dimostrativi, verso **altre verità di carattere ancora più generale**. Dialettica e scienza non sono necessariamente in antitesi, ma possono interagire: alcune affermazioni ricavate con il procedimento dialettico possono essere dimostrate dal metodo sillogistico proprio della scienza. La dialettica, d'altra parte, può limitarsi – ed è questo il campo più naturale per Aristotele – a partire da un'opinione e rimanere nell'ambito delle opinioni, senza pervenire a verità.

Dalle "arti", quali la dialettica, l'eristica, la sofistica, la retorica e la poetica, si distacca, per il suo preminente carattere conoscitivo e scientifico, la **scienza della dimostrazione**, fondata sull'uso esclusivo del sillogismo nelle sue numerose figure, forme e modi.

T1 Il sillogismo come metodo della dimostrazione

[...] ora però chiamiamo sapere il conoscere mediante dimostrazione. Per dimostrazione intendo il sillogismo scientifico e scientifico chiamo poi il sillogismo in virtù del quale, per il fatto di possederlo, noi sappiamo. Se il sapere è dunque tale, quale abbiamo stabilito, sarà pure necessario che la scienza dimostrativa si costituisca sulla base di premesse vere, prime, immediate, più note della conclusione, anteriori ad essa, e che siano cause di essa: a questo modo, infatti, pure i principi risulteranno propri dell'oggetto provato. In realtà un sillogismo potrà sussistere anche senza tali premesse, ma una dimostrazione non potrebbe sussistere, poiché allora non produrrebbe scienza. Occorre dunque che queste premesse siano vere, in quanto non è possibile conoscere ciò che non è, ad esempio, la commensurabilità della diagonale. Il sillogismo scientifico deve inoltre costituirsi sulla base di proposizioni prime, indimostrabili, perché altrimenti non si avrebbe sapere, non possedendosi dimostrazioni di esse.

(Aristotele, *Analitici secondi*, 71b, in *Órganon*, a cura di M. Zanatta, UTET 1996)

Il sapere che coincide con la conoscenza della causa, dell'essenza degli oggetti fa tutt'uno con la ...., cioè con il sillogismo scientifico.

Il sillogismo ci fornisce la dimostrazione necessaria (apodittica).

Quali sono le qualità delle premesse del sillogismo scientifico?

3.4 Il sillogismo come ragionamento necessario

ANTOLOGIA FILOSOFICA
Aristotele, *Analitici secondi (Órganon)*

Il sillogismo, ragionamento di tre enunciati

Il **sillogismo**, per Aristotele, è un particolare tipo di ragionamento – necessariamente concatenato – composto da **tre enunciati dichiarativi** o **giudizi proposizionali**, i quali non fanno altro che attribuire un predicato a un nome, cioè dicono di un qualcosa che cos'è o quale delle dieci categorie gli appartenga. Gli enunciati dichiarativi sono suddivisibili in quattro tipi fondamentali: **affermativi**, **negativi**, **universali** e **particolari**.

Dalle premesse alla conclusione necessaria...

La caratteristica essenziale del sillogismo è che fra le tre proposizioni concatenate esiste una **relazione** per cui dalle prime due (le **premesse**) si ricava necessariamente una **conclusione**. Per esempio, se affermo come proposizioni vere che «ogni uomo è un animale» e che «ogni animale è mortale», devo necessariamente concludere con la proposizione altrettanto vera che «ogni uomo è mortale».

... grazie al termine medio

Questa, secondo Aristotele, è la **caratteristica essenziale del sillogismo**, ossia del concatenamento fra i tre enunciati dichiarativi garantito da quello che Aristotele chiama il **termine medio**. Nel caso dei tre enunciati citati, il termine medio è «animale»: è medio, cioè, tra il più generale «mortale» e il meno generale «uomo». Nel sillogismo, perché avvenga il concatenamento logico, il termine medio deve essere presente sia nella premessa iniziale sia nel secondo enunciato.

Il sillogismo può avere premesse di tipo diverso: affermative, negative, universali, particolari, necessarie, possibili e altro ancora. Avremo, ovviamente, a seconda del tipo delle premesse, un tipo corrispondente di sillogismo, le cosiddette "figure". Aristotele tratta sistematicamente tutti i tipi di sillogismo.

3.5 I sillogismi della scienza dimostrativa. L'induzione e le premesse vere

Il problema, filosofico e non più logico, a questo punto, è per Aristotele il seguente. Ogni sillogismo della scienza dimostrativa, per essere valido, deve partire da **premesse vere e necessarie**, le quali devono a loro volta essere **conclusioni vere e necessarie di altri sillogismi validi**, anch'essi con premesse vere e necessarie.

L'induzione e le premesse originarie

Ma per arrivare alle **premesse vere originarie**, che non siano a loro volta conclusioni di precedenti sillogismi, non si può pensare a un processo a ritroso che vada all'infinito; devono esserci **fondamenti non sillogistici** della scienza dimostrativa. C'è il rischio di un "circolo vizioso".

Come possiamo pervenire alle premesse originarie, prime in assoluto, dei sillogismi della scienza o delle scienze dimostrative? Per riepondere a questa domanda Aristotele ricorre all'**induzione** (che abbiamo già incontrato nella trattazione sulla dialettica, vedi par. 3.3), vale a dire al processo conoscitivo che parte dalla sensazione, dai casi particolari, e perviene ai concetti generali e quindi agli enunciati che hanno un valore di verità.

Il "circolo vizioso" viene così a cadere: il sillogismo scientifico trova alla sua origine alcune verità alle quali l'attività conoscitiva umana è pervenuta tramite la conoscenza induttiva.

La logica in Aristotele

3.6 I limiti dell'induzione e il rinvio a princìpi ancora più «originari»

Si apre ora un altro grosso problema. L'**induzione**, afferma Aristotele, **risulta anch'essa insufficiente** e bisognosa di **princìpi ancora più generali** e originari rispetto a quelli cui perviene. Essa, infatti, ci porta certamente a concetti universali e quindi a proposizioni o enunciati universali (per esempio: «L'uomo è un animale razionale»), che vengono utilizzati come premesse dai sillogismi scientifici, ma questi enunciati possono essere **veri** o **falsi**.

L'intuizione e il principio primo

Esiste la possibilità di distinguere tra gli enunciati universali veri e quelli falsi? Non è certamente il procedimento sillogistico lo strumento per attuare questa distinzione, poiché parte da princìpi o giudizi considerati veri, ma non può dimostrarne la verità e validità; e neppure l'induzione, la quale si muove sempre nell'ambito dell'esperienza e non può quindi garantire la verità universale delle sue conclusioni di origine empirica.

Aristotele fa appello, pertanto, all'**intelletto** o **intuizione** (di cui tratterà ampiamente nell'opera *Sull'anima*) come facoltà conoscitrice dei princìpi. Poiché non può esserci scienza dimostrativa dei princìpi, e poiché i princìpi dell'induzione per poter essere premesse di sillogismi "sicuri" devono essere veri, ci deve essere una facoltà in noi che presiede alla enucleazione dei princìpi che ci consentono di distinguere tra verità e falsità.

Le parole della filosofia

Intuizione: è l'atto dell'intelletto che "afferra" in modo diretto e immediato i princìpi primi.

Questa facoltà è, appunto, l'intelletto o intuizione, che costituirà «il principio della scienza» e addirittura «il principio del principio», come scrive lo stesso Aristotele nelle ultime pagine degi *Analitici secondi* (vedi il paragrafo 4.4 a p. 164).

3.7 Il procedimento dialettico, sofistica ed eristica

Come si configura, concretamente, la dialettica o ricerca filosofica? Aristotele lo spiega con esempi molto semplici e chiari, tratti da problemi filosofici relativi all'etica, alla fisica e alla logica.

La **dialettica**, che comporta una discussione aperta più che una dimostrazione vincolata rigidamente dall'esclusivo uso del sillogismo, **parte da domande**, proposizioni o opinioni sulle quali ci sia qualche **incertezza** o **dubbio** (altrimenti sarebbero vere, indubbie, e quindi oggetto della scienza dimostrativa e non della filosofia).

Dialettica e persuasione

La dialettica propone quesiti con due o più tesi contrastanti, difende alternativamente una delle tesi in discussione, porta ragioni a favore dell'una o dell'altra, ma non pretende di trovare una verità definitiva. La discussione dialettica, infatti, può portare solo alla **convinzione** e alla **persuasione** (in questo è simile alla retorica) rispetto a una determinata tesi (sostenendola per esempio con le «opinioni dei più saggi») ma non alla dimostrazione della validità o della verità di una delle tesi in discussione. La dialettica (o filosofia) è quindi una **ricerca disinteressata**, orientata esclusivamente a ricercare la risposta più soddisfacente, confermata possibilmente dalle opinioni dei "saggi".

Dialettica come ricerca disinteressata

Condanna della sofistica e dell'eristica

La **sofistica** e **l'eristica** sono due tecniche di discussione che non hanno come loro scopo e ragione d'essere la ricerca di un sapere autentico e disinteressato. La **sofistica** è infatti un'attività di preteso **insegnamento del sapere finalizzato al guadagno**, «una sapienza apparente senza esserlo, ed il sofista è uno che trae denaro da una sapienza apparente, ma che non lo è»; l'**eristica** è l'**arte del vincere a tutti i costi** nelle discussioni contro un avversario.

3.8 La retorica

La retorica come arte di persuadere in sede pubblica

Aristotele, nell'opera omonima, si occupa della retorica che ha, come la dialettica, il fine di **convincere e persuadere**, ma in **sede politica**, giudiziaria o comunque **pubblica**, della validità di una tesi. «La retorica è analoga alla dialettica: entrambe riguardano oggetti che, in certo modo, è proprio di tutti gli uomi-

ni conoscere e non di una scienza specifica» (*Retorica*, I, 1, 1354). Lo spazio di azione della retorica, quindi, è quello della **convivenza umana nella *pólis***, nella quale ci sono momenti in cui è necessario l'uso di determinate tecniche del discorso per realizzare la **persuasione dell'uditorio** in relazione a un determinato argomento. La retorica, infatti, come del resto la dialettica, non ha a che fare con la verità ma con l'**opinione**, e si distingue da qualunque altra arte in quanto costituisce «la facoltà di scoprire in ogni argomento ciò che è in grado di persuadere» (*Retorica*, I, 1, 1355b). È un'arte importante per la convivenza civile e non deve essere quindi lasciata al caso. Aristotele indica anche i **tre tipi principali di discorso retorico**: quello **deliberativo**, che ha la sua sede nelle assemblee dei cittadini e negli organismi politici e fornisce consigli a favore o contro le tesi che vengono dibattute; quello **giudiziario**, che ha la sua sede nei tribunali o luoghi affini, e fornisce argomenti e prove all'accusa o alla difesa; quello **epidittico** che, in occasioni generalmente pubbliche (matrimoni, funerali, commemorazioni e altro), fornisce elementi e argomenti di lode o di biasimo.

Il discorso retorico deliberativo, giudiziario ed epidittico

3.9 La poetica

Aristotele dedica alla tecnica poetica e narrativa la *Poetica*, che nella parte rimastaci contiene le tesi generali e la trattazione dell'**epica** e della **tragedia**; è andata invece perduta la parte sulla commedia e sulle altre arti.

La tecnica poetica e narrativa è mimesi

Per Aristotele l'uso poetico del linguaggio, nei suoi diversi generi (epopea, tragedia, commedia, poesia ditirambica e altri ancora), si configura come **mimesi**, cioè **imitazione** di personaggi, eventi, storie. Quest'uso imitativo **si differenzia** a seconda dei **mezzi** (ritmo, linguaggio, armonia), degli **oggetti** imitati («o uomini migliori di noi o peggiori di noi o come noi»), o delle **forme** di imitazione (narrativa o drammatica). L'imitazione è frutto da una parte di un «istinto di natura comune a tutti gli uomini fino dalla fanciullezza» (*Poetica*, IV, 1448b); dall'altra di una particolare vocazione che ha dato origine alla "professione" poetica.

La poesia ha a che fare con il verosimile

Aristotele afferma che anche la poesia, come la retorica e la dialettica, non ha a che fare con la verità ma con l'**opinione**, qui definita il «**verosimile**». La poesia, per esempio, si differenzia dalla storia in quanto quest'ultima ha a che fare con fatti veri, effettivamente accaduti, e quindi particolari; la poesia invece ha a che fare con fatti e personaggi inventati dal poeta su imitazione, ha a che fare con il verosimile, con l'universale (per esempio il carattere di un personaggio che viene presentato come esemplare, come un "tipo").

Le regole della tragedia

La tesi più famosa della *Poetica* riguarda la **tragedia**, definita da Aristotele, in un passo citatissimo, come «imitazione di un'azione seria e compiuta in se stessa, con una certa estensione; in un linguaggio abbellito di varie specie di abbellimenti, ma ciascuno a suo luogo nelle parti diverse; in forma drammatica e non narrativa; la quale, mediante una serie di casi che suscitano pietà e terrore, ha per effetto di sollevare e purificare l'animo da siffatte passioni» (*ibid.*, 1449b).

La catarsi

Questo processo che libera l'animo dello spettatore dalla violenza delle passioni è detto **catarsi** (*kathársis*), che propriamente significa «**purificazione**». Aristotele lo riferisce alla facoltà di alcune forme d'arte, come la tragedia e la musica, di rasserenare e purificare le passioni. Il concetto di catarsi ha dato luogo a molte discussioni teoriche sulla funzione e sugli effetti dell'arte in generale anche nell'età moderna e contemporanea.

Aristotele definisce anche le **tre regole** per la composizione della tragedia, che deve rispettare le **unità di tempo, di luogo** e **di azione**. I fatti narrati, cioè, devono svolgersi in un unico luogo, nell'arco della stessa giornata e seguendo una trama che non preveda sviluppi d'azione secondari.

Le tre unità della tragedia

4. La filosofia prima o metafisica

4.1 Una scienza disinteressata e libera

La filosofia nasce dalla meraviglia

La **filosofia prima**, o **metafisica** (come è stata poi chiamata) ricerca la conoscenza dei princìpi dai quali tutto deriva; è disciplina disinteressata nel senso che non dipende dalla ricerca dell'utile. La sapienza che se ne ricava non è un sapere produttivo. Infatti gli uomini, sia da principio sia ora, hanno cominciato a esercitare la filosofia e a perseguire la sapienza a partire dalla **meraviglia**.È questo un concetto molto importante, che riprende da altri autori (Eraclito, Parmenide, Platone fra gli altri) una visione della filosofia come **attività riservata non alle masse ma ai pochi** che sono liberi dalle necessità della vita. Gli esseri umani, volendo fuggire l'ignoranza, **cercarono il sapere** per il conoscere e **non per trarne un utile**: infatti, quando ormai possedevano quasi tutte le cose necessarie per un'esistenza confortevole, cominciarono a esercitare questo tipo di ricerca. La **filosofia** è **scienza libera** per eccellenza perché è l'unica che **ha come fine se stessa**.

Attività di pochi che ha come fine se stessa

Filosofia prima, scienza libera per eccellenza, l'unica scienza che ha per fine se stessa e dunque "disinteressata", la metafisica ha goduto da Aristotele in poi un prestigio e un privilegio non eguagliati da altre discipline filosofiche.

Le parole della filosofia

Metafisica: è la «filosofia prima», come scienza dell'essere in quanto essere. Il termine è mutuato dalla catalogazione delle opere aristoteliche di Andronico da Rodi (I sec. a.C.), il quale collocò la trattazione della «filosofia prima» dopo (*metá* in greco) quella sulla natura (*phýsis*).

T2 Dalla meraviglia alla filosofia

Gli uomini hanno cominciato a filosofare, ora come in origine, a causa della meraviglia: mentre da principio restavano meravigliati di fronte alle difficoltà più semplici, in seguito, progredendo a poco a poco, giunsero a porsi problemi sempre maggiori; per esempio i problemi riguardanti i fenomeni della Luna e quelli del Sole e degli astri, o i problemi riguardanti la generazione dell'intero universo. Ora chi prova un senso di dubbio e di meraviglia riconosce di non sapere ed è per questo che anche colui che ama il mito è, in certo qual modo, filosofo: il mito, infatti, è costituito da un insieme di cose che destano meraviglia. Cosicché se gli uomini hanno filosofato per liberarsi dall'ignoranza, è evidente che ricercarono il conoscere solo al fine di sapere.

E non per conseguire qualche utilità pratica. E il modo stesso in cui si sono svolti i fatti lo dimostra: quando già c'era pressochè tutto ciò che necessitava alla vita e anche all'agiatezza ed al benessere, allora si incominciò a ricercare questa forma di conoscenza. È evidente, dunque, che noi non la ricerchiamo per nessun vantaggio che sia estraneo ad essa; e, anzi, è evidente che, come diciamo uomo libero colui che è fine a se stesso, e non è asservito ad altri, così questa sola, tra tutte le altre scienze, la diciamo libera: essa sola, infatti, è fine a se stessa.

(Aristotele, *Metafisica*, I, 982b, a cura di G. Reale, Bompiani 2000)

Il desiderio di sapere è disinteressato e la ricerca della conoscenza è fine a se stessa.

Che cosa ha spinto l'essere umano a liberarsi dall'ignoranza?

Dal momento che la conoscenza è fine a se stessa, la possiamo definire un'attività ....

ANTOLOGIA FILOSOFICA
Aristotele, *Metafisica*, I

4.2 Gli oggetti della filosofia prima

Oggetto della filosofia è l'essere in quanto essere

Quali sono gli oggetti della filosofia prima? Nel primo libro gli oggetti della *Metafisica* sono individuati nelle **quattro cause** che contraddistinguono qualsiasi realtà; nel quarto libro sono individuati nell'**essere in quanto essere** (le sostanze) e nei **primi princìpi** del filosofare; nel libro settimo, ottavo e nono sono la **sostanza** con i concetti a questa connessi (**materia** e **forma, potenza** e **atto**); nel libro dodicesimo è il dio **motore immobile** di tutto l'universo.

Le quattro cause: materiale, efficiente, formale, finale

Le quattro cause vengono definite riferendosi alle filosofie precedenti, nelle quali Aristotele rintraccia l'origine delle prime definizioni parziali di esse. I filosofi ionici individuarono la **causa materiale** (ciò di cui sono fatte le cose), indicandone a turno una come origine di tutto l'universo (Talete l'acqua, Anassimene l'aria, Eraclito il fuoco); filosofi come Empedocle e Anassagora individuarono la **causa efficiente** o agente (ciò da cui le cose sono fatte nascere e vivere), rispettivamente nell'Amore-Odio e nell'Intelletto cosmico; i pitagorici e i platonici individuarono la **causa formale** (ciò per cui le cose sono in un certo modo), rispettivamente nei numeri e nelle idee; Platone individuò anche la **causa finale** (ciò in vista di cui le cose esistono e vivono, il mondo delle idee platoniche), separandola però in maniera radicale dall'universo materiale.

Rispetto a tutti questi filosofi Aristotele mostra i **limiti delle loro concezioni** della causa e mette in luce il carattere più completo della sua dottrina delle quattro cause, che consente di spiegare qualsiasi aspetto della realtà, riducibile in ultima analisi alle **sostanze individuali** la cui esistenza, movimento e mutamento (trattati nella *Fisica*) dipendono dall'azione di dette cause.

Sostanze prime e sostanze seconde

Le quattro cause, come vedremo nella *Fisica*, portano a realizzazione i singoli oggetti o esseri dell'universo, sia che si formino naturalmente (il seme che diventa pianta) sia che vengano formati artificialmente (un blocco di marmo che diventa statua per opera dello scultore): e questi oggetti o esseri dell'universo sono le **sostanze prime**, distinte dalle **sostanze seconde**, ossia le idee, i generi, le specie. Aristotele passa quindi, nei libri successivi della *Metafisica*, a circoscrivere meglio il concetto di sostanza.

T3 Le quattro cause

Per spiegare gli eventi e la formazione degli oggetti occorre tenere conto dei quattro tipi di cause. La scienza è definita conoscenza delle cause.

Come possiamo definire le quattro cause?

È chiaro, dunque, che occorre acquistare la scienza delle cause prime: infatti diciamo di conoscere una cosa quando riteniamo di conoscerne la causa prima. Ora, le cause vengono intese in quattro significati diversi.

In un primo senso, diciamo che causa è la sostanza e l'essenza: infatti, il perché delle cose riconduce, in ultima analisi alla forma: e il primo perché è appunto una causa e un principio; in un secondo senso, diciamo che causa è la materia e il sostrato; in un terzo senso, poi, diciamo che causa è il principio del movimento; in un quarto senso, diciamo che è causa quella opposta a quest'ultima, ossia lo scopo e il bene.

Infatti questo è il fine della generazione e di ogni movimento. Queste cause sono state da noi studiate adeguatamente nella *Fisica*, tuttavia dobbiamo prendere in esame anche coloro che prima di noi hanno affrontato lo studio degli esseri ed hanno filosofato intorno alla realtà. È chiaro, infatti, che anch'essi parlano di certi principi e di certe cause. Ora, il rifarsi ad essi sarà certo di vantaggio alla presente trattazione: infatti, o troveremo qualche altro genere di causa, oppure acquisteremo più salda credenza nelle cause di cui ora si è detto.

(Aristotele, *Metafisica*, I, 983b, in *Opere*, a cura di G. Giannantoni, Laterza 1973)

4.3 L'essere in quanto essere, ossia la sostanza

Nel quarto libro della *Metafisica* la **filosofia prima** è definita come la «scienza che studia l'essere in quanto essere e ciò che inerisce all'essere di per sé». Essa non è simile a nessuna delle scienze che si dicono particolari, perché nessuna delle altre scienze indaga il significato puro di essere ma una sua caratteristica, come, ad esempio, la matematica che studia l'essere come quantità, o la fisica che si occupa dell'essere come movimento.

La sostanza è l'essere in quanto essere

L'**essere in quanto essere**: sembra un gioco di parole, ma in realtà Aristotele con questa espressione vuole indicare semplicemente il **concetto di sostanza**.

In che senso l'essere in quanto essere equivale al concetto di sostanza? In che senso la sostanza è l'essere primo, in quanto essere senza aggettivi?

La risposta a tali domande può essere così formulata: quando esprimo di una cosa (ad esempio una gallina) una sua qualche qualità («è bianca», «è in movimento» ecc.) affermo innanzitutto il fatto che «è». Perché una cosa possa essere bianca, in movimento, e altro, deve innanzitutto essere.

La sostanza è ciò che "sostiene" le qualità

E questo suo "essere primo" è appunto, per Aristotele, essere una sostanza, cioè qualcosa che **precede**, "**sostiene**" **le qualità**, un certo essere che è e ciò che è come un essere definito (Socrate è sostanza, esiste come uomo e la specie uomo esiste negli individui sostanza come Socrate, Platone ecc.).

Abbiamo già trovato in alcuni scritti logici il concetto di sostanza (nei *Topici* e nelle *Categorie*), nella **distinzione tra** il **sostrato-soggetto** e le **nove categorie-predicati**, distinzione che corrisponde a quella della *Metafisica* tra l'essere-sostanza (l'essere primo, l'essere in quanto essere) e le sue qualità.

La metafisica è scienza della sostanza

La distinzione negli scritti logici riguardava il modo in cui si deve parlare delle cose, nella *Metafisica* riguarda **il modo in cui le cose sono**, **in quanto sono**.

Le altre scienze studiano aspetti particolari della sostanza

Spetterà quindi alle altre scienze studiare gli aspetti particolari della sostanza, o i tipi particolari di sostanza, non la sostanza in quanto tale che è di pertinenza esclusiva della filosofia prima o metafisica. Le **matematiche** studieranno per esempio gli aspetti relativi alla figura (geometria) e alle dimensioni (aritmetica) delle sostanze, cioè dei corpi fisici, e così altre scienze studieranno altri aspetti delle sostanze: l'**astronomia** studierà gli astri e le ragioni del loro moto circolare, la **zoologia** e la **botanica** studieranno rispettivamente gli aspetti relativi alla vita degli animali e delle piante e così via.

La **metafisica** studierà invece, come vedremo nei libri settimo, ottavo e nono, gli **aspetti generali ed essenziali della sostanza**.

T4 La Scienza e le scienze

C'è una scienza che considera l'essere in quanto essere e le proprietà che gli competono in quanto tale. Essa non si identifica con nessuna delle scienze particolari: infatti nessuna delle altre scienze considera l'essere in quanto essere in universale, ma, dopo aver delimitato una parte di esso, ciascuna studia le caratteristiche di questa parte. Così fanno, ad esempio le matematiche.
Orbene, poiché ricerchiamo le cause e i principi supremi, è evidente che questi devono essere cause e principi di una realtà che è per sé. Se, dunque, anche coloro che ricercavano gli elementi degli esseri, ricercavano questi principi supremi, allora quegli elementi non erano elementi dell'essere accidentale, ma dell'essere come essere. Dunque, anche noi dobbiamo ricercare le cause prime dell'essere in quanto essere.

(Aristotele, *Metafisica*, IV, 1003a, in *Opere*, cit.)

Princìpi e cause prime determinano l'ente di per sé, non in quanto appartenente a un genere determinato di enti.

Il riferimento è ai naturalisti che non hanno ricercato i .... degli enti fisici.

4.4 I princìpi o assiomi primi

Le parole della filosofia

Assioma: dal greco *axíoma* («dignità»), in Aristotele è la proposizione evidente che, in quanto tale, non è dimostrabile e serve come fondamento per giustificare altre proposizioni.

La filosofia prima studia anche gli **assiomi** o **princìpi primi** che stanno alla base sia dei nostri pensieri e ragionamenti sia degli oggetti della realtà ai quali si riferiscono. Essi infatti **appartengono** a tutte le cose che sono, **all'essere in quanto essere**.

Gli assiomi sono quei princìpi che stanno anche alla base delle **dimostrazioni sillogistiche** e che secondo gli scritti di logica possiedono l'intuizione intellettuale come loro fonte, giacché non potevano essere considerati frutto di dimostrazione o di induzione.

Si tratta in particolare del **principio di non contraddizione**, dalla cui specificazione interna nella tarda Scolastica e nell'età moderna sono stati fatti derivare il principio del terzo escluso e il principio di identità.

Il principio di non contraddizione è un assioma

Il principio di non contraddizione è evidente a tutti, **non ipotetico** e **non dimostrabile** perché sta alla base di ogni dimostrazione (si può confutare semmai chi lo nega). Questo principio afferma che: «È impossibile che la stessa cosa inerisca e non inerisca alla medesima cosa» (*Metafisica*, IV, 1005b). È impossibile, cioè, che un oggetto sia insieme e contemporaneamente bianco e non bianco; lo può essere, ovviamente, soltanto in momenti successivi. Se qualcuno dice che è possibile, si contraddice.

Il principio di non contraddizione può implicare il **principio del terzo escluso**, che viene presentato in questo modo: «Nessuno può ritenere che la medesima cosa sia e non sia, come alcuni credono che dicesse Eraclito» (*ibid.*, IV, 1005b). Un uomo è o non è un uomo; non c'è una terza possibilità (il terzo, cioè, è escluso), che sia insieme uomo e non uomo.

Quello che i logici moderni avrebbero chiamato «**principio d'identità**», anch'esso ricavato dal principio di non contraddizione, afferma che una cosa è quello che è, cioè è identica a se stessa, e non può essere un'altra cosa.

4.5 La sostanza: materia e forma

Ogni sostanza è sinolo di materia e forma

Il libro settimo della *Metafisica*, il più importante, affronta con maggior ampiezza il problema della sostanza, delle sue accezioni, del suo rapporto con i concetti di **materia** e **forma** e di **potenza** e **atto**.

La sostanza o essere in quanto essere è, in primo luogo, un **oggetto corporeo**, per cui sono sostanze gli animali, le piante e le loro parti, i corpi naturali, come il fuoco, l'acqua e la terra. **Qualsiasi cosa esistente** e corporea (composta dei quattro elementi terra, acqua, aria e fuoco) **è sostanza**; sostanze sono anche i **corpi celesti**, gli astri (composti, lo vedremo nella *Fisica*, del quinto elemento, l'etere) e l'**universo** nel suo complesso.

Per Aristotele qualsiasi cosa esistente e corporea o sostanza risulta come un **sinolo** o **insieme** (dal greco *sýn*, «insieme» e *hólos*, «tutto») **di materia e forma**. La materia individua fisicamente un singolo soggetto o sostrato (per esempio un essere umano in carne e ossa); questo viene d'altra parte determinato attraverso l'attribuzione di un qualche predicato (per esempio «animale razionale») che costituisce la sua forma o essenza, e cioè l'appartenenza a un genere universale (animale) e a una sua specie interna (razionale). Siamo, come si può vedere, a una riformulazione della **distinzione** che avevamo trovato negli scritti logici tra **sostanze prime** (individui corporei) e **sostanze seconde** (generi, specie, «forme»).

La **materia** (*hýle*), per quanto sostrato di enti sensibili, di per se stessa non è sostanza, ma **diventa sostanza quando risulta fornita di forma**. D'altra parte **non può esistere una sostanza senza la materia**, perché tutte le attribuzioni di predicati risultano in ultima analisi effettuate su qualcosa di materiale. Ma **non può esistere neppure la materia senza la forma**, giacché se togliessimo tutti gli attributi che predichiamo di un qualcosa, attributi costituenti la sua «forma» o «essenza sostanziale», non rimarrebbe proprio nulla. **Sostanza** è pertanto, necessariamente, un **insieme di materia e di forma**.

L'**essenza sostanziale**, o **pura forma**, di ciascuna cosa non è una qualche sua caratteristica, ma è **ciò che la determina a essere quello che è**, e che viene espresso nella sua definizione "scientifica". Per esempio essenza sostanziale delle cose che chiamiamo uomini è di essere animali razionali.

L'essenza è ciò che determina una cosa a essere quello che è

Conoscere scientificamente una cosa equivale a conoscere la sua essenza sostanziale.

Degli uomini possiamo parlare scientificamente, però, non in quanto singoli individui ma in quanto esemplari individuali delle **sostanze seconde**, cioè di generi e specie. Dei singoli posso avere esperienza, ma solo degli universali ho scienza.

La filosofia prima (metafisica) secondo Aristotele

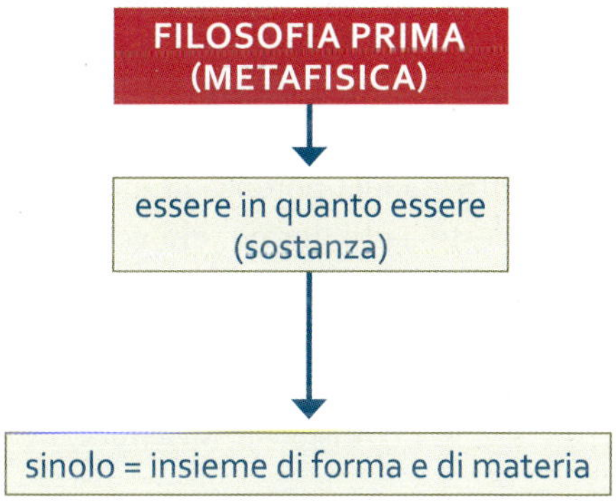

4.6 Il divenire come passaggio dalla potenza all'atto: l'entelechìa

Per Aristotele **l'essere come sostanza**, cioè insieme di materia e forma, è **in "divenire"**, a differenza di quanto hanno sostenuto a proposito dell'essere i filosofi precedenti (da Parmenide a Platone).

Tutte le cose che divengono, divengono per opera di qualche cosa, a partire da qualche cosa e diventano qualche cosa. Aristotele illustra in maniera analitica la distinzione fra le cose che divengono **per natura** (il seme che diventa una pianta) e quelle che divengono **per opera di un artefice** (il bronzo che diviene una statua). Nel **primo caso** la forma o specie è **incorporata spontaneamente**, per cause puramente naturali, nella sostanza-seme che diventa sostanza-pianta, nel **secondo caso** la forma o specie è compresa nella **mente dell'artefice** che a essa si ispira per imporla al bronzo. In entrambi i casi c'è un **passaggio dalla potenza** (come potenzialità) **all'atto** (come realizzazione).

Il divenire per natura o per opera di un artefice

Diviene la materia, non la forma

Ma chi o che cosa "diviene", nel passaggio dalla potenza all'atto? Aristotele afferma che **diviene** non la forma, che è immutabile, ma **la materia**, che è mutevole e **cambia forma**: da seme, potenza della pianta, diventa pianta, atto del seme, da bronzo diventa statua. Il discorso, che spesso è oscuro in queste pagine, diventa più chiaro se ricordiamo la distinzione tra le sostanze prime (gli oggetti individuali corporei, composti di materia e forma) e le sostanze seconde o gli universali (specie, generi) che costituiscono la «forma» o «essenza sostanziale» delle prime.

Le sostanze prime – gli individui corporei, piante, animali, esseri umani, case, navi – nascono e muoiono; le sostanze seconde – gli universali oggetto delle definizioni, cioè i concetti generali di pianta, di animale, di essere umano, di casa, di nave – non muoiono.

Le parole della filosofia

Entelechìa: il termine è stato creato da Aristotele per indicare l'atto finale, la piena realizzazione della potenza.

Aristotele definisce **entelechìa** la condizione di «raggiungimento» della propria forma da parte della materia, vale a dire la condizione dell'avvenuto passaggio dalla potenza all'atto che ne costituisce il suo «fine» (*télos* in greco). **Entelechìa** (il termine *entelécheia* può essere tradotto come «compimento del fine») di un seme è l'essere divenuto pianta. Entelechìa di un masso di marmo utilizzato dall'artista per farne una statua è il suo esser divenuto statua.

T5 L'atto come realizzazione di ciò che è in potenza

Dal legno si può ricavare una statua, quindi una statua è in potenza nel legno; è in atto quando lo scultore l'ha scolpita.

Fai alcuni esempi di atto e potenza.

L'atto è l'esistere della cosa, non però nel senso in cui diciamo che è in potenza: e diciamo in potenza, per esempio, un Ermete nel legno, la semiretta nell'intera retta, perché è lì che si potrebbe ricavare, e diciamo pensatore anche colui che non sta speculando, se ha la capacità di speculare; diciamo invece in atto l'altro modo di essere della cosa. [...] E l'atto sta alla potenza come ad esempio chi costruisce sta a chi può costruire, chi è desto a chi dorme, chi vede a chi ha gli occhi chiusi, ma ha la vista, e ciò che è ricavato dalla materia alla materia e ciò che è elaborato a ciò che non è elaborato. Al primo membro di queste relazioni si attribuisca la qualifica di atto e al secondo quella di potenza.

(Aristotele, *Metafisica*, IX, 1048a-b, in *Opere*, cit.)

ANTOLOGIA FILOSOFICA
Aristotele, *Metafisica*, XII

4.7 Dio come puro atto, pura forma, pensiero di pensiero

Tutte le sostanze esistenti nell'universo naturale, composte di materia e di forma, sono soggette al divenire e al movimento e sono come tali studiate dalla fisica. **Una sola sostanza non è un insieme di materia e forma**, **potenza e atto** e **non è in movimento**: **Dio**. Aristotele tratta di Dio soprattutto nel libro dodicesimo della *Metafisica*, nel quale è presente quella che impropriamente viene chiamata la sua teologia.

Da che cosa hanno avuto origine il movimento e il divenire operanti nel mondo?

Per rispondere a questa domanda è necessario, secondo Aristotele, pervenire a una realtà originaria che non debba a sua volta essere spiegata come causata da qualche altra che la metta in movimento e la faccia passare da potenza ad atto, da materia a forma.

Dio è solo atto e solo forma

Bisogna postulare, pertanto, l'esistenza di qualcosa che sia **solo atto** e **solo forma**. E poiché l'atto e la forma più elevati sono per Aristotele quelli che si colgono nel pensiero, questo qualcosa non sarà altro che **pensiero puro**. E poiché questo qualcosa non ha nessun rapporto, che sarebbe di tipo necessariamente causale, con l'universo sarà **pensiero di pensiero**, cioè pensiero di se stesso. Non conoscerà in nessun modo l'universo, giacché conoscenza di una cosa significa avere rapporti con questa cosa. Esso non avrà nessun rapporto di "causazione" rispetto al mondo. Se lo avesse, sarebbe anch'esso nella catena dei rapporti causali, che contraddistinguono l'operare di tutte le cose. Esso non sarà neppure in movimento, giacché se lo fosse si dovrebbe cercare la causa di tale movimento.

Dio è pensiero di se stesso

4.8 Dio motore immobile

Puro atto, pura forma, puro pensiero, pura immobilità e quindi immutabilità, Dio è anche, per Aristotele, **unico ed eterno**. Eppure, nonostante questa sua assoluta separatezza dall'universo, Dio è in qualche modo "causa" del movimento dell'universo. In che modo?

L'**universo**, che è eterno e unico, e non è stato causato, prodotto, formato o creato da nessuno, **si muove perché mira a quel motore immobile** come a uno scopo, a un **oggetto d'amore**. Come viene chiarito nella *Metafisica*: «C'è qualcosa che senza essere mosso muove, che è eterno, sostanza e attività» (*Metafisica*, XII, 1072b).

Dio, oggetto d'amore dell'universo, lo muove senza muoversi

Il motore immobile, per Aristotele, se ne sta da solo come **condizione di tutto l'universo**, senza svolgere alcuna attività nei confronti di questo, ma assolvendo la funzione di costituire oggetto di amore o attrazione per l'universo stesso. Non c'è, ovviamente, nessuna possibilità di pensare in termini personali o antropomorfici né il motore immobile né l'universo né il loro rapporto.

Aristotele attribuisce al motore immobile anche l'attributo di **divinità** che vive di una **vita perfetta ed eterna**. Ma il **concetto** di divinità in Aristotele è **molto limitato**: non presenta, infatti, nulla che lo avvicini alle divinità della religione greca né a quella delle successive religioni monoteistiche. Il motore immobile non fa assolutamente nulla nei confronti dell'universo, ecco perché può risultare improprio chiamare «teologia» questa parte del pensiero aristotelico.

La vita perfetta ed eterna della divinità

T6 La sostanza eterna

C'è qualcosa che sempre si muove di moto continuo, e questo è il moto circolare (e ciò è evidente non solo col ragionamento, ma anche come dato di fatto); cosicché, il primo cielo deve essere eterno. Pertanto c'è anche qualcosa che muove: e poiché ciò che è mosso e muove è un termine intermedio, deve esserci, per conseguenza, qualcosa che muova senza essere mosso e che sia sostanza eterna ed atto. E in questo modo muovono l'oggetto del desiderio e dell'intelligenza: muovono senza essere mossi. Ora, l'oggetto primo del desiderio e l'oggetto primo dell'intelligenza coincidono: infatti oggetto del desiderio è ciò che appare a noi bello e oggetto primo della volontà razionale è ciò che è oggettivamente bello: e noi desideriamo qualcosa perché lo crediamo bello, e non viceversa, lo crediamo bello perché lo desideriamo; infatti è il pensiero il principio della volontà razionale. [...]
Dunque il primo motore muove come oggetto di amore, mentre tutte le altre cose muovono essendo mosse.

(Aristotele, *Metafisica*, XII, 1072a, a cura di G. Reale, Bompiani 2000)

Dio è motore perché muove, ma è immobile perché non è .... da nulla.

Dio muove poiché è oggetto d'amore.

Sintesi

Logica e metafisica

Classificazione delle opere

Tra le sue opere distinguiamo gli scritti essoterici, dedicati cioè a uditori esterni al Liceo (quasi tutti in forma di dialogo) e quelli esoterici (o acroamatici) destinati agli allievi. Noi possediamo questi ultimi scritti nell'ordine dato loro da Andronìco di Rodi che li raggruppa non in base alla loro cronologia ma su base disciplinare seguendo l'articolazione curricolare delle scuole filosofiche. Pertanto si distinguono scritti di logica, di fisica (che comprendono anche la metafisica) e di etica (che comprendono anche politica ed economia).

Il distacco da Platone

Molto netto è il distacco dal maestro Platone, in particolare in merito alla concezione delle idee-forme, intese come universali logici, ma non come realtà separate, dal momento che sono presenti nelle singole realtà di cui specificano i caratteri. Non esiste più il dilemma tra sensi e ragione, ma c'è un unico mondo conoscibile con i sensi e con la ragione.

Il problema logico-linguistico

Aristotele esamina il problema di quel che si può dire con il linguaggio. Il suo discorso si riferisce all'uso dichiarativo del linguaggio, cioè al discorso costituito da proposizioni apofantiche (affermano o negano qualcosa). Aristotele si occupa prima dell'ambito semantico, poi dell'ambito sintattico, infine dell'ambito pragmatico.

Il linguaggio è costituito da parole (suoni e voci nati per convenzione), le quali, unite in diversi modi a formare giudizi o proposizioni, sono simboli di affezioni dell'anima che a loro volta fanno riferimento alle cose tramite le parole.

Le dieci categorie specificano le proprietà essenziali e generali che possono essere attribuite come predicati a qualcosa. Esse sono: sostanza, quantità, qualità, relazione, dove, quando, giacere, avere, agire, patire. La prima categoria, quella della sostanza (*ousía*), è la più importante. Dire che cos'è un oggetto significa individuarne la sostanza, che come sostrato sostiene gli altri nove attributi. Aristotele distingue tra sostanza prima, cioè l'individuo o un oggetto determinato (ad esempio Socrate), e sostanze seconde, ovvero i generi e le specie alle quali quell'individuo o quell'oggetto determinato appartengono (ad esempio uomo o animale).

Nell'opera *Analitici primi* si occupa del sillogismo, dei suoi modi e delle sue figure, negli *Analitici secondi* spiega come si perviene alle verità che costituiscono la base dei sillogismi. Il sillogismo, come struttura di ragionamento, è un concatenamento di enunciati dichiarativi o giudizi proposizionali, che possono essere affermativi, negativi, universali, particolari. I giudizi si classificano in base all'intensità del rapporto tra soggetto e predicato che può essere di possibilità, impossibilità, contingenza e necessità. La scienza della dimostrazione è composta da sillogismi validi che muovono da premesse vere e necessarie e giungono a conclusioni vere e necessarie. Alla base di questi ragionamenti ci devono essere premesse iniziali originarie.

Tali premesse prime si raggiungono mediante l'induzione, vale a dire il processo conoscitivo che parte dalla sensazione, dai casi particolari e perviene ai concetti universali e quindi agli enunciati generali. Dalla sensazione, dalla memoria si forma il concetto, l'universale. Per distinguere gli enunciati originari veri da quelli falsi usiamo l'intuizione o intelletto.

Gli usi del linguaggio

Fondamentale è la distinzione tra uso filosofico e uso scientifico del linguaggio, cioè tra dialettica, che riguarda l'opinione, e scienza dimostrativa, che riguarda la verità. La dialettica serve a produrre convinzione e persuasione rispetto a una tesi, ma non a dimostrare la verità di una delle tesi in discussione.

La sofistica è un'attività di preteso insegnamento del sapere (apparente) finalizzata al guadagno. L'eristica è l'arte del vincere a tutti i costi nelle discussioni con un avversario.

La retorica è l'arte della persuasione nell'ambito del dibattito politico.

L'uso del linguaggio poetico si configura come mimesi, imitazione; ha a che fare con l'opinione, con il verisimile e con l'universale. La tragedia deve rispettare precise regole (unità di tempo, di luogo e d'azione), cioè rappresentare un'azione seria e compiuta in forma drammatica. Il suo scopo è ottenere nello spettatore la purificazione o catarsi dei sentimenti.

La metafisica o filosofia prima

La metafisica, o filosofia prima, verte sulle cause prime e sui princìpi, ed è attività propria solo degli uomini liberi. Gli oggetti di tale scienza sono diversi e sono elencati nei vari libri della *Metafisica*: le quattro cause, l'essere in quanto essere e i primi princìpi del filosofare, la sostanza con i concetti di materia e forma, potenza e atto, Dio motore immobile.

Le quattro cause permettono di spiegare l'esistenza, il movimento e il mutamento di tutti i singoli esseri esistenti. Unicamente la filosofia prima studia l'essere in quanto essere, nel suo significato generale, privo di altre determinazioni.

L'essere in quanto essere di un oggetto è la sostanza. Come tale, un oggetto per poter ricevere un qualsiasi attributo deve necessariamente prima esistere ed esistere come un determinato essere, con una natura propria.

L'assioma primo è secondo Aristotele il principio di non contraddizione, che è evidente, non ipotetico né dimostrabile.

Ogni sostanza è un oggetto corporeo, cioè materia, ma materia determinata dalla forma. La sostanza è sinolo, insieme di materia come sostrato e di forma come essenza.

Il divenire si spiega come passaggio dalla potenza all'atto. È la materia che diviene, passando dalla potenza all'atto (il seme diventa pianta, il bronzo diventa statua). Aristotele definisce entelechia (compimento del fine) il "raggiungimento" della propria forma da parte della materia.

La teologia

Dio è immobile, puro atto e pura forma. Dio è anche pensiero puro ed è pensiero di pensiero; è unico ed eterno. Come motore immobile dell'universo muove, senza muoversi, come oggetto d'amore.

Verifica. Verso le competenze

Conoscenze

1. **«Sapere teoretico» significa:**
   a. sapere teorico.
   b. sapere conoscitivo.
   c. sapere scientifico.
   d. sapere speculativo.

2. **«Pratico» per Aristotele è sinonimo di:**
   a. tecnico.
   b. utile.
   c. relativo all'azione.
   d. contrario ad astratto.

3. **Qual è la definizione di «filosofia prima»?**
   a. Scienza dei primi princìpi.
   b. Scienza dell'essere in quanto essere.
   c. Scienza dell'essere supremo.
   d. Scienza della metafisica.

4. **Qual è la definizione corretta di «sostanza»?**
   a. Ciò che necessariamente è ciò che è.
   b. Caratteristica di un essere singolo.
   c. Struttura particolare dell'essere.
   d. Connessione costante.

5. **Le quattro cause sono:**
   a. Causa essenziale, causa motoria, causa finale e causa sostanziale.
   b. Causa essenziale, causa materiale, causa finale e causa formale.
   c. Causa materiale, causa teleologica, causa formale e causa finale.
   d. Causa materiale, causa formale, causa efficiente e causa finale.

6. **Indica se le seguenti affermazioni sono vere o false.**
   1. Esiste la materia senza forma. V F
   2. La materia è il substrato dei cambiamenti. V F
   3. L'atto è anteriore alla potenza. V F
   4. Dio, motore immobile, crea il mondo. V F
   5. Dio è l'unica cosa che non è mossa da altro. V F
   6. Dio è attività contemplativa che pensa se stesso. V F

7. **Definisci il sillogismo e le sue specifiche caratteristiche.**

Abilità (lavoro sui testi)

T7 Il principio di non contraddizione

La scienza dell'essere in quanto essere, o filosofia prima o metafisica, studia anzitutto i significati di «essere»; è cioè scienza dell'essere e di tutte le sue determinazioni. Essa studia anche i princìpi del ragionamento dimostrativo, gli assiomi di validità universale, che sono la condizione di ogni discorso razionale. In quanto princìpi che riguardano tutti i generi dell'essere, non possono venire indagati da una scienza particolare, ma solo da quella che studia tutto l'essere.

È chiaro, pertanto, che è riservato esclusivamente al filosofo, cioè a colui che contempla la natura della sostanza nel suo complesso, anche il compito di studiare i principi del procedimento sillogistico; e spetta a colui che possiede la più profonda conoscenza di ciascun genere di cose essere capace di trattare dei principi più saldi dell'oggetto da noi ora preso in esame, e di conseguenza colui che conosce le proprietà dell'ente in quanto ente deve saper riconoscere i principi più saldi di tutte le cose. E questi è appunto il filosofo!

E il principio più saldo di tutti è quello a proposito del quale è impossibile cadere in errore, giacché esso è necessariamente quello che è il più noto (tutti infatti cadono in errore su quelle cose che non conoscono) e che non è fondato su ipotesi. Difatti un principio che deve essere necessariamente posseduto perché si possa comprendere qualsivoglia delle cose esistenti, non può essere affatto un'ipotesi; e ciò che si deve conoscere qualora si intenda conoscere qualsiasi altra cosa, non può non essere possedu-

to prima di ogni altra conoscenza. È chiaro dunque, che solo un siffatto principio è il più saldo di tutti; ma ciò premesso, accingiamoci a dire quale esso sia. Esso è il seguente: è impossibile che il medesimo attributo, nel medesimo tempo, appartenga e non appartenga al medesimo oggetto e nella medesima relazione, e si considerino aggiunte tutte le altre determinazioni che si potrebbero aggiungere per evitare le difficoltà di carattere dialettico, appunto questo è il più saldo di tutti i principi, perché possiede la determinazione che noi abbiamo enunciata. È impossibile, infatti, supporre che la medesima cosa sia e non sia, come certuni[1] credono che, invece, sostenga Eraclito[2].

(Aristotele, *Metafisica*, IV, 1005b, trad. di A. Russo, in Aristotele, *Opere*, Laterza 1973)

1. **come certuni**: probabilmente allude ai megarici.
2. **supporre … Eraclito**: secondo l'interpretazione dei megarici, che Aristotele mette in discussione, Eraclito avrebbe affermato, a proposito della unità dei contrari, che una cosa può essere o non essere (per esempio: una strada è in salita per chi sta in basso, in discesa per chi sta in alto).

Lettura guidata

Il filosofo è colui che studia l'essere in quanto essere, ma anche i princìpi primi o assiomi dai quali dipendono le dimostrazioni di ogni scienza. La sostanza è la prima delle categorie e individua la natura, l'essenza di ogni realtà esistente.

I principi più generali sono, in quanto fondamento di ogni dimostrazione, i più saldi.

In quanto più saldi, gli assiomi sono immediatamente noti e conoscibili per sé, evidenti e perciò necessariamente ammessi, non dimostrabili. Senza non si può apprendere nulla ed essi non sono ipotesi poiché la loro verità non è dimostrabile a partire da un'altra affermazione. Qualora noi derivassimo la loro dimostrazione da altre conoscenze, queste sarebbero conosciute indipendentemente e prima dell'assioma o principio primo, e allora quello che diciamo principio primo non sarebbe la condizione di ogni possibile apprendimento.

Il principio di non contraddizione si può esprimere così: è impossibile che «A» sia insieme «B» e «non B», nello stesso tempo e nella stessa relazione. Questo assioma, così formulato in maniera completa, non può essere contestato e quindi non incorre nelle obiezioni "dialettiche".

Il principio di non contraddizione riflette nella sua formulazione la polemica di Aristotele contro gli eleati che sostenevano che dell'essere in quanto essere si può predicare solo che è ed è uno; essi negavano cioè che fosse lecito un discorso rigoroso sul molteplice. Aristotele oppone alla dottrina eleatica un'enunciazione del principio di non contraddizione che si fonda sulla molteplicità degli enti e sulla pluralità dei significati dell'essere.

Controllo della comprensione

1. **Quali sono i campi di studio riservati al filosofo?**

2. **Formula con parole tue il principio di non contraddizione e danne un esempio.**

3. **Il termine «sostanza» indica:**
   a. la natura, l'essenza di ogni realtà esistente.
   b. ciò che ogni cosa è in concreto.
   c. la qualità a cui ogni essere fa riferimento.
   d. l'esistenza transitoria dell'essere in quanto essere.

Quali sono le leggi dell'universo e quali le regole dell'agire umano?

Capitolo 2

Fisica, etica e politica

1. La fisica: la scienza del movimento e la cosmologia

1.1 Le cause dell'universo

ANTOLOGIA FILOSOFICA
Aristotele, *De partibus animalium*

La fisica studia la struttura, il movimento e il mutamento dell'universo

Aristotele, negli otto libri raccolti sotto il titolo generale di *Fisica*, affronta i problemi filosofici più generali relativi all'**origine**, **struttura**, **composizione** e **ordinamento dell'universo** inteso nella sua totalità. Egli intende approfondire, nei primi libri, il tema dei princìpi e delle cause dell'universo e del suo funzionamento, individuandoli nelle cause del movimento e del mutamento (il mutamento è per Aristotele una forma di movimento).

Mondo sublunare fatto dei quattro elementi

Il movimento e il mutamento insieme caratterizzano in particolare il **mondo sublunare**, dove tutto nasce e muore rispetto all'eternità del mondo nei suoi cicli, legati al movimento celeste degli astri e delle loro sfere; il **movimento senza mutamento** caratterizza invece il **mondo celeste**, il cui movimento circolare perfetto è legato alla immutabilità ed eternità di quel mondo.

Mondo celeste composto di etere

La concezione dell'**universo inteso nella sua completezza**, cioè come universo eterno, comprende in Aristotele sia il **mondo sferico materiale terrestre** (composto dai **quattro elementi** terra, acqua, aria e fuoco) che sta all'interno della sfera della Luna, sia **quello celeste**, anch'esso sferico, ma che inizia con la sfera della Luna, continua con le sfere del Sole e dei cinque pianeti (Marte, Mercurio, Giove, Venere, Saturno) e finisce con la sfera delle stelle fisse (tutto questo mondo, dalla Luna alle stelle fisse, è composto da un **quinto elemento** «non materiale», l'**etere**). Questo quadro dell'universo, chiamato anche **geocentrico** (la Terra immobile al centro) avrà fortuna più che millenaria.

L'universo nel suo complesso, pensato come un **insieme di sfere**, ognuna mossa da un'intelligenza divina, che stanno una dentro l'altra, e al cui centro sta la Terra immobile, è in **continuo movimento**. Questo movimento viene spiegato da Aristotele (nella *Metafisica*) come effetto dell'**amore** che l'universo prova nei confronti di una sorta di **Dio-motore immobile**, perfetto, eterno e immutabile, che non ha nessun rapporto "attivo" con l'universo. Anch'esso è eterno, e quindi non dipendente né generato dal Dio-motore, e finito, perchè se fosse infinito sarebbe incompiuto.

1.2 Il mondo celeste, il movimento circolare e il dio-motore immobile

Il mondo sublunare si muove di moto rettilineo

Il mondo celeste si muove di movimento circolare

Aristotele distingue **due forme di movimento**: quella **rettilinea**, che si mescola ad altre dando luogo ai movimenti dal basso verso l'alto e dall'alto verso il basso e che caratterizza i corpi rispettivamente leggeri e pesanti e riguarda le realtà del **mondo sublunare**; quella **circolare**, perfetta e conchiusa in se stessa, che non ha né inizio né fine, caratterizza i corpi privi di peso e riguarda le realtà del **mondo celeste**.

Il primo movimento appartiene ai corpi costituiti dai **quattro elementi** (terra, acqua, aria, fuoco), i cui **movimenti** avvengono entro il mondo sublunare, **verso il basso** o centro (acqua e terra) oppure **verso l'alto** o l'estremità delle sfere sublunari (aria e fuoco). Il secondo appartiene soltanto agli astri e alle loro sfere, privi di materia e costituiti da un elemento che non dà luogo né a leggerezza né a peso (l'etere); il loro movimento si identifica con il **movimento rotatorio** delle sfere.

Aristotele ritiene che si debba dar credito alle dottrine antiche secondo le quali «c'è qualcosa di immortale e divino» negli astri e nel loro movimento perfetto e immutabile; ritiene tuttavia che l'universo «non si è formato» ma è «unico ed eterno».

Perché l'universo giri è necessario che ci sia una **causa** (il motore immobile appunto) di questo suo girare, intesa come condizione, o meglio, come **scopo**, che funzioni quale "attrazione" per l'universo. È come un **rapporto di amore** fra universo e motore immobile; non di due amanti, però, bensì di un **amante** e di un **amato**; c'è infatti uno solo che ama, l'universo.

1.3 Il mondo terrestre o sublunare: il movimento, il divenire, il cambiamento

La maggior parte delle riflessioni filosofiche e delle ricerche scientifiche nelle opere aristoteliche si riferiscono al mondo sublunare. Da che cosa dipende **il divenire**, caratteristica essenziale del **mondo sublunare**? Aristotele individua le ragioni e le modalità del divenire radicandole nei movimenti dei singoli sostrati o sostanze.

I princìpi e le cause del divenire; i tipi di movimento

I concetti fondamentali che spiegano l'operare dei sostrati-sostanze nel mondo terrestre fanno capo a **tre princìpi generali** comuni a ogni singolo essere (materia, forma e privazione); a **quattro cause** che rendono possibile il divenire (causa materiale, formale, efficiente, finale); ai **tipi più generali di movimento** (spostamento, alterazione quantitativa e qualitativa, generazione, corruzione), ai princìpi generalissimi di potenza e atto.

Ogni cosa, in natura, si muove, cambia, **diviene** nel senso che nasce e muore, sia che queste operazioni avvengano per ragioni intrinseche (le piante, gli animali), sia che si tratti di prodotti realizzati, per esempio, dagli esseri umani. Ogni cosa è materia, ha una forma e può diventare un'altra cosa, pur permanendo come sostrato o sostanza.

Il movimento locale ...

Aristotele specifica che il movimento non è soltanto il mutamento delle cose o sostanze nel mondo sublunare. C'è anche un altro tipo di movimento, che egli definisce **movimento locale** o **spostamento**, anch'esso riconducibile alla struttura generale del mondo sublunare. Aristotele sostiene che nel mondo sublunare ogni cosa tende a stare, o a ritornare, nel luogo di ciascuno dei quattro elementi che costituiscono quel mondo.

... e la teoria dei luoghi naturali

È la celebre teoria dei **luoghi naturali**: se lancio un sasso in aria, non rimane lì ma ricade sulla terra, perché appartiene ad essa (se lo lancio in acqua, scende fino a toccare il fondale); la fiamma, invece, sale in alto verso la sfera del fuoco, così pure l'aria e i vapori, verso la sfera dell'aria. Terra, acqua, aria, fuoco, costituiscono i luoghi naturali in cui tendono a stare (o a ritornare) le cose, composte dei rispettivi elementi.

2. L'anima: le anime delle piante, degli animali e degli esseri umani

2.1 Il rapporto anima-corpo

L'anima forma del corpo

Aristotele considera l'**anima** come la **forma che dà vita a un corpo**, costituendolo e rendendolo appunto "animato". L'anima non è pensabile come separata dal corpo cui dà vita e di cui è forma e, pertanto, non è pensabile che possa vivere dopo la morte del corpo di cui è forma.

L'anima come principio vitale

Ma che cos'è l'anima? Secondo Aristotele l'anima è il **principio vitale** di ogni essere vivente, ma non è unica e con le stesse caratteristiche per qualsiasi genere di viventi. Aristotele individua nella natura **tre livelli di vita** fondamentali, dunque tre tipi di esseri viventi e tre tipologie di anime: quello delle piante, quello degli animali e quello degli esseri umani.

L'anima vegetativa, sensitiva e razionale

Le **piante** hanno un tipo di anima che consente loro di nutrirsi, cioè un'**anima nutritiva o vegetativa**, e anche di riprodursi. Gli **animali** possiedono un tipo di anima che consente loro, oltre che di nutrirsi e di riprodursi, di avere sensazioni, appetizioni, e di muoversi; hanno cioè un'**anima sensitiva e motoria**, anche se non tutti gli animali sono forniti di tutti e cinque i sensi. Gli **esseri umani** (oltre all'anima nutritiva e a quella sensitiva e motoria con tutti i cinque sensi) possiedono un'**anima pensante o razionale**, che consente loro di superare il livello dei sensi che hanno in comune con gli animali (e li mette in contatto con le sostanze prime, cioè gli oggetti e gli individui singoli) e di pervenire alla **conoscenza dei concetti universali** (delle sostanze seconde, cioè idee, specie, generi) e al ragionamento su di essi e tramite essi (il ragionamento discorsivo di cui gli scritti logici hanno descritto tipologia e varietà).

Il meccanismo di funzionamento delle diverse anime viene spiegato in maniera totalmente naturalistica.

L'anima per Aristotele

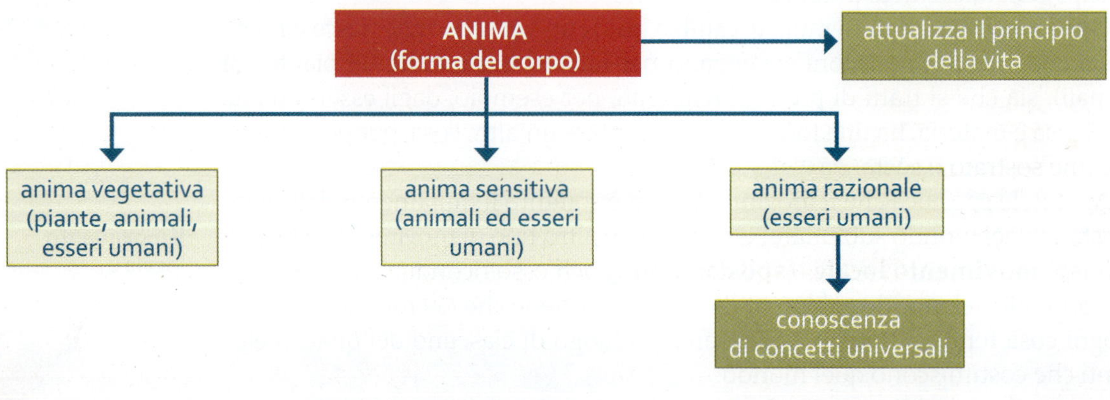

2.2 La funzione conoscitiva dell'anima razionale

Senso-senziente e sensibile-sentito

Aristotele si sofferma in particolare sui diversi livelli ai quali fa capo l'attività conoscitiva umana. Analizza minuziosamente l'operare di ogni singolo senso, che secondo Aristotele viene sollecitato dagli oggetti esterni "sensibili". La sensazione è quindi una sorta di **atto comune** tra ogni **senso-senziente** e ogni **sensibile-sentito**. I sensi hanno ognuno il loro **sensorio**, cioè **l'organo o la sede corporei** nei quali risiedono e con i quali operano (gli occhi, le orecchie ecc.).

Senso comune

Oltre ai sensi e ai sensori Aristotele ritiene che nella sensazione esista e funzioni anche il **senso comune**. Alcuni dati sensibili, scrive infatti, sono **comuni a più sensi**, cioè vengono sentiti con più sensi contemporaneamente (se mangio una mela, il sensibile-mela mette contemporaneamente in funzione la vista, il tatto, il gusto, l'odorato e anche il suono); danno perciò luogo a sensazioni più complesse, multiple, rispetto a quelle dei singoli sensi operanti separatamente. In questi casi oltre ai cinque sensi entra in gioco quello che Aristotele chiama appunto il senso comune: esso non è assimilabile a nessuno dei cinque sensi, ci consente di distinguere le operazioni dei singoli sensi in un unico atto di sensazione multipla, ci spinge a unificarne i risultati.

Dalla sensazione all'immaginazione

L'intellezione

Le **operazioni successive alla sensazione** sono principalmente: l'**immaginazione**, che produce le immagini dei singoli oggetti (le «sostanze prime», come la mela di cui sopra) "unificati" dal senso comune; la **memoria**, che le mette in successione tramite la nozione del tempo; e infine l'**intellezione**, con la quale dalle singole immagini si procede alla costruzione di concetti generali (la «mela» in generale).

La conoscenza è passaggio dalla potenza all'atto

Quest'ultima operazione è la più importante dal punto di vista conoscitivo, in quanto dalle immagini singole (di sostanze prime) si costruiscono i concetti generali (sostanze seconde, idee, specie) che consentono il ragionamento, il pensiero e l'argomentazione. Il rapporto tra sensibilità e sensazione, immaginazione e pensiero, tra i rispettivi "oggetti", immagini e idee, sostanze prime e sostanze seconde, è configurabile come un **rapporto tra potenza e atto**. I primi termini di ciascuna coppia, infatti, risultano completati quando "diventano" secondi termini.

Non c'è il mondo dei sensi e dell'opinione da una parte e quello della ragione e della verità dall'altra, ma **il mondo è conoscibile in modo unitario** con i sensi e con la ragione insieme.

Il procedimento conoscitivo

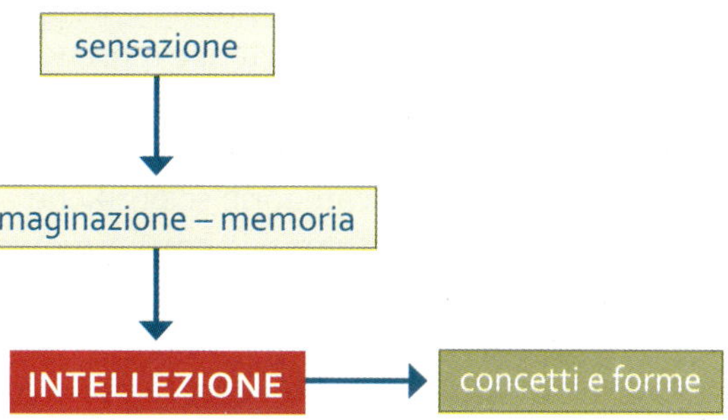

2.3 Che cos'è «pensare»? I due intelletti: passivo e attivo

I due livelli di attività pensante

L'anima, nel suo livello di attività intellettiva, opera non con uno ma con **due livelli di attività pensante**. L'anima agisce con due intelletti: il **primo, personale e individuale**, muore con il corpo insieme al resto dell'anima; il **secondo, impersonale e universale**, è immortale ed eterno. Sopravvive al corpo, ma non come «anima individuale», bensì come parte non separabile e non distinguibile di una realtà immateriale e razionale universale.

Intelletto individuale, passivo e attivo

L'**intelletto individuale**, chiamato **passivo**, è potenzialmente pronto a costruire o cogliere o ricevere le forme, cioè i concetti che trasformano le immagini individuali (le sostanze prime, la singola mela) in idee universali (le sostanze seconde, l'idea generale di mela). Da solo, però, non è sufficiente. È come un occhio che è potenzialmente pronto a vedere, ma se non c'è la luce non può passare dalla potenza (di vedere) all'atto (di vedere): è il Sole che dà la luce all'occhio, e soltanto allora l'occhio "vede".

La capacità potenziale dell'intelletto passivo di cogliere, costruire, conoscere effettivamente i concetti viene, analogamente, portata a realizzazione dall'**intelletto attivo** o agente, che "vede" eternamente in atto tutte le idee universali. Come il Sole consente all'occhio di vedere i colori e le forme delle cose, allo stesso modo l'intelletto agente che ha in sé eternamente le idee universali consente all'intelletto passivo di mettere in atto la potenzialità di coglierle.

Aristotele, tuttavia, non precisa quale tipo di rapporto ci sia tra i due intelletti e, soprattutto, non precisa dove si trovi l'intelletto attivo.

3. Le scienze pratiche

3.1 L'etica

Scienze pratiche e poietiche

Nella concezione enciclopedica del sapere di Aristotele, oltre alle scienze teoretiche, finalizzate alla ricerca pura, ci sono **altri tipi di scienze**: quelle **pratiche**, che riguardano l'agire umano individuale e sociale (etica e politica), e quelle **produttive o poietiche**, cioè quelle che riguardano la produzione di beni e di oggetti, vale a dire le tecniche.

Il comportamento virtuoso tende a scegliere il meglio

Aristotele ritiene che nell'agire umano sia individuabile un **comportamento eccellente**, cioè il **comportamento virtuoso** che tende a scegliere il meglio in ogni occasione e che si traduce in una azione della volontà umana conforme a quanto la ragione suggerisce. La **virtù** (*aretè* in greco, che significa propriamente «eccellenza») viene intesa e definita come **disposizione a compiere il bene**.

Aristotele affronta i temi delle scienze pratiche avvertendo che si tratta di problemi di natura diversa da quelli delle scienze teoretiche. Non si può pretendere, nei campi dell'etica e della politica, l'esattezza delle altre scienze, giacché si ha a che fare non con concetti universali ma con **modi e tipi dell'agire umano**, individuale e sociale, non fissabili in categorie scientifiche.

Nell'*Etica nicomachea* Aristotele afferma la **convergenza di etica e politica**, ribadendo che quest'opera è un trattato "politico", in quanto pur riferendosi al singolo essere umano riguarda il suo comportamento nella società, cioè nel suo luogo naturale: l'**essere umano**, infatti è un **essere politico** e per natura **incline al vivere sociale**.

Le parole della filosofia

Etica: è la disciplina che studia le regole del comportamento umano.

3.2 La felicità come fine dell'agire umano

ANTOLOGIA FILOSOFICA
Aristotele, *Etica nicomachea*, X

Il discorso etico-politico di Aristotele mira a individuare il **fine** più alto dell'agire umano nel sommo bene, nella **felicità**, nella vita buona e i **mezzi** per raggiungerlo nella **virtù**. Nell'etica il discorso verte prevalentemente sugli aspetti individuali dell'agire umano, nella politica sugli aspetti sociali.

Tutti sono d'accordo nel chiamare **felicità il fine o bene sommo** al quale tende ogni essere umano, ma non tutti sono d'accordo sulla natura della felicità: alcuni la identificano col piacere, altri con la ricchezza, alcuni con l'onore, altri con la salute o con qualche altra cosa. In realtà, obietta Aristotele, questi sono soltanto mezzi rispetto al fine ultimo, che si trova in un'altra sfera, quella dell'**attività razionale**. È in questa sfera che l'uomo realizza, nel grado più alto, la sua essenza, che è quella di **essere razionale**, distinguendosi in questo dagli altri esseri della natura.

L'uomo realizza la sua essenza nell'attività razionale

Il bene ultimo proprio dell'uomo, «consiste in un'attività dell'anima secondo virtù e – se parecchie sono le virtù – secondo quella migliore e la più completa» (*Etica nicomachea*, I, 1098a).

Aristotele distingue nettamente tra **due piani dell'agire umano**: quello propriamente **etico**, in cui la parte intellettiva dell'anima ha a che fare con gli istinti, gli impulsi e le passioni derivanti dalle parti nutritiva e sensitiva, appetitiva e volitiva dell'anima; quello **dianoetico**, cioè esclusivamente razionale, di pertinenza della sola anima intellettiva, e avente a che fare prevalentemente con il sapere, il conoscere, la vita contemplativa del saggio.

Agire etico e dianoetico

La virtù ha **compiti specifici e diversi**, relativi appunto ai due tipi di agire, etico e dianoetico. Aristotele perciò distingue fra **virtù etiche**, aventi a che fare con il **dominio razionale delle passioni e degli impulsi**, e **virtù dianoetiche**, aventi a che fare con il **sapere** e la **saggezza**. Le virtù sono le vie della condotta umana che portano alla vita buona, al bene sommo, alla felicità.

Virtù etiche e dianoetiche

3.3 Le virtù etiche e il giusto mezzo

ANTOLOGIA FILOSOFICA
Aristotele, *Etica nicomachea*, II

Le **virtù** non sono innate in noi, ma sono il **frutto della nostra cultura e delle nostre abitudini** nei contesti interpersonali nei quali viviamo: conseguiamo le virtù dopo averle precedentemente messe in pratica, come anche nel caso delle altre arti. In effetti, impariamo le cose che dobbiamo fare eseguendole; per esempio, costruendo una casa si diventa costruttori e suonando la cetra citaristi. Pertanto, **compiendo azioni giuste diveniamo giusti** e compiendone di coraggiose, coraggiosi.

Le virtù, insiste Aristotele più volte, si acquistano ma si perdono pure: sono delle «disposizioni acquisite» che **possono trasformarsi nel loro opposto, i vizi**.

La virtù è predisposizione al bene...

Aristotele definisce la **virtù come disposizione**, qualcosa di differente dalle passioni o potenzialità della nostra natura.

Disposizione virtuosa significa un tipo di condotta che tende a realizzare il bene, o il meglio, in qualsiasi campo in cui l'essere umano si trovi a operare e a scegliere.

Le **virtù etiche**, quelle con le quali l'essere umano realizza la sua vita buona nell'agire interpersonale, sono la **guida delle nostre azioni** e il freno alle nostre passioni; esse svolgono la preziosa funzione di farci trovare, nelle azioni e nelle passioni, qualcosa di mediano tra l'eccesso e il difetto.

T8 La virtù «tende al mezzo»

La virtù è lascelta della via di mezzo tra eccesso e difetto.

D'altronde la virtù ha per oggetto passioni ed azioni, nelle quali l'eccesso costituisce un errore e il difetto è biasimato, mentre il mezzo è lodato ed ha successo: e queste sono, ambedue, caratteristiche della virtù. La virtù dunque è una sorta di medietà, perché appunto tende al mezzo. [...]

La virtù è dunque una disposizione che orienta la scelta deliberata, consistente in una via di mezzo rispetto a noi, determinata dalla regola, vale a dire nel modo in cui la determinerebbe l'uomo saggio. È una medietà tra due vizi, uno per eccesso e l'altro per difetto. E lo è, inoltre, per il fatto che alcuni vizi difettano, altri eccedono ciò che si deve sia nel campo delle passioni che delle azioni, mentre la virtù è ricerca e sceglie deliberatamente il medio.

Perciò secondo la sua sostanza e la definizione che ne esprime l'essenza la virtù è una medietà, ma secondo l'eccellenza e la perfezione è un estremo.

(Aristotele, *Etica nicomachea*, II, 1106a-1107a, a cura di M. Zanotto, Rizzoli 1986)

... e consiste nel giusto mezzo tra i due estremi

La **condotta pratica virtuosa** consiste in questa medietà, cioè nell'**individuazione del giusto mezzo** fra i due estremi dell'eccesso e del difetto, viene determinata dalla ragione e «come la determinerebbe l'uomo saggio»; le virtù etiche, infatti, come quelle dianoetiche, appartengono all'anima razionale, sono di sua competenza, ma in quanto rivolte a regolare le passioni tramite la volontà.

Il coraggio è il giusto mezzo tra la viltà o paura e la temerarietà o ardimento; la generosità è il giusto mezzo tra l'avarizia e la prodigalità.

La giustizia è distributiva o aritmetica

Più lunga è la trattazione sulla **giustizia**, per la quale Aristotele afferma che «il giusto agire è la via di mezzo tra il compiere ingiustizia ed il subirla» (*ibid.*, 1134a). Il filosofo distingue diversi tipi di giustizia (nel libro V dell'*Etica nicomachea*) nell'assegnazione dei beni o delle ricompense o pene nello stato: la distinzione cioè fra **giustizia distributiva** e **giustizia aritmetica**. La giustizia distributiva riguarda in particolare l'**assegnazione dei beni comuni e delle cariche**, che deve essere proporzionale al valore e ai meriti delle persone; quella aritmetica riguarda la **sfera dell'economia**, **dei contratti** e anche **quella penale** e cerca di ristabilire un rapporto equo tra due o più parti eventualmente infliggendo delle pene commisurate ai danni economici o ai reati commessi.

Aristotele distingue ancora la giustizia dall'**equità**: tale virtù rappresenta l'**adeguamento** delle regole generali della giustizia **ai casi particolari**.

3.4 Le virtù dianoetiche

Le virtù dianoetiche riguardano, l'abbiamo detto, la sfera della cultura e del sapere, quella in cui l'attività razionale dell'anima è rivolta alla ricerca della verità. Anch' esse sono disposizioni ad agire in maniera virtuosa, cioè mirante al bene più alto nella sfera della razionalità.

Le cinque virtù dianoetiche: arte, scienza, saggezza, intelletto e sapienza

Aristotele indica in scala ascendente le **cinque principali virtù dianoetiche**: l'arte, la scienza, la saggezza, la sapienza e l'intelletto. L'**arte** riguarda la produzione di oggetti guidata dalla ragione (per esempio l'architettura); la **scienza** è l'attività razionale volta alla dimostrazione di verità (le scienze teoretiche su cui ci siamo soffermati nei precedenti paragrafi); la **saggezza** (*frònesis* in greco), come disposizione pratica vera accompagnata da ragionamento, costituisce la guida con cui si sceglie, liberamente e volontariamente, un'azione buona piuttosto che una cattiva: il criterio, con cui individuiamo il giusto mezzo fra i due estremi di ogni possibile nostra azione; l'**intelletto** (*nóesis*) come capacità di intuire i princìpi primi; la sapienza (*sofía*) può essere intesa in senso relativo (competenza nelle singole arti) o in senso assoluto; in senso assoluto la sapienza è unita all'intelletto ed è allora la più perfetta delle scienze.

La sapienza unita all'intelletto sembra avere **come suoi oggetti** i princìpi da cui partono le scienze e che non sono da queste dimostrabili, e cioè i **princìpi primi**, «le cose più eccelse per natura». La sapienza unita all'intelletto è la virtù dianoetica più alta, è la vita contemplativa che ha come oggetto le cose più eccelse, è la vita del vero filosofo, del "metafisico"; essa «produce la felicità e rende felici con l'esser posseduta e con l'operare».

L'etica secondo Aristotele

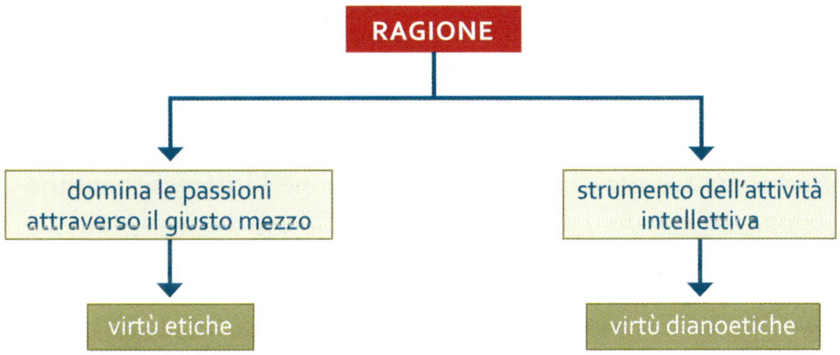

3.5 L'uomo buono e l'amicizia

L'amicizia è possibile solo tra uguali

L'ultima parte dell'*Etica nicomachea* si sofferma con notevole impegno sul tema etico dell'**amicizia**, indicandone i tipi, le forme e le condizioni di realizzazione. Il tema consente ad Aristotele di fissare **due punti di grande interesse**: l'amicizia è possibile soltanto **fra esseri umani** che si considerino "**uguali**" (e non quindi, ad esempio, fra padroni e schiavi); l'amicizia è la **condizione di vita cui tende il filosofo** o il saggio nella sua vita buona.

Il filosofo preferisce vivere con amici

L'uomo virtuoso, felice, buono, il **saggio o filosofo**, preferisce vivere solo o con amici? Aristotele non ha alcun dubbio: la felicità, la vita buona, non si gode nell'isolamento ma nel **rapporto con amici**. È uno dei passi più elevati dell'etica aristotelica, che mostra il passaggio naturale **dalla trattazione dell'individuo** e delle vie individuali per raggiungere la vita buona o la felicità **alla trattazione dello Stato**, della comunità, della *pólis*, in cui i cittadini, naturalmente "socievoli" e "politici", convivono dentro una realtà statale finalizzata alla vita buona.

Si avverte qui chiaramente l'eredità socratico-platonica dell'ideale del saggio-filosofo non appartato ma impegnato a beneficare gli altri esseri umani (anche se Aristotele non si spinge fino a proporre impegni di governo per il filosofo).

T9 Il fondamento di un'amicizia duratura

I buoni e virtuosi vogliono prima di tutto ciò che è bene per ....

L'amicizia è anche fonte di utilità e di piacere.

Perfetta è invece l'amicizia dei buoni, vale a dire di coloro che sono simili in virtù. Questi infatti, in quanto buoni, vogliono in ugual modo ciò che è bene per l'altro e buoni essi sono di per se stessi. Ma coloro che vogliono ciò che è bene per gli amici per loro stessi sono massimamente amici, giacché ciascuno lo è dell'altro per l'altro stesso e non per accidente. Quindi l'amicizia di costoro perdura finché sono buoni, e la virtù è cosa durevole. E ciascuno è buono in senso assoluto e per l'amico, giacché i buoni sono buoni in senso assoluto e sono vicendevolmente utili. Ed in ugual modo sono anche piacevoli, giacché i buoni sono piacevoli e in senso assoluto e l'uno all'altro. Infatti le azioni che sono proprie e quelle del medesimo genere sono secondo piacere, e le azioni dei buoni sono identiche o simili.

È normale che l'amicizia di questo genere sia durevole, giacché in essa si riuniscono tutte le qualità che devono appartenere agli amici.

(Aristotele, *Etica nicomachea*, VIII, 1156b, a cura di C. Natali, Laterza 2001)

ANTOLOGIA FILOSOFICA
Aristotele, *Politica*

3.6 La politica: la naturale socievolezza dell'uomo

Lo Stato ha come fine l'interesse comune

Alle **virtù** nella **vita individuale**, mezzi per realizzare la vita buona del singolo, corrisponde il **buon governo** nella **convivenza interindividuale** dello Stato. Anche per Aristotele infatti, come per Platone, l'**interesse comune** (e cioè la vita buona dei cittadini) deve stare alla **base del governo** dello Stato, quale che sia la sua forma.

Lo Stato è un prodotto della natura umana

Aristotele non considera la società e **lo Stato** come frutto di un accordo o contratto o "convenzione" fra individui, come talvolta, fra alcuni sofisti, si era teorizzato contrapponendo lo Stato di natura (con le sue leggi eterne) a quello civile e politico (con le leggi stipulate dai cittadini e quindi mutevoli); egli li considera piuttosto come una **condizione naturale**, come un aspetto e un prodotto necessario **della stessa natura umana**.

L'**essere umano**, per Aristotele, è **naturalmente socievole** (*zôon politikón*, «animale politico»), è spinto cioè a riunirsi in società non da scelte o contratti "artificiali" ma dalla sua stessa natura. È la natura che crea o produce la società nelle sue diverse forme aggregative, fino allo Stato. Lo Stato è il **compimento di quelle potenzialità insite nella natura umana** socievole, il loro passaggio dalla potenza all'atto.

La prima società naturale è la famiglia, poi il villaggio e la *pólis*

La **prima società naturale** è la **famiglia**, l'unione dell'uomo e della donna, senza la quale l'essere umano non potrebbe nascere e sopravvivere; lo sviluppo naturale della famiglia è il **villaggio**; lo sviluppo naturale del villaggio è la **città** nel senso di città-stato, la *pólis*.

3.7 Lo Stato e le sue diverse forme costituzionali

Nella *Politica* è dedicato ampio spazio alla trattazione del problema dello Stato e delle sue costituzioni, affrontato sia sul **piano teorico** vero e proprio sia sul **piano storico e critico**. Largo spazio viene dedicato all'**esame critico di dottrine precedenti** (quella platonica in particolare) e di forme di Stato dalle quali Aristotele intende differenziare la sua proposta teorica.

Distinzione fra monarchia, aristocrazia e *politeía*

Dopo aver **criticato l'impostazione platonica** espressa nella *Repubblica*, Aristotele definisce la sua teoria in **termini più realistici**. La forma di governo di uno Stato non deve di necessità essere unica: la **monarchia** (governo di uno solo), l'**aristocrazia** (governo di pochi) e la ***politeía*** (un regime democratico moderato) possono essere tutte accettabili, l'importante è che chi governa abbia come fine l'**interesse e il bene comuni** e non quelli dei governanti.

Degenerazioni palesi di questi tre tipi di costituzione sono rispettivamente la **tirannide**, l'**oligarchia** e la **democrazia** (oggi diremmo piuttosto «**demagogia**»).

Le degenerazioni dello Stato

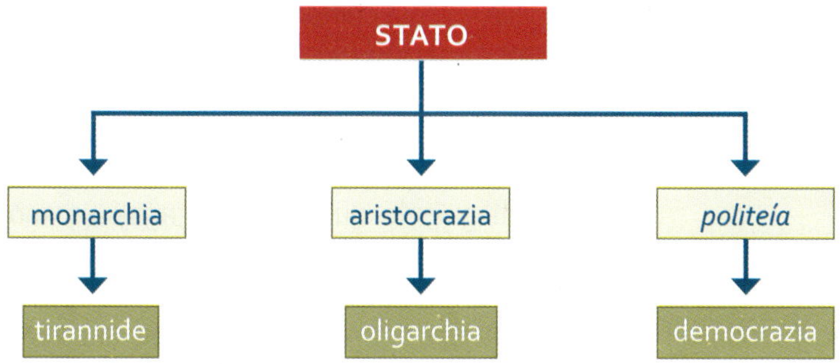

Lo Stato migliore è governato dalle classi medie

Rifacendosi in questa parte dell'opera alla sua teoria etica del giusto mezzo fra gli estremi, Aristotele afferma che lo **Stato meglio governato** (al di là delle specifiche forme di governo) è quello in cui il **potere** viene **gestito dalle classi medie**, non dalle classi ricche né da quelle povere. Questo **giusto mezzo** garantirebbe infatti moderazione e stabilità ed eviterebbe soprusi dei ceti benestanti su quelli indigenti e rivolte di questi ultimi nei confronti delle classi agiate.

Aristotele scrive nell'ottica della **città-stato**. Le sue **teorie politiche**, quindi, diventeranno **ben presto obsolete**, giacché la realtà politica e statale dei secoli a lui immediatamente successivi è quella degli **imperi ellenistici** di origine macedone e poi del grande **impero romano** che per diversi secoli unificherà, anche in senso amministrativo, Greci e "barbari".

Sintesi

Fisica, etica e politica

La fisica e la cosmologia

Oggetto della fisica sono il movimento e il mutamento, caratteristiche del mondo sublunare dove tutto nasce, si trasforma, si muove e muore; del mondo celeste è proprio solo il movimento circolare, perfetto, senza mutamento.
Il mondo sferico materiale è composto dai quattro elementi (terra, acqua, aria e fuoco) e si trova all'interno della sfera della Luna. Il mondo sferico celeste, che inizia con la sfera della Luna, continua con le sfere del Sole e dei cinque pianeti e finisce con la sfera delle stelle fisse: il tutto è composto da un quinto elemento, l'etere.
Aristotele distingue due tipi di movimento: quello rettilineo, che dà luogo ai movimenti dal basso verso l'alto e dall'alto verso il basso (proprio del mondo sublunare), e quello circolare, perfetto e conchiuso in se stesso. Il mondo non ha bisogno di un Demiurgo, perché è eterno. Esistono una pluralità di motori mossi tutti dal primo motore. Del mondo terrestre è proprio il divenire, spiegato dai concetti di materia, forma e privazione.
Il movimento locale comporta per la sua spiegazione la teoria dei luoghi naturali. Ogni elemento risiede e, se strappato da un moto violento, tende a ritornare, al suo luogo naturale.

L'anima

L'anima è la forma che dà vita a un corpo, il principio vitale di ogni essere vivente. Le piante hanno un'anima nutritiva o vegetativa, che consente loro di nutrirsi e riprodursi; gli animali hanno un'anima sensitiva e motoria che consente loro non solo di nutrirsi e riprodursi, ma anche di sentire, desiderare e muoversi; gli esseri umani sono dotati di anima pensante o razionale che consente tutte le operazioni delle prime due categorie con in più la possibilità di pervenire alla conoscenza dei concetti universali.
La funzione conoscitiva dell'anima inizia dalla sensazione. Esistono cinque sensi, a cui si aggiunge il senso comune, che permette sensazioni multiple. Le operazioni successive alla sensazione: l'immaginazione, la memoria e, infine, l'intellezione. Due sono i tipi di intelletto: uno individuale, passivo; uno impersonale, universale, attivo che è immortale ed eterno.

Le scienze pratiche: etica e politica

Il comportamento virtuoso si traduce in un'azione della volontà conforme a quanto suggerisce la ragione. La virtù (*aretḗ*) è la disposizione a compiere il bene.
Il fine ultimo, il sommo bene è la felicità, che consiste nell'esercizio dell'attività razionale. Aristotele distingue tra due piani dell'agire umano: quello propriamente etico, in cui la parte intellettiva dell'anima ha a che fare con gli impulsi, con gli istinti e le passioni e quello dianoetico che riguarda la sola parte razionale e ha a che fare con il conoscere, con la vita contemplativa del sapiente. Perciò occorre distinguere tra virtù etiche e virtù dianoetiche. Le virtù etiche consistono nel giusto mezzo. Le cinque principali virtù dianoetiche sono: l'arte, la scienza, la saggezza, l'intelletto e la sapienza. La saggezza è il reperimento del giusto mezzo; l'intelletto è la capacità di intuire i primi princìpi; la sapienza, unita all'intelletto, equivale alla più perfetta delle scienze. Quest'ultima è la vita del vero filosofo.
Due sono i tipi di giustizia, quella distributiva e quella aritmetica.
L'ultima parte dell'*Etica nicomachea* si sofferma sul tema etico dell'amicizia possibile solo tra uomini uguali, liberi ed è la condizione di vita a cui tende il filosofo. L'uomo è naturalmente socievole e politico e convive in una realtà statale finalizzata alla "vita buona".
L'uomo, come *zôon politikón*, forma la famiglia, da cui si passa al villaggio e poi alla città-stato. Lo Stato può assumere diverse forme: monarchia (governo di uno), aristocrazia (governo di pochi), *politeía* (governo di molti). Degenerazioni delle tre forme di stato sono la tirannide, l'oligarchia e la democrazia. Lo Stato migliore, al di là delle forme possibili, è quello gestito dalle classi medie.

Verifica. Verso le competenze

Conoscenze

1. **Indica se le seguenti affermazioni sono vere o false.**
   1. Ogni corpo celeste è mosso da un'intelligenza divina. V F
   2. Il movimento più perfetto è quello rettilineo. V F
   3. Sulla Terra c'è un quinto elemento: l'etere. V F
   4. I luoghi naturali sono condizioni del movimento locale. V F
   5. L'universo è infinito. V F
   6. L'universo è eterno. V F

2. **Completa opportunamente le seguenti affermazioni.**
   La fisica è scienza del .... e per Aristotele ne esistono quattro tipi: .... (o ....); .... ; .... ; .... (o ....).

3. **Perché tutti i tipi di movimento si possono ridurre a quello locale?**

4. **Quali tipi di movimento locale esistono e di quale parte dell'universo sono propri? Il movimento rettilineo implica l'affermazione dell'esistenza dei cosiddetti luoghi naturali, di che cosa si tratta?**

5. **Qual è il sommo fine di ogni azione e iniziativa umana? Quando l'uomo è felice? Che legame c'è tra la sua razionalità e la felicità?**

6. **In che consiste la virtù? Quali sono i tipi di virtù?**

7. **In che cosa consistono le virtù etiche? Fai qualche esempio.**

8. **Quali sono le virtù dianoetiche?**

9. **Quali sono le forme possibili di Stato?**

10. **Per Aristotele la schiavitù è legittima perché:**
   a. l'economia greca non può sopravvivere senza gli schiavi.
   b. è la giusta punizione per reati gravi commessi.
   c. è basata sulla disuguaglianza naturale tra gli uomini per cui alcuni nascono solo come strumenti di lavoro.
   d. alcuni uomini sono capaci solo di obbedire e non di comandare e di decidere.

Abilità (lavoro sui testi)

T10 La felicità come fine dell'etica

*In questo brano, tratto dall'*Etica nicomachea*, si colgono i tratti più importanti dell'etica aristotelica. Vi spicca la natura teleologica della sua morale e l'identificazione della virtù come disposizione costante a fare il bene con il fine ultimo di ogni agire umano: il conseguimento della felicità.*

Se poi vi è un fine delle nostre azioni che noi vogliamo di per se stesso, mentre gli altri li vogliamo solo in vista di quello, e non desideriamo ogni altra cosa in vista di un'altra cosa singola (così infatti si andrebbe all'infinito, cosicché la nostra tendenza sarebbe vuota e inutile), in tal caso è chiaro che questo deve essere il bene e il bene supremo. E non è forse vero che per la vita la conoscenza del bene ha una grande importanza e che possedendola, come gli arcieri che sanno il loro scopo, meglio possiamo scoprire ciò che si deve? Se è così, occorre cercare di precisare anche sommariamente che cosa mai esso sia e a quale delle scienze o capacità appartenga. Sembrerebbe che debba appartenere alla più importante e alla più architettonica. Questa sembra essere la politica. Essa determina quali scienze sono necessarie nelle città e quali ciascuno deve apprendere e fino a che punto. Vediamo infatti che anche le scienze più onorate si trovano sotto di essa, come la strategia, l'economia e la retorica. Dal momento che essa si serve delle altre scienze pratiche, e inoltre stabilisce che cosa bisogna fare e che cosa evitare, il suo fine potrebbe comprendere quello delle altre, cosicché esso sarebbe il bene umano. Se infatti identico è il bene per il singolo e per la città, sembra più importante e perfetto scegliere e difendere quello della città; certo esso è desiderabile anche quando riguarda una sola persona, ma è più bello e più divino se riguarda un popolo e le città.

[...] Se vi è un solo fine perfetto, questo è ciò che cerchiamo, se ve ne sono più d'uno, esso sarà il più perfetto di essi. Noi diciamo dunque che è più perfetto il fine che si persegue di per se stesso che non quello che si persegue per un altro motivo e che ciò non è scelto mai in vista di un altro è più perfetto dei beni scelti contemporaneamente per se stessi e per queste altre cose, e insomma il bene perfetto è ciò che deve essere sempre scelto di per sé e mai per qualcos'altro. Tali caratteristiche sembra presentare soprattutto la felicità.

Tuttavia, se pur il dire che la felicità è il sommo bene sembra qualcosa di ormai concordato, tuttavia si sente il bisogno che sia ancor detto qualcosa di più preciso intorno alla sua natura. Potremo riuscirci rapidamente, se esamineremo l'opera dell'uomo. Come infatti per il flautista, il costruttore di statue, ogni artigiano e insomma chiunque ha un lavoro e un'attività, sembra che il bene e la perfezione risiedano nella sua opera, così potrebbe sembrare anche per l'uomo, se pur esiste qualche opera a lui propria [...]. E quale sarebbe dunque questa? Non già il vivere, giacché questo è comune anche alle piante, mentre invece si ricerca qualcosa che gli sia proprio. Bisogna dunque escludere la nutrizione e la crescita. Seguirebbe la sensazione, ma anche questa appare comune al cavallo, al bue e a ogni animale. Resta dunque una vita attiva propria di un essere razionale [...]. Se dunque è così, allora il bene proprio dell'uomo è l'attività dell'anima secondo virtù, e se molteplici sono le virtù, secondo la migliore e la più perfetta. E ciò vale anche per una vita completa. Infatti una sola rondine non fa primavera, né un solo giorno, così neppure una sola giornata o un breve tempo rendono la beatitudine o la felicità.

(Aristotele, *Etica nicomachea,* I, 1094a-b; 1097-1098, a cura di L. Caiani, UTET 1996)

Lettura guidata

Ogni azione consapevole si propone il raggiungimento di un fine. Secondo Aristotele il fine si identifica con il bene, poiché il raggiungimento di ciò che ci si è proposti di realizzare compie e quindi rende perfetta l'iniziativa presa. Esiste a seconda della molteplicità di azioni una pluralità di fini che possono diventare mezzi per il raggiungimento del fine ultimo, che è il bene supremo.

Socraticamente, Aristotele ribadisce che per fare il bene occorre conoscere che cosa sia il bene.

Il bene supremo, che coincide con il fare bene il proprio compito (come l'arciere che deve centrare l'obiettivo), appartiene alla scienza più importante e più architettonica, che è la politica.

La politica, infatti, è in grado di dare tutte le direttive e affidare i compiti al fine di assicurare ai membri della comunità il bene comune.

I valori dell'etica trovano il loro inveramento nella politica, che ha il compito di permettere la realizzazione del bene di ogni singolo, che deve coincidere con il bene di tutti.

Vale di più il bene collettivo che non il bene del singolo, quindi conta di più la felicità di tutti.

Il fine perfetto è quello che si sceglie sempre e solo per se stesso. La felicità è appunto il fine perfetto autosufficiente. Aristotele connette felicità e realizzazione della funzione specifica che è stata assegnata all'uomo. Ogni specie vivente ha una sua propria natura a cui corrisponde un certo tipo di realizzazione di sé e quindi di felicità. La felicità consiste nell'esercizio della propria funzione.

Il sommo bene consiste nell'attività secondo ragione e l'attività più perfetta è la vita dedicata alle virtù dianoetiche, proprie della natura razionale. La felicità è una condizione esistenziale, il vivere bene, non il godimento di un momento che fugge, come «una sola rondine non fa primavera».

Controllo della comprensione

1. **Indica se le seguenti affermazioni sono vere o false.**
   1. Esistono per Aristotele fini che noi vagliamo in vista di un fine sommo. V F
   2. Il fine sommo è quello desiderato di per se stesso. V F
   3. Il bene supremo coincide con qualsiasi fine a cui tende l'agire umano. V F
   4. La politica è la meno perfeta delle scienze. V F
   5. L'etica si occupa del bene del singolo, la politica del bene comune. V F
   6. L'opera propria dell'uomo nei confronti degli altri esseri viventi consiste nel provare sensazioni. V F
2. **Qual è il compito della politica?**
3. **In cosa consiste la felicità suprema per l'essere umano?**

La schiavitù nel mondo antico

TESTI ANTOLOGICI

1. L'origine della schiavitù nelle prime civiltà

Fin dalle più antiche società della preistoria e nelle prime forme di civiltà organizzata, il più forte ha sottomesso e reso schiavo il più debole. Con il passare del tempo sono mutate le forme e le modalità di "strutturare" o "organizzare" il lavoro schiavistico, che purtroppo, nel corso dei secoli, è rimasto una costante comune a molte società. Basti pensare al fatto che ancora oggi, sebbene sia un reato riconosciuto dalle leggi internazionali, nel mondo in cui viviamo esistono forme di schiavitù che per varie ragioni e interessi non sono ancora state del tutto debellate. In molte regioni del mondo i più deboli (sovente si tratta di donne e bambini) devono lavorare come veri e propri schiavi, spesso per produrre basso costo.

Nel mondo antico la schiavitù era un fenomeno diffusissimo e aveva un ruolo essenziale nell'economia e nella società. Nel momento in cui le comunità da nomadi diventano stanziali, il nemico sconfitto in guerra (o semplicemente "l'altro", il diverso) può diventare economicamente utile se impiegato come forza lavoro. Nelle società dei cacciatori-raccoglitori il nemico (in generale chi non apparteneva al gruppo) non veniva schiavizzato, ma ucciso. In questo tipo di società, in cui le virtù guerriere e le qualità fisiche consentono la sopravvivenza del gruppo, uno schiavo sarebbe stato solo un inutile peso, un individuo in più da sfamare e per di più incapace di combattere (un abile combattente difficilmente si lascia catturare, e se ciò avviene, non porterà alcun vantaggio a chi lo cattura perché di lui non ci si potrà mai fidare nelle azioni di difesa).

Le virtù guerriere come il coraggio, la forza, la prestanza fisica, la lealtà continueranno ad avere un peso enorme nella civiltà greca e romana, costituendo la base della valutazione morale dell'individuo. Il nemico vinto, dunque, viene solitamente ucciso, la sola eccezione è costituita dalle donne, che generalmente vengono assorbite dal gruppo dei vincitori per farne le proprie compagne. La donna, infatti, in quanto in grado di generare, può fare la differenza tra la sopravvivenza o l'estinzione di un popolo.

Due prigionieri, uno asiatico e uno nubiano, in un ritratto di provenienza egiziana (XVI sec. a.C.).

Come appare chiaro dalle parole di Ulisse nell'*Odissea*, le donne vengono trattate come una merce, quindi rapite, mentre gli uomini vengono trucidati:

«Saccheggiai la città, strage menai
degli abitanti; e sì le molte robe
dividemmo e le donne, che alla preda
ciascuno ebbe ugual parte».

(Omero, *Odissea*, IX, vv. 49-52)

Nella tradizione storica e mitologica antica sono frequenti i riferimenti al rapimento (o «ratto») e alla conquista mediante la forza (o l'inganno): pensiamo ai frequenti inganni di Giove finalizzati alla conquista dell'amata o al celebre ratto delle Sabine.

In epoca arcaica, raramente gli uomini venivano resi schiavi per essere utilizzati nei campi. Le donne, invece, trovavano largo utilizzo nelle case dei vincitori per i lavori domestici oltre che come concubine. Queste schiave generalmente ricevevano un trattamento più umano e per il fedele servizio, a volte, veniva loro garantita una proprietà e una casa in cui vivere. Questo ci fa capire che anche le ancelle, pur se utilizzate per i piaceri sessuali del padrone, erano pur sempre parte della struttura sociale, fino a poterne condividere i benefici. Condizione essenziale per ricevere un simile trattamento è la lealtà, valore assoluto per un'ancella, come ci fanno capire i sentimenti di Ulisse che, ritornato di nascosto alla propria Itaca, scopre che le proprie ancelle si concedono ai Proci che usurpano il suo potere:

P. Picasso, *Il ratto delle Sabine* (1963).

«[...] Intanto
le ancelle, che soleano ai proci darsi,
usciro di lor camere, in gran riso
prorompendo tra loro e in turpe gioia.
ei forte l'alma si sentìa commossa,
e bilanciava, se avventarsi, e tutte
porle a morte dovesse in un istante,
o consentir che per l'estrema volta
delinquesser le tristi; e in sé fremea».

(Omero, *Odissea*, XX, vv. 8-16)

Il tradimento della fedeltà si paga con la morte, perché l'ancella, in quanto schiava, deve la vita al proprio signore. Ulisse, infatti, non si domanda se ucciderle per il loro tradimento, ma solo quando sia il momento più opportuno per farlo.

2. Economia e schiavitù

Quando le società cominciano a dedicarsi alla pastorizia e all'allevamento, gli schiavi maschi diventano via via più utili come pastori. I nemici catturati e resi schiavi possono accudire le greggi e, quelli in soprannumero, possono essere venduti o impiegati nelle prime attività agricole. Successivamente, quando la società diventa stanziale e si sviluppa l'agricoltura, la presenza degli schiavi diventa un fattore necessario, così come la loro differenziazione o "specializzazione", sulla quale si baserà la struttura economica e sociale delle civiltà antiche.

Nell'antichità, pertanto, la schiavitù non è avvertita come un problema ed è una condizione data per scontata. Anche i filosofi più illuminati non la mettono in discussione e semmai dibattono sul carattere e sulle sue peculiarità, decidendo ad esempio chi è veramente schiavo e quali sono le cause e i limiti della sua condizione. Infatti, la scomparsa della schiavitù dal mondo antico non avvenne per mezzo di una legge o di un decreto imposto "dall'alto", né per una "presa di coscienza" dell'ingiustizia della schiavitù; più semplicemente mutarono le condizioni economiche e sociali che l'avevano sostenuta.

La manodopera schiavista viene tradizionalmente impiegata per i lavori agricoli più faticosi. Coppa a figure nere del VI a.C.

Ciò che sorprende nel mondo antico è la varietà e la specializzazione delle diverse categorie di schiavi, che dimostra come la complessa società greca o romana non potesse farne a meno. In questo quadro così insolito per noi si inserisce la vicenda personale di ogni schiavo, il suo destino: qualcuno da libero diventa schiavo per debiti, altri, magari durante uno sfortunato viaggio, vengono catturati dai pirati e venduti, altri ancora, nati schiavi, si guadagnano la libertà per i propri meriti.

3. La condizione degli schiavi nelle città greche

La costituzione e la diffusione delle città-stato costituisce un punto di svolta nell'economia schiavistica greca. La colonizzazione delle coste, l'aumento della richiesta di manodopera per le industrie, il conio dei metalli preziosi, lo sviluppo urbano e rurale portano a un incremento enorme del numero di schiavi. La manodopera schiavista si fa indispensabile e quindi il commercio di schiavi diventa un'attività fiorente, specie nelle città di Cipro, Samo e Chio. Paradossalmente il sistema schiavistico si afferma proprio là dove nel frattempo nascono le prime istituzioni democratiche e la filosofia occidentale muove i suoi primi passi. Si rifletta sul fatto che l'isola

Schiavo utilizzato in una miniera per l'estrazione dell'argento (V sec. a.C.).

di Chio, attorno al 575-570 a.C., adotta le prime istituzioni democratiche. Proprio qui si afferma da parte dei Greci l'uso di acquistare gli schiavi al pari di ogni altra merce, mentre precedentemente la riduzione in schiavitù era intesa come un diritto esercitato da chi vinceva in guerra.

Leggiamo cosa ci riferisce in proposito lo storico Teopompo di Chio (IV sec. a.C.):

«I Chii, primi tra i Greci dopo i Tessali e i Lacedemoni utilizzarono schiavi, ma non li acquistarono allo stesso modo di questi. Infatti i Lacedemoni e i Tessali si procacciarono gli schiavi sottomettendo i Greci che prima di loro abitavano la regione che ora essi occupano. [...] I Chii, al contrario, possiedono schiavi comprati tra i barbari».

(Teopompo di Chio in *La schiavitù nella società e nella cultura antica*, a cura di A. Postiglione, Edizioni Scientifiche Italiane 1998)

Gli antichi Greci non mancarono di sentire come un "imbarbarimento" deprecabile questa consuetudine di acquistare gli schiavi al mercato e non di conquistarseli in guerra. Tuttavia, alla base di questa considerazione non c'è uno scrupolo morale, ma pratico: gli schiavi acquistati sono perlopiù barbari inaffidabili e difficili da gestire. La schiavitù di alcuni come base della libertà di altri non viene messa in discussione. Si tratta di una riprovazione analoga a quella che si può provare oggi nei confronti di chi, al mercato, sceglie il prodotto di fabbricazione cinese più economico rispetto al *made in Italy* magari più affidabile e certamente più costoso.

In quanto merce, dal punto di vista legale lo schiavo è una proprietà del padrone, e quindi può essere venduto e acquistato. Non è altro che una cosa, senza quella che noi, oggi, definiremmo libertà, cioè senza possibilità di fare scelte proprie. Non poteva neppure possedere cose. Tuttavia, almeno in certi casi, poteva essere anche considerato un soggetto legale, con la facoltà di stipulare per conto del padrone contratti aventi validità giuridica. Questo ci deve far pensare all'importanza economica e sociale riconosciuta allo schiavo.

Se dal punto di vista della vita quotidiana la condizione dello schiavo era paragonabile a quella di una cosa, mentre le sue condizioni di vita dal punto di vista materiale non erano sempre e necessariamente così degradanti. Nelle città e nelle ricche famiglie il trattamento degli schiavi poteva non essere particolarmente duro o degradante. Erano parte essenziale dell'economia e della società e come tali venivano considerati. Proprio come oggi nessuno si sognerebbe mai di danneggiare deliberatamente la propria automobile o il proprio cane da guardia, allo stesso modo spesso i padroni consideravano i propri schiavi oggetti preziosi per le loro "potenzialità d'uso". La condizione dello schiavo non era diversa da quella di un utile strumento.

L'uomo libero greco era tale perché partecipava alla vita politica. Lo schiavo, invece, non poteva farlo, non era libero e non era neppure "uomo" a pieno titolo.

La condizione di schiavo, tuttavia, non era irreversibile; esisteva anche la possibilità di conquistare la libertà mediante il pagamento di una somma, d'accordo col proprio padrone, oppure come ricompensa per i fedeli servizi resi, oppure intervenendo a difesa della propria città in condizioni di particolare pericolo (poiché il regolare servizio militare – così come la vita politica – era appannaggio degli uomini liberi).

4. Sotto gli occhi dei filosofi

L'economia schiavistica si afferma contemporaneamente alla nascita della democrazia e della filosofia. Come vedevano i grandi filosofi la schiavitù e la condizione dello schiavo?

In genere, essi la consideravano una condizione naturale e inevitabile, che derivava dalla naturale inferiorità di certi individui rispetto ad altri.

Anche Platone, nella *Repubblica*, non mette affatto in discussione la presenza e la legittimità dell'istituto della schiavitù. Anzi, gli schiavi non entrano nemmeno nel computo delle tre classi in cui si divide la popolazione della Repubblica ideale; non entrano neppure nel computo degli uomini.

Secondo una tradizione diffusa, Platone stesso, a conclusione di un maldestro tentativo di educare alla vera politica il tiranno di Siracusa Dioniso, fu venduto come schiavo dallo stesso tiranno e poi riscattato dall'amico Anniceride. L'esperienza non sembra avergli aperto gli occhi sul problema degli schiavi; le uniche riserve di Platone riguardano gli schiavi greci:

«SOCRATE [...] Riguardo al problema della schiavitù, ti sembra giusto che dei Greci asserviscano città greche, o piuttosto non è giusto impedirlo anche agli altri, per quanto è possibile, e abituarli a risparmiare la stirpe greca, guardandosi piuttosto dal cadere sotto la servitù dei barbari?

GLAUCONE Importa risparmiarla ad ogni modo, rispose.

SOCRATE E non è forse opportuno che noi stessi non possediamo schiavi greci e che consigliamo agli altri Greci di agire come noi?

GLAUCONE Senza dubbio, rispose. Così essi potrebbero piuttosto volgersi contro i barbari e risparmiarsi a vicenda».

(Platone, *Repubblica*, V, 469b-c, in Platone, *Dialoghi politici. Lettere*, UTET 1996)

Prigionieri di guerra destinati a essere ridotti in schiavitù (V sec. a.C.).

Insomma, Platone era contrario al fatto che i Greci potessero cadere in schiavitù, anche per ragioni di convenienza strategica, mentre ammetteva senza problemi che i barbari (cioè chi non era greco) potessero essere fatti schiavi. In effetti l'economia delle città greche si reggeva sulla manodopera degli schiavi barbari.

Tutte le riforme intraprese dai Greci a proposito della schiavitù furono intese a garantire i Greci stessi dal rischio di cadere in schiavitù, non dal limitare o regolamentare l'istituto della schiavitù. Così ad esempio Solone, il celebre legislatore di Atene, all'inizio del VI secolo a.C. abolì la schiavitù per debiti, smussando il conflitto tra i nobili e il popolo, senza toccare le sorti di chi, per avventura, greco non era.

5. Platone: razionalità e schiavitù

Platone tratta in dettaglio il comportamento da adottare nei confronti degli schiavi. Si noti come non ci sia né disprezzo né malignità nelle sue raccomandazioni, ma solo lucida razionalità, quella stessa razionalità il cui esercizio distingue l'animo dei greci da quello dei barbari:

«Bisogna avere schiavi il più possibile devoti e buoni. E infatti molti schiavi nel passato si sono dimostrati verso i padroni migliori dei loro fratelli e dei loro figli in ogni virtù, salvandone la vita, i beni e tutta la casa. [...] Ma si dice anche il contrario, che cioè nell'anima di uno schiavo non vi è nulla di sano e che chi ha un po' di senno non deve mai fidarsi di tale genìa. [...] Una cosa è chiara: dal momento che l'uomo è un animale intrattabile e mostra di non voler in nessun modo adattarsi ad essere o diventare docile alla necessaria divisione, con la quale di fatto distinguiamo schiavo, libero e padrone, ne risulta difficile il possesso. [...] Se si vuole che gli schiavi siano più docili e sottomessi, innanzitutto non devono provenire dallo stesso paese né parlare, per quanto è possibile, la stessa lingua; in secondo luogo, bisogna trattarli bene ed averne cura non solo per il riguardo a loro ma ancora di più nel nostro stesso interesse. Questo trattamento consiste nell'evitare qualsiasi violenza nei confronti degli schiavi: a loro, se è possibile, bisognerebbe fare torto meno che ai nostri pari. Se uno venera la giustizia per naturale inclinazione e non per finzione e detesta realmente l'ingiustizia, lo dimostra nel modo di trattare quegli uomini ai quali gli sarebbe facile fare del male».

(Platone, *Leggi*, VI, 776d-778a, in op. cit.)

Platone non ha riserve nel sostenere l'umanità degli schiavi, e lo fa quasi con affetto e in tono toccante. Ciò che distingue uno schiavo, prosegue più avanti, è la sua incapacità di fare uso della ragione, di farsi guidare da essa. La sua mancanza di libertà non è che una conseguenza inevitabile di una incapacità di farsi guidare dalla propria anima razionale, di capire come è strutturata la realtà e le sue necessarie divisioni. Chi è in queste condizioni è uno schiavo prima ancora di aver trovato un padrone.

A noi interessa sottolineare come le regole di comportamento verso lo schiavo siano dettate da quell'anima razionale che Platone riconosce come guida dell'agire giusto. La stessa giustizia che si realizza nel trattare lo schiavo in modo corretto, nel non fargli torti, così come il potente non deve far torti al debole.

Alcuni schiavi trascinati via in catene (III sec. a.C.).

6. Aristotele: le basi naturali della schiavitù

Secondo Aristotele alcuni uomini sono schiavi e altri sono liberi per natura. Egli ricerca l'origine delle differenze tra esseri umani apparentemente simili e le individua nella natura che ha prodotto esseri umani liberi ed esseri umani schiavi, così come ha prodotto uomini e donne, con un disegno preciso:

«È necessario innanzitutto, che si uniscano per coppie gli esseri che non possono esistere separatamente, come la femmina e il maschio al fine della procreazione (e ciò non per libera scelta, ma perché è naturale, come negli altri animali e nelle piante, il desiderio di lasciare un altro essere simile a sé), e quello che per natura comanda e quello che per natura ubbidisce per la reciproca sopravvivenza. Infatti chi per sua intelligenza è in grado di prevedere, è capo per natura, padrone per natura; chi invece ha un corpo vigoroso per lavorare è sottoposto e schiavo per natura:

perciò padrone e schiavo hanno lo stesso interesse. Per natura dunque risultano distinti la femmina e lo schiavo (la natura infatti non fa nulla con parsimonia [...] ma crea un solo strumento per un solo uso: così ogni strumento può compiere il lavoro nel modo migliore, servendo non a molti usi, ma ad uno solo). Tra i barbari invece la femmina e lo schiavo hanno lo stesso posto».

(Aristotele, *Politica*, I, 1252 a-b, a cura di C.A. Viano, UTET 1995)

Ancora una volta la razionalità, più specificamente la ragione come "capacità di prevedere", costituisce la qualità che per natura distingue lo schiavo dal padrone. Questa distinzione esiste per natura ed è necessaria per rispondere al fine naturale della sopravvivenza. In questo modo Aristotele assicurava una base razionale all'istituto della schiavitù, del quale la società di cui faceva parte non avrebbe potuto fare a meno.

La razionalità per Aristotele individua nello schiavo uno strumento necessario per ottenere certi fini, e la stessa razionalità giustifica la schiavitù individuandone la base naturale. Non c'è alcuna considerazione di ordine morale nella distinzione tra libero e schiavo, come potevamo trovare ancora in Platone. Questo ragionamento porta a conclusioni anticipatrici: se si disponesse di macchine per fare i lavori, allora non ci sarebbe più necessità degli schiavi:

In questo bassorilievo le dimensioni dello schiavo rispetto al suo padrone sono volutamente ridotte, a sottolineare la differente condizione sociale dei due soggetti (V sec. a.C.).

«Per ciò che riguarda gli strumenti, alcuni sono inanimati, altri animati, come per il pilota della nave il timone è uno strumento inanimato, la vedetta uno strumento animato (infatti nelle varie attività il subalterno rientra nella categoria degli strumenti). Parimenti un oggetto di proprietà è uno strumento per vivere, la proprietà è l'insieme di strumenti; lo schiavo è un possesso animato e ogni subalterno è come uno strumento che precede gli altri strumenti. Se ogni strumento, dietro un comando o prevedendolo in anticipo, potesse compiere la propria funzione, come dicono che facessero le statue di Dedalo o i tripodi di Efesto dei quali il poeta dice che entrano da soli nell'assemblea degli dei, se le spole tessessero da sé e i plettri da soli suonassero la cetra, né gli imprenditori avrebbero bisogno di operai né i padroni di schiavi».

(Aristotele, *Politica*, I, 1253b, in op. cit.)

Ipotizzando una società automatizzata Aristotele giunge alla conclusione che gli schiavi sarebbero superflui, come del resto i lavoratori. Va notato che nella prospettiva di Aristotele, dal punto di vista funzionale, lo schiavo non si distingue dal lavoratore o dal subalterno. La differenza consiste nel fatto che lo schiavo è un "possesso animato" del padrone, ma nella sua funzione di essere strumento è identico a ogni altro subalterno.

7. Lo schiavo in quanto uomo

Nonostante questa trattazione razionale e spietata della schiavitù, che fa dello schiavo uno strumento animato «che precede gli altri strumenti» e nulla più, Aristotele mostra una sorprendente attenzione a un ulteriore aspetto dello schiavo: la sua umanità.

Per Platone l'amicizia tra essere umano libero e schiavo era esclusa. Aristotele invece l'ammette:

«Dove non c'è nulla di comune tra chi comanda e chi ubbidisce non vi è amicizia, poiché non vi è neppure giustizia, ma il loro rapporto è come quello dell'artista verso il proprio strumento, dell'anima verso il corpo, del padrone verso lo schiavo: infatti tutte queste cose sono oggetto di cura da parte di coloro che le usano, ma non c'è amicizia né giustizia verso le cose inanimate. E neppure può esservene verso un cavallo e un bue né verso uno schiavo in quanto schiavo. Infatti non c'è nulla di comune tra il padrone e lo schiavo: lo schiavo è uno strumento animato, lo strumento uno schiavo inanimato. In quanto schiavo, dunque, non può esserci amicizia con lui, ma in quanto uomo sì. Sembra infatti che ogni uomo abbia un rapporto di giustizia nei confronti di chiunque possa essere partecipe con lui di legge e di convenzione. In conclusione ci può essere amicizia anche con lo schiavo in quanto è uomo».

(Aristotele, *Etica nicomachea*, VIII, 1161a-b, a cura di L. Caiani, UTET 1996)

Lo schiavo può essere trattato come uomo ma non in quanto schiavo, solo grazie al rapporto di giustizia che si instaura nella misura in cui egli è riconosciuto partecipe delle leggi e delle convenzioni della comunità. Insomma, scoprire qualcosa in comune tra gli esseri umani, siano essi anche schiavi o padroni, ci porta a considerare ogni essere umano nella sua dimensione e nel suo valore di uomo e non di semplice strumento.

Saranno i filosofi dell'Ellenismo che, pur nei limiti imposti dal loro mondo, prenderanno in considerazione gli schiavi non soltanto come strumenti animati. Gli stoici disprezzano la condizione di schiavitù e vedono nello schiavo la personificazione per eccellenza di chi non è libero, tuttavia affermano che la mente di uno schiavo può essere libera come quella del suo padrone e, viceversa, anche un uomo giuridicamente libero può essere schiavo delle proprie passioni e della propria ignoranza. Lo schiavo assume sempre più una dimensione "umana". Seguendo questa linea Epicuro ammette nel proprio Giardino anche gli schiavi e le donne, mentre entrambi, schiavi e donne, per filosofi precedenti non erano neppure ritenuti in possesso di un'anima.

L'immagine e il pensiero della donna nell'antichità classica

1. La donna e la cultura dei "pensatori maschi"

L'interesse per le modalità in cui il pensiero filosofico – pressoché monopolizzato da pensatori maschi in tutte le sue epoche – ha affrontato il problema della donna dall'antichità ad oggi è recente. È stato infatti il movimento politico e teorico delle donne, affermatosi in misura crescente dalla seconda metà del Novecento, a porre sotto accusa l'intera tradizione filosofica per aver affrontato, quando l'ha fatto, il problema della donna in una maniera giudicata nel complesso inaccettabile, salvo alcune rarissime eccezioni. All'interno del movimento e del pensiero delle donne si è quindi proceduto, negli ultimi decenni, in tre direzioni:

1. smascherare e denunciare i pregiudizi 'maschilisti' dai quali derivano l'immagine e la valutazione negative della donna nell'intera storia della filosofia;
2. scoprire e far circolare i testi, le idee e le biografie di quelle donne – poche ed emarginate rispetto agli uomini – che hanno contribuito a far sentire nei secoli la "voce" delle donne sulla loro condizione e sul loro ruolo;
3. contrapporre al pensiero "maschilista" un pensiero "femminista" che faccia valere l'autonomia e la "differenza" delle donne in filosofia come in tutti gli altri campi del sapere e dell'agire.

Nel periodo antico il tema della donna viene affrontato e trattato con ampiezza soprattutto nella successione di filosofi rappresentata da Socrate, Platone e Aristotele, che affrontano tale argomento sullo sfondo di una cultura e di tradizioni religiose, mitologiche, letterarie, teatrali nelle quali il tema della donna non era stato affatto marginale. A tale cultura e a tali tradizioni è quindi necessario fare qualche riferimento per cogliere gli elementi di continuità e di novità apportati dai tre pensatori che abbiamo nominato.

La donna, nella società greca, è tradizionalmente sottomessa all'autorità maschile (III sec. a.C.).

2. La donna nella religione greca

Nella religione greca, come sa chiunque abbia letto qualche pagina di Omero (*Iliade*, *Odissea*) o di Esiodo (*Teogonia*, *Le opere e i giorni*) o di qualche drammaturgo (Eschilo, Sofocle, Euripide), sono presenti tanto gli dei quanto le dee. La prima divinità è femminile (Gea, la madre terra); dai suoi rapporti con divinità maschili hanno origine diverse generazioni di dei e dee, l'ultima delle quali stabilizza una situazione di precedenti conflitti e crea il mondo degli dei olimpici (la loro dimora, infatti, è sul monte Olimpo). Zeus è il capo riconosciuto e regna insieme alla moglie Era; dei e dee in gran numero, legati ai diversi regni e alle forze della natura, compongono la comunità olimpica, ordinata secondo precisi ranghi e gerarchie. Tale comunità è arricchita

Le divinità olimpiche in un affresco di L. Sabatelli (fine XVIII sec.).

dalla presenza di semidei (uomini divinizzati) e semidee (donne divinizzate), generati da rapporti amorosi fra divinità ed esseri umani, e comprensiva anche di figure divine "minori" (come, per esempio, le ninfe dei boschi e dei fiumi).

Le dee principali e più potenti sono Era, Afrodite (dea dell'amore, senza la quale non sarebbero possibili i legami amorosi fra gli dei, gli esseri umani e fra gli uni e gli altri), Artemide (dea della caccia). Le dee, al pari degli dei, hanno le stesse virtù e le medesime debolezze degli esseri umani: litigano con i propri compagni, hanno avventure amorose e sono soggette a rivalità e gelosie; a differenza degli esseri umani, però, vivono in una condizione di sostanziale parità rispetto agli dei maschi.

Questo è il punto chiave. La società degli dei, infatti, si presenta come una società nella quale la differenza sessuale non comporta, nei diversi livelli gerarchici (dei-dee, semidei-semidee, ninfe-fauni...), una differenza di potere e di dignità. Certo, Zeus è il re degli dei e delle dee, ma non è un re assoluto; spesso riconosce al di sopra di sé la forza del fato (destino, necessità), rispetto alla quale anche il suo potere deve chinarsi. Inoltre spesso viene contestato dalla moglie e da altre divinità, siano esse maschili o femminili. Ogni dea, come ogni dio, opera in condizioni di libertà e di autonomia nelle scelte che compie e che mette in pratica.

Le cose cambiano quando scendiamo sulla Terra. Gli stessi testi letterari, appena citati, documentano infatti la radicale differenza fra l'uguaglianza sostanziale di condizioni fra dee e dei dell'Olimpo e la disuguaglianza radicale fra donne e uomini sulla Terra. Le testimonianze letterarie, che si riferiscono sia al periodo pre-urbano della civiltà greca sia a quello urbano, sostanzialmente coincidono.

3. La donna nella società degli eroi

Il periodo pre-urbano, vale a dire quello descritto da Omero, dai tragici e da altri poeti, è quello degli eroi guerrieri che dominano, ognuno nel suo territorio, su tutti gli altri sudditi, a cominciare dalle loro mogli, figlie e serve. Agamennone decide, contro il parere della moglie Clitemnestra, di sacrificare la figlia Ifigenia affinché si alzi il vento che possa far partire la flotta contro Troia; Elena viene sposata da Menelao, rapita da Paride, ripresa dopo una guerra decennale da Menelao, come un oggetto di valore, senza che nulla si dica dei suoi pensieri e dei suoi sentimenti; Giasone tradisce Medea che reagisce in maniera folle; Teseo abbandona Arianna su uno scoglio in maniera ignobile.

In questi, e in tanti altri casi, le vicende narrate si svolgono agli alti livelli della società guerriera, fondata sui clan e le parentele e non sui rapporti economico-politici, "borghesi" del periodo urbano. Quello che emerge dagli esempi narrati è il ruolo di inferiorità assegnato alla donna: stare in casa, dirigere le faccende domestiche, aspettare fedele il marito (anche quando quest'ultimo nelle lunghe assenze ha relazioni con altre donne, come Agamennone o Odisseo). La ribellione della donna rispetto al ruolo assegnatole porta alla tragedia.

Tutto questo accade anche all'inizio del periodo urbano, come viene documentato per esempio dalla tragedia *Antigone* di Sofocle, rappresentata ad Atene nel 440 a.C. circa. Anche in questo caso la giovane protagonista, Antigone appunto, si ribella e, per la prima volta, ribadisce con chiarezza e con forza le ragioni della sua ribellione. La ragazza si ribella contro una legge della sua città, Tebe, che vieta la sepoltura di chi ha portato guerra alla città; il divieto, in questo caso, riguarda il corpo di Polinice, suo fratello. Antigone rivendica la più antica legge divina, quella che impone la sepoltura del cadavere, compito specificamente riservato alle donne. La ribellione è punita in maniera terribile e la giovane viene sepolta viva accanto al corpo del fratello.

M. Spartali Stillman, *Antigone* (1870).

È il primo caso, nella civiltà occidentale, di una donna rappresentata (da un uomo) come una persona in grado di compiere una scelta libera e autonoma (fra due leggi contrastanti) e di dare delle giustificazioni alle ragioni della sua ribellione.

Il poeta Esiodo, nelle sue due opere principali, *Teogonia* (sulla nascita degli dei e delle dee) e *Le opere e i giorni* (sull'origine e i destini dell'umanità), sigilla con un marchio originario assolutamente negativo l'origine della donna. In una umanità di soli maschi, secondo il mito esposto nella *Teogonia*, in seguito all'iniziativa di Prometeo che ha portato agli uomini il fuoco, contro il volere di Zeus, scende dal cielo, inviata dal furente re degli dei, una bellissima vergine «senza scampo per gli uomini», da cui avrà origine la stirpe delle donne. Le donne sono il male inviato da Zeus in cambio del fuoco che è il bene portato da Prometeo.

C. Lenoir, *Pandora* (1902).

Nelle *Opere e i giorni* la versione di questo episodio è diversa e forse più nota. Zeus decide di punire Prometeo e si diverte nell'inviare agli uomini Pandora, la «bella e amabile figura di vergine»; la donna porterà agli uomini un vaso che, scoperchiato, libererà il suo terribile contenuto: tutti i mali e le malattie che causano pianto e dolore.

4. La donna nella *pólis*: Socrate

Nel periodo urbano emerge la *pólis* di Atene, la città in cui svilupperanno il loro pensiero Socrate, Platone e Aristotele.

I tre filosofi vivono nella città più "moderna" del mondo allora conosciuto e affrontano nelle loro elaborazioni filosofiche anche i problemi della convivenza umana nelle sue differenze o disuguaglianze, anche con riferimento alla condizione della donna; si interrogano su quale sia la sua natura, quale il suo ruolo nella società e nella famiglia, quali i suoi doveri e, in qualche caso, i suoi diritti.

Le mansioni della donna greca riguardano la cura e l'organizzazione dei lavori domestici (V sec. a.C.).

Le loro speculazioni filosofiche tengono conto delle condizioni reali nelle quali operano le donne nella società della *pólis*, le descrivono in maniera efficace, e in taluni casi (Platone) ne propongono un cambiamento nel quadro di un progetto di città-stato ideale.

Fra gli scritti socratici di Senofonte risulta della massima importanza, sul tema della donna, il dialogo dal titolo *Economico*. In quest'opera Socrate illustra l'importanza dell'economia domestica, l'arte o scienza relativa al governo della casa e degli affari a questa connessi, inerenti all'agricoltura, «madre e nutrice di tutte le arti». Il suo interlocutore, Iscomaco, partecipa alla discussione, intervenendo prima a proposito del governo della casa in senso stretto e poi in merito agli affari legati all'agricoltura.

Il quadro semplice, chiaro e lineare che emerge da questo intervento è il seguente: il governo della casa spetta alla moglie; quello degli affari agricoli spetta al marito; la moglie ha come suo campo riservato la sfera privata o interna; il marito, la sfera pubblica (amministrazione e organizzazione degli affari agricoli e partecipazione alla vita politica) o esterna. Autonomia reciproca, dunque, ma nel quadro di una responsabilità complessiva ricondotta al marito. Su puntuali domande di Socrate, Iscomaco precisa le ragioni di tale divisione dei compiti.

La moglie in genere, a prescindere dal suo consenso, viene data molto giovane (in questo caso si parla di quindici anni) dai suoi genitori al marito, che ha un'età più avanzata. Il marito, più vecchio ed esperto, impartisce le direttive alla moglie sul governo della casa, tenendo conto di una differenza presentata qui come naturale, fra l'uomo e la donna. La coppia uomo-donna, si precisa infatti nel dialogo, è stata naturalmente predisposta dagli dei sia per la procreazione, che consente la conservazione della specie, sia per conservare il meglio possibile i propri averi ed eventualmente accrescerli.

Alla donna vengono raccomandati l'ordine, la parsimoniosità, la moderazione nel trucco (meglio vedersi al naturale), il rispetto della divisione della casa fra la parte destinata alle donne e quella riservata agli uomini.

5. La parità tra uomo e donna secondo Platone

Una posizione e una tesi diverse vengono invece esposte da Platone nella *Repubblica*, in particolare nei libri V-VII.

Il tema della donna viene affrontato nel quadro di un'elaborazione teorica riferita non alla città-stato reale ma a una città-stato ideale, il modello perfetto di Stato.

Nel dialogo il discorso sulla donna viene introdotto nel libro V e si articola in due punti:

1. tesi della parità di doti e capacità fra donne e uomini, con un'unica differenza, comunque marginale, rappresentata dal fatto che la donna è fisicamente più debole dell'uomo;

2. tesi della appartenenza comune di donne e figli – ma soltanto nelle categorie sociali dei guardiani e dei governanti – quale condizione indispensabile perché si realizzi uno Stato giusto.

Platone è ben consapevole, e lo dice esplicitamente, di proporre tesi lontanissime dalle idee correnti.

La tesi dell'uguaglianza di capacità e doti fra uomini e donne viene proposta dopo il ricorso all'esempio, tratto dal mondo animale, dei cani e delle cagne da guardia: sia gli uni sia le altre risultano all'altezza dei compiti assegnati.

Alla stessa stregua, non c'è ragione per cui le donne e gli uomini non siano entrambi adatti alla funzione di difesa e di governo dello Stato. Ne deriva che le donne devono avere la stessa istruzione e formazione degli uomini: «Se dunque impiegheremo le donne per gli identici scopi per i quali impieghiamo gli uomini, identica dev'essere l'istruzione che diamo loro» (Platone, *Repubblica*, 451-452, in *Opere*, Laterza 1966).

E per istruzione s'intende sia quella fisica (ginnastica) sia quella letteraria e culturale in genere, fino ai livelli più alti delle scienze e della filosofia. Nella forma più generale, la tesi dell'uguaglianza tra i sessi viene proposta poco più avanti in questi termini:

«Nell'amministrazione dello Stato non c'è occupazione che sia propria di una donna in quanto donna né di un uomo in quanto uomo; ma le attitudini naturali sono similmente disseminate nei due sessi e natura vuole che tutte le occupazioni siano accessibili alla donna e tutte all'uomo, ma che in tutte la donna sia più debole dell'uomo».

(*ibid.*)

Disegno tratto da un vaso greco che raffigura la vincitrice di una corsa di quadrighe.

In merito alla seconda tesi, anche più controcorrente della prima, sulla comunanza delle donne e dei figli quale condizione indispensabile per la realizzazione dello Stato ideale giusto, si dice:

«Queste donne di questi nostri uomini siano tutte comuni a tutti e nessuna abiti privatamente con alcuno; e comuni siano poi i figli, e il genitore non conosca la propria prole, né il figlio il genitore».

(*ibid.*)

Platone si lascia sfuggire, in queste pagine, espressioni che ricordano la pratica del predominio maschile sulle donne, dal momento che parla di comunanza delle donne «di questi nostri uomini» mentre, per coerenza con la sua tesi della parità, avrebbe dovuto parlare di comunanza fra donne e uomini.

Lo scopo di Platone non è affatto quello di proclamare o favorire la promiscuità sessuale e il libero amore fine a se stesso; lo scopo di questa comunanza è quello di realizzare un governo disinteressato dello Stato. Le donne migliori dovranno sposare gli uomini migliori; i figli e le figlie dovranno essere allevati in comune e non dovranno conoscere i loro genitori, né questi ultimi dovranno conoscere la loro prole. In tal modo saranno evitati parzialità e favoritismi e sarà rafforzato l'amor di patria.

Si tratta, quindi, di una condizione di garanzia di un buon governo dello Stato. Il libero amore è consentito soltanto fra donne e uomini cha abbiano superato l'età della capacità procreativa.

6. La visione androcentrica di Platone e Aristofane

Platone non conserva negli altri dialoghi queste teorie sulla parità di capacità e doti fra donne e uomini. In numerose occasioni mostra di sposare le idee correnti sulla condizione di inferiorità naturale della donna rispetto all'uomo , soprattutto nel dialogo *Timeo*.

In particolare, oltre a quelli nei quali vengono sottolineati i ruoli – attivo maschile, passivo femminile –, nella procreazione degli esseri umani risalta il passo in cui il nascere donna viene considerato essere una punizione. Nel quadro generale della teoria della reincarnazione Timeo afferma: «Tutti quelli che, nati uomini, sono stati codardi e son vissuti nell'ingiustizia, secondo ragione probabile si mutarono in donne nella seconda generazione» (*ibid.*).

Ulteriori testimonianze della professione di fede maschilista o androcentrica di Platone, si hanno nel *Simposio*: qui, tanto nello stravagante intervento di Aristofane, il grande commediografo contemporaneo di Socrate e del giovane Platone, sia in quello di Socrate, che si fa portavoce di un discorso fattogli dalla sacerdotessa Diotima, il tema dell'amore dà luogo ad accentuazioni della inferiorità dell'amore che ha a che fare con le donne rispetto a quello che ha a che fare con le idee.

Per esempio, la procreazione di figli, che ha luogo tramite il rapporto sessuale fra un uomo e una donna, è inferiore alla procreazione di idee, che ha luogo tramite il dialogo e la relazione – anche sessuale – fra uomini.

Aristofane (450-385 a.C.), il grande commediografo, è anche autore di alcune importanti commedie che hanno come protagoniste le donne, ritratte in maniera efficace e vivacissima come fautrici di ribellione organizzata contro gli autori che parlano male della donna (in particolare il drammaturgo Euripide). Inconsueta e clamorosa è la loro iniziativa (sciopero sessuale contro i loro mariti) che accomuna mogli ateniesi e spartane, contro la guerra fratricida tra le due città, nella commedia *Lisistrata*; ribellione tradottasi in un colpo di Stato e nell'instaurazione di un governo di sole donne, contro il malgoverno della città operato dagli uomini, nella commedia *Donne all'assemblea*.

7. La superiorità maschile secondo Aristotele

Con Aristotele, il terzo grande filosofo dell'antichità classica, torniamo alla concezione androcentrica del rapporto uomo-donna. Nella *Politica* da una parte rifiuta e discute, confutandone la praticabilità e la desiderabilità, lo Stato ideale proposto da Platone con il corollario della comunanza di donne e figli; dall'altra rivendica la basilarità della famiglia quale fondamento della società e dello Stato. Nell'ambito di questo discorso riafferma con nettezza e radicalità l'inferiorità naturale della donna (suo compito è ubbidire all'uomo, al marito) e la superiorità, anch'essa naturale, dell'uomo (suo compito è di comandare la moglie, i figli, gli schiavi, ossia tutte le componenti della famiglia di cui egli è il capo e il responsabile).

Queste tesi politiche, con risvolti etici, trovano una loro fondazione anatomico-fisiologica nello scritto *Sulla riproduzione degli animali* (in particolare il libro IV): in esso, con discussioni analitiche di alcuni filosofi suoi predecessori (Anassagora, Empedocle, Democrito) e con ricchezza di esempi tratti dall'osservazione delle varie specie animali tra le quali quella umana, Aristotele propone una tesi che conferma le opinioni sedimentatesi da secoli nella società greca. Tale tesi afferma che nella procreazione il ruolo attivo e creativo è del solo uomo, mentre quello della donna si limita a essere ricettivo e passivo; è l'uomo che dà la forma alla materia e che, se le condizioni sono ottimali, genera un maschio; la femmina nasce soltanto nel caso che le condizioni del maschio generante non siano quelle ottimali: la femmina è quindi un "maschio mancato", la conseguenza di un "difetto nella procreazione".

L'uomo, il padre, il capofamiglia: è questo il cardine intorno al quale ruota l'intera società con la sua organizzazione statuale. Le famiglie, per essere veramente tali, sono composte di liberi (marito-padre, moglie, figli) e di schiavi: il capofamiglia lo è "naturalmente", cioè per ragioni derivanti non dalla sua volontà o dalla sua forza ma dalla natura, colui che comanda; tutti gli altri sono, anch'essi per natura, coloro che obbediscono.

8. Le filosofe

Nell'età antica sono poche le donne filosofe, poiché la società maschilista le esclude dalla vita culturale pubblica, dall'istruzione e dalla produzione intellettuale. Peraltro, le donne stesse finiscono per accettare tale esclusione: una donna ai tempi della scuola pitagorica (VI sec. a.C.), Teano, che si occupò di matematica e di medicina, metteva in guardia le consorelle:

«È opportuno che la parola di una donna riservata non sia accessibile a tutti e che ella diffidi e si trattenga dal far udire la propria voce come si evita di spogliarsi davanti a uno sconosciuto. Attraverso la voce infatti traspaiono i sentimenti, il carattere e la natura di colei che parla».

Tra le filosofe dell'antichità ricordiamo: Aspasia di Mileto (470-400 a.C.), amante e consigliera di Pericle, donna di grande talento e bellezza, riceve nella propria casa gli intellettuali più famosi dell'Atene del V secolo e partecipa ai loro dibattiti; Diotima (V sec. a.C.), sacerdotessa di Mantinea, sulla cui reale esistenza si discute, che racconta a Socrate il mito di Eros nel *Simposio* di Platone; Areté (IV sec. a.C.), figlia di Aristippo ed erede della scuola cirenaica fondata dal padre; Ipparchia (IV sec. a.C.), che abbracciò le dottrine ciniche; Leonzia (IV sec. a.C.), seguace di Epicuro, donna di grandissima cultura e autrice di un'invettiva contro il filosofo Teofrasto.

La figura più rilevante dell'antichità greca è certamemente Ipazia di Alessandria (V sec. d.C.), di scuola neoplatonica e autrice di tre opere andate perdute di matematica e di astronomia. Secondo un suo allievo, applica il ragionamento matematico all'Uno neoplatonico, monade delle monadi.

Si distingue per la sua cultura e diventa amica e consigliera di importanti esponenti politici di Alessandria, tra cui il prefetto romano. Viene violentata e lapidata da alcuni fanatici cristiani forse su incitamento del Patriarca di Alessandria, Cirillo, che la ritiene colpevole della persecuzione subita dai cristiani. Non ci è pervenuto nulla di ciò che ha scritto Ipazia, ed è difficile ricostruirne il pensiero. Certo è stata maestra, simbolo di sapienza, poco gradita alla Chiesa, che procede all'emarginazione della donna sia dai ruoli sociali dominanti sia dal culto.

Donne di buona cultura nel mondo romano furono Cornelia, madre dei Gracchi, Lelia e Ortensia (I sec. a.C.), Sulpicia, una poetessa sempre del I sec. a.C. di cui abbiamo qualche verso superstite, Lesbia (Clodia), amata da Catullo, e Corinna, amata da Ovidio.

N.-A. Monsiaux, *Socrate*, *Alcibiade e Aspasia* (1801).

«Non indugi il giovane a filosofare, né il vecchio se ne stanchi. Nessuno mai è troppo giovane o troppo vecchio per la salute dell'anima. Chi dice che l'età per filosofare non è ancora giunta o è già trascorsa, è come se dicesse che non è ancora giunta o è già trascorsa l'età della felicità. [...]
Bisogna dunque esercitarsi in ciò che può produrre la felicità: se abbiamo questa possediamo tutto; se non l'abbiamo, cerchiamo di far di tutto per possederla.»

Epicuro

Unità 5

Le filosofie ellenistiche

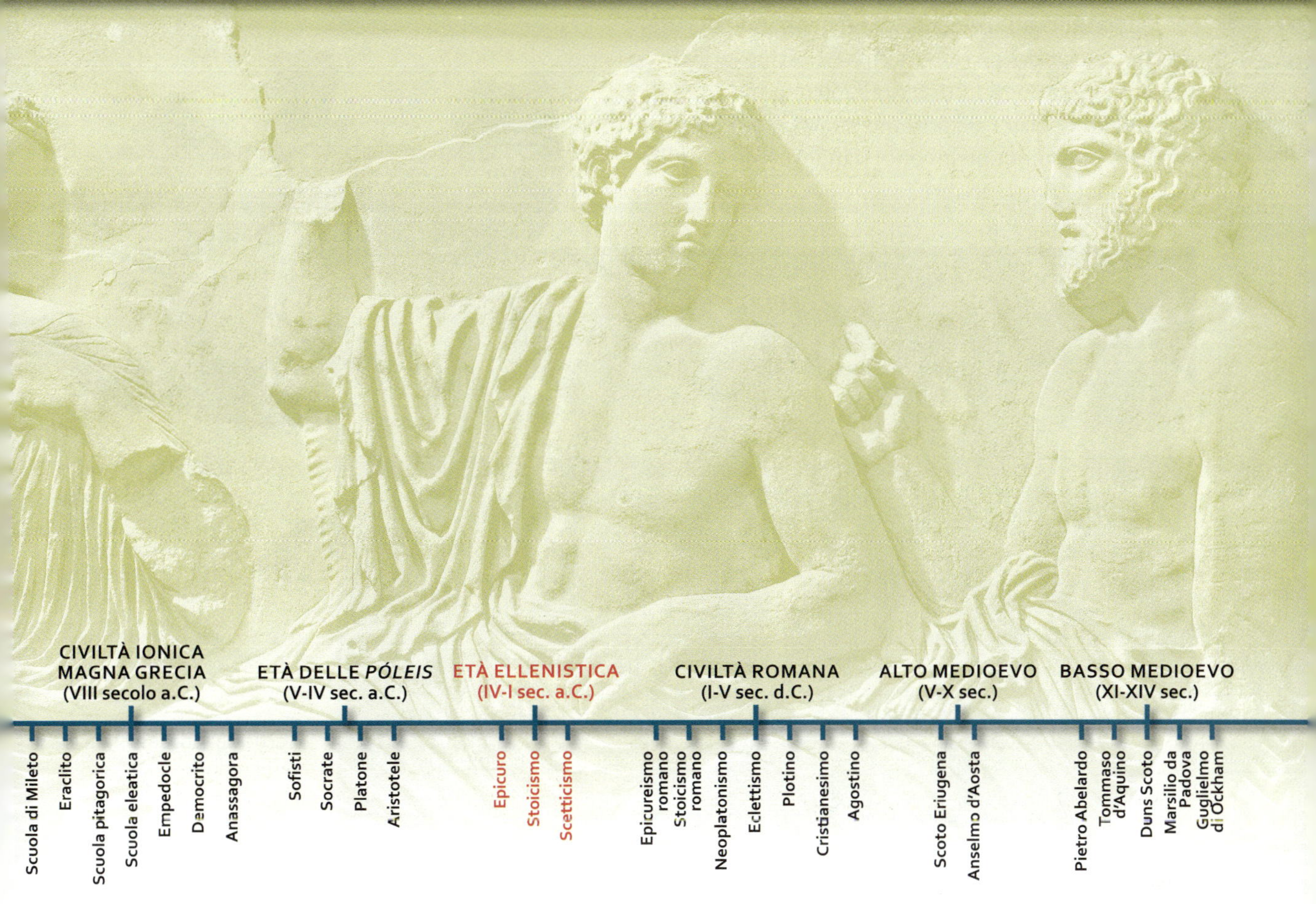

I regni ellenistici e la cultura cosmopolita

VIDEO

1. La crisi della *pólis* e la conquista macedone La crisi, ormai irreversibile, delle *póleis* greche, dovuta alla politica imperialista di Atene e alla guerra del Peloponneso (431-404 a.C.) che vide contrapposte Atene e Sparta per quasi tre decenni, favorì l'affermarsi di una nuova potenza, nata ai confini settentrionali della Grecia: il regno di Macedonia, retto da Filippo II. Nel 338 a.C. l'esercito macedone sconfigge a Cheronea le lega delle città greche capeggiata da Atene.

Aristotele nota come la conquista da parte dei Macedoni avvenga in un momento in cui nelle città greche si è diffusa una tendenza politica ostile all'eguaglianza e orientata piuttosto alla supremazia. Il famoso oratore ateniese Demostene, nelle sue veementi orazioni, le *Filippiche*, mette in guardia i Greci, ammonendoli che la vittoria delle falangi macedoni significa la fine sia della *pólis* democratica di Atene, sia della sua supremazia culturale su tutta la Grecia.

Filippo II costituisce una confederazione di città greche, lasciando loro autonomia nelle questioni interne, ma imponendo di fatto l'autorità macedone. Gli equilibri sociali si spostano a favore dell'aristocrazia e contemporaneamente si indebolisce il ruolo politico del *démos* urbano.

2. L'impero di Alessandro Alla morte di Filippo II (336 a.C.), vittima di una congiura, il potere passa al figlio Alessandro, di appena vent'anni, bello e colto, educato dai migliori maestri, tra cui il filosofo Aristotele. Il giovane erede dimostra subito di possedere buone doti di condottiero e di conquistatore. Passa di vittoria in vittoria, sconfigge il re persiano Dario III, conquista tutta l'Asia Minore, l'Egitto, la Palestina, la Siria e, nel corso degli anni, costruisce il più vasto impero mai esistito, guadagnandosi l'appellativo di «Magno». Il suo progetto più ambizioso è quello di creare un'unica grande civiltà, nel rispetto dei caratteri fondamentali di ogni singolo popolo. Egli adotta il modello della monarchia assoluta e pretende per la sua persona l'attribuzione di onori divini. Per favorire la fusione tra il popolo persiano e quello greco, sposa la figlia di Dario III e obbliga migliaia di soldati macedoni a sposare fanciulle dell'aristocrazia persiana.

Statuetta in bronzo di Alessandro Magno in sella al suo cavallo Bucefalo.

Particolare di bassorilievo raffigurante la falange macedone pronta al combattimento.

Il nome di Alessandro composto in caratteri geroglifici.

3. I regni ellenistici L'unità politica dell'impero non dura poiché alla morte di Alessandro (323 a.C.) si apre un ventennio di lotte per la successione tra i suoi generali (chiamati diàdochi), lotte che si concludono con la formazione di quattro regni, detti «ellenistici»: regno di Macedonia (con Antigono), regno d'Egitto (con Tolomeo), regno di Siria (con Seleuco) e regno di Pergamo (con Attalo).

Nelle città di questi nuovi regni i Greci detengono il potere e sono gli unici ad avere diritti politici; i nativi vivono in quartieri separati, non sono riconosciuti come cittadini, ma hanno amministrazioni e giurisdizioni autonome. I diàdochi sono venerati come divinità, affiancati nel governo da un Consiglio reale, formato di soli Greci e dotato di potere consultivo. I responsabili delle province in cui si suddividono le monarchie ellenistiche sono greci e greco è l'esercito, mentre mista è la burocrazia che fa da tramite tra i detentori del potere e la popolazione locale.

La società, dunque, è suddivisa in Greco-Macedoni e nativi, che vivono pressappoco nelle stesse condizioni in cui vivevano precedentemente alla conquista di Alessandro. Non si verifica la fusione desiderata da Alessandro, ma i rapporti tra le differenti etnie rimangono cordiali e le diverse culture e civiltà si influenzano reciprocamente.

La società ellenistica è divisa in classi rigidamente separate. Al vertice della piramide sociale, il potere supremo è nelle mani del sovrano, fonte del diritto e delle leggi. Per conservare il suo incontrastato dominio il re si serve di un costoso apparato militare e burocratico, il cui mantenimento provoca l'imposizione di tasse molto onerose.

Al di sotto del sovrano si colloca, senza ruoli politici precisi, l'aristocrazia, costituita dai grandi proprietari terrieri e dai dignitari di corte, che gode del massimo prestigio sociale. I commercianti si arricchiscono, ma, pur essendo indispensabili perché oggetto di un notevole prelievo fiscale, non migliorano il proprio *status* nella scala sociale, a meno che non riescano ad acquistare terre e diventare latifondisti. Il *dêmos* urbano, impoverito e sempre più pressato dai debiti, emigra nelle nuove metropoli fondate in Oriente in cerca di fortuna o si arruola negli eserciti mercenari, di cui il re ha sempre bisogno.

I quattro regni ellenistici segnano il fallimento degli ideali politici della Grecia classica, delle *póleis* e della democrazia ateniese: l'unica classe che conta è l'aristocrazia cittadina, anche se destinata a un ruolo sempre più marginale nella gestione della cosa pubblica. Gli appartenenti alle classi sociali inferiori, che partecipano sempre meno alla gestione del potere, sono relegati al ruolo di sudditi; in questo modo i cittadini, esclusi dall'impegno politico, dimenticano di agire responsabilmente in vista del bene pubblico comune.

Sotto il profilo economico, grazie alla nuova estensione dei mercati e alla maggiore circolazione di merci e di denaro, si realizzano risultati di grande portata, che determinano un'epoca di floridezza e di sviluppo sia nel settore agricolo, sia in quello commerciale. Alessandria, fondata in Egitto da Alessandro, diventa il porto più grande e ricco, seguita da Seleucia, Efeso, Bisanzio e Rodi.

Riproduzione del porto di Alessandria e della tomba di Alessandro Magno (frammento di lucerna in terracotta del I sec. d.C.).

4. Una cultura cosmopolita

L'epoca ellenistica comprende il periodo che va dalla morte di Alessandro Magno (323 a.C.) alla conquista romana dell'Egitto (30 a.C.) e si può suddividere in due fasi: la prima è legata alla nascita e allo sviluppo dei regni ellenistici, la seconda all'origine della potenza romana e alla sua espansione nel Mediterraneo. In questa unità ci occuperemo della cultura e della filosofia della prima fase della civiltà ellenistica.

La conquista dell'impero persiano da parte dei Macedoni diffonde la lingua (*koiné*) e la cultura greca in una amplissima area che va dall'Egitto fino ai confini dell'India.

Affresco con principe macedone e filosofo (I sec. a.C.).

L'esportazione della civiltà greca, arricchendosi di elementi orientali, dà origine a un mondo nuovo, che ha una dimensione ecumenica e dinamica.

Il cosmopolitismo diventa il carattere proprio di questa nuova realtà: l'uomo greco passa dalla dimensione della sua piccola patria, la *pólis*, all'orizzonte sconfinato dell'universo allora conosciuto e diventa cittadino del mondo; non si distingue più in maniera radicale dai barbari, che imparano a comunicare in greco nelle metropoli, affollate di gente di tutte le razze, anche molto lontane dalla madrepatria. L'uomo di età ellenistica perde il rassicurante senso di appartenenza a una piccola ma ben definita comunità e deve ripensare interamente la propria esistenza.

Un senso di libertà sconfinata, e insieme di sgomento per l'immensità del territorio in cui potersi spostare, determina un altro aspetto comune a tutta la cultura del tempo: l'individualismo. Il timore di realtà fino ad allora sconosciute spinge a chiudersi in se stessi e a cercare nella propria interiorità un nuovo equilibrio.

La ricchezza multiculturale del periodo ellenistico emerge anche nell'arte, come in questo contenitore in bronzo di foggia antropomorfa dai caratteristici tratti nubiani.

Libertà e responsabilità devono essere ridefinite. Sul piano della partecipazione politica, come abbiamo visto, il cittadino è privato del ruolo di membro attivo della comunità. Mentre si ampliano i confini politici, economici e culturali, il singolo si ripiega nel proprio privato e si dedica alla cura di sé perseguendo fini di felicità, moralità e saggezza individuali.

5. Letteratura e arte tra ripiegamento nell'individuo e celebrazione del potere

Nella letteratura il fatto più rilevante è la rinascita della poesia. Scompare la lirica corale, che esprimeva un mondo religioso e sociale che ormai apparteneva al passato, e nascono nuovi generi come l'epillio (breve componimento a carattere epico), contrapposto al tradizionale grande poema epico, e l'idillio (poesia di ambientazione pastorale). Questi generi sono più adatti a esprimere l'intimo mondo "poetico" dell'io e l'intera gamma dei sentimenti e degli stati d'animo, ora al centro dell'invenzione letteraria.

All'abbandono dei temi etico-religiosi corrisponde la scelta di tematiche erotiche, naturalistiche e conviviali. Al mito, non più utilizzato come strumento di spiegazione religiosa del mondo, si ricorre in chiave esclusivamente letteraria e fantastica. Espressione di queste nuove temperie culturali sono i poeti Callimaco (305-240 a.C.), Teocrito (315-260 a.C.) e Apollonio Rodio (295-215 a.C.).

Il nuovo clima politico e culturale trasforma anche l'architettura. Il monarca necessita di una scenografia grandiosa e monumentale: regge, mausolei ed edifici eretti per accogliere attività culturali e ricreative sono la testimonianza della potenza e della gloria che merita il dio-re. Le agorà, fiancheggiate da portici coperti, diventano ricchi centri commerciali e perdono la funzione di sedi del dibattito politico.

Le arti figurative non ambiscono più a riprodurre l'uomo ideale, perdono perciò il gusto per l'ordine e la misura e si rivolgono, con vivo senso realistico, agli aspetti più quotidiani e pittoreschi della realtà.

6. Il nuovo ruolo della religione

Persa l'opportunità dell'impegno politico, sia le classi più elevate e colte, sia quelle più modeste e culturalmente meno informate cercano di trovare nuove attività che riempiano di senso il loro bisogno di evasione dal quotidiano.

Mentre, come vedremo, le prime trovano questa possibilità di soddisfazione intellettuale nella filosofia (epicurea, stoica o scettica), le seconde si rifugiano nelle religioni di tipo misterico proprie della tradizione greca (misteri orfici, eleusini e dionisiaci) o nei culti di divinità orientali come Iside e Cibele, affascinate dai loro messaggi salvifici.

Agli dei della religione olimpica si sostituiscono divinità alla cui visione l'iniziato, membro della setta, giunge dopo aver seguito un percorso iniziatico rigorosamente tracciato. La religione, come la filosofia, è in grado di assicurare al fedele la pace interiore e quindi la felicità.

7. Il ruolo degli intellettuali

Gli intellettuali assumono un nuovo ruolo all'interno degli Stati ellenistici. Le istituzioni politiche necessitano di funzionari per le molteplici esigenze amministrative, di tecnici per le necessità militari e di esperti per le relazioni tra i diversi popoli assoggettati.

Durante l'epoca ellenistica si forma un ceto di intellettuali di professione favoriti dalla diffusione della cultura scritta e, soprattutto, da iniziative culturali messe in atto dai sovrani stessi. Ad Alessandria, Tolomeo II Filadelfo (308-246 a.C.) fa ampliare la celebre Biblioteca, al cui interno vengono custoditi i rotoli di papiro contenenti testi che vengono messi a disposizione degli studiosi. Lo stesso sovrano fonda, sempre ad Alessandria (la capitale della nuova cultura, detta appunto «alessandrina») il Museo (280 a.C.; *Museîon* significa «casa delle Muse», protettrici delle arti e dei saperi); qui gli intellettuali, chiamati dal sovrano, possono incontrarsi e confrontarsi.

All'interno dei cenacoli culturali si discute non più di argomenti di natura politica, ma di morale, di letteratura e di arte, che meritano il confronto e il dibattito.

Le tre muse Calliope, Urania e Melpomene protettrici, rispettivamente, della poesia epica, dell'astronomia e della tragedia.

Scena d'iniziazione ai misteri eleusini, antichissimi riti religiosi sul cui cerimoniale gli adepti erano tenuti al più stretto riserbo (IV sec. a.C.).

In un contesto storico e culturale che ha abbandonato gli spazi aperti dell'*agorá*, si consuma il distacco tra società e cultura. La letteratura comincia a interrogarsi su se stessa e a riflettere sulla propria ragione d'essere.

Il mondo di riferimento degli intellettuali non è più la città, dalla quale essi vivono isolati, ma la comunità degli uomini colti, l'insieme degli studiosi di professione, che si raccolgono nelle istituzioni culturali sovvenzionate dallo Stato, il quale sovente diventa sia il committente sia il destinatario della produzione artistica e culturale.

8. L'autonomia della scienza e la specializzazione dei saperi

Considerate alla pari con la filosofia, grazie alla classificazione delle varie discipline fatta da Aristotele, le scienze conoscono un crescente sviluppo nel periodo ellenistico. Diventano rapidamente discipline autonome, con metodi e settori di indagine ben definiti, e sono praticate da studiosi che si specializzano in particolari aree del sapere.

Gli scienziati godono del sostegno dello Stato, che crea per loro grandi e attrezzate sedi di ricerca, dove possono dedicarsi alla "ricerca pura", mentre diventa compito del *demiurgós* (cioè del tecnico professionista) sviluppare le applicazioni pratiche del sapere.

In campo matematico e in campo astronomico si raggiungono risultati eccellenti. Euclide (323-285 a.C.), scienziato attivo ad Alessandria, realizza la sistemazione del sapere matematico greco presentando, nella sua opera *Elementi*, il nuovo assetto della geometria e della matematica. Egli parte dai princìpi elementari, vere e proprie verità incontrovertibili, che sono sia le definizioni degli enti geometrici matematici, sia i postulati (affermazioni che rendono possibili operazioni fondamentali come tracciare rette e cerchi), sia gli assiomi (verità non solo geometriche o aritmetiche, ma più generali, come «il tutto è maggiore di ogni singola parte»), che hanno una validità generale. A queste proposizioni, che non necessitano di dimostrazione poiché evidenti per intuizione, seguono i teoremi e i problemi che necessitano di dimostrazione e di soluzione. Tale modello di scienza si definisce assiomatico deduttivo.

In astronomia rimane inalterata la concezione aristotelica della Terra al centro dell'universo, ma Aristarco di Samo (310-230 a.C.) elabora la teoria eliocentrica (il sole al centro), che sarà ripresa nel 1543 da Niccolò Copernico. Eratostene di Cirene (275-195 a.C.) riesce a calcolare, con un'ottima approssimazione, la circonferenza della Terra.

Anche la medicina gode di un notevole sviluppo e, grazie al rigore teorico e alla possibilità di dedicarsi completamente alla ricerca senza problemi economici, nasce una vera e propria scienza biologica, basata sull'anatomia e sulla fisiologia. Un grande contributo alla scienza medica si deve alla raccolta degli scritti attribuiti a Ippocrate di Kos (460-377 a.C.), certamente non riferibili tutti a lui, ma portata a compimento in epoca alessandrina, e nota con il titolo di *Corpus Hyppocraticum*.

Mentre, secondo la teoria cardiocentrica di Aristotele è nel cuore che hanno sede le funzioni percettive, secondo Erofilo, che vive ed opera in Alessandria, il centro vitale del movimento, della percezione e della razionalità è invece il cervello, che è in connessione con i nervi, distinti in sensori (preposti al sentire) e motori (preposti al movimento).

Strumenti medico-chirurgici da un bassorilievo del tempio di Esculapio ad Atene.

9. Il modello educativo in epoca ellenistica Il modello educativo proprio della *pólis* ateniese viene adottato in tutti gli Stati ellenistici. La formazione completa e armonica di ogni individuo è il fine che il percorso educativo deve proporsi. L'ideale di un'educazione generale dell'individuo (*enkýklios paidéia*), che mira alla formazione di una personalità ricca e multiforme, rimarrà esemplare anche per la civiltà romana.

Il percorso elementare di istruzione, in cui si impara a leggere, a scrivere e a far di conto, parte dai 7 anni d'età e dura sino ai 14 anni. Successivamente si iniziano gli studi secondari, il *gymnasium*, a cui accede un numero abbastanza limitato di giovani; le discipline da seguire sono la grammatica, la geometria, l'aritmetica, l'astronomia e la musica. Molto importante è anche la conoscenza della letteratura (che riguarda soprattutto l'analisi critica di grandi autori come Omero, Euripide, Menandro, Demostene). Si impara anche a comporre testi secondo regole formali prestabilite.

L'istruzione superiore prevede il proseguimento nelle scuole di retorica o in quelle di filosofia. La retorica costituisce l'abilità che contraddistingue chi è veramente colto. Parlare bene significa pensare bene e dunque vivere bene: così aveva stabilito il più celebre maestro di retorica, Isocrate (436-338 a.C.).

Le regole teoriche che stanno alla base della retorica riguardano la scelte dei temi, lo studio dell'articolazione del discorso, dello stile e delle figure retoriche, nonché le tecniche di memorizzazione, l'educazione della voce e la capacità gestuale.

Alcuni citaredi impegnati in una lezione di musica.

Verifica immediata

1. Com'è gerarchicamente strutturata la società del periodo ellenistico?
2. Quali sono i principali caratteri della cultura ellenistica?
3. Quali tematiche privilegia la cultura e quali forme letterarie prevalgono?
4. Qual è il ruolo dell'intellettuale?
5. Quali discipline conoscono un grande sviluppo?

La ricerca della felicità

I luoghi e i destinatari

1. Alessandria, Atene e la formazione culturale in epoca ellenistica

1.1 Alessandria, centro culturale dell'impero

Fino all'epoca di Alessandro Magno e di Aristotele, **Atene** era stata il **centro culturale più vivace e dinamico** dell'intera civiltà greca. Nell'età ellenistica le nuove dinastie costruiscono imponenti sedi per la loro corte e grandi biblioteche, con annessi laboratori e istituti di istruzione superiore.

Alessandria diventa la **principale sede culturale** e il centro più avanzato nelle ricerche scientifiche di tutto il mondo che si affaccia sul Mediterraneo. Come si è già accennato, sotto gli auspici di Tolomeo II, su progetto di alcuni allievi di Aristotele, sorgono nella città due grandi istituzioni: la **Biblioteca**, dove si raccolgono tutte le opere letterarie (non soltanto greche), che raccoglie circa settecentomila rotoli papiracei, e il **Museo**, con annessi i laboratori scientifici.

In età ellenistica nasce anche la **filologia**, una nuova disciplina che si occupa dell'**edizione corretta delle opere letterarie** e della loro attribuzione. Grazie all'opera di raccolta e di sistemazione dei testi compiuta dai bibliotecari alessandrini, il patrimonio del mondo classico è pervenuto fino a noi.

L'istituzione culturale della Biblioteca modifica il modo stesso di fare cultura, consentendo a tutte le persone colte di accedere ai prodotti dell'ingegno umano, **allargando** smisuratamente **le possibilità di conoscenza** e favorendo un fruttuoso **scambio interculturale**. La Biblioteca di Alessandria verrà completamente distrutta nel 642 d.C., quando la città verrà conquistata degli arabi.

Presso il Museo lavorano numerosi scienziati, che ricevono un'**indennità dallo Stato** e possono dedicarsi completamente alla ricerca. Il Museo è dotato di un **osservatorio astronomico**, di un **giardino botanico**, di un giardino **zoologico** e di un **istituto anatomico** oltre che di alloggi per i suoi membri e una palestra. Diventa la fucina di ogni progetto scientifico e ogni teoria qui elaborata viene ad arricchire la mole del sapere, ordinato secondo un rigoroso impianto metodologico.

Accanto ad Alessandria, emergono altre città come poli di produzione e diffusione di arte e di letteratura, come, per esempio, Antiochia e Pergamo con le loro celebri biblioteche.

1.2 Atene, capitale della filosofia

Atene rimane la **capitale della filosofia** e manterrà la sua fama in campo filosofico fino a tutta l'età imperiale romana. L'enorme prestigio acquisito nei secoli precedenti non va certo perduto: Teofrasto (371-287 a.C.), successore di Aristotele, dirige il Liceo, ricevendone in cambio fama e mantenendo molto alto il livello della scuola; l'Accademia platonica svolge la sua opera di ricerca filosofica sotto la direzione di Speusippo (393-339 a.C.) e di Senocrate (396-314 a.C.) ed è frequentata da celebri e validi studiosi.

Il capoluogo attico vede nascere **due nuovi centri filosofici**: la scuola di **Epicuro** (341-271 a.C.; vedi p. 217 e ss.), denominata «**Giardino**» (*Kêpos*) perché situata nei pressi di un terreno acquistato dal suo fondatore, e la scuola degli stoici, fondata da **Zenone di Cizio** (333-263 a.C.; vedi p. 226 e ss.), che deve il suo nome al «**Portico dipinto**» (*Stoá poikíle*) presso il quale aveva sede, un luogo pubblico situato nel lato nord dell'*agorá*.

Epicuro, originario di Samo ma vissuto ad Atene, dirige con grande apertura culturale e tolleranza la sua **scuola**, un po' eccentrica e diversa da quelle più istituzionali (come l'aristotelica e la stoica), **frequentata anche dalle donne e dagli schiavi**. Anche dopo la sua morte, la scuola epicurea attira allievi desiderosi di vivere una vita dignitosa e felice, grazie alla fiducia profonda nell'**amicizia** e nel **rispetto reciproco** propugnata dall'Epicureismo. Essa avrà una fortuna ininterrotta sino al principio del IV secolo d.C.

Zenone, un fenicio nato a Cipro, testimonia la **fusione di culture prodotte dall'Ellenismo**: da una parte gli uomini di qualsiasi origine e nazionalità possono riconoscersi nei valori fondamentali della civiltà greca, dall'altra gli Ateniesi possono riconoscere il talento degli stranieri e onorarli come esempi di sapere e di virtù. La scuola stoica diverrà istituzionale e incontrerà nel mondo romano persino i favori dell'imperatore **Marco Aurelio**.

Accanto alle scuole, organizzate come centri di elaborazione ideologica e di educazione, si afferma, dando segni di notevole vivacità, una **filosofia "non integrata"**, **alternativa**, che si richiama direttamente all'insegnamento socratico, **la filosofia scettica**.

Lo Scetticismo non costituisce una scuola nel senso di comunità di studiosi costituita da un maestro e dagli allievi, ma rappresenta un **metodo di ricerca filosofica** che **mette in dubbio la possibilità di conoscere la realtà** delle cose, negando la possibilità di uscire dal mondo dell'apparenza e ribadendo che **le sensazioni e le opinioni non sono né vere né false**.

Pirrone di Elide (365-275 a.C. ca), considerato fondatore della scuola scettica (vedi p. 233 e ss.), è il primo a sostenere che l'atteggiamento che ne consegue necessariamente è l'**astensione dal giudicare** (detta *epoché*).

1.3 L'allargamento del pubblico

Bassorilievo con figura femminile e guerriero. Copia romana di opera ellenistica.

Nell'età ellenistica cresce la **cultura media** della popolazione: le grandi monarchie favoriscono la fondazione di istituzioni scolastiche, che permettono una diffusione dell'alfabetizzazione e dell'istruzione fino ad allora impensabili.

Il **pubblico colto** aumenta e si **differenzia**: da un lato una ***élite* di studiosi** in possesso di una cultura "alta", di carattere scientifico e filosofico, dall'altro **il resto delle persone alfabetizzate**, a cui si rivolge una letteratura popolare (nasce il nuovo genere del romanzo). Il **destinatario della filosofia** è un **cittadino cosmopolita**, in genere benestante, e allo stesso tempo **individualista**, alla ricerca di ideologie consolatorie e liberanti.

L'interesse per la filosofia si diffonde in **differenti strati sociali** e per la prima volta coinvolge anche le donne, gli schiavi e i barbari (cioè persone estranee alla cultura greca).

Il pensiero culturale prevalente nelle epoche precedenti aveva teorizzato una differenza di natura tra i Greci liberi di sesso maschile ed altre categorie di persone (donne e schiavi). Ora le **donne** si vedono riconosciute **maggiori diritti**; Epicuro ammette le donne tra gli allievi della sua scuola e addirittura accoglie nel suo Giardino alcune etère, come Leozio, la donna che diverrà sua allieva e poi compagna del filosofo epicureo Metrodoro di Lamsaco (331-278 a.C.).

La **schiavitù** continua a esistere, ma almeno **a livello teorico** viene **posta in discussione** ed Epicuro rivolge il suo insegnamento anche agli schiavi. Gli stoici sostengono che la schiavitù che affligge l'uomo non è la dipendenza da un padrone ma l'**ignoranza della virtù**.

Verifica immediata

1. **Completa inserendo opportunamente i termini mancanti.**
Nella città di Alessandria vengono inaugurati la Biblioteca e il .... , con annessi .... Ad Atene la scuola epicurea ha sede presso il ...., quella stoica presso il .... La scuola epicurea accetta come allievi anche le .... e gli ....

Le forme della trasmissione

2. La diffusione dei testi scritti

2.1 La *koiné* come lingua comune

Come abbiamo visto, alla crisi della *pólis* e all'estendersi del dominio dei Macedoni si deve la **diffusione della "grecità"** fuori dai suoi confini e soprattutto l'adozione della ***koiné*** (la «lingua comune», derivata dalla semplificazione del dialetto attico), che si diffonde fino all'Asia Minore. Alessandro Magno impone il **greco come lingua dell'amministrazione e del commercio** nel vasto impero da lui conquistato. Molto presto gli uomini di cultura di **aree anche lontanissime** dall'Ellade (ad esempio la Persia, l'Egitto, la Palestina) **fanno propria la lingua dei conquistatori**, strumento essenziale per comunicare le idee al di fuori del bacino culturale di origine.

Una sola lingua permette ai vari centri, sedi di nuove istituzioni culturali, di scambiarsi contributi e di formare un complesso di sapere unitario. La storia significativa ma numericamente circoscritta del popolo greco si dilata nella storia di tutti quelli che – all'interno di un grandissimo territorio – parlano greco.

La **lingua scritta** rimane pressoché **inalterata**, mentre la ***koiné*** **parlata va modificandosi**, poiché risulta dinamica e aperta alle innovazioni lessicali e alle nuove costruzioni morfologiche e sintattiche necessarie per semplificarne la struttura nell'uso quotidiano. Quando i Romani conquisteranno il mondo ellenistico, adotteranno il greco come lingua della diplomazia, necessaria per comunicare con i popoli conquistati, e come lingua della cultura.

2.2 L'affermazione della cultura scritta

La diffusione dell'alfabetizzazione e della cultura crea una **nuova domanda di testi scritti**, che devono rispondere alle esigenze della **cultura specialistica**, ma anche a quelle di un pubblico che richiede una **letteratura popolare**.

Nell'Atene del IV secolo a.C. si sviluppa, tra le altre attività economiche, il **commercio di libri** su scala internazionale. Gli scrittori più diffusi e imitati sono **Omero**, i retori come **Demostene** e **Isocrate**, gli scrittori di teatro come **Euripide** e **Menandro**. Ma anche la **filosofia**, nonostante le diffidenze di Socrate e Platone, trova una sua **importante diffusione tramite la parola scritta**.

Se prima il dibattito tra i filosofi avveniva oralmente nell'*agorá*, ora, alla luce della diffusione della filosofia greca in tutto il bacino del Mediterraneo, si rende necessaria la scrittura come mezzo di divulgazione e di trasmissione del sapere. Certamente, in alcuni casi, si corre il rischio di un certo irrigidimento della cultura, staccata dai problemi reali e scottanti della società, che erano stati gli stimoli primari all'origine del pensiero filosofico-politico.

I testi vengono dapprima **raccolti in biblioteche private** (famosa era quella di Aristotele), successivamente acquistano un ruolo di primo piano le **biblioteche promosse dai sovrani**, dove i bibliotecari, per esigenze di catalogazione, raccolgono tutto il materiale scritto di cui entrano in possesso. Il materiale è costituito da rotoli di papiro contenenti mediamente qualche decina di pagine scritte a mano.

Questo materiale, prodotto principalmente in Egitto, aveva il vantaggio di essere poco costoso, ma era anche molto deperibile, il che spiega la perdita di gran parte delle opere prodotte dalla classicità. La **pergamena**, ottenuta dalla pelle di animale conciata, sostituirà gradualmente, dopo l'età ellenistica, i rotoli con i **codici** (simili ai nostri libri) e verrà impiegata fino al XIV secolo, quando verrà soppiantata dalla carta prodotta da canapa o altri materiali.

2.3 Le fonti

La nostra conoscenza dei filosofi dell'Ellenismo è ostacolata dal fatto che possediamo pochissime opere complete, pertanto le informazioni a noi pervenute provengono essenzialmente dalle **testimonianze successive**.

Di **Epicuro** restano **alcune lettere**, ma solo **nove dei ventisette libri** dell'opera ***Sulla natura***; la fonte principale della **dottrina epicurea** è il poema latino in esametri del poeta e filosofo romano **Lucrezio** (99-55 a.C. ca), il principale interprete a Roma di tale filosofia, intitolato ***De rerum natura*** (*Sulla natura*).

Dello **Stoicismo** sono andate **perdute quasi tutte le opere** della fase più antica; possediamo solo citazioni ed esposizioni di **autori posteriori latini**.

Verifica immediata

1. Che cos'è la *koiné*?
2. Quale nuovo strumento di trasmissione della cultura si va affermando?
3. Quali vantaggi offre la pergamena rispetto al papiro?

Dello **Scetticismo antico** abbiamo notizia soprattutto grazie a **Sesto Empirico** (180-220 a.C.), un medico e filosofo greco che è autore degli ***Schizzi pirroniani***, una vera e propria sintesi della filosofia scettica, ma anche un dettagliato repertorio delle tesi contestate ai rappresentanti del pensiero classico ed ellenistico.

Altre fonti sono costituite dalle **dossografie**, raccolte di opinioni dei più celebri filosofi, una sorta di storia della filosofia. La fonte principale è l'opera ***Vite e dottrine dei filosofi greci*** dello storico del III secolo d.C. **Diogene Laerzio**.

Il metodo della filosofia

3. I maestri e l'atteggiamento dogmatico

3.1 Lo scolarca e l'insegnamento della filosofia

La scuola costituisce l'ambito istituzionale nel quale si elabora la filosofia ellenistica. Vi sono però anche filosofi che si spostano da una città all'altra e non si preoccupano di raccogliere attorno a sé gruppi stabili di discepoli, come il già citato Pirrone di Elide, appartenente alla corrente scettica.

La scuola è un'**istituzione privata**, presso la quale si raccoglie un gruppo di persone che vi trascorre una vita comunitaria. La scuola non prevede alcun *curriculum* di studi, né possiede finalità professionali; è prima di tutto **luogo di appartenenza** e di **identità culturale**, una comunità di dotti legata da un vivo senso dell'amicizia e del rispetto reciproco.

Il **maestro**, una vera e propria **guida spirituale**, ha un ruolo molto più forte rispetto al modello maieutico socratico. A lui si rivolgono i giovani delle classi superiori che vogliono completare la loro formazione. Il prestigio del **capo della scuola** (lo **scolarca**) come detentore della sapienza è testimoniato anche dal fatto che gli spetta il ruolo di designare il successore.

Altorilievo con due donne in conversazione (IV sec. a.C.).

L'apprendimento della filosofia avviene tramite la **parola** e con l'**esempio del maestro**. Il discepolo, il destinatario della "cura filosofica", deve rispettare scrupolosamente i precetti imposti dalla scuola. La **forza delle regole** da seguire è tale da determinare la piena uguaglianza tra gli aderenti, siano essi uomini liberi, donne o schiavi.

L'**insegnamento della filosofia** avviene in maniera **graduale**: prima si fornisce una conoscenza della **storia della filosofia**, poi si guidano gli allievi nella **lettura** e nel **commento dei testi** fondamentali. Infine, il maestro tiene le sue lezioni esponendo le idee filosofiche cui è legata l'identità della scuola e **gli allievi partecipano alle discussioni**.

Nella scuola non si sostengono esami né si rilasciano titoli di studio: anche questo aspetto le conferisce il carattere di un luogo il cui unico scopo è la **ricerca della libertà interiore**, **della saggezza** e **della felicità**.

La carica iniziale molto innovativa delle scuole ellenistiche è testimoniata dal **progressivo arricchimento del tradizionale lessico filosofico** con nuovi termini (come, per esempio, aponìa, apatìa, afasìa, adiaforìa, *epoché*, autarchia, atarassìa, ecc.).

3.2 Il Giardino: un esempio di scuola ellenistica "eccentrica"

Talvolta la scuola di stampo ellenistico si presenta come dichiaratamente **apolitica**: è certamente il caso di quella fondata da Epicuro, il Giardino, che nasce come una **comunità molto egualitaria**, che accoglie anche le donne e gli schiavi, fondata sul piacere di vivere insieme e sull'affetto che lega gli amici, una comunità alternativa alla società civile politicamente organizzata. La scelta di Epicuro di rendere la sua scuola aperta a tutti è dettata anche dall'intento pedagogico di estendere la conoscenza filosofica a soggetti che, nella società del tempo, erano "emarginati" dalla cultura.

L'**amicizia** che unisce i membri del Giardino diviene proverbiale in tutto il mondo antico. Epicuro stesso raccomanda ai suoi discepoli di aiutarsi l'un l'altro in caso di necessità e dà l'esempio di questa sollecitudine adoperandosi per i bisogni dei membri della scuola.

Un ulteriore aspetto della comunità epicurea è il vincolo di **riconoscimento dell'autorità** per il maestro fondatore e di condivisione totale delle sue opinioni. Il filosofo è effigiato in busti o statue, nonché su oggetti di uso quotidiano; la sua figura, benché sia talvolta esponente di posizioni agnostiche, si colora di sfumature mistiche e semidivine.

Il Giardino diviene sempre più simile a un tìaso, l'antica comunità religiosa di fedeli, accentuando la tendenza a uno **spiccato spirito di gruppo e atteggiamento dogmatico**, poco incline alla messa in discussione delle tesi sostenute dai maestri.

Rappresentazione di un rito iniziatico.

Forte è quindi la difesa del *corpus* delle proprie dottrine sia tra i medesimi membri della stessa scuola sia nelle contese tra gli allievi delle diverse comunità filosofiche.

Pertanto, seppure sorte come centri di elaborazione dottrinale e in alcuni casi di produzione di ideologie consolatorie, le scuole si fanno sempre più rigide e poco permeabili ai contributi esterni.

Verifica immediata

1. Qual è il ruolo dei sapienti nelle scuole ellenistiche?
2. In che modo avviene l'insegnamento della filosofia?
3. Quali sono gli aspetti più caratteristici della scuola epicurea?

I problemi della filosofia

4. Virtù e felicità

4.1 La centralità dell'etica

Statua di mendicante. Copia romana di epoca ellenistica.

Di fronte alla **crisi dei valori politici** della democrazia, il filosofo del periodo ellenistico chiede alla **filosofia** di divenire una **guida per la vita del singolo individuo**; in essa cerca delle risposte che lo aiutino a vivere serenamente, lontano dalle contese della politica e dalle ansie della vita pubblica. Non si pone come compito primario di dare risposta ai problemi metafisici e ontologici; se costruisce sistemi che diano spiegazioni globali sull'universo lo fa in vista del conseguimento di una serenità e di una autosufficienza (*autárcheia*), necessaria per ottenere la **felicità individuale**, raggiunta attraverso la **virtù**.

Il problema centrale della filosofia ellenistica è la ricerca non di una *sophía*, cioè una sapienza che si distingua dal sapere comune, ma della ***phrónesis***, la **saggezza** di chi affronta con ragionevolezza e prudenza le angustie della vita. I **filosofi** sono dei **saggi**, maestri di virtù, alla ricerca di comportamenti giusti che, nel rispetto degli altri, assicurino la felicità.

Già nelle grandi filosofie elleniche ci si era interrogati sui problemi etici. Il fatto nuovo è che per la prima volta la **dimensione morale** viene considerata e praticata esclusivamente con finalità individuali. È l'**individuo**, e non più la comunità, per le nuove scuole filosofiche, al centro dell'attenzione teorica e pratica.

I filosofi mettono in primo piano l'esigenza di trovare nella propria interiorità quella via per la "vita buona" che precedentemente veniva individuata soprattutto nell'impegno delle proprie capacità e competenze al servizio della città-stato (come governanti o come educatori civici).

Proprio perché il loro fine è il **conseguimento della felicità** (*eudaimonía*), le **filosofie ellenistiche** sono dette **eudaimonistiche**. In particolare **quella epicurea** è definita anche **«edonistica»**, dal momento che ritiene che la felicità consista nel piacere (*edoné*).

4.2 La filosofia come medicina dell'anima

La condizione indispensabile per essere felici – secondo le scuole ellenistiche – è la **liberazione da ogni schiavitù esterna**. La vita di ogni uomo, già di per sé piena di inganni, di paure e di minacce, è sottoposta quotidianamente a tentativi di limitazione, di imposizione di regole e costrizioni. L'errore, il timore, la precarietà, il dolore, la morte e il pregiudizio tengono l'essere umano in uno stato di infelicità, di impotenza e di schiavitù.

Attraverso un esercizio paziente e rigoroso, si può cercare di costruire uno spazio, anche se limitato, nel quale l'uomo si senta libero.

Gli strumenti per raggiungere questo obiettivo, come dice lo stoico Zenone, sono tutti caratterizzati dalla **rinuncia**, dalla **limitazione**. La **felicità**, infatti, non è uno stato assoluto e permanente, ma è piuttosto l'**assenza del suo contrario**: **l'infelicità**.

Per raggiungere la felicità si può soltanto non subire l'infelicità, allontanare il dolore ed eliminare i timori fonte di turbamento. Pertanto, i termini che definiscono questo stato di quiete iniziano tutti con la vocale alfa privativa (caratteristica della lingua greca, così chiamata perché capovolge il significato della parola a cui viene premessa): **atarassìa** («imperturbabilità»), **adiaforìa** («indifferenza»), **aprassìa** (inattività»), **apatìa** («assenza di passioni»), **aponìa** («assenza di dolore»).

Rilievo votivo raffigurante un medico con il suo paziente (IV sec. a.C.).

Per Epicuro, come le malattie del corpo vengono curate dai farmaci, così pure le **sofferenze dell'anima** hanno bisogno di un'**opportuna terapia** e la filosofia epicurea offre un **quadrifarmaco** per combattere l'infelicità dell'uomo insegnandogli come comportarsi in modo saggio e virtuoso.

Il **filosofo**, sottolinea Epicuro con particolare incisività, è come un medico che, curando i mali dell'anima, insegna ai discepoli a riconoscere le cause della sofferenza. La filosofia soccorre l'essere umano, insegna a porre fine al dolore e allo smarrimento che – sia per Epicuro sia per gli stoici – sono causati dall'ignoranza; ha una grande **capacità terapeutica**, dal momento che **elimina gli errori** derivati da un sapere approssimativo e fallace.

La via per la felicità consiste nel raggiungimento dell'**imperturbabilità**; per questo occorre sapere com'è fatto il cosmo, quali sono le sue regole e possedere un criterio di verità che permetta di evitare l'errore nel giudizio sulla realtà: per questo, alla base dell'etica devono esserci – secondo gli stoici e gli epicurei – la fisica e la logica.

Per gli scettici invece, dal momento che non vi è alcuna verità, è inutile la ricerca di un criterio che permetta di distinguere il vero dal falso: è piuttosto la **sospensione di ogni giudizio** (*epoché*) che permette allo scettico, e a lui soltanto, di conseguire la felicità. Il saggio rinuncia alla conoscenza e trova la pace dell'anima nell'assoluta indifferenza che deriva dall'aver posto il mondo tra parentesi e quindi nell'aver sospeso ogni possibile giudizio nei confronti di qualsiasi realtà. Il filosofo scettico ha scoperto di poter vivere serenamente anche senza aver risolto tutti i problemi che gli altri filosofi si pongono per accedere a una vita virtuosa e felice.

4.3 L'ideale del saggio e la pratica di vita

Lo spirito socratico secondo cui il filosofo è tale se sa armonizzare le proprie teorie con uno stile di vita appropriato sopravvive nelle filosofie ellenistiche. La **vita** per il filosofo è l'equivalente dell'esperimento per lo scienziato, ossia il modo per **dimostrare la validità della visione del mondo che ha formulato**. Ogni teoria, infatti, deve rendersi credibile: non si rende credibile ciò che si dice aggiungendo indefinitamente parole ad altre parole, ma occorre dimostrare, fornendo la prova sperimentale, che si è **filosofi nel modo di vivere**.

Le nuove teorie filosofiche prescrivono dunque una **pratica di vita**. La verità della filosofia è la saggezza e il saggio è il filosofo che mostra nella vita l'esattezza delle sue teorie. I filosofi ellenistici concordano nel sostenere che non è possibile vivere felicemente senza vivere anche saggiamente.

Il rapporto fra l'uomo e la natura: scultura ellenistica che rappresenta un putto su un delfino.

Il **saggio**, che conduce la sua vita secondo virtù, è **felice**. Epicuro afferma che il saggio vive come un dio tra gli uomini, gareggiando in felicità con Zeus. Secondo lo **stoico Crisippo** (281 o 277-208 o 204 a.C.) la felicità dei buoni non è diversa dalla felicità divina, né la felicità di un momento è diversa dalla felicità di Zeus e per nulla la felicità di Zeus è preferibile, né più bella né più pregevole di quella degli uomini saggi.

Se la via della felicità porta all'eliminazione delle passioni, che ci sbilanciano verso l'esterno, si può dire che **il saggio stoico è totalmente autosufficiente**, ossia «basta a se stesso», trae da sé tutto ciò che gli è necessario per la felicità. È libero anche dal Destino, che governa le cose umane con leggi necessarie: rispetto al Fato, il saggio è indifferente (Scetticismo), vive in armonia (Stoicismo), o lo nega (Epicuro).

Il saggio pratica una vita semplice, secondo natura e solitaria: «vivi nascostamente», raccomanda Epicuro, enfatizzatizzando questo aspetto; rispetta i poteri del mondo, ma segue unicamente – secondo gli stoici – la legge della propria ragione. Secondo la dottrina stoica è capace di svolgere qualsiasi attività sia intellettuale sia politica. La sua natura terrena non gli impedisce di essere membro di una comunità cosmica, di una «sola città comune degli dei e degli uomini», la cui legge è quella della ragione.

Secondo gli scettici, invece, nella vita pratica occorre non isolarsi dal mondo ma – sospendendo ogni giudizio sulla realtà – agire come fanno tutti gli altri, o per convenzione e utilità, oppure seguendo il criterio ritenuto più ragionevole. La ragionevolezza – per Arcesilao – sta alla base della saggezza.

Verifica immediata

1. Qual è il problema centrale delle filosofie epicurea, stoica e scettica?
2. In che senso la filosofia è, per Epicuro, medicina dell'anima?
3. Qual è l'ideale di vita del filosofo?

Può la filosofia curare i mali del vivere?

Capitolo 1

Epicuro: la felicità è il piacere

La vita e le opere

Epicuro nasce nel 341 a.C. a Samo, isola vicina alle coste asiatiche, figlio di un colono ateniese. Durante la sua infanzia, avrebbe avuto come insegnante nella vicina città di Teo, in Asia Minore, il democriteo Nausìfane.

Gli anni della giovinezza sono piuttosto oscuri, almeno fino al 310 a.C. quando Epicuro apre la sua scuola a Mitilene; la trasferirà successivamente prima a Lampsaco e infine, nel 306 a.C., ad Atene, città dove resterà fino alla sua morte (271 a.C.). La scuola sorge in un appezzamento di terreno (giardino o orto) nei pressi di Atene, dove è ospitata la comunità degli allievi, che comprende uomini, donne e schiavi. Fra i suoi seguaci, detti «filosofi del Giardino», è forte la venerazione per il capo e fondatore.

Oltre all'insegnamento orale, Epicuro si dedica a scrivere testi (circa trecento) che utilizza come strumento divulgativo del suo pensiero. A noi sono rimasti tre testi in forma di lettera: l'*Epistola a Erodoto*, sui temi della conoscenza e della composizione dell'universo; l'*Epistola a Pitocle*, sui fenomeni astronomici e sulle loro differenti spiegazioni; l'*Epistola a Meneceo*, sui compiti della filosofia e sulle regole dell'etica.

Rimangono inoltre: 81 «massime capitali», alcuni aforismi, il suo breve quanto interessante testamento, più frammenti dell'opera *Sulla natura* (in 37 libri) e altri frammenti sparsi. Complessivamente si tratta di oltre un centinaio di pagine attribuibili con sicurezza a Epicuro. Questo è un fatto eccezionale per l'epoca, in quanto degli esponenti più noti di altre scuole (stoici, scettici, peripatetici) non ci è rimasto pressoché nulla di autentico, ma soltanto una serie di testimonianze di incerta affidabilità.

La scuola da lui fondata non dimenticherà tanto presto il suo padre fondatore, ma continuerà per lungo tempo la sua attività ad Atene senza grandi segni di rinnovamento nei suoi contenuti dottrinali.

1. La fisica

1.1 I corpi, il vuoto e gli atomi

ANTOLOGIA FILOSOFICA
Epicuro, *Epistola a Erodoto*

Quella che Epicuro chiama «scienza della natura», teorizzata nell'*Epistola a Erodoto*, non è altro che la **ripresa**, quasi alla lettera, della **dottrina atomistica di Leucippo e di Democrito** (vedi p. 36 e ss.).

Corpi in movimento nel vuoto

La realtà fisica è composta da corpi, che necessitano del vuoto per muoversi e collocarsi.

Come ci testimoniano i sensi, i corpi esistono così come esiste il vuoto, ma quest'ultimo non è oggetto della nostra esperienza ed è deducibile per ragionamento.

T1 I corpi nel vuoto

Che i corpi esistano, lo attesta in ogni caso la sensazione, in base alla quale si deve arguire col ragionamento ciò che sfugge all'esperienza sensibile, così come si è detto all'inizio. Se poi non esistesse ciò che noi chiamiamo vuoto, o luogo, o natura intangibile, i corpi non avrebbero né dove stare né dove muoversi così come evidentemente fanno. Oltre a queste due realtà, niente è concepibile, sia direttamente sia per analogia con le cose percepite coi sensi: e tali realtà [corpi e vuoto] noi le intendiamo come essenze integrali e non come quelli che diciamo essere i loro attributi, propri o accidentali che siano.

(Epicuro, *Epistola a Erodoto*, in *Opere*, a cura di M. Isnardi Parente, UTET 1983)

I corpi composti da atomi, distinti per grandezza, forma e peso

Ogni corpo è un **aggregato di atomi** indivisibili e immutabili, dal momento che il tutto non può dissolversi nel nulla; essi possiedono la capacità di rimanere **immutati nel corso delle dissoluzioni** dei composti, avendo natura compatta.

Gli atomi si distinguono soltanto per **grandezza**, **forma**, **peso** e hanno un'**infinità di figure**; ciò spiega la varietà dei corpi composti che ne derivano.

1.2 Eternità e infinità dei mondi

ANTOLOGIA FILOSOFICA
Epicuro, *Epistola a Pitocle*

L'universo è eterno

Tutto quanto esiste è eterno. **L'inizio** del mondo **è negato**, dato che l'essere non può derivare dal non essere. **La fine** del mondo **è negata** in base alla considerazione che, se ciò che viene meno si dissolvesse nel nulla, tutte le cose avrebbero già finito col dissolversi. Se **nulla si crea e nulla si distrugge**, il cosmo non può che durare per l'eternità.

Pluralità di mondi

L'**universo** è infinito ed è costituito da una **pluralità di mondi** che nascono, crescono e muoiono, in un continuo alternarsi di aggregazione e di dissoluzione. Epicuro procede con una **dimostrazione per assurdo**: se per ipotesi il tutto fosse finito, tale limite estremo lo separerebbe da qualcos'altro esterno a lui; se il vuoto fosse infinito e i corpi limitati, questi vagherebbero dispersi per l'infinito vuoto senza che qualcosa li contenga e li rimandi indietro; se poi il vuoto fosse finito, gli infiniti corpi non potrebbero esservi contenuti.

Gli **atomi si muovono eternamente** nel vuoto infinito, dando luogo con il loro aggregarsi e disaggregarsi, comporsi e scomporsi, a **infiniti mondi**, alcuni simili a questo nostro e altri dissimili. Essi si muovono nel vuoto con la **stessa velocità** poiché, non essendoci ostacoli, non c'è differenza fra pesante e leggero.

1.3 La deviazione degli atomi

La declinazione degli atomi e il loro incontro

In testimonianze molto posteriori (non ultima quella del poeta latino Lucrezio) viene attribuita a Epicuro la tesi della **deviazione o declinazione** (*clinamen* nel latino lucreziano; *parénclisis* nell'originale greco) **degli atomi** nel loro movimento nel vuoto. Se gli atomi si muovessero sempre solo lungo rette parallele, non si realizzerebbe alcun loro aggregato: è la declinazione, cioè **la deviazione** – assolutamente casuale e imprevedibile – dal percorso rettilineo, che **consente l'incontro** fra gli indivisibili.

Non regna solo la necessità

Questa teoria ha un **duplice valore**: sul **piano fisico**, pur ribadendo il meccanicismo, lascia aperta la possibilità che i fenomeni naturali non siano unicamente determinati dalla necessità e neppure da un principio provvidenziale divino; sul **piano morale** consente all'uomo di pensare la sua azione come libera e non predeterminata, e di conservare la speranza, nei momenti più angosciosi, in un cambiamento positivo del corso degli eventi.

1.4 L'anima corporea e mortale

L'anima è corporea, come un soffio caldo

Nella scienza dell'universo Epicuro esamina anche la **composizione dell'anima**. L'anima è anch'essa **corporea**, poiché di **incorporeo** c'è **soltanto il vuoto**: «Vaneggiano perciò quelli che sostengono l'anima essere un incorporeo: se lo fosse non potrebbe né agire né patire, mentre noi possiamo cogliere chiaramente nell'anima questi due accidenti» (Epicuro, *Epistola a Erodoto*). Si tratta tuttavia di una materia assai particolare; per Epicuro l'anima è un **corpo sottile**, sparso per tutto il corpo cui appartiene, assai **simile a un soffio caldo** che vivifica l'organismo. La sua **parte intellettiva** presiede alle passioni, ai moti e ai pensieri.

Il **sentire presuppone sia l'anima sia il corpo**. Quando si dissolve il corpo, anche l'anima segue questa dissoluzione, poiché anch'essa è corporea. Non c'è quindi alcuna possibilità che l'anima sopravviva al corpo. La scienza della natura conferma la possibilità di eliminare la paura legata alla credenza del destino riservato all'anima dopo la morte.

1.5 La concezione degli dei

Gli dei sono corporei, immortali, beati e felici

Gli dei esistono, Epicuro non ha dubbi. Anch'essi sono **corporei**, **aggregati di atomi**, **immortali** perché hanno la capacità di rigenerarsi. Abitano negli spazi vuoti tra un mondo e l'altro (intermundia). Essi sono **beati** e **felici** poiché non si occupano di noi o del cosmo in genere: «Per prima cosa devi ritenere che la divinità sia un essere immortale e felice, così come è suggerito dalla comune nozione del divino, e non attribuirle niente che sia estraneo all'immortalità e discorde dalla beatitudine; pensa invece di essa tutto ciò che può essere atto a preservare la felicità insieme con l'immortalità» (Epicuro, *Epistola a Erodoto*).

Le tesi di Epicuro **negano** nettamente che **una mente ordinatrice divina** diriga i movimenti necessari del cosmo. Una divinità di questo tipo che si affannasse a regolare il cosmo non sarebbe pienamente felice, «giacché le occupazioni, le preoccupazioni, le ire, le benevolenze non sono conciliabili con la beatitudine» (*Ibid.*) e sono proprie di un essere debole. Se ci sono gli dei, non sono loro che presiedono al movimento degli astri e gli astri non sono affatto assimilabili a entità divine dalle quali dipenda la nostra vita.

La divinità non interviene nel mondo e nella vita umana

Inoltre, le concezioni epicuree **negano l'intervento divino nella vita degli uomini**. Se si dovesse pensare che le divinità si interessino dei fatti umani, dovremmo accogliere conseguentemente idee inquietanti sul potere o sulla volontà degli dei. Infatti potremmo domandarci se, di fronte agli evidenti mali del mondo, gli dei possano o non possano fare qualcosa; se possono e non lo fanno, sono invidiosi o malvagi; se non possono, sono impotenti e quindi non hanno quella potenza divina che si attribuisce loro. Gli dei, quindi, non fanno del bene ma neppure del male agli esseri umani, come la religione tradizionale e i pregiudizi affermano. Se ne stanno per conto loro e così godono della loro beatitudine.

2. La canonica

2.1 I criteri di verità

Le parole della filosofia

Canonica: il termine, in Epicuro, è sinonimo di logica, di teoria della conoscenza, in quanto ricerca del canone o criterio di verità.

La disciplina comunemente definita «logica» in Epicuro assume il nome di **canonica**, poiché in essa il filosofo si occupa della **regola** (*kanón*) **del conoscere**, ossia del criterio che consente di distinguere il vero dal falso.

Per Epicuro il criterio di verità è la **sensazione**. Seguono poi l'**anticipazione** (o prenozione o prolessi) e l'**affezione**.

La **sensazione** (*aísthesis*) è **indubitabile e incontrovertibile**, poiché non potrà mai essere smentita da una sensazione contemporanea contraria.

Le sensazioni provate lasciano la propria **traccia nella memoria**, sotto forma di **rappresentazione concettuale** (anticipazione o *prólepsis).* Grazie alla ripetizione delle sensazioni relative a una determinata realtà, siamo in grado di anticipare i caratteri di quella realtà anche quando non è presente ai nostri sensi. Queste rappresentazioni concettuali (o concetti, o nozioni comuni) sono generalizzazioni che derivano sempre e soltanto dall'**esperienza**.

La sensazione come criterio di verità del conoscere, l'affezione come criterio di verità dei sentimenti

L'**affezione** (*páthos*) è il corrispettivo della sensazione a livello del sentire interiore ed è il **criterio di verità** relativo alla **sfera dei sentimenti**. Ogni affezione provata **è assolutamente vera**, poiché chi la prova non potrà mai negare di provare quello che sta effettivamente provando.

2.2 La conoscenza e i «simulacri»

Le sensazioni sono emanazioni dei simulacri

Per spiegare il **meccanismo delle sensazioni**, il filosofo ricorre alla teoria dei **simulacri** (*eídola*), già proposta da Democrito (vedi p. 36 e ss.): sono **emanazioni**, effluvi, immagini provenienti dai corpi costituenti le cose del mondo; hanno la stessa forma dei corpi, ma sono **leggerissimi**; staccandosi dai corpi, **"toccano" i nostri sensi**, che li ricevono passivamente, e producono le sensazioni. Costantemente i simulacri **fluiscono dai corpi** e costantemente **i corpi vengono** immediatamente **reintegrati da nuova materia**.

L'oggettività della conoscenza dipende dunque da un fatto fisico, è il risultato di un flusso di atomi che riproducono la forma degli oggetti percepiti.

Se le sensazioni sono sempre vere, dal momento che rappresentano l'impronta lasciata dagli oggetti percepiti passivamente dai nostri sensi, com'è possibile l'errore? L'**errore** deriva **da un'opinione** espressa **su una realtà di cui non abbiamo acquisito compiutamente i dati sensoriali** e si elimina andando a cercare conferma nei dati sensoriali stessi, che costituiscono il criterio ultimo di verità della nostra conoscenza.

3. La filosofia come quadrifarmaco

3.1 La liberazione dalla paura degli dei e della morte

ANTOLOGIA FILOSOFICA
Epicuro, *Epistola a Meneceo*

L'*Epistola a Meneceo* inizia con un elogio della filosofia e un invito a filosofare esteso sia ai giovani sia agli anziani. Successivamente passa a indicare le **quattro cause** che determinano l'infelicità dell'essere umano: la paura degli dei insegnata dalla religione tradizionale, la paura della morte, il timore del dolore, l'erronea valutazione dei piaceri.

La filosofia come quadrifarmaco

La **filosofia** funge da"**farmaco**" per ognuna delle quattro cause di infelicità, fornendo le argomentazioni che ci consentono di eliminare le paure e di rendere la vita felice.

La filosofia libera dalla paura degli dei...

Una grande paura degli esseri umani è relativa alla presunta azione degli dei nei nostri confronti. Il farmaco epicureo si basa sulla concezione delle divinità che abbiamo esposto nella fisica. Se gli **dei sono estranei alle vicende del cosmo**, non possono farci né del bene, né del male. Possiamo perciò evitare, con il conforto della scienza della natura, i turbamenti dell'anima provenienti dalle paure relative agli dei: l'invito di Epicuro è quello di comportarsi come se essi non esistessero.

... e dalla paura della morte

La paura della morte è la seconda causa di infelicità per gli uomini. Anche a questo proposito Epicuro è molto drastico: il saggio non deve temere la morte perché **la morte non esiste**. Quella che i più considerano il più terribile dei mali, la morte, non è niente per noi, dal momento che, quando noi ci siamo, la morte non c'è, e quando essa sopravviene noi non siamo più.

Le ragioni di questa tesi stanno nel fatto che la morte è uno stato nel quale è **impossibile provare sofferenza**, dato che ogni bene e ogni male risiedono nella facoltà di sentire, di cui la morte è appunto privazione. La consapevolezza che la morte non è nulla per noi convince l'uomo saggio ad accettare con gioia la sua condizione mortale e a far tacere il desiderio dell'immortalità.

3.2 La liberazione dalla paura del dolore e l'accessibilità del piacere

Gli altri due compiti della filosofia come quadrifarmaco consistono nell'insegnare a dominare il dolore (anche perché può diminuire) e a conseguire e aumentare il piacere.

Il dolore può diminuire

Gli uomini sono **esseri fragili**, soggetti al dolore del corpo e dell'anima. Come liberarsi dalla paura del dolore, rispetto al quale non sembra esserci riparo? Per Epicuro se il **dolore è prolungato** allora la sua intensità è **sopportabile**, se invece ha dei picchi che lo rendono **intollerabile** è di **breve durata**.

Quanto ai **mali dell'anima**, essi nascono da un errato giudizio sulle cose e sono pienamente **guaribili** proprio **dalla filosofia**.

Il piacere può essere raggiunto

Tutti i viventi tendono per natura a **rifuggire il dolore** e a **ricercare il piacere**, che consiste – secondo Epicuro – nell'assenza di dolore nel corpo (aponìa) e di perturbazione nell'animo (atarassìa).

Il compito della filosofia

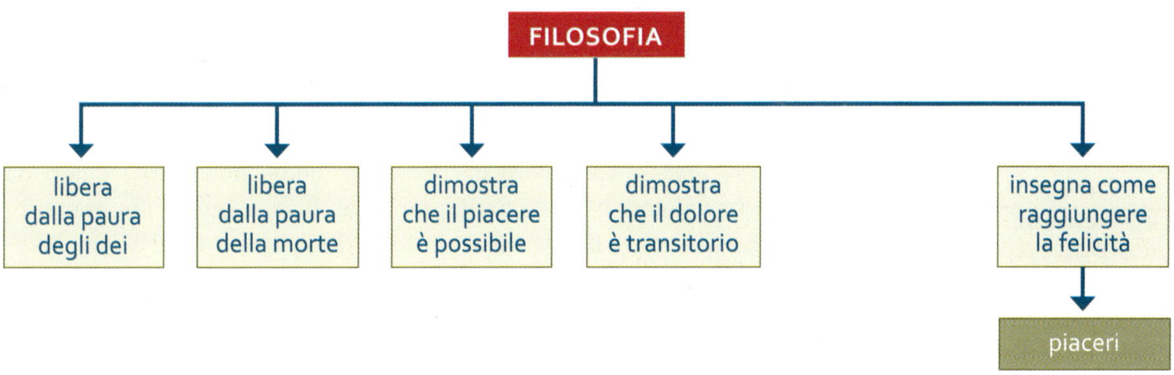

4. L'etica

ANTOLOGIA FILOSOFICA
Epicuro, *Epistola a Meneceo*

4.1 La valutazione dei piaceri

Il bene è il piacere

L'etica è la disciplina che definisce la virtù; la virtù si propone come **fine il bene**; il bene, per Epicuro, è il **piacere**.

Le parole della filosofia

Piacere: il piacere (in greco *edoné*) è, assieme al dolore, una delle due emozioni fondamentali dell'uomo. In generale, può essere legato sia alla vita del corpo, sia a quella della mente o dell'anima.

Il saggio è colui che pone come fine del proprio agire il piacere. Poiché il piacere è la soddisfazione di un desiderio, egli sa distinguere i desideri la cui soddisfazione arreca un **piacere reale** e **non illusorio**, permanente e non transitorio. Solo conseguendo piaceri stabili si ottiene il raggiungimento della felicità.

Piaceri naturali e necessari

Piaceri naturali e necessari sono il mangiare, il bere e simili, che eliminano il dolore del corpo. Le esemplificazioni che il filosofo porta mostrano il suo ideale di una **vita sana e sobria**: i cibi frugali danno lo stesso piacere di un cibo sontuoso, una volta che sia eliminato il dolore che viene dal bisogno.

Ai **piaceri naturali e non necessari** appartengono le varianti "raffinate" dei piaceri necessari: mangiare e bere bene, vestire in maniera elegante, abitare in belle case e così via. Soddisfare questi desideri non aggiunge piacere, perché ormai il dolore del corpo è stato eliminato: semplicemente apporta una **variazione del tipo di piaceri**. In questa categoria troviamo anche i **piaceri dell'amore**. La soddisfazione di questi piaceri va limitata, perché essi non arrechino turbamento all'anima.

I **piaceri non naturali e non necessari**, nati dalle illusorie opinioni degli esseri umani, sono la fama, il desiderio di ricchezza, la brama di potere e simili. Essi non danno alcun piacere, ma anzi turbano l'animo.

Il saggio misura l'effetto del piacere sul corpo e sull'anima

Il saggio sa valutare con la ragione l'utilità e il danno che derivano dal soddisfare o meno i propri desideri. Egli è in grado di **commisurare la soddisfazione di un desiderio** (Epicuro parla esplicitamente di calcolo degli utili e dei danni) in base ai suoi effetti sulla **salute del corpo** e sulla **tranquillità dell'anima**: questi due elementi costituiscono infatti, se sono entrambi presenti, la vita beata o felice.

T2 Il piacere come primo bene

Epicuro afferma l'identità tra .... e piacere e tra male e dolore; qualsiasi piacere è, in sé, buono.

Il piacere è principio e fine del vivere felicemente. Lo consideriamo infatti come un bene primo e connaturato a noi, e da esso muoviamo nell'assumere qualsiasi posizione di scelta e di rifiuto, così come ad esso ci rifacciamo nel giudicare ogni bene in base al criterio delle affezioni. Poiché esso è il bene primo ed innato, non cerchiamo qualsiasi tipo di piacere, ma talora rifiutiamo molti piaceri quando ne seguirebbe per noi un dolore maggiore; e consideriamo anche molti dolori preferibili al piacere, per il piacere maggiore che in seguito deriva dall'averli lungamente sopportati. Ogni piacere è un bene per il fatto che ha natura a noi congeniale; non tutti i piaceri sono però da ricercarsi, come non tutti i dolori da fuggirsi, anche se il dolore è di sua natura un male. Bisogna giudicare in merito di volta in volta, in base al calcolo e alla considerazione dei vantaggi e degli svantaggi: giacché certe volte un bene viene ad essere per noi un male e un male per contro un bene.

Qual è il criterio di distinzione tra bene e male?
Per scegliere il godimento o il rifiuto di un piacere occorre tenere presenti le conseguenze.

(Epicuro, *Epistola a Meneceo*, in *Opere*, cit.)

4.2 La vita del saggio

Il **saggio** è **prudente** e la prudenza nella vita è il massimo bene. Egli mira all'eliminazione dei dolori del corpo (**aponìa**) e dei turbamenti dell'anima (**atarassìa**): un dolore momentaneo provocato da un medicinale può essere necessario se è condizione indispensabile per la salute.

Se uno vive da saggio, scrive Epicuro a Meneceo, vive «come un dio fra gli uomini».

Il saggio epicureo deve tenersi **lontano dalla vita politica** per poter realizzare la propria atarassia; il precetto fondamentale è «vivi nascostamente», senza che le contese politiche e la lotta per il potere possano sconvolgere la propria imperturbabilità. Epicuro condanna la vita politica poiché la giustizia e la vita politica sono fondate sulla ricerca dei piaceri non naturali e non necessari.

Egli però raccomanda agli esseri umani l'**importanza dell'amicizia** e della **solidarietà**: «Di tutte le cose che la saggezza ci offre per la felicità della vita, la più grande è di gran lunga l'acquisto dell'amicizia». Il saggio preferisce fare il bene piuttosto che riceverlo, ribadisce Epicuro, ed egli stesso fornisce con l'esempio della sua condotta una prova concreta della sua disponibilità generosa verso gli amici e del suo profondo affetto per i propri genitori.

ANTOLOGIA FILOSOFICA
Epicuro, *Epistola a Meneceo*

Le parole della filosofia

Atarassìa: significa «assenza di turbamento dell'anima».

Le parole della filosofia

Aponìa: con questo termine Epicuro indica l'assenza di dolore del corpo.

Sintesi

Epicuro: la felicità è il piacere

La fisica

La fisica di Epicuro riprende la concezione atomistica e meccanicistica di Democrito. I corpi sono composti da atomi indivisibili, invisibili e immutabili, che si muovono nel vuoto, distinti per grandezza, forma e peso. Gli atomi si incontrano grazie alla declinazione casuale e imprevedibile.
I mondi sono infiniti e eterni. Anche l'anima è corporea e mortale. Gli dei, che sono corporei, ma immortali, vivono beati e felici perché non si occupano degli esseri umani e del cosmo.

La canonica

La canonica spiega la conoscenza a partire dai simulacri, immagini provenienti dai corpi che imprimono sui nostri sensi delle sensazioni sempre vere. I criteri di verità sono innanzitutto le sensazioni, poi i concetti o prenozioni o anticipazioni e infine le affezioni relative alla sfera dei sentimenti.

La filosofia come quadrifarmaco

La filosofia è quadrifarmaco e vuole liberare l'uomo dalla paura degli dei, della morte, dal dolore e mostrargli l'accessibilità del piacere.

L'etica

Nel sistema filosofico epicureo l'etica si fonda sulla canonica e sulla fisica. L'etica definisce il concetto di virtù: la virtù ha come fine il bene, che per Epicuro è il piacere. Essendo il piacere la soddisfazione di un desiderio occorre distinguere tra piaceri naturali e necessari da quelli non naturali e non necessari. Il saggio sa valutare l'utilità o il danno derivante dalla soddisfazione dei desideri e perciò è prudente e mira all'eliminazione del dolore del corpo (aponìa) e dei turbamenti dell'anima (atarassìa). Epicuro raccomanda ai suoi seguaci di non occuparsi di politica per evitare ogni turbamento («vivi nascostamente»).

Verifica. Verso le competenze

Conoscenze

1. **Da che cosa è composta per Epicuro la realtà fisica?**

2. **A che cosa danno luogo gli atomi, aggregandosi e disgregandosi nel vuoto?**

3. **Quale rapporto esiste tra la virtù e il piacere?**

4. **Completa inserendo opportunamente i seguenti termini:**

   necessari, salute del corpo, naturali, felicità, beata, vani, tranquillità dell'anima

   Bisogna anche considerare che dei desideri alcuni sono .... , altri .... ; e tra quelli naturali alcuni sono anche .... , altri naturali soltanto; tra quelli necessari, poi, alcuni lo sono in vista della .... , altri allo scopo di eliminare la sofferenza fisica, altri ancora in vista della vita stessa. Una sicura conoscenza di essi sa rapportare ogni atto di scelta o di rifiuto al fine della .... e della .... , dal momento che questo è il fine della vita ....

5. **Qual è la funzione della filosofia come quadrifarmaco?**

Abilità (lavoro sui testi)

T3 Uomini e dei

La filosofia cura i mali dell'anima come la medicina cura quelli del corpo; deve assicurare a chi la pratica la felicità (eudaimonía), *che è il fine di ogni sforzo e ricerca umana. La felicità dà valore alla nostra vita, che senza di essa è carente e priva di significato.*

Epicuro saluta Meneceo.

Non indugi il giovane a filosofare, né il vecchio se ne stanchi. Nessuno mai è troppo giovane, o troppo vecchio per la salute dell'anima.

Chi dice che l'età per filosofare non è ancora giunta o è già trascorsa è come se dicesse che non è ancora giunta o è già trascorsa l'età per la felicità. Devono filosofare sia il giovane sia il vecchio; questo perché, invecchiando, possa godere di una giovinezza di beni, per il grato ricordo del passato; quello perché possa insieme essere giovane e vecchio per la mancanza di timore del futuro. Bisogna dunque esercitarsi in ciò che può produrre la felicità: se abbiamo questa possediamo tutto; se non la abbiamo, cerchiamo di far di tutto per possederla.

Le cose che ti ho di continuo raccomandate, falle ed esercitati in esse, considerandole i principi del ben vivere. Per prima cosa devi ritenere che la divinità sia un essere vivente, immortale e felice, così come è suggerito dalla comune nozione del divino, e non attribuirle niente che sia estraneo all'immortalità e discorde dalla beatitudine; pensa invece di essa tutto ciò che può essere atto a preservare la felicità insieme con l'immortalità. Gli dei esistono: abbiamo di essi conoscenza evidente. Ma non esistono nella forma in cui li concepisce il volgo; e questo toglie loro ogni fondamento reale nella forma in cui è uso concepirli. Empio non è colui che rinnega gli dei del volgo, ma colui che applica le opinioni del volgo agli dei: infatti i giudizi di questo circa gli dei non sono prenozioni, ma supposizioni false; e in base a tali supposizioni si usa ricondurre agli dei i più grandi danni e i più grandi benefici. Non avendo intimità che con le proprie virtù, essi accolgono quelli che sono loro simili considerando straniero che non è tale.

(Epicuro, *Epistola a Meneceo*, in *Opere*, cit.)

Lettura guidata

La filosofia non prevede, secondo Epicuro, alcuna specifica preparazione, come per esempio un *curriculum* di studi, ma è praticabile da chiunque ed è necessaria per la sua natura terapeutica.

Il primo compito terapeutico della filosofia è sconfiggere il timore degli dei. Epicuro critica con molta veemenza la concezione popolare degli dei, immaginati simili per vizi e virtù agli esseri umani. Il filosofo è certo della loro esistenza ma, poiché essi sono immortali e vivono in uno stato di assoluta beatitudine, li ritiene totalmente indifferenti nei confronti delle vicende umane, senza passioni mondane. L'imperturbabilità degli dei garantisce la loro beatitudine: essi sono interamente concentrati sulla loro eccellenza e perciò ogni uomo deve liberarsi dalla fede nel loro intervento e guarire dal timore di questi inquietanti fantasmi divini.

Controllo della comprensione

1. **Perché secondo Epicuro la filosofia è necessaria a giovani e vecchi?**

2. **In che senso Epicuro riconosce l'esistenza della divinità?**

3. **Quali sono i caratteri essenziali della divinità?**

Qual è lo scopo dell'agire e del conoscere per il saggio?

Capitolo 2

Lo Stoicismo e lo Scetticismo

1. La scuola stoica

1.1 Il fondatore e i massimi esponenti

Antica *Stoá*: Zenone, Cleante e Crisippo

Presso la *Stoá poikíle* (**Portico dipinto**) ad Atene, **Zenone** (333-263 a.C.) **apre** intorno al 300 a.C. una **nuova scuola di filosofia**. Si dice che Zenone, nato nella città cipriota di Cizio, fosse di discendenza fenicia e che questa origine avrebbe reso poco chiara la sua parlata e la sua scrittura in lingua greca. Si sarebbe dedicato alla filosofia dopo aver perduto le sue sostanze in una serie di sfortunate attività commerciali. Suo principale allievo è il quasi coetaneo **Cleante di Asso** (città della Troade), vissuto fra il 330 e il 233 a.C. circa, che gli succede alla direzione della scuola per circa trent'anni (dal 260 al 233 a.C.). A Cleante succede come capo della scuola **Crisippo di Soli** (città della Cilicia), vissuto fra il 280 e il 204 a.C. circa e considerato, per il suo sapere enciclopedico e per il numero sterminato di opere scritte, il **secondo fondatore della scuola stoica**.

Zenone, Cleante e Crisippo, i maggiori esponenti dell'«**antica *Stoá***», occupano quindi, per un trentennio circa ciascuno, la carica di direttore della scuola.

Media *Stoá*: Panezio, Posidonio

Dopo il III secolo gli esponenti più noti, di tendenze sempre più eclettiche, saranno **Panezio** nel II secolo e **Posidonio** nel I secolo a.C. Questo periodo è chiamato anche «**media *Stoá***». Nel **I secolo a.C.** lo **Stoicismo si afferma a Roma** e diviene la corrente filosofica principale, quasi la filosofia ufficiale delle classi colte e senatoriali, soprattutto per merito di Cicerone.

Nuova *Stoá*: Seneca, Epitteto e Marco Aurelio

L'ultimo periodo della scuola è detto «**nuova *Stoá***» (I-III secolo d.C.) e comprende le filosofie dei romani **Seneca**, **Epitteto** e **Marco Aurelio** (vedi p. 255 e ss.) e del greco Diogene Laerzio. Costoro, insieme a Cicerone, sono le principali fonti di informazione sulla dottrina stoica. Degli scritti dei primi tre capiscuola non è rimasto nulla e pertanto l'attribuzione di brani o tesi ai singoli, effettuata molti secoli dopo di loro, va presa con qualche precauzione.

1.2 Logica e fisica premesse dell'etica

La *Stoá* è la scuola filosofica più in auge nei cinque secoli che seguono le imprese di Alessandro Magno nelle aree di cultura greca e romana.

La scuola stoica come istituzione culturale

La scuola stoica è un'**istituzione culturale** e non una sorta di confraternita laica tenuta insieme dalla venerazione e dalla memoria del maestro fondatore; è perciò più simile all'Accademia fondata da Platone e al Peripato (o Liceo) fondato da Aristotele che al Giardino di Epicuro. Per secoli, infatti, sarà in concorrenza proprio con le due grandi istituzioni culturali ateniesi create da Platone e Aristotele.

Per gli stoici, come per Epicuro, l'**etica**, pur predominante, è collegata in maniera organica con la **fisica** e con la **logica**. La filosofia viene infatti paragonata a un uovo: il guscio rappresenta la logica, l'albume la fisica, il tuorlo l'etica. La logica e la fisica sono condizioni necessarie al saggio per raggiungere l'**imperturbabilità**, che si identifica con la felicità.

Logica e fisica, condizioni dell'etica

2. La fisica degli stoici

2.1 Il fuoco originario: i cicli cosmici e l'eterno ritorno

ANTOLOGIA FILOSOFICA
Diogene Laerzio, *Vite dei filosofi*, VII

Come Epicuro, facendo un passo indietro rispetto alla filosofia di Aristotele e di Platone, si era ispirato al pensiero materialistico di Democrito per il quadro generale della sua concezione dell'universo, così Zenone e i suoi successori si ispirano a un pensatore ancora più antico, **Eraclito**. Al pensiero eracliteo, infatti, risale la dottrina di base della scuola stoica, con poche integrazioni e modifiche: l'universo è nato per opera del **fuoco originario**, che ha provocato una serie di trasformazioni della materia, producendo i **quattro elementi**: **fuoco**, **aria**, **acqua**, **terra**. Questi, mescolandosi, danno origine alle piante, agli animali e alle altre specie. Diogene Laerzio, storico greco del III secolo d.C., ci riferisce le parole di Zenone in proposito: «La nascita del cosmo si ebbe quando la sostanza, da fuoco che era, trapassò in aria e poi successivamente in acqua; e quindi la parte più solida si consolidò e divenne terra, mentre la parte più leggera evaporava e, diventando sempre più rarefatta, rigenerava il fuoco. Dal processo di mescolanza di tutti questi elementi nacquero le piante, gli animali e tutte le altre specie».

L'origine dell'universo è il fuoco

Il **fuoco originario** continua a "governare" l'universo come un'**anima ordinatrice e vivificatrice** e alla fine di ogni ciclo cosmico provoca una **conflagrazione purificatrice** dopo la quale ricomincia un altro ciclo, uguale al precedente. Dopo la conflagrazione **l'universo si rigenera** e ricomincia la sua storia, ripetendosi in forme identiche e ripresentando sulla scena del cosmo gli stessi eventi, luoghi e personaggi. Il **ciclo cosmico**, detto anche il **grande anno**, è dunque una delle infinite "vite" dell'unico universo.

Concezione ciclica della storia dell'universo

L'**universo** è **animato**, **finito**, **eterno** e **materiale**, è **tutto corporeo**, ad eccezione del vuoto che sta intorno e che è infinito. Nell'universo i corpi si compenetrano fra di loro in assenza del vuoto; **anche l'anima umana**, ovviamente, **è materiale**; incorporei sono i concetti, i significati, il tempo, ma non le parole, che in quanto suoni o segni scritti possiedono una loro corporeità.

Tutto è corpo

2.2 Il *lógos*, anima del mondo

ANTOLOGIA FILOSOFICA
Cicerone, *La natura degli dei*

Gli stoici identificano il **fuoco originario** con il ***lógos***, che è il principio attivo che anima il cosmo concepito come un immenso organismo vivente.

Il *lógos* agisce da una parte come **ragione seminale** (*lógos spermatikós*), dando inizio e vita al mondo e a tutto ciò che vive in esso, e dall'altra come «**anima del mondo**» o **soffio vitale** (*pneûma*) o anche come **legge ordinatrice** (*heghemonikón*, vocabolo usato spesso da Crisippo), immanente al mondo per tenerlo in esistenza nel suo processo ciclico.

Il *lógos* o fuoco, ragione seminale e soffio vitale

Lo *pneûma* dà al tutto e alle singole parti del tutto una tensione (*tónos*), una coesione che ne generano l'unità.

Il *lógos* è la divinità

Fuoco originario e ***pneûma*** **coincidono con la divinità**, la cui esistenza è accertata perché è nozione naturale comune a tutti e perché è testimoniata dall'ordine e dalla perfezione della natura. Non solo la **divinità** esiste, ma è **di natura razionale**, benefica, dà la legge al mondo e fa vivere la legge vivendo lei stessa dentro il mondo, come una sua anima. Ma la **natura della divinità**, identificata da Cleante con lo Zeus della religione tradizionale, non è diversa da quella del mondo: è anch'essa **materiale**, in quanto proveniente da una specificazione del fuoco originario.

ANTOLOGIA FILOSOFICA
Nemesio, *La natura dell'uomo*

2.3 La visione provvidenzialistica dell'universo

L'ordine razionale e divino del cosmo agisce come fato o destino, perché è l'insieme delle cause di tutti gli eventi ed è anche piano intelligente del mondo. Tutto è concatenato da un'**intima armonia**, tutto ha come fine la **realizzazione della bellezza e della perfezione**: questa concezione unisce alla **visione deterministica** dell'universo una **visione finalistica**. La divinità viene considerata come «provvidente», cioè attenta a che le cose vadano bene.

Concezione provvidenzialistica della divinità

La concezione provvidenzialistica degli stoici si pone all'opposto della concezione epicurea della divinità (c'è ma non si occupa affatto del mondo e degli esseri umani, in quanto vive beata e felice, separata completamente dal mondo).

Le parole della filosofia

Provvidenza: è il governo divino del mondo.
Per gli stoici coincide con il *lógos*; è la ragione divina immanente al cosmo che dà una finalità al divenire delle cose. Questa legge è la causa necessaria di tutto: il saggio la riconosce e sceglie di armonizzarsi con essa.

La **legge divina** (*eimarméne* in greco, letteralmente «destino», «fato», «inevitabilità») **governa il mondo**, costituisce la "**provvidenza**" (*prónoia*), cioè l'interessamento continuo e ininterrotto della divinità per il mondo e per gli esseri umani.

Nell'*Inno a Zeus* di Cleante (unico testo pervenutoci dell'antica *Stoá*) troviamo ribadito il concetto di **ordine perfetto dell'universo**, determinato dalla funzione di Zeus che governa il mondo, da cui si ricava che la condotta umana deriva proprio dall'ignoranza (stolti-cattivi) o dalla conoscenza (sapienti-saggi) della legge divina.

T4 L'ordine universale

La legge ordinatrice dell'universo è fuoco originario o *lógos*

A te questo universo, che si svolge intorno alla terra, obbedisce, dovunque tu lo diriga, e da te si lascia dominare poiché tu hai a tuo strumento, nelle invincibili tue mani, forcuto, fiammeggiante e sempre vivo, il fulmine. [...] Senza di te, o divino, nulla si compie sulla terra, né nel cielo divino ove regna l'etere, né per il mare, se non quelle cose che i cattivi tramano nella loro follia; ma tu sai ricondurre a misura tutti gli eccessi, e ordinare ciò che è in disordine; e anche ciò che non è caro a te lo è, sì che, armonizzandosi insieme il bene e il male, una diventi la ragione del tutto che vive in eterno. Coloro che da essa rifuggono, i cattivi fra i mortali, sono infelici e invano desiderano di possedere il bene; non riescono a comprendere la legge universale di dio, né ascoltano colui al quale obbedendo conseguirebbero una vita allietata da saggezza.

Perché i cattivi sono infelici?

(Cleante, *Inno a Zeus*, in *Stoici antichi*, a cura di M. Isnardi Parente, UTET 1989)

3. La logica degli stoici

3.1 L'evidenza empirica fondamento della conoscenza

ANTOLOGIA FILOSOFICA
Cicerone, *Accademici primi*

Dall'esperienza sensibile alla conoscenza razionale

La **teoria della conoscenza** costituisce una specificazione della dottrina generale dell'universo, che abbiamo visto nel corso della trattazione sulla fisica. Sappiamo come è fatto l'**essere umano**, costituito dal **corpo** (i quattro elementi) e dall'**anima**, anch'essa corporea, con la sua parte razionale o "direttiva". La **conoscenza** è anch'essa dipendente da questi due livelli della vita umana. La conoscenza si origina dai **sensi**, in quanto le cose imprimono le loro **impronte** sugli organi sensoriali, e da qui la **parte razionale** dell'anima costruisce le immagini, dà il nome ad esse e ai concetti che le generalizzano.

L'anima è una *tabula rasa*, non esistono idee o concetti innati e ogni conoscenza deriva da una sensazione che si imprime sugli organi di senso e poi si trasferisce all'anima.

La rappresentazione catalettica come assenso

Il passaggio **dall'esperienza sensoriale**, originaria e obbligata, **a quella della ragione**, avviene attraverso quella che nel linguaggio stoico viene chiamata **apprensione catalettica** (*catálepsis* in greco significa «presa» e indica l'atto di afferrare una cosa). Questo "atto dell'afferrare", o catalessi, da parte della ragione è un **assenso** dato **all'impressione corporea**, che si imprime nell'anima come un sigillo di anello si imprime nella cera.

L'anima, o meglio la sua parte razionale, l'**intelletto** (*diánoia*) interviene poi sul materiale fornito dai sensi. Infatti la parte razionale dell'anima trasforma in concetti le impressioni sensoriali e le immagini da queste derivate.

L'evidenza della sensazione strappa l'assenso

L'immagine utilizzata dagli stoici per esemplificare il processo dell'apprensione catalettica è quella della **mano aperta**, che si dirige su un oggetto, lo **afferra** e infine lo **trattiene** stretto, aiutata dall'altra mano: il momento dell'afferrare l'oggetto corrisponde alla sensazione; le due mani strette a pugno corrispondono all'assenso, che deriva dall'evidenza della sensazione. In questa **forza della sensazione**, che convince la ragione, sta il **criterio di verità** secondo gli stoici: l'evidenza empirica è dunque il fondamento della conoscenza.

3.2 La teoria del significato

ANTOLOGIA FILOSOFICA
Sesto Empirico, *Schizzi pirroniani*, II

Le parole come segni formati da:
- un significante
- un significato
- un oggetto

Gli stoici elaborano una **teoria sulla natura delle parole**. La parola è intesa come **segno** (*semeîon*) che indica un preciso concetto. Ogni parola è formata da:

1. un **significante** (*semáinon*), la parola scritta o proferita come suono fisico, per indicare un oggetto;

2. un **significato** (*semainómenon* o *lektón*, «ciò che viene detto con la parola»), il concetto comunicato, la rappresentazione mentale dell'oggetto, ciò che stabilisce il legame tra la parola (significante) e l'oggetto che essa indica;

3. un **oggetto esterno al pensiero**, cui si riferiscono le parole.

Per gli stoici la parola, il significante, è corporea, come sono corporei, ovviamente, gli oggetti ai quali in ultima analisi, attraverso i «significati», le parole rinviano; i «significati», cioè i contenuti concettuali espressi con le parole corporee, sono invece incorporei.

Le parole della filosofia

Segno: dal greco *semeîon*, il termine indica qualsiasi evento o oggetto usato come richiamo di un altro evento o oggetto. In logica il termine fu impiegato per la prima volta dagli stoici.

I significati svolgono un ruolo essenziale nel linguaggio (possono essere espressi con parole diverse in lingue diverse) e sono l'intermediario tra le parole e le cose.

T5 Significato, significante, oggetto

Vi sono tre cose strettamente collegate l'una con l'altra, il significato, il significante, l'oggetto vero e proprio: significante è l'espressione, per esempio il nome "Dione"; significato la realtà che esso indica e di cui noi abbiamo comprensione come di qualcosa che si pone di fronte al nostro pensiero (i barbari non lo afferrano, pur intendendo il suono materiale della voce); l'oggetto è ciò che è esterno al pensiero, in questo caso, per esempio, Dione in carne e ossa. Di queste tre cose, due sono corporee, l'espressione vocale e l'oggetto; una, la realtà significata, è invece incorporea, e prende appunto il nome di "significato", che è vero o falso.

(Sesto Empirico, *Adversus logicos*, II, 11, in *Stoici antichi*, cit.)

ANTOLOGIA FILOSOFICA
Diogene Laerzio, *Vite dei filosofi*, VII

3.3 I nuovi sviluppi del sillogismo

Proposizioni vere o false

Le singole parole non danno luogo a **verità o falsità**, le quali dipendono dall'unione delle parole in **enunciati proposizionali**: su questo già Aristotele era stato molto chiaro, e gli stoici sviluppano le loro teorie partendo dalle sue premesse. Per Aristotele l'argomentazione sillogistica si svolge partendo da una premessa maggiore (per esempio, «ogni animale è mortale»), continuando con una premessa minore («ogni essere umano è animale») e concludendo con una conseguenza necessaria («ogni essere umano è mortale»).

Gli stoici introducono **nuovi tipi di sillogismo**, che hanno le seguenti caratteristiche:

Sillogismi condizionali, sillogismi disgiuntivi, fondati sull'esperienza

1. **mancano del termine medio**, necessario per Aristotele («animale» nell'esempio citato);
2. impiegano **enunciati** proposizionali **di tipo condizionale** (per esempio, «se è giorno, c'è luce») **o disgiuntivo** («o è giorno, o è notte»).

Ne scaturiscono **argomentazioni sillogistiche valide**, con **tre enunciati proposizionali**, ma con solo **due termini**, di questo tipo: «Se è giorno, c'è luce; è giorno; quindi c'è luce»; o di quest'altro tipo: «O è giorno o è notte; è giorno; quindi non è notte». Mentre per Aristotele solo il sillogismo categorico (fondato sulla sostanza e che prescinde dal ricorso all'esperienza) è proprio della scienza, per gli stoici è **tipicamente scientifico il sillogismo ipotetico**, che fonda sul **ricorso all'esperienza** l'accertamento della sua verità.

4. L'etica degli stoici

4.1 Vivere secondo ragione

L'anima umana, corporea e razionale

L'**anima umana**, **corporea** e quindi mortale, **muore** in quanto **legata a un corpo individuale**, ma **non muore** in quanto **parte dello *pneûma***, o ragione universale, che è immanente all'universo.

L'anima ha come sua parte più elevata quella **razionale**, una sorta di principio direttivo e ordinatore della vita individuale sia sul piano conoscitivo, sia sul piano pratico, della condotta morale. Questa parte razionale dell'anima **distingue gli esseri umani** dagli altri esseri viventi. Tutti possiedono un **istinto di conservazione** (*oikéiosis*), che spinge a nutrirsi e a procreare; gli esseri umani possiedono in più la parte razionale, che consente loro di vivere non secondo gli istinti ma secondo la ragione.

Vivere secondo ragione è possibile solo se la nostra conoscenza oltrepassa la sfera delle sensazioni (comune agli animali) e comprende il *lógos*, la legge razionale e divina che regge l'universo. **Vivere secondo ragione** significa seguire i dettami della ragione stessa e comportarsi di conseguenza. Vivere secondo ragione è **vivere secondo natura**.

Vivere secondo ragione, cioè secondo natura

T6 Ragione e istinto

Essi [gli stoici] dicono inoltre che la natura non fa alcuna differenza tra le piante e gli animali, perché essa regola anche la vita delle piante senza impulso e senza sensazione, e d'altra parte in noi si generano fenomeni nella medesima guisa che nelle piante. Ma poiché agli animali è stato ingenerato per sovrappiù l'impulso per mezzo del quale essi si dirigono ai loro propri fini, ne deriva che la loro disposizione naturale si attua nel seguire l'impulso. E poiché gli esseri razionali hanno ricevuto la ragione per una condotta più perfetta, il loro vivere secondo ragione coincide rettamente col vivere secondo natura, in quanto la ragione si aggiunge per loro come plasmatrice ed educatrice dell'istinto.

(Diogene Laerzio, *Vite dei Filosofi*, Laterza 1987)

Che cosa ha dato la natura agli animali come guida?

Vivere secondo ragione equivale a vivere secondo natura, poiché nella natura umana la ragione governa l'istinto.

4.2 La libertà e il dominio di sé

ANTOLOGIA FILOSOFICA
Ippolito, *Confutazione*

Mentre per gli epicurei la libertà dell'agire umano è fondata sulla teoria del *clinamen* (vedi p. 218), che infrange l'ordine deterministico dell'universo, per gli stoici l'unica forma possibile di libertà consiste nel **riconoscimento** e nell'**accettazione dell'ordine provvidenziale**. L'uomo non può mutare il corso degli eventi, né opporsi al destino, ma può **governare se stesso e le sue passioni**. Compito del saggio è quello di esercitare – attraverso la ragione – il dominio delle passioni.

Libertà come riconoscimento del carattere necessario della realtà

Le **passioni** nascono da **giudizi erronei**, che si possono ricondurre alla brama dei beni futuri, alla letizia dei beni presenti, al timore dei mali futuri, alla afflizione per i mali presenti. Una **visione erronea del bene** ci può portare a desiderare ciò che non dipende da noi (beni legati al corpo, averi, cariche, reputazione ecc.): ne conseguono **delusione** e **perdita della libertà**. Anche quando riusciamo a dare uno sfogo ai nostri desideri, quel che otteniamo è al massimo una tregua alle passioni, che poco dopo rinascono con forza ancora maggiore. Il **rimedio** efficace **all'infelicità** è il **dominio di sé** che esige lo spegnimento del desiderio, una radicale rinuncia alle passioni (e anche alle gioie) vitali, viste come mali dell'anima. La ragione che riesce a dominare le passioni raggiunge una condizione di indifferenza, di serenità ed equilibrio, di superamento dei dolori (**apatìa**) e di assenza di turbamento (**atarassìa**).

Compito del saggio è governare le passioni

Il dominio di sé porta all'apatia e all'atarassìa

Se la saggezza consiste nel vivere secondo natura e secondo ragione, è comprensibile come **il male** risieda nell'**ignoranza**, nell'incapacità della ragione di comprendere la legge che regola il mondo. L'**errore morale** avviene per lo più sotto la **spinta delle passioni**, vere malattie dell'anima, che distorcono la nostra ragione.

4.3 La virtù, il vizio e le azioni indifferenti

ANTOLOGIA FILOSOFICA
Diogene Laerzio, *Vite dei filosofi*, VII

Vivere in accordo con la natura significa vivere secondo virtù, perché **la natura ci guida alla virtù**. Chi conosce la legge che natura e ragione ci mostrano e si comporta di conseguenza, è sapiente e saggio; gli altri sono ignoranti e stolti. I primi perseguono il bene e vivono una vita virtuosa e felice insieme; i secondi sono fuorviati dall'ignoranza, seguono gli istinti e le passioni, percorrono la via del male e del vizio.

La virtù è vivere in perfetta armonia con la ragione

La **virtù** è un atto perfetto poiché **in perfetta armonia con la ragione** e non può essere perseguita in modo parziale, ma unicamente in modo pieno e totalizzante. In altre parole, non si può essere virtuosi a metà, ma tra la via della ragione e quella dell'ignoranza la differenza è radicale; allo stesso modo non vi può essere un progresso morale, poiché implicherebbe un aumento di virtù.

Il vizio è compiere azioni contrarie alla ragione

Il **vizio** comprende invece quelle azioni, da evitare a ogni costo, che sono **contrarie alla ragione** e frutto dell'abbandono alle passioni dell'anima (l'ira, l'odio, la ferocia, ma anche la malinconia e il sentimento di frustrazione).

Tra virtù e vizio, le azioni indifferenti

Tra virtù e vizio si colloca tutta una serie di **azioni indifferenti** (*adiáphora*) mirate al procacciamento di beni come la ricchezza, la bellezza, la gloria, la salute ecc. Tali beni hanno un **valore relativo**, in quanto possono essere usati in modo corretto o scorretto. Inoltre, essi sono **in potere della fortuna**, che può conferirceli o toglierceli a suo arbitrio e non costituiscono un "ingrediente" della virtù (per essere moralmente buoni non conta essere ricchi o poveri). Pertanto il saggio stoico **non si cura di questi beni** che sono in potere del Fato.

L'etica per gli stoici

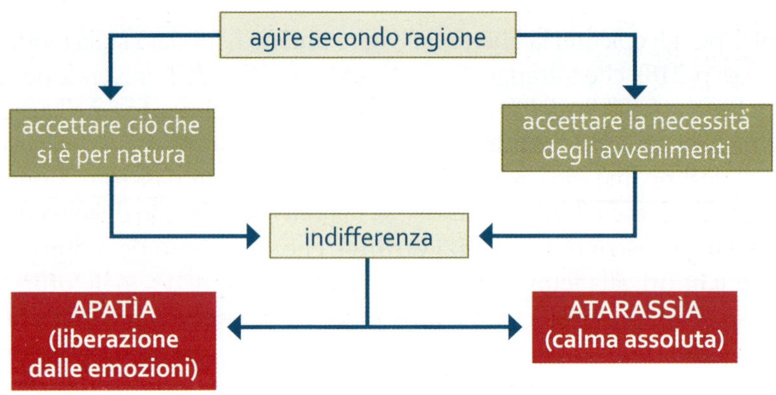

4.4 Le azioni convenienti

I doveri o azioni convenienti

Questa concezione rigoristica conosce un'evoluzione con la Media e la Nuova *Stoá*. L'analisi dei comportamenti umani porta a far emergere che **tra le azioni indifferenti** ve ne sono **alcune preferibili,** perché convenienti per la **natura sociale** e **biologica** dell'essere umano e perché possono essere **giustificabili razionalmente**. Tali **doveri** o, meglio ancora, **azioni convenienti** (*kathékonta* in greco, *officia* in latino) sono, per esempio, il rispetto degli obblighi familiari, dei patti e dell'amicizia e tutte quelle attività mirate alla valorizzazione dell'ingegno e della bellezza fisica e al raggiungimento del progresso e della fama. In altre parole, ciò che il dovere sceglie non è un vero e proprio bene, in quanto esso non realizza la perfezione morale, ma è un **valore** (*axía*) e perciò meritevole di scelta.

Le parole della filosofia

Dovere: azione compiuta in conformità a una legge morale o giuridica. Il concetto viene introdotto nella storia della filosofia dagli stoici, i quali chiariscono che il dovere va inquadrato all'interno di un ordine razionale e naturale che è il *lógos*-provvidenza.

Una tale visione della vita morale porta gli stoici a **giustificare il suicidio**, ma solo nel caso in cui le circostanze della vita impediscano al saggio di compiere pienamente i propri doveri. Diversi stoici scelsero il suicidio di fronte all'impossibilità di esercitare la virtù: tra questi, lo stesso caposcuola Zenone e il celebre filosofo romano Seneca.

Le parole della filosofia

Valore: ciò che è oggetto di una scelta preferenziale. Il concetto viene introdotto nella filosofia dagli stoici, che lo interpretano come contributo a una vita secondo ragione.

4.5 Il cosmopolitismo

ANTOLOGIA FILOSOFICA
Cicerone, *Dei termini estremi del bene e del male*

La considerazione razionale delle cose, propria del saggio, porta a cogliere la **necessità dell'armonia fra gli esseri umani**. Le contrapposizioni tra villaggi, città, nazioni devono essere superate in un'ottica universalistica che colga l'essere umano come "cittadino del mondo" (*cosmopolítes*). Il mondo va considerato come **un'unica città** che comprende **tutti gli esseri dotati di ragione**, uomini e dei. Conseguentemente, il diritto proprio di ogni Stato viene affiancato e superato da un **diritto naturale** che riguarda tutti gli uomini perché dipende dalla comune ragione umana.

L' uomo è cittadino del mondo

Quest'ottica "cosmopolita" porta gli stoici a vedere la fratellanza umana, l'altruismo, il bene pubblico come fini naturali della condotta umana. Mentre Epicuro pratica e predica il «vivere nascostamente», cioè separati e appartati dal mondo politico, gli stoici praticano e predicano l'**impegno civile** che si proponga il **bene pubblico**.

L' impegno civile per il bene pubblico

5. Gli scettici

5.1 Il fondatore e i massimi esponenti

Primo periodo: Pirrone e Timone

Il **primo periodo** dello Scetticismo è imperniato sulle figure di **Pirrone di Elide** (365-275 a.C. ca) e del suo allievo **Timone** (325-230 a.C. ca). Pirrone segue Alessandro Magno nella sua spedizione in Oriente, dove viene in contatto in particolare con i **gimnosofisti**, o «filosofi nudi», che praticavano uno **stile di vita ascetico**, fondato sulla meditazione e sull'impassibilità. Influenzato dal pensiero indiano, tornato a Elide, **fonda una scuola**, senza raccogliere attorno a sé discepoli stabili e affida il suo insegnamento all'oralità (è il discepolo Timone che raccoglie il suo insegnamento e lo diffonde). Come Socrate, cerca di offrire ai discepoli un **esempio di vita felice**.

Nella vita quotidiana, egli si accontenta di pochissimo, non ricerca guadagni né onori, ritiene fonte di turbamento occuparsi di questioni filosofiche relative al mondo.

Secondo periodo: Arcesilao e Carneade

Il **secondo periodo** dello Scetticismo, ben **più rilevante e influente** nel mondo filosofico ufficiale, è quello in cui l'atteggiamento scettico si afferma per opera di **Arcesilao** (315-241 a.C. ca) nell'Accademia platonica di Atene (intorno al 250 a.C.). Vi resta come atteggiamento filosofico dominante, combattivo e antidogmatico, per diversi secoli, con figure di primo piano, tra cui spicca quella del filosofo **Carneade** (219-129 a.C.).

Terzo periodo: Enesidemo e Sesto Empirico

Un **terzo periodo** dello Scetticismo, con una forte ripresa della tematica originaria pirroniana e dell'atteggiamento antidogmatico, si ha fra il 100 e il 200 d.C. grazie al filosofo **Enesidemo** e soprattutto per opera di **Sesto Empirico** (160-230 d.C.), medico e filosofo, al quale dobbiamo la più ampia e sistematica raccolta di temi e argomenti scettici usati contro scienziati e filosofi dogmatici per mettere in luce e confutare le loro pretese verità. Prima di lui, presentazioni delle tematiche scettico-accademiche erano state fatte in alcune importanti opere sia da **Cicerone** (106-43 a.C.), nei trattati *Sugli Accademici* e *Sulla natura degli dei*, sia da **Plutarco** (46-127 d.C. ca).

ANTOLOGIA FILOSOFICA
Sesto Empirico, *Schizzi pirroniani*, I

5.2 La rinuncia alla verità in nome della felicità

Lo Scetticismo come atteggiamento

Lo Scetticismo (in greco il termine *skêpsis* significa «ricerca»), **più che una scuola filosofica** vera e propria, è stato **un atteggiamento** condiviso da molti, un modo di porsi di fronte alla realtà e ai problemi sul piano della conoscenza e sul piano della morale. Un atteggiamento che ha **origine nella sofistica**, si afferma in epoca alessandrina, attraversa tutto il mondo antico per giungere fino all'**età moderna** e ai **nostri giorni**. Tale atteggiamento può essere riassunto nella convinzione dell'**impossibilità di conoscere la verità** e che tutto l'insegnamento della filosofia vada finalizzato a risolvere il **problema della felicità**. Più che dare il proprio assenso a una verità piuttosto che a un'altra, il saggio deve trovare una maniera di vivere che sia **priva di turbamento**: il primato dell'etica, come si vede, è presente anche nello Scetticismo.

L'impossibilità di conoscere la verità

Lo Scetticismo si differenzia da tutte le scuole filosofiche precedenti poiché non afferma delle verità di carattere universale; al contrario, nasce proprio in **contrapposizione** rispetto alle pretese di verità delle **diverse filosofie** in campo in quei decenni (dalla platonica all'aristotelica, dall'epicurea alla stoica). Pirrone ritiene **impossibile qualsiasi forma di conoscenza** dal momento che non ha alcuna fiducia né nei sensi né nella ragione e chi pretende di possederla in realtà propone **dogmi** ai quali si chiede di credere, non verità sostenibili con argomentazioni razionali. Le sensazioni non sono né vere, né false, perciò l'unico atteggiamento che il saggio deve avere è quello dell'**indifferenza**.

Il saggio e l'indifferenza

L'atteggiamento che Pirrone propone come premessa all'imperturbabilità è dunque l'**afasìa**, il non dire, il tacere (che si accompagna necessariamente alla ricerca della solitudine). All'afasìa segue l'**atarassìa**, come stato di perfetto equilibrio e di serenità.

Afasìa e atarassìa

T7 L'inconoscibilità produce indifferenza

Timone afferma che colui che vuole essere felice deve considerare questi tre problemi:

1. come sono realmente le cose;
2. quale atteggiamento noi dobbiamo adottare verso di esse;
3. quale sarà la conseguenza di tale atteggiamento.

Le cose sono ...., ..., ...

Secondo Timone, Pirrone dichiarava che le cose sono ugualmente indistinguibili, immisurabili e indeterminabili. Per questa ragione né le nostre percezioni né i nostri giudizi sono veri o falsi. Non bisogna quindi prestar loro fede, ma essere senza giudizi, e non inclinare né in un senso né nell'altro, ma essere incrollabili, a proposito di ogni singola cosa dicendo che essa è non più che non è, oppure che è e non è, oppure che né è né è. Per coloro che adottano questo atteggiamento prima conseguenza sarà una rinuncia ad asserire alcunché e, seconda, l'imperturbabilità.

Come può il saggio raggiungere l'imperturbabilità?

(Aristocle, fr. 6 Heiland)

5.3 La sospensione del giudizio

ANTOLOGIA FILOSOFICA
Sesto Empirico, *Schizzi pirroniani*, I

Gli scettici si scagliano contro un certo dogmatismo che pretende di aver raggiunto la verità, sostenendo di essere in grado di conoscere l'essenza del reale, a costo di dare l'assenso anche a cose oscure.

Critica al dogmatismo

Il bersaglio della critica scettica è essenzialmente la *Stoá*, in quanto esempio particolarmente evidente, secondo loro, di dogmatismo.

Per gli scettici è significativo che vi sia una **perenne discordanza fra le tesi** delle diverse scuole filosofiche. Di fronte a tesi chiaramente contrapposte (si conosce in questo modo o in quest'altro, il mondo è finito o infinito, gli dei esistono o non esistono, l'anima è immortale o mortale, la giustizia è un valore assoluto o relativo e così via), sostenute e argomentate come"vere" da filosofi tutti degnissimi, è chiaro che può apparire naturale rifiutarsi di dare il proprio assenso all'una o all'altra. Questo è lo spirito dello Scetticismo: il **rifiuto dell'assenso** a qualsiasi forma di **affermazione** o di **negazione della verità**.

Il dubbio come atteggiamento definitivo

Il **dubbio**, atteggiamento metodologico presente in molte filosofie precedenti (da Socrate agli stessi stoici), non è più provvisorio, ma **definitivo**.

Poiché **non si può dire nulla di certo** sulle cose, occorre evitare di prendere posizione per l'una o l'altra delle tesi alternative, giacché nessuna può essere meglio fondata delle altre.

***Epoché* come sospensione del giudizio**

L'epoché, cioè la **«sospensione» del giudizio**, consiste nel non affermare, né negare, nel non accettare, né rifiutare.

Nei *Discorsi pirroniani*, **Enesidemo** elenca **dieci argomentazioni** o modi (*trópoi*) per giungere all'*epoché*, alla sospensione totale del giudizio. I primi quattro ribadiscono la **fallibilità dei sensi** e di conseguenza l'estrema **variabilità delle sensazioni**, che mutano non solo da animale a uomo, ma anche da uomo a uomo, e addirittura per il medesimo individuo, a seconda delle circostanze. Le altre sei argomentazioni elencano i motivi e le circostanze che sono **fonte di altra incertezza** e di **possibilità di equivoco** e di fraintendimento. Questi tropi forniscono gli argomenti e le tecniche argomentative per dimostrare l'impossibilità di recepire come vera qualsiasi affermazione formulata in base alle sensazioni.

Le parole della filosofia

***Epoché*:** è l'atteggiamento tipico degli scettici, che consiste nella sospensione del giudizio e prevede l'astensione dall'affermazione o negazione in merito a qualsiasi cosa. Constatata l'equivalenza della forza di tesi contrapposte, è impossibile decidere a favore dell'una o dell'altra. Discende dalla convinzione dell'impossibilità per qualsiasi soggetto razionale di arrivare a conoscenze assolutamente certe, complete, incontestabili.

5.4 Le scelte pratiche

ANTOLOGIA FILOSOFICA
Sesto Empirico, *Schizzi pirroniani*, I

Criterio dell'agire è la ragionevolezza

Che cosa risulterà da tale atteggiamento? Sul piano pratico, l'*epoché* paralizzerà l'azione? No – rispondono gli scettici – poiché e possibile individuare un criterio per la condotta di vita: la **ragionevolezza** (*eúlogon*) secondo Arcesilao, la **persuasività** (*pithanón*) per Carneade.

Adeguamento alla tradizione e ai costumi

Come non esistono criteri di verità, così **non esistono, secondo Pirrone, norme morali universalmente valide**, senza che questo comporti l'impossibilità di compiere delle scelte nella vita quotidiana. È sufficiente adeguarsi nei comportamenti alle **tradizioni** e ai **costumi** vigenti: «Pirrone diceva che niente è bello né brutto, niente è giusto né ingiusto e similmente applicava a tutte le cose il principio che nulla esiste in verità e sosteneva che tutto ciò che gli uomini fanno accade per convenzione e per abitudine e che ogni cosa non è più questo che quello» (Diogene Laerzio, *Vite dei filosofi*, Laterza 1987).

La felicità per gli scettici

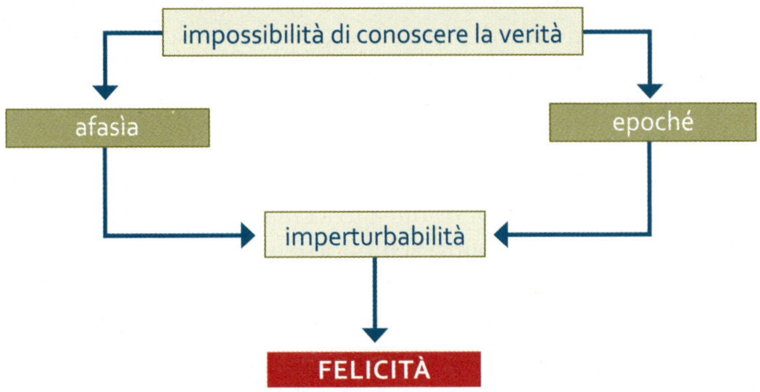

Sintesi

Lo Stoicismo e lo Scetticismo

Lo Stoicismo

La filosofia e la felicità

Lo Stoicismo si caratterizza per un fondamentale interesse etico: gli stoici, infatti, si propongono di guidare l'uomo al conseguimento della felicità. Tradizionalmente si individuano tre fasi principali della *Stoá*: l'antica (III-II sec. a.C.), i cui principali esponenti sono Zenone, Cleante, Crisippo; la media (II-I sec. a.C.), con Panezio e Posidonio; la nuova (I-III sec. d.C.), che annovera fra i suoi maggiori rappresentanti Epitteto, Seneca e Marco Aurelio.

La fisica

La fisica stoica si rifà a Eraclito nell'affermare che l'universo eterno si origina in virtù di un fuoco originario (*lógos*) che contiene le ragioni seminali di tutte le cose. Il *lógos* continua a governare il cosmo come un'anima razionale vivificatrice e ordinatrice. La vita dell'universo è scandita da cicli cosmici, ognuno dei quali si conclude con una conflagrazione universale.
Gli stoici identificano il fuoco originario con la divinità che dà la legge al mondo; tale legge è detta fato, che è piano intelligente del cosmo e agisce come provvidenza che segue sempre gli esseri umani e il mondo.

L'etica

Il saggio che segue la ragione e la natura conosce la benefica legge razionale cosmica e, armonizzandosi con essa, vive la vita felice degli dei.
Compito del saggio è esercitare con la ragione il dominio delle passioni, unico rimedio all'infelicità e strumento per raggiungere l'apatìa e l'atarassìa.
Poiché tutti gli esseri umani partecipano di un'unica natura razionale, sono tutti cittadini del mondo e chiamati al dovere della fratellanza (cosmopolitismo).

La conoscenza

Il processo conoscitivo parte da impressioni sensoriali che vengono colte dall'anima (apprensione catalettica) e trasformate dall'intelletto in concetti. Il criterio di verità è l'evidenza sensibile.
Gli stoici distinguono tra significanti (le parole come segni corporei), significati (i contenuti concettuali incorporei) e oggetti esterni cui si riferiscono i singoli termini.
Gli stoici introducono nuovi tipi di sillogismi formati da tre enunciati, ma da due soli termini, che impiegano proposizioni di tipo condizionale o disgiuntivo.

Sintesi

Lo Scetticismo

L'"atteggiamento" scettico

Lo Scetticismo non costituisce una vera e propria scuola, ma piuttosto un "atteggiamento" che riflette posizioni comuni a diversi filosofi in epoche diverse.

I filosofi scettici più antichi, tra cui primeggiano Pirrone (365-275 a.C.) e Timone (325-240 a.C.), affidano il loro insegnamento all'oralità.

Il secondo periodo dello Scetticismo è rappresentato da Arcesilao (III sec. a.C.) e da Carneade (II sec. a.C.), tutti membri dell'Accademia platonica.

Il terzo periodo si sviluppa tra il 100 e il 200 d.C. e annovera tra i suoi rappresentanti Enesidemo, autore dei *Discorsi pirroniani*, e Sesto Empirico.

L'assenza di un criterio di verità e l'afasìa

Lo Scetticismo rifiuta per principio l'idea che la ragione possa pervenire a criteri di verità. Per Pirrone l'unico atteggiamento legittimo di fronte alla mancanza di ogni possibile vera conoscenza è l'afasìa, il non dire, che permette di raggiungere l'imperturbabilità.

L'*epoché* e l'atarassia

L'unico atteggiamento legittimo è la sospensione di giudizio (*epoché*), che esprime il rifiuto sia di affermare, sia di negare la validità di qualunque cosa. Il saggio rifiuta di pronunciarsi, rifugge dai turbamenti e così consegue l'atarassìa. Nella vita pratica, non esistendo norme universalmente valide, egli si conforma ai costumi del luogo in cui vive.

Verifica. Verso le competenze

Conoscenze

1. **Collega le due correnti filosofiche dell'Epicureismo e dello Stoicismo con i filosofi e i concetti filosofici elencati nella colonna di destra.**

1. Epicureismo
2. Stoicismo

a. Eraclito.
b. Finalismo.
c. Meccanicismo.
d. La divinità fuori dei mondi.
e. Il piacere.
f. La ragione.
g. Immanenza della divinità.
h. Democrito.
i. Lo spazio infinito.
j. Il vuoto.
k. Il pieno.
l. Combinazioni fortuite.
m. L'autoconservazione.
n. La sensazione come criterio di verità.
o. La rappresentazione catalettica.
p. I sillogismi ipotetici.
q. Le anticipazioni.

2. **Qual è il criterio di verità secondo Epicuro?**

3. **In che cosa consiste la rappresentazione catalettica?**

4. **Elabora un sillogismo ipotetico e uno disgiuntivo.**

5. **Qual è la differenza tra il sillogismo aristotelico e il sillogismo degli stoici?**
   a. Nel sillogismo degli stoici manca una premessa.
   b. Nel sillogismo degli stoici manca il termine medio.
   c. Non c'è nessuna differenza.
   d. Il sillogismo aristotelico è basato sull'esperienza.

6. **Che cosa sono l'atarassia e l'aponia?**

7. **In che senso, per gli stoici, il sapiente e l'uomo virtuoso coincidono?**

8. **Per lo scettico esiste qualche criterio di verità? È possibile conoscere?**

9. **Quale battaglia polemica porta gli scettici a sospendere il giudizio?**

10. **Che cosa propone Pirrone come atteggiamento estremo di fronte alla mancanza di criteri che rendano valida la conoscenza e giusta la condotta?**

11. **Quale dottrina elabora Enesidemo?**

Abilità (lavoro sui testi)

T8 L'*Inno a Zeus* di Cleante

*L'*Inno a Zeus*, in 39 esametri, è l'unico scritto dell'antica Stoá conservato nella sua interezza. Cleante, usando un linguaggio poetico che imita quello arcaico, sulla falsariga degli antichi filosofi Parmenide ed Empedocle, celebra la potenza del dio, Ragione, legge dell'universo e dell'essere umano.*

O glorioso più di ogni altro, o somma
Potenza eterna. Dio dai molti nomi
Zeus, guida e signor della Natura,
Tu che con Legge l'universo reggi,
Salve! Poiché a Te porgere il saluto
È diritto in ciascun di noi mortali:
Di tua stirpe noi siamo, e la parola
Come riflessi di tua mente abbiamo,
Soli tra tutti gli esseri animati
Che sulla nostra han vita e moto.
A Te dal labbro mio, dunque si levi

L'inno, e ch'io sempre canti il tuo potere!
A Te tutto il mirabile universo
Che ruota intorno a questa terra ognora,
Obbedisce, da Te guidar si lascia
E del comando Tuo fa il suo volere:
Tale strumento, nelle invitte mani,
Hai di tua possa il fulmine forcuto,
Tutto di fuoco sempre acceso e vivo,
Sotto i cui colpi la Natura tutta
Compie l'opere sue ad una ad una.
E con esso dirigi la Ragione
Comun, che in tutti penetra, toccando
Del pari il grande e i minori lumi;
E per esso, Signor, Tu così grande,
Hai l'alta signoria in ogni tempo.
Nessuna, sulla terra, opra si compie,
Dio, senza Te, né per la sacra sfera
Dell'ampio ciel, né tra marini gorghi;
Salvo quelle che spiriti perversi
Fanno seguendo lor consigli stolti.
Ma pur gli eccessi livellar tu sai,
Dar ordine al disordine; son care
A Te le creature a Te nemiche:
Il tutto, insieme, in armonia, Signore,
Hai Tu raccolto, il bene, il mal, per modo
Che una Ragione, unica di tutti,
Si svolge e vive per l'eternità.
Se non che da lei partonsi fuggendo
Quei mortali dall'anima corrotta,
Miseri! Che pur vanno in ogni tempo
Cercando di acquistar il loro bene,
Ma non vedono la Legge universale
Di Dio,e più non odon la sua voce;
Ché se quella seguissero con senno,
Goder potrebber la più bella vita.

Lettura guidata

L'Inno si apre con l'immagine di Zeus come guida e signore della natura. Tra tutte le creature della natura, soltanto l'essere umano possiede la ragione in comune con la divinità, che è Ragione universale. È l'unica creatura, pertanto, che possa scoprire che la legge dell'universo è la ragione e cantarla in un inno.

Il cosmo obbedisce alla divinità, causa dell'ordine universale, e si lascia guidare dalla ragione; nulla si compie senza il suo comando, né nelle sfere celesti né nelle profondità marine.

Il male dipende solo dall'uomo che non obbedisce alla legge razionale. Se gli stolti compiono il male è possibile che la divinità-ragione lo tramuti in bene. Dando ordine al disordine la Ragione raccoglie in armonia il bene e il male e vive in eterno. Dalla divinità o ragione si allontanano i mortali dall'anima corrotta, che pur cercando di realizzare il proprio bene, non sanno trovarlo in Zeus, la legge universale. Se sapessero ascoltare la voce della ragione questi miseri potrebbero godere della più bella vita.

Controllo della comprensione

1. **Che cosa ha l'essere umano in comune con la divinità?**
2. **Quale legge regge l'universo e quale regola deve seguire l'essere umano?**
3. **Chi, prima di Cleante, aveva usato la forma poetica per i suoi scritti filosofici?**

T9 Le espressioni del discorso scettico e il loro valore

Gli Schizzi pirroniani *sono un'opera di Sesto Empirico che ci fornisce una dettagliata testimonianza sui principali concetti della filosofia scettica.*

Lo Scetticismo esplica il suo valore nel contrapporre i fenomeni e le percezioni intellettive in qualsivoglia maniera, per cui, in seguito all'ugual forza dei fatti e delle ragioni contrapposte, arriviamo anzitutto alla sospensione del giudizio, quindi alla imperturbabilità. Diciamo "valore" senza annettere a questa parola nessuna significazione sottile, nel suo senso semplice in rapporto al verbo "valere" [...]. Per "ragioni contrapposte" non intendiamo, assolutamente, l'affermazione e la negazione sebbene semplicemente ragioni che si combattano tra loro. [...]

Afasia vale rinunzia alla fasi (parola o affermazione), intesa nel suo significato comune [...]. Non assumiamo l'afasia come le cose fossero per loro natura tali da dover assolutamente indurre all'afasia, ma vogliamo significare che noi, in quel momento facciamo dichiarazione di afasia, proviamo questa affezione sul conto della cosa indagata. L'espressione "sospendo" assumiamo in luogo di "non sono in grado di dire a quale delle cose proposte bisogni prestar fede o non prestar fede"; intendendo dire che le cose ci appaiono uguali, per quel che concerne la loro credibilità o non credibilità [...]. Circa l'espressione "nulla do per certo" [...] riteniamo che "dar per certo" valga non già dire qualche cosa così semplicemente ma enunciare una cosa oscura con assenso. A questa maniera, forse, si troverà che lo scettico non dà per certo nulla, nemmeno quando dice "nulla do per certo", perché non si tratta di una opinione dogmatica ma di un'espressione indicatrice di una nostra affezione interiore.

(Sesto Empirico, *Schizzi pirroniani*, I, in M. Dal Pra, *Lo Scetticismo greco*, Laterza 1989)

Lettura guidata

Sesto Empirico, rispondendo alle obiezioni fatte dai dogmatici, si sforza di definire il linguaggio utilizzato dallo scettico e i limiti della sua applicazione. Lo Scetticismo è un atteggiamento di pensiero che rivolge anche a sé e alle sue affermazioni l'intento antidogmatico.

Lo scettico usa le parole nel loro più semplice e letterale significato; adotta come procedimento la contrapposizione tra posizioni contrapposte, per far emergere la validità di entrambi. L'unico atteggiamento corretto che ne consegue è la sospensione di giudizio, che sola conduce all'imperturbabilità.

Lo Scetticismo che è contro la ricerca accademica, non dichiara che le cose sono incomprensibili, ma adotta l'*epoché*, o sospensione di giudizio, mantenendo aperta la ricerca.

Sesto Empirico sostiene che le stesse affermazioni da lui fatte non sono durature e veritiere, ma passibili di critica e di mutamenti futuri.

Afasia significa semplicemente non affermare né negare nulla su una qualsiasi cosa scegliendo, invece, il silenzio.

Lo scettico non dà nulla per certo: nemmeno il suo dire «non do nulla per certo» va assunto come un'affermazione certa; non si tratta quindi di un'affermazione dogmatica ma solo della manifestazione di un atteggiamento o affezione interiore.

Controllo della comprensione

1. **Elenca le principali caratteristiche dell'atteggiamento scettico.**

«Prima di tutto non affannarti soverchiamente, non turbarti; ma abbi l'animo libero e sappi contemplare le cose da uomo, virilmente, da cittadino, da creatura nata a morire. E fra i pensieri cui dovrai rivolgerti, tieni sempre presenti questi due: primo, che le cose esterne non arrivano mai a toccare l'animo nostro, ma se ne stanno sempre immobili al di fuori, e che ogni inquietudine dipende da noi; secondo, che tutto ciò che vedi si trasforma d'istante in istante. [...] Il mondo è mutevolezza, la vita è giudizio.»

Marco Aurelio

Unità 6

La filosofia a Roma

CIVILTÀ IONICA MAGNA GRECIA (VIII secolo a.C.)

Scuola di Mileto · Eraclito · Scuola pitagorica · Scuola eleatica · Empedocle · Democrito · Anassagora

ETÀ DELLE *PÓLEIS* (V-IV sec. a.C.)

Sofisti · Socrate · Platone · Aristotele

ETÀ ELLENISTICA (IV-I sec. a.C.)

Epicuro · Stoicismo · Scetticismo

CIVILTÀ ROMANA (I-V sec. d.C.)

Epicureismo romano · Stoicismo romano · Neoplatonismo · Eclettismo · Plotino · Cristianesimo · Agostino

ALTO MEDIOEVO (V-X sec.)

Scoto Eriugena · Anselmo d'Aosta

BASSO MEDIOEVO (XI-XIV sec.)

Pietro Abelardo · Tommaso d'Aquino · Duns Scoto · Marsilio da Padova · Guglielmo di Ockham

Storia e civiltà di Roma dalla fondazione alla decadenza

VIDEO

1. Roma dalle origini al dominio sul Mediterraneo Mentre Alessandro Magno tenta di fondere tra loro gli elementi della tradizione greca e quelli delle antiche civiltà egizie, mesopotamiche e indiane, nel Mediterraneo occidentale si va consolidando la potenza di Roma. La città, nata da insediamenti di pastori e agricoltori sui colli laziali intorno al 1000 a.C. (secondo la leggenda, la fondazione di Roma risalirebbe al 753 a.C.), acquista man mano il dominio sulle popolazioni del Lazio, poi vince gli Etruschi e i Sanniti, stanziati nell'Abruzzo e nel Molise. Nel 272 a.C., con la capitolazione di Taranto, i Romani, divenuti un popolo di guerrieri, hanno ormai unificato tutta la penisola italiana.

La capacità di conquista di Roma è dovuta alla forza e alla coesione del suo esercito, formato non da mercenari, ma soltanto da cittadini romani.

Le conquiste territoriali sono mantenute grazie a un'efficiente organizzazione, basata sull'estensione della cittadinanza ai popoli sottomessi, che in tal modo acquisiscono i diritti e i doveri dei cittadini romani. Attraverso la concessione della cittadinanza alle popolazioni conquistate, i Romani le integrano rapidamente nel loro sistema sociale e politico; applicando il principio del *divide et impera* («dividi e comanda»), suscitano rivalità tra i popoli sottomessi e impediscono il formarsi di alleanze contro Roma.

Nella seconda metà del III secolo a.C. Roma si rivolge anche contro la rivale Cartagine, ricca città fenicia (sulle coste dell'attuale Tunisia) che controlla i traffici marittimi nel Mediterraneo. Si succedono tre guerre puniche, durate dal 264 al 146 a.C., che vedono infine la vittoria di Roma.

Contemporaneamente alle guerre puniche, Roma avvia una politica di espansione anche verso l'Oriente, assoggettando la Macedonia, la Grecia e l'Asia Minore: diviene così la più grande potenza del Mediterraneo.

2. Le istituzioni politiche e sociali: dalla monarchia alla repubblica Fino al 509 a.C. Roma è una monarchia, governata da un re affiancato da un senato, cioè dall'assemblea degli anziani appartenenti alle più importanti famiglie patrizie. La popolazione è infatti suddivisa in patrizi (ricchi e potenti proprietari terrieri) e plebei (commercianti, artigiani, contadini, esclusi dalla vita politica).

La lupa, simbolo di Roma. Rilievo marmoreo del II sec. d.C.

Guerriero romano (IV sec. a.C.).

Scena di banchetto in una casa patrizia.

Dopo la cacciata dell'ultimo re, i Romani fondano la repubblica. Il governo repubblicano prevede la gestione della cosa pubblica da parte del senato, del popolo e dei magistrati eletti. Da questo momento Roma è governata da due consoli, ai quali è affidato, per un anno, il compito di dirigere la vita politica e di comandare l'esercito. L'istituzione più potente è il senato, che decide su tutto quello che riguarda la politica interna, quella estera e le finanze.

Il conflitto tra le due classi antagoniste, patrizi e plebei, è violento e sfocia nell'istituzione di una magistratura popolare, il tribunato della plebe, che controlla l'operato dei pubblici funzionari. I tribuni della plebe, infatti, hanno il potere di veto sulle decisioni prese dal senato se ritenute dannose per gli interessi del popolo.

3. Le conseguenze del dominio romano sul Mediterraneo La saldezza delle istituzioni romane consente a Roma il dominio su molti popoli. Le province, il cui governo è affidato a un magistrato romano, mantengono una certa autonomia e conservano inalterata la propria cultura e le proprie tradizioni. La "romanizzazione" passa attraverso la costruzione di strade, acquedotti, opere pubbliche, la fondazione di colonie, i traffici commerciali. L'economia si trasforma: ingenti ricchezze affluiscono nelle mani di potenti famiglie che detengono estesi latifondi. Scompare la piccola proprietà e i contadini liberi vengono sostituiti da schiavi, giunti a Roma in numero sempre maggiore dai territori conquistati. Il sistema di produzione romano si basa quasi del tutto sulla manodopera schiavistica, che lavora nelle miniere, nelle manifatture, nelle botteghe artigiane, sfruttata in maniera disumana, poiché facilmente sostituibile. Gli agricoltori vendono spesso le loro proprietà e vanno in città a ingrossare le file della plebe cittadina che vive delle distribuzioni gratuite di generi alimentari fatte dallo Stato per evitare pericolose sommosse e per sedare tensioni sociali e politiche.

4. Dalla fine della repubblica all'epoca imperiale Man mano che si realizzano le conquiste territoriali, aumentano il prestigio e il potere dei generali: chi ha i soldati dalla sua parte può affermare il proprio predominio. È un generale anche Giulio Cesare (100 ca-44 a.C.), che, forte della sua vittoria sui Galli, impone il suo governo e diviene assoluto capo dello Stato romano, fino a che cade vittima di una congiura, nel 44 a.C.

Il trionfo di Giulio Cesare, raffigurato su una moneta del I secolo a.C.

Schiavi al lavoro impiegati nell'edilizia.

Fra Ottaviano, Antonio e Lepido, che hanno sconfitto i rivali di Cesare e si sono spartiti il controllo dello Stato romano, incominciano le rivalità e gli scontri. Ne esce vittorioso Ottaviano, che nel 31 a.C., ad Azio, sconfigge Antonio. Egli instaura il suo potere personale con il titolo di «imperatore» e si fa chiamare Augusto (cioè «venerabile», «protetto dagli dei»).

Durante l'epoca imperiale non vengono formalmente abolite le istituzioni repubblicane, a cominciare dal senato. Tuttavia le cariche pubbliche sono svuotate di ogni potere decisionale. Ottaviano accentra su di sé tutte le principali cariche: tribuno della plebe, console, pontefice massimo, comandante dell'esercito e governatore di molte province. Usufruisce di un erario privato e di un corpo di guardia personale.

Per ribadire il suo rispetto delle regole della tradizione romana, il *princeps* (il «primo» tra pari) emana leggi in difesa del matrimonio, della famiglia, a tutela della moralità pubblica e privata; inoltre ripristina e rende ufficiale il culto delle Stato e favorisce la pratica religiosa.

L'imperatore Marco Aurelio ritratto alla guida di una quadriga (II sec. d.C.).

Alla morte di Augusto (14 d.C.) si succedono varie dinastie sul trono imperiale. La base del potere è costituita sempre più dall'esercito: i generali hanno un peso così grande da essere in grado di determinare la nomina degli imperatori al momento della successione, o da diventare imperatori essi stessi.

Con Traiano (53-117 d.C.) l'impero raggiunge la sua massima estensione; alla fortificazione dei confini si dedica il suo successore Adriano (76-138 d.C.), che gode ormai di un culto da monarca assoluto di tipo orientale. Durante il suo regno, si manifestano i primi gravi problemi per l'impero: i confini non sono sicuri, le incursioni da parte delle popolazioni barbariche si fanno frequenti, violente rivolte sociali sono duramente stroncate, si diffonde la peste (portata dalle truppe di ritorno dall'Oriente). Marco Aurelio (121-180 d.C.), l'imperatore filosofo, associa a sé nel governo il fratello, Lucio Vero (130-169 d.C.), instaurando il sistema della diarchia, con la quale tenta di far fronte sia alle esigenze dell'ordinaria amministrazione, sia alla difesa militare.

Per unire più saldamente a Roma tutte le popolazioni dell'impero, nel 212 d.C. viene concessa la cittadinanza romana a tutti i sudditi. L'Italia ha ormai perso la sua centralità, non è più il cuore dello Stato.

5. Economia e società nell'epoca imperiale

Durante l'impero (che abbraccia cinque secoli di storia) Roma diviene la capitale del mondo conosciuto, al centro di una fitta rete stradale e marittima, che la collega con le più lontane province, dove i soldati costruiscono campi militari, che spesso si trasformano in città.

Le popolazioni locali imparano il latino e adottano i costumi romani. Grazie a una salda struttura politica e militare e a una saggia amministrazione, l'impero riesce ad amalgamare popoli tra loro diversissimi, nonostante le enormi differenze culturali esistenti in un territorio che va dall'Europa, all'Asia occidentale, all'Africa settentrionale.

Favorita da lunghi periodi di relativa pace, l'economia conosce momenti di particolare prosperità. I commerci terrestri e marittimi si incrementano: la penisola italica importa dalle province sia generi di prima necessità, come il grano, sia materie prime e

Un porto commerciale romano (affresco del I sec. d.C.).

manufatti preziosi. Per favorire gli scambi, lo Stato inaugura grandiose opere pubbliche, con la costruzione di strade, porti, acquedotti. L'impero controlla direttamente molte attività produttive; per esempio, le miniere diventano proprietà privata del *princeps*, che come proprietario dell'*ager publicus* nelle province è il più grande latifondista. L'intervento pubblico in economia porta a un miglior controllo dei prezzi e a una diminuzione della disoccupazione, grazie alle grandi infrastrutture realizzate con il denaro dello Stato. D'altra parte, l'impoverimento dei contadini, ridotti a uno stato semiservile, dà origine nelle campagne a un disagio sempre più acuto, mentre commercianti, funzionari e appaltatori delle imposte riescono a costruire ingenti patrimoni monetari che consentono loro di vivere nel lusso. La vita quotidiana di un cittadino benestante prevede gli affari e i doveri civili al mattino, mentre il pomeriggio è dedicato all'*otium*, ossia al tempo libero, che può essere impegnato con lo studio, la lettura, la ginnastica o andando ad assistere agli spettacoli allestiti con profusione di denaro dallo Stato.

6. Origine e diffusione del cristianesimo La nascita di Gesù di Nazareth, chiamato Cristo (cioè l'«unto», colui che è stato consacrato da Dio) avvenuta in Giudea poco dopo la conquista romana, è un evento destinato ad avere enormi conseguenze nella storia dell'impero. Il suo messaggio rinnova, senza peraltro rivoluzionarli, molti fondamenti dell'ebraismo. Dio è, per Gesù, amore: per amore ha creato l'uomo e ha mandato suo figlio a riscattare dal peccato originale tutti gli uomini che in lui avranno fede. Messo a morte dal governatore romano Ponzio Pilato su richiesta dei farisei (la setta più conservatrice, custode della tradizione religiosa ebraica), Cristo, secondo le Scritture, risorge e invia i suoi discepoli a predicare a tutte le genti il messaggio d'amore, testimoniato dal suo sacrificio.

L'appello di Cristo è rivolto non solo al popolo ebraico, popolo "eletto" secondo il *Vecchio Testamen-*

Una corsa di quadrighe (affresco del I sec. d.C.).

to, ma indifferentemente a tutti gli uomini. La vita e la predicazione di Gesù sono raccontate dai *Vangeli* (*euanghélion* in greco di epoca cristiana significa «buona novella») e gli apostoli (tra i quali spiccano le figure di Pietro e Paolo, martiri a Roma sotto Nerone fra il 64 e il 67 d.C.), diffondono la dottrina cristiana in Asia minore, in Africa e a Roma.

Effigie degli apostoli Pietro e Paolo (IV sec. d.C.).

Malgrado una serie di persecuzioni che mettono a dura prova la fede dei primi cristiani, la nuova religione si diffonde rapidamente: in un primo tempo tra i poveri e i perseguitati (grazie al suo messaggio di fratellanza, di amore, di giustizia e di speranza in un riscatto dopo la morte), in un secondo tempo anche presso le classi dominanti. Proponendo un radicale rinnovamento dei valori umani, la nuova religione è destinata a sovvertire l'ordine sociale dell'impero: i cristiani si rifiutano di riconoscere la divinità dell'imperatore e predicano l'uguaglianza. La loro posizione costituisce una minaccia per l'autorità imperiale. Il cristianesimo soppianta i vecchi culti e sottrae all'imperatore consensi e anche devozione.

7. La crisi del III secolo

Durante il III secolo d.C. l'impero va incontro a una crisi determinata da molti fattori: la crescita dell'apparato amministrativo e quindi l'aumento delle tasse; i contrasti sociali tra forze militari e civili e fra i diversi ceti; la pressione dei Germani ai confini settentrionali e orientali e la politica aggressiva dei Parti e poi dei Sasanidi in Asia; le tendenze separatiste di molte province ma, soprattutto, l'anarchia militare, dovuta al fatto che l'elezione dell'imperatore dipende sempre di più dalla volontà delle legioni.

Per far fronte all'enorme estensione dell'impero, che lo rende difficilmente governabile, alla fine del III secolo Diocleziano (274-313 d.C.) istituisce la tetrarchia, cioè la suddivisione del potere tra quattro responsabili: due Augusti (a uno dei quali viene assegnato l'Occidente, all'altro l'Oriente) coadiuvati da due Cesari. Questa istituzione permette di mantenere l'unità politica aumentando l'efficienza amministrativa e militare. Diocleziano, inoltre, sancisce la sacralità dell'imperatore facendo siglare dai giuristi il principio secondo cui «ciò che piace al sovrano è legge». Così lo Stato si organizza secondo i princìpi del dispotismo orientale.

L'aumento delle spese militari, la diminuzione del commercio, l'eccessivo fiscalismo, la crisi monetaria, l'inflazione collegata alla svalutazione del denaro, l'aumento del latifondo e l'abbandono delle campagne, il pericolo delle carestie e la diminuzione demografica nonché l'arruolamento di barbari nell'esercito sono gli aspetti concomitanti di una grave crisi economica.

Intanto il cristianesimo si diffonde in maniera sempre più capillare e la Chiesa cristiana continua a rafforzarsi e diventa inevitabile il suo incontro-scontro con l'impero: dopo dure persecuzioni l'imperatore Costantino (280 ca-337 d.C.) concede la libertà di culto ai cristiani (313 d.C.) e alla Chiesa viene riconosciuto un posto centrale nella società e nella cultura romana.

I tetrarchi (IV sec. d.C.).

Si approfondisce la differenza tra impero d'Occidente e d'Oriente: il primo più colpito dalla crisi economica e dall'insicurezza per gli sconfinamenti dei Germani, il secondo ancora ricco e sicuro nei suoi confini. L'Occidente crolla lentamente sgretolandosi: durante il V secolo si assiste al dissolvimento dell'impero sino a che il barbaro Odoacre depone nel 476 d.C. l'ultimo imperatore e invia le insegne imperiali a Costantinopoli in segno di sottomissione alla capitale d'Oriente.

Una famiglia romana, custode dei valori della tradizione (bassorilievo, I sec. d.C.).

8. La nascita della cultura latina nell'incontro con il mondo greco

Roma, che ha imposto nel III secolo a.C. e nella prima metà del II la sua supremazia su tutta l'Italia meridionale, è venuta in contatto con le città della Magna Grecia, come Cuma, Napoli, Crotone, Taranto e, in Sicilia, Siracusa, Agrigento, Selinunte e altre ancora. L'intensificarsi dei rapporti con la civiltà ellenistica è l'elemento decisivo che determina il nascere di una cultura latina.

I rapporti tra Roma e la cultura greca ed ellenistica sono complessi e ambivalenti. La cultura nasce a Roma come imitazione di quella greca: una civiltà meno evoluta, infatti, venendo a contatto con un'altra più matura e raffinata, ne importa i prodotti culturali. Non tutti i Romani considerano una conquista e un progresso l'appropriazione e l'assimilazione di un patrimonio d'arte e di pensiero "straniero", pur apprezzandone il valore e la ricchezza. Questo processo di acculturazione attraverso il confronto di due realtà simili e diverse insieme, che coinvolge anche la mentalità, gli usi e i costumi, suscita tanto vivo interesse e ammirazione, quanto diffidenza e sospetto.

Il partito filellenico, che fa capo alla famiglia degli Scipioni, subisce il fascino della cultura greca e ne accoglie gli esponenti di spicco, come il grande storico Polibio (200-118 a.C. ca); il partito antiellenico, con a capo Catone il Censore (234-149 a.C.), si pone come difensore del *mos maiorum*, minacciato dal diffondersi di usanze estranee. Il *mos maiorum* è l'insieme dei valori e delle regole di comportamento tradizionali del popolo romano, legati a una società di tipo rurale dedita al duro lavoro e alla frugalità. La tradizione ha consacrato come modelli di virtù l'amor di patria, i legami familiari, la probità civica, l'onestà e l'autorevolezza.

Anche le arti figurative romane si ispirano alla tradizione greca (affresco del I sec. d.C.)

Il partito antiellenico esce sconfitto, proprio a causa delle nuove esigenze politico-culturali: la nuova Roma, dominatrice del Mediterraneo, è ben consapevole del proprio ruolo egemone destinato a costruire una nuova *koiné*, un nuovo tessuto culturale e ideologico ben più articolato e aperto del rigido codice del *mos maiorum*. La filosofia, le arti figurative, la poesia e la stessa lingua greca si diffonderanno anche a Roma e nella parte occidentale dell'impero.

Il poeta Orazio (65-8 a.C.) dice: «*Graecia capta ferum victorem cepit et artes intulit agresti Latio*», cioè «La Grecia sconfitta conquistò il suo feroce vincitore e introdusse le arti nel rozzo Lazio» (*Epistole*, II, 1, 156).

Il circolo degli Scipioni riunisce intorno a sé, nel II secolo a.C., filosofi e letterati greci e latini, che cercano di coniugare la serietà e il rigore degli antichi valori italici con l'ideale di perfezione e di pieno sviluppo delle capacità dell'uomo propri della cultura greca.

9. La lingua latina, la letteratura e la retorica

Nel corso di quasi cinque secoli l'impero romano garantisce a uomini e idee la possibilità di circolare liberamente dalla Britannia alla Mesopotamia, dalla Dacia all'Iberia. Dal punto di vista del pensiero, si tratta di una grande opportunità: l'unificazione del bacino del Mediterraneo permette il costituirsi di un'ampia comunità di dotti che condividono la medesima cultura. La circolazione delle idee è favorita dal fatto che nel vasto impero vi sono due lingue comuni, il latino e il greco, diffuse rispettivamente nell'area del Mediterraneo occidentale e in quella del Mediterraneo orientale.

Quando, sotto il governo di Traiano, l'impero romano raggiunge la sua massima estensione, esso comprende circa 4 milioni di chilometri quadrati e 50 milioni di abitanti. Il latino rimane la lingua dell'esercito e dell'amministrazione; il greco, lingua della diplomazia, diventa lo strumento d'espressione e di comunicazione privilegiata delle persone colte: il bilinguismo è il segno distintivo dell'uomo di cultura, che sfoggia così il suo vasto patrimonio di conoscenze.

Nel campo della letteratura, il primato del greco tende ad affievolirsi già a partire dalla fine della repubblica: è allora che si forma un repertorio di classici latini, comprendente le opere di Virgilio, Sallustio e Cicerone, e che nasce una retorica latina pienamente autoctona e compiuta.

L'uso del greco rimane fondamentale per la filosofia quasi fino alla caduta dell'impero d'Occidente: in quest'area sarà poi il latino a diventare il linguaggio proprio della disciplina filosofica e a far conoscere alla civiltà del Medioevo i capolavori del pensiero greco.

Conversazione tra filosofi
da un sarcofago di epoca imperiale.

10. La storiografia

Anche la storiografia si sviluppa a Roma grazie allo stimolo rappresentato da quella greca, anteriore e contemporanea. Lo scopo della trascrizione delle *res gestae a romanis*, «le imprese compiute dai romani», è di essere uno strumento di educazione morale e di difesa dello Stato.

Il primo grande storico latino è Sallustio (86-35 a.C.), che concepisce l'attività di storico come la più alta e la più utile delle professioni. La consapevolezza dell'utilità della storia è più che mai presente al cittadino romano, che considera assolutamente prioritario l'impegno nella vita pubblica.

Tito Livio (59 a.C.-17 d.C.), storico dell'età augustea, attua il disegno di narrare tutta la storia di

Roma dalla sua fondazione nell'opera *Ab Urbe condita libri* («Libri dalla fondazione di Roma»), in cui celebrare le virtù tipicamente romane. La vera protagonista delle vicende, però, è sempre l'Urbe, che cresce e progredisce attraverso il suo assetto politico e sociale per giungere alla grandezza cui è predestinata. Roma è degna di guidare il mondo poiché i valori che la spingono ad agire sono la fede, la tenacia, il senso del dovere, lo spirito di sacrificio e la lealtà. Raccontando le imprese di conquista, Livio loda la clemenza e la generosità dei Romani, sia nei confronti degli alleati, sia nei confronti dei vinti.

Copia di alcune delle Leggi delle XII tavole, che riportano incise su bronzo le più antiche leggi romane.

11. Diritto romano e filosofia greca

Il diritto romano ha posto le basi di tutta la futura concezione giuridica dell'Europa moderna e contemporanea.

I princìpi della legislazione civile e penale nell'età più antica fanno parte del *mos maiorum*; inizialmente le norme consuetudinarie che regolano i rapporti sociali sono affidate alla memoria dei giudici, appartenenti al patriziato, che le tramandano oralmente. Per la società romana arcaica il diritto è strettamente connesso con la morale e con l'autorità religiosa.

Nel 451-450 a.C., a opera dei decemviri vengono scritte le Leggi delle XII tavole, che diventano la prima codificazione scritta delle normative giuridiche romane tramandate, fino ad allora, per via orale.

Nelle Leggi delle XII tavole è prevista la "legge del taglione", che prevede, da parte dell'offeso, di potersi rivalere su chi lo ha danneggiato infliggendogli uguale danno, successivamente sostituito da una multa inflitta al colpevole.

Il più celebre giurista degli ultimi anni della repubblica romana è certamente Marco Tullio Cicerone (106-43 a.C.), uomo politico il cui contributo all'affermazione di una cultura originale latina è determinante.

Le sue orazioni sono veri e propri capolavori della giurisprudenza.

Frammento di affresco che rappresenta una lite in tribunale.

L'incontro tra il diritto romano e la filosofia greca, che Cicerone più di altri contribuisce a realizzare, determina una più accurata definizione teorica della giurisprudenza. Ulpiano, giurista romano del II secolo d.C., dice che la *iurisprudentia* è la scienza del giusto e dell'ingiusto: come tale, essa equivale alla saggezza greca, la *phrónesis*, che è non solo la definizione di ciò che è conforme alla legge e ai princìpi morali, ma anche la volontà di agire secondo giustizia. La saggezza, come suprema virtù morale, è la capacità di compiere azioni giuste. Questo porre l'accento sulla dimensione etica e politica rivela quel carattere pragmatico, quella finalità pratica che la mentalità romana privilegia rispetto alla dimensione speculativa e astratta del pensiero greco. Di derivazione ellenistica (per lo più stoica) è la distinzione tra diritto statale (*ius civitatis*), diritto internazionale (*ius gentium*) e diritto naturale (*ius naturae*). Quest'ultimo è la norma universale, valida per tutti gli uomini in quanto esseri razionali. Durante l'impero, le difformi norme di diritto e di consuetudine delle varie province rendono necessaria un'unificazione giuridica. L'imperatore diventa l'unica fonte del diritto, dal momento che il suo volere è legge e lui stesso è giudice supremo, l'unico a poter dirimere qualsiasi controversia. I funzionari imperiali, ai quali egli affida il compito di giudicare in vece sua, diventano i principali soggetti dell'autorità giudiziaria.

Con la fine del III secolo, si provvede alla raccolta delle leggi, delle norme, dei pareri giuridici che costituiscono i codici: per opera dei più celebri giuristi vengono poi elaborati le *Institutiones* e il *Digesto* o *Pandette* (533 d.C.) di Giustiniano, più tardi raccolti nel *Corpus iuris civilis*.

12. La cultura scientifica

Nei primi secoli dell'era cristiana si assiste a un declino delle ricerche scientifiche alessandrine e parallelamente alla sistemazione e codificazione dei risultati raggiunti per iniziativa di due personaggi che diverranno due assolute autorità in molti campi del sapere per oltre un millennio.

L'alessandrino Claudio Tolomeo (90-168 ca) organizza in maniera sistematica il sapere astronomico, matematico, geografico e astrologico dell'antichità, in opere che costituiranno dei "classici" per oltre un millennio, dopo essere passati attraverso la cultura islamica. L'*Almagesto* (titolo arabo, più fortunato di quello greco, *Composizione matematica*) traduce in termini matematici il sistema astronomico di eredità aristotelica, quello che ritroveremo nella *Divina Commedia* di Dante Alighieri. Il *Tetrabiblos* («Opera in quattro libri») tratta dell'influsso degli astri sulle vicende terrestri e umane, dando legittimità scientifica alle speculazioni astrologiche. La *Geografia* descrive dettagliatamente il mondo fino ad allora conosciuto: senza le Americhe, ovviamente, e con l'Africa unita all'Asia anche nella parte meridionale, per cui l'attuale oceano Indiano figura nella geografia tolemaica come un grandissimo lago.

Claudio Galeno (130-200 ca), medico e logico proveniente da Pergamo, in diverse centinaia di scritti dà una sistemazione razionale del sapere medico e di altre discipline, unendo l'eredità del grande Ippocrate (460-370 a.C.) con quella aristotelica, ipotizzando un'equivalenza tra i quattro elementi (terra, acqua, aria, fuoco) della fisica aristotelica e i quattro temperamenti o umori della medicina ippocratica (caldo, freddo, secco, umido; melanconico, collerico, sanguigno, flemmatico).

La musa Urania, che presiede agli studi astronomici (affresco pompeiano).

13. La formazione culturale del cittadino romano Il corso di studi romano ricalca quello greco, in cui le arti liberali sono poste alla base dell'insegnamento: quelle del trivio – grammatica, dialettica e retorica – e quelle del quadrivio – geometria, aritmetica, astronomia e musica – sono presenti nel *curriculum* di istruzione e vanno integrate dalla medicina, dal diritto, dalla storia o dall'architettura. Per fornire una corretta informazione si usano manuali, opere divulgative e sommari.

In età arcaica l'istruzione avveniva all'interno della famiglia, impartita prevalentemente dal *pater familias* o da un istitutore privato; le scuole erano tutte private e a pagamento.

I primi maestri di lingua greca dei giovani aristocratici romani sono schiavi greci (come Livio Andronìco, il traduttore dell'*Odissea* in latino); in seguito diventa obbligo sociale per i membri delle classi benestanti frequentare vere e proprie scuole greche o recarsi nelle capitali della cultura ellenistica, come Atene, Alessandria e Rodi. Per tutto il periodo della repubblica l'iniziativa educativa è affidata ai privati; solo in età imperiale lo Stato assume un ruolo nella scuola, istituendo cattedre e introducendo misure a favore degli insegnanti.

Mettio Epafrodito, grammatico greco che insegnò a Roma (I sec. d.C.).

Verifica immediata

1. **Su quali basi si mantiene e si consolida il potere dei Romani sulle terre conquistate?**
2. **Dopo la caduta della monarchia, quali sono le principali istituzioni politiche di Roma?**
3. **Quando avviene il passaggio dalla repubblica all'impero? Per opera di chi?**
4. **Quali sono le principali istituzioni della Roma imperiale?**
5. **Quali misure adotta l'impero per favorire e controllare l'economia?**
6. **Perché il cristianesimo rappresenta una minaccia per l'autorità imperiale?**
7. **Quali, tra quelli elencati, rappresentano fattori di crisi per l'impero romano nel III secolo d.C.?**
   a. La politica aggressiva dei cristiani, che si ribellano all'imperatore.
   b. Le tendenze separatiste di molte province.
   c. L'anarchia militare.
   d. La minore efficienza dell'esercito romano.
   e. La diminuzione dell'apparato amministrativo dello Stato.
   f. La presenza dei barbari alle frontiere.
   g. La maggiore pressione fiscale.
8. **Quali sono i principali aspetti della crisi del II secolo?**
9. **Quali sono le discipline che compongono il *curriculum* scolastico dei Romani?**

L'interesse etico, politico e religioso

I problemi della filosofia

1. La filosofia tra impegno e ripiegamento interiore

1.1 L'atteggiamento romano nei confronti della filosofia

Mentre la letteratura latina fiorisce facendo propri i modelli greci, lo stesso non succede per la filosofia. La scarsa diffusione di questa disciplina non è motivata soltanto dalla poca propensione dei romani per le attività teoretiche. Certo la **mentalità** dell'antico cittadino dell'Urbe è prevalentemente **utilitaristica**, orientata a conseguire risultati pratici, e perciò poco incline alla pura speculazione. Ma anche la filosofia greca rivela un aspetto pragmatico quando propone regole valide sul piano morale per la vita individuale e collettiva ed elabora progetti politici. È proprio questo che non piace ai Romani, gelosi **custodi della loro tradizione**: cercare modelli di comportamento al di fuori di quelli forniti dalla loro storia e dai loro costumi. Sono questi modelli, infatti, che hanno generato – secondo i Romani – la poderosa crescita della loro civiltà e ne hanno affermato la superiorità sulle altre. I **valori** dei fondatori della ***vis romana*** («potenza romana»), trasmessi di padre in figlio e accettati da tutti, sono da considerarsi inviolabili.

Troviamo tracce chiarissime della **diffidenza romana nei confronti della filosofia** nei testi teatrali, in cui filosofo è sinonimo di «pedante», «cavillatore», e fare filosofia equivale a giocare con le parole per imbrogliare gli altri. Lo spirito critico proprio del ragionamento filosofico, messo in luce, per esempio, dall'episodio del filosofo greco Carneade che tiene due discorsi contrari sullo stesso argomento e in entrambi i casi suscita il consenso degli ascoltatori, pare a Catone particolarmente dannoso perché è una minaccia per lo spirito di disciplina e di obbedienza a cui devono attenersi i giovani romani. Per tutti i conservatori romani la filosofia esercita una forte **carica sovversiva** nel campo della formazione delle nuove generazioni e, dunque, rappresenta un **pericolo per la società e per lo Stato**.

L'accettazione della filosofia è sempre subordinata al fatto che essa non sia in contrasto con i doveri del cittadino verso lo Stato: sono visti con sospetto non Platone o Aristotele, ma quelle dottrine delle scuole ellenistiche che negano l'impulso naturale dell'uomo ad aggregarsi. Tra queste l'Epicureismo che invita gli uomini a tenersi lontani dalla politica e lo Stoicismo, che approda al cosmopolitismo. **Particolarmente pericoloso** è considerato lo **Scetticismo**, che nega qualsiasi certezza di verità e assume qualsiasi affermazione come indifferente. Se il pitagorismo gode di maggiore diffusione, ciò è dovuto al suo carattere elitario e conservatore.

1.2 La centralità dell'interesse etico: l'Epicureismo di Lucrezio

Nel I secolo a.C. si diffonde a Roma l'**Epicureismo**, principalmente presso strati sociali e intellettuali meno alti di quelli che aderiscono alla dottrina stoica.

Uno dei maggiori esponenti è **Lucrezio** (98-55 a.C.), autore di uno dei capolavori della letteratura latina, il poema *De rerum natura* (*Sulla natura*) in cui il poeta, animato da un forte intento pedagogico, offre una versione molto fedele e poeticamente efficace del pensiero di Epicuro. Lucrezio elogia il maestro in diverse parti dell'opera, non solo per l'importanza teorica del suo pensiero, ma soprattutto per il suo **carattere liberatorio**: sia nei confronti della paura della morte, sia, soprattutto, nei confronti della paura derivante dalla religione.

T1 Elogio di Epicuro

Mentre agli occhi di tutti, l'umanità trascinava sulla terra un'esistenza abbietta, schiacciata sotto il peso di una religione il cui volto, mostrandosi dall'alto delle regioni celesti, minacciava i mortali col suo aspetto terribile, per primo un greco, un essere umano!, osò levare i suoi occhi mortali contro di lei, e opporlesi.
Non che fermarlo, le favole divine, la folgore, i tuoni minacciosi non fecero che eccitare di più l'ardore del suo coraggio e il suo desiderio di forzare per primo le porte strettamente sigillate della natura; e lo sforzo vigoroso del suo spirito ha finito per trionfare: egli si è spinto ben oltre le fiammeggianti barriere del nostro universo: ha percorso tutta l'immensità dello spirito e del pensiero, per poi ritornare vittorioso e insegnarci quel che può nascere, quel che non può, infine le leggi che determinano il potere di ciascuna cosa secondo limiti invalicabili. La religione è a sua volta rovesciata e messa sotto i piedi, e la nostra vittoria ci eleva fino alle stelle.

(Lucrezio, *De rerum natura*, trad. di O. Cescatti, Garzanti 1986)

Lucrezio riconosce come massimo merito di Epicuro l'aver liberato l'umanità dal "peso" della superstizione religiosa e di averle spalancato le porte della vera conoscenza della natura.

I primi due libri del poema sono dedicati alla fisica e vi viene esposta la teoria del ***clinamen*** o deviazione degli atomi nella loro caduta nel vuoto infinito: è la teoria che sottrae l'uomo al meccanicismo deterministico e che gli assicura una condizione di **libertà** indispensabile per fondarne la **responsabilità morale**. Nel terzo e nel quarto libro, che precisano gli aspetti antropologici e psicologici del rapporto tra anima e corpo, compare la teoria dei **simulacri** (*eídola*, vedi p. 220). Gli ultimi due libri illustrano la cosmologia con la tesi dell'**infinità e della pluralità dei mondi**. Con grande forza Lucrezio ribadisce che la conoscenza del mondo fisico e della cosmologia permette all'uomo di comprendere le sue reali possibilità di azione nel mondo e di ricavare le regole di comportamento che lo portano al conseguimento della **sere-**

In alto: la conoscenza della natura permette all'uomo di "liberarsi" dalla superstizione. Statua in marmo di Atlante con il globo celeste (copia romana del II sec. d.C. da originale greco).

nità. Nelle celebri pagine del quinto libro dell'opera, Lucrezio descrive il lento cammino dell'umanità dallo stato bestiale a quello civile, dall'anarchia all'organizzazione politica: secondo il poeta, la condizione degli uomini nella società a lui contemporanea non sarebbe migliore rispetto a quella delle origini, poiché tormentata dall'avidità di ricchezze e dall'invidia, se il messaggio di Epicuro non avesse reso loro possibile la **conquista della saggezza e della felicità** attraverso la **limitazione dei desideri**.

1.3 La funzione politica della filosofia: Cicerone

Ritratto coevo di Cicerone.

Cicerone (106-43 a.C.), uomo politico e filosofo, è certamente colui che svolge la maggiore **opera di divulgazione della filosofia greca a Roma**. La sua approfondita conoscenza delle principali posizioni filosofiche è dovuta al fatto che che ha avuto tra i suoi maestri lo scettico Filone (159-84 a.C.), ultimo esponente dell'Accademia platonica.

Cicerone non è solo traduttore di opere in senso letterale (a lui si deve la versione latina del *Timeo* di Platone), ma si pone un compito più importante ed essenziale: la "**traduzione**" del linguaggio filosofico greco in un linguaggio filosofico latino, di cui è, di fatto, l'iniziatore. È dovuta a Cicerone buona parte della terminologia filosofica che il Medioevo erediterà dalla cultura romana e che verrà trasmessa fino in epoca moderna.

Per Cicerone la **filosofia** ha **finalità specificatamente politiche**, poiché insegna a fondare lo Stato sulla giustizia e a promuovere il benessere dei cittadini.

Dalla tradizione filosofica greca l'oratore può imparare la **dialettica**, cioè la capacità di confutare qualsiasi opinione, e la tecnica dell'argomentare sia pro sia contro una tesi: la filosofia è quindi indispensabile **complemento della formazione dell'oratore e del perfetto uomo politico**, in grado di fornire la metodologia necessaria a colui che deve strappare il consenso al pubblico.

Anche quando non può esprimersi pubblicamente (come nel periodo della dittatura di Cesare, che costringe Cicerone all'abbandono della vita politica attiva), la filosofia è lo strumento sempre in grado di rafforzare i valori civili negati dalle condizioni storiche e politiche del momento. In opere come le *Tusculanae disputationes* (*Conversazioni di Tuscolo*) e il *De officiis* (*I doveri*), Cicerone interpreta la filosofia anche come guida della vita personale, consolatrice delle miserie, dispensatrice di felicità.

L'attività degli uomini in ogni ambito della vita pubblica deve essere fondata sulla giustizia (bassorilievo del I sec. a.C.).

1.4 La funzione etico-pedagogica: lo Stoicismo di Seneca

ANTOLOGIA FILOSOFICA
Seneca, *Epistole a Lucilio*, *La tranquillità dell'animo*

La filosofia egemone dalla seconda metà del I secolo a.C. fino al II d.C. è lo **Stoicismo**. Gli stoici concepiscono la filosofia come arte del vivere, con una sfumatura sempre più meditativa e religiosa. Viene meno l'interesse per la politica e cresce l'**impegno pedagogico** del filosofo come educatore di se stesso e del genere umano.

Tra i protagonisti della scuola stoica troviamo un grande personaggio della politica e della cultura latine, **Seneca** (4-65 d.C.). Fu senatore, precettore e ministro di Nerone, da cui, successivamente, fu allontanato dalla vita politica e addirittura costretto a suicidarsi perché sospettato di aver fatto parte di una congiura. Per Seneca la **filosofia** compensa l'abbandono dell'impegno politico e proprio l'aver subito l'ingiustizia della tirannide diventa l'occasione per ritrovare la propria **libertà interiore**. Egli fa suo il motto epicureo «vivi nascostamente».

Seneca rivendica la propria libera adesione alle teorie filosofiche diverse dall'ortodossia stoica. La sua opera *Epistole a Lucilio*, che utilizza la forma letteraria dell'epistolario, è considerata il suo **testamento spirituale**. In queste lettere il filosofo presenta, con ricchezza di argomentazioni e grande efficacia letteraria, i temi classici dell'**etica stoica**: preminenza degli interessi razionali su quelli corporei, elogio dell'amicizia e della fratellanza umana, disprezzo del dolore fisico, rifiuto della paura della morte (Seneca elogia il suicidio come unica ed estrema manifestazione di libertà).

Busto bronzeo di Seneca (I sec. d.C.).

T2 L'amicizia

Il saggio, anche se è pago di sé stesso, tuttavia vuole avere un amico, almeno per praticare l'amicizia, affinché una virtù tanto importante non sia trascurata. Egli non mira già allo scopo, enunziato da Epicuro, cioè ad avere uno che lo assista ammalato, lo soccorra chiuso in carcere o ridotto in miseria, bensì ad avere uno che egli ammalato possa assistere, prigioniero liberare. Chi pensa solo al suo interesse e per questo cerca di contrarre amicizie, è fuori strada. [...] Chi è stato accolto come amico per interesse, riuscirà accetto finché la sua presenza sarà utile.

Da che cosa deve nascere la vera amicizia?

Dal bisogno di aiutare gli altri.

Perciò amici in gran numero stanno attorno agli uomini fortunati, mentre intorno agli infelici si fa il deserto: e gli amici se ne vanno via di là, dove sono messi alla prova; perciò quanti esempi si hanno di uomini scellerati che per paura o abbandonano o tradiscono l'amico! Necessariamente l'inizio e il fine si corrispondono. Chi ha cominciato ad essere amico per convenienza, per convenienza cesserà di esserlo.

(Seneca, *Epistole a Lucilio*, 9, 8-11, trad. di U. Boella, UTET 1995)

Seneca ha una **visione pessimistica** della vita e dell'essere umano, ma crede che quest'ultimo possa **migliorare se stesso** grazie alla filosofia, che è ricerca della verità, riflessione instancabile, ascolto della voce della propria coscienza. Pertanto tutti gli individui, diversi per nascita, censo e classe sociale possono acquistare nobiltà attraverso l'esercizio della pratica della filosofia.

La comune origine degli esseri umani è divina; memore di essa, l'uomo virtuoso tende a Dio.

Da dove nasce la vera nobiltà?

T3 Elogio della filosofia

Uno dei vantaggi che presenta la filosofia è appunto questo, che essa non si cura dei titoli nobiliari: tutti gli uomini, se sono ricondotti alla loro prima origine, discendono dagli dei. [...] La filosofia non respinge né sceglie alcuno: splende per tutti. Socrate non fu un nobile, la filosofia non accolse Platone nobile, lo rese tale. Chi è nobile? chi dalla natura è stato ben disposto alla virtù. Se vi è qualcosa che può rendere la vita felice, essa è un bene in virtù d'un proprio diritto: infatti non può corrompersi e divenire un male. Qual è dunque l'errore che si compie, dacché tutti desiderano la felicità? scambiano i mezzi per conseguire la felicità con la felicità stessa e mentre la ricercano se ne allontanano. Infatti mentre la suprema felicità consiste in una piena sicurezza ed in una ferma fiducia in essa, si tirano addosso motivi di inquietudine e per l'insidioso cammino della vita non solo portano il fardello, ma lo trascinano: così si allontanano sempre più dalla mèta a cui mirano e quanto più si adoprano tanto più si mettono in imbarazzo e indietreggiano. La stessa cosa succede a chi si affretta in un labirinto: proprio la rapidità lo impiglia. Addio.

(Seneca, *Epistole a Lucilio*, 44, cit.)

L'**interiorità** è il luogo per eccellenza della libertà e dell' autonomia, che si contrappone a un mondo esterno contingente e non essenziale. Gli uomini, come esseri razionali, sono capaci di conseguire la libertà interiore, condizione fondamentale della felicità.

Lo Stoicismo di Seneca presenta anche **accenti religiosi**: vi è un'oscillazione, nel suo pensiero, tra il concetto panteistico di Dio come ragione immanente alle cose, destino, pneuma, e la percezione di un Dio che assume tratti spirituali, che diventa la provvidenza in rapporto personale con l'uomo virtuoso: «Dio ti è vicino, è con te, è dentro di te. [...] Nessuno riesce ad essere uomo veramente buono senza Dio: nessuno infatti riuscirebbe senza aiuto suo a sollevarsi al di sopra della fortuna. Egli suggerisce idee grandi e dirette» (*Epistole a Lucilio*, 41, 1-5, cit.).

ANTOLOGIA FILOSOFICA
Epitteto, *Diatribe*

1.5 Il ripiegamento interiore: Epitteto

Nel secolo successivo, **Epitteto** (50-138 d.C. ca), schiavo greco affrancato che vive a Roma, e **Marco Aurelio** (121-180 d.C.), imperatore disincantato rispetto al potere, ci ripropongono la filosofia come strumento per liberarsi dalle difficoltà del vivere.

Epitteto vuole operare un ritorno alle origini della *Stoá*, in particolare a Crisippo (281 o 277-208 o 204 a.C.). In ossequio al metodo dialogico praticato da Socrate, sceglie di non comporre opere scritte (conosciamo il suo pensiero attraverso gli appunti dei suoi allievi).

Secondo il filosofo l'**essere umano è libero**, sia che si trovi in catene, sia che si trovi sul trono. La libertà è infatti una **condizione della nostra interiorità** e non del nostro corpo. Il filosofo stabilisce una distinzione radicale tra le cose che sono in nostro potere (opinioni, desideri ecc.) e quelle che non lo sono: il corpo, la natura, gli eventi esterni, gli averi, le cariche, la reputazione appartengono alla sfera della Fortuna, della Sorte. L'errore sta nel desiderare ciò che non dipende da noi: ne conseguono delusione e perdita della libertà. L'uomo saggio considera ogni cosa che possiede – dalla salute alle ricchezze – come un prestito che non gli appartiene e dal quale può distaccarsi senza sforzo.

La sfera delle nostre scelte, che sono sempre libere, dipende interamente da noi. La **capacità di scelta** (*prohaíresis*) e donata dalla divinità all'uomo, è la capacità razionale dell'orientamento morale, la facoltà del giudizio che distingue il bene dal male.

Un altro aspetto caratteristico di Epitteto è la visione di Dio come bene, come ordine razionale del mondo, ma anche come provvidenza che si cura di ciascuno di noi. Noi siamo **frammenti della divinità**, posti in un rapporto intimo con essa: «Quando chiudete la porta e fate buio all'interno, ricordate di non dir mai che siete soli: non lo siete, in realtà, ma c'è Dio nell'interno, e c'è il vostro demone» (*Diatribe*, I, 14, 12-17).

1.6 Lo Stoicismo dell'imperatore Marco Aurelio

ANTOLOGIA FILOSOFICA
Marco Aurelio, *I ricordi*

L'imperatore "saggio" **Marco Aurelio**, nei suoi pensieri e ricordi scritti intorno agli anni 170-180 e intitolati *A se stesso*, ripropone in forma colloquiale le massime stoiche. Egli esprime il sentimento della caducità delle cose, il loro trascorrere inesorabile, il carattere effimero di ogni bene, compresa la gloria e il potere. Il cosmo, che è perenne fluire, ha una sua eterna vicenda di fronte alla quale il mondo umano è futile e inconsistente. L'uomo, perciò, deve cercare **la serenità all'interno della propria coscienza**, senza lasciarsi condizionare dalle cose esteriori.

La natura raffigurata in un affresco del I secolo a.C.

T4 Il valore dell'interiorità

D'ora in avanti, rammentati di ritirarti nel campicello di te stesso, e prima di tutto non affannarti, non nutrire grandi speranze, ma sii libero e contempla le cose con fermezza da uomo, da cittadino, da essere mortale. Tra le massime a cui dovrai rivolgerti, ricorda sempre queste due: prima, che le cose esteriori non giungono mai a toccare l'animo nostro, ma restano sempre immobili al di fuori e che ogni turbamento dipende dalla nostra opinione interiore; seconda: che quel che tu vedi tosto si muterà e non sarà la medesima cosa. Di quante trasformazioni tu stesso sei stato partecipe! Pensaci sempre. Il mondo è trasformazione; la vita, opinione.

(Marco Aurelio, *I ricordi*, IV, 3, a cura di C. Carena, Einaudi 2006)

Quali ammonimenti Marco Aurelio rivolge ad ogni essere umano?

Nella totalità del cosmo ognuno ha un suo posto, che implica precisi doveri. L'uomo pecca sovente di arroganza e di superbia, poiché si crede immortale: il suo io è invece infinitamente piccolo e solo con la morte può trovare la libertà e la felicità, tornando a **integrarsi con la totalità dell'universo**. La felicità è vivere con gli dei, principio dell'ordine cosmico, e rendere loro grazie dal profondo del cuore per la sorte che ci assegnano, qualunque essa sia.

1.7 Il prevalere dell'interesse religioso

A partire dal III secolo, in un momento storico in cui si fanno più evidenti i segni della crisi dell'impero, crescono l'**inquietudine** e il **bisogno di certezze**: diventano dunque più pressanti l'**appello al soprannaturale** e la **ricerca di una dimensione ultraterrena**. Accanto alla cultura ufficiale si sviluppano rapidamente forme di controculture del rifiuto e della protesta, della disperazione e della rivolta e di conflitti sociali e religiosi. Se la cultura ufficiale punta sulla ragionevolezza e sul controllo delle passioni, il ricorso a realtà soprannaturali si precisa con temi che si richiamano alla caducità delle cose del mondo, alla profondità dell'anima e ai misteri della morte.

In questo clima culturale si assiste al proliferare di vari movimenti religiosi che tentano di rispondere alle **nuove esigenze spirituali**: dai culti politeistici e iniziatici tradizionali, alle religioni cosmiche (zoroastrismo, culto di Mitra e Dioniso), al cristianesimo.

Si diffondono sette filosofico-religiose che cercano con metodi diversi la purificazione dell'anima e la liberazione dal male del mondo in una dimensione collettiva: la comunità neopitagorica, lo gnosticismo, i seguaci degli oracoli caldaici e delle credenze ermetiche.

Anche la filosofia risponde a questa richiesta di spiritualità e tutte le scuole danno spazio alla dimensione teologica e metafisica.

Il **neopitagorismo** si diffonde a Roma nel II-III secolo come una vera e propria Chiesa che ricerca, con pratiche magiche, la salvezza dalla catena delle trasmigrazioni. Gli **gnostici**, che si attribuiscono questo nome perché si considerano depositari della vera conoscenza (*gnôsis*), concepiscono il mondo come schiavitù, oppressione, vizio e disperazione, prodotto di un dio malvagio che governa tutto con l'aiuto di diaboliche creature a lui subordinate. Riti e culti servono a difendere l'uomo dalla malvagità dei demoni: la salvezza si ottiene con il rifiuto totale del mondo, della materia e del corpo. La vera conoscenza conduce l'uomo, attraverso l'estasi mistica, all'unico Dio buono, infinitamente lontano dal mondo. La salvezza è il risultato della conoscenza e non dell'azione etica.

Un pubblico attento ascolta il responso dell'oracolo (affresco pompeiano).

La corrente religioso-filosofica degli **Oracoli caldaici** proveniente dall'Oriente babilonese mette insieme teurgia (pratica magica attraverso cui si agisce sulla divinità allo scopo di farla incarnare in qualche oggetto, generalmente una statua), magia, spunti platonici e pitagorici e misticismo.

Il filone filosofico-religioso **ermetico** è costituito da un insieme di credenze astrologiche, alchimistiche, idee platoniche e pitagoriche e credenze religiose egizie. Le tesi ermetiche, risalenti al II secolo, sono state raccolte nel *Corpus Hermeticum,* fra il VI e il X secolo nell'area di Alessandria d'Egitto. Si chiamano ermetici perché il protagonista è Ermete Trismegisto che rivolge i suoi ammaestramenti al figlio Thot. Ermete sarebbe il depositario di una sapienza antichissima che consente ai pochi iniziati di conoscere la vera realtà umana e divina. Tale sapienza parla dell'Uno come principio da cui discendono il mondo e l'uomo, ritiene fondamentale il ruolo del Demiurgo platonico per l'ordinamento dell'universo e prescrive all'uomo un lento e graduale cammino di ritorno all'Unità primigenia.

1.8 La ripresa del platonismo

I membri dell'Accademia platonica ripropongono con efficacia crescente il pensiero e i testi del maestro, rimettendo in circolazione molti dialoghi che erano stati trascurati durante i secoli di predominio dello Scetticismo nella scuola. I dialoghi più frequentemente studiati e commentati in questo periodo sono il *Timeo,* che comprende il mito della genesi del mondo per opera del Demiurgo; il *Fedone,* che tratta in termini mitologici della trasmigrazione dell'anima; il *Fedro* e il *Simposio* che, ancora in termini mitici, trattano del mondo delle idee; il *Parmenide,* nella cui seconda parte la discussione riguarda il problema dell'Uno e dell'essere. Si tratta proprio dei dialoghi che consentono una **reinterpretazione in chiave religiosa del pensiero platonico**. La filosofia, nella scuola platonica, tende infatti a risolversi in una **teosofia**.

Il Simposio di Platone, dipinto di G.B. Gigola (1769-1841).

Vum in thessaliam ubi quædam mihi
paternę rões erãt cũ eius gẽtis uiro pro
ficiscere in thessalos quosdam incidi :
qui in ipatam thesaliæ urbem redibant
uehebar equo neccessaria quędam usui
ferens unico comitatus seruo qui sequebatur pedes. in
tereundum cum uariis de rebus eloquentes Iam urbi
apropinquaremus a thessalis petii nun eius urbis ci-
uem nossent nomine hiparcum (habere enim me ad
eum litteras ut apud ipsum uelut hospitem diuerte-
rem) illi & hominem sibi notum esse dixerunt locuple
tem auarum qui solum domi uxorem & unicam ancil
lam haberet & quo in loco urbis habitaret describen-
tes ortum quempiam in quo esset eius habitaculum.

Pagina dell'*Asino d'oro* di Apuleio. Miniatura del XV secolo.

Le religioni monoteistiche cercano nelle teorie di Platone, rivisitate dai commentatori dell'Accademia, una "sponda" filosofica, nel tentativo di dare dignità culturale alle loro credenze religiose.

La dottrina più significativa della rifondata scuola platonica è quella della netta distinzione tra **mondo sensibile** e **mondo intelligibile**. Quest'ultimo si trasforma da mondo delle idee in un Dio che concentra in se stesso le idee come archetipi del suo operare. Tra gli accademici, **Plutarco** (50-125 ca), filosofo greco e supremo sacerdote del santuario di Delfi, considera Platone il depositario dell'intera sapienza antica; lo scrittore latino **Apuleio** (125-200 ca) sposta i suoi interessi dalla saggezza antica verso le nuove pratiche magiche e misteriche, le religioni greca ed egiziana. Nella sua opera *L'asino d'oro* Platone è descritto come colui che avrebbe scritto di un mondo sovrappopolato di dei e di demoni, diverso dal mondo terrestre.

1.9 La commistione tra filosofia e religione

Filosofia e religione: ecco i due termini di un binomio che si presenterà come inscindibile per quasi una decina di secoli. Da una parte la filosofia rinuncia a essere ricerca razionale, indagine che si affida alla sola ragione, per sostenersi con la forza della religione e della rivelazione divina; dall'altra la religione, per rafforzare il suo dominio nel mondo degli intellettuali e dell'aristocrazia colta, si serve della ragione e degli strumenti della filosofia per chiarire le proprie verità di fede e per difendersi dagli attacchi degli avversari.

La filosofia sposta il proprio epicentro verso la **dimensione teologico-metafisica**, mentre viene a mancare qualsiasi interesse per la filosofia politica.

«**Nuovo platonismo**» è stato definito dagli storici della filosofia la versione del platonismo dovuta a **Plotino** (205-270, vedi p. 267 e ss.) e ai suoi allievi, **Porfirio** (233-305), **Giamblico** (250-325 ca) e **Proclo** (412-485). Nell'universo metafisico di Plotino delineato nel sistema neoplatonico tutte le religioni trovano la loro collocazione e la loro giustificazione razionale. Per il suo carattere religioso la dottrina del neoplatonismo sarà adottata pressoché da tutta la filosofia cristiana fino al Duecento quando la filosofia di Aristotele tornerà a contenderle il primato.

1.10 Plotino e la filosofia come esegesi

Plotino dedica la sua attività di ricercatore alla comprensione dei «divini e beati» filosofi antichi, utilizzando le modalità di studio da essi individuate. Il modello perfetto è il "divino Platone": Plotino addirittura ripercorre l'intera storia della filosofia per valutare il grado di affinità delle varie teorie rispetto al pensiero platonico.

L'obiettivo che deve porsi un **buon interprete** della filosofia platonica è di **svelare i segreti contenuti nei dialoghi**. Plotino si propone non solo di rispettare il suo nobile maestro, ma anche di poter interpretare molte affermazioni rimaste oscure: infatti Platone sovente parla enigmaticamente e usa espressioni molto complesse. L'**esegeta** deve condurre i propri allievi alla chiara comprensione del pensiero, precedendoli e guidandoli senza avere altri intenti di proselitismo.

Bassorilievo che ritrae Plotino nel'atto di srotolare un papiro (III sec. d.C.).

1.11 La ripresa dell'aristotelismo

I **peripatetici**, dal canto loro, operano una decisa ripresa dei testi aristotelici, che vengono riproposti e commentati.

Costoro operano un'**accentuazione degli aspetti teologici** della filosofia di Aristotele, incentrati sulla dottrina del motore immobile, atto puro, pensiero di pensiero, posto dal filosofo come condizione del movimento e del mutamento dell'universo e come sua causa finale. Proprio questa accentuazione teologica del pensiero di Aristotele favorisce la **confluenza di aristotelismo e platonismo**: ne emerge gradualmente un unico sistema nel quale, relativamente al mondo intelligibile o divino prevale l'aspetto platonico (con le sue gerarchie "demoniche" intermedie fra la divinità e il mondo), mentre per il mondo fisico terrestre (costituito da quattro elementi: terra, acqua, aria, fuoco) e celeste (la cui essenza è costituita da un quinto elemento, l'etere) prevale l'aspetto aristotelico, con la dipendenza del movimento e mutamento dal principio primo.

Di Aristotele verranno utilizzati e commentati moltissimi testi: quelli di logica andranno a costituire le basi dell'istruzione presso tutte le scuole e saranno utilizzati anche in chiave teologica da pensatori cristiani nelle delicate questioni relative alla definizione del concetto di Trinità divina (vedi p. 293).

Fra i tanti interpreti che consegnano Aristotele ai secoli successivi spicca la figura di **Alessandro di Afrodisia** (II sec. d.C.), di cui non abbiamo notizie e di cui è nota l'opera *Il destino*. Egli pubblica negli ultimi decenni del II secolo d.C. numerosi commentari su quasi tutta l'opera di Aristotele e alcuni trattati di ispirazione aristotelica: molto importante il trattato *Sull'anima*, che affronta la delicata questione dei diversi intelletti sui quali Aristotele aveva scritto alcuni brevi e oscuri passi. Si pone il problema, lasciato aperto da Aristotele, se l'intelletto sia unico o individuale, mortale o immortale.

1.12 L'eclettismo

Un aspetto comune a tutte le scuole filosofiche di Roma è il continuo travaso di concetti dall'una all'altra dottrina. **La combinazione di tesi platoniche e aristoteliche** è un atteggiamento diffuso in entrambe le scuole; usuale è l'utilizzazione del linguaggio stoico da parte di tutti i filosofi non stoici; Seneca rivendica la libertà di rifarsi a esponenti di scuole diverse, spesso in polemica fra loro: «Ci è consentito di disputare con Socrate, dubitare con Carneade, riposare con Epicuro, vincere la natura umana con gli Stoici e trascenderla coi Cinici. Poiché la natura ci permette di entrare in comune con ogni età, perché non dovremmo, muovendo da questo esiguo e caduco tratto di tempo, dedicarci con tutta l'anima a quelle cose che sono immense, che sono eterne, cui partecipiamo insieme con gli spiriti migliori? » (Seneca, *De brevitate vitae*, XIV, 2).

L'atteggiamento dei filosofi che consiste nello scegliere dalle diverse dottrine le tesi che più si apprezzano, senza curarsi troppo della coerenza di queste tesi fra di loro, è stato definito **eclettismo** (dal greco *ekléghein*, «scegliere»).

Verifica immediata

1. **Per quale motivo la cultura romana nutre un certo sospetto verso la filosofia?**
2. **Qual è l'interesse dominante nelle speculazioni dei filosofi latini?**
3. **Qual è il rappresentante più importante dell'Epicureismo latino?**
4. **Chi è il principale divulgatore delle discipline filosofiche greche?**
5. **Completa inserendo opportunamente i termini mancanti.**

Secondo gli stoici la funzione fondamentale della filosofia è di tipo .... Per Seneca la filosofia è riflessione sulla propria .... , luogo per eccellenza della .... Anche per Epitteto e per Marco Aurelio la libertà è condizione della propria .... e la filosofia serve a vincere il dolore di .... Con l'acuirsi della crisi del III secolo prevale l'interesse religioso; anche il .... assume caratteri religiosi e diventa una teosofia.

I luoghi e i destinatari

2. Roma, tra accettazione e rifiuto dell'eredità greca

2.1 Il ruolo di Alessandria e di Atene

Nonostante il declino degli studi scientifici, **Alessandria** rimane il **luogo per eccellenza degli incontri culturali**: linguistici, religiosi, filosofici, scientifici, letterari. È la città di gran lunga più cosmopolita, in cui convergono cittadini provenienti da ogni parte del mondo. Vi convivono anche diverse religioni: l'antica religione egiziana, mai scomparsa e anzi più viva che mai in questi secoli (come testimonia lo stesso Plutarco); la religione monoteistica professata dalla comunità ebraica; i culti caldei, di antica provenienza babilonese, che alla fine del II secolo d.C. vengono documentati nella raccolta degli Oracoli caldaici; la tradizione orfico-pitagorica che, mescolata a quella egiziana, dà luogo intorno al 200 d.C. alla raccolta dei testi ermetici; la nuova religione cristiana, inizialmente interna alla comunità ebraica e poi diffusasi rapidamente all'esterno.

Rilievo in marmo raffigurante un poeta drammatico che accoglie Dioniso (I-II sec. d.C.).

Atene continua ad essere il **centro indiscusso del dibattito filosofico**: dopo che l'intera Grecia viene assorbita nello Stato romano (metà del II secolo a.C.), ancora formalmente repubblicano, i giovani delle famiglie più ricche e più note di Roma prendono l'abitudine di recarsi nella città greca per approfondire lo studio della filosofia.

A partire dalla seconda metà del I secolo d.C. la rifondata Accademia platonica diventa la scuola più prestigiosa.

In seguito alla rivolta di Atene contro il dominio romano, nella prima metà del I secolo a.C., molti filosofi – tra cui Filone, direttore dell'Accademia platonica – abbandonano la città e si recano a Roma e in altri centri dell'impero, dove svolgono la loro attività come "filosofi domestici", alle dipendenze di famiglie aristocratiche.

Il poeta Ennio con in testa la corona di alloro, simbolo di autorevolezza. Mosaico del III sec. d.C.

2.2 La filosofia a Roma

La storia della diffusione della filosofia a Roma è un'alternarsi di **intolleranza** e di **accettazione**. Il rogo di libri pitagorici nel 181 a.C., il bando di filosofi epicurei del 173 e del 161 a.C., l'allontanamento di Carneade (capo dell'Accademia platonica) nel 155 a.C. sono i più noti episodi di intolleranza.

Contemporaneamente, però, teorie filosofiche sono **rintracciabili nell'opera di letterati** come Ennio, Terenzio, Lucilio e si instaura la consuetudine dei patrizi romani di tenere presso di sé, come precettori dei figli, **maestri di filosofia greci**. Sicura è infatti l'ospitalità offerta a taluni filosofi, altamente onorati e rispettati, da padroni di casa nobili, ricchi e potenti. All'inizio del I secolo a.C. non vi è romano fornito di buona cultura che non abbia qualche nozione di filosofia.

Edifici di epoca flavia, testimonianza del prestigio della dinastia (particolare di sarcofago del I sec. d.C.).

Sempre per iniziativa privata di aristocratici, nel I secolo a.C. si formano **centri di filosofia epicurea** a Napoli e a Ercolano.

L'**Epicureismo** è l'unica filosofia che, promettendo la liberazione dalla paura della morte e degli dei, è vicina al sentire anche degli strati inferiori della popolazione romana (prova ne sono le epigrafi e le iscrizioni funerarie contenenti frasi di Epicuro). Anche la **filosofia dei cinici** suscita curiosità e interesse presso la popolazione, non tanto per le dottrine che essi sostengono, quanto per lo stile di vita che ostentano.

Gli utenti dell'insegnamento filosofico sono comunque perlopiù ricchi uomini colti di nascita aristocratica.

La diffidenza per la filosofia continua in età imperiale, soprattutto contro lo **Stoicismo**, diventato la filosofia prediletta della **classe senatoriale**, nostalgica degli ideali repubblicani. Solo una volta cessati i conflitti tra il senatori e l'impero (con la fine della dinastia Flavia, alla fine del I secolo d.C.), gli imperatori romani cominciano a tollerare la filosofia e, anzi, a utilizzarla come supporto per conservare e consolidare il loro potere.

Nel 176 d.C., durante l'impero di Marco Aurelio, lo Stato romano contribuisce con fondi pubblici a rifondare ad Atene le quattro scuole principali: l'Accademia, il Liceo, la scuola stoica e quella epicurea.

2.3 La grande diffusione del neoplatonismo

Nel 245 a Roma apre la sua scuola **Plotino**, ultimo grande rappresentante della filosofia greca "classica". Per molto tempo il suo insegnamento è solo orale, ma a partire dal 253 inizia a scrivere alcune opere che, suddivise in sei gruppi di nove trattati ciascuno, verranno successivamente raccolte e pubblicate dal suo allievo Porfirio sotto il nome di *Enneadi*.

Frequentano la scuola di Plotino numerosi discepoli, filosofi, retori, medici, poeti, senatori e alcune donne "innamorate della filosofia", tutti dediti allo studio e all'approfondimento della disciplina filosofica.

Dalla morte di Plotino, avvenuta nel 270, sino alla chiusura delle scuole di Atene, operata nel 529 dall'imperatore Giustiniano, la scena culturale del mondo pagano è occupata prevalentemente dal **neoplatonismo** (così viene definita dalla storiografia posteriore la filosofia e la scuola di Plotino). Questa stessa filosofia, sebbene nata in antagonismo al cristianesimo, costituirà il più importante ausilio filosofico del pensiero teologico cristiano dalle sue origini fino alla riscoperta dell'aristotelismo del XIII secolo.

Porfirio, come erede di Plotino, continua a tenere alto l'onore della scuola dirigendola per molti anni.

Un suo discepolo, **Giamblico**, fonda la **scuola neoplatonica siriaca** particolarmente incline al **misticismo** e al ricorso alla **magia** e alla **teurgia**. La filosofia come strumento di conoscenza perde il suo ruolo da protagonista nel favorire il ritorno al principio divino e diventa strumento al servizio di sacri riti che soli congiungono i teurgi alla divinità.

La **scuola neoplatonica di Pergamo**, fondata da un discepolo di Giamblico, accentua ancora di più il carattere religioso e mistico della dottrina insegnata, tanto che i suoi adepti, considerati esponenti di un nuovo culto, il "neopaganesimo", sono perseguitati dal potere imperiale ormai cristianizzato.

La **scuola neoplatonica di Alessandria**, che ha come maestra e guida **Ipazia** (370-415), figlia di un astronomo-matematico ed essa stessa studiosa di problemi matematici, vede fiorire una numerosa schiera di esegeti, filologi e eruditi secondo il modello del Museo e della Biblioteca alessandrini. Non ci sono pervenute opere della filosofa, ma solo tre titoli di testi dedicati probabilmente al commento di Platone e Aristotele. Ipazia gode in un primo tempo di molta stima e rispetto sia presso il vescovo cristiano Sinesio sia da parte dell'autorità civile. Ma successivamente viene in contrasto con il vescovo Cirillo ed è assassinata nel 415 da una folla di fanatici cristiani sobillati dal vescovo.

La **scuola neoplatonica di Atene**, il cui rappresentante più importante è **Proclo** (410-485), è frequentata sino alla chiusura di tutte le scuole filosofiche da numerosi allievi tra i quali anche un'altra donna, **Asclepigenia**.

2.4 I destinatari della filosofia platonica elaborata da Plotino

Nel III secolo Plotino pensa di fondare, in Campania, una "Città dei filosofi", **Platonopoli**; la immagina non come una città governata da filosofi, ma come un ritiro per soli filosofi, una specie di comunità laica, che non si propone di realizzare un progetto politico e di farsi quindi esempio e guida alla società intera, ma anzi si allontana da ogni altro consesso umano, assolutamente disinteressata alla sorte dei propri simili e conterranei, con lo specifico scopo di vivere nell'isolamento. Alla **filosofia** si deve concedere la **massima autonomia** e perciò essa deve rinunciare a impegni non solo politici, ma anche scientifici ed educativi.

Il fine primario ed essenziale della disciplina è la conoscenza di oggetti appartenenti esclusivamente al suo campo di ricerca. Lo scopo del lavoro della ricerca filosofica è la costruzione di se stessa. A sottolineare che i **destinatari** sono unicamente "**gente del mestiere**" è la scelta stessa dei termini del discorso filosofico: un linguaggio specialistico, tecnico, fatto di parole nuove, coniate appositamente e comprensibili solo alla ristretta cerchia di studiosi della scuola. Filosofia "religiosa" che prospetta la salvezza mediante la conoscenza.

Il contenuto della dottrina elaborata da Plotino e dai suoi allievi costituisce un **sistema rigido**, **autonomo**, lontano dai problemi dell'uomo comune e dai bisogni di una società in piena crisi.

Verifica immediata

1. Chi sono gli utenti della filosofia a Roma?
2. Da chi è frequentata la scuola fondata da Plotino?
3. Quali sono le altre scuole neoplatoniche?
4. Di quale scuola è maestra Ipazia?

Le forme della trasmissione

3. Manuali e commentari

3.1 Raccolte ed esegesi degli insegnamenti dei maestri

La diffusione della filosofia è affidata a **manuali e commentari**: in tutte le scuole si manifesta la tendenza a rifarsi direttamente all'insegnamento dei maestri fondatori, i cui scritti vengono raccolti, commentati e divulgati da abili esegeti (interpreti dei testi).

Un retore insieme ai suoi allievi. Rilievo di sarcofago del IV secolo d.C.

Nella scuola stoica prevale non l'elaborazione di nuove tesi, ma l'attività di commento delle opere di Zenone, Cleante e Crisippo.

Lo scettico Enesidemo recupera le teorie di Pirrone e la sua filosofia sarà definita «neopirronismo».

Anche in campo scientifico si trascura la ricerca in favore della **divulgazione manualistica e dell'enciclopedismo**. Questa attività di sistemazione delle conoscenze e di esegesi delle opere è dovuta al ruolo dei filosofi dell'epoca, che sono tutti pedagoghi e professionisti dell'insegnamento.

Occorre ricordare che viene accordata la **priorità all'insegnamento orale** e dunque alla tradizione della scuola e i libri sono ancora soltanto un "supporto".

3.2 Le fonti

La filosofia romana ci è nota attraverso gli scritti dei suoi stessi principali rappresentanti.

Lucrezio è fonte preziosa per l'Epicureismo; **Cicerone** ci testimonia sia l'Epicureismo, sia lo Stoicismo, sia le dottrine platoniche e aristoteliche, nonché lo Scetticismo dell'Accademia; Seneca e Marco Aurelio ci hanno lasciato importanti scritti di orientamento stoico; **Plutarco** è un'altra fonte preziosa di conoscenza per il platonismo e per l'aristotelismo; **Sesto Empirico** lo è per lo Scetticismo.

Il greco **Diogene Laerzio**, con le sue *Vite dei filosofi*, rimane il riferimento fondamentale per tutti i filosofi dell'epoca.

Verifica immediata

1. **Indica se le seguenti affermazioni sono vere o false.**
   1. Nelle varie scuole si tende a distaccarsi dal pensiero del maestro fondatore. V F
   2. Nella scuola stoica non si elaborano teorie nuove. V F
   3. In ambito scientifico si mira soprattutto alla divulgazione. V F
   4. Il libro è ormai uno strumento fondamentale nella didattica scolastica. V F

Può l'essere umano, con un lungo cammino, raggiungere un Dio trascendente e assolutamente diverso da lui?

Capitolo 1

Plotino, interprete di Platone

La vita e le opere

Plotino nasce a Licopoli, in Egitto, nel 205 d.C. e si forma filosoficamente ad Alessandria, presso la scuola del platonico Ammonio Sacca, che frequenta per undici anni. Segue l'imperatore Gordiano nella sua spedizione verso l'India, mosso da interessi culturali nei confronti delle tradizioni orientali, per poi ritirarsi prima ad Antiochia e successivamente, nel 244, a Roma. Qui apre una scuola che riscuote una fortuna enorme presso le classi più alte della città. È una sorta di scuola filosofica con annesso collegio per giovani appartenenti a famiglie patrizie. La frequentano senatori, l'imperatore Gallieno e sua moglie e personaggi importanti della Roma del tempo. Plotino dirige la sua scuola dal 244 quasi fino all'anno della morte, nel 270.

Il suo allievo Porfirio (234-305) riceve da Plotino tutti i suoi manoscritti con l'incarico di curarne la pubblicazione. Si tratta di 54 trattati, che Porfirio raggrupperà in una raccolta di sei libri (nove scritti per ogni libro), col titolo di *Enneadi* («gruppi di nove», in greco). L'opera di Plotino andrà incontro ad un grande successo.

1. Dal mondo sensibile al mondo intelligibile

1.1 Tematiche platoniche e ispirazione religiosa

I **temi** del pensiero di Plotino sono squisitamente ed esplicitamente **platonici**, in particolare quelli che riguardano il mito e che si riscontrano nel *Timeo*, nel *Fedro*, nel *Fedone*, nella *Repubblica* (la caverna, l'idea inconoscibile del bene).

Plotino si pone come interprete di Platone, come suo continuatore, aggiungendo però alle tematiche platoniche un'**ispirazione religiosa di tipo mistico**. Come Platone nel mito della caverna, Plotino descrive le tappe della liberazione dell'essere umano dalle catene dell'ignoranza e la sua successiva ascesa al mondo della perfezione delle idee e poi dell'**Uno originario**.

Dalle catene del mondo all'Uno

La filosofia non è solo un'attività teoretica, ma un processo di elevazione dell'anima che la purifica e la riconduce alla sua origine.

ANTOLOGIA FILOSOFICA
Plotino, *Enneadi*, VI

1.2 L'essere umano nel mondo materiale e sensibile

L'ascesa dal mondo all'Uno

La triade intelligibile

La disposizione dei testi plotiniani operata da Porfirio non parte dall'analisi del processo di discesa o emanazione, cioè dall'Uno, principio di ogni realtà, ma dall'**analisi del mondo umano**, di quello naturale, per poi salire, attraverso l'analisi dell'Anima del mondo e dell'Intelletto, fino a quella dell'Uno originario. I sei libri delle *Enneadi* possono essere divisi in due gruppi: i primi tre libri analizzano soprattutto il mondo umano e materiale; gli ultimi tre analizzano prevalentemente, e ciascuno rispettivamente, la cosiddetta **triade intelligibile** formata dall'**Anima del mondo**, dall'**Intelletto** e dall'**Uno** ineffabile, culmine della possibile ascesa conoscitiva dell'essere umano e origine del tutto, alla maniera platonica (ma per certi aspetti, anche aristotelica e stoica).

È l'essere umano che, attraverso un'**ascesa filosofica** che è insieme **conoscitiva ed etica** (con una liberazione progressiva dalle passioni e dagli impulsi del corpo, del quale Plotino provava vergogna), perviene all'unione con l'Uno.

In questo quadro compiutamente filosofico e non teologico Plotino esamina la condizione dell'essere umano nel mondo materiale e le sue possibilità di elevarsi verso il mondo "superiore", composto dalla triade intelligibile. L'itinerario possibile riprende quasi alla lettera quello tante volte prospettato da Platone sia in termini logico-argomentativi sia in termini mitici.

1.3 La filosofia, la dialettica e l'ascesa conoscitiva

Siamo anime dentro corpi. Possediamo qualcosa che ci spinge ad allontanarci dalla pura corporeità, la quale costituisce per Plotino, come per Platone, l'originario «ricettacolo delle forme» che è stato "formato" e "ordinato" tramite l'Anima del mondo che lo pervade.

Le tappe del cammino verso l'Uno: bellezza e dialettica

Il **primo stimolo** che ci porta **a elevarci** è quello della **bellezza**, verso la quale tende naturalmente chi ama (la bellezza nei corpi), chi fa musica (la bellezza come armonia e numero), chi fa filosofia (la bellezza come «universale»).

Chi fa filosofia può andare più avanti e più in alto rispetto a chi ama e a chi fa musica. Il filosofo, infatti, è in grado di utilizzare un'arte specifica, la **dialettica**, che, al di là delle matematiche, gli consente di pervenire agli **universali**, cioè al mondo intelligibile. La concezione plotiniana della dialettica è sicuramente di carattere platonico: il filosofo la definisce come una scienza che dà la possibilità di dire razionalmente ciò che è ogni oggetto, che cosa lo accomuna o lo distingue dagli altri oggetti, tra quali oggetti si trova e in quale classe e quale cosa sia «essere» e quale invece «non essere» (diverso dall'essere). La dialettica passa dal sensibile all'intelligibile e qui conclude la sua attività.

1.4 L'anima buona e bella

L'anima purificata diventa pura forma

Chi pratica la filosofia e perviene al mondo dell'intelligibile non solo sa di più rispetto agli ignoranti, ma è anche più saggio. Plotino mostra un esempio concreto di ascesa filosofica in un saggio sulla bellezza, nel quale riprende le tesi platoniche presentate da Socrate quando riferisce, nel *Simposio*, il discorso di Diòtima sull'amore, la bellezza e la filosofia. Plotino afferma che quando si perviene, partendo dalle cose sensibili e col metodo dialettico, all'idea universale della bellezza, **l'anima**, **purificata**, **diventa** una **forma**, si fa tutta incorporea, intellettuale e appartiene interamente al divino, dove è la fonte della bellezza e da dove ci vengono tutte le idee.

Il **bello** si identifica in ultima analisi col **bene** dal quale l'intelligenza trae la sua bellezza. Un'anima buona è un'anima bella. L'anima perviene all'idea di bellezza e all'idea del bene, che illumina della sua luce, come principio, tutte le idee.

Il bello si identifica con il bene

L'anima tramite la conoscenza, che attua il distacco graduale dalle cose e dai corpi belli fino all'idea incorporea della bellezza, vive la sua vita più alta. Se invece fa il percorso inverso, «muore»: muore come può morire un'anima, e cioè perdendosi nel «pantano» della corporeità (secondo la teoria della trasmigrazione), al quale le anime sono soggette quando non si distaccano dalla corporeità.

1.5 Il male e la provvidenza

Plotino definisce il **male** come l'adagiarsi dell'anima nella **corporeità** che, come abbiamo detto, è ciò che fin dall'origine è privo degli elementi del mondo della triade e che viene "animato" dal diffondersi in esso dell'Anima del mondo, la quale tende però a ritrarsene.

In realtà, **il male non è qualcosa di "oggettivo"**, giacché il **mondo**, così com'è, è sostanzialmente buono, **retto da una "provvidenza"** che il saggio deve cercare di riconoscere.

Il mondo è retto da una provvidenza

Certo, come scrive Plotino in un importante saggio sulla provvidenza nel terzo libro, a noi pare che nel mondo umano ci sia ingiustizia oltre che giustizia; pensiamo comunemente che sia un male che i cattivi siano premiati e che i buoni diventino schiavi. Ci domandiamo allora se c'è davvero una provvidenza. Ma il saggio deve pensarla in altro modo; poiché sa che questo universo dipende da un'Intelligenza il cui potere penetra ovunque, deve cercare di mostrare come ogni cosa sia come deve essere.

Il concetto di provvidenza è legato alla teoria della **trasmigrazione delle anime** e a una concezione generale di **giustizia cosmica** che non dimentica nessuno, anche se a noi pare il contrario: ognuno pagherà nella vita successiva ciò che di male ha compiuto in quella precedente. Così – afferma Plotino – chi ha ucciso la propria madre rinascerà donna per essere uccisa dal suo stesso figlio, chi ha violentato una donna rinascerà donna per essere violentata e così via.

Giustizia cosmica e trasmigrazione delle anime

Dobbiamo guardare la vita come una scena di teatro, con distacco, giacché le parti, i ruoli, sono stati assegnati precedentemente alla rappresentazione (dipendono, cioè, dalle nostre vite precedenti).

2. Il mondo superiore: la triade

2.1 Dall'Anima del mondo all'Intelletto

Una volta raggiunta la conoscenza dell'andamento regolare, eterno, armonico, ordinato e giusto dell'universo in tutte le sue forme e in tutti i suoi accadimenti, che si identifica con l'Anima del mondo, si è maturi per elevarsi alla conoscenza più alta: quella che dall'Anima del mondo ci fa procedere all'Intelletto e poi all'Uno. Siamo al passaggio dal primo al secondo gruppo di tre libri delle *Enneadi*.

L'anima è pervenuta alla conoscenza del mondo, alla contemplazione delle idee (abbiamo visto l'esempio della bellezza); è matura per conoscere qualcosa di più elevato, l'**Intelletto**, quel **mondo delle idee in cui le idee pensano se stesse**, nel quale c'è «pensiero di pensiero», come aveva detto Aristotele. È un mondo, però, in cui c'è insieme unità (l'atto del pensare) e molteplicità (le idee pensate), anche se tutto è della stessa "materia", cioè tutto è pensiero e non corporeità.

L'Intelletto e le idee che pensano se stesse

Questo sdoppiamento (il due, unità e molteplicità) richiama di per sé l'Uno. Si introducono qui elementi pitagorici, che ritornano anche nel numero complessivo di quattro (la **tetrade**), che caratterizza tutta la realtà costituita, appunto, dalla **triade** (Anima del mondo, Intelletto, Uno) più la materia.

L'Intelletto è Intelligenza e intelligibile

L'**Intelletto**, dunque, che pensa le idee è, insieme a esse, **pensiero**; in realtà è **infinito**, aggiunge Plotino. Il suo "difetto" è di essere insieme **Intelligenza** (pensiero) e **intelligibile** (infinite idee pensate).

Il difetto dell'Intelletto, lo abbiamo visto, è di essere numero, molteplicità (esso è "due": pensiero e pensato). Ma al di là del numero ci deve essere necessariamente il **principio** del numero e cioè l'**Uno**.

ANTOLOGIA FILOSOFICA
Plotino, *Enneadi*, VI

2.2 L'Uno ineffabile

Con l'**Uno** siamo arrivati alla fonte, al **principio di tutto**. Pitagoricamente, platonicamente, aristotelicamente, stoicamente, il discorso di Plotino è pervenuto a qualcosa che però non si può "pensare" o definire. Plotino dedica intere pagine a mostrare l'impossibilità di una definizione dell'Uno, che è "chiamato" dall'Intelletto ma non può essere nominato.

Qualsiasi proprietà gli si assegni, infatti, lo degrada a qualcosa che è al di qua di esso: le proprietà, infatti, vengono attribuite soltanto a ciò che è oggetto di conoscenza, cioè alle idee.

L'Uno ineffabile, oggetto delle teologie negative

Non possiamo attribuirgli neppure le proprietà più generali, che cerchiamo di pensare indipendentemente da singole idee: è, insomma, **ineffabile**. È l'"oggetto" di tutte le **teologie negative**, le quali affermano che esiste un Dio all'inizio del tutto ma che assolutamente nulla si può dire di Lui.

Plotino si rende conto di questa sorta di *impasse* nel suo discorso e affronta il problema in uno dei saggi del quinto libro, chiedendosi perché allora si parli di Lui (l'Uno). Plotino risponde che noi, in effetti, diciamo di Lui solo qualcosa, ma non affermiamo nulla di Lui e non abbiamo di Lui né conoscenza né pensiero, poiché noi **diciamo quello che Egli non è**, ma non diciamo quello che è. L'Uno è al di là della parola, dell'Intelligenza e della sensibilità: Egli dona tutte queste cose, ma non è alcuna di esse.

L'Uno è **infinito** (*ápeiron*): l'infinitudine non va intesa come infinita quantità, ma ha un senso immateriale. L'Uno è **inesauribile potenza** (*pánton dýnamis*), spirituale **energia produttrice** (*enérgheia*) che tutto porta all'essere e tutto mantiene nell'essere.

L'Uno è inesauribile energia produttrice, bene e volontà libera

Dal punto di vista degli esseri generati dalla sua attività, l'Uno è definito come **bene** (*agathón*). Il mondo si rapporta a Lui come all'oggetto del desiderio.

L'Uno non è per caso, né per una libera scelta, il che implicherebbe molteplici possibilità tra cui scegliere, né per una necessità, che non può vincolarlo, ma semmai deriva da Lui. Il Primo Principio pone se stesso liberamente, è **volontà**

libera di essere ciò che è, perché è quanto di più alto vi sia. Agire ed essere in lui coincidono. È **amabile** («tutte le cose gli fanno corona») e amore di sé, perché non può trarre dal di fuori una bellezza degna di essere contemplata.

2.3 L'esperienza mistica dell'Uno

ANTOLOGIA FILOSOFICA
Plotino, *Enneadi*, VI

Se non è possibile conoscerlo, questo Uno ineffabile, come è possibile giungere a Lui? La risposta finale di Plotino è quella che apre la via alla **soluzione "mistica"**, cioè a quel tipo di esperienza che sta al di là della conoscenza, anche di quella più alta. Nell'ultimo degli scritti delle *Enneadi* l'autore ribadisce che la conoscenza dell'Uno non si ottiene né per mezzo della scienza né per mezzo del pensiero, come per gli altri oggetti dell'Intelligenza (le idee), ma per mezzo di una «presenza che vale di più della scienza». Plotino si sente come l'uomo che è uscito dalla caverna del mito platonico, è rimasto abbagliato dalla visione del Sole-Bene-Uno e non sa come descriverla o spiegarla scientificamente agli altri rimasti dentro la caverna.

L'unione dell'essere umano con l'Uno

Nonostante queste considerazioni intrise di misticismo, Plotino sottolinea che è l'**essere umano**, e solo lui, il **protagonista di questa unione con l'Uno**, la quale consiste nella completa liberazione dell'anima dal peso e dagli impulsi del proprio corpo. Per realizzare questa unione, o «conversazione», l'anima «deve staccarsi da tutte le cose esteriori, rivolgersi alla sua interiorità, completamente, e, spegnendo ogni conoscenza, deve abbandonarsi alla contemplazione di Lui» (*Enneadi*, VI, 9, 7, 15). Solo dopo questo abbandono, unita a Lui, essa può tornare ad annunciare ad altri, se ne ha la possibilità, quella conversazione suprema. Una conversazione che è anche una danza gioiosa, un atto d'amore. Conclude Plotino: «Questa è la vita degli dei e degli uomini divini e beati: distacco dalle restanti cose di quaggiù, vita che non si compiace più delle cose terrene, fuga di solo a solo» (*Enneadi*, VI, 9, 11).

2.4 La derivazione o processione del molteplice dall'Uno

Le tre ipostasi

L'**Uno** è la **prima delle tre ipostasi**, ossia delle sostanze che compongono il mondo intelligibile, dalla quale provengono le successive: l'**Intelletto**, il pensiero che contiene in sé le forme eterne, ossia le idee, gli archetipi perfetti e l'**Anima**, che ordina e governa il mondo sensibile.

Perché dall'Uno sono derivate le cose molteplici, a cominciare dalle altre due ipostasi?

La **processione** (dal greco *próodos*, letteralmente «cammino in avanti») o **emanazione** è la derivazione delle cose molteplici dall'Uno. Per spiegarla, il filosofo fa uso di metafore fisiche: è come una luce emessa da una fonte luminosa inesauribile che si irradia in cerchi concentrici, i quali partecipano in misura decrescente della luminosità originaria. La processione è come il fuoco che emana calore, o come il vivente che giunto a maturità genera, o come la sorgente inesauribile dalla quale sgorga il fiume, o come una serie di cerchi concentrici prodotti da un centro comune.

Le parole della filosofia

Ipostasi: significa letteralmente «ciò che sta sotto», ovvero sostegno, appoggio, fondamento e per i neoplatonici la «sostanza»; il termine classico per indicare la sostanza è *ousía*.

Le parole della filosofia

Processione (o emanazione): è il processo di derivazione o di causazione da una realtà prima a progressive realtà gerarchicamente inferiori.

La processione come esito del traboccare dell'Uno

Il Principio rimane immutato e non si impoverisce, permanendo in se stesso genera senza avere rapporto con ciò che da lui discende. La processione del mondo è l'**esito di una sovrabbondanza**, di un traboccare dell'inesauribile potenza dell'Uno. Come fonte luminosa, l'Uno emana splendore tutt'intorno, splendore che si rigenera, eternamente. L'emanazione è un processo continuo senza salti, è un processo di degradazione, di diminuzione di perfezione.

Nella processione vi è un **rapporto di somiglianza** tra l'origine e ciò che ne deriva: come il corpo illuminato partecipa della luminosità della luce, così le ipostasi inferiori conservano le caratteristiche di quelle superiori, sia pure in una forma meno perfetta.

2.5 Processione come libera vita divina dell'Uno

L'uno produce il mondo

La processione non ha un carattere necessario: Plotino sostiene che **l'Uno**, vivendo la propria vita divina, **pone liberamente il mondo**, realizzando così se stesso. Il sistema di Plotino si differenzia da quello di Platone: non c'è un demiurgo, un'intelligenza ordinatrice che dispone il mondo secondo leggi di armonia. Si distingue dai monoteismi come l'ebraismo e il cristianesimo, che affermano la creazione del mondo da parte di Dio: l'originarsi delle cose non è l'esito di un atto libero e amorevole di un Dio ma è una **conseguenza necessaria del suo voler essere se stesso**. Si allontana anche dal panteismo degli stoici: l'Uno è fuori dal mondo e incorporeo, non è un principio immanente alla realtà fisica.

Nel quinto trattato delle *Enneadi*, intitolato *Genesi e ordine della realtà*, Plotino illustra con chiarezza il processo attraverso il quale dall'Uno, trascendente rispetto a tutta la realtà, procede tutto ciò che esiste: dall'assoluta unità deriva tutto il molteplice. L'Uno è infinita potenza creatrice, sovrabbondanza di essere e di bene; lascia defluire l'essere da sé perché ne sovrabbonda, secondo un processo che è insieme assolutamente spontaneo e necessario. Oltre all'essere si irradia anche il bene e quindi il mondo che ne risulta, è, a ogni suo livello, il migliore possibile.

T5 La sovrabbondanza e la perfezione dell'Uno

L'uno è "tutte le cose" e al tempo stesso non è neppure una di esse; principio di tutto, voglio dire, non è "tutte le cose", in una maniera qualunque ma è tutto in una maniera trascendente.

Che cosa significa che l'Uno è il «genitore dell'essere»?

[...] Orbene proprio perché nulla fu mai in Lui, proprio per questo dico, tutto deve sgorgare da Lui; anzi, affinché l'essere sia, per questo Egli non è l'essere, ma il genitore dell'essere; e questa che vorrei chiamare "genitura" è primordiale. Mi spiego: perfetto com'è, giacché nulla ricerca, nulla possiede, di nulla ha bisogno. Egli trabocca, per così esprimerci, e la sua esuberanza dà origine a una realtà novella; ma l'essere si rivolge appena a Lui ed eccolo già riempito, e, nascendo, volge il suo sguardo su se stesso ed eccolo Intelletto.

(Plotino, *Enneadi*, V, 2, 1-3, a cura di G. Faggin, Rusconi 1992)

Dal pensiero dell'Uno che pensa se stesso procede l'Intelletto, che è quindi «pensiero di pensiero», la seconda ipostasi. Dall'Intelletto procede una terza ipostasi, l'Anima, il livello più basso del mondo intellegibile, cioè dell'universo divino. Di essa Plotino dice ancora: «Tutte queste gradazioni sono Lui e non sono Lui: sono Lui perché da Lui derivano; ma non sono Lui poiché Egli, fermo in se stesso, non ha fatto altro che dare. Concludendo, è come un corso lento di vita che si protenda in lunghezza: ognuno dei tratti successivi è un "diverso", ma il tutto è compatto in se stesso e se, per via di differenze, ogni cosa sorge perennemente nuova, l'antico però non si perde nel nuovo» (*Enneadi* V, 2 11-12).

La processione di tutta la realtà dall'Uno

Dall'Uno derivano tutte le cose secondo un **processo di emanazione** o **processione** (in greco *perílampsis*) e per descriverlo Plotino ricorre, come abbiamo visto, a immagini fisiche (vedi par. 2.4).

Un ulteriore esempio che esplica molto chiaramente il processo di irradiazione o processione è quello dell'albero, come possiamo leggere dalle stesse parole del filosofo.

T6 L'irradiazione dell'Uno

Immaginate la vita di un albero immenso, che circola attraverso l'albero intero, pur rimanendo il principio di essa immobile. Da questo principio procedono gli esseri particolari, come dalla radice – che è una e rimane fissa in sé – si sviluppa la pianta. [...] E nella pianta le parti si formano le une nelle altre, e alcune sono più vicine alla radice, altre, procedendo, gradualmente se ne allontanano e si suddividono fino ai rami e ai ramoscelli, ai frutti e alle foglie. Così ci sono parti che perseverano sempre, quelle vicine alla radice, e altre che perennemente rinascono: i frutti e le foglie; ed inoltre ciò che è continua preda del divenire serra in sé il disegno razionale delle parti precedenti, quasi alberi in piccolo, bramosi di esistere.

Anche il divenire non è privo di razionalità ma si rifà al disegno razionale.

(*Enneadi*, V, 14-16, cit.)

Dall'Uno al mondo corporeo

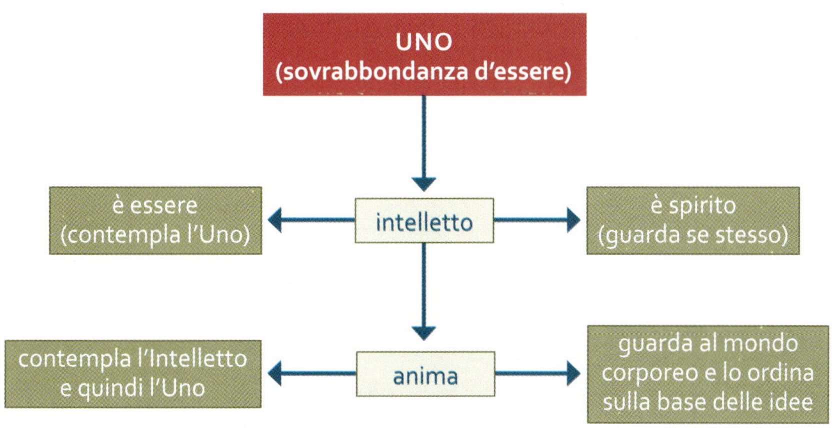

3. I successori di Plotino

3.1 Porfirio, Proclo, Giamblico, Ipazia e Damascio

Porfirio e Proclo

I successori di Plotino ne sviluppano in direzioni diverse il messaggio. **Porfirio** (233-305) e **Proclo** (412-485) connettono la tradizione platonica e quella aristotelica.

Di **Porfirio** sono importanti i commenti alle opere di Platone e di Aristotele, soprattutto nell'*Isagoge* («Introduzione») al primo libro *dell'Organon* aristotelico, che costituirà il libro base degli studi logici del Medioevo. Espone ordinatamente i **cinque predicabili** (gli universali aristotelici) fissando le varie parti di quello che sarà definito «**l'albero di Porfirio**», che sta a indicare come da un tronco (il genere) si differenzino i rami (le specie), fino alle singole foglie (i singoli individui). All'inizio dell'opera compaiono una serie di domande "metafisiche" sulla natura degli universali o categorie principali che dopo il Mille saranno oggetto di accesi dibattiti.

Proclo è a capo del neoplatonismo ad Atene; scrive *Commenti* a opere di Platone e di Aristotele. L'essere umano appartiene come corpo al mondo materiale, dove regna la necessità, e come anima al mondo immateriale, dove regna la libertà. Con la sua **attività teurgica** può far intervenire le forze del mondo divino nel mondo dominato dal destino.

Giamblico, Ipazia, Damascio

Giamblico (245-325) ricerca la salvezza attraverso un percorso magico insegnato da una sapienza originaria. Egli vuole esprimere in termini filosofici esperienze di tipo misterico; la conoscenza dell'esistenza degli dei è innata e tutto è pieno di dei.

Ad Alessandria dirige la scuola neoplatonica **Ipazia** (355 o 370-415). Figlia di un grande matematico, Ipazia unisce allo studio della matematica l'elaborazione di una filosofia neoplatonica di orientamento porfiriano. È ricordata anche perché, amica del prefetto di Alessandria che contrastava il vescovo Cirillo, fu assassinata nel 415 da fanatici cristiani istigati dal vescovo.

Ultimo caposcuola al momento della chiusura delle scuole ad Atene è **Damascio** (480-550 ca), che si trasferisce in Persia, dove crea un centro di studi che costituirà uno dei canali principali attraverso i quali la filosofia greca influenzerà quella islamica e successivamente quella latina.

Sintesi

Plotino, interprete di Platone

Erede della tradizione classica

Plotino è l'ultimo grande erede originale della tradizione classica e pagana e si presenta come il continuatore e l'interprete fedele di Platone, pur utilizzando apporti aristotelici e stoici. A Roma nel 244 apre una scuola che ha grande successo. Porfirio, allievo e biografo di Plotino, cura la pubblicazione dei suoi 54 scritti, raccogliendoli in una raccolta di 6 libri col titolo di *Enneadi*, seguendo un criterio tematico e dando loro una struttura organica.

Il ritorno dell'uomo all'Uno

Non c'è traccia nella filosofia religiosa plotiniana di rivelazione divina. L'uomo deve raggiungere la triade intelligibile (Anima, Intelletto e Uno), deve elevarsi ad essa sia conoscitivamente sia moralmente. L'idea suprema del bene, che coincide con la bellezza, è il punto d'arrivo dell'anima che diventa buona e bella, incorporea e appartiene al divino. L'anima muore invece quando si perde nel pantano della corporeità, che rappresenta il male.

Il problema del male

Il male non è qualcosa di oggettivo: il mondo è secondo il saggio tutto ciò che deve essere. C'è una provvidenza, un andamento ordinato del mondo e una giustizia cosmica per cui ognuno pagherà nella vita successiva il male compiuto nella vita precedente.

Le ipostasi dell'Uno e la processione

L'Anima del mondo è il principio dell'ordine e dell'armonia del cosmo. L'Intelletto è il mondo in cui le idee pensano se stesse, «pensiero di pensiero». Al di là della molteplicità c'è l'Uno che è il principio di tutto. L'Uno è indefinibile e ineffabile, non è possibile attribuirgli alcuna proprietà senza limitarlo. La sua conoscenza non si ottiene tramite il pensiero, ma solo attraverso un'unione mistica.
Dall'Uno derivano tutte le cose secondo un processo di emanazione o processione.
Questo processo non è il risultato di una volontà o di una necessità dell'Uno, ma la semplice conseguenza della sua pienezza e abbondanza.

I successori

I successori di Plotino ne sviluppano il messaggio in direzioni diverse. Porfirio e Proclo connettono le traduzioni platonica e quella aristotelica. Giamblico esprime in termini filosofici esperienze mistiche; Ipazia dirige la scuola di Alessandria, mentre Damascio opera in Persia.

Verifica. Verso le competenze

Conoscenze

1. Che cosa significa «teologia negativa»?
2. Che tipo di processo è l'emanazione?
3. Quali sono le tre ipostasi?
4. Quali sono le tappe del ritorno dell'essere umano all'Uno?

Abilità (lavoro sui testi)

T7 L'Uno inconoscibile e trascendente

Nel terzo trattato della quinta Enneade Plotino ribadisce l'inconoscibilità e l'assoluta trascendenza dell'Uno.

Quegli (l'Uno), come è al di là dell'Intelletto, così è pure al di là della conoscenza; e come non ha affatto bisogno di una qualche cosa, così non ha neppure bisogno di conoscere. Invece, soltanto nella seconda natura (cioè nell'Intelletto, la seconda ipostasi), esiste il conoscere.

Poiché anche il conoscere è qualcosa di "unitario". Quegli (l'Uno) invece è semplicemente "Uno". Senza il "qualcosa"; poiché se fosse il "qualcosa di Uno", non sarebbe Uno in sé, poiché l'"in sé" è prima del qualcosa.

Sicché Egli riesce, tra l'altro, ineffabile, nel senso vero del termine. Poiché qualsiasi parola tu pronunci, tu avrai pur sempre espresso "una qualche cosa". Nondimeno l'espressione "al di là di tutto" o quest'altra "al di là dell'Intelletto venerabile al sommo" è l'unica che risponde al vero tra tutte le altre, poiché essa, in definitiva, non è una denominazione che sia qualcosa di diverso da quello che è Lui, né poi è un'altra cosa tra tutte le altre cose: ed Egli è innominato appunto perché noi non sappiamo dir nulla sul suo conto, ma noi tentiamo solo, come ci viene, alla meglio, di dare una qualche indicazione intorno a Lui, solo per nostro uso, tra di noi.

(Plotino, *Enneadi*, V, 3, 13 cit.)

Lettura guidata

L'uno non ha di sé nessuna conoscenza altrimenti ciò introdurrebbe in lui la dualità tra pensiero e pensato, non è quindi paragonabile alla concezione aristotelica della divinità come pensiero che pensa se stesso, che vale invece per la seconda ipostasi, l'Intelletto.

Del Principio non si può dire nulla che esprima la sua natura assolutamente semplice, origine della molteplicità, ma distinta completamente da essa ed è altresì impossibile attribuirgli qualsiasi denominazione.

Controllo della comprensione

1. Perché l'Uno è al di là della conoscenza?
2. Perché l'Uno è ineffabile e innominato?

«*Gesù allora disse a quei Giudei che avevano creduto in lui: "Se perseverate nella mia parola, siete veramente miei discepoli; conoscerete la verità, e la verità vi farà liberi".*»

Vangelo di Giovanni

Unità 7

Le origini della filosofia cristiana

CIVILTÀ IONICA MAGNA GRECIA (VIII secolo a.C.): Scuola di Mileto, Eraclito, Scuola pitagorica, Scuola eleatica, Empedocle, Democrito, Anassagora

ETÀ DELLE *PÓLEIS* (V-IV sec. a.C.): Sofisti, Socrate, Platone, Aristotele

ETÀ ELLENISTICA (IV-I sec. a.C.): Epicuro, Stoicismo, Scetticismo

CIVILTÀ ROMANA (I-V sec. d.C.): Epicureismo romano, Stoicismo romano, Neoplatonismo, Eclettismo, Plotino, Cristianesimo, Agostino

ALTO MEDIOEVO (V-X sec.): Scoto Eriugena, Anselmo d'Aosta

BASSO MEDIOEVO (XI-XIV sec.): Pietro Abelardo, Tommaso d'Aquino, Duns Scoto, Marsilio da Padova, Guglielmo di Ockham

Il cristianesimo dal popolo ebraico ai gentili

VIDEO

Cristo diffonde il suo messaggio fra gli umili e i puri di cuore.

1. La predicazione e il messaggio di Cristo Il contrasto tra la realtà storica di oppressione sotto la dominazione romana e le promesse di libertà contenute nella *Bibbia* aveva creato nel popolo ebraico un'attesa sempre più forte di un intervento divino, che avrebbe sconfitto gli oppressori grazie alla figura di un Messia.

Durante il I secolo d.C., emerge tra le comunità ebraiche meno legate al potere politico e alla protesta contro l'occupante romano una nuova "setta", seguace di un profeta di nome Gesù. Nato a Nazareth, Gesù viene indicato con l'appellativo di «Cristo», traduzione greca dell'ebraico Messia, «l'Unto», cioè colui che è stato consacrato da Dio. Egli afferma di essere il Figlio di Dio, incaricato di salvare gli uomini dal peccato originale e di aprire a essi le porte della salvezza eterna. La sua predicazione attira masse sempre crescenti che lo acclamano, suscitando l'ostilità della fazione dei farisei, intransigenti difensori dell'ortodossia ebraica, che lo fanno condannare a morte mediante crocifissione.

Secondo la tradizione, Gesù resuscita dopo tre giorni dalla morte e ricompare ai suoi dodici apostoli (dispensatori del messaggio del maestro) che hanno il mandato di andare fra la gente a predicare la buona novella, cioè l'avvento del regno di Dio.

Il comandamento principale per i cristiani è la carità, ossia l'amore per il prossimo che è anche amore verso Dio.

Con il cristianesimo viene superato il privilegio precedentemente accordato agli Ebrei come "popolo eletto", poiché il nuovo messaggio si rivolge a tutti gli esseri umani, in particolare agli umili e ai puri di cuore. A differenza delle altre religioni antiche nessuna superiorità e nessuna particolare importanza viene riconosciuta alla casta sacerdotale, che non rappresenta alcuna classe di potere. Il messaggio di Cristo non riconosce alcuna giustificazione di tipo religioso al potere politico che non ha alcuna autorità né diritto per intervenire nelle scelte morali, proprie solo del singolo individuo. «Date a Cesare quel che è di Cesare, a Dio quel che è di Dio», così dice Gesù di Nazareth.

Il contenuto del messaggio di Cristo si diffonde rapidamente dalla Giudea in tutto il mondo romano grazie soprattutto all'opera degli apostoli Pietro, scelto da Gesù stesso come capo della comunità, e Paolo, dapprima seguace di un giudaismo fanatico e poi, dopo la conversione avvenuta sulla via di Damasco, evangelizzatore delle genti pagane. Entrambi sono messi a morte a Roma durante le prime persecuzioni decise dall'imperatore Nerone.

Gesù e i dodici apostoli, pittura muraria dalla catacomba di via Anapo a Roma (III sec. d.C.).

2. Le prime comunità cristiane: dalla Palestina a Roma

L'ostilità del popolo ebraico contro i Romani, sempre latente, culmina nelle due rivolte del 66-70 e del 132-135. La repressione della prima da parte di Vespasiano e del figlio Tito e della seconda da parte di Adriano pone fine al regno di Giudea, porta alla distruzione del Tempio (nel 70), cuore vitale della religione ebraica, e alla conseguente dispersione (diaspora) del popolo ebraico nel Medio Oriente e nel bacino del Mediterraneo.

La catastrofe che nel 70 colpisce il mondo giudaico comporta delle conseguenze anche sul cristianesimo, che, nel giro di qualche decennio, scompare dall'orizzonte giudaico. I cosiddetti «giudeo-cristiani», che inizialmente erano tutti i cristiani, diventano gradualmente una parte sempre più piccola della nuova Chiesa, fino a scomparire del tutto. La nuova religione, invece, si afferma rapidamente nel mondo non giudaico, fra i «pagani» o «gentili», fra i «non circoncisi».

I primi membri delle comunità cristiane, soprattutto in Occidente, sono costretti a praticare la loro religione in segreto, in sedi private, per sfuggire alle denunce e alle persecuzioni.

Il cristianesimo nel I secolo d.C. non ha ancora un'autorità centrale, né un organismo di coordinamento e di elaborazione dottrinale. Soltanto in seguito si costituirà come struttura gerarchica di potere non solo spirituale, ma anche pratico-politico.

L'apostolo Paolo presiede le comunità dei gentili, l'apostolo Pietro quelle dei circoncisi (gli Ebrei), l'apostolo Giacomo rappresenta la comunità centrale di Gerusalemme. Antiochia è la seconda comunità cristiana per numero di fedeli, Roma diventa poco per volta la città con il più alto numero di convertiti e la sede di una scuola di esegesi letterale delle Sacre Scritture.

Interno delle catacombe di Priscilla a Roma (II-III sec. d.C.). Le catacombe erano i luoghi di sepoltura dei primi cristiani.

3. La persecuzione dei cristiani

Le comunità cristiane originarie, dopo la crisi e la scomparsa dei giudeo-cristiani, non hanno più in Gerusalemme il loro punto di riferimento; le principali e le più ricche sono infatti quelle di Antiochia, di Alessandria e di Roma; operano in maniera indipendente anche se si tengono in contatto grazie ai frequenti viaggi dei loro esponenti più autorevoli e discutono su problemi organizzativi, dottrinali o di condotta pratica.

Il cristianesimo si diffonde soprattutto nelle grandi città, mentre le campagne non lo conoscono fino a tutto il IV secolo, restando legate talvolta a culti estranei persino alla vecchia religione pagana.

Il terreno più fertile su cui inizialmente il cristianesimo mette radici è costituito dalle classi più povere ed emarginate, per poi estendere il suo messaggio di rinnovamento e la sua speranza di salvezza anche presso i ceti medi e alcuni ambienti delle classi ricche e del patriziato.

Il potere imperiale contrasta, attraverso sanguinose persecuzioni, la nuova religione, che minaccia la stabilità delle istituzioni politiche arrivando a negare la sacralità dello stesso imperatore.

I Romani esibiscono come trofei gli oggetti saccheggiati dal tempio di Gerusalemme (Arco di Tito, I sec. d.C.).

4. I cristiani accusati di ateismo Perché gli attacchi e le persecuzioni contro questa nuova religione, accusata generalmente di ateismo? L'accusa è mossa sia dai pagani sia dai giudei: i cristiani, fatto scandaloso e intollerabile, adorano come Dio un uomo chiamato Gesù Cristo, che tanto gli ebrei quanto i pagani considerano un uomo comune, uno dei tanti falsi profeti o falsi messia. Essi non adorano né gli dei pagani né il Dio di Israele, la cui religione, di Stato, è riconosciuta formalmente e liberamente praticata, come le religioni degli altri Stati conquistati ed entrati a far parte dell'impero romano.

Paradossalmente, i cristiani vengono condannati e perseguitati in quanto atei in una società generalmente molto tollerante in fatto di religione. Nei vasti territori della Roma imperiale sono numerose le confessioni religiose professate. Ognuna di esse ha il suo riconoscimento ufficiale e i suoi privilegi. Il giudaismo, per esempio, è fra le religioni più protette e diffuse, con privilegi derivanti dalla utilità anche economica delle comunità ebraiche in tutte le aree dell'impero romano.

La dottrina cristiana, invece, contiene qualcosa di sovversivo: mette in discussione il rapporto tra liberi e schiavi, tra uomini e donne, che da sempre erano considerati come relazioni di naturale subordinazione. Infine, i cristiani rifiutano di prestare servizio militare e di venerare gli imperatori; quindi, sono politicamente "disobbedienti", dal momento che l'unità dello Stato è assicurata anche dal culto degli imperatori.

Tutte ragioni sufficienti per accusare, processare e condannare i cristiani, spesso con la sollecitazione e il tacito consenso del resto della popolazione. Nonostante le persecuzioni, tuttavia, il cristianesimo aumenta la sua presenza in maniera costante.

5. Il cristianesimo religione di Stato e base ideologica dell'impero Nel corso del IV secolo, il cristianesimo passa dalla condizione di setta perseguitata o mal tollerata alla condizione di religione ufficiale dell'impero. Nel 313 l'imperatore Costantino (274-337) emana l'Editto di Milano che riconosce alle comunità cristiane la libertà di culto e la parità di diritti con le altre confessioni religiose. Nel 391 l'imperatore Teodosio vieta il culto pubblico della più che millenaria religione pagana, trasferendone i privilegi al cristianesimo. La Chiesa cristiana diviene sostenitrice dell'impero, che la riconosce e protegge come unica istituzione religiosa dello Stato, a discapito delle altre confessioni religiose e dei dissidenti (per esempio gli eretici ariani e manichei).

Di fronte alla crisi del potere imperiale, alle violente scorribande dei barbari, alle sommosse contadine, all'indebolimento dell'apparato statale, il cristianesimo si presenta come l'unica forza in grado di garantire non solo la salvezza ultraterrena, ma anche la salvezza della civiltà classica, la coesione tra i cittadini e la pace sociale.

In alto: moneta commemorativa del IV secolo che celebra Costantino vittorioso sui nemici della cristianità.

Spesso, i primi cristiani vengono condannati a morire dilaniati dalle fiere durante gli spettacoli circensi (mosaico del II sec. d.C.).

Il vescovo di Milano, Ambrogio, caccia gli ariani (bassorilievo del IV sec. d.C.).

La Chiesa è ormai dotata di una solida organizzazione e Costantino, facendo cadere la pregiudiziale anticristiana, non fa che riconoscere l'egemonia reale esercitata dalla cultura cristiana. L'impero si appoggia all'istituzione ecclesiastica, che offre allo Stato la sua forza unificante e il suo messaggio di speranza e, nello stesso tempo, difende la Chiesa perseguitando i suoi nemici, rafforzandola con il suo intervento nella difesa dell'ortodossia e proteggendo i suoi membri.

Nel IV secolo i vescovi sono tra le principali autorità urbane, di cui rappresentano l'*élite* dirigente e l'alleanza tra potere religioso e potere temporale si va via via consolidando. Con la caduta dell'impero romano d'Occidente (476), tutta l'eredità della romanità passa nelle mani dell'istituzione ecclesiastica; il latino è la lingua ufficiale della religione cristiana e alla Chiesa spetta il compito di salvare dall'oblio, in secoli di grave decadenza, tutto il patrimonio culturale dell'antichità. La chiusura, nel 529, delle scuole filosofiche di Atene da parte dell'imperatore bizantino Giustiniano (482-565), comporta il divieto dell'insegnamento della filosofia a filosofi non cristiani e segna il completo passaggio di testimone alla Chiesa dal punto di vista culturale.

6. Chiesa d'Occidente e Chiesa d'Oriente Anche i popoli franchi e longobardi si convertono al cristianesimo. Per primi i Franchi, che si convertono, con il loro re Clodoveo, nel 496, dando inizio a quel rapporto privilegiato con la Chiesa di Roma che porterà tre secoli dopo all'incoronazione imperiale di Carlo Magno; i Longobardi, di religione ariana, si avvicinano al cristianesimo grazie soprattutto alla regina Teodolinda (570-627).

Ma il fatto nuovo e più rilevante per la Chiesa è che, da Costantino in poi, deve fare i conti con l'imperatore il quale, in continuità con quanto succedeva con la religione pagana, si considera il capo supremo della nuova religione statale. L'imperatore non solo convoca le assemblee dei vescovi cristiani (da quello di Nicea del 325 a quello di Costantinopoli del 381,

Una seduta del Concilio di Costantinopoli. Miniatura dalle *Omelie* di Gregorio Nazianzeno (IX sec. d.C.).

per citare i principali concili del IV secolo), ma è portatore di una versione personale di cristianesimo. Di fronte, per esempio, alle ripetute e laceranti dispute sia interne a singole comunità (Chiesa orientale greca, Chiesa occidentale latina) sia fra differenti gruppi di comunità cristiane, l'imperatore prende posizione facendo valere i propri interessi di potere.

Il tracollo dell'impero d'Occidente corrisponde al progressivo allontanamento tra Chiesa d'Occidente e Chiesa d'Oriente: la separazione istituzionale procede di pari passo a un analogo distanziamento sul piano religioso.

Nella sua parte occidentale, latina, la Chiesa si riconosce pienamente nell'autorità centrale del pontefice, vescovo di Roma e capo della cristianità in quanto successore di Pietro.

Invece la parte orientale, greca, pur valorizzando il governo collegiale della Chiesa, non riconosce al vescovo di Roma un grado di dignità più elevato e prerogative speciali rispetto ai titolari di altre prestigiose sedi episcopali.

In questa miniatura del XII secolo l'eretico Ario è abbattuto da Attanasio, patriarca di Alessandria d'Egitto.

7. Le eresie

«Eresia» deriva dal greco *háiresis* che significa «scelta» e, per estensione, «setta». Il termine indica un movimento di dissenso all'interno di una stessa tradizione religiosa e, progressivamente, si carica di connotati negativi, fino a identificare una corrente dottrinale in contrasto con quella ufficiale. A partire dai padri apostolici, l'eresia è intesa come negazione formale, compiuta in forza di una precisa scelta, di una verità rivelata o comunque giudicata irrinunciabile dal magistero ecclesiastico; perciò diventa il contrario di «ortodossia». La posizione della Chiesa, che reagisce alle eresie sanzionandole con atti ufficiali, non basta a placare il susseguirsi delle dispute dottrinali e teologiche. Le tre principali eresie cristologiche e trinitarie del primo cristianesimo sono: l'arianesimo, che prende il suo nome dal prete Ario di Alessandria (III sec.), e sostiene l'assoluta unicità e trascendenza di Dio e la differente natura o sostanza di Cristo, generato dal Padre; il monofisismo, eresia elaborata dal monaco Eutiche del V secolo, che nega in Cristo l'esistenza di due nature, umana e divina, e sostiene l'esistenza della sola natura divina; il nestorianesimo, che prende il nome da Nestorio (V sec.), secondo il quale Cristo è formato da due nature, una divina e una umana e da due persone connesse da un'unione puramente morale. Il Concilio di Nicea del 325 stabilisce, contro l'arianesimo, la dottrina ortodossa della consustanzialità del Padre e del Figlio, in base alla quale viene stabilito che Cristo possiede due nature in una sola persona. Il Concilio di Efeso del 431 condanna il nestorianesimo e quello di Calcedonia del 451 bandisce l'eresia monofisita.

Il manicheismo prende il nome dal persiano Mani (215-277), che si considerava quarto e ultimo profeta dopo Zoroastro, Buddha e Cristo; sostiene che nella realtà operano il bene e il male come due princìpi originari distinti. L'essere umano, con una ferrea disciplina morale di rinunce e severe prescrizioni, può collaborare alla lotta contro il male al fine di assicurare il trionfo del bene.

Il donatismo, dal nome del suo fondatore, il vescovo Donato (IV sec.), si diffonde in Africa settentrionale e afferma che la validità dei sacramenti del battesimo e dell'ordine dipende dalla dignità di chi li amministra. La vera Chiesa è una comunità di puri, di santi e di martiri della quale non possono fare parte i lapsi («caduti») cioè quanti, sotto minaccia e per evitare il martirio, sono venuti a patti con il potere imperiale.

Il pelagianesimo, basato sull'insegnamento del monaco Pelagio (360-420), sostiene che non tutti gli uomini sono condannati all'eterna dannazione se privati della grazia di Cristo: alcuni possono salvarsi con le proprie forze se conducono una vita pura, fondata sul rigore morale e sulla pratica della virtù.

Il IV secolo è soprattutto il secolo delle dispute trinitarie, ossia di quelle discussioni dottrinali relative al ruolo che il Figlio deve avere, nella Trinità, rispetto al Padre. Le Chiese orientali sono vicine alle posizioni di Origene (185-254), uno dei primi teologi cristiani, interpretate nel senso di una "subordinazione" del Figlio rispetto al Padre (le tesi estreme di questa posizione, come si è già accennato, sono rappresentate da Ario). Le Chiese occidentali, invece, sono per una parità assoluta tra Figlio e Padre.

L'imperatore – in virtù della sua autorità anche in materia religiosa – dopo qualche incertezza sceglie una posizione più vicina alle Chiese orientali. Le ragioni ideologiche e politiche di tale posizione sono evidenti: se l'imperatore, nelle sue funzioni terrene, equivale al Padre nelle funzioni celesti, preferisce avere al suo fianco una Chiesa, equivalente al Figlio, che gli sia subordinata e non pari. C'è un solo potere divino supremo, sostengono i seguaci filoariani dell'ideologia teologica imperiale, e quindi ci deve essere un solo potere supremo sulla Terra: tutto il resto, compresa la Chiesa, deve essergli subordinato.

Affermare l'assoluta parità fra Padre e Figlio, come fa invece la Chiesa occidentale, significa sostenere un'uguaglianza analoga, pur nella diversità delle funzioni, fra la Chiesa (il Figlio) e l'imperatore (il Padre).

8. Il libro sacro dei cristiani Anche il cristianesimo, come le altre grandi religioni monoteiste, l'ebraismo e l'islamismo, possiede un Libro sacro. All'*Antico Testamento* i cristiani aggiungono un insieme di testi (chiamati poi *Nuovo Testamento*)

In alto: Padre e Figlio assisi sul trono celeste. Miniatura della Bibbia di Lothian (XIII sec.).

Mosaico raffigurante un mobile contenente i quattro *Vangeli* (Mausoleo di Galla Placidia, V sec. d.C.).

che presentano la storia e la predicazione di Gesù (i *Vangeli*), la vita delle prime comunità cristiane (gli *Atti degli Apostoli*), le *Lettere di Paolo* e di altri apostoli, una visione profetica sul destino finale dell'umanità (l'*Apocalisse*).

I *Vangeli* non sono contemporanei alla predicazione di Gesù; dopo la morte del Messia, gli apostoli ne tramandano oralmente le opere e il messaggio. Ne consegue il consolidamento di una tradizione orale che si diversifica a seconda delle comunità, a seconda della rispondenza di certi episodi della vita di Gesù a esigenze particolari delle diverse Chiese.

Solo in epoca più tarda la tradizione orale viene posta per iscritto.

Gli studiosi continuano a interrogarsi sull'esatta datazione dei *Vangeli* (dal greco *eu angélion*, ossia «buona notizia, lieto messaggio»). Le ipotesi prevalenti fanno risalire i primi tre *Vangeli* (quelli di Matteo, Marco e Luca) al decennio 60-70, in sostanza al periodo della predicazione di Pietro e Paolo a Roma. Alcuni frammenti papiracei recentemente scoperti hanno fatto avanzare l'ipotesi di una composizione dei Vangeli risalente agli anni precedenti il 50.

I *Vangeli* di Matteo, Marco e Luca sono detti sinottici, perché procedono con grandi somiglianze nella ricostruzione della biografia e predicazione di Gesù; «sinossi», infatti, è un termine di derivazione greca che significa letteralmente «sguardo d'insieme». Questi tre *Vangeli*, se impaginati su tre colonne di scrittura affiancate, mostrano la corrispondenza tra gli episodi narrati.

Decisamente più tardo è il *Vangelo* di Giovanni, più ricco di spunti filosofici. Significativo è il suo inizio, che ha cadenze tutte filosofiche: «In principio era il Verbo (*Lógos*), e il Verbo era presso Dio, e il Verbo era Dio [...]». Il *Lógos* è insieme Figlio di Dio e Dio egli stesso, non più soltanto principio razionale come era per gli stoici, ma viene identificato come persona. La concezione del *Lógos* proposta da Giovanni diventa così il cardine tra l'interpretazione propria della filosofia tardo-antica e quella cristiana.

Sulla base della tradizione orale, vengono composti decine di *Vangeli*. Solo successivamente la Chiesa riconoscerà come ufficiali i quattro *Vangeli* di Matteo, Marco, Luca e Giovanni, facenti parte del *Nuovo Testamento*. Gli altri *Vangeli* vengono detti «apocrifi» (ossia «non ufficiali»; dal greco *apókryphos*, «nascosto»).

L'apostolo Giovanni scrive il *Vangelo*. Miniatura dalla *Bibbia di Lambeth* (XII sec.).

Le prime comunità cristiane non si dedicano a problematiche specificamente filosofiche, anche se nella pratica religiosa affiorano questioni, etiche e dottrinali, che preparano il terreno per una discussione successiva più propriamente filosofica. L'impegno maggiore è profuso nella diffusione del messaggio cristiano e nella difesa dagli attacchi che crescono proporzionalmente all'aumento delle comunità sul territorio dell'impero romano.

9. Paolo di Tarso e il distacco del cristianesimo dal giudaismo

Paolo di Tarso (5-67) viene considerato, per molti secoli dopo la sua morte, l'apostolo per eccellenza, pur non facendo parte dei dodici apostoli originari. Durante la sua giovinezza, è un fervente adepto del giudaismo più rigoroso. Intorno all'anno 40, durante un viaggio verso Damasco per una delle sue ispezioni alle comunità giudaiche, riceve – come leggiamo nella *Lettera ai Galati* – una "illuminazione" e un comando di origine divina che lo fanno convertire all'istante. Egli è fra quei cristiani che parlano in greco oltre che in ebraico o aramaico.

Le sue *Lettere* costituiranno per cinquant'anni circa gli unici testi della nuova religione; scritte in greco, come i *Vangeli*, per oltre un secolo determineranno gli sviluppi dottrinali del cristianesimo.

Divenuto rapidamente uno degli esponenti più prestigiosi della nuova religione, Paolo si occupa delle comunità cristiane dei pagani o gentili. Egli insiste su un punto-chiave che verrà ripreso e ripetuto con grande forza ed efficacia: Gesù non è venuto per dirci di rispettare la Legge mosaica; certo, la Legge mosaica ha avuto un senso, è servita al popolo ebraico, nel periodo precedente la venuta di Cristo, ma ora non è più così. Una volta che abbiamo accettato il messaggio di Cristo, che ci siamo riconosciuti in Lui, tutto è cambiato: non c'è più distinzione fra Giudeo e Greco; non c'è più schiavo né libero; non c'è più uomo né donna, poiché tutti sono uguali in Cristo.

Cristo ha rivoluzionato tutto; per essere cristiani autentici, non serve farsi circoncidere, o mangiare certi cibi piuttosto che altri (come fanno gli ebrei), perché i cristiani attendono la salvezza dalla fede in Cristo e dalla carità, non dal rispetto della Legge mosaica.

La giustizia di Dio, ribadisce Paolo nella *Lettera ai Romani*, si è manifestata non per i soli Giudei ma per tutta l'umanità, poiché Dio è Dio non solo per i Giudei, ma anche per i pagani. Occorre imboccare la via della fede, poiché solo la fede ci apre le porte dell'eterna salvezza.

Paolo di Tarso ritratto con la spada, lo strumento con cui gli venne inflitto il martirio. Pannello d'altare del XIII secolo.

Verifica immediata

1. **Indica se le seguenti affermazioni sono vere o false.**
   1. Cristo significa «unto e consacrato da Dio». V F
   2. Durante la predicazione, Gesù gode dell'appoggio dei farisei. V F
   3. La predicazione di Gesù è rivolta esclusivamente agli Ebrei. V F
   4. Pietro e Paolo sono i primi evangelisti. V F
2. **Che cosa stabiliscono gli editti di Costantino e di Teodosio?**
3. **Qual è il libro sacro dei cristiani e da quali testi è composto?**
4. **Sintetizza qual è il messaggio nuovo e rivoluzionario delle lettere scritte da Paolo di Tarso.**

Cultura pagana e fede cristiana

I luoghi e i destinatari

1. Impero d'Oriente e impero d'Occidente

1.1 Le origini e i luoghi della Patristica

I **padri della Chiesa** sono, di fatto, coloro con i quali comincia la produzione di pensiero cristiano che, pertanto, prenderà il nome di «Patristica» (II-V sec. d.C.). Sono detti «padri», poiché sono i fondatori del nucleo originario della dottrina cristiana; fra costoro si distinguono gli **apologisti** (dal greco *apologhía*, «difesa») che, a partire dal II secolo, rappresentano i difensori del cristianesimo contro gli attacchi che gli vengono mossi.

Le **comunità cristiane** delle origini sono estremamente bisognose di una **guida dottrinale** che le rinforzi nella fede e le faccia crescere nella conoscenza della vera religione. Inoltre, il fatto che siano sempre più i pagani, e non gli ebrei, ad accogliere la buona novella e che i fedeli, progressivamente, comincino a esporsi apertamente nella vita sociale e culturale, impone l'esigenza del **confronto con la tradizione classica**. Pertanto, parallelamente alla crescita del numero dei fedeli della nuova religione, si sviluppa una **produzione letteraria e filosofica cristiana**.

Occorre distinguere una **Patristica greca**, che si esprime in lingua greca e che fiorisce nell'**impero d'Oriente**, e una **Patristica latina**, che utilizza la lingua latina e ha come propria area di diffusione l'**impero d'Occidente**.

I primi due centri di sviluppo della **Patristica greca** sono **Alessandria**, la metropoli multiculturale nella quale operano due grandi apologisti come **Clemente Alessandrino** e **Origene**, e la **Cappadocia**, regione dell'Asia Minore a sud di Costantinopoli dove studiano e scrivono i cosiddetti **padri cappadoci**, che concentrano i loro studi nel tentativo di definire la natura di Cristo e la composizione della Trinità divina. Successivamente il centro della elaborazione del credo cristiano diverrà Costantinopoli, che riacquista il vecchio nome di **Bisanzio**: qui le tesi teologiche diventano apertamente "slogan" di veri e propri partiti politici, di fazioni rivali che lottano per ottenere o conservare un certo prestigio nell'amministrazione imperiale.

Il **cristianesimo occidentale**, o di lingua latina, ha il suo centro nella comunità di **Roma** e nel suo vescovo. Anche **Milano** diventa, grazie al suo vescovo **Ambrogio**, un centro di formazione per gli intellettuali cristiani.

L'**area cartaginese** dell'Africa nord-occidentale acquista un rilievo enorme, grazie a scrittori cristiani di lingua latina come **Minucio Felice**, **Tertulliano, Cipriano** e **Arnobio** e soprattutto al vescovo d'Ippona, **Agostino**, che combatte accanitamente contro alcune eresie potenzialmente destabilizzanti per folte masse di fedeli.

Verifica immediata

1. Che cos'è la Patristica?
2. Dove si sviluppa la Patristica greca? Dove quella latina?

I padri della Chiesa (particolare di affresco del XVII sec.).

2. Filosofia e religione cristiana

2.1 I rapporti con la cultura pagana

I problemi della filosofia

ANTOLOGIA FILOSOFICA
Agostino, *La dottrina cristiana*

Nel cristianesimo troviamo alcune caratteristiche assolutamente nuove, sconosciute al mondo culturale (e religioso) greco e latino. Anzitutto l'affermazione di un rigoroso **monoteismo**, che ha evidenti origini giudaiche e si pone in netta contrapposizione con la moltitudine di divinità del *pántheon* greco-romano.

Altrettanto estraneo alle concezioni filosofiche tradizionali sull'origine dell'universo è il concetto di **creazione dal nulla**: tutta la filosofia antica parla di una materia eterna, di caos materiale originario e di elementi primi, diversi per caratteristiche quantitative o qualitative, ai quali un artefice dà ordine e movimento. Il Dio cristiano, pur nella sua perfezione non mancando di nulla, crea per amore, dal nulla, un universo al cui centro pone l'**essere umano**. Ogni individuo, senza distinzione di nascita e di rango, è elevato a una **dignità nuova** in quanto Dio lo ha fatto a sua immagine e somiglianza. Il **destino dell'uomo**, dopo l'atto di grave disobbedienza compiuto da Adamo con il peccato originale, dopo la venuta di Cristo, è quello di **guadagnarsi la salvezza eterna** e la gloria celeste nella beatitudine della contemplazione del Creatore.

La religione cristiana, sostituendo la vecchia e millenaria religione pagana, compie, tuttavia, in maniera graduale, un'opera di assorbimento e di "**cristianizzazione**" **di elementi del paganesimo**.

Il pensiero cristiano si forma e si modella nel rapporto con la civiltà latina e greca, con le sue istituzioni e con i suoi costumi. A seconda degli autori, tale rapporto sarà più o meno attento a cogliere – come sostengono per lo più gli apologisti – i semi del vero che Dio ha posto anche in quei filosofi pagani che non hanno conosciuto la **ri-**

velazione e Cristo. Tuttavia, raramente troveremo tra i cristiani posizioni di totale opposizione rispetto al mondo e al sapere che li ha preceduti.

È ancora più interessante seguire il rapporto di **contrapposizione** e di **continuità** tra cristianesimo e paganesimo sul piano della cultura. Gli intellettuali cristiani che intendono assumere la loro fede come oggetto di una riflessione razionale devono chiedersi come ci si debba porre nei confronti della cultura pagana preesistente. Non bisogna temere la ricerca della verità dei filosofi pagani, né disprezzare i contributi dei pagani nelle discipline liberali, nelle istituzioni e nei precetti morali. Il cristiano deve compiere un "sacro furto", separando, nelle dottrine dei pagani, le favole superstiziose dalle **teorie parzialmente vere** e convertire queste ultime a un uso cristiano. Le conclusioni dei filosofi, soprattutto dei platonici, nel caso in cui siano conformi alla fede cristiana, non solo non si debbono rifiutare, ma devono essere usate poiché, come parte della verità, appartengono legittimamente alla vera dottrina cristiana. Si stabilisce così una **continuità tra mondo classico e mondo cristiano**, tra ***scientia*** delle cose umane e ***sapientia*** delle cose divine. Resta inteso che per il cristiano la scienza praticata per se stessa e non per conoscere Dio è vana *curiositas* («curiosità») e che la convinzione dei filosofi pagani di trovare la verità con la sola ragione è pura e semplice presunzione.

2.2 Filosofia e riflessione sulla fede

Perché i primi apologisti cristiani fanno riferimento alla filosofia? Per il fatto che devono dare una **dignità razionale alla loro fede**, spiegandola con il linguaggio e gli argomenti della ragione.

Le parole della filosofia

Teologia: dalla prima Patristica alla Scolastica i termini «teologia» e «filosofia» sostanzialmente coincidono e indicano la disciplina che studia il Dio cristiano, sommando conoscenza razionale e rivelazione.

In primo luogo la filosofia è in grado di procurare valide e solide **argomentazioni in difesa della religione**. Gli apologisti sostengono con argomentazioni filosofiche il diritto del cristianesimo perseguitato a essere riconosciuto come *religio licita*.

In secondo luogo essa può fornire una chiave di lettura razionale che aiuti la comprensione dei vari dogmi; quindi, una volta stabilita l'ortodossia delle dottrine cristiane, diventa un efficace strumento per **combattere le eresie**.

Infine, l'indagine filosofica è in grado di fornire gli strumenti all'**esegesi** dei testi sacri: autori di diverse tradizioni – come Origene, Ambrogio, Agostino – traggono dalla filosofia i mezzi per un'interpretazione dei testi sacri che ne colga il senso nascosto.

Dipinto di G. Mancinelli (1813-1875), *I primi cristiani uccisi nelle catacombe*.

Già il filosofo cristiano Clemente Alessandrino, nato probabilmente ad Atene nel 150 e morto nel 215, convertitosi ad Alessandria e divenuto direttore della scuola catechistica di questa città, afferma che la funzione della filosofia, per il cristiano, è quella di difendere il cristianesimo e attaccare le eresie. La verità della fede è necessaria alla vita come il pane; la filosofia rappresenta, secondo Clemente, il companatico e la frutta.

2.3 Giustino: dal platonismo al cristianesimo, filosofia certa e salvifica

Giustino (100-163), prima stoico, poi pitagorico e platonico, successivamente convertitosi al cristianesimo, è l'autore delle prime due importanti *Apologie* scritte per **difendere la nuova religione** dagli attacchi del potere imperiale.

Le due *Apologie* di Giustino, come pure il suo *Dialogo con Trifone* (risalenti al 150 circa), propongono un abbozzo di **lettura filosofica del cristianesimo**. Giustino, infatti, non limita le dottrine cristiane alla predicazione e alla rivelazione di Gesù, ma vede queste ultime come la realizzazione dell'annuncio presente nelle profezie dei testi biblici del giudaismo e, in qualche modo, anche in alcune filosofie classiche. In questi testi, è rilevante il fatto che Giustino **non condanna la filosofia** ma ritiene che con essa si possa acquisire una parte della verità; la verità completa, ovviamente, per lui si può raggiungere soltanto grazie alla rivelazione divina, trasmessa nel passato ai profeti ebrei che preannunciavano la venuta di Cristo, e oggi alla portata di tutti coloro che accettano la parola di Cristo.

Mosè sul monte Sinai con le Tavole della Legge. Dipinto di J. De Létin (1597-1661).

Nel *Dialogo con Trifone* Giustino definisce il **cristianesimo** non come religione, ma come **l'unica filosofia certa e salvifica** e gli **attribuisce** in questo modo la "**dignità**" necessaria a essere accettata dalle persone colte dei ceti elevati della società imperiale.

Nell'antichità soltanto i profeti ebrei hanno avuto piena conoscenza del *Lógos*, mentre i filosofi greci ne hanno avuto conoscenza parziale, o perché ne hanno sentito direttamente la presenza o perché sono stati influenzati dai profeti e da Mosè.

Giustino presenta anche i caratteri pratici, morali, del cristianesimo: i cristiani, lungi dall'essere sudditi ostili all'autorità, sono tra i più affidabili, perché non la contestano, vivono virtuosamente, praticano i loro culti pacificamente.

2.4 Clemente: la filosofia è inferiore al cristianesimo

Clemente Alessandrino (150-215 ca) è un intellettuale cristiano molto erudito. Insegna per circa vent'anni al **Didascalico**, la scuola cristiana di Alessandria, fondata per dare ai cristiani gli strumenti culturali per la difesa e l'affermazione del cristianesimo in un'area di molteplici scuole religiose e filosofiche rivali.

L'interesse principale di Clemente è quello di sostenere la **superiorità del cristianesimo** rispetto a tutte le religioni e filosofie del passato, affermando che le filosofie pagane hanno conosciuto soltanto parzialmente la verità. Il vero Dio è quello rivelato al mondo dai profeti biblici e solo in piccolissima parte conosciuto dai filosofi. Tuttavia gli **strumenti logici e razionali** elaborati dalla filosofia possono essere utilmente **adottati e impiegati dai cristiani** per difendere la loro dottrina e per confutare le altre.

L'intento apologetico è ben visibile nel *Protrettico*, una rassegna dettagliata di quanto hanno detto e fatto i Greci in materia di religione: Clemente prende in esame le decine di culti misterici e le numerose divinità ufficiali della religione greca per dimostrare l'insostenibilità della natura divina degli dei di tutte le religioni della tradizione pagana.

2.5 Tertulliano e il rifiuto della filosofia

Sul finire del II secolo si affacciano sulla scena del dibattito religioso, soprattutto nell'area un po' periferica africano-cartaginese, alcuni pensatori latini e tra questi, in particolare, **Tertulliano** (160-225 ca). Con la sua opera *Apologeticum* (*Apologetico*) del 197, il filosofo **rifiuta il connubio fra religione cristiana e filosofia classica**. Egli sembra voler rispondere alle accuse di assurdità mosse al cristianesimo e al giudaismo da alcuni pensatori pagani con la formula, coniata dopo di lui per riassumere la sua idea-chiave, *Credo quia absurdum* («Credo perché è assurdo»). Per Tertulliano, infatti, la fede cristiana è al di là e al di sopra della ragione e, in genere, della filosofia. Si crede nelle verità della fede proprio perché sono assurde, incredibili e inaccettabili da parte della ragione: per esempio la verità dell'incarnazione di Dio Figlio in figura umana, o la verità della «Trinità divina»: Padre, Figlio e Spirito Santo, tre persone e un'unica sostanza.

Cristo con in mano il *Vangelo*, tra due angeli. Affresco del IX secolo.

Tra religione e filosofia non c'è nulla in comune: la verità della prima si fonda sulla parola di Dio e sulla tradizione ecclesiastica, la seconda è fonte di eresia e di menzogne.

2.6 Origene arricchisce la filosofia cristiana

Con **Origene** (184-253) la **filosofia cristiana** celebra la sua **piena affermazione**. Egli succede a Clemente nella direzione della scuola cristiana di Alessandria, poi ne fonda una propria a Cesarea, in Palestina.

Considerato nei secoli successivi come il più grande filosofo cristiano, Origene ha composto numerosi commenti ai *Vangeli* e ad altri testi del primo cristianesimo.

Origene è sicuro della vittoria del cristianesimo e non ha alcun complesso di inferiorità rispetto alla cultura pagana; anzi persegue tenacemente lo sforzo di **integrazione tra pensiero classico e fede cristiana**, convinto che tale fusione avvenga nel rispetto delle reciproche ragioni. La rivelazione del Cristo e il compimento della sua missione salvifica sono in perfetta sintonia con quanto già era stato elaborato dal sapere filosofico antico: il *Vangelo* attualizza una potenzialità di fede e di conoscenza implicita nell'anima di ogni uomo. La filosofia greca ha espresso in forma razionale la parola del *Lógos* divino e ha fornito la conoscenza di verità e di norme morali a un ristretto gruppo di persone; il **cristianesimo** ha rivelato la verità e dato **norme morali ai ceti più modesti** culturalmente e più umili socialmente, che la cultura pagana non avrebbe mai raggiunto.

Tutti gli uomini hanno in sé un seme divino, infuso in essi dal comune Padre: tutti sono in grado di risalire dall'abisso del peccato fino al bene e all'unità con Dio. La sua riflessione critica sulla perfezione di Dio e sulla creazione lo porta alla **teoria della apocatàstasi**, cioè della salvezza finale di tutti gli esseri creati da Dio, compreso il diavolo, ottenuta attraverso l'espiazione. Ogni uomo è in grado di realizzare il **passaggio dalla fede alla conoscenza**. Origene afferma la superiorità della conoscenza che ricomprende in sé la fede; quest'ultima ricerca le sue ragioni e diventa conoscenza razionale.

2.7 Agostino: *intellige ut credas, crede ut intelligas*

Agostino (354-430) attribuisce alla filosofia un compito non solo introduttivo alla fede, ma soprattutto esplicativo, come strumento di delucidazione dei contenuti di una verità saldamente posseduta per fede. Dio ha rivelato ciò che l'uomo deve conoscere nelle Sacre Scritture e parla incessantemente, purché lo si sappia ascoltare, nell'interiorità di ciascuno.

Agostino insegna storia e filosofia a Roma. Particolare da un affresco di Benozzo Gozzoli (1420-1497), San Gimignano.

La **cultura pagana non ha valore in sé**, ma solo in quanto può essere utile al lavoro di comprensione e di penetrazione dei dati di fede. Il cristiano deve servirsene, "rubandola" ai suoi possessori, definiti illegittimi, perché non hanno saputo indirizzarla al suo vero scopo.

Il **primato** della **religione cristiana** è **indiscutibile**: le Scritture forniscono la verità e ogni diversa speculazione va giudicata in riferimento a esse e secondo la vicinanza più o meno marcata al *Lógos* divino. Nella ricerca del vero la **fede e** la **ragione devono procedere insieme**: la ragione aiuta a credere, come la fede aiuta a comprendere la realtà. Le celebri parole *intellige ut credas, crede ut intelligas* («comprendi per credere, credi per comprendere») diventeranno il motivo conduttore di tutta la filosofia cristiana successiva.

Guida e maestra nel cammino della fede è sempre e soltanto **la Chiesa**, la cui autorità sovrana non prescrive di cercare dimostrazioni razionali della Rivelazione divina. L'istituzione ecclesiastica non può certo giustificare le più diverse teorie filosofiche, ma anzi deve tendere all'**unità dottrinale**; il suo scopo primario è la **difesa della fede** e la **lotta contro le deviazioni ereticali**. Con rigore la Chiesa **difende**

da ogni errore la verità delle Sacre Scritture e delimita il compito del filosofo, subordinando le sue istanze di autonomia al rispetto delle esigenze superiori della religione cristiana.

Per difendere la fede è necessario approfondire la conoscenza delle Scritture e per spiegarle occorre un **metodo esegetico**. Si deve individuare un significato anche quando il testo è oscuro e ambiguo. L'esegesi giunge a distinguere un **significato letterale** e un **significato figurato** o allegorico. Il ricorso all'interpretazione allegorica, già praticata nella cultura greca nei confronti dei testi letterari, diviene uno strumento fondamentale per accostarsi al testo sacro, mettendone in luce il significato simbolico.

Verifica immediata

1. **Perché è comunque possibile per un cristiano accettare anche la cultura pagana?**
2. **Perché la religione ha bisogno della filosofia, cioè della riflessione razionale?**
3. **Quale altro compito Agostino riconosce alla filosofia, oltre a quello introduttivo alla fede? Qual è il suo celebre detto che sottolinea questa complementarietà tra ragione e fede?**

Il metodo della filosofia

3. Esegesi e allegoria

3.1 Il significato autentico delle Scritture

Miniatura di una pagina della cosiddetta «Genesi di Vienna», manoscritto del VI secolo.

Secondo l'ebraismo e il cristianesimo la Rivelazione divina è conservata nelle pagine delle Scritture ispirate da Dio stesso. Molti autori legati ai due monoteismi si pongono però un serio **problema filosofico e interpretativo**.

È chiaro che **la verità contenuta nei testi sacri** (l'*Antico Testamento* per tutte e due le tradizioni, il *Nuovo Testamento* per i cristiani) è **indiscutibile**. Tuttavia spesso i testi sono scritti in **maniera favolistica o immaginifica**, oppure mostrano evidenti **contraddizioni** tra loro, oppure presentano delle **ambiguità**. Quali strade seguire, se si vuole evitare di mettere in discussione l'autenticità della rivelazione comunicata da Dio per mezzo dei profeti?

Il primo a porsi queste domande è il filosofo ebreo **Filone di Alessandria** (20 a.C.-45 d.C. ca). Egli non ha alcun dubbio sulle verità bibliche e le accetta in tutta la loro interezza. Sente il bisogno, però, di **conferire dignità filosofica alle storie favolose** contenute nei testi mosaici del *Pentateuco*, in particolare nel libro della *Genesi* e in quello dell'*Esodo*, e di darne una **interpretazione dottrinale**. Si possono interpretare in maniera letterale queste "storie" contenenti la verità? Non si rischia, con l'interpretazione letterale, di perderne il vero significato? Non è meglio, anzi non è necessario, invece, andare oltre la lettera e coglierne il significato autentico?

Filone risponde a queste domande offrendo una **interpretazione filosofico-platonica** dei testi sacri del giudaismo. È l'interpretazione basata sul **metodo allegorico** («che conduce ad altro»), che, applicato a un testo, fa scoprire in esso dei significati che una lettura letterale non permette di cogliere. Il senso letterale, dunque, viene distinto da altri significati più profondi.

3.2 Interpretazione letterale e interpretazione allegorica

La Trinità, particolare di affresco del XV secolo.

Il tema dell'interpretazione ritorna più volte nel dibattito filosofico all'interno delle religioni monoteiste. Secondo Origene, come si legge nella sua opera *I princìpi*, il testo delle Scritture «è formato da corpo, anima e spirito», a somiglianza dell'essere umano. Il **corpo** è il significato letterale, alla portata di tutti; l'**anima** è il significato che vi scorgono quelli che hanno un poco progredito nella capacità di comprensione; lo **spirito** è quello che vi trovano i perfetti, quelli che trovano "edificazione" nella legge spirituale e che sanno andare **al di là del senso letterale** per scoprire il significato più profondo.

La riflessione cristiana, ma anche ebraica e, più tardi, islamica, sulle verità di fede utilizza quel grande deposito di concetti che è la filosofia greca per precisarle meglio e per "guardare oltre". Si usa, per esempio, il **concetto aristotelico di sostanza** (*ousía*) per definire i rapporti tra le persone della **Trinità**. Per il vescovo Attanasio (295-373 ca), strenuo difensore dell'ortodossia definita durante il Concilio di Nicea (325), si deve parlare di **uguale sostanza** (*omo-ousía*) **per il Padre e per il Figlio**: è la formula che ancor oggi viene ripetuta durante la Messa.

Verifica immediata

1. **Che cosa significa cogliere il significato autentico dei testi sacri?**
2. **Completa inserendo opportunamente i termini mancanti.**
   Secondo Origene, il testo delle .... è formato da corpo, ... e spirito. Il corpo è il significato .... ; l'anima è il significato che scorgono coloro che hanno capacità di .... progredite; lo spirito è quello che scorgono i ....

Le forme della trasmissione

4. Traduzioni, atti, apologie

4.1 Dal greco al latino: la «Vulgata» di Gerolamo

La **lingua** usata dai **primi cristiani** è stata il **greco**, perché la nuova religione si diffuse nelle comunità giudaiche sparse in tutto il Mediterraneo nelle quali, anche se situate in Occidente, prevaleva l'uso della lingua greca su quella latina. Inoltre i testi sacri a cui faceva riferimento il cristianesimo erano tutti in greco.

La letteratura cristiana in **lingua latina** nasce sotto forma di letteratura di traduzione intorno alla **seconda metà del II secolo**, per poter rendere accessibili i testi a tutti coloro che desiderano leggere direttamente anzitutto i *Vangeli*. Le prime traduzioni del *Vecchio Testamento* si basano perlopiù sull'edizione detta «**dei Settanta**», **in lingua greca** che, secondo la tradizione, è stata tradotta dall'ebraico da 72 saggi di Alessandria d'Egitto. **Gerolamo** (347-420), traduttore ed esegeta molto raffinato, dal 389 al 405 compie un imponente lavoro di **traduzione in lingua latina** (detta «**Vulgata**») direttamente dall'ebraico del *Vecchio Testamento*. Lo stesso Gerolamo, come quasi tutti gli scrittori cristiani di lingua greca o latina, scrive dei **commentari biblici**.

4.2 Atti, Passioni dei martiri, apologetica

Tra i primi generi documentati nella letteratura cristiana vi sono gli **Atti** e le **Passioni dei martiri**; i primi riportano i verbali dei processi mentre le seconde raccontano anche l'arresto, il processo e la condanna dei primi coraggiosi testimoni del cristianesimo. Questo genere, comparso verso il II secolo, non trova precedenti nelle letterature classiche, ma riproduce piuttosto il modello adottato nei *Vangeli*, che narrano la passione di Gesù.

La manifestazione più tipica della letteratura cristiana è però l'**apologetica**, ossia la letteratura che si propone di **difendere la nuova religione** dagli attacchi e dalle accuse che le vengono rivolti dai suoi avversari. Questo tipo di componimento è nobilitato da illustri rappresentanti, prima greci e poi (dal II secolo) anche latini, e continua a essere molto popolare almeno fino al V secolo; infatti, ancora il *De civitate Dei* di Agostino (354-430) può essere annoverato fra gli esempi più significativi del genere apologetico. Accanto alle opere dedicate alla difesa del cristianesimo e a dimostrarne la superiorità nei confronti del paganesimo, nasce una ricca produzione di opere dedicate alla **confutazione dei dissensi dottrinali e disciplinari** che danno luogo alla formazione di sette ereticali.

Affresco del IV secolo raffigurante due martiri cristiani.

Verifica immediata

1. Quale è la traduzione più famosa del *Vecchio Testamento*?
2. Da quale lingua Gerolamo traduce la *Bibbia* e come viene chiamata?
3. Che cosa sono gli Atti e le Passioni dei martiri?

Dov'è la verità? Qual è il ruolo della ragione?

Capitolo 1

Agostino: credere e comprendere

La vita e le opere

Aurelio Agostino nasce in Africa, a Tagaste, nel 354; il padre, Patrizio, è pagano mentre la madre, Monica, è cristiana e avrà un'influenza notevole sul figlio.

Si forma culturalmente sia a Madaura sia a Cartagine (qui legge *l'Ortensio*, un dialogo perduto di Cicerone che introduceva alla filosofia); gli anni di Cartagine, durante i quali insegna retorica, sono anni in cui conduce una vita disordinata dalla quale prenderà in seguito le distanze e che condannerà. Nel 373 abbraccia con fervore il manicheismo, diventandone ben presto un esponente di spicco.

Agostino decide di convivere con una donna (iniziando una relazione che durerà 15 anni), che gli darà anche un figlio, Adeodato. Trascorre un anno a Roma (383) dove insegna privatamente retorica, per poi trasferirsi nel 384 a Milano, dove viene assunto come insegnante di retorica in una scuola pubblica.

Agostino ha trent'anni e dentro di sé sente una profonda inquietudine di tipo prevalentemente filosofico. In pochi mesi perde la fede manichea e, dopo una breve fase scettica, si avvicina ai circoli neoplatonici presenti a Milano. Il neoplatonismo gli facilita l'incontro con il cristianesimo e con il vescovo Ambrogio.

Negli anni 384-387 Agostino si ritira sovente presso la villa di un suo ricco amico e discute con amici coetanei e più giovani di neoplatonismo e di religione; documento di questi incontri sono i *Soliloqui*. Nella Pasqua del 387 viene battezzato da Ambrogio e decide di ritornare in Africa. Mentre è a Ostia in attesa di imbarcarsi, la madre Monica, che gli è sempre stata accanto con un ruolo decisivo nella sua conversione, muore. Da questo momento Agostino sceglie un tipo di vita molto vicino a quello monastico e a Ippona viene ordinato sacerdote (391) e, successivamente, eletto vescovo (395 o 396).

Gli scritti di Agostino (in latino) sono molto numerosi, la maggior parte di contenuto teologico e polemico contro il manicheismo e le varie forme di cristianesimo "deviato". Quelli di contenuto più filosofico sono: *La vera religione*; le *Confessioni*, scritte fra il 397 e il 401 nelle quali rievoca il suo itinerario verso il cristianesimo; il grande trattato *Sulla Trinità* e, infine, l'opera principale degli ultimi anni, *La città di Dio* (*De civitate Dei*), scritta dopo il primo saccheggio di Roma a opera di popolazioni germaniche (410). Muore il 28 agosto del 430, mentre la città di cui è vescovo, Ippona, è posta sotto assedio dai Vandali, che occuperanno questa parte dell'Africa e la parte meridionale della Spagna.

1. Il valore dell'interiorità

1.1 La cristianizzazione del neoplatonismo

La discussione filosofica dei problemi teologici

Agostino **cristianizza il neoplatonismo**, ma interiorizzandolo, seguendo come percorso principale della sua riflessione non la **discussione di problemi teologici** (che pure è presente) ma il loro radicamento nell'**interiorità del singolo individuo**.

Forse la sua intuizione più profonda è l'aver preso alla lettera le parole del Dio biblico con le quali afferma di fare l'essere umano a sua immagine e somiglianza. Poiché questa immagine e somiglianza non può essere riferita al corpo, essendo Dio incorporeo, deve essere riferita a ciò che in noi non è corporeo, vale a dire all'**anima**, di platonica e neoplatonica memoria. In essa Agostino ritroverà l'**immagine** (conoscenza, volontà, amore) **della Trinità divina**.

Anima, immagine della Trinità

Questo è l'orientamento del neoplatonismo cristianizzato che Agostino realizza nelle sue riflessioni insieme religiose e filosofiche contenute principalmente nelle *Confessioni*. A questa cristianizzazione del neoplatonismo si affianca in Agostino la netta percezione dei compiti e delle modalità della **missione cristiana** nel mondo per conquistarlo alla vera fede.

Un documento interessante della fase neoplatonica dell'itinerario filosofico di Agostino, nella quale **approfondisce la conoscenza di Plotino** e soprattutto **di Porfirio**, è una delle primissime opere, il dialogo dal titolo *Soliloqui* (387), nel quale a dialogare sono lui stesso e la ragione. Non c'è ancora traccia esplicita di cristianesimo nell'opera, giacché l'invocazione iniziale a Dio è di tipo neoplatonico: non c'è nessun riferimento, infatti, né al *Lógos* o Figlio o Cristo né allo Spirito Santo.

L'interiorità è sede della verità e degli universali platonici

In questo dialogo Agostino pone già l'accento sull'**importanza dell'interiorità** come via e sede della ricerca, anche se questa interiorità viene considerata qui ancora in termini neoplatonici, come pensiero che ha in sé la **capacità di cogliere gli universali** o più in generale il **criterio di verità** con cui si può distinguere fra vero e falso. Tramite il **pensiero**, dunque, e la **dialettica** che è la scienza più alta, si perviene a trovare nell'anima, nella razionalità, la **verità** come qualcosa che **non dipende dal tempo**; la verità è, come le idee platoniche, fuori della nascita e della morte.

Eternità dell'anima

Agostino pone il problema se anche l'**anima**, che coglie questa verità eterna, sia **immortale**. La ragione, nel dialogo, dice di sì: se la scienza dura per sempre, è necessario che anche l'anima duri per sempre.

1.2 Dall'eresia manichea alla vera religione

Critica delle eresie e del paganesimo

È soprattutto lo scritto *La vera religione* che segna con maggiore vigore la **conversione alla religione cristiana**. L'opera è innanzitutto una resa dei conti dell'autore con il suo passato manicheo. Agostino dice esplicitamente che l'obiettivo principale del testo è la **confutazione del manicheismo**. Insieme al manicheismo sono criticate tutte le posizioni religiose lontane dall'ortodossia cristiana, tanto quelle che vorrebbero rimanere al suo interno (eretici di vario tipo) quanto quelle che hanno la pretesa di costituirne la versione autentica (scismatici); sono criticate anche le posizioni giudaiche e, ovviamente, quelle pagane.

Agostino appare già impegnato nelle battaglie pastorali e teologiche, immedesimato in un ruolo «istituzionale». Al dualismo manicheo (esistono due princìpi eterni, della luce e delle tenebre, in continua lotta) contrappone la **superiorità del monismo neoplatonico**, che sostiene l'esistenza di un unico Dio, l'Uno. Platone, sostiene Agostino con una articolata argomentazione, non è arrivato fino in fondo e se fosse presente oggi sarebbe certamente un cristiano.

Contro il dualismo manicheo

Il manicheismo aveva fornito ad Agostino **una giustificazione dell'esistenza del male** e del perché lo compiamo, ma, con la conversione, la soluzione data a tale quesito assume caratteri neoplatonici. Tutto ciò che è, è Bene; coincidendo il sommo Bene con il sommo Essere **tutto proviene dal Sommo Bene** e anche l'universo stesso è perfetto. **Il male è** soltanto **privazione**, mancanza, non essere, come lo è la cecità rispetto alla vista. Il male metafisico quindi non esiste, mentre occorre ancora spiegare che cosa sia il male morale. Quando l'essere umano, dotato di **libero arbitrio**, compie il male, non sceglie qualcosa che è in sé male, poiché, come si è visto, il male non esiste. Il peccatore sbaglia perché preferisce un bene inferiore a uno superiore, ama un bene inferiore al Sommo Bene come se fosse il Sommo Bene.

Il Bene coincide con l'essere

Il peccato è, quindi, **il male**, è la scelta operata dalla libera volontà, che peccando fa diventare male ciò che di per sé non lo è. Sbagliando si fa del male a se stessi e i **mali fisici** non sono che la **conseguenza del male morale**, punizioni per l'ingiustizia commessa. L'essere umano ha comunque avuto da Dio la **libertà**, senza la quale non sarebbe possibile un'azione giusta e retta qual è quella scelta se si ha la luce della fede.

Il male come privazione e peccato

1.3 La confutazione dello Scetticismo: illuminazione, fede e ragione

Nello stesso anno dei *Soliloqui*, Agostino scrive il *Contra Academicos*, in cui **confuta lo Scetticismo**.

La verità non è posta dall'uomo, ma viene trovata nell'esercizio della propria ragione. La caratteristica specifica dell'essere umano è data dalla sua **capacità di conoscenza**. L'anima conosce dapprima attraverso il corpo e quindi ha sensazioni, poi giudica le sensazioni e la conoscenza fornita dai sensi. I parametri di giudizio sono reperiti dall'anima non nel mondo sensibile, ma in se stessa. In noi esistono **verità** le quali non sono il prodotto del pensiero umano che è fallibile, ma sono ***species***, ***rationes aeternae***, **idee** ossia **forme**, **modelli**: esse ci rimandano alla loro fonte, la Verità, cioè a Dio, che rende possibili tutte le verità. **Dio** è la luce che **illumina la mente umana** e rende conoscibile e intellegibile il mondo.

L'esistenza di verità come forme, idee

La **teoria dell'illuminazione** spiega l'esistenza di **verità necessarie** all'interno della nostra ragione. Cristo è il maestro interiore, che si dona a chi lo cerca. La ragione ha bisogno della fede, poiché senza di essa è *desperatio verum inveniendi* («mancanza di speranza di trovare il vero»). Bisogna **credere per comprendere** (la ragione ha bisogno del soccorso della fede) ma bisogna anche **comprendere**, cercare di sapere con la ragione, **per credere**: *crede ut intelligas, intellige ut credas* («credi per comprendere, comprendi per credere»).

Dio luce che illumina la mente

Credere e comprendere: interazione tra ragione e fede

Tra ragione e fede vi è un'interazione continua. Il **pensiero** non è affatto superfluo, ma è **necessario** perché **precede l'assenso alle verità di fede**, di cui coglie la validità come risposte alle sue domande. Credere e sapere stanno in un **rapporto di circolarità** sia perché *praecedit fides, sequitur intellectus* («precede la fede, segue l'intelletto»), sia perché *intellectus est merces fidei* («l'intelletto è la ricompensa della fede»).

T1 L'illuminazione

Tutto ciò che esiste è buono e bello; Dio ha creato il mondo infondendogli bellezza e armonia.

Che cosa c'è che impedisca all'anima di ricordare l'originaria bellezza perduta, quand'essa può farlo a partire dai suoi stessi vizi? Così, infatti, la sapienza di Dio si estende con forza da un confine all'altro. Così, per mezzo suo, il sommo artefice ha connesso ordinatamente le sue opere verso l'unico fine della bellezza. Così la sua bontà, dalle creature più alte a quelle più basse, non ha negato una qualche bellezza, che solo da lui poteva venire, tanto che nessuno si può allontanare dalla verità e non essere afferrato da qualche segno di essa.

Platonicamente la verità si trova nell'interiorità, ma essendo l'anima dell'uomo mutevole occorre andare al di là di essa, verso la luce che illumina la ragione stessa.

Cerca che cosa avvince nel piacere del corpo: non troverai nient'altro che l'armonia. Giacché se i contrasti producono dolore, gli accordi producono piacere. Riconosci quindi quale sia l'armonia perfetta.

Non andare fuori di te, ritorna in te stesso. La verità dimora nell'uomo interiore. E se scoprirai che la tua natura è mutevole, trascendi anche te stesso. Ma ricorda, quando trascendi te stesso, tu trascendi l'anima razionale. Tendi pertanto là dove si accende il lume stesso della ragione.

Dio concede l'illuminazione a chi ricerca la verità.

Che cosa procura il raggiungimento della verità?

Dove giunge, infatti, ogni buon ragionatore, se non alla verità? Poiché la verità non raggiunge se stessa col ragionamento, ma è ciò a cui tendono coloro che ragionano. Vedi lì un'armonia che non ha pari, e congiungiti a essa. Riconosci che tu non sei ciò che essa è; appunto perché non cerca se stessa; invece tu sei giunto a essa cercandola, non di luogo in luogo, ma con l'appassionato movimento della mente, affinché l'uomo interiore si congiunga a ciò che abita in lui con un piacere non infimo e carnale, ma sommo e spirituale.

(Agostino, *La vera religione*, 39, 72, a cura di M. Vannini, Mursia 1992)

Fede e ragione in Agostino

2. Le «Confessioni»: la validità universale di una ricerca individuale

ANTOLOGIA FILOSOFICA
Agostino, *Confessioni*

2.1 Agostino confessa i propri errori

Le *Confessioni* vengono scritte quando Agostino, vescovo di Ippona, è assillato da grandi preoccupazioni e impegni di tipo pastorale e teologico per via delle **controversie** in cui è coinvolto e delle **dispute** contro manichei, donatisti e ariani.

Il tono dell'opera è molto diverso da quelle precedenti, che documentavano il clima di sereni dibattiti filosofici degli anni di Milano. Ora Agostino manifesta la sua **religiosità** in **forme di esasperata drammaticità**.

Nell'interiorità si trova Dio

Le *Confessioni*, nei primi nove libri, sono in buona parte un'**opera autobiografica**. Il decimo libro pone alcuni interrogativi sul significato delle confessioni autobiografiche appena terminate e propone poi un'analisi dell'**interiorità umana fondata sulla memoria**, nella quale si riesce a "trovare" Dio. Questa analisi apre la strada alla successiva scoperta della Trinità divina nell'**interiorità soggettiva**, che verrà sviluppata nell'ultimo libro, il tredicesimo. I libri undicesimo e dodicesimo costituiscono un'interpretazione dei primi passi del libro della *Genesi* e contengono la famosa **analisi del tempo** come «**distensione dell'anima**», oltre che altre analisi sui rapporti tempo-eternità e Dio-creazione.

Il tempo come distensione dell'anima

Agostino dialoga con Dio e confessa i suoi peccati

Le *Confessioni* si presentano come un dialogo o una preghiera o un ringraziamento rivolti a Dio. Non è più il Dio impersonale dei filosofi, dei neoplatonici, ma il **Dio personale dei credenti**, dei cristiani, che interviene nelle vicende umane per aiutare, compensare o punire. L'autore si "confessa" anche nel senso letterale del termine quale viene usato nella prassi cristiana: **Agostino**, infatti, **confessa** prevalentemente quelli che considera **i suoi molti e vari peccati**, della carne e dello spirito; peccati che gli hanno impedito di arrivare prima alla verità del cristianesimo.

Le *Confessioni* sono prevalentemente un libro religioso, con alcuni spunti filosofici di grande importanza. L'accento è posto non soltanto sulla razionalità, sulle capacità conoscitive e sui loro limiti, della soggettività umana, ma piuttosto su altri aspetti, quali il ricordare, l'amare, il volere, che costituiranno d'ora in poi motivi e temi di riflessione filosofica "alta" nel pensiero occidentale, sia cristiano sia non cristiano.

2.2 L'interiorità e la memoria sedi della Trinità

ANTOLOGIA FILOSOFICA
Agostino, *Sulla Trinità*

La memoria come sede di Dio

Agostino nelle *Confessioni* si sofferma sulla **memoria**, non solo come abituale sede dei ricordi (quelli che hanno dato luogo alle sue confessioni), non solo come luogo di raccolta delle idee e delle conoscenze (la memoria è il "ventre" della mente), ma anche come "**abitazione**" **di Dio** in noi. Dio, infatti, secondo Agostino, per quanto lo si cerchi al di fuori di noi, non lo si trova. Ma una volta che l'abbiamo scoperto, conosciuto, tramite la fede e la rivelazione, nella nostra interiorità, Egli non va più via dalla nostra memoria.

La verità è Dio

Anche il tema della memoria è platonico, ma qui è immerso in una dimensione religiosa: la **verità** non è il mondo platonico dei valori e degli universali logici, ma è il **Dio personale dei cristiani** (*est Deus in nobis*, «Dio è in noi»).

Analogia tra l'anima e Dio

È l'**immagine della Trinità** che Agostino ritrova nella sua interiorità: se Dio è uno e trino anche l'essere umano sarà uno e trino. Il filosofo propone l'analogia, misteriosa in quanto non è comprensibile razionalmente, fra alcuni princìpi della nostra interiorità e l'essenza una e trina di Dio: l'essere umano, riflettendo su se stesso, perviene ad individuare **tre princìpi**: l'**essere**, il **conoscere**, il **volere**. Dice Agostino: «Io, infatti, esisto, so, voglio; sono sciente e volente; so di esistere e di volere; voglio esistere e sapere». Queste sono funzioni di una mente sola, di un'anima sola. La Trinità non è essa stessa formata da tre persone, unite indissolubilmente in una sola? Se Dio è uno e trino – come

Le tre funzioni dell'anima: esisto, so, voglio

sostiene la dottrina cristiana – e se **l'uomo** è a immagine e somiglianza di Dio, anch'egli **sarà uno e trino** nel senso dei tre princìpi presenti nella nostra interiorità.

La Trinità è un mistero della fede

Agostino dedicherà al tema della Trinità un vasto trattato teologico (*Sulla Trinità*), pur sottolineando che è impossibile penetrare con la ragione il mistero della **Trinità**, **oggetto di fede** e non di filosofia e di ricerca razionale.

2.3 Tempo ed eternità

L'altro tema ben noto delle *Confessioni* è quello relativo al **concetto di tempo**. Agostino affronta il problema nell'undicesimo libro; dopo aver ribadito che per il cristianesimo, diversamente dal giudaismo, nell'atto della creazione sono coinvolti sia il Padre sia il Figlio (il Verbo), affronta il problema del tempo, cercando di rispondere alla domanda: «Che cosa faceva Dio prima della creazione?». Insomma Dio, nell'atto della creazione, ha forse modificato la sua natura dal momento che ha fatto qualcosa che prima non esisteva?

Che cosa faceva Dio "prima" della creazione?

Il tempo nasce insieme al creato

Agostino non ripropone la soluzione già proposta dal giudaismo e dal cristianesimo, secondo cui non si può parlare, in riferimento alla creazione, di prima o di dopo, perché queste espressioni fanno riferimento al tempo, che nasce insieme alla creazione (il concetto di tempo, quindi, si può usare solo nell'ambito della "storia", che ha inizio con la creazione). Agostino non accetta neppure la concezione, risalente a Platone e ad Aristotele, che affermava l'esistenza oggettiva del tempo, collegandolo al moto degli astri e definendolo «immagine mobile dell'eternità».

Il tempo non ha dimensione oggettiva, ma soggettiva

Il **tempo** per Agostino non è qualcosa di oggettivo ma qualcosa di **soggettivo**, riguarda non gli astri o la natura ma lo "scorrere" dei fenomeni dell'anima. Il concetto di tempo è solo apparentemente una nozione familiare, osserva Agostino, ma se andiamo a indagarlo in profondità vediamo che non è così. Passato e futuro in che senso esistono, dal momento che **il passato non esiste più** e **il futuro non esiste ancora**? E il **presente**, a sua volta, se **rimanesse** sempre **presente** e non tramontasse nel passato, **non sarebbe tempo**, ma eternità.

2.4 L'analisi del tempo

In che modo esiste, allora, il tempo? A queste domande Agostino risponde con una lunga analisi che riporta la percezione del tempo alla memoria, all'anima. È nella nostra interiorità, ancora una volta, che troviamo la risposta a questo problema.

Attenzione per il presente, memoria del passato e attesa per il futuro

Se non ci fossero nell'**anima** l'**attenzione** per il **presente**, la **memoria** che ricorda il **passato**, la **speranza** o l'**attesa** rivolte al **futuro**, non sarebbe possibile parlare correttamente di tempo. **I tre "momenti" del tempo**, quindi, **sono e vivono nell'anima** come ricorda Agostino: «Tre sono i tempi: il presente del passato, il presente del presente, il presente del futuro. Queste ultime tre forme esistono nell'anima, né vedo possibilità altrove: il presente del passato è la memoria, il presente del presente è l'intuizione diretta, il presente del futuro è l'attesa».

Dio è eternità

Il tempo, quindi, è "misurabile" soltanto nell'anima; **Dio**, invece, **è fuori del tempo**.

T2 «Che cos'è il tempo?»

Che cos'è il tempo? Chi saprebbe spiegarlo in forma piana e breve? [...] Questo però posso dire con fiducia di sapere: senza nulla che passi, non esisterebbe un tempo passato; senza nulla che venga, non esisterebbe un tempo futuro; senza nulla che esista, non esisterebbe un tempo presente. Due, dunque, di questi tempi, il passato e il futuro, come esistono, dal momento che il primo non è più, il secondo non è ancora? E quanto al presente, se fosse sempre presente, senza tradursi in passato, non sarebbe più tempo, ma eternità. Se dunque il presente, per essere tempo, deve tradursi in passato, come possiamo dire di lui che esiste, se la ragione per cui esiste è che non esisterà? Quindi non possiamo parlare con verità di esistenza del tempo, se non in quanto tende a non esistere.

Si può dire che passato e futuro esistono?

A quale condizione si può dire che il presente esiste come tempo?

Eppure parliamo di tempi lunghi e di tempi brevi riferendoci soltanto al passato o al futuro. Un tempo passato si chiama lungo se è, a esempio, di cento anni prima; e così un futuro è lungo se è di cento anni dopo; breve poi è il passato quando è, supponi, di dieci giorni prima, e breve il futuro di dieci giorni dopo. Ma come può essere lungo o breve ciò che non è? Il passato non è più, il futuro non è ancora. Dunque non dovremmo dire di un tempo che è lungo; ma dovremmo dire del passato che fu lungo, del futuro che sarà lungo.

Signore mio, luce mia, la tua verità non deriderà l'uomo anche qui? Perché questo tempo passato, che fu lungo, lo fu quando era già passato, o quando era ancora presente? Poteva essere lungo solo nel momento in cui era una cosa che potesse essere lunga. Una volta passato, non era più, quindi non poteva essere lungo, poiché non era affatto. Quindi non dovremmo dire del tempo passato che fu lungo: poiché non troveremo nulla che sia stato lungo, dal momento che non è, in quanto è passato. Diciamo invece che fu lungo quel tempo presente, perché mentre era presente, era lungo. Allora non era già passato, così da non essere, era una cosa che poteva essere lunga. Appena passato, invece, cessò all'istante di essere lungo, poiché cessò di essere.

È possibile, in definitiva, attribuire determinazioni di lungo e di breve al tempo?

(Agostino, *Confessioni*, XI, 20-26, a cura di C. Carena, Einaudi 1984)

3. «La città di Dio», modello celeste per la città terrena

3.1 La storia di Roma

Agostino dedica molti anni (413-426) dell'ultimo periodo della sua vita a comporre un'opera di vastissima mole, *La città di Dio*. Come abbiamo detto, l'occasione è la **caduta di Roma sotto gli attacchi di Alarico** nel 410, durante il primo sacco della città. Il fatto desta allora enorme impressione e suscita grande dibattito a livello politico, filosofico e religioso.

L'opera costituisce un affresco di grande efficacia anche narrativa e fa entrare con forza la storia, pagana e cristiana, nelle tematiche filosofiche. Nei **primi dieci libri** Agostino ripercorre con forte spirito polemico la **storia di Roma** dall'antichità ai suoi tempi, mostrando l'assoluta inefficacia della pretesa protezione degli dei pagani nei confronti della città e del suo popolo. Quando, invece, Roma ha abbandonato gli dei pagani e ha scelto il cristianesimo, i responsabili di tale scelta (Costantino e Teodosio in particolare) sono stati ampiamente "premiati"

Analisi della storia di Roma

anche sul piano della potenza e grandezza del loro impero. Agostino si sofferma ad analizzare anche le singole divinità della religione classica e gli autori che le hanno esaltate.

Rassegna delle filosofie pagane

Passando poi alle **filosofie pagane**, Agostino compie una rassegna di grande interesse, anche documentario in alcuni casi, e salva dalla condanna generale soltanto i "platonici" (Platone, Apuleio, Plotino e soprattutto Porfirio). Essi sono pervenuti a scoprire la divinità unica, spirituale, eterna, anche se non potevano coglierne i caratteri rivelati dalla religione giudaica e cristiana. Agostino non è neppure d'accordo con la tesi generale dei platonici e neoplatonici secondo cui i "demoni", intermediari fra gli esseri umani e la divinità, siano tutti buoni. Agostino afferma infatti che ci sono anche i demoni cattivi, malefici e che il **vero mediatore** fra esseri umani e Dio è il **Cristo**.

Cristo mediatore tra gli esseri umani e Dio

3.2 Le due città a confronto

ANTOLOGIA FILOSOFICA
Agostino, *La città di Dio*

È con **l'undicesimo libro** che inizia la **trattazione delle due città**, quella di Dio e quella del diavolo, quella celeste e quella terrestre: i riferimenti alle origini delle due città sono ovviamente biblici e non filosofici.

Angeli buoni e angeli cattivi

Quando Dio creò gli angeli, tutti liberi, alcuni di questi per superbia si allontanarono da lui. **Dio** allora **separò le due schiere degli angeli**, quelli buoni e quelli cattivi, questi ultimi originariamente anch'essi angeli buoni (Agostino, come la maggior parte dei pensatori cristiani, compreso Origene, non affronta il problema di come sia stato possibile l'insorgere della superbia, fonte del peccato, in una creatura buona). Sbagliano i manichei, afferma Agostino, a sostenere che all'origine di tutto ci siano stati due princìpi opposti che da allora sono in lotta. Il **principio divino è soltanto uno**: la luce e le tenebre, il bene e il male, si sono distinti a opera delle scelte degli angeli.

Dalla tentazione, da Caino e Abele due generi di società

Le due città, dopo questa loro origine angelica, hanno assunto una dimensione e una localizzazione umane in seguito alla creazione dell'essere umano e dopo il peccato verso il quale l'uomo è stato spinto dalla "tentazione" di un angelo cattivo. Da allora, e soprattutto con la divisione operatasi dopo l'episodio di Caino e Abele, al di là di qualsiasi differenza marginale, «non esistono che **due generi di società umane**, che opportunamente potremmo chiamare, secondo le nostre Scritture, due città. Evidentemente l'una è formata dagli uomini che vogliono vivere **secondo la carne**, l'altra da quelli che vogliono vivere **secondo lo spirito**».

Vivere secondo la carne, ossia secondo Satana e per amore di sé

Vivere secondo lo spirito, per amore di Dio

Vivere secondo la carne significa vivere secondo l'uomo, che ha ereditato il peccato da Adamo, e anzi secondo il diavolo; vivere secondo lo spirito significa vivere secondo Dio.

Il risultato del peccato, ereditato da tutta l'umanità, è stato il seguente: due tipi di amore hanno costruito due città, **l'amore di sé** spinto fino al disprezzo di Dio ha costruito la **città terrena**, **l'amore di Dio** spinto fino al disprezzo di sé, la **città celeste**. I due primi rappresentanti, dopo la coppia originaria, di questi due amori, sono stati rispettivamente Caino e Abele, sui quali Agostino si sofferma, sottolineando che all'origine della città terrena c'è il fratricidio compiuto da Caino. Quasi tutta la parte restante dell'opera segue le vicende dell'umanità secondo il racconto biblico, da Caino e Abele fino al diluvio universale, da questo fino alla venuta di Cristo, secondo una divisione in epoche che porta a considerare prossima ma non prevedibile la fine del mondo (secondo Agostino l'umanità vive, dopo la venuta di Cristo, nell'ultima delle sue epoche).

T3 Due amori, due città

Due amori hanno costruito due città: l'amore di sé spinto fino al disprezzo di Dio ha costruito la città terrena, l'amore di Dio spinto fino al disprezzo di sé la città celeste. In ultima analisi, quella trova la gloria in se stessa, questa nel Signore. Quella cerca la gloria tra gli uomini, per questa la gloria più grande è Dio, testimone della coscienza. Quella solleva il capo nella sua gloria, questa dice al suo Dio: «Tu sei mia gloria e sollevi il mio capo». (*Salmi*, 3,4)

Le due città nascono ciascuna dall'amore, ma quale tipo di amore è proprio dell'una e quale dell'altra?

L'una, nei suoi capi e nei popoli che sottomette, è posseduta dalla passione del potere; nell'altra prestano servizio vicendevole nella carità chi è posto a capo provvedendo e chi è sottoposto adempiendo. La prima, nei suoi uomini di potere, ama la propria forza; la seconda dice al suo Dio: «Ti amo Signore mia forza». (*Salmi*, 17,2)

Quale ruolo svolge chi è a capo della città celeste e quale chi è sottoposto?

Nella prima città, perciò, i sapienti, che vivono secondo l'uomo, hanno cercato i beni del corpo o dell'anima o tutti e due; oppure quanti hanno potuto conoscere Dio «non gli hanno dato gloria né gli hanno reso grazie come a Dio, ma hanno vaneggiato nei loro ragionamenti e si è ottenebrata la loro mente ottusa. Mentre si dichiaravano sapienti (cioè gonfiandosi nella loro sapienza sotto il potere dell'orgoglio) sono diventati stolti e hanno cambiato la gloria dell'incorruttibile Dio con l'immagine e la figura dell'uomo corruttibile, di uccelli, di quadrupedi e di rettili (nella pratica di questa idolatria essi sono stati alla testa dei popoli o li hanno seguiti). Hanno venerato e adorato la creatura al posto del Creatore, che è benedetto nei secoli». (San Paolo, *Lettera ai Romani*, 1, 21 e ss)

Gli uomini che vivono secondo la carne, pieni di orgoglio per il loro umano sapere, mal interpretano la natura di Dio, rappresentandolo con sembianze umane o animali.

Nell'altra città invece non v'è sapienza umana all'infuori della pietà, che fa adorare giustamente il vero Dio e che attende come ricompensa nella società dei santi, uomini e angeli, che «Dio sia tutto in tutti». (San Paolo, *Prima Lettera ai Corinzi*, 15, 28)

Gli eletti alla fine dei tempi potranno ricongiungersi a Dio.

(Agostino, *La città di Dio*, XIV, 28; XV, 2, a cura di L. Alici, Rusconi 1984)

3.3 La fine del mondo e il giudizio universale

La fine del mondo avverrà quando ci sarà il **giudizio universale**, cioè quando Cristo chiamerà dai luoghi di pena o di premio le anime, facendo risorgere insieme a esse i loro corpi. A tali temi sono dedicati gli ultimi libri.

Sei età della storia umana

Le **età della storia umana** individuate da Agostino **sono sei,** come i giorni della creazione. La **sesta età è ancora in corso** e la sua fine non può essere determinata dalla volontà né dall'agire umani, poiché sta scritto: «Non spetta a voi conoscere i tempi e i momenti che il Padre ha riservato alla sua scelta» (*Atti degli apostoli*, 1, 7). Dopo quest'età Dio riposerà insieme alle sue creature (beate o dannate), come fece nel settimo giorno della creazione; seguirà il giorno del Signore, quasi un ottavo giorno, quello della vita eterna.

Alla fine della storia il giudizio universale

La cornice della storia dell'umanità considerata per molti secoli come unica e attendibile sarà proprio questa delineata da Agostino: un inizio, una fine, tra i quali si inserisce la lotta fra le due città, scandita dalle varie età della storia umana ricavabili dai testi biblici. Alla fine, alcuni si salveranno, altri si perderanno, per l'eternità.

4. Il problema della salvezza individuale

4.1 Beati e dannati: la condanna del pelagianesimo

Beati o dannati, città di Dio e città del diavolo. Ma chi potrà salvarsi, e come?

Non è possibile salvarsi con le proprie forze

Il problema viene affrontato anche a causa della presenza, nell'area cartaginese, dei pelagiani trasferitisi in Africa da Roma. Agostino considera **inaccettabile la dottrina pelagiana** (vedi p. 283) che riconosce all'essere umano la possibilità di salvarsi con le proprie forze, anche senza l'atto di amore o la grazia da parte di Dio. Nei numerosi scritti dedicati dal 412 in poi alla **tematica della salvezza** (fra questi, *Sulla grazia e sulla remissione dei peccati*, *Sullo spirito e sulla lettera*) Agostino precisa il suo pensiero che esclude la possibilità che l'essere umano possa salvarsi – come sosteneva Pelagio – con le sole sue forze. Il **peccato originale** di Adamo, infatti, non ha riguardato lui solo ma ha **contaminato tutta l'umanità** da lui derivata. Pertanto, il peccato non è qualcosa di cui possiamo liberarci con le nostre forze.

Dal peccato ci può liberare solo la grazie divina

La liberazione dal peccato è possibile soltanto se **è Dio a decidere di liberarci**. Che Dio decida in tal senso nei nostri confronti possiamo constatarlo nel momento in cui riscontriamo in noi la **fede**, la cui origine è pertanto divina e non umana. La fede comporta una "risposta" da parte di chi la "trova" dentro si sé, una risposta che porta l'amore umano verso Dio e non più verso il mondo. La fede fa sì che l'amore non sia più "deviato" verso la carne ma sia incanalato verso lo spirito. La fede e il battesimo, con il quale si entra ufficialmente nella chiesa di Cristo, sono i segni, interni ed esterni, di appartenenza alla comunità dei cristiani e dei futuri possibili beati. Al di fuori di questa comunità non è possibile la salvezza.

4.2 La predestinazione

Dio vede e decide, predestinando alla salvezza

La grazia su questa Terra, la beatitudine dopo la morte, non dipendono da noi. Noi possiamo "concorrere", con le nostre forze, ma rimane del tutto imperscrutabile il disegno della Provvidenza divina. Agli occhi di Dio, che vede e decide tutto dall'eternità e nell'eternità, **alcuni si salveranno**, **altri si perderanno**. Dio ha predestinato, avendo in sé la conoscenza "anticipata" in quanto eterna, alcuni alla beatitudine eterna, altri alla dannazione eterna.

Sussiste comunque la libertà: l'essere umano deve collaborare alla propria salvezza

Quale sia, in questa concezione agostiniana molto pessimistica sui poteri umani, il ruolo della libertà umana rispetto alla grazia, alla fede e alla predestinazione divine, appare abbastanza chiaro: è un ruolo sussidiario, marginale, e in qualche modo anche illusorio, dal momento che Dio sa dall'eternità chi si salverà e chi si dannerà. Accontentiamoci di quanto sappiamo, cioè di avere la fede cristiana, e comportiamoci secondo i comandamenti di essa: questo è il messaggio di Agostino ai suoi fedeli.

Agostino in tal modo **riconosce un ruolo alla libertà umana**. Anche in possesso della fede cristiana, infatti, ci si può comportare male, adottando una condotta contraria ai comandamenti di questa fede.

Sintesi

Agostino: credere e comprendere

Il percorso verso la fede

Agostino è stato definito «il Platone cristiano» perché fa della liberazione dell'anima dalla prigionia della corporeità e del male lo scopo della sua ricerca filosofica. Il raggiungimento della verità arriva attraverso un percorso conoscitivo che usa la dialettica, coglie gli universali giungendo al Sommo Bene.

L'opera *La vera religione* ha come obiettivo la confutazione del manicheismo, ma anche di altre posizioni religiose non ortodosse. Il male è soltanto privazione, mancanza, «non essere»; il male metafisico quindi non esiste. Il male morale, invece, dipende dal libero arbitrio dell'essere umano, che sceglie un bene inferiore rispetto a uno superiore. Il peccato è il male.

La dimensione dell'interiorità

Già nei *Soliloqui* Agostino pone l'accento sull'interiorità come ragione in cui è contenuta la verità, che è fuori del tempo: «La verità dimora nell'uomo interiore». L'anima è il luogo di incontro della verità. Per poterla cogliere, l'uomo ha bisogno dell'«illuminazione» divina. Agostino ribadisce che la ragione ha bisogno della fede e la fede della ragione: «Credi per comprendere e comprendi per credere» (*Crede ut intelligas, intellige ut credas*).

Nell'opera *Contra Academicos* il filosofo confuta lo Scetticismo: l'uomo, proprio perché dubita, ha la certezza di esistere; questa è una verità indubbia. In noi possiamo trovare verità universali (idee come archetipi) che ci rimandano alla fonte di ogni verità. Cristo è la verità che si dona a chi lo cerca.

Le «Confessioni»

Le *Confessioni* sono in buona parte un'opera autobiografica. Come Dio è uno e trino così l'essere umano è uno e trino; infatti tre sono i princìpi della nostra interiorità: l'essere, il conoscere e il volere (esisto, so e voglio).

Il problema del tempo è affrontato nell'undicesimo libro delle *Confessioni*. Il tempo nasce insieme alla creazione e non ha esistenza oggettiva: infatti esso è qualcosa di soggettivo e riguarda lo scorrere dei fenomeni nell'anima. I tre momenti del tempo vivono nell'anima come memoria del passato, attenzione al presente e attesa del futuro.

Le due città

Nel *De civitate Dei* la storia è frutto della lotta tra due princìpi incarnati nelle due città, quella di Dio e quella del diavolo. Il bene originario è stato corrotto in seguito alla scelta di alcuni angeli che, peccando di superbia, hanno scelto il male. Gli esseri umani vogliono vivere o secondo lo spirito o secondo la carne.

Il giudizio universale segnerà la fine del mondo e allora risorgeranno insieme alle anime anche i corpi. I salvati vivranno in beatitudine eterna a fianco di Dio, i dannati in una punizione eterna.

Agostino condanna il pelagianesimo, che riconosceva all'uomo la possibilità di salvarsi senza l'intervento della grazia divina; egli nega tale possibilità, perché il peccato originale ha contaminato tutta l'umanità e solo Dio può predestinare ciascun essere umano alla condanna o alla salvezza eterna.

Conoscenze

1. **Indica se le seguenti affermazioni a proposito di Agostino sono vere o false.**
   1. Nasce in Africa settentrionale. V F
   2. Vive nel VII secolo. V F
   3. Conosce e segue l'insegnamento di Ambrogio, vescovo di Milano. V F
   4. Diventa vescovo di Milano. V F
   5. Scrive il *De vera religione*. V F
   6. Scrive le *Confessioni*, opera autobiografica. V F
   7. Aderisce in gioventù allo gnosticismo. V F
   8. Torna in Africa dove svolge la sua missione di uomo della Chiesa per difendere l'ortodossia religiosa. V F

2. **In quale modo Agostino ritiene si configuri il rapporto tra ragione e fede? Qual è il famoso detto con il quale Agostino esprime questo rapporto?**

3. **Concordi con la definizione di tempo data da Agostino? Quale definizione ne daresti tu, sulla base della tua esperienza?**

4. **Quale differenza esiste tra il vivere secondo la carne e il vivere secondo lo spirito?**

5. **Il male per Agostino è:**
   a. un'entità metafisica.
   b. una divinità creatrice.
   c. una mancanza di essere.
   d. la corruzione del mondo creato.

Abilità (Lavora sui testi)

T4 Il problema del male

Il problema del male costituisce l'oggetto di un approfondito dibattito tra i primi pensatori cristiani. La spiegazione del male nel mondo ha dato luogo anche a numerose eresie. La più celebre è quella manichea che riconosce al male uno status *ontologico, una realtà indipendente; afferma l'esistenza di un Dio buono e di una divinità maligna. Agostino – rifacendosi alla tesi di Plotino – sostiene che il male è «non essere» e quindi non ha realtà ontologica. Solo il peccato può dirsi male morale, in quanto rottura dell'ordine naturale inscritto nell'interiorità dell'essere umano da Dio.*

Mi si rivelò nettamente la bontà delle cose corruttibili, che non potrebbero corrompersi né se fossero beni sommi, né se non fossero beni. Essendo beni sommi sarebbero incorruttibili; essendo nessun bene, non avrebbero nulla in se stesse di corruttibile. La corruzione è infatti un danno, ma non vi è un danno senza una diminuzione di bene. Ma, private di tutto il bene, non esisteranno del tutto. Infatti, se sussisteranno senza potersi più corrompere, saranno migliori di prima, rimanendo incorruttibili; ma può esservi asserzione più mostruosa di questa, che una cosa è divenuta migliore dopo la perdita di tutto il bene? Dunque, private di tutto il bene, non esisteranno del tutto; dunque, finché sono, sono bene. Dunque tutto ciò che esiste è bene, e il male, di cui cercavo l'origine, non è una sostanza, perché, se fosse tale, sarebbe bene: infatti o sarebbe una sostanza incorruttibile, e allora sarebbe inevitabilmente un grande bene; o una sostanza corruttibile, ma questa non potrebbe corrompersi senza essere buona. Così vidi, così mi si rivelò chiaramente che tu hai fatto tutte le cose buone e non esiste nessuna sostanza che non sia stata fatta da te; e poiché non hai fatto tutte le cose uguali, tutte esistono in quanto buone ciascuna per sé e assai buone tutte insieme, avendo il nostro Dio fatto «tutte le cose buone assai» (*Genesi*, 1, 31). In te il male non esiste affatto, e non solo in te, ma neppure in tutto il tuo creato, fuori del quale non esiste nulla che possa irrompere e corrompere l'ordine che vi hai imposto. Tra le parti poi del creato, alcune ve ne sono, che, per non essere in accordo con alcune altre, sono giudicate cattive, mentre con altre si accordano, e perciò sono buone, e buone sono in se stesse. Tutte queste parti, che non si accordano fra loro, si accordano poi con la porzione inferiore dell'universo, che chiamiamo terra, la quale è provvista di un suo cielo percorso da nubi e venti, a lei conveniente. Lontano d'ora in poi da me l'augurio: «Oh, se tali cose non esistessero!». Quand'anche vedessi soltanto tali cose, potrei certo desiderarne di migliori, ma non potrei mancare di lodarti anche soltanto per queste.

(Agostino, *Confessioni*, VII, 12,18, cit.)

Lettura guidata

Il ragionamento di Agostino procede per assurdo; infatti, si suppone che le cose corruttibili siano o beni sommi o non siano beni. Entrambe le supposizioni sono impossibili, poiché se fossero beni sommi non potrebbero essere corruttibili e quindi "perdere" bene, se non fossero beni non potrebbero comunque corrompersi perché non avrebbero bene da "perdere". L'unica alternativa che resta è che siano beni, ma non sommi.

Agostino identifica bene ed essere: tutto «ciò che è» è bene e quindi il male coincide con il «non essere» e non ha quindi alcuna sostanzalità.

Anche qui Agostino fa un ragionamento per assurdo, per concludere che ogni cosa «che è» è bene, sia essa corruttibile o incorruttibile. Il male, se esistesse, sarebbe bene: ma questa è una contraddizione poiché il male è l'opposto del bene.

Poiché essere e bene coincidono tutte le cose create sono «bene»; inoltre Dio, che è soltanto bene, crea solo cose buone.

L'uomo dice cattive alcune cose perché le vede in disaccordo con altre, in realtà esse, in quanto esistono, sono buone e rientrano in un ordine complessivo buono.

Il male, infine, è una sostanza? No perché se fosse tale sarebbe bene, dunque il male è «non essere».

Controllo della comprensione

1. **Spiega il rapporto tra bene e corruttibilità.**
2. **Esiste il male come sostanza? E se no, perché?**
3. **Quale tipo di ragionamento adotta Agostino per dimostrare che il male assoluto non è sostanza?**
4. **Agostino ritiene che il male metafisico o assoluto sia:**
   a. una realtà indipendente dal bene e in eterno contrasto con esso.
   b. il male di vivere, un comportamento proprio del sentire dell'uomo.
   c. il difetto che sin dalla creazione corrompe a poco a poco l'essere.
   d. la carenza di essere delle cose create da Dio, in quanto limitate (rispetto alla pienezza dell'essere).

Gli schiavi: da oggetti di proprietà a persone

La cattura di uno schiavo riprodotta su un bassorilievo di epoca romana.

1. Il mondo romano

Con l'ascesa politica e militare di Roma il mercato degli schiavi si sviluppa, dato l'alto numero di prigionieri a seguito delle vittorie militari. Aumentando la disponibilità sul mercato, diminuisce il costo degli esseri umani utilizzati nei compiti più duri e faticosi, nonché in guerra. Diminuendo il costo della "merce", peggiorano le condizioni di vita in cui vengono tenuti gli schiavi, esattamente come l'abbondanza di un prodotto ne fa scendere il prezzo nonché il valore. Se il numero degli schiavi in Grecia è stato stimato attorno ai 60 000, nel mondo romano, sul finire del periodo repubblicano (I secolo a.C.), dovevano essere attorno ai 2 000 000, circa il 35% della popolazione.

Ecco come lo storico e geografo Strabone (64 a.C.-24 d.C. ca) descrive il mercato degli schiavi che fioriva attorno all'isola di Delo, favorito dalle vicende militari, dalla latitanza di un governo autorevole, dalla connivenza dei politici e, non da ultimo, dalla criminalità organizzata, che sceglie il lucroso commercio degli schiavi come copertura.

«La tratta degli schiavi invogliava fortemente a compiere misfatti, perché era diventata molto redditizia. Era facile, infatti, catturare uomini, e nelle vicinanze c'era un emporio grande e fiorentissimo, Delo, in grado di accogliere e smerciare ogni giorno decine di migliaia di schiavi tanto che sorse anche il proverbio: "approda mercante, scarica, tutto venduto!". Causa di ciò fu il fatto che i romani, arricchitisi dopo la distruzione di Cartagine e di Corinto, utilizzavano ingenti masse di schiavi. Vedendo la facilità dei guadagni, i pirati si moltiplicarono, praticando al tempo stesso la pirateria e il commercio degli schiavi. A questo stato di cose contribuivano anche i re di Cipro e d'Egitto, nemici dei siriani. Neppure i rodiesi erano in buoni rapporti con loro e non fornivano alcun aiuto. Nello stesso tempo i pirati, facendosi passare per mercanti di schiavi, perpetravano impunemente i loro crimini».

(Strabone, *Geografia*, XIV, 5, 2, in *La schiavitù nella società e nella cultura antica*, a cura di A. Postiglione, Edizioni Scientifiche Italiane 1998)

In effetti le stesse guerre di Roma contro Cartagine (III-II sec. a.C.), che riforniscono il mercato degli schiavi, tolgono dal lavoro dei campi della penisola italica gli elementi migliori e le giovani braccia che sostengono l'agricoltura. I campi si spopolano e quelli di proprietà dei soldati andati in guerra vengono annessi ai latifondi, che diventano sempre più ampi. Questi latifondi possono venire coltivati solo dalle braccia forti e numerose di nuovi schiavi, che soltanto le guerre sono in grado di procurare. Si entra in un circolo vizioso da cui dipendono l'agricoltura e l'economia romana e che solo un commercio di merce umana sempre più consistente può perpetuare. La Terza guerra punica frutta, secondo lo storico Orosio, 25 000 donne e 30 000 uomini che, una volta arresisi, vengono immessi sul mercato come schiavi, preferendo la condizione servile alla morte, che invece altri scelgono come unica alternativa. Nel 262 a.C. dopo la conquista di Agrigento, in Sicilia vengono venduti 25 000 prigionieri. Dopo la conquista di Taranto nel 209 a.C. ne sono venduti 30 000. Nel 167 a.C., per ordine del Senato romano, ben 150 000 prigionieri sono venduti nell'Epiro.

G. Boulanger, *Il mercato degli schiavi* (1880 ca).

L'agricoltura basata sul latifondo porta a una crescente riduzione della produzione e alla diffusione della pastorizia su terreni meno redditizi. Tale fatto causa un ulteriore impoverimento e peggioramento della qualità della vita e i più deboli sono i primi a farne le spese. Le condizioni in cui vengono tenuti gli schiavi e il duro lavoro agricolo cui sono obbligati li spinge a ribellioni, la più famosa delle quali è quella di Spartaco (73-71 a.C.).

2. L'agricoltura schiavistica

La produzione agricola romana è talmente legata al sistema schiavistico che gli esseri umani utilizzati vengono computati come bestie o come carri. Singolare è questa descrizione di Varrone, dal suo *De re rustica,* in cui descrive l'agricoltura italica:

Rilievo di epoca imperiale con due schiavi impiegati per il lavoro al torchio.

«Ora parlerò dei mezzi con cui si coltivano i campi. Alcuni li dividono in due categorie: uomini e attrezzi senza i quali gli uomini non possono fare i lavori agricoli; altri in tre categorie: strumenti parlanti, semiparlanti e muti. Alla prima categoria appartengono gli schiavi, alla seconda i buoi, alla terza i carri».

(Varrone, *De re rustica*, I, 17, 1, in *La schiavitù nella società e nella cultura antica*, cit.)

Mosaico del III secolo d.C. che raffigura due schiavi impegnati nella macinazione delle olive.

La diffusione della grande proprietà porta a un impoverimento della produzione agricola che, agli occhi dei romani, viene interpretato come una conseguenza dell'indebolimento e del degrado dei costumi. Un tempo la terra era coltivata da valorosi condottieri, da uomini liberi ed onorabili, mentre ora:

«[...] quei medesimi lavori li fanno schiavi con le catene ai piedi, con le mani di forzati e con il volto macchiato a fuoco. Pertanto la terra, che è chiamata madre e viene onorata, come si dice, con la coltivazione, non è così sorda che si possa credere che non è contrariata e indignata di ciò, essendo stato distrutto così l'onore stesso che le è dovuto E noi ci meravigliamo che il rendimento degli schiavi incatenati negli ergastoli[1] non sia uguale a quello dei condottieri di una volta!».

(Plinio il Vecchio, *Storia Naturale*, XVIII, in *La schiavitù nella società e nella cultura antica*, cit.)

1. ergastoli: erano gli edifici dove venivano rinchiusi, in pessime condizioni, gli schiavi addetti ai lavori agricoli.

3. Il diritto romano e la schiavitù

La pace ha come immediata conseguenza una diminuzione degli schiavi a buon mercato e l'aumento del loro valore. Come "merce" di maggior costo gli schiavi godono via via di un trattamento più umano e vengono considerati insostituibili per l'economia, anche se non ancora riconosciuti nella loro umanità.

In epoca imperiale vengono promulgate leggi e si profilano orientamenti giuridici che garantiscono gli schiavi come bene, non come persone: non è possibile infierire senza motivo sui propri schiavi, non è concesso ucciderli così come non è concesso uccidere gli schiavi altrui; infine si prevede che, in casi di crudeltà eccessiva e intollerabile del padrone, lo schiavo debba essere venduto. Il padrone ha un diritto assoluto sui propri schiavi, ma è tenuto nondimeno a «fare buon uso di questo diritto». Questo buon uso viene inteso, ancora una volta, nell'interesse del padrone, non dello schiavo. Così, quando il padrone infierisce sul proprio schiavo o lo costringe a «impudicizia e a turpi abusi sessuali», oppure a «sevizie, fame o ingiurie intollerabili», è facoltà della vittima rifugiarsi presso la statua dell'imperatore ed è dovere del governatore dargli ascolto e, in caso estremo, ordinarne la vendita ad altro padrone.

Piastra in bronzo che veniva posta al collo degli schiavi. L'iscrizione dice: «Tienimi, affinché non scappi e riportami al mio padrone Vivenzio nella proprietà di Callisto».

4. Diverse condizioni di schiavitù

Il panorama della schiavitù nel mondo antico è molto più variegato di quello che si potrebbe immaginare. Sono schiavi quelli che lavoravano i campi in condizioni misere e senza diritti, ma sono schiavi anche gli uomini al servizio dello Stato e dell'imperatore, gli addetti alla costruzione e alla manutenzione degli acquedotti che alimentano Roma e che forniscono un pronto intervento essenziale alla città.

Stele romana raffigurante una bambina schiava.

In alcuni casi gli schiavi riescono a instaurare con i propri padroni un rapporto di sincero e reciproco affetto, tanto da riuscire a conquistarsi la libertà come premio e riconoscenza della famiglia presso cui hanno prestato servizio e, alla loro morte, da venire rimpianti come se fossero dei famigliari. A questo proposito, riportiamo qui di seguito una delle più toccanti poesie latine, scritta dal poeta Marziale (38-104 ca) per la morte della piccola Erotion, una schiava di appena sei anni:

«Padre Frontone, madre Flacilla, vi affido questa fanciulla
oggetto dei miei baci e mia delizia,
affinché la piccola Erotion non inorridisca di fronte alle nere ombre
e alla bocca mostruosa del tartareo cane.
Avrebbe compiuto le brume del sesto inverno
se avesse vissuto ogni giorno, tranne quello.
Tra i vecchi padri possa giocare scherzosa
e con la bocca balbettante cinguettare il nome mio.
Che non sia dura la zolla che copre le sue ossa,
né sii pesante, terra, su di loro: lei non lo fu su di te».

(Marziale, *Epigrammi*, V, 34)

5. Tutti gli uomini sono schiavi

La filosofia stoica individua la vera libertà nell'autarchia, ossia nell'essere indipendente dagli altri e dalle circostanze e nel farsi comandare solo da sé e dalla propria ragione. In questa prospettiva soltanto il saggio è un uomo libero, mentre tutti gli uomini stolti, pur credendo di essere liberi, non sono altro che schiavi del proprio destino, delle proprie passioni, delle proprie debolezze. In una tale ottica è evidente che lo Stoicismo non possa che sostenere l'uguaglianza di tutti gli uomini per natura, privando la schiavitù di ogni fondamento. Ecco un brano famoso di Seneca, che ben esprime questa nuova concezione della libertà e della schiavitù:

«"Sono schiavi". Piuttosto uomini. "Sono schiavi". Piuttosto compagni di abitazione. "Sono schiavi". Piuttosto umili amici. "Sono schiavi". Piuttosto compagni di schiavitù, se rifletterai che la sorte ha uguale potere su di loro e su noi. [...] Vuoi tu pensare che questo che chiami tuo schiavo, nato dallo stesso seme, gode dello stesso cielo, respira come te, vive come te, muore come te! Tanto tu puoi vedere lui libero quanto lui te schiavo. [...] Comportati con l'inferiore così come vorresti che il superiore si comportasse con te. Ogni volta che ti verrà in mente quanto ti sia lecito contro il tuo schiavo, ti venga in mente che altrettanto è lecito al tuo padrone verso di te. "Ma io – dirai – non ho nessun padrone". Sei ancora giovane: forse lo avrai. [...] Spesso il materiale buono resta inutilizzato senza che l'artista lo plasmi: tenta e fanne la prova. Come è stolto chi, compran-

Il filosofo, in un affresco del Tintoretto (1560-1635). La filosofia propone gli strumenti per affrancarsi dalla schiavitù delle passioni e delle debolezze umane.

do un cavallo, non esamina l'animale ma la sella e le briglie, così è stoltissimo colui che valuta un uomo o dalla veste o dalla condizione sociale che come una veste ci è messa addosso. "È uno schiavo". Ma forse è libero nell'animo. "È uno schiavo". Ciò gli nuocerà? Mostrami chi non lo sia. Uno è schiavo della lussuria, un altro dell'avarizia, un altro dell'ambizione, tutti della speranza, tutti della paura. Ti indicherò uno che è stato console ed è schiavo di una vecchietta, ti indicherò un ricco schiavo di una schiavetta, ti mostrerò giovani nobilissimi schiavi di commedianti: nessuna schiavitù è più turpe di quella volontaria».

(Seneca, *Lettere a Lucilio*, 47, in *La schiavitù nella società e nella cultura antica*, cit.)

Sul piano pratico, la concezione stoica non muta la struttura dell'economia schiavistica; semmai, col tempo, contribuisce a condizionare la sensibilità comune che porterà alla trasformazione della schiavitù in servitù.

Si tenga presente che, fin dall'antichità, certi schiavi liberati, i cosiddetti «liberti», possono acquisire posizioni di prestigio e diventare anche filosofi e intellettuali, come Epitteto.

Per quanto possa apparire strano, nessun liberto mette in questione l'istituto della schiavitù, nonostante ne abbia fatto personalmente le spese, ma tutti affermano con forza che la vera e sola libertà è la libertà interiore. Quasi tutti gli uomini, in modi diversi, sono schiavi di chi amano, di chi adulano, di chi fornisce loro di che vivere, delle necessità e così via.

6. Il cristianesimo e la schiavitù

Il cristianesimo è portatore di un messaggio universale di uguaglianza che non ha pari nell'antichità; per primo, in un mondo dove contano soltanto l'appartenenza a un gruppo (etnico o familiare), il valore e il coraggio in guerra, la forza, proclama che tutti gli esseri umani sono uguali. La dignità di ciascuno è garantita dall'essere tutti figli di Dio.

Questo alto messaggio, tuttavia, non rovescia l'istituto della schiavitù, che rimane la base economica della società antica. Non si trova alcuna condanna morale della schiavitù, accettata come un dato di fatto e conseguenza di un ordine sociale che non può venire sovvertito.

Il *Vangelo* affronta il tema della schiavitù e della libertà:

«Gesù allora disse a quei Giudei che avevano creduto in lui: "Se perseverate nella mia parola, siete veramente miei discepoli; conoscerete la verità e la verità vi farà liberi". Essi gli risposero: "Noi siamo discendenti di Abramo e non siamo mai stati schiavi di nessuno; come puoi tu dire: *Voi diverrete liberi*?". Gesù rispose loro: "In verità, in verità vi dico che chi commette il peccato è schiavo del peccato. Ora, lo schiavo non dimora per sempre nella casa: il Figlio vi dimora per sempre. Se dunque il figlio vi farà liberi, sarete veramente liberi"».

(*Vangelo* di Giovanni, 8, 30-37)

Ai Giudei, che intendono la libertà come appartenenza a un popolo che non è schiavo, così come la intendevano anche i Greci, Gesù oppone la libertà come condizione interiore, e più precisamente come libertà dal peccato. Questo concetto di libertà interiore, affine a quello stoico, non può scontrarsi con l'ordine sociale ed economico. A ciò si aggiunga il significato attivo e operativo della conoscenza: «la verità vi farà liberi». Non la forza, non il caso, ma la verità ha il potere di liberare, di mutare l'ordine delle cose. La conoscenza, come attività interiore, può mutare la realtà. Tuttavia è un percorso che inizia dal singolo e che si basa su una conquista interiore. L'economia schiavistica non viene messa in discussione.

Lo schiavo, tuttavia, appare nel cristianesimo sotto una nuova luce: l'uomo è visto in un modo nuovo, e lo schiavo è un essere umano; per la prima volta ha un'anima, ha dei diritti e dei doveri. L'uguaglianza è uguaglianza al cospetto di Dio; anche se non significa ancora mettere in questione la struttura economica, significa differenziare l'individuo rispetto alle cose.

La Chiesa nei secoli garantisce certi diritti, anche se il più delle volte si tratta di diritti che non toccano le necessità più urgenti. Per esempio, viene fatto divieto di vendere uno schiavo a un ebreo, di uccidere uno schiavo senza ordine del magistrato, oppure di far lavorare uno schiavo di domenica. L'apostolo Paolo raccomanda:

La Fede sorregge la croce e un cartiglio simbolo della Verità rivelata. Particolare dell'affresco sui vizi e le virtù di Giotto (1267-1336). Cappella degli Scrovegni, Padova.

«Ciascuno resti nella condizione in cui si trovava quando fu chiamato. Sei stato chiamato mentre eri schiavo? Non te ne preoccupare, anzi, anche se puoi diventare liberto, approfitta piuttosto della tua condizione di schiavo, perché chi da schiavo è stato chiamato nel Signore, è liberto di Cristo; ugualmente chi è stato chiamato da libero è schiavo di Cristo».

(Paolo, *Prima Lettera ai Corinzi*, 7, 20-24)

Agostino imputa la condizione di schiavo non alla natura, ma al peccato in cui si trova l'uomo. In questo modo Agostino giustifica l'esistenza della schiavitù, laddove la natura non la prevede.

Se l'uomo è schiavo dell'uomo, questo è per colpa sua, perché l'uomo è peccatore: «Dio insegnò che cosa richiede l'ordine della creazione e che cosa esige la colpa dei peccatori. È evidente infatti che la condizione della schiavitù è stata imposta giustamente al peccatore» (Agostino, *La città di Dio*, XIX, 15).

Dunque ancora i grandi padri della Chiesa come Agostino accettano l'istituto della schiavitù come un fatto che non viene messo in discussione: la colpa, e non la natura, giustifica l'esistenza della schiavitù.

Mentre alcune sette cristiane orientali optano per l'abolizione completa della schiavitù, una soluzione radicale che è coerente col principio che tutti i figli di Dio sono tra loro fratelli, questa via non verrà mai praticata dalla Chiesa, consentendo un graduale e impercettibile passaggio dalla schiavitù del mondo antico (che non verrà mai ufficialmente abolita) alla servitù del Medioevo.

L'amore nel pensiero cristiano

TESTI ANTOLOGICI

1. L'amore come *agápe*

A sinistra: affresco del IV secolo con scena di banchetto in cui compare la scritta *agápe*, forse un'allegoria della felicità nella vita ultraterrena. Catacombe dei santi Marcellino e Pietro, Roma.

Il concetto di amore è centrale nella visione religiosa del cristianesimo, che adotta, per esprimerlo, il termine greco *agápe* (tradotto in latino con *caritas*, «carità»). Per *agápe* si intende un sentimento d'amore universale e indiscriminato, rivolto a chiunque si incontri sul proprio cammino. Tale affetto si prova anche verso chi è diverso, più povero, più umile, più bisognoso: è una forza che spinge l'individuo ad amare indistintamente perché tutti sono degni di essere amati.

Tale concezione dell'*agápe* ha un diretto fondamento teologico nella concezione del Dio cristiano, che è anzitutto amore. Infatti l'esistenza delle tre Persone nell'unità di Dio è frutto della relazione d'amore che le lega.

A destra: *Crocefissione* di G. Rouault (1939).

Per amore, Dio ha creato il mondo – dice la *Bibbia* –, ama le sue creature e sceglie un popolo con il quale stringe, per iniziativa gratuita, un patto d'alleanza. Per la salvezza degli esseri umani dal peccato – come sostengono i Vangeli – ha sacrificato suo figlio: nel crocifisso si rivela meglio che in qualsiasi altro modo l'amore di Dio per l'umanità.

Il messaggio cristiano capovolge la concezione platonica dell'amore: amore non è un demone, mediatore tra mondo sensibile e quello eterno delle idee, ma è Dio stesso che, attraverso Cristo fattosi uomo, ha conciliato il mondo con se medesimo.

Il Dio dei cristiani «ha tanto amato il mondo – dice l'evangelista Giovanni (3,16) – da aver inviato suo figlio, perché chiunque crede in lui, non perisca, ma abbia la vita eterna».

Gesù afferma di preferire i poveri, gli impuri, i peccatori disponibili alla sua proposta di salvezza. Nella sua vita soccorre gli umili, i malati, coloro che soffrono e offre a tutti gli esseri umani l'esempio prezioso del suo amorevole impegno contro la sofferenza.

2. «Ama il prossimo tuo come te stesso»

Il comandamento dell'amore è contenuto già nell'*Antico Testamento* e poi ripreso nei *Vangeli* e nelle *Lettere* dell'apostolo Paolo.

Nell'*Antico Testamento* (libro del *Levitico*) l'espressione «ama il prossimo tuo come te stesso» ricorre più volte in un elenco di altri precetti e comandi che colpisce per la ricchezza di riferimenti ai rapporti sociali: ogni comportamento sleale verso il prossimo offende prima di tutto Dio e in una società solidale danneggia anche chi lo compie. Non solo il pio dovrà guardarsi da sentimenti di odio e di vendetta, ma al contrario, dovrà amare il suo prossimo come se stesso. L'amore di sé è la misura dell'amore per gli altri, poiché comprende anche il rinnegamento delle spinte egoistiche che ciascuno può nutrire. L'amore del Dio dell'alleanza genera nelle sue creature la capacità di superare ogni barriera: il precetto dell'amore vale non solo per il fratello, ma anche per lo straniero, considerato un proprio simile.

Nel *Nuovo Testamento* i due comandamenti di amare Dio e il prossimo come se stessi sono il più alto compito da perseguire per obbedire e rendere omaggio al creatore.

Nel *Vangelo* dell'apostolo Marco, dopo aver ribadito la necessità e la priorità dell'amore per Dio, si sottolinea che non si può prescindere dall'amore per il prossimo, ma occorre avere il primo a sostegno del secondo e viceversa:

J. Bassano, *Il buon samaritano* (1561-1563). La parabola del buon samaritano è utilizzata da Gesù come esempio positivo di carità e amore verso il prossimo

«Allora si accostò uno degli scribi che li aveva uditi discutere, e, visto come (Gesù) aveva loro risposto, gli domandò: "Qual è il primo di tutti i comandamenti?". Gesù rispose: "Il primo è: *Ascolta, Israele. Il Signore Dio nostro è l'unico Signore; amerai dunque il Signore Dio tuo con tutto il tuo cuore, con tutta la tua mente e con tutta la tua forza*. E il secondo è questo: *Amerai il prossimo tuo come te stesso*. Non c'è altro comandamento più importante di questi". Allora lo scriba gli disse "Hai detto bene maestro, e secondo verità, che egli è unico e non v'è altri all'infuori di lui; amarlo con tutto il cuore, e con tutta la mente e con tutta la forza e amare il prossimo come se stesso val più di tutti gli olocausti e i sacrifici". Gesù, vedendo che aveva risposto saggiamente, gli disse: "Non sei lontano dal regno di Dio". E nessuno aveva più il coraggio di interrogarlo».

(*Vangelo* di Marco, 12, 28-34)

Intorno a questo duplice invito ruota tutta la rivelazione del Cristo e su di esso si fonda la nuova alleanza tra Dio e l'essere umano. L'amore di Dio e l'amore per gli altri in reciproca interazione sono il più alto compimento della volontà divina.

Questa complementarietà dell'amore per Dio e per il prossimo come dovere essenziale del cristiano viene ribadita anche negli altri vangeli sinottici.

3. La legge dell'amore per l'apostolo Paolo

L'apostolo Paolo lascia cadere il primo comandamento che impone di amare Dio e compendia la legge cristiana nel solo amore del prossimo.

L'amore, secondo Paolo, è cura vicendevole: «Non abbiate alcun debito con nessuno, se non quello di un amore vicendevole; perché chi ama il suo simile ha adempiuto la legge. [...] Qualsiasi comandamento si riassume in queste parole: *Amerai il prossimo tuo come te stesso*. L'amore non fa nessun male al prossimo: pieno compimento della legge è l'amore» (Paolo, *Lettera ai Romani*,13, 8-10).

La carità costituisce lo spirito profondo della nuova legge che ha trovato il suo compimento nella redenzione da parte di Gesù. L'essere umano deve imitare Cristo, che si è fatto crocifiggere per amore degli uomini, ed essere pronto a sacrificarsi per il suo prossimo.

Nella medesima *Lettera* compare anche l'altra fondamentale e inusuale coordinata dell'amore, quello per i nemici: «Benedite coloro che vi perseguitano, benedite e non maledite. Rallegratevi con quelli che sono nella gioia, piangete con quelli che sono nel pianto [...]. Non rendete a nessuno male per male...non fatevi giustizia da voi stessi [...] non lasciarti vincere dal male, ma vinci il male con il bene» (Paolo, *Lettera ai Romani*, 12, 14-21).

Nell'*Antico Testamento* si imponeva di amare il forestiero, ora anche il nemico: ecco la nuova morale rafforzata dal precetto «porgi l'altra guancia» e dalla condanna assoluta della legittimità della vendetta.

4. L'amore come donazione assoluta per Agostino

Nel *Commento alla Prima Lettera di Giovanni* Agostino ribadisce che l'amore è Dio. L'*agápe* cristiana è donazione che non chiede nulla in cambio, è donazione assoluta dell'Assoluto, è il Cristo, Dio, che muore sulla croce per la salvezza degli esseri umani. Agostino mette l'accento sulla gratuità del sacrificio e scrive:

> Questo è l'amore perfetto: essere pronti a morire per il proprio fratello. Il Signore stesso ha dato l'esempio di questo amore. È morto per tutti, pregando per coloro dai quali veniva crocifisso e dicendo: Padre, perdona loro, perché non sanno quello che fanno. [...] Questa è la perfezione dell'amore ed è impossibile che ce ne possa essere una più grande.
>
> (Agostino, *Commento alla Prima Lettera di Giovanni*, II, 5,4; VI, 1)

L'amore è un vincolo che unisce un essere a un altro essere; l'amore per Dio e l'amore per il prossimo si uniscono indissolubilmente poiché non si può amare Dio, che è amore, se non si ama il prossimo.

L'amore di Dio è anche strumento di conoscenza perché permette al fedele di avvicinarsi alle verità della fede, come ad esempio la Trinità. Dio è uno e trino per la sua stessa natura che è Amore e quindi comunicazione di sé a un altro, il Figlio. Padre e Figlio non si amerebbero davvero senza rendere partecipe del loro amore una terza persona, lo Spirito. Con lo stesso slancio l'essere umano, fatto a somiglianza di Dio, torna al suo creatore per unirsi a Lui.

In questo dipinto di A. Böcklin del 1867, Maria Maddalena piange il Cristo, morto per la salvezza del genere umano.

5. Amore e sessualità nel pensiero cristiano

Nel pensiero cristiano l'amore è slancio tutto spirituale: quale posto può occupare, allora, l'amore fisico, sessuale che era stato variamente legittimato dalla religione e dalla filosofia antiche? Il corpo non è solo prigione dell'anima, ma è facile preda delle tentazioni e incline al peccato. Il cristianesimo riflette sul problema della sessualità e della procreazione e giunge a valutare l'amore fisico per lo più come peccato. Eros viene demonizzato, il peccato per eccellenza è quello sessuale.

Secondo tutta la dottrina cristiana il rapporto sessuale consumato al di fuori del matrimonio è peccato mortale (cioè violazione grave, che allontana l'uomo da Dio); l'apostolo Paolo invece sostiene che adempiere al proprio dovere coniugale (l'atto sessuale finalizzato alla procreazione) non comporta peccato, mentre ricevere il debito dal proprio coniuge, cioè esigere il sesso al fine di soddisfare il proprio desiderio fisico, è peccato veniale (cioè perdonabile).

Agostino concorda con la posizione di Paolo, ed è dell'opinione che il sesso sia stato istituito da Dio nell'Eden e che solo la caduta nel peccato causi negli esseri umani la concupiscenza, cioè un eccesso di desiderio, che corrompe l'atto sessuale.

La concezione della donna nei testi sacri del cristianesimo

1. Il tema della donna nel Vecchio Testamento

Per molto tempo, fino alla soglia del VI secolo, convivono, con episodi più o meno accentuati di conflittualità, da una parte la cultura di tradizione pagana, dall'altra quella giudaico-cristiana, apertamente contraria alla tradizione pagana e decisamente impegnata a costruire un'alternativa religiosa.

La costruzione di questa alternativa avviene inizialmente con il rifiuto totale della cultura pagana, a favore dell'elaborazione di modelli alternativi di interpretazione filosofica per la spiegazione dei temi chiave della nuova religione.

H. van der Goes, *La caduta di Adamo* (1479 ca).

Fra i vari temi compare anche il problema della donna: la sua natura, il suo ruolo, il suo destino. La questione femminile cessa di essere trattata, come era stato presso i filosofi e la cultura greco-romani, in un quadro sostanzialmente naturalistico e razionale; si presenta invece in una cornice apertamente religiosa, entro la quale il lavoro filosofico si limita a fornire spiegazioni e interpretazioni che partono da un dato di fatto considerato assolutamente indiscutibile: la parola di Dio (un Dio unico e maschio che non lascia spazio a nessuna delle divinità, maschili e femminili, della tradizione greco-romana) rivelata a Mosè, confermata dai profeti (sempre maschi) e, da ultimo, da Cristo (anch'egli maschio), che chiude con le sue parole il periodo delle rivelazioni.

Il tema della donna, inoltre, si presenta appesantito, fin dall'inizio (nel testo della *Genesi*, il primo libro del *Vecchio Testamento*), da un peso che non sarà mai tolto dalle spalle della donna: quello di essere la responsabile del peccato originale e della caduta di Adamo e, con lui, dell'intera umanità. Il testo del libro, inoltre, offre due versioni della creazione dell'essere umano da parte di Dio: nella prima versione è creato come uomo e donna insieme, cioè asessuato, e a immagine di Dio; nella seconda versione è creato come maschio – Adamo –, a immagine di Dio, e solo in un secondo tempo, dopo la creazione degli animali e perché ci sia una compagna per Adamo, viene creata Eva, da una costola del primo uomo, in una condizione quindi originariamente subordinata. In questa versione non si precisa che Eva è anch'essa "a immagine di Dio" e la mancata precisazione sarà spesso utilizzata per motivare una valutazione negativa della natura femminile.

2. Maria: un'alternativa positiva a Eva

La donna, nella tradizione giudaico-cristiana, appare originariamente colpevole, marchiata da un segno negativo all'atto della creazione che la accompagnerà per millenni.

La tradizione cristiana creerà un'alternativa positiva a Eva: si tratta di Maria, madre terrena di Gesù. Certo, per molti secoli si porrà il problema della sua "immacolata concezione": Maria è stata concepita e nasce, ovviamente, prima di Gesù suo figlio, che per la tradizione cristiana ha reso possibile la liberazione, per i credenti, dal marchio negativo del peccato originale. Maria, quindi, risulterebbe segnata anche lei dal marchio del peccato originale e, per la sua parte, potrebbe averlo trasmesso al figlio. In ambito cristiano il problema è stato discusso per molti secoli, fino a quando Pio IX, nel 1854, proclama solennemente per i credenti il dogma della concezione "immacolata" di Maria: concepita cioè «senza la macchia» del peccato originale e, dunque, pura. A tale purezza si aggiunge quella della verginità nel concepimento di Gesù.

Eva e Maria costituiranno i due poli estremi fra i quali si muoverà la valutazione della donna nella tradizione cristiana: peccatrice o vergine. Il modello di Eva sarà di gran lunga prevalente, nel senso che la donna verrà quasi sempre assimilata alla sua progenitrice originaria piuttosto che a Maria.

D.G. Rossetti, *Ecce ancilla Domini* (*Ecco l'ancella del Signore*, 1850): Maria, la madre di Gesù, è immacolata, senza peccato originale.

3. L'intelletto, la sensazione e il piacere

Una preliminare e importante riflessione filosofica sulla condizione e sul significato della prima donna viene elaborata in diversi testi da Filone (pensatore vissuto ad Alessandria tra il 20 a.C e il 45 d.C.) che realizza un approccio allegorico della parola divina, cioè ricerca nei testi biblici significati molto diversi da quelli letterali.

Adamo, Eva e il serpente rappresenterebbero rispettivamente, secondo Filone, l'intelletto, la sensazione e il piacere. Prima della nascita di Eva da una costola e della comparsa del serpente-diavolo, Adamo vive da solo, senza gli impulsi delle sensazioni; con la presenza di Eva sopraggiunge la vita affettiva e delle sensazioni, culminante nell'amore:

> « [l'amore] riunisce e riporta alla fusione quelle che sono in qualche modo le due parti divise di un unico essere dimezzato; e l'amore fa nascere in ognuna delle due il desiderio di unirsi all'altra per procreare un essere simile a loro. Ma questo desiderio generò anche il piacere fisico ["rivelato" dal serpente-diavolo] che è la radice prima d'iniquità e prevaricazione; ed è a causa sua che gli uomini scambiano una vita immortale e felice per una vita mortale e infelice».

(Filone, *La creazione del mondo*, in *Tutti i trattati del commento allegorico alla* Bibbia, a cura di R. Radice, Rusconi 1994)

Sono evidenti, nei testi di Filone, gli echi delle dottrine platoniche e pitagoriche sull'anima e il corpo e sulla gerarchia fra le diverse parti dell'anima (intelletto in alto, sensazioni in basso).

Queste tesi di Filone avranno un'influenza larghissima nel successivo pensiero cristiano e contribuiranno a favorire e a fissare quella gerarchia di valore fra l'uomo e la donna che dominerà per due millenni nella cultura filosofica e religiosa di orientamento cristiano. Non è un caso se, in alcune posizioni estreme, si arriverà addirittura a chiedersi se il corpo della donna possieda un'anima.

4. Il tema della donna secondo l'apostolo Paolo

Un approccio solo indirettamente filosofico al tema della donna, ma di grandissima importanza per il successivo pensiero cristiano, è quello realizzato dall'apostolo Paolo nelle sue *Lettere*, che precedono di qualche decennio la stesura e la circolazione dei *Vangeli*.

Lo scritto in cui in maniera più esplicita e ampia Paolo affronta il problema della donna è la *Prima Lettera ai Corinzi*, dalla cui lettura ricava che: la donna è inferiore rispetto all'uomo, al quale deve obbedienza; la verginità è una condizione migliore del matrimonio che, comunque, di per sé non è un male in quanto serve sia alla procreazione sia a evitare il pericolo della incontinenza; rispetto a Dio la donna deve portare il velo, e l'uomo no, quale segno di sua sottomissione rispetto sia a Dio sia all'uomo. Altri aspetti riguardano il ruolo della donna nella comunità cristiana, nelle assemblee e nei riti.

Parole un po' diverse Paolo usa nel parlare della vita sessuale e affettiva all'interno del matrimonio, giacché in questo caso sembra affermare la parità reciproca:

> «È cosa buona per l'uomo non toccare donna; tuttavia, per il pericolo dell'incontinenza, ciascuno abbia la propria moglie e ogni donna il proprio marito. Il marito compia il suo dovere verso la moglie; ugualmente anche la moglie verso il marito. La moglie non è arbitra del proprio corpo, ma lo è il marito; allo stesso modo anche il marito non è arbitro del proprio corpo, ma lo è la moglie».
>
> (Paolo, *Prima Lettera ai Corinzi*, 7, 1-4)

Secondo l'apostolo Paolo la donna cristiana deve velarsi il capo in segno di rispetto. Particolare di affresco del III secolo.

Il matrimonio, quindi, viene ammesso come rimedio all'incontinenza e all'ardore delle passioni; dentro il matrimonio, la realizzazione e la frequenza dei rapporti sessuali appaiono regolate da un accordo paritario.

Il matrimonio non è la condizione ideale per quanto riguarda il rapporto con Dio; migliore è la condizione del celibato e della verginità, o anche della continenza fra marito e moglie.

Nella stessa *Lettera* il tono cambia quando si parla della donna e dell'uomo non in relazione al matrimonio, ma in relazione a Dio. Qui gli accenti sulla condizione paritaria vengono messi da parte e si afferma con forza la superiorità radicale dell'uomo rispetto alla donna, analoga alla superiorità radicale di Cristo rispetto all'uomo e di Dio rispetto a Cristo. La scala gerarchica viene qui fissata per il successivo pensiero cristiano in termini inequivocabili. Ne risulta un duplice obbligo rispetto a Dio: per l'uomo, di non velarsi il capo; per la donna, di velarselo:

«L'uomo non deve coprirsi il capo poiché egli è immagine e gloria di Dio; la donna invece è gloria dell'uomo. E infatti non l'uomo deriva dalla donna, ma la donna dall'uomo; [...] né l'uomo fu creato per la donna, ma la donna per l'uomo. [...] Tuttavia, nel Signore, né la donna è senza l'uomo, né l'uomo è senza la donna; come infatti la donna deriva dall'uomo, così l'uomo ha vita dalla donna; tutto poi proviene da Dio».

(Paolo, *Prima Lettera ai Corinzi*, 11, *passim*)

5. La donna e la purezza secondo Gerolamo e Agostino

Gerolamo e Agostino operano negli stessi decenni tra la fine del IV secolo e l'inizio del V, ma con personalità del tutto differenti. Gerolamo è sessuofobo (tutto ciò che ha a che fare con il sesso gli fa ribrezzo) e ossessionato dalla verginità (femminile, non maschile!). Agostino ha convissuto con una donna per quindici anni, da cui ha avuto un figlio, prima della conversione al cristianesimo. Esperienze quindi molto diverse, sul piano della vita reale, che si manifestano nella loro diversità anche sul piano della riflessione teologica e filosofica.

Le riflessioni di Gerolamo sulla verginità, sul matrimonio, sulla sessualità, si trovano nella forma più esplicita in alcune lettere degli anni 384-385, indirizzate a donne dell'alta società romana. Perdere la verginità – per la donna – è un atto irrimediabile, a cui neppure Dio può porre rimedio: «Parlo con audacia: Dio, pur potendo tutto, non può rialzare una vergine dopo che questa è caduta. [...] La verginità si perde anche col pensiero» (Gerolamo, *Lettere*).

Gerolamo ha parole di fuoco anche per le donne che usano bevande contraccettive e per quelle che fanno ricorso all'aborto. L'ideale di Gerolamo, in questa e in altre lettere, appare quello di Eva prima della tentazione e della trasgressione: una donna pura in quanto vergine. Gerolamo non specifica come questo ideale possa conciliarsi con l'invito di Dio ad Adamo ed Eva: «Crescete e moltiplicatevi».

Nella *Città di Dio* Agostino affronta il tema della donna e della relazione sessuale con l'uomo riferendo la trattazione sia al periodo precedente il peccato originale sia al periodo successivo. È significativa la forza con cui Agostino critica indirettamente alcuni autori cristiani che colpevolizzano la "carne", cioè gli impulsi corporei, sessuali o di altro tipo, quali fonti o cause di azioni peccaminose. Egli sostiene, infatti, che così facendo si offende Dio creatore: ma la carne non è l'obiettivo principale della nostra vita, c'è un obiettivo di gran lunga più alto e buono, lo spirito. È la volontà a scegliere tra i due obiettivi; ad essa, e non alla carne, vanno attribuite le responsabilità delle scelte di condotta.

Prima del peccato l'essere umano viveva conformemente alla volontà di Dio, in un paradiso sia materiale sia spirituale. Agostino insiste sui due caratteri della vita nel paradiso terrestre: quello materiale e quello spirituale, il primo dei quali riguarda anche la sfera sessuale.

Il matrimonio è, fin dall'origine della creazione della donna, benedetto e santificato da Dio in quanto destinato a procreare "santi", almeno fino a quando non viene compromesso dall'episodio del peccato originale. Che cosa cambia da questo momento, nello stato matrimoniale fra Adamo ed Eva? La tesi di Agostino è che prima del peccato originale l'attività sessuale è determinata dalla volontà, dopo il peccato originale l'attività sessuale (dentro e fuori il matrimonio) è determinata dalla concupiscenza. Per lui la sola differenza sta nella "responsabilità" dell'attività sessuale, ricondotta alla volontà prima, alla concupiscenza poi.

F. von Stuck, *Il peccato* (1893).

Molto importante è la "legittimazione divina" dell'attività sessuale di coppia, praticabile anche nella condizione di innocenza precedente il peccato originale; i molti autori cristiani, che prima e dopo Agostino hanno demonizzato l'attività sessuale, indicando spesso nella donna la parte di tentatrice nei confronti dell'uomo, appaiono molto lontani da queste tesi agostiniane che non a caso sono state poi tenute ai margini o ignorate.

6. Il pensiero pagano e il tema della donna

Nel periodo tardo-antico, benché i pensatori più influenti siano di fede cristiana, le religioni politeistiche continuano a permanere in vaste aree dell'impero, nei quali i filosofi sviluppano l'eredità platonica che non presenta una specifica considerazione del problema della donna. Resta comunque una presenza femminile addirittura dominante nelle personificazioni di idee o di discipline che riguardano l'ambito del sapere. Per esempio, oltre a Sofia, Mantica e Psiche (Sapere, Divinazione, Anima), tutte di natura divina: Filologia (Amore del *lógos*, del «sapere razionale»), vergine fanciulla il cui sapere tende al cielo; le nove Muse, le quattro Virtù, le tre Grazie, la Filosofia (tutte di sesso femminile); sono donne anche le sette Arti liberali, Grammatica, Dialettica, Retorica, Geometria, Aritmetica, Astronomia, Musica.

In questo periodo tardo-antico c'è un abisso, tuttavia, fra l'immagine della donna presentata dalla cultura cristiana e quella presentata dalla cultura classica e politeista. La differenza risulta ancor più evidente se si passa dalla cultura filosofica a quella letteraria: nei romanzi (gli unici rimasti dell'antichità) di questi secoli, da *Le avventure pastorali di Dafni e Cloe* di Longo Sofista alle *Metamorfosi* di Apuleio, entrambi del II secolo d.C., le donne sono presenti come protagoniste insieme agli uomini, in un rapporto spesso paritario o addirittura con ruoli che comportano maggiore iniziativa e maggiore cultura (sacerdotesse, maghe ecc.).

Ma questa produzione letteraria che esalta le qualità femminili scompare rapidamente dalla circolazione: la cultura cristiana si impone come l'unica consentita per la formazione e l'istruzione della classe sacerdotale, destinata a godere nei secoli successivi di un quasi monopolio del sapere.

«L'origine dell'intero creato, ogni evoluzione delle nature mutevoli e tutto ciò che, in qualche modo, si muove, derivano le loro cause, il loro ordine, le loro forme distintive dall'immutabilità della mente divina.»

Boezio

Unità 8

La filosofia nell'Alto Medioevo

CIVILTÀ IONICA MAGNA GRECIA (VIII secolo a.C.): Scuola di Mileto, Eraclito, Scuola pitagorica, Scuola eleatica, Empedocle, Democrito, Anassagora

ETÀ DELLE *PÓLEIS* (V-IV sec. a.C.): Sofisti, Socrate, Platone, Aristotele

ETÀ ELLENISTICA (IV-I sec. a.C.): Epicuro, Stoicismo, Scetticismo

CIVILTÀ ROMANA (I-V sec. d.C.): Epicureismo romano, Stoicismo romano, Neoplatonismo, Eclettismo, Plotino, Cristianesimo, Agostino

ALTO MEDIOEVO (V-X sec.): Scoto Eriugena, Anselmo d'Aosta

BASSO MEDIOEVO (XI-XIV sec.): Pietro Abelardo, Tommaso d'Aquino, Duns Scoto, Marsilio da Padova, Guglielmo di Ockham

L'impero carolingio, il feudalesimo e la cultura della Chiesa

VIDEO

1. La divisione politica tra Oriente e Occidente: i regni romano-barbarici L'impero romano, nel corso del III secolo, vive un periodo di profonda crisi che ha ripercussioni a livello militare, economico e sociale. Sul piano strettamente politico si assiste all'elezione di numerosi imperatori, che si succedono senza riuscire a intervenire efficacemente per riformare l'apparato statale, ormai in via di disfacimento a causa della pressione dei nemici di Roma ai confini e alla crescente difficoltà di controllare un territorio di così vaste proporzioni.

Nel 284 viene eletto imperatore Diocleziano (244-311), che divide l'impero in due parti, al fine di assicurarne una migliore difesa: quella occidentale, con capitale "vagante" (Roma, Milano), e quella orientale (con capitale Bisanzio che prenderà il nome di Costantinopoli, in onore dell'imperatore Costantino, nel 324 ca).

Tale suddivisione diviene definitiva alla morte di Teodosio (395): si formano così un Impero romano d'Oriente e un Impero romano d'Occidente, quest'ultimo molto fragile e destinato in pochi decenni a crollare sotto l'urto dei barbari. Nel 476 Odoacre, re degli Eruli, depone Romolo Augustolo, l'ultimo imperatore d'Occidente, e invia le insegne imperiali a Costantinopoli. Questo significa che da un punto di vista formale (teorico o ideale) i regni germanici stabilitisi in Occidente continuano a riconoscere l'autorità dell'imperatore di Costantinopoli.

Teodorico (454-526), capo degli Ostrogoti, dopo aver ucciso Odoacre, si insedia a Ravenna, garantendo alla penisola italica un trentennio di pace. Il suo regno costituisce il modello dei cosiddetti regni romano-barbarici; il potere sugli Italici è esercitato in nome di Bisanzio, le funzioni amministrative e molte funzioni di governo sono svolte da personale romano. Teodorico persegue una politica di separazione tra Ostrogoti e Romani al fine di evitare la scomparsa delle caratteristiche etniche e culturali del suo popolo.

I barbari si stanziano in tutto l'ex impero d'Occidente: i Visigoti in Spagna, i Vandali in Africa, in Gallia i Franchi (i primi convertitisi al cristianesimo). L'Italia, dopo la riconquista attuata nel VI secolo dall'imperatore d'Oriente, Giustiniano (482-565), nel 568 passa sotto la dominazione dei Longobardi. Il loro dominio, che comprende l'Italia settentrionale e i ducati di Benevento e di Spoleto, è molto duro: le requisizioni di terre, i soprusi e i saccheggi si susseguono senza che i nuovi conquistatori riescano a creare istituzioni politiche stabili.

2. L'impero bizantino Dopo la caduta dell'impero romano d'Occidente, Costantinopoli si ritiene a pieno diritto titolare di un impero universale e cerca di mantenere viva la continuità con la tradizione imperiale romana. Il tentativo di Giustiniano di riconquistare tutti i territori perduti in Occidente rappresenta bene questa visione universalistica. Il suo progetto di *renovatio imperii* (cioè il ripristino dell'autorità imperiale romana), però, fallisce e l'impero d'Oriente tende sempre più a "grecizzarsi": il greco diviene l'unica lingua ufficiale, l'imperatore si fa chiamare *basileús* («re», in greco), Costantinopoli riassume il nome di Bisanzio. La vitalità dell'Oriente è saldamente ancorata alla stretta fusione di Chiesa e Stato, dei valori religiosi e di

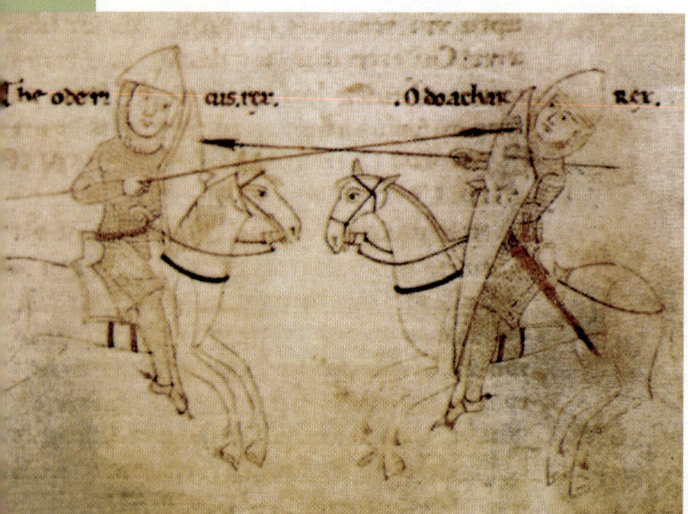

Disegno conservato presso la Biblioteca Apostolica Vaticana che ritrae Teodorico e Odoacre in combattimento.

Particolare di mosaico ravennate con, al centro, l'imperatore Giustiniano (prima metà del VI sec.).

Il dissidio fra le due Chiese diviene irreparabile nel 1054, quando il patriarca di Costantinopoli Michele Cerulario e il papa Leone IX si scomunicano a vicenda. Si apre lo scisma delle Chiese d'Oriente, che dura tuttora.

3. Ruralizzazione e sistema servile in Occidente

Intorno al 500 si abbatte su tutte le terre che si affacciano sul Mediterraneo una vera e propria catastrofe demografica, un'epidemia di peste che semina morte in successive sei ondate sino all'VIII secolo. Gli abitanti dell'Occidente sono meno della metà rispetto a quelli del III secolo, in Oriente la popolazione si riduce a un terzo. L'Europa centrale e orientale, poco toccata dalla peste, si è spopolata per l'emigrazione di circa un milione di Germani in Occidente e poi di Slavi nei Balcani e in Grecia.

Il calo della popolazione, che provoca la diminuzione della forza lavoro disponibile, e le invasioni dei barbari determinano una drastica riduzione delle ricchezze, delle attività commerciali e, di conseguenza, una grave crisi economica. Le città decadono e i cittadini benestanti si spostano nelle loro ville in campa-

quelli politici, al fatto che l'impero rimane un mondo urbano, in cui l'economia è saldamente controllata dallo Stato e da un'efficiente burocrazia che minuziosamente tutto regolamenta e controlla.

La separazione politica tra Occidente e Oriente corrisponde all'allontanamento tra le due Chiese. In Occidente, a causa del vuoto di potere seguito alla caduta dell'impero romano si rafforza il ruolo istituzionale, non solo religioso, ma anche politico, del vescovo di Roma. La fede cristiana, compromessa dalle controversie in materia dottrinale, non basta più a tenere vivo il legame fra fedeli bizantini e romani. Fra l'VIII e il IX secolo nuovo motivo di conflitto è il culto delle immagini, dei santi e delle reliquie, accettato in Occidente e assai discusso nell'area orientale. Le icone diventano in Oriente, anche a opera dei monaci, un vero e proprio oggetto di culto: un concilio condanna tale culto come idolatrico, ma non è riconosciuto da Roma. A tale contesa si è dato nome di lotta iconoclasta.

Papa Leone IX nell'atto di scomunicare il patriarca di Costantinopoli; da un manoscritto del XV secolo.

gna, portando con sé gran parte dei residenti in cerca di mezzi di sussistenza. Le attività economiche connesse con la vita cittadina regrediscono e quasi scompaiono per la diminuzione drastica degli scambi, per la mancanza di sicurezza sulle poche strade ancora transitabili e per il crollo della circolazione monetaria. Si assiste a una progressiva ruralizzazione dell'Occidente che determina lo sviluppo di un'economia silvo-pastorale, dominata dall'allevamento brado delle pecore e delle capre. Si avvia un processo di degrado progressivo del territorio: l'Europa si copre di boschi, di paludi e di brughiere.

Affresco altomedievale con scena di raccolta delle ghiande.

La potenza dei nobili proprietari terrieri si misura, in questo primo scorcio di Medioevo (definito «Alto Medioevo»), nella capacità di dominio sugli uomini che si sono affidati alla loro protezione. Sia i piccoli proprietari che non riescono a fronteggiare la crisi economica, sia i lavoratori della città rimasti senza attività remunerative chiedono ai ricchi protezione e offrono in cambio servizi e fedeltà.

Nasce l'istituto della *commendatio*, principio e fondamento del feudalesimo: un uomo libero affida se stesso, rinunciando alla propria libertà, a un signore (*dominus*) che ottiene così di esercitare la propria potestà sul suo protetto. Rinunciando alle loro proprietà, i contadini si vedono riaffidare la loro terra, ma in forma precaria, devono pagare dei tributi per l'usufrutto e offrire al signore un certo numero di giornate di lavoro. Queste prestazioni gratuite di lavoro sono chiamate *corvées*. A questi pesanti obblighi della massa servile corrispondono i doveri del signore di difendere, proteggere e nutrire i propri sottoposti.

Tutta l'economia dipende dalla terra e tutto l'assetto della società dipende dal signore che la possiede. Sulla terra del *dominus* gli uomini appartengono al suo patrimonio e quindi sono soggetti alla sua giustizia. La casa è insieme fortezza per la difesa, granaio per sopperire alle carestie, tribunale per punire i servi disobbedienti e infedeli, luogo di preghiera fornito di una cappella con un sacerdote che insegna agli uomini a pregare.

Accanto a quella dei proprietari laici, sia romani sia germanici, si va costituendo la proprietà ecclesiastica dei vescovi e dei monasteri, che assume un peso sempre crescente.

4. La nascita dell'Islam e la sua diffusione

Il bacino del Mediterraneo era stato il centro delle attività culturali, economiche, politiche e militari della civiltà antica; dal VII secolo l'orizzonte geografico e storico si amplia, con l'affermarsi di popolazioni e civiltà di altra provenienza geografica. Tra queste si impongono gli arabi, che abitano la penisola posta tra l'impero bizantino e quello persiano.

Alcuni contadini al lavoro, placca in smalto del XII secolo.

Una miniatura raffigurante un cammelliere con la sua mandria (XII sec.).

Una parte degli Arabi era costituita da carovanieri che si dedicavano al commercio, spostandosi sui loro cammelli; un'altra parte era costituita da tribù di nomadi spesso in guerra tra di loro.

Il profeta Maometto (570-632) unifica il popolo arabo con la sua predicazione. Grazie alla forza di coesione esercitata dalla fede, gli Arabi divengono rapidamente i protagonisti di una grande espansione e costruiscono un vasto impero.

Sotto la dinastia dei successori di Maometto, i cosiddetti califfi elettivi, l'Islam conquista l'impero sassanide della Persia, la Siria, la Palestina e l'Egitto. Un secondo slancio espansionistico sotto la dinastia degli Omayyadi porta alla conquista dell'Africa settentrionale, della Spagna, con tentativi di penetrazione nel regno franco. In Oriente gli Arabi si spingono dalla Persia verso le steppe a nord e a est fino all'India. La dinastia degli Omayyadi regna fino al 750; la capitale, sede del califfato, diventa Damasco. Nei Paesi conquistati viene imposto l'arabo, che gradualmente si diffonde tra le popolazioni sottomesse.

Il profeta Maometto predica ai fedeli nella moschea (XIV sec.).

5. La religione musulmana La religione fondata da Maometto, il quale sostiene di essere l'ultimo dei profeti che porta a compimento la rivelazione dell'unico vero Dio, Allah, è chiamata «Islam» da una parola araba che significa «sottomissione a Dio».

Le verità religiose proclamate da Maometto sono raccolte nel testo sacro del *Corano*. La *Sharia* è la legge sacra su cui si regge tutta la comunità dei fedeli musulmani e che regola la vita di ciascuno. Cinque sono i precetti fondamentali che il musulmano (*muslim* in arabo significa «sottomesso a Dio») deve rispettare: la fede in Allah e nel suo profeta Maometto; la preghiera quotidiana in momenti precisi della giornata; l'elemosina per i poveri; il digiuno nel mese del Ramadan; il pellegrinaggio alla città santa della Mecca almeno una volta nella vita.

L'Islam, dilatando i suoi confini su una vastissima area, dalla Spagna all'Asia Minore, dal Mediterraneo alla Persia, conosce dal IX all'XI secolo uno splendido periodo di fioritura: è una civiltà molto avanzata, sostanzialmente tollerante sul piano religioso, compatta sul piano del consenso sociale, molto ricca e colta.

Nell'Occidente cristiano non esistono metropoli pari per grandezza e popolosità ai centri urbani del mondo musulmano: tra tutti spicca Bagdad, dal 750 capitale della dinastia degli Abbasidi, che già nel IX secolo supera il milione di abitanti.

Piastrella decorativa di provenienza ottomana che riproduce la frase *ma sha'a Allah*, «Ciò che Allah vuole».

6. La nascita del Sacro romano impero La rottura politica tra Oriente e Occidente diviene definitiva quando, nell'anno 800, il papa incorona come imperatore d'Occidente il re dei Franchi, Carlo Magno (742-814). Si tratta di un atto istituzionale in qualche modo sovversivo, dal momento che (teoricamente) c'era un solo impero romano, il quale aveva a Bisanzio la sua capitale e il suo imperatore legittimo.

Carlo Magno discende dalla famiglia di Pipino di Heristal, formata da ricchi proprietari terrieri, diventati maestri di palazzo, cioè governanti in vece dei re merovingi, dinastia rimasta al potere dall'V al VIII secolo, ma sempre più incapace di reggere le sorti politiche del regno.

Di fronte alle incursioni musulmane dell'VIII secolo la forte cavalleria di Carlo Martello, discendente di Pipino, reagisce e batte gli infedeli a Poitiers nel 732, fermandone così la spinta espansiva oltre i Pirenei.

Pipino il Breve, padre di Carlo, ha ottenuto dallo stesso papa Stefano II la sacra unzione, che conferisce a lui e ai suoi figli, Carlo e Carlomanno, il titolo di «patrizi dei romani». Alla morte di Pipino, Carlo, detto poi Magno, diventa re d'Italia, e dopo le varie campagne contro i Sassoni, contro i Bavari e soprattutto dopo la definitiva vittoria contro i Longobardi (774) viene incoronato dal papa imperatore dei romani. L'impero, denominato sacro e romano, si estende a est fino all'Elba e alla Pannonia (una regione che comprendeva parte dei territori delle attuali Ungheria, Austria, Croazia e Slovenia) e a sud fino al Lazio; è sacro poiché si legittima grazie all'unzione papale e si dichiara fedele difensore della cristianità occidentale, indipendente dalla Chiesa orientale: è romano poiché idealmente si rifà al prestigio e alla sovranità dell'impero antico.

Gran parte dell'Europa è riunita in un'unica organizzazione politica, o piuttosto in una federazione di Stati. Il nuovo organismo imperiale è molto differente dall'antica struttura dell'impero romano:

La battaglia Poitiers vista dal celebre miniatore francese Jean Fouquet (XV sec.).

Miniatura del XIV secolo che riproduce l'incoronazione di Carlo Magno da parte di papa Leone III.

L'imperatore Carlo Magno invia i *missi dominici* (miniatura del XIV sec.).

se in tutti i domini di Roma antica vigevano le stesse leggi, i vari regni che compongono il Sacro romano impero mantengono invece proprie leggi e istituzioni; l'amministrazione dell'antico impero era accentrata e svolta da funzionari fedeli all'idea dello Stato; ora i *comites*, compagni d'arme di Carlo, a lui legati da un giuramento di fedeltà, svolgono le funzioni amministrative, compensati con l'affidamento in usufrutto di terre dello Stato. Per controllare l'operato dei propri conti (cosiddetti dalle terre loro affidate, le contee), marchesi (cosiddetti in quanto a essi sono affidate le marche, vaste circoscrizioni di confine) o vescovi capi delle città, Carlo istituisce i *missi dominici*, funzionari itineranti.

7. L'impero degli Ottoni

Carlo, negli ultimi anni del suo regno, chiarisce la sua concezione dell'impero che definisce cristiano e franco e non più romano: come difensore della cristianità l'imperatore deve garantire ai suoi sudditi la possibilità di assolvere ai doveri religiosi e di partecipare ai riti della Chiesa, ma non deve entrare nella sfera religiosa, né arrogarsi alcuna funzione sacramentale, monopolio della Chiesa. Il Sacro romano impero, sconvolto dagli eserciti degli eredi di Carlo Magno che si muovono guerra l'un l'altro, diventa sempre più fragile anche a causa di nuove invasioni e finisce con la deposizione, nell'887, dell'ultimo carolingio, Carlo il Grosso. La crisi è anche la conseguenza di una società feudale guerriera e violenta, che non si trasforma in una classe di produttori e non promuove lo sviluppo economico. Prevalgono le forze centrifughe dei grandi latifondisti, marchesi e conti, i quali ottengono che le terre concesse diventino loro personale patrimonio e quindi ereditarie.

Nel 936 Ottone I di Sassonia ottiene il titolo di re dei Franchi e dei Sassoni; i suoi principali collaboratori sono conti, ma per lo più scelti tra le alte autorità ecclesiastiche, vescovi e abati, insigniti dal re di entrambe le cariche, per i quali non vale il principio dell'ereditarietà e che sono più istruiti rispetto ai feudatari analfabeti. Con il decreto detto *Privilegium Othonis*, Ottone rivendica il diritto di confermare l'elezione del papa.

Il nipote Ottone III sembra ricostruire l'antica potenza della sua casata: educato da Gerberto d'Aurillac, l'uomo più colto del suo tempo, il nuovo imperatore sogna di restaurare l'antico impero romano facendo salire al soglio pontificio il suo maestro Gerberto con il nome di papa Silvestro II. In seguito, matura il dissidio tra il potere politico e il potere papale, che assume il nome di «lotta delle investiture» e diventa, nei decenni successivi, sempre più violento.

Ottone III ritratto con i simboli del potere, attorniato dalla sua corte (X sec.).

8. La società feudale Il feudalesimo è un particolare ordinamento sociale che si afferma nei Paesi dell'Europa occidentale e centrale in corrispondenza con la crisi dell'impero carolingio. Due elementi sono all'origine del sistema feudale: la *commendatio*, che è la protezione di un debole ottenuta da un potente in cambio della fedeltà, e il *beneficium*, che è la concessione di terre in usufrutto vitalizio da parte dei sovrani carolingi ai loro compagni d'arme per compensare i servigi a loro prestati.

All'inizio del X secolo la parola *beneficium* viene sostituita da *feus*, o *feudum*. Il feudo sta a indicare una grande proprietà terriera e colui che ha il diritto di sfruttarne le risorse prende il nome di «feudatario».

Ottenuto il beneficio con un giuramento di fedeltà prestato al re o a un signore, si diventa suo uomo: tale atto di dedizione viene definito «omaggio» e il fedele che si subordina è chiamato *vassus* o vassallo.

L'omaggio dei vassalli al loro sovrano.

Il vassallaggio, con il suo corrispettivo del beneficio, diventa l'impalcatura che tiene insieme l'intera società feudale, la cui struttura è rigidamente gerarchica. In cima si colloca il re, o l'imperatore, sotto i vassalli, ai quali sottostanno i valvassori. Alla base vi è la grande massa della popolazione, fatta di liberi sempre sull'orlo della povertà, di semiliberi, di servi e di schiavi. I rapporti di subordinazione e di protezione si infittiscono, cosicché intorno al Mille possiamo parlare propriamente di sistema feudale. L'impero intorno al 900 è diviso in una dozzina di contee, ducati e marchesati: i conti, i duchi e i marchesi sono diventati un'aristocrazia di sangue, un ordine privilegiato e chiuso che esercita poteri pubblici, dall'amministrazione della giustizia, all'imposizione delle tasse, alla chiamata alle armi dei propri subordinati, al conio della moneta corrente. Alla base di questa progressiva assunzione di funzioni politiche sta l'immunità, una vecchia istituzione che consente al signore di escludere dalle proprie terre il controllo e la presenza di agenti del re.

Esecuzione di un condannato tramite impiccagione (XI sec.).

9. Il monachesimo e la conservazione della cultura Dapprima in Oriente e poi in Occidente, a partire dal IV secolo, nasce e si diffonde il monachesimo. Il monaco viene descritto come il perfetto cristiano, il cui fine è la vita eterna. A differenza del semplice cristiano, il religioso accetta l'invito a vendere tutto per seguire Cristo: egli vuol vivere il Vangelo nella sua interezza, fino alle sue estreme conseguenze.

Benedetto da Norcia (480-547) fonda nel 529 il monastero di Montecassino e compie una scelta chiarissima a favore della vita comunitaria: il monastero è una «scuola di servizio del Signore» nella quale ogni atto è mezzo di perfezione.

Nella Regola di Benedetto la vita del monaco è scandita secondo un equilibrio di lavoro manuale (concepito non solo come necessità ma anche come mezzo di crescita spirituale), meditazione dei testi

A. Bazzi, detto il Sodoma, *Vita di san Benedetto*, particolare (1505).

Un monaco amanuense al lavoro (X sec.).

sacri (*lectio divina*) e preghiera comune: «*ora et labora*», come sintetizza la formula benedettina.

Il monastero costituisce un nuovo tipo di società, fondata sulla solidarietà collettiva che produce risorse e provvede in modo autosufficiente a tutte le necessità della vita. Esso rappresenta un momento di riaggregazione sociale.

Inoltre, mentre nella società civile si assiste all'abbandono dello studio e alla latitanza delle attività intellettuali, il monastero costituisce l'unico rifugio nel quale buona parte della cultura antica si salva e dove se ne produce di nuova. Oltre allo *scriptorium* (luogo dedicato alla trascrizione dei rotoli e dei codici dell'età antica, dove lavorano gli amanuensi) nei monasteri sorgono spesso una biblioteca e una *schola* («scuola»): per alcuni secoli i monaci sono gli unici depositari della cultura nel mondo occidentale, che ha per lo più disimparato anche a leggere e a scrivere.

La Chiesa ha la prerogativa assoluta del sapere: l'intellettuale, dall'VIII secolo in poi, è uomo di Chiesa (monaco, chierico), colto, alfabetizzato e letterato; «laico» è sinonimo di analfabeta, incolto, non dotto. Solo appartenendo a un ordine monastico ci si può formare e istruire, solo nella *schola* monastica ci si dedica al sapere. La cultura non riguarda solo l'attività di studio, ma rappresenta anche l'attività di molti monaci (i cosiddetti «amanuensi»), che trascrivono sulla pergamena le opere del passato (sia religiose sia pagane), salvandole dall'oblio.

10. La lingua e la letteratura agiografica nell'Alto Medioevo Con la definitiva rottura tra Occidente e Oriente, si attua una progressiva e inarrestabile separazione linguistica.

Fino a Giustiniano (VI secolo d.C.) la lingua ufficiale dell'impero era stata quella latina. L'impero, però, era di fatto plurilinguistico: basti pensare che la lingua parlata nei ceti colti era quella greca. Ora il plurilinguismo si perde: nell'impero bizantino anche gli atti ufficiali si scrivono in greco e il latino viene pressoché abbandonato. Per quanto riguarda la lingua della Chiesa, le aree del cristianesimo occidentale e quelle del cristianesimo orientale divergono: la prima adotta il latino, la seconda il greco.

Il latino parlato si trasforma radicalmente dando origine alle lingue «volgari», o romanze, nate dal contatto con le lingue dei popoli barbarici.

Il latino rimane l'unica lingua scritta usata nei documenti ufficiali, nella letteratura e dalla Chiesa di Roma. Il latino usato dagli intellettuali, ecclesiastici e *magistri* dell'Alto Medioevo è una lingua che non appartiene alla dimensione del quotidiano, che non è parlata dai più.

Nell'Alto Medioevo si scrive poco e non certo per fini artistico-letterari, ma solo per ammaestrare e proporre esempi di perfetta vita cristiana. Si celebra, si propaganda e si diffonde la verità della fede cristiana. A questo scopo principale obbedisce la produzione letteraria: le favole a carattere edificante, i canti liturgici, la storiografia ecclesiastica e, in generale, apologetica, che celebra la superiorità della cultura cristiana, dominata da una visione provvidenzialistica degli eventi.

A partire dal IV secolo si compongono opere agiografiche che hanno come protagonisti i santi, cioè uomini considerati degni di venerazione ai quali si attribuiscono poteri straordinari (martiri, eremiti, fondatori di monasteri e di ordini religiosi, vescovi). L'agiografia non si preoccupa della veridicità di quanto narrato, ma punta a un profondo significato simbolico: ogni episodio raccontato è finalizzato a dimostrare la predestinazione alla santità del protagonista.

Le opere agiografiche si prestano a essere utilizzate anche come documento della storia sociale perché descrivono i modi del vivere quotidiano trascurati dalla storiografia ufficiale e aiutano a capire quale fosse il quadro dei valori propri del tempo, proposti come modello da imitare.

In questi testi confluiscono cultura cristiana e cultura pagana. Il culto dei santi viene creato dai dotti e non è una tradizione popolare, viene inventato nei monasteri e nelle sedi vescovili: nel testo agiografico, però, confluiscono credenze popolari più antiche. Talora la cristianizzazione è superficiale e permangono rituali e miti della cultura pagana.

Il filosofo Boezio, autore anche di un trattato musicale, raffigurato in una miniatura riguardante una disputa sulla musica (XII sec.).

Nel periodo del declino dell'impero romano, la filosofia resta a pieno titolo nella formazione delle scuole cristiane. È importantissima l'opera di personaggi come Boezio (475-525 ca) e Cassiodoro (490-585 ca), ai quali si deve la sistemazione del programma di studi dell'istruzione, imperniato sulle sette discipline del trivio e del quadrivio.

Ai tempi di Boezio la logica, o dialettica, rappresenta una delle tre arti (*artes* in latino) che costituiscono il primo livello, o trivio, dell'istruzione medio-superiore: le altre due sono la grammatica e la retorica. Nella tradizione educativa precedente l'ordine di successione di questo primo livello formativo, finalizzato all'arte oratoria era: grammatica, dialettica, retorica. Con Boezio la dialettica viene a prendere il posto della retorica fra le arti del trivio, cosicché il *curriculum* di primo livello viene finalizzato non più all'arte del parlare ma all'arte dell'argomentare. Le tre arti del trivio hanno carattere propedeutico rispetto alle quattro discipline del quadrivio: aritmetica, geometria, musica, astronomia.

La vita dei santi è soggetto tanto della letteratura agiografica quanto di numerose espressioni artistiche religiose: qui un particolare dalla *Vita di san Martino* (XIII sec.).

Nel monastero istituito da Cassiodoro a Squillace (in Calabria), intorno al 554, largo spazio viene dato ai libri, con preferenza assoluta per i testi biblici e per quelli dei pensatori cristiani. Qui egli compone le *Institutiones* in due libri: il primo riguarda lo studio della teologia e della Sacra Scrittura, il secondo concerne le sette arti liberali, considerate strumento per la comprensione del testo sacro. La filosofia viene definita «arte delle arti» e suddivisa in teoretica e pratica. Le *Institutiones* devono costituire le direttive per il monastero sia sul piano organizzativo sia su quello culturale e formativo.

Il testo di Cassiodoro diventa il manuale per eccellenza nelle scuole di quasi tutti i monasteri occidentali, che utilizzano molti testi pagani (ed è questo il motivo per cui ci sono stati conservati) nell'istruzione che oggi chiameremmo media e superiore.

Al di fuori degli unici centri di cultura che sono i monasteri, l'educazione dei giovani – anche della classe sociale dominante – avviene in famiglia ed è volta non a trasmettere conoscenze, ma a formare moralmente, insegnando le virtù della temperanza e della probità e a insegnare l'uso delle armi, attività tipica dell'*élite* guerriera.

L'educazione delle masse popolari avviene soprattutto attraverso l'apprendimento mnemonico di salmi o preghiere o la diffusione di racconti moralistici sulla vita dei santi, che, proprio per il loro carattere magico, sono in grado di colpire l'immaginazione.

11. L'arte bizantina e l'arte romanica Bisanzio, divenuta capitale, si arricchisce di palazzi pubblici e di chiese. La produzione artistica è di alto livello. Si tratta di uno stile ricco e sontuoso di derivazione greco-ellenistica che si propone il recupero e il mantenimento della tradizione artistica classica.

Il momento più alto dell'arte bizantina viene raggiunto durante l'impero di Giustiniano (527-565). La più famosa delle opere promosse nella capitale d'Oriente è la Basilica di Santa Sofia. Lo spazio interno è dominato da una immensa cupola emisferica, fiancheggiata da due semicupole. Questa pianta centrale diverrà il modello di migliaia di edifici ecclesiastici in tutti i territori dell'impero bizantino. L'interno è decorato di marmi policromi e di mosaici in oro; le porte e molti arredi sono in argento, l'altare è d'oro tempestato di pietre preziose. È uno splendore di luce e di colori.

La cupola principale della Basilica di Santa Sofia vista dall'interno.

Nel regno longobardo e nei ducati sopravvivono forme dell'arte tardo-romana con alcuni elementi plastici e decorazioni naturalistiche che concorrono alla genesi del nuovo stile romanico.

Nell'XI secolo il romanico ha una larga diffusione; gli elementi caratteristici sono visibili in particolare nelle chiese monastiche e nelle cattedrali. L'edificio non è solo centro religioso, ma luogo di incontri e di trattative, pertanto il campanile serve a richiamare i fedeli, a scandire le ore della preghiera, e la chiesa, talora fortificata, offre rifugio contro le minacce esterne. La cattedrale romanica è stata definita una fortezza al servizio di Dio e della comunità. A imporsi all'attenzione dei fedeli che entrano in chiesa è soprattutto il portale d'ingresso, arrichito di numerose sculture. Queste decorazioni hanno una funzione educativa: servono a spiegare, come se si trattasse di un libro illustrato, i punti fondamentali della dottrina cristiana. I portali, i capitelli, le miniature si popolano così di mostri che rappresentano l'irrazionalità e il male che insidia la creazione divina.

Il timpano dell'Abbazia di Saint-Pierre a Moissac (XI sec.), esempio di arte romanica.

Verifica immediata

1. **Che cosa sono la *commendatio* e il *beneficium* sui quali si basa il rapporto feudale?**
2. **Quali sono i precetti fondamentali dell'Islam? Fin dove si estendono i possedimenti di Maometto e dei califfi suoi successori?**
3. **L'impero di Carlo Magno è definito «sacro» perché:**
   a. è difensore della civiltà occidentale.
   b. è dipendente dalla Chiesa.
   c. perseguita gli eretici.
   d. si rifà al Vangelo.
4. **Qual è la caratteristica fondamentale della regola di Benedetto da Norcia?**
5. **Chi sono, nell'Alto Medioevo, gli unici depositari della cultura?**
6. **Indica se le seguenti affermazioni sono vere o false.**
   1. Nell'Alto Medioevo il latino rimane la lingua ufficiale. V F
   2. Nell'Alto Medioevo si diffonde soprattutto la letteratura agiografica. V F
   3. Con Boezio la retorica acquista grande importanza. V F
   4. Cassiodoro scrive le *Institutiones*. V F
   5. Per Cassiodoro la filosofia è «l'arte delle arti». V F

Filosofia: consolazione e comprensione della Verità

1. *Scholae* e monaci

I luoghi e i destinatari

1.1 La filosofia sopravvive nella cristianità occidentale

Nell'Alto Medioevo **la cultura arretra e ristagna**. In Italia, dopo la caduta dell'impero romano d'occidente, le due città culturalmente più dinamiche restano **Roma** e **Ravenna**, diventata capitale del regno degli Ostrogoti (493-553) e poi dell'esarcato bizantino (568-751), cioè la circoscrizione amministrativa dell'impero bizantino – comprendente Ravenna e altre cinque città –. Nei secoli successivi la produzione dell'area cristiano-occidentale di lingua latina avviene in una zona molto circoscritta: la **"corte vagante" di Carlo Magno** e dei suoi successori ai confini tra la Francia settentrionale e la Germania (nel corso del IX secolo).

In questi secoli si riducono complessivamente gli spazi per la cultura. Lo scopo principale dell'insegnamento filosofico è la **formazione di dotti religiosi** che assicurino la più fedele trasmissione di un sapere già tutto contenuto nelle Scritture.

Legato al re Teodorico troviamo un filosofo di discreta rilevanza, **Boezio** (475-525), e altre grandi figure di intellettuali, come **Cassiodoro** (485-580 ca), "organizzatori" di cultura piuttosto che filosofi.

Nella sede della più alta autorità della Chiesa occidentale, a Roma, troviamo un centro di elaborazione dottrinale e di diffusione del cristianesimo, dove si pone in evidenza la figura di **Gregorio Magno**, papa dal 590 al 606, proveniente dall'esperienza benedettina. Questi sostiene il monachesimo, inviando il monaco benedettino Agostino nella lontana **Inghilterra** perché svolga **opera di conversione** in quelle terre lontane. Stabilitosi a Canterbury, Agostino introduce in quel Paese sia il cristianesimo sia la lingua latina. Nella vicina Irlanda il cristianesimo era arrivato molto prima, intorno al 432, per opera del cristiano Patrizio e si era organizzato in vaste strutture monastiche.

La crisi derivante dal **succedersi delle invasioni barbariche** spegne quasi totalmente la fiamma della filosofia. **Siviglia** è uno dei rari centri di studio e dibattito culturale, come testimonia **Isidoro** (570-636), che scrive testi di pura compilazione come le *Origini* o *Etimologie*, una sorta di enciclopedia dove è condensato tutto il sapere necessario per una completa educazione filosofico-teologica. Isidoro fornisce un repertorio completo di concetti che tematicamente si riferiscono a ogni disciplina scientifica e filosofica del passato.

Nei monasteri i luoghi di conservazione, non di lettura e di studio, sono le **biblioteche**; la lettura in latino (*lectio*) invece viene svolta in Chiesa, nella cella del monaco, nel refettorio e nel chiostro.

1.2 La *Schola Palatina* di Carlo Magno

Una vera e propria svolta organizzativa sul piano culturale viene operata all'epoca di Carlo Magno. Da una parte viene istituita, intorno al 780, la ***Schola Palatina*** («Scuola Palatina», cioè «di palazzo», quello imperiale di Aquisgrana), che è un istituto superiore e un'accademia di discussione ad alto livello per la **formazione dei quadri laici ed ecclesiastici**; dall'altra viene dato impulso al coordinamento fra i monasteri: la centralizzazione è voluta soprattutto dai vescovi che non riescono a esercitare altrimenti il controllo sui singoli monasteri, oltre che sulle chiese di città.

In una lettera ai vescovi e agli abati Carlo Magno espone i suoi propositi di rifondare un sistema scolastico adatto a preparare coloro che devono svolgere compiti amministrativi, giuridici e politici richiesti da un grande impero. Scopo della riforma è innanzitutto migliorare la preparazione del medio e basso clero.

Nella *Schola Palatina* si cerca, su invito dell'imperatore, di **raccogliere e trascrivere i testi sacri** e le opere dei padri della Chiesa e dei papi. Il grande organizzatore dell'insegnamento nel regno franco è **Alcuino** (735-804), che riorganizza il *curriculum* scolastico secondo le **sette discipline del trivio e del quadrivio**, da lui definite «le sette colonne della sapienza». La sua opera è continuata dai suoi successori come Fredegiso e **Rabano Mauro**, maestro e abate del monastero di Fulda in Germania, che forma chierici colti e preparati. Rabano, fondatore della *Schola* in Germania, si preoccupa soprattutto dell'educazione filosofica e teologica del clero; a questo proposito, molto interessante è la sua affermazione sull'importanza e sulla legittimità dell'uso della cultura pagana. Gli autori antichi avevano ottenuto con un «ingiusto possesso» la conoscenza di alcune cose certe perché guidati da Dio e perciò è giusto sottrarle loro per riportarle alla verità della fede.

Alla fine del IX secolo l'edificio politico costruito da Carlo Magno viene meno e anche la Scuola Palatina scompare. La **signoria feudale porta con sé lotte e distruzioni** anche a danno dei luoghi di preghiera e di studio, come i monasteri, razziati e sottoposti al dominio di un feudatario poco interessato alla cultura e ai valori spirituali.

Miniatura dal *De universo*, opera di Rabano Mauro (XI sec.).

1.3 La *schola* monastica di Cluny

Carlo Magno, affidando **ai monasteri il compito di insegnare** (oltre a quello di tesaurizzare il sapere), ha cercato di rendere disponibile un ingente patrimonio culturale. Il monaco diventa maestro e quindi ridistribuisce la sapienza degli *antiqui*. Inoltre l'imperatore impone a tutti i monasteri di rispettare soltanto la **regola benedettina** che prevede molte ore di lettura per i confratelli. L'area di studio e di ricerca filosofica corrisponde, per circa tre secoli, alla localizzazione dei monasteri benedettini, tra i quali spiccano Auxerre, Fulda, Corbie e York. La *schola* e la *philosophia* seguono così le sorti dei monasteri.

La città di Fulda, incisione del XVI secolo.

Il **X secolo** è un secolo di sostanziale **povertà culturale**, ma conosce un profondo rinnovamento della vita monastica. Il "nuovo" monaco tralascia in questo periodo l'impegno di maestro e compie scelte diverse, privilegiando la **ricerca della santità attraverso la fuga dal mondo**, la purificazione attraverso la mortificazione della carne e l'ascesi. Il monastero deve mantenere inalterati i suoi caratteri fondamentali di baluardo della fede e di luogo che attua sulla Terra la rinuncia al mondo e ai suoi valori in vista del Cielo, vera patria del cristiano. Questo movimento riformatore diffonde un accentuato disinteresse per le attività di studio e di ricerca tipiche del monaco-maestro e una certa diffidenza per il peso eccessivo dato alla razionalità e al sapere laico dai cultori della filosofia.

La riforma parte dal **monastero di Cluny**, costruito nel 909 in Borgogna, e si diffonde in Europa contestando l'immoralità del clero corrotto. Al rigore e alla semplicità si contrappone nei conventi cluniacensi una **liturgia di incomparabile ricchezza e magnificenza** in cui protagonista indiscusso è il **canto corale**. Testimonianza dell'interesse per la musica è l'opera di un abate di Cluny, di nome **Odone** (X sec.), intitolata *Dialogus de musica arte*.

Decorazione scultorea raffigurante un musico, proveniente da Cluny (XII sec.).

Pregevole eccezione al disinteresse per la *schola* e per il sapere è il cluniacense monastero di Fleury dove si copiano testi di logica e dove opera il filosofo **Abbone** (945-1004), il quale sostiene che le arti liberali sono guida al raggiungimento della verità.

1.4 La fioritura culturale dopo l'anno Mille nei monasteri

Nel corso dell'XI secolo, parallelamente alla ripresa della crescita demografica ed economica, **torna a fiorire nei monasteri la vita culturale**. A Montecassino si traducono testi di Ippocrate e Galeno, padri della medicina antica, si legge il *Timeo* di Platone e la *Logica* di Aristotele. Si riprende il **dibattito sul rapporto tra la ragione e la fede** e si confrontano due posizioni radicalmente diverse: l'una sostiene che la dialettica è strumento profano inutile o, peggio, dannoso, l'altra che la filosofia offre strumenti validi a ripensare e confermare la fede.

Per tre secoli, dal IX al XII, la filosofia è appannaggio dei monaci: dopo l'epoca di Carlo Magno, il religioso che dedica la sua vita al Signore è maestro anche di sapere profano. La filosofia è finita con gli antichi: nessun monaco, per quanto si occupi di filosofia, rivendica per sé il nome di «filosofo». Altri, i classici, hanno fondato e costruito esaustivamente questa disciplina: l'uomo di Chiesa è sempre e soltanto ***magister philosophiae***, «maestro di filosofia». Prima di essere maestro, il monaco è scolaro dei *philosophi*, raccoglie e ordina i testi, li legge con attenzione, li espone con "riverenza". Il maestro di filosofia lavora nel suo monastero sui testi di cui è **commentatore attento**. Il sapere filosofico parte dal testo e al testo dell'autore ritorna. Le opere si trovano per lo più nelle biblioteche dei monasteri e non si tratta esclusivamente di scritti filosofici; il maestro di filosofia dell'Alto Medioevo non distingue le discipline così rigorosamente e chiama filosofi anche i poeti e gli eruditi in genere. Così *philosophus* è Virgilio come Aristotele e Lucano.

1.5 La filosofia e la cristianità orientale

A partire circa dal V secolo, Atene perde il suo primato filosofico in seguito al lento e silenzioso estinguersi del libero dibattito: gli ultimi platonici, Damascio e Simplicio, si recano a Ctesifonte, alla corte del re persiano Cosroe e, tornati nella *pólis*, riprendono per poco tempo a lavorare nell'Accademia.

Due **decreti di Giustiniano** che **proibiscono l'insegnamento dei pagani** ai giovani portano alla chiusura della prestigiosa Accademia, che è abolita per decreto imperiale nel 529. Anche Alessandria d'Egitto, conquistata dagli Arabi, vede diminuire il suo ruolo come sede filosofica e soprattutto scientifica.

L'area bizantina di lingua greca risente meno della rottura dei rapporti con l'Occidente. **Bisanzio**, infatti, nonostante gli Arabi nel VII secolo le abbiano sottratto la parte più vasta, ricca e colta dell'impero (Egitto e Siria), **rimane capitale politica, religiosa e culturale**. Mentre Roma si spopola rapidamente (da un milione di abitanti dell'epoca d'oro dell'impero scenderà a circa trentamila abitanti nell'XI secolo), Bisanzio aumenta la sua popolazione e la sua ricchezza.

Sul piano culturale Bisanzio conserva la sua università (*Pandidacterion*, che significa letteralmente «insegnamento di tutto») fondata nel V secolo; mantiene le istituzioni scolastiche di tipo classico, anche se "cristianizzate" nelle loro finalità; asseconda un dibattito filosofico e teologico abbastanza libero. Nella capitale dell'impero d'Oriente **viene fondata**, **nel 610**, **un'Accademia** dove si impartisce l'insegnamen-

Veduta di Istanbul, l'antica Bisanzio, in una miniatura ottomana (XVII secolo).

to di Platone e di Aristotele. La filosofia dunque sopravvive, ma sempre e solo all'interno di un quadro che rimane dominato dalla religione cristiana.

A causa del proliferare di eresie, di sottili questioni e dibattiti teologici e per lo scontro vivace e l'esame approfondito di problemi di fede che caratterizza quest'epoca viene coniato il termine **«bizantinismo»**, che sta proprio a indicare una serie di ragionamenti cavillosi e contorti che, in definitiva, si rivelano inconcludenti.

Verifica immediata

1. **Quali sono i luoghi di produzione della filosofia in Occidente?**
2. **Cessa del tutto il dibattito filosofico Nei secoli X-XI il dibattito filosofico cessa completamente?**
3. **Con quali caratteristiche sopravvive la filosofia a Bisanzio?**

2. *Lectio e auctoritas*

Il metodo della filosofia

2.1 La *lectio*: leggere i testi ad alta voce

Durante la sua ***lectio***, il maestro legge l'***auctor***. I testi si ascoltano, poiché sono rarissimi: il maestro presta la sua voce per far conoscere la parola di Dio, le opere dei Padri, le sentenze dei Concilii e i comandi della Chiesa. Il buon fedele, come lo scolaro, deve prestare ascolto. L'udito è il primo e più importante senso della fede perché ascoltare è la premessa del conoscere e dell'obbedire. La *fides* («fede») comporta l'ascolto dell'***auctoritas***: è autorità il *Lógos* divino che si rivela; sono autorità i padri, maestri e difensori della dottrina cristiana; autorità è la madre Chiesa che guida le anime dei suoi fedeli alla salvezza. **Tommaso d'Aquino** (1225-1274) dirà, a metà del Duecento, che «*auditus deservit disciplinae*», vale a dire che l'udito è il primo servo del sapere. Per poter tesaurizzare la verità della parola si deve **ascoltarla più volte**, solo così si imprime nella memoria e quindi nel cuore.

Pochi libri sono a disposizione dello studioso dell'Alto Medioevo, perciò tutti quelli che ha letto oppure ascoltato costituiscono la sua **personale ed esclusiva biblioteca**. Rinasce una tecnica che era già appannaggio di maestri antichi, dei sofisti, la **mnemotecnica**, «l'arte di coltivare la memoria». La memorizzazione è l'unico mezzo a cui si può affidare la trasmissione del sapere, dal momento che il mondo dell'Alto Medioevo ha scarsissima familiarità con la parola scritta. Il monaco coltiva la **virtù del silenzio**, parla poco per poter ascoltare la parola di Dio. Dall'ascolto deriva la meditazione e l'obbedienza.

Una pagina miniata della *Summa contra gentiles* di Tommaso d'Aquino (XIV sec.).

2.2 Il simbolismo e l'interpretazione allegorica

La mentalità religiosa dominante elabora una concezione del mondo permeata di soprannaturale secondo la quale l'**universo visibile** è una **specie di maschera**. Al di là di ciò che appare e anche di ciò che un testo dice alla lettera, occorre cercare altre realtà più nascoste. Tutto ciò che accade è il segno di qualcos'altro, allusione oscura ad altri eventi. Con attenzione occorre scandagliare i fatti nel profondo per mettere in luce altre presenze, altre volontà sovraumane che agiscono in maniera occulta ed enigmatica.

Tutti i monaci maestri, gli uomini di Chiesa, propongono **interpretazioni simboliche** della natura e della storia. Il mondo naturale deve continuamente essere messo a confronto con quello sovrannaturale, sia perché ne venga sottolineata l'imperfezione sia perché, avendo avuto origine dalla mano del creatore, se ne intenda comunque una qualche somiglianza con il divino. Il dotto medievale interpreta simbolicamente la realtà quotidiana. Anche la descrizione degli animali che viene fatta nei celebri **bestiari medievali** procede secondo uno schema preciso: prima di tutto si elencano le caratteristiche fisiche naturali, poi si riporta la loro interpretazione morale e teologica sostenuta da riferimenti ai testi sacri. Il creatore ha dato a ogni essere **una natura visibile e una occulta**, solo l'essere umano dotato di particolari capacità è in grado di intendere il senso segreto delle cose e la trama che unisce i vari livelli dell'universo creato. Allo stesso modo, anche i **numeri** assumono significati simbolici come già presso gli antichi pitagorici.

Particolare del bestiario, affresco della chiesa di san Giacomo a Termeno, in Trentino (XIII sec.).

Verifica immediata

1. In che consiste la *lectio*?
2. Che cosa sono i bestiari medievali?

Le forme della trasmissione

3. Autori e copisti

3.1 I diversi tipi di riproduzione dei manoscritti

Esistono **diverse figure di copisti e autori** che lavorano negli *scriptoria*, i luoghi che nei monasteri sono destinati alla copiatura dei manoscritti:

1. lo ***scriptor*** ricopia soltanto, senza aggiungere alcun chiarimento o commento;
2. il ***compilator*** aggiunge a quel che copia passi e affermazioni di altre autorità, ma mai cose da lui stesso elaborate;
3. il ***commentator*** introduce riflessioni e suoi chiarimenti personali, allo scopo di rendere più comprensibile la pagina ricopiata.
4. l'***auctor*** scrive le sue tesi, risponde a quesiti, ma facendo sempre ricorso alla citazione di altre autorità a sostegno del suo pensiero.

Monaci domenicani al lavoro nello *scriptorium*; affresco del XIV secolo, Seminario vescovile di Treviso.

L'esigenza di ricapitolare la totalità del sapere disponibile porta alla **compilazione di enciclopedie** nelle quali si tenta di organizzare l'intero contenuto dello scibile, del sapere profano e di quello religioso. Il modello a cui ci si rifà è la *Storia naturale* composta da Plinio il Vecchio nel I secolo d.C., oltre alle opere enciclopediche di Catone e Varrone.

La più importante opera enciclopedica della tarda latinità è il *De nuptiis inter Philologiam et Mercurium et de septem artibus liberalibus* (*Le nozze di Filologia e Mercurio e le sette discipline*) di Marziano Capella, un autore degli inizi del V secolo.

Una preziosa miniatura dalle *Etymologiae* di Isidoro di Siviglia (IX sec.).

3.2 I codici in pergamena

Con la **conquista araba di Alessandria** (642), tradizionale centro di produzione di tutto l'Oriente romano, quasi all'improvviso cessa il rifornimento di papiro ai territori rimasti cristiani. Si deve allora impiegare anche qui la **pergamena**, con **costi di produzione enormi**: si pensi che per una *Bibbia* di grande formato, solo per il materiale grezzo, sono necessarie anche cinquecento pelli di agnello o di pecora, che devono poi essere lavorate e predisposte per la scrittura. Questa motivazione economica concorre a spiegare la riduzione del numero e della dimensione dei testi durante l'Alto Medioevo.

Dal VII secolo cessa la produzione "popolare" di libri. Quasi esclusivamente i **grandi monasteri** possono permettersi di produrre libri, poiché sono allevatori in proprio delle greggi, dispongono di manodopera qualificata per la lavorazione delle pelli e per la successiva scrittura a cui, nei codici miniati, si aggiunge la pittura con illustrazioni che rendono i costi veramente proibitivi. Gli altri privilegiati possessori di libri sono le **corti imperiali**, da cui provengono i codici miniati più lussuosi, e alcuni vescovi di ricche città.

Il patrimonio della cultura classica occidentale, greca e latina, è stato conservato quasi tutto dal lavoro iniziato in questo periodo e realizzato su codici in pergamena. L'uso della pergamena per la produzione di libri ha avuto il **vantaggio di conservarli fino a noi** a differenza dei precedenti rotoli o codici di papiro, facilmente deteriorabili.

Solo più avanti, nel XII secolo, arriva dai Paesi arabi, che l'hanno imparata dalla lontana Cina, l'arte della fabbricazione della carta dagli stracci. Si formano allora **due mercati** diversi: quello ricco dei **codici di pergamena** e quello povero dei **codici di carta**. Gli studenti universitari, e forse anche i professori, comperavano i volumi prodotti in questo secondo mercato.

Verifica immediata

1. **Elenca le figure che, con diversi compiti, lavorano negli *scriptoria*.**
2. **Di quale materiale è fatta la pergamena?**

4. Fede e ragione

I problemi della filosofia

4.1 La funzione della filosofia nel mondo carolingio

Il nuovo **impero di Carlo Magno** desidera porsi **in continuità con l'impero romano** e con la cultura classica: si rende perciò indispensabile una vera e propria "inclusione" e non solo una rilettura del mondo antico. La filosofia viene vista come uno strumento particolarmente adeguato per esprimere la tensione all'unità e all'ordine che intendono realizzare sia la politica sia la cultura dell'età carolingia. Infatti la *Schola Palatina* ha il compito di comprendere, ossia trattenere, includere e riproporre l'eredità classica senza la pretesa di innovare. Serve quindi **tradurre dal latino classico** di Cicerone **al latino medievale** di Alcuino, per dimostrare la continuità tra la civiltà classica e quella dei Franchi.

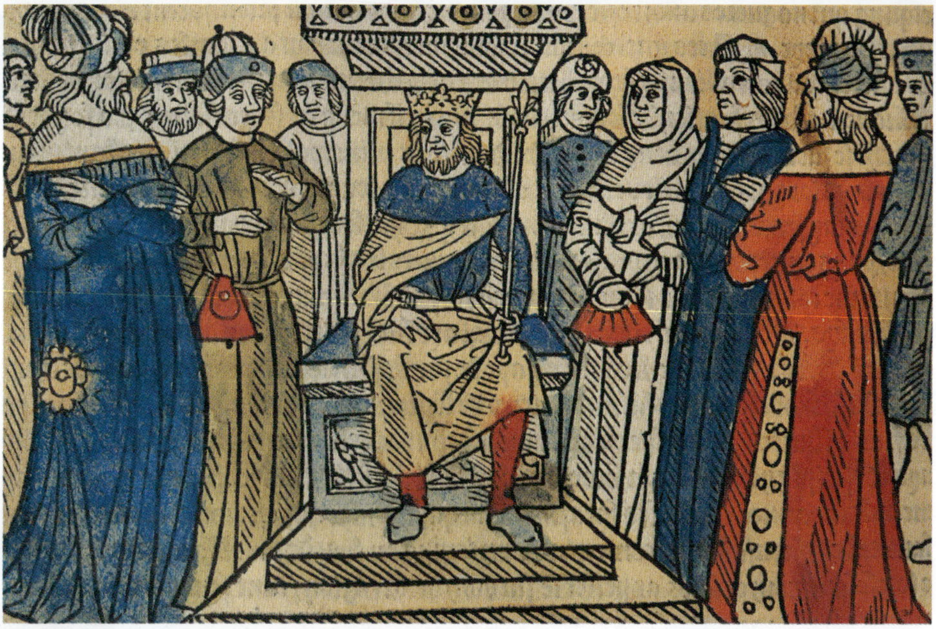

Carlo Magno
e la sua corte;
incisione del XVI sec.

La filosofia può essere un utile strumento nell'esercizio imperiale della potenza e dell'autocelebrazione. Per realizzare i suoi progetti culturali Carlo Magno, che tenta invano di imparare a leggere e a scrivere, ha bisogno di collaboratori e perciò, conosciuto a Roma **Alcuino di York**, lo nomina **direttore della scuola di corte** affinché porti a compimento il disegno culturale e religioso del Sacro romano impero. Lo scopo della filosofia è esposto da Alcuino nella prefazione della sua opera *Sulla Trinità* (802 ca): all'impero competono la **potenza** (*potestas*) e la **sapienza** (*sapientia*), la prima per opprimere i superbi e difendere gli umili, la seconda per ammaestrare i sudditi con pia solerzia.

L'imperatore, dopo aver costruito la pace, deve **amministrare la giustizia** e **organizzare la vita religiosa** in modo che ciascuno abbia una guida per la salvezza eterna.

Il programma etico-culturale dell'imperatore prevede di realizzare **l'unità del genere umano**, unendo popoli ancora segnati dal conflitto, **in nome del Dio cristiano**. La **cultura** è necessaria perché grazie a essa i vincitori ricevono una formazione spirituale e possono presentarsi come gli eredi cristiani della tradizione classica che univa potenza e saggezza.

La filosofia non è solo decorazione dotta, ma modo corretto di ragionare e di pensare che appartiene prima di tutto al nuovo organismo politico, degno di soppiantare il vecchio impero bizantino, che in precedenza aveva raccolto l'eredità culturale di Roma.

4.2 Il ruolo della filosofia guidata dalla fede

Secondo i padri della Chiesa **la filosofia greca ha cercato la verità**, ma **solo il cristianesimo l'ha trovata** e ne ha dato l'espressione compiuta e definitiva. La religione cristiana, fondata sulla rivelazione divina, ha il **monopolio della verità** proprio perché solo a essa Dio ha affidato il compito di custodirla, difenderla e diffonderla. Postosi sul terreno della speculazione filosofica, il **cristianesimo** afferma la sua **continuità con la filosofia greca** e si organizza in un corpo di dottrine che costituiscono il compimento della ricerca intrapresa secoli addietro dai fondatori di quella disciplina.

Non ci può essere contrasto tra la fede e la ragione perché Dio è l'artefice di entrambe: anche nei grandi del passato il *Lógos* divino si è manifestato e perciò essi possono essere strumento attivo di sostegno alla fede. La rivelazione ha perfezionato la conoscenza dell'uomo fondata sull'unità e omogeneità della ragione uguale in tutti gli essere umani.

La **filosofia cristiana** ha un **prevalente**, se non totale in certi casi, **orientamento teologico**. Il grado di subordinazione nei confronti della teologia varia nel corso del Medioevo, ma la ricerca filosofica **non possiede un'autonomia reale** dal momento che è la religione a imporle temi, princìpi e limiti entro i quali muoversi. Non bisogna porre il rapporto tra fede e ragione come un'antitesi tra autorità e libertà, dogmatismo ed elaborazione personale, poiché per nessun uomo medievale tale confronto avrebbe avuto questo significato.

4.3 La libertà del dibattito teologico

In Occidente, ai tempi di Carlo Magno e dei suoi successori, si assiste a una **grande libertà nelle discussioni teologiche**, che si avvalgono degli strumenti logici e filosofici elaborati dai filosofi classici e fatti propri dalla tradizione cristiana. Tale libertà d'opinione perdura nei secoli della piena espansione della cultura monastica (X e XI sec.) e poi di quella "cittadina" (XII sec.).

Perché vige una libertà così vasta, soprattutto rispetto a quella che vedremo a partire dal XIII secolo, il secolo delle università? In questo periodo il dibattito teologico e filosofico avviene tutto all'interno di **poche istituzioni**: la **corte carolingia** con la sua Accademia Palatina, i **monasteri** sparsi nell'Europa settentrionale, le **scuole cittadine**. Gli scritti hanno una lentissima e scarsissima circolazione, coinvolgendo nel dibattito intellettuali quasi esclusivamente ecclesiastici, in numero ridottissimo e collocati in aree molto ristrette. Non c'è **nessun pericolo interno** che possa mettere in crisi le credenze cristiane consolidate da secoli. Il cristianesimo non si confronta, nelle aree in cui domina, con nessun'altra posizione teologica dissidente né ha da misurarsi con il paganesimo, sconfitto in tutte le aree conquistate dalla nuova religione.

Il nemico è al di fuori, è l'**infedele saraceno**, che occupa i luoghi santi e toglie spazi sempre più vasti alla cristianità. Al suo interno, quindi, il cristianesimo può permettersi di discutere liberamente e anche con audacia su temi interni alla sua dottrina: temi che consentono ancora posizioni discordanti. Quando succede che gruppi di abati o di vescovi condannino una determinata posizione teologica, queste condanne avranno come unico effetto il trasferimento del teologo o filosofo condannato in un monastero diverso da quello di sua appartenenza e nella nuova sede, in genere, potrà continuare indisturbato a scrivere e a far circolare i suoi scritti.

Mappa del XIV secolo che raffigura il mondo cristiano.

Particolare dalle *Storie della vita di sant'Egidio*: il santo libera un indemoniato (XV sec.).

4.4 Il patrimonio della cultura classica da salvare

Il patrimonio della cultura classica viene salvato, come già si è detto, grazie all'opera di Cassiodoro, di Boezio e poi dai monaci negli *scriptoria* e nelle biblioteche dei conventi. Nella biblioteca del **monastero Saint Riquier**, per esempio, il catalogo redatto nell'831 comprende 206 volumi, tra i quali testi sacri, opere dei padri, opere di grammatica, di retorica (Cicerone) di poesia (Virgilio), di storia, di musica, di cosmografia. Sono per lo più **scritti della tarda latinità**; la censura operata su testi considerati o ideologicamente incompatibili o moralmente non convenienti ha fatto perdere, soprattutto in campo scientifico e filosofico, una parte cospicua del patrimonio culturale antico, come avviene per esempio nel caso della filosofia presocratica, dell'Epicureismo greco e latino, dello Scetticismo e di molti testi teatrali.

Della cultura pagana è comunque considerato **legittimo solo un uso strumentale**; la si può accettare non per se stessa, ma in quanto è utile al cristiano per rafforzare l'autorità della fede e la inconfutabile verità del dogma. Alcune discipline, come l'astrologia e la magia, sono assolutamente bandite poiché considerate demoniache. I classici che avevano espresso valori filosofici, morali ed estetici diversi da quelli del cristianesimo non sono inseribili nell'orizzonte cristiano e perciò vengono scartati come letteratura profana, sciocca e densa di errori imperdonabili. Ancora nell'XI secolo il teologo **Pier Damiani** (1007-1072), ritiratosi in convento, critica con asprezza coloro che: «[...] schifando la conoscenza della disciplina ecclesiastica, trascurando gli studi spirituali, bramano di apprendere le banalità dell'arte di questo mondo».

4.5 La conciliazione tra neoplatonismo e aristotelismo

Tutta la filosofia dell'Alto Medioevo persegue la **linea di conciliazione fra neoplatonismo e aristotelismo**, attuata sia nella produzione di commenti alle opere dei due autori, sia nell'insegnamento e nell'elaborazione di filosofie cristiane.

A proposito della sistemazione delle conoscenze e del recupero delle origini del pensiero filosofico greco degli studiosi medievali si è parlato di **sincretismo**: infatti, sovente, gli scrittori della tarda latinità, ma soprattutto quelli che operano dal VI al IX secolo, hanno effettuato **un'unione posticcia e frettolosa tra idee e tesi provenienti da filosofi diversi**. Senza distinzione né di autore né di tempo si sono fusi in sintesi frammentarie affermazioni pitagoriche, platoniche, aristoteliche e stoiche. Queste **fusioni arbitrarie** non hanno permesso la corretta conoscenza del pensiero antico: i **testi enciclopedici** – tra cui le stesse traduzioni e i commenti di Boezio ad Aristotele e Porfirio –, composti secondo il criterio sincretistico, sono rimasti **per secoli l'unica fonte di conoscenza degli autori antichi** fino a che l'Umanesimo non ha riscoperto gli originali. Questi testi, che evidenziano una scarsa coesione interna e rivelano una notevole frammentarietà, costituiscono l'unico tramite per la diffusione della logica aristotelica e delle dottrine neoplatoniche nell'età medievale.

Naturalmente maggiore peso ha il **neoplatonismo cristiano di Agostino**, che diventa tra i padri il più amato, studiato e copiato. Boezio coniuga tra loro Platone e gli stoici, Aristotele e Agostino, Cicerone e il contemporaneo neoplatonismo. Anche **Giovanni Scoto Eriugena** (810-877 ca), che è considerato il primo filosofo del Medioevo, cerca di armonizzare il pensiero di Agostino con quello dei neoplatonici greci, la Patristica occidentale con quella dei padri orientali.

Nel corso di una delle controversie teologiche a Bisanzio nel 533 era comparso un ***corpus* di scritti attribuiti a Dionigi** detto l'**Areopagita**: un pagano che, secondo gli *Atti degli Apostoli*, dopo un incontro con l'apostolo Paolo presso l'Areopago di Atene, si sarebbe convertito al cristianesimo. **L'attribuzione è falsa** giacché gli scritti risalgono al periodo 480-520 circa, ma contribuisce per molti secoli a fare di questo insieme di scritti **una delle opere più autorevoli** e influenti in tutte le aree del cristianesimo. Questi scritti sono importanti perché segnano uno dei momenti più rilevanti dell'incontro fra cristianesimo orientale e neoplatonismo teurgico, ossia del filone plotiniano di Giamblico e Proclo che mira all'unione con la divinità tramite una serie di pratiche rituali.

4.6 Boezio e la conciliazione tra neoplatonismo e cristianesimo

Severino Boezio (475-525), ultimo rappresentante della filosofia romana, svolge un ruolo fondamentale come **mediatore tra cultura greca e cultura latina medievale**. Alcune sue opere costituiscono per lungo tempo i testi obbligatori per l'istruzione e la formazione culturale degli studenti.

I suoi *Opuscula sacra*, un breve *corpus* di scritti di argomento teologico (in particolare su temi trinitari) sono importanti anzitutto per la terminologia filosofica usata: Boezio conosce molto bene il greco, a differenza di Agostino e di altri pensatori latini, e riesce in maniera efficace a **trovare termini latini come corrispettivi dei termini filosofici greci**. Il suo lessico filosofico e teologico si imporrà nei secoli successivi.

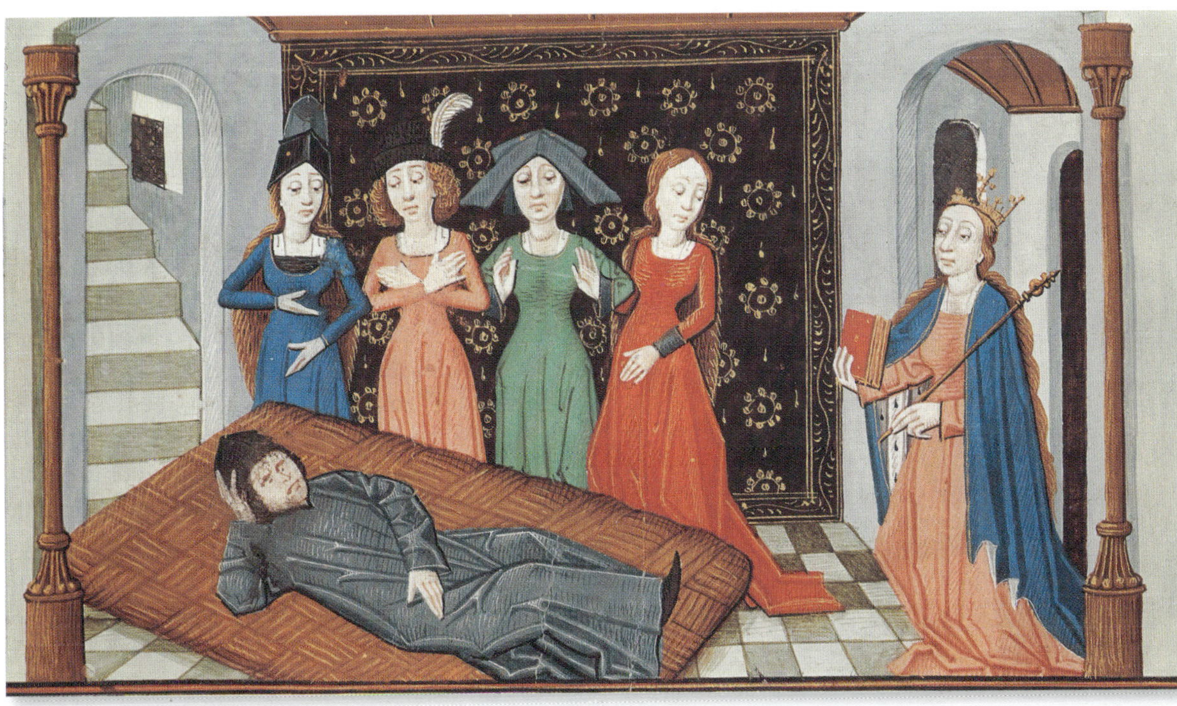

Le muse fanno visita a Boezio, miniatura francese del XV secolo.

Particolarmente importanti sono i **contributi alla logica**. Boezio traduce in latino l'opera di Porfirio *Isagoge* (l'*Introduzione* al libro aristotelico delle *Categorie*, che era stata la riformulazione delle dottrine logiche aristoteliche in termini neoplatonici) e le opere di Aristotele *Categorie* e *Dell'interpretazione*, accompagnando le traduzioni con **importanti commenti**.

Fino al XII secolo le traduzioni e i commenti di Boezio costituiranno quella che poi verrà chiamata la *logica vetus*, la «logica antica», cioè tutto quanto gli occidentali conosceranno, per oltre mezzo millennio, della logica di Aristotele. Fra l'altro Boezio, riprendendo nei suoi commenti il passo di Porfirio sul **problema degli universali**, ossia sui concetti di genere e di specie (come «uomo», «rosso», «vivente»), ne sottolinea l'importanza, proponendone un chiarimento ulteriore e una **soluzione di tipo aristotelico**. Per Aristotele queste nozioni comuni di genere e di specie non sono "idee" platoniche, vale a dire entità esistenti oltre gli individui, ma **proprietà comuni che non esistono al di fuori delle cose individuali**.

Dal testo di Porfirio e dal commento di Boezio trarranno ispirazione, all'inizio del XII secolo, i protagonisti del dibattito logico e filosofico che va sotto il nome di **disputa sugli universali**.

ANTOLOGIA FILOSOFICA
Boezio, *La consolazione della filosofia*

4.7 La filosofia come consolazione secondo Boezio

Boezio scrive anche *La consolazione della filosofia*, **dialogo immaginario** tra l'autore, incarcerato da Teodorico con l'accusa di complotto, e la Filosofia, donna veneranda che lo consola per l'ingiustizia subita citando le più celebri vittime che lo hanno preceduto, come Socrate e Seneca. Fonte di vera serenità è il **controllo delle proprie emozioni**; di ben poco conto sono nell'ordine provvidenziale cosmico le proprie vicende personali. Compito dell'uomo è, tramite la filosofia, **ascendere al divino**. Se il mondo è perfetto, creato e governato da Dio, come si spiega l'esistenza del male? Boezio risponde che **il male in sé non esiste** e che esso è qualcosa che riguarda solo il mondo della mutevolezza e della fugacità dove è il fato a eseguire in dettaglio il **progetto immutabile, eterno e ideale della Provvidenza**.

L'eucarestia. Particolare di affresco del XII sec.

4.8 Il dibattito filosofico e teologico alla Scuola Palatina

Il tema dei **rapporti tra Provvidenza divina e libertà dell'essere umano** è presente anche nei dibattiti che avvengono in età carolingia.

Intorno all'850 **Scoto Eriugena**, autore dell'opera speculativa più importante del IX secolo (vedi paragrafo 4.9), interviene nel dibattito con l'opuscolo *Sulla predestinazione*, negando qualsiasi tipo di predestinazione.

Gli altri argomenti prediletti sono quelli che riappaiono sempre nei dibattiti interni al cristianesimo. Il **problema dell'anima**, per esempio, relativo sia alla sua origine (esiste prima che nasca il corpo, come vogliono i filosofi o teologi di orientamento platonico, oppure viene "infusa" da Dio direttamente nel corpo?) sia alla sua natura (è puramente ed esclusivamente immateriale?). Il **problema dell'eucarestia**: che tipo di presenza di Cristo si realizza nel pane e nel vino della messa? Simbolica, reale, o mista?

Tra gli altri pensatori cristiani di età carolingia ricordiamo **Fredegiso**, allievo di Alcuino e in seguito suo successore sia nella direzione della scuola nel 796 sia in quella del monastero di Tours. Egli scrive l'interessante trattato *De nihilo et tenebris (Sul nulla e sulle tenebre)* nel quale, facendo valere come strumenti di analisi sia la ragione umana sia l'autorità divina rappresentata dai testi biblici, sostiene la necessità di riconoscere una realtà sia al nulla sia alle tenebre.

4.9 La filosofia "eretica" di Scoto Eriugena

I dibattiti interni alla Scuola Palatina carolingia non producono opere particolarmente rilevanti per mole e per articolazione di pensiero, fatta eccezione per il *Periphyseon* o *Sulla divisione della natura* di **Giovanni Scoto Eriugena** (810-877 ca). Nato in Irlanda, insegna presso la Scuola Palatina e traduce testi di padri della Chiesa greci, come lo pseudo Dionigi l'Areopagita e Massimo il Confessore. La **filosofia**, secondo questo autore, **si identifica con l'interpretazione delle Scritture**. L'essenza divina rimane assolutamente inconoscibile al nostro intelletto. Mentre è certissimo che Dio esiste, è assolutamente incomprensibile che cosa sia la sua natura («teologia negativa»).

Il *Periphyseon*, composto negli anni 862-865, è di dimensioni inusuali per quei tempi, circa un migliaio di pagine di formato medio, divisa in cinque libri e in forma di dialogo fra il maestro *Nutritor* e il discepolo *Alumnus*. Le *auctoritates* dei padri aiutano l'intelletto: **la *ratio* produce la filosofia** e sceglie tra le opinioni patristiche, talora in disaccordo tra loro, quella che meglio si presta per la chiarificazione razionale delle verità di fede.

Creature angeliche e demoni, dal *Trionfo della Morte* del Buffalmacco (prima metà del XIV sec.).

Scoto Eriugena cerca di dare una **spiegazione razionale delle principali verità del cristianesimo**: dalla creazione alle creature angeliche, alla Trinità, alla caduta e al peccato, all'incarnazione del *Lógos*-Cristo, al destino dell'umanità dopo la morte, alla resurrezione finale dei corpi, al tema della salvezza e della dannazione eterne. Il compito della filosofia di intendere la Scrittura è sconfinato: infatti il sacro testo è un "abisso" di significati letterali, allegorici e mistici e contiene un "monte" di verità; la ragione deve scendere e salire continuamente, seguendo le regole della logica.

4.10 La dialettica di Scoto Eriugena come legge universale

La **dialettica** per Scoto Eriugena è **disciplina dell'intelletto** che ordina i pensieri, ma è contemporaneamente **ordine della realtà** e **legge del creato**. Intendere grazie alla logica l'ordine della mente significa intendere l'ordine del reale. Nella Scrittura con l'intelletto e con la sua regola, la logica, si comprende tutta la realtà che si deve scrutare nella Parola di Dio, che tutto in sé ricomprende.

La **natura** è la **totalità delle cose secondo lo schema neoplatonico** (Dio, *Lógos*, Mondo); è sia natura increata che crea, sia l'insieme delle idee o prototipi che si identifica con il Figlio, sia il mondo materiale creato. Il **ciclo ontologico** della natura prevede la **discesa dal divino e il ritorno al divino** secondo quanto viene illustrato dalle Sacre Scritture. L'uomo, dapprima essere solo spirituale, cade nel peccato e diventa essere materiale, individuo corporeo. La venuta di Cristo permette all'uomo di intraprendere il cammino di risalita verso Dio e di progressiva spiritualizzazione.

4.11 Dialettici e antidialettici

La **riforma ecclesiastica dell'XI secolo**, culminata con il pontificato di Gregorio VII (Ildebrando di Soana, 1020-1085) **provoca un rifiorire degli studi** e una ripresa del dibattito tra ragione e fede. Diviene frequente il ricorso a termini attinti dal bagaglio tecnico dei maestri di grammatica e di logica per chiarire i dogmi della fede.

Un uso troppo sottile e insistito dei procedimenti logici determina una forte reazione in pensatori che ritengono invece superflua, se non dannosa, la dialettica. I primi sono comunemente definiti **dialettici**, i secondi **antidialettici**. Per questi ultimi, determinante è l'ascolto della parola di Dio, poiché soltanto nelle Sacre Scritture è contenuta la verità rivelata. Il compito della ragione è solamente quello di difendere le dottrine cristiane. Il monaco deve ricordare che il **mistero della fede** è *venerandum non scrutandum*, vale a dire che è «**da venerare non da scrutare**». La filosofia e la logica sono *vanae curiositates*, «inutili curiosità».

Particolare di affresco con eremita (XV sec.).

L'esponente più rappresentativo degli antidialettici è **Pier Damiani** (1007-1072) che, divenuto cardinale e vescovo-conte di Aosta, rinuncia all'episcopato per ritornare all'eremitaggio. In un suo scritto intitolato *De divina omnipotentia*, ribadisce che la **dialettica** non deve pensare di sostituirsi alla fede, ma **deve seguire l'insegnamento delle sacre Scritture** «come una serva la sua padrona, con il debito ossequio». L'alternativa è tra logica e *simplicitas* e la seconda deve trionfare sulla prima.

Pier Damiani è il **difensore di un cristianesimo ascetico**, che porta alla scelta eremitica. Servendosi delle armi della dialettica questo autore dimostra come tutti gli strumenti e gli artifici logici siano assolutamente inadeguati di fronte all'onnipotenza divina.

La **disputa sull'eucarestia** è un altro esempio di come sia accesa la polemica tra dialettici e antidialettici. Il problema è relativo alla definizione di che cosa si debba intendere per «presenza reale» di Cristo nell'ostia e nel vino consacrati durante la messa. La posizione adottata dalla Chiesa pochi anni dopo è detta della **transustanziazione**, che stabilisce la presenza fisico-oggettiva di Cristo nell'ostia consacrata.

4.12 Rivelazione e comprensione in Anselmo d'Aosta

Anselmo nasce ad Aosta nel 1033, entra nell'abbazia benedettina di Bec (alle dipendenze del duca di Normandia) e ne diventa abate, restando *magister*; successivamente viene nominato arcivescovo di Canterbury. Come tale difende l'autonomia della Chiesa dalle ingerenze dei sovrani normanni d'Inghilterra sino alla sua morte, avvenuta nel 1109.

Egli conduce la sua ricerca e il suo insegnamento grazie alla fede che lo guida: lo sforzo da lui compiuto per giungere alla verità rivelata non è altro che la **progressiva illuminazione che Dio concede autorivelandosi**. Anselmo esprime molto bene questo suo affidarsi all'iniziativa di Dio: «Io non posso cercarti se tu non mi insegni, né trovarti se tu non ti mostri» (*Proslogion*, I, 1). La priorità della fede sull'intendere viene ribadita con forza: «Né cerco di intendere per credere, ma credo per intendere» (*credo ut intelligam*); la **fede** però **può essere confermata** e sarebbe una grave negligenza se non cercasse di intendere ciò che si crede.

Egli ritiene l'accordo tra ragione e fede, tra ricerca razionale e rivelazione, intrinseco ed essenziale, tuttavia ribadisce che non tutto il mistero è illuminabile dalla luce dell'intelletto umano.

Anselmo d'Aosta in un'incisione del 1584.

4.13 Le prove dell'esistenza di Dio in Anselmo: argomento «a posteriori»

Come maestro Anselmo tiene conferenze ai suoi monaci, di cui possiamo avere un esempio leggendo il *Monologion. Exemplum meditandi de ratione fidei* (*Soliloquio. Esempio di riflessione sulla razionalità della fede*). Questo ideale soliloquio, scritto per favorire la meditazione dei confratelli, propone una concatenazione di molti argomenti per affermare che Dio esiste, disserta su quale sia la natura divina e su che cosa si debba intendere per Trinità. Il **metodo** adottato è **puramente razionale** poiché Anselmo non ricorre all'autorità delle Scritture ma solo all'**evidenza della verità** e alla **forza della ragione**.

Lo scopo dei ragionamenti sull'esistenza di Dio è di mostrare come al disopra delle creature esista un **principio primo**, perfezione suprema, dal quale traggono la loro esistenza e le loro qualità positive le cose del mondo. Infatti, dalla constatazione che c'è una gerarchia di valori, deriva la certezza che come loro origine e causa c'è un **valore assoluto** del quale tutti gli altri partecipano (ragionamento che ci riporta alle affermazioni di Platone sull'esistenza delle idee-valori). Se vi sono cose buone, che conosciamo coi sensi e con la ragione, non potendo essere tali in virtù l'una dell'altra, risalendo, ma non all'infinito, si raggiunge il *summe bonum* («sommamente buono») che, essendo il bene in se stesso, «è» per se stesso e le cose sono buone per esso. Questo vale anche per l'esistenza che gli enti ricevono dall'ente sommo, che unico esiste per sé, e per il grado di perfezione minore e maggiore delle cose del mondo che rimandano alla più alta perfezione che è Dio.

Tali **argomentazioni** saranno dette «**a posteriori**», in quanto partono dalle realtà naturali create per risalire al loro Creatore.

4.14 Il «Proslogion» di Anselmo: dialogo con lo stolto, l'argomento ontologico o «a priori»

ANTOLOGIA FILOSOFICA
Anselmo, *Proslogion*

Nel *Proslogion* (letteralmente significa «discorso rivelato ad altri»), **Anselmo**, ad armi pari, **dialoga con l'*insipiens***, «lo stolto» citato dalla *Bibbia*, vale a dire con chi sa ben ascoltare, usare la ragione e conosce la logica, ma **che nega l'esistenza di Dio**. Anselmo riduce le ragioni dell'esistenza a una sola: semplifica la complessità

Andrea del Castagno, *L'Eterno*, 1442.

trovando nella parola stessa di Dio la motivazione del suo esistere. Lo stolto dice: «*Deus non est*» e Anselmo lo porta a ragionare sulla parola «Dio», che indica ciò di cui non si può pensare nulla di più grande (*id quo nihil maius cogitari possit*); ma tale essere per essere il più grande non può esistere solo nel pensiero, deve esistere anche nella realtà. **L'idea di Dio include pertanto la sua esistenza**. Definito Dio come l'essere perfettissimo (il più grande), non si può che pensarlo esistente, altrimenti, se esistesse solo nel pensiero, si potrebbe pensare a un altro essere che possieda anche l'esistenza e che quindi sarebbe più perfetto del primo; sarebbe una contraddizione dire che l'essere perfettissimo possa essere superato in perfezione da un altro più perfetto. Non può esistere il più perfetto del perfettissimo.

Quella di Dio è l'unica definizione che non si esaurisce sul piano logico, ma include anche il piano ontologico. Aristotele aveva distinto rigorosamente livello logico (e quindi livello delle definizioni o categorie, o sostanze seconde, gli universali medievali) dal livello ontologico che riguarda l'esistenza, l'essere e quindi la sostanza prima. Anselmo, invece, con le sue argomentazioni sostiene che di **un unico concetto**, **quello di Dio**, si può dire che **ha in sé l'esistenza**.

Poiché tale ragionamento parte dall'idea di Dio e in base a essa ne afferma l'esistenza, esso è stato definito in seguito **argomento ontologico** o **«a priori»**.

Tale prova sarà accettata o criticata più volte: il primo che tenta di confutarla è il monaco **Wenilo o Gaunilone**, che, nel *Liber pro insipiente* (*Libro in difesa dello stolto*), sostiene che aver udito la parola Dio non significa comprenderne il significato. L'ateo che non ha mai fatto esperienza di Dio, non può avere l'idea di Dio, ma ne afferra solo il suono: il vedere precede l'udire e l'udire viene prima dell'intendere. Una cosa è pensare a un'isola bellissima, la più perfetta, e altra cosa è affermarne l'esistenza.

A questa ultima obiezione Anselmo risponde che non si deve confondere il concetto di ciò di cui non si può pensare nulla di maggiore, cioè di unico essere assoluto, con il concetto di ciò che è maggiore di qualcos'altro, come l'isola di Gaunilone.

5. Filosofia islamica e filosofia giudaica

5.1 Gli Arabi, intermediari tra la cultura filosofica classica e l'Occidente

Sono gli islamici a introdurre e a diffondere la conoscenza di Aristotele in Spagna e in Sicilia, terre di conquista musulmana, oltre alla scienza e alla cultura orientale, in particolare quella greca.

Il primo incontro degli Arabi con la filosofia avviene in Siria, a Edessa, dove due studiosi siriaci avevano tradotto, nell'VIII secolo, alcune opere di Aristotele, considerato il massimo esponente del pensiero filosofico antico.

A **Bagdad** un giovane califfo fonda nell'anno 832 la **Casa della saggezza**, un'istituzione culturale di prestigio (fornita di una biblioteca e di un osservatorio astronomico), presso la quale gli studiosi dibattono sull'**interpretazione del *Corano*** e i traduttori **volgono in arabo numerose opere filosofiche e scientifiche** della cultura classica antica. La cultura musulmana aveva conosciuto la filosofia e il pensiero scientifico greco grazie alla scuola di teologia cristiano-siriana. Tale scuola, che aveva custodito, oltre alla *Bibbia*, opere di Platone, di Aristotele e dei neoplatonici, aveva elaborato una sorta di enciclopedia del sapere greco, una sintesi di neoplatonismo, platonismo e aristotelismo che conciliava per esempio il Motore immobile aristotelico con l'Uno neoplatonico e il moto finalistico dell'universo con l'emanazione dall'alto al basso.

Fra le opere tradotte erano emerse quelle di **Aristotele**, la cui conoscenza integrale, prima presso gli islamici e gli ebrei (molto numerose erano le comunità ebraiche nelle terre conquistate sia in Oriente sia in Occidente, cioè in Spagna e in Sicilia) e poi – tramite loro – presso i cristiani favorisce la disputa tra fede e ragione, verità rivelata e verità costruita dagli strumenti logici dell'uomo. L'acquisizione della cultura filosofica greca preparerà la grande fioritura di quella islamica, che avviene nel corso dell'XI e XII secolo.

Pagina del *Corano*, risalente al XII secolo.

Tutte le **scienze** sono considerate **vie di accesso all'unità della natura**, che rinvia all'unicità assoluta del principio divino. Musulmani, ebrei e cristiani – confrontandosi e disputando a difesa delle rispettive religioni – per ottenere la meglio e per sopravanzare gli avversari si servono degli **strumenti logici** e delle **tecniche argomentative proprie della filosofia greca** e soprattutto aristotelica. Lo scopo comune che muove la ricerca degli studiosi islamici ed ebrei, così come la teologia dei cristiani, è di cercare connessioni possibili tra il piano dell'esperienza religiosa necessaria per tutti e quello della riflessione filosofica destinata a pochi.

5.2 «Bibbia», «Corano» e filosofia

Gli **esponenti della filosofia giudaica** dopo Filone, che operava nel contesto di Alessandria d'Egitto in età ellenistica, **vivono in aree di civiltà islamica** e nel periodo tra il IX e il XII secolo. La fioritura di una speculazione filosofica giudaica avviene quasi contemporaneamente allo sviluppo di una cultura filosofica islamica. Anche i filosofi ebrei discutono di teologia e del suo rapporto con la scienza profana ed entrano ugualmente in contatto con l'eredità filosofica classica tradotta e commentata dai pensatori appartenenti all'area islamica. **Ebrei e islamici scrivono utilizzando la stessa lingua**, l'arabo, e le loro religioni hanno molti punti di contatto nel sostenere un rigido monoteismo, la creazione del mondo, la resurrezione dei corpi, l'eterno premio per i buoni o l'eterna dannazione per i malvagi e il rifiuto del cristianesimo. Anche questa tradizione filosofica si esaurisce, come quella islamica, nel XII secolo, con una grande personalità, **Mosè Maimonide** (vedi paragrafo 5.4).

Nel mondo ebraico, nel IX secolo, l'orizzonte filosofico prevalente è quello **neoplatonico**, poi con Avicebron (1020-1058 ca) prevale la conoscenza di Aristotele, mediata dalle traduzioni e dai commenti arabi, e la lingua della speculazione razionale rimane l'arabo.

A partire **dal XII secolo si comincia a scrivere** di filosofia anche **in ebraico**, ma alcuni, tra cui Maimonide, prediligono ancora la lingua araba.

Tra i musulmani il movimento dei *falasifa* («filosofi») si occupa talora di questioni affrontate anche dai teologi, ma senza far riferimento preferenziale ai testi sacri, anzi, preferisce utilizzare e sviluppare direttamente le idee provenienti dalla tradizione filosofica classica. La filosofia islamica comincia con **al-Kindi** (un arabo del sud del IX secolo), si afferma con grande vigore con **al-Farabi** (di origine turca, che si colloca tra IX e X secolo) e con **Avicenna** (di area persiana, fine del X e primo trentennio dell'XI secolo). Questi ultimi due saranno contestati e condannati alla fine dell'XI secolo da **al-Ghazali** considerato un vero restauratore del pensiero islamico e fondatore di una filosofia mistica.

Miniatura persiana che ritrae Avicenna (XI sec.).

5.3 Il dibattito tra ragione e fede nella filosofia islamica

Le traduzioni arabe **innescano** anche nella cultura islamica il **dibattito tra ragione e fede**, fra *Corano* e filosofia.

Al-Farabi, conoscitore profondo di tutte le opere di Platone e di Aristotele, sostiene che la filosofia è nata presso i Caldei, è passata ai pensatori egizi per poi trasferirsi in Grecia e, infine, presso gli Arabi. Egli si colloca in diretta discendenza dalla disciplina coltivata dai Greci e si ritiene il **continuatore dell'opera di Aristotele**. L'intelletto divino guida il profeta (imam), colui che ha purezza di cuore. Solo l'imam, dotato di intelletto santo, può interpretare correttamente il *Corano*. Per descrivere la figura del profeta, al-Farabi ricorre all'immagine platonica del **filosofo-re**. Dalla conoscenza dei testi platonici, che uniscono razionalità e mito, il filosofo di origine turca fa emergere il problema se il sapere possa e debba essere destinato a tutti o soltanto ai pochi che sono in grado di intenderlo senza fraintendimenti.

Ibn-Sina noto in Occidente come **Avicenna**, distingue **due tipi di conoscenza**: l'una riferita alle **verità di ragione** e l'altra alle **verità di fede**. La conoscenza dell'intelletto umano dipende da una intelligenza separata e unica, comune a tutti gli uomini. Questo intelletto ha una funzione analoga a quella soprannaturale dell'illuminazione divina: esso "illumina" intorno alle verità di ragione, così come l'azione della rivelazione di Dio illumina intorno alle verità di fede.

Le idee e gli scritti circolano nelle principali città del mondo islamico: a **Cordova** lavora e produce un importante commento ad Aristotele **Averroè**, nato nel 1126 e morto nel 1198, medico personale del califfo; egli è l'ispiratore di una posizione teorica, detta appunto «**averroismo**», che sostiene l'eternità del mondo e della materia. Poiché questa tesi contrasta con l'affermazione della fede secondo la quale Allah è il creatore di tutto, Averroè e i suoi seguaci parlano di una **doppia verità**: una secondo la ragione e l'altra secondo la fede. Nella facoltà delle arti dell'università di Parigi (attorno agli anni Sessanta e Settanta del Duecento) si diffonde l'averroismo, che non si preoccupa troppo della sua compatibilità con il cristianesimo. Ne sono esponenti, nel XIII secolo, i maestri secolari (cioè non appartenenti ai due ordini dei francescani e dei domenicani) **Sigieri di Brabante** e **Boezio di Dacia**.

La famiglia del profeta Maometto (miniatura del XV secolo).

5.4 La filosofia giudaica e la «Bibbia»

Il punto di partenza della riflessione filosofica giudaica è sempre la rivelazione divina, poiché si ritiene necessario conciliare la verità rivelata con la tradizione del pensiero classico: prevale la tesi della possibile conciliazione, grazie anche all'uso dell'interpretazione allegorica dei testi biblici.

Dal momento che anche per i pensatori giudaici è possibile conciliare la tradizione classica del pensiero con la verità rivelata, il punto di partenza della riflessione filosofica è la *Bibbia*, testo sacro per eccellenza.

Avicebron, nato a Malaga nel 1021 ed educato a Saragozza, scrive un'opera intitolata *La sorgente della vita*, che, tradotta dall'arabo in latino, ha grande fortuna. Secondo l'autore, **Dio è inconoscibile,** proprio perché non si può comprenderne l'essenza. Lo scopo dell'uomo è il ritorno dell'anima alla sorgente divina, alla quale si ricongiunge mediante l'**estasi** (una condizione di rapimento dello spirito mistico che ha toccato il culmine della sua esperienza di unione con Dio).

Per **Giuda Allevi**, che studia e scrive in Andalusia, a cavallo tra l'XI e il XII secolo, la **sapienza giudaica** è ben distinta e **preminente** rispetto agli altri monoteismi e ai filosofi. Questi ultimi si contraddicono l'uno con l'altro: sull'origine del mondo, per esempio, alcuni parlano della sua eternità mentre altri della sua creazione, ma tutti sbagliano perché credono di giungere con la ragione a verità a essa incomprensibili. Superiore è invece la sapienza del giudaismo che deriva dalla rivelazione divina.

Monumento a Mosè Maimonide nella città di Cordova.

Mosè Maimonide (1138-1204), detto anche il "secondo Mosè", vissuto a Cordova e trasferitosi al Cairo per le persecuzioni subite dalla dinastia degli Almoravidi, diventa **medico personale del sultano Saladino**. Nell'opera intitolata *Libro della conoscenza* l'interprete biblico consiglia ai fedeli la **lettura allegorica dei testi sacri** e suggerisce per l'interpretazione razionale l'uso di molti concetti della filosofia aristotelica, come raccomanda a proposito delle tesi del libro della *Genesi* sulla creazione.

Riguardo ancora al tema del rapporto tra fede e ragione molto problematica è la posizione espressa in un'altra opera intitolata *La guida dei perplessi*. Il primo perplesso è proprio l'autore, benché profondo conoscitore della filosofia; **grande smarrimento** coglie l'uomo, anche se erudito, **di fronte ai misteri della fede**: la condizione del credente è simile a quella di un uomo che, trovandosi in una notte oscura, vede talvolta brillare un lampo. **La verità** infatti appare e scompare, **è un mistero**, un enigma soprattutto per chi ricerca spiegazioni razionali, filosofiche.

Come filosofo Maimonide ribadisce la necessità di andare oltre il significato letterale dei testi pur riconoscendo l'impossibilità di riferire a Dio degli attributi positivi. L'unico atteggiamento corretto di fronte a Dio è il **silenzio**, dato che tra Lui e noi c'è un'incommensurabilità infinita. Dio si conosce solo dai suoi effetti, dalle sue azioni.

5.5 L'alternativa alla ragione: il misticismo ebraico

L'**esegesi della *Bibbia* e del *Talmud*** continua per tutto il Medioevo e oltre con l'adozione di una metodologia argomentativa collaudata da tutta la tradizione filosofica cristiana, araba e giudaica: prevede l'esposizione delle varie tesi relative a un problema, la confutazione di tutte quelle ritenute non valide fino all'identificazione e alla dimostrazione della tesi corretta.

Nel lungo percorso esegetico e rabbinico corre sotterranea una tendenza affiorata in superficie a partire dal XIII secolo, quella rappresentata dalla **letteratura cabalistica**. *Qabbalah* o *Kallabah* significa «tradizione ricevuta» e comprende la tradizione orale, inclusi il *Talmud*, le preghiere e i testi di tendenza gnostica. A questa corrente si rifanno gruppi di credenti che sostengono l'**assoluta inconoscibilità di Dio**, l'**uso del linguaggio simbolico** proprio della verità religiosa e per pochi iniziati l'ascesa a Dio attraverso il **misticismo**. Fra i testi di ispirazione cabalistica spicca lo *Zohar* o *Libro dello splendore*, comparso in Europa occidentale intorno al 1280, un'"enciclopedia" del sapere segreto, mistico e simbolico di tutta la tradizione.

Frontespizio di una *Bibbia* ebraica (XVIII sec.).

Quest'opera interpreta i libri del *Pentateuco* usando simbolismi legati al numero e alle lettere; il contenuto lascia intravedere una specie di "**teologia negativa**" che insiste sull'ineffabilità di Dio, il cui nome non può essere né detto né pensato, ma a cui si può fare riferimento indiretto tramite simboli o lettere dell'alfabeto ebraico. Lo *Zohar* costruisce un'**architettura gerarchica di tipo neoplatonico** che vede due mondi, quello spirituale e quello materiale discendenti in maniera misteriosa dall'inesprimibile Primo Principio. La **discesa**, cui corrisponde una **opposta ascesa**, avviene tramite le **dieci apparizioni divine** (le *Sefiroth*, dieci come le dita dell'Innominabile). Le apparizioni sono attributi dinamici di Dio che sono come la fiamma rispetto al carbone: senza il carbone la fiamma non esiste, ma senza la fiamma il carbone non si manifesta. Alcune di esse sono la Sapienza, l'Intelletto, la Forza, la Bellezza-Misericordia e la Grandezza, tutte collegate alle altre in forma di albero.

Questa architettura della realtà viene presentata graficamente come uno schema di dieci cerchi collegati in maniera diretta o incrociata tramite connessioni che fanno dell'insieme una totalità articolata, ma unita. In tal modo la tradizione mistico-cabalistica si afferma per secoli soprattutto in Europa anche tra i cristiani.

La *menorah*, candelabro a sette bracci: il sette è un numero ricorrente nella tradizione caballstica ebraica (manoscritto spagnolo del XIII sec.).

Verifica immediata

1. **Indica se le seguenti affermazioni sono vere o false.**
   1. Boezio immagina che la filosofia, bella figura di donna, lo consoli per l'ingiustizia subita. V F
   2. Secondo Scoto Eriugena Dio è conoscibile per l'essere umano grazie alla ragione e alla filosofia. V F
   3. Secondo Scoto Eriugena la natura discende da Dio e ritorna a Dio secondo il ciclo ontologico. V F
   4. Secondo Pier Damiani la dialettica è libera e non deve seguire la parola di Dio nelle Sacre Scritture. V F
   5. Secondo Anselmo d'Aosta la fede viene prima della ragione. V F
2. **Quale unico orientamento ha la filosofia cristiana?**
3. **Quale dibattito viene ripreso nell'XI secolo?**
4. **Qual è il più importante esponente di tale dibattito?**
5. **L'argomento ontologico di Anselmo d'Aosta sostiene che:**
   - **a.** l'essenza e l'esistenza di Dio sono separate.
   - **b.** l'idea di Dio include l'esistenza.
   - **c.** l'esistenza di Dio è evidente.
   - **d.** l'esistenza di Dio è indimostrabile.
6. **Che cos'è la verità per Maimonide?**
7. **Quali sono i filosofi arabi protagonisti del dibattito tra ragione e fede?**

La nascita e lo sviluppo della filosofia islamica

TESTI ANTOLOGICI

VIDEO

1. La filosofia islamica e giudaica si impongono in Occidente

Nei Paesi conquistati dagli Arabi si assiste alla fioritura di una filosofia islamica e di una filosofia giudaica, con motivi e soluzioni spesso abbastanza vicini. In entrambe le filosofie la lingua usata è l'arabo; entrambe nascono intorno al X secolo e scompaiono quasi contemporaneamente (con Averroè fra gli islamici e Maimonide fra gli ebrei) alla fine del XII.

Entrambe le religioni, islamismo e giudaismo, a un certo punto allontanano da sé come corpi estranei le rispettive filosofie e favoriscono le pratiche tradizionali di interpretazione e applicazione della Legge contenuta nei testi sacri. Riaffidano, cioè, l'esclusiva di tali pratiche ai giuristi e ai rabbini, non più "disturbati" dai filosofi, portatori di dubbi e di interrogativi e quindi di confusione. In entrambe le religioni persisterà invece, accanto alle versioni "ufficiali", una speculazione a tendenza mistica: quella cabalistica fra gli ebrei, quella del sufismo fra i musulmani.

L'area islamica e, all'interno di essa, l'area giudaica, dopo un periodo di organizzazione della cultura con apporti determinanti di personale cristiano eterodosso ed ebraico, offrono i contributi più ricchi allo sviluppo della speculazione filosofica tra il IX e il XII secolo. Contributi che nel XIII secolo entreranno a far parte dei programmi di studio delle università occidentali, determinando una svolta radicale nei contenuti e negli orientamenti della produzione filosofica e teologica.

Disputa tra due filosofi (miniatura del XIII sec.).

A partire dal 700 circa l'area islamica e giudaica è unita linguisticamente. Mentre infatti nel primo cinquantennio successivo alle conquiste gli Arabi, nel governare i territori enormi e le grandi città già appartenenti all'impero romano e a quello persiano, utilizzavano come lingua ufficiale, rispettivamente, il greco e il persiano, intorno al 700 decidono di sostituire queste lingue con l'arabo. Ciò consentirà, progressivamente, la realizzazione di quella straordinaria unità linguistica che coprirà un territorio molto più vasto di qualsiasi impero precedente e che andrà dalla penisola iberica alle isole dell'Indonesia e oltre. Mai, prima d'allora, era esistita nel mondo una tale continuità territoriale e linguistica, oltre che commerciale, religiosa e più in generale culturale. I secoli d'oro saranno per la civiltà islamica quelli che vanno dal IX al XIII, anno della conquista di Bagdad da parte dei Mongoli. Sono i secoli che, in forma favolosa, vengono rispecchiati da quello straordinario insieme di racconti, provenienti da area indiana, persiana, egiziana e araba, noti da noi con il titolo di *Le mille e una notte*.

In quest'area islamica dalla fine del IX secolo sono a disposizione degli studiosi, in traduzione araba effettuata nel corso di un secolo, tutte le opere di Platone e di Aristotele, insieme ai molti commenti relativi ad esse. Oltre a queste circolano le opere dei più grandi scienziati dell'antichità, da Tolomeo a Galeno, e di altri filosofi soprattutto di scuola neoplatonica. Tali opere circolano ancora, con i numerosi commenti, in area bizantina senza però svolgervi influenza notevole, giacché le posizioni filosofiche e teologiche di quest'area sono ormai da secoli definite e consolidate. In area occidentale latina, invece, sono del tutto sconosciute: di Platone si conosceva direttamente, in traduzione latina, soltanto una parte del *Timeo*, e di Aristotele soltanto i primi due libri dell'*Organon*. Gli altri filosofi greci sono del tutto, o quasi, ignorati, come pure i commentatori e i continuatori di Platone e di Aristotele.

In area islamica e giudaica la conoscenza delle opere di Platone e di Aristotele, oltre che di alcune altre neoplatoniche attribuite curiosamente ad Aristotele (ma che sono in realtà di Plotino e di Proclo), porta alla nascita di una filo-

Maometto, alla testa del suo esercito, contribuisce all'espansione islamica attraverso l'unificazione della penisola araba.

Illustrazione per un'edizione inglese delle *Mille e una notte* (1907).

Ritratto di Avicenna (XVII sec.).

sofia che cerca una via autonoma rispetto alla rigida tradizione teologica fondata sui rispettivi testi sacri. Fra gli islamici i più grandi neoplatonici (che ritenevano di essere anche aristotelici), al-Farabi nel X secolo e Ibn Sina (in latino Avicenna) nell'XI, provocano le reazioni degli ambienti conservatori, rappresentati filosoficamente nel XII secolo dal grande al-Ghazali. Toccherà a un altro celebre pensatore islamico, Ibn Rushd (Averroè in latino), nello stesso secolo, difendere la tradizione filosofica, questa volta più aristotelica che neoplatonica, dagli attacchi dei teologi contrari ai filosofi. Averroè eserciterà, nel XIII secolo, un'influenza enorme in Occidente mentre verrà ignorato quasi completamente nella cultura islamica.

Alla fine del XII secolo si chiude il periodo d'oro della produzione filosofica islamica e giudaica (muoiono quasi contemporaneamente Averroè e Maimonide).

2. Caratteristiche della filosofia islamica

La filosofia islamica, nel suo contenuto più originale, si impone e si sviluppa dall'inizio del X secolo alla fine del XII. Prima dell'affermarsi di un'attività filosofica in senso proprio c'era stato, nel secolo precedente, un dibattito piuttosto ricco all'interno dell'islamismo, nel quale si erano manifestate due tendenze principali, quella dei mutaziliti e quella degli ashariti. Si tratta di due tendenze interne a quella che viene comunemente chiamata teologia (*mutakallimum*), sul significato di alcuni concetti chiave del *Corano* che portano a profonde divisioni in campo islamico. Da questi dibattiti teologici viene in parte sollecitata la nascita di un movimento filosofico autonomo, noto nel linguaggio arabo come movimento dei *falasifa* (trascrizione araba del termine greco «filosofi»).

Da non confondere con i «teologi» e con i «filosofi» sono i «giuristi», cioè gli interpreti della Legge, insieme religiosa e civile, nella sua applicazione quotidiana.

Sullo sfondo di questi dibattiti c'è la tradizione filosofica che gli Arabi avevano trovato nei Paesi conquistati: le varie forme di neoplatonismo e neoaristotelismo dell'impero bizantino e il manicheismo, nella forma zoroastriana, nell'impero persiano. Da questa complessa situazione hanno origine sia la teologia sia la filosofia islamiche, favorite dal fervore culturale della città di Bagdad, sede del califfato e centro dell'impero islamico dal 750.

3. I massimi esponenti della filosofia islamica

La tradizione filosofica classica non è scomparsa, nel mondo bizantino, al momento della conquista da parte degli Arabi nella metà del VII secolo. Essa sussiste, nella cultura ancora «pagana», nelle due varianti del neoplatonismo, quello speculativo risalente alla linea Plotino-Porfirio e quello mistico risalente alla linea Giamblico-Proclo. In esse è stato assorbito in pieno l'aristotelismo. Sussiste inoltre nel cristianesimo orientale, in cui gli schemi neoplatonici sono stati utilizzati in varie forme. La filosofia classica, infine, ha messo piede in Persia nel 529, dopo che Giustiniano ha chiuso le scuole filosofiche di Atene, e lì si è radicata, portando a numerose traduzioni di opere classiche. È, quindi, largamente presente in molte sue articolazioni nei Paesi recentemente conquistati.

Lentamente, nel corso di due secoli circa (VIII e IX), si provvede alla traduzione in arabo delle opere che conservavano il patrimonio scientifico e filosofico della Grecia classica e dell'epoca ellenistica e romana. Le persone colte che si occupano di tali traduzioni sono prevalentemente intellettuali cristiani (spesso di tendenza filo-ariana) ed ebrei, che da secoli sono abituati a parlare diverse lingue.

È sullo sfondo del dibattito fra teologi islamici e della presenza crescente di testi filosofici classici che si colloca la vicenda della filosofia islamica e anche di quella giudaica.

Dopo un lavoro preparatorio iniziato da al-Kindi (800-873 ca), l'unico filosofo arabo in senso stretto (proveniva dall'Arabia del sud), la filosofia islamica si afferma con grande vigore nei due massimi suoi esponenti: al-Farabi (870-950 ca) proveniente dall'area turca e Avicenna (980-1037) di area persiana. Diciamo massimi esponenti perché tali verranno considerati sempre nella cultura islamica, anche dopo essere stati condannati da al-Ghazali (1058-1111) alla fine dell'XI secolo, affermando il primato della fede e della teologia mistica sul razionalismo dei filosofi. Averroè (1126-1198) li difenderà, attaccando a sua volta al-Ghazali, e avrà anche lui, come Avicenna, una fortuna immensa e plurisecolare nell'Occidente latino per i suoi commenti al "vero Aristotele", ma verrà del tutto rimosso dal successivo pensiero islamico. Un pensiero che accetterà invece come restauratore del vero islamismo, quasi un secondo fondatore, al-Ghazali, e da cui si svilupperà una filosofia di tipo mistico che avrà uno dei più noti esponenti nel persiano Suravardi nel XII secolo.

4. I problemi aperti dall'aristotelismo islamico

L'argomento più noto elaborato sia da al-Kindi sia da tutti i filosofi islamici successivi è quello dell'intelletto "agente" come separato da quello "passivo", problema di derivazione aristotelica. Aristotele, infatti, aveva distinto un intelletto passivo che è pura potenzialità di comprendere gli intellegibili, i concetti universali e un intelletto attivo, inteso come conoscenza in atto degli intellegibili. Non si conosce l'esatta collocazione dell'intelletto attivo secondo Aristotele.

La ragione umana può pervenire a individuare principi universali, concetti di genere e di specie e valori morali, ma questa conoscenza non riesce a ottenerla con le sole sue forze. Occorre l'intervento dell'intelletto attivo. Questa affermazione trae la sua origine nella teoria aristotelica dell'intelletto umano potenziale, che, in potenza, è capace di conoscere le essenze universali, ma deve essere "illuminato" dall'intelletto attivo o produttivo che lo muova ad attuarsi nella conoscenza. Tale intelletto viene identificato dai filosofi islamici con la «decima intelligenza», quella della Luna, la più bassa delle dieci intelligenze emanate dal Primo Essere. Questa identità ci richiama a un altro tema importante della filosofia islamica. Proprio di tale speculazione, e soprattutto da parte di Avicenna e di Averroè, è l'adozione dello schema emanazionistico, di stampo neoplatonico, per spiegare l'origine del mondo da Dio. Secondo tale concezione il mondo non è il prodotto della creazione divina, ma l'universo è eterno come eterni sono il Primo Essere, il movimento e la materia. Il Primo Essere è l'essere necessario per eccellenza, perfetto e immateriale, l'essere in cui coincidono essenza ed esistenza, che invece sono separati per tutti gli altri esseri non necessari. Esso è il motore immobile, pensiero di pensiero, causa finale (cioè perfezione) a cui tendono tutte le cose. Il processo di generazione del cosmo dal Primo Essere avviene nell'eternità, poiché altrimenti la creazione e il tempo introdurrebbero nell'Essere perfetto e immutabile un mutamento, presupponendo una precedente mancanza o deficienza. Dieci sono le intelligenze emanate dal principio supremo, pure forme che costituiscono i cieli e presiedono al movimento delle sfere celesti.

Il paradiso di Maometto, miniatura dall'opera *La storia di Maometto* (1030).

La decima intelligenza, composta di materia originaria ordinata secondo una scala gerarchica, offre le forme al mondo sublunare. Gli esseri materiali, grazie a questo intervento, possiedono ciascuno la propria forma (albero, cavallo, uomo ecc.). L'esistenza dei singoli esseri è un accidente, mentre le forme (generi e specie) costituiscono l'essenza. Solo in Dio coincidono essenza ed esistenza; per tutti gli altri esseri essenza ed esistenza, necessario e contingente sono separati, dal momento che per questi ultimi sono solo possibili. Perché l'essenza possibile giunga all'esistenza deve intervenire l'Essere Primo, che sta all'origine di tutto il processo di emanazione.

Anche Avicenna e Averroè affrontano il tema del destino delle anime umane dopo la morte.

Secondo il primo la parte razionale dell'anima umana, dopo la morte, si unirebbe alla decima intelligenza, perdendo in tal modo la sua individualità. Per Averroè l'immortalità spetta solo all'intelletto attivo, separato da quello umano; inoltre non è pensabile che i corpi risorgano dopo la morte: correttamente Dante pone Averroè tra coloro che «l'anima col corpo morta fanno».

Al di sopra della conoscenza ottenuta grazie all'intelletto attivo sta la conoscenza profetica, superiore ad ogni altra forma di sapere. Essa avviene tramite una rivelazione diretta che parte dalla decima intelligenza e viene rivolta a taluni privilegiati. L'intelletto dei profeti riceve direttamente dal mondo celeste la rivelazione di verità non accessibili ad altri. Tale conversazione col mondo celeste o «visione dell'Angelo» (perché Maometto la riceve dall'Arcangelo Gabriele) avviene in uno stato simile al rilassamento del sonno e rivela la profezia delle cose divine.

5. L'accordo tra religione e filosofia secondo Averroè

Averroè, nato nel 1126 a Cordova e morto nel 1198, riveste cariche politiche ed è medico personale del califfo. Dante lo colloca nel Limbo, riconoscendone l'alto valore culturale e spirituale, e lo definisce come colui che «'l gran comento feo» («fece il grande commento»). Nel XIII secolo, dunque, viene riconosciuto ad Averroè non solo il merito di far conoscere all'Occidente Aristotele, ma ancor più di aver prodotto il migliore dei commenti all'opera del grande filosofo.

L'Europa del Basso Medioevo non conosce, invece, la sua opera intitolata *Trattato decisivo sull'accordo della religione con la filosofia*. Lo scopo proposto da questo testo è di indagare la legittimità e la liceità della speculazione filosofica e della logica in riferimento alla religione islamica. La verità del *Corano* è indiscutibile e il Libro stesso incita il fedele a perseguire la massima felicità, che consiste nella conoscenza di Allah. Non ci può essere divergenza tra la ragione e la fede: «Il Vero non può contrastare col Vero, ma anzi gli si armonizza e gli porta testimonianza». Qualora l'una e l'altra sembrino essere in disaccordo, bisogna optare per una spiegazione allegorica.

Averroè sostiene che diverse sono le vie che conducono alla verità. I filosofi che ricorrono a serrate dimostrazioni e a ragionamenti lucidi e validi si situano al sommo di una gerarchia. Tale ordinamento vede collocarsi al di sotto del vertice, costituito dalla disciplina filosofica, i teologi (chiamati anche «dialettici») e ancora più in basso i semplici fedeli, che sono in grado di comprendere la verità rivelata che si rivolge a tutti, comprensibile per ogni uomo e valida universalmente. Pochi sono invece coloro che possono coltivare la ricerca razionale del Vero. Il filosofo si rivolge ad una cerchia ristrettissima di persone, il teologo a una cerchia più ampia, il profeta o predicatore alle masse con un linguaggio di tipo "retorico", adatto alla moltitudine. Il senso più intimo delle Scritture è accessibile solo ai filosofi, non ai teologi né ai profeti. Se si mantengono e si rispettano le competenze, religione e filosofia vanno d'accordo. Qualora una discordanza tra religione e filosofia sia ineliminabile, spetta a quest'ultima, e di conseguenza alla ragione, l'istanza definitiva, la cosiddetta ultima parola. La filosofia è definita «disciplina suprema» e può quindi rivendicare in relazione al Vero una totale libertà nell'indagine conoscitiva da lei stessa costruita.

I procedimenti di indagine di cui si serve Averroè sono naturalmente quelli di Aristotele che «ci è stato dato da Dio affinché apprendessimo tutto ciò che c'è da conoscere». Proprio questa affermazione del primato del sapere razionale e della necessità della religione del *Corano* per le masse, che il filosofo di Cordova ritiene valida per l'Islam, suscita tra i teologi cristiani un insinuante sospetto di eresia da condannare severamente.

6. L'alternativa alla ragione: al-Ghazali e il misticismo

Come avviene nel mondo cristiano, così la fede musulmana ci presenta alternative che rifiutano l'uso della ragione e proclamano la necessità di abbandonarsi fino a raggiungere l'estasi mistica (mistica è ogni dottrina che ritiene possibile la comunicazione diretta tra uomo e Dio).

Danza rituale degli adepti della dottrina mistica sufista (XVII sec.).

Al-Ghazali (1058-1111) è il più significativo critico dell'uso della filosofia; vissuto a Bagdad come studioso e insegnante, ha un'esperienza mistica che lo porta ad aderire alla setta dei Sufi, mistici musulmani che uniscono alla contemplazione e alla preghiera il canto e la danza con giravolte sempre più veloci su ritmi ossessivi che li portano a cadere in una specie di *trance*. Nell'opera intitolata *La salvezza dalla perdizione* al-Ghazali ricostruisce il suo itinerario verso la verità, che si è compiuto secondo fasi successive. Egli è passato dal dubbio scettico sul valore della conoscenza sensibile alla fiducia nella ragione dei filosofi, dalla rinnovata sfiducia nella ragione dimostrativa all'illuminazione mistica che gli permette di cogliere intuitivamente la verità e maestà di Allah, così come nella loro pratica fanno i Sufi. Ad Avicenna e ad Averroè al-Ghazali contrappone la fede dei Sufi, che conduce a una visione gioiosa del divino e a una pratica di vita comunitaria che aiuta il fedele a trovare il proprio annullamento in Dio.

«Poi ch'innalzai un poco più le ciglia,
vidi 'l maestro di color che sanno
seder tra filosofica famiglia.»

Dante

Unità 9

La filosofia nella civiltà urbana

La civiltà comunale e l'affermazione delle lingue volgari

VIDEO

Una riproduzione della città di Moulins, in cui è evidente l'incremento del tessuto urbano all'interno e al di fuori della cinta muraria (XV sec.).

1. La rinascita della città Il profondo processo di trasformazione che si è sviluppato in Europa tra il VI e il X secolo d.C. (Alto Medioevo) e che ha generato il sistema feudale si era svolto nel segno della crisi demografica, economica, sociale e politica.

Dopo il Mille, la civiltà occidentale conosce una nuova fase di trasformazione e un nuovo, radicale processo di mutamento. Per questo motivo l'anno Mille è stato assunto dagli storici come la data di inizio del Basso Medioevo, un periodo di intenso sviluppo compreso tra l'XI e il XIV secolo, caratterizzato dalla forte ripresa di tutte le attività economiche, dalla crescita demografica, urbana e commerciale. Questo processo rappresenta la rottura e il superamento del sistema feudale e produce nuove strutture economiche, nuove organizzazioni sociali, nuove istituzioni politiche e culturali, modifica il modo di vivere, di lavorare, di comunicare e persino il paesaggio geografico.

Lo sviluppo demografico è favorito dalla maggiore produzione agricola, grazie all'introduzione di nuovi strumenti e tecniche di coltivazione. Parallelamente si assiste alla rinascita dell'urbanesimo. I centri propulsori della rinascita economica medievale sono le città: abbandonate e decadute durante l'Alto Medioevo, tornano a crescere e a svilupparsi. L'adeguamento della città al suo crescente numero di abitanti avviene tramite la costruzione di borghi al di fuori delle mura, una vera e propria appendice fortificata della vecchia pianta cittadina che man mano sarà difesa da nuove e più vaste cinte di mura.

Gli abitanti della città sono perlopiù mercanti e artigiani chiamati non solo cittadini ma borghesi dal fatto di vivere in un borgo, un luogo fortificato.

La nuova economia è basata non più sulla terra, ma sulla produzione artigianale, sugli scambi e sulla circolazione del denaro. Si delineano due zone principali di sviluppo: una gravitante intorno al mare del Nord, dalle coste orientali dell'Inghilterra al Baltico, e una a sud intorno al Mediterraneo. I primi rilevanti addensamenti di popolazione si verificano

Il vivace porto commerciale di Amburgo.

a Parigi e a Milano. I centri propulsori dell'economia mercantile nel Nord sono le città di Colonia, Lubecca, Magonza e Amburgo; anche nei territori della Champagne, dell'Île de France, della Fiandra sono numerosi gli insediamenti di mercanti e artigiani. In Italia, dove già Venezia e Amalfi per prime, poi Genova e Pisa hanno conquistato il primato commerciale e navale nel Mediterraneo, si affermano nell'area settentrionale e centrale i Comuni, centri urbani ricchi e potenti, dotati di autonomia politica.

2. L'istituzione comunale

La città è luogo di lavoro e dimora di *homines novi* («uomini nuovi») che praticano il lavoro libero, le libere professioni indipendenti dal vincolo feudale; le loro virtù non sono più la fedeltà e la sottomissione al padrone, ma l'iniziativa personale, lo spirito d'avventura e l'intraprendenza. Il lavoro non è più considerato biblicamente una condanna ma è un'attività scelta non solo in vista del guadagno, ma anche in funzione dell'affermazione delle proprie capacità e abilità creative.

Si forma un'attiva classe di mercanti che sviluppa il commercio a lunga distanza, non solo su scala europea, ma anche nelle "Indie", cioè nei Paesi al di là del Medio Oriente. Spesso i mercanti sono anche banchieri che controllano il credito, sia prestando piccole somme sia finanziando sovrani, signori e alti prelati.

I "cittadini", che si contrappongono ai nobili, aspirano a detenere il potere e si associano nei «patti comuni» (da qui il termine «Comune»).

Si formano oligarchie, frutto di alleanze tra famiglie potenti d'origine sia feudale sia borghese, che mantengono il predominio politico: i magnati rappresentano la classe dominante, a cui si contrappone il popolo, cioè tutti coloro che sopravvivono grazie al proprio lavoro, perlopiù proprietari di piccole botteghe, esclusi dal potere. Ultimi nella scala sociale sono i poveri che vivono alla giornata fra mille difficoltà; molti di essi sono mendicanti che vivono di elemosine e spesso sono considerati pericolosi sul piano sociale.

Le corporazioni delle arti e dei mestieri riuniscono coloro che svolgono la stessa attività lavorativa e rappresentano vere forze politiche.

Miniatura dal *Trattato dei Sette vizi* (XIV sec.) con banchieri e cambiavalute.

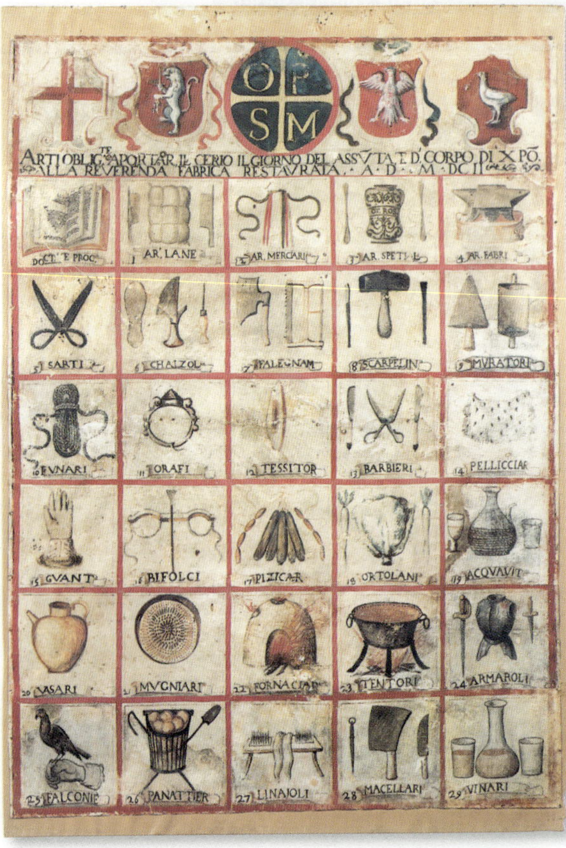

Le varie corporazioni delle arti della città di Orvieto (XIV sec.).

Nel mondo comunale il clero è presente a tutti i livelli: vi si trova tutta la gerarchia del clero secolare, al quale si aggiungono i membri degli ordini monastici e mendicanti vecchi e nuovi.

Le confraternite, associazioni pie legate principalmente al culto religioso, all'istruzione dei laici e all'esercizio della carità cristiana, assicurano la presenza della Chiesa all'interno delle dinamiche socio-culturali del Comune.

3. Le forme del potere politico nel Duecento

Tra l'XI e il XIII secolo si fronteggiano vari tipi di strutture politiche: il potere feudale, i poteri "universali" dell'impero e del papato, i comuni e le prime monarchie nazionali. Queste ultime hanno il pieno controllo del territorio (permangono autonomie di tipo feudale), ma cominciano a caratterizzarsi come Paesi in quanto raccolgono i sudditi in base alla comune origine etnica e storica e pretendono l'obbedienza alla medesima legge e allo stesso sovrano.

Sono i re francesi che, a partire dal Duecento, avviando una stabile imposizione fiscale e creando un primo nucleo di efficiente burocrazia, iniziano la costruzione di uno Stato "moderno".

Il sovrano inglese, sebbene abbia maggiore controllo politico sulla nazione, rischia invece di vedersi esautorato dai baroni che gli impongono il riconoscimento di una lunga lista di privilegi contenuta nel documento noto come *Magna Charta libertatum* (*Grande Carta delle libertà*, 1215), che assicura ai baroni e ai cittadini dei comuni particolari privilegi e il diritto di veto sulle imposizioni fiscali proposte dal sovrano.

I regni iberici (Portogallo, Navarra, León e Castiglia, Aragona e Catalogna) riescono a superare le divisioni interne e a continuare la Riconquista, ossia la liberazione della Spagna dai regni musulmani, riducendo gradualmente la presenza islamica nella penisola al solo regno di Granada.

4. Le crociate

A partire dall'XI secolo la vitalità del mondo occidentale si esprime, oltreché nella nascita e crescita delle città, anche in un "contrattacco" rispetto all'espansionismo musulmano, che dal VII secolo ha ampiamente eroso gli spazi della cristianità. Il fenomeno più rilevante di questa guerra contro i musulmani è rappresentato dalle crociate. Il papato si fa portavoce e promotore della nuova fase della civiltà cristiana occidentale: il passaggio da una posizione di difesa a una di offesa nei confronti dell'Islam sia verso la penisola iberica, sia verso la Terra Santa.

Mosse da un intreccio di interessi religiosi, economici e politici del ceto feudale, le crociate avrebbe-

L'assedio di Antiochia durante la Prima crociata in una miniatura francese del XIII secolo.

Un abate simoniaco ritratto in una miniatura del XIV secolo.

ro portato alla Chiesa e ai signori feudali non solo nuovi territori da convertire, ma anche molte terre da cui ricavare benefici di natura economica. Il papato e le gerarchie ecclesiastiche avrebbero ottenuto un potere senza precedenti. Le crociate agevolano gli scambi politici ed economici tra Oriente e Occidente, favoriscono la conoscenza della lingua e della cultura greche, contribuiscono alla diffusione in Europa del sapere matematico, filosofico, astronomico, particolarmente sviluppati nel mondo musulmano.

5. Il fervore religioso e la diffusione delle eresie Fin dagli inizi dell'XI secolo la società cristiana è percorsa da profondi fermenti religiosi. Da più parti si chiede una riforma delle strutture ecclesiastiche, si fondano nuovi ordini monastici, si rinnova l'interesse di vaste masse di fedeli per le Scritture e le leggende dei santi. Anche il papato interviene più volte per combattere la corruzione della Chiesa e per rifondarla secondo gli ideali del *Vangelo*. Si moltiplicano gli interventi papali, in particolare contro due degenerazioni dei costumi del clero, come il concubinaggio (il mancato rispetto del voto di castità) e la simonia (la vendita per denaro delle cariche ecclesiastiche). Gli ecclesiastici non sono membri della Chiesa per una profonda vocazione personale, ma perché appartengono alla classe feudale, cioè alla grande e alla piccola nobiltà, che occupa non solo le cariche di carattere civile, ma anche i posti di potere più importanti dell'istituzione ecclesiastica. Nelle classi subalterne serpeggia frequentemente un'identica ostilità verso il clero e verso la nobiltà: la lotta contro vescovi simoniaci e concubinari esprime la rivolta contro il potere della classe feudale. Nascono molti movimenti ereticali che hanno in comune la predicazione della povertà evangelica e la convinzione che anche chi non è sacerdote possa leggere e spiegare al popolo il *Vangelo*, tradotto nelle lingue volgari.

Un mercante di Lione, Pietro Valdo (1130-1206 ca), propone la formazione di una comunità evangelica che si fondi sul messaggio contenuto nel *Vangelo*. Il movimento si consolida e dà origine, in alcune vallate alpine impervie, a comunità religiose i cui membri, dal loro fondatore, prenderanno il nome di «valdesi». Queste comunità vivono secondo lo spirito evangelico, rifiutano la guerra e la violenza, il monopolio del clero sul rito e sul commento dei testi sacri e non credono nel Purgatorio, nei miracoli e nel culto dei santi.

La violenta repressione contro i valdesi prevede il carcere e, addirittura, la messa al rogo. Manoscritto miniato del XIV secolo.

Sempre nel XII secolo, dalla Germania, si diffonde il catarismo, che nega la validità dei sacramenti amministrati dal clero corrotto, rivendica la necessità di una "purezza" rigorosa da parte dei ministri di Dio secondo un'etica molto rigida. Questa eresia sostiene l'esistenza di due princìpi, uno del bene e uno del male all'origine dell'universo, in perpetuo conflitto, e oppone radicalmente anima e corpo.

Verso la fine del XII secolo, l'eresia catara è quasi diventata maggioritaria in molte province della Linguadoca e ha il suo centro più importante nella città di Albi. Dal nome della cittadina francese questi eretici verranno detti «albigesi». Papa Innocenzo III, nel 1208, indice una crociata contro di essi: i feudatari della Francia del Nord rispondono all'appello e, per desiderio di impadronirsi di quelle ricche province, soffocano l'eresia distruggendo con una violenza fanatica le fiorenti civiltà della Francia meridionale.

6. La nascita degli ordini mendicanti nelle città Per soddisfare l'ormai diffusa e manifesta esigenza di una nuova religiosità, e per combattere le eresie, nascono, all'inizio del XIII secolo, gli ordini di Francesco d'Assisi (1182-1226) e di Domenico di Guzman (1170-1221). Tali ordini sono detti «mendicanti» perché vivono di elemosina; la regola del primo viene approvata nel 1223 da Onorio III, quella del secondo era già stata riconosciuta nel 1216, sempre dallo stesso papa.

Francescani e domenicani acquistano rapidamente un'importanza molto grande soprattutto perché, facendo propria la rivendicazione della povertà cristiana primitiva e del ritorno alla purezza del *Vangelo*, soddisfano il bisogno largamente sentito tra la popolazione cittadina di una Chiesa povera e tesa al benessere spirituale e non materiale.

I francescani sono, da principio, formati da un gruppo di penitenti raccolti intorno a Francesco, figlio di un ricco mercante di Assisi, con lo scopo di

In alto: l'attacco alla città di Béziers nel corso della crociata contro gli albigesi (XIII sec.).

A destra: Beato Angelico, *L'incontro tra san Francesco e san Domenico* (1440 ca).

vivere secondo i princìpi del *Vangelo*. Ogni frate deve seguire scrupolosamente la Regola, molto rigorosa, voluta dal fondatore: deve essere obbediente, predicare, lavorare e assistere gli infermi praticando la povertà.

I domenicani si propongono di sconfiggere l'eresia: grande spazio ha perciò il lavoro intellettuale di preparazione culturale per svolgere l'opera di rievangelizzazione.

I nuovi ordini sono presenti nei campi della cultura, dell'insegnamento e della formazione ecclesiastica. Non si limitano a istituire *Studia generalia* (scuole di formazione unversitaria) all'interno delle loro organizzazioni, ma accedono anche ai vertici delle principali istituzioni culturali, cioè delle università fondate dal clero secolare. Nonostante le resistenze dei maestri secolari, intorno al 1230 sia i francescani sia i domenicani riescono ad avere cattedre nella prestigiosa facoltà di teologia di Parigi. Più tardi anche a Oxford si afferma la presenza degli ordini mendicanti, soprattutto quella dei francescani.

7. La cultura nell'Occidente cristiano e l'affermazione delle lingue volgari

Il fatto culturalmente più rilevante in tutta Europa dopo l'anno Mille è il passaggio delle lingue volgari dall'uso esclusivamente orale all'uso scritto. In Italia solo verso la fine del X secolo si ha una netta distinzione tra il latino e i volgari, diversi da regione a regione, per l'influenza dei dialetti locali. Progressivamente la lingua scritta si differenzia dai dialetti, confinati in ambiti locali e nell'uso parlato. La scrittura è ancora appannaggio di specialisti che si rivolgono a ceti sociali elevati; le masse rurali e la gran parte della popolazione urbana non conoscono e non utilizzano la lingua scritta. Il latino viene usato ancora diffusamente nelle scuole, ecclesiastiche e laiche, e nelle università. In latino vengono scritte e discusse le dottrine teologiche, filosofiche, le scienze e le discipline giuridiche; gli intellettuali sono "bilingui": usano il latino per la trattazione di temi di maggiore impegno teorico e speculativo e il volgare per scrivere opere legate a temi amorosi e meno impegnati.

I mercanti sono i primi a servirsi del volgare per le necessità del loro mestiere, poi anche i funzionari statali e gli amministratori comunali incominciano a usare la lingua nuova per le pratiche burocratiche. Con l'uso del volgare l'alfabetizzazione cresce e la pratica della scrittura si allarga ai ceti medi del Comune.

Ritratto miniato (XII sec.) di un *magister* di diritto nel suo studio: il latino resiste come lingua dotta nelle università.

8. Le scuole delle città

Nell'Alto Medioevo le scuole erano essenzialmente nei monasteri, annesse alle abbazie, e gli unici protagonosti della vita intellettuale erano i monaci.

Lo sviluppo economico e urbano dopo il Mille porta all'affermazione della borghesia commerciale e artigianale, che ha nuove esigenze in campo culturale ed educativo. Nelle città mercanti e artigiani sentono il bisogno di acquisire un sapere pratico che agevoli lo svolgimento delle loro professioni (saper leggere, scrivere e fare i conti è la base per padroneggiare più complesse tecniche commerciali e finanziarie) e di apprendere conoscenze giuridiche e amministrative che consentano la gestione politica autonoma dei comuni.

Nella loro ascesa sociale, inoltre, i ceti urbani vanno sviluppando nuovi modi di vita, nuovi valori e una nuova visione del mondo che la cultura religiosa sino ad allora dominante non rispecchiava. Per queste ragioni, a partire dal XII secolo, si verifica una radicale trasformazione dell'assetto altomedievale dell'istruzione, che in precedenza poggiava sulle scuole vescovili e monastiche. Le esigenze delle nuove forze sociali cittadine determinano una progressiva laicizzazione della cultura e delle strutture educative: accanto alle scuole religiose iniziano così a sorgere, entro le mura delle città, istituzioni scolastiche laiche.

I «maestri condotti», cioè scelti e stipendiati dai comuni, sono figure assai diffuse nel XIII e nel XIV secolo. Si occupano del primo livello di istruzione, cioè dell'insegnamento della grammatica, della lettura e della scrittura, e del secondo livello, che consiste nello studio della matematica e di discipline professionali quali la contabilità, la ragioneria, la mercatura e richiede docenti esperti nell'uso dell'abaco.

Il terzo livello di apprendimento comprende discipline più complesse, quali il latino, la logica, la retorica e la dialettica ed è destinato a coloro che desiderano fare carriera nelle cosiddette "arti liberali" (avvocati, notai e medici) o nella Chiesa. Impartiscono questi insegnamenti i maestri d'arte, sovente assunti e pagati direttamente dalle amministrazioni pubbliche.

Lezione di grammatica da un manoscritto di area germanica del XIII secolo.

La scuola laica diventa via via prevalentemente pubblica e i comuni se ne assumono l'onere e la gestione. La città è consapevole che aprire scuole per istruire la popolazione è un atto politico; il nuovo ceto dominante dei borghesi cerca di controllare il processo di formazione dei cittadini abbienti.

Alla cultura monastica si affianca, in termini concorrenziali e talvolta conflittuali, la cultura teologica e filosofica delle scuole cittadine: le scuole ecclesiastiche (dette cattedrali o episcopali), connesse alle cattedrali (come la scuola di Chartres) e sotto il controllo, più o meno rigido, dei rispettivi vescovi; le scuole canonicali, scuole che si trovano in monasteri che hanno sede in città (come la scuola di San Vittore a Parigi). Il Concilio Lateranense del 1179 impegna tutti i vescovi a istituire presso le cattedrali delle scuole, nelle quali insegnano sia ecclesiastici sia laici.

Le scuole libere sono quelle organizzate da un privato, quasi sempre un chierico, che, come professore indipendente, chiede denaro agli allievi.

I chierici-maestri si spostano per tutta Europa, vanno in Spagna per conoscere la cultura islamica e tengono lezioni che attraggono molti studenti entusiasti. Le scuole cittadine dei chierici del XII secolo (il più noto è Abelardo) anticipano le università, vere e proprie corporazioni di maestri e allievi, che si spostano da un centro all'altro. In esse conta la forte individualità del maestro, che è famoso al di fuori di ogni ordine e di ogni altra istituzione.

La formazione della classe dirigente laica ed ecclesiastica è lo scopo di queste scuole; ma in esse si sviluppa anche un ricco dibattito di idee che, per la prima volta dopo molti secoli, coinvolge un uditorio ampio in maniera diretta e continua.

9. La nascita delle università

Attorno al 1200 comincia a incrinarsi l'assetto tradizionale dell'istruzione superiore, con la comparsa di corporazioni di docenti e di studenti, gli *studia*, che organizzano percorsi di studio per una formazione culturale completa dei discenti. Nel XIII secolo, anche presso gli ordini mendicanti, soprattutto quello dei domenicani, si formano degli *studia* che scelgono come loro terreno di impegno e di intervento l'insegnamento. Lo *studium* generale di Parigi, come molte di queste associazioni, discende direttamente da una scuola cattedrale, quella di Notre-Dame; un fenomeno simile avviene anche a Bologna, Montpellier, Orléans, Oxford. A poco a poco *studium* e università diventano sinonimi.

Pietra tombale di Giovanni Bonandrea; particolare raffigurante gli studenti dell'Università di Bologna (XIV sec.).

Il termine «università» non indica, originariamente, un luogo, un edificio, un'istituzione che raccoglie diverse facoltà, ma una forma di «corporazione» (*universitas*), analoga a quelle dei diversi mestieri che nelle realtà cittadine medievali si erano andate costituendo fin dal XII secolo. L'associazione tende subito a ottenere dalle autorità civili e religiose diritti, privilegi, sigilli, riconoscimenti giuridici di vario genere, sigillo della sua legale esistenza e della sua legittimità giuridica. Come insieme di maestri e scolari l'*universitas* rivendica l'autonomia dal vescovo e si allea, piuttosto, direttamente con il papato, dotato di potere universale, divenendo così istituzione pontificia. Insegnanti, studenti e perfino i loro domestici dipendono solamente dai tribunali ecclesiastici, il che consacra l'autonomia dell'istituzione.

10. Le quattro facoltà

L'università è un'associazione in cui vengono studiate le discipline post-elementari, dalle *artes* (del trivio e del quadrivio, arricchito dalla fisica e poi dall'etica) a quelle di specializzazione superiore, che sono il diritto, la medicina e la teologia.

Nel corso del XIII secolo questa suddivisione porterà alla formalizzazione di quattro facoltà. La prima è quella delle arti, nella quale si entra a circa quattordici anni e a ventuno anni si ottiene il titolo di baccelliere. Ha un carattere preparatorio per le facoltà successive e vi si insegnano le *artes liberales* (grammatica, retorica, dialettica, aritmetica, geometria, musica e astronomia). "Sorelle minori" sono le arti meccaniche, che acquistano gradualmente un posto di rilievo anche nelle scuole e nelle enciclopedie del sapere. Le altre facoltà sono quelle di diritto, di medicina e di teolo-

Lezione di anatomia in una università francese del Trecento.

gia, la cui frequenza è destinata a pochi e dura ben dodici anni, dall'età di ventidue all'età di trentaquattro anni.

Non tutte le università hanno tutte e quattro le facoltà. Le più antiche scuole superiori, o facoltà universitarie, sono quelle italiane di medicina a Salerno e di diritto a Bologna e Pavia. L'università più importante, a partire dal XIII secolo, è quella di Parigi, in cui spiccano la facoltà delle arti e quella, prestigiosissima, di teologia. Altri centri si specializzano in singoli campi disciplinari: per esempio Montpellier in medicina, Tolosa in diritto, Orléans in retorica.

La Chiesa cerca di riservarsi il controllo sull'istruzione superiore rivendicando il diritto esclusivo di conferire la *licentia docendi* (la «licenza d'insegnare»), ma non sempre e ovunque ci riesce.

11. I "professionisti" della cultura e gli studenti universitari I maestri, che esercitano liberamente, sono stipendiati dagli studenti, che talora abitano con loro. Ogni intellettuale, che può essere chierico o laico, può liberamente aprire una scuola. L'aumento delle sedi scolastiche e la loro apertura ai laici comporta la nascita di un ceto di professionisti della cultura, che vivono dei proventi dell'insegnamento e alle cui competenze è riconosciuto un valore sociale.

I maestri che insegnano nelle Università (di filosofia e teologia) sono perlopiù membri della Chiesa, appartenenti agli ordini mendicanti o anche *magistri liberi* dal momento che non appartengono ad alcun ordine e sono al più basso gradino della carriera ecclesiastica. Anche i loro allievi studiano per diventare a loro volta membri della Chiesa, chierici. Come il maestro libero si sposta di città in città e tiene le sue lezioni a un pubblico che diventa sempre più numeroso, così gli studenti sono anch'essi vaganti, poiché si spostano tra le varie Università.

I docenti delle Università possono occupare posizioni di grado differente, dal più basso, baccellierato, al più alto, dottorato (*magister*). Il baccelliere corrisponde pressappoco all'assistente o al ricercatore delle nostre università e ha il compito di commentare la *Bibbia* e le *Sentenze* (un'esposizione sintetica della teologia cristiana) di Pietro Lombardo (1100-1160). Il dottore, invece, tiene lezioni dedicate a temi e a questioni da lui stesso proposte.

Il rettore, che è già per nascita di rango molto elevato, è il responsabile della funzione di guida e di controllo su tutta l'istituzione e rappresenta la corporazione di fronte alle autorità esterne.

Esame di baccellierato; miniatura tedesca del XV secolo.

12. La letteratura come espressione di nuovi valori Nel corso del Duecento si sviluppano nuove dimensioni culturali, tra le quali è possibile distinguere quella nobiliare, che ha avuto la sua origine nel Nord della Francia e in Provenza. I valori di questa produzione letteraria sono quelli eroici della guerra, della generosità e della lealtà dei cavalieri: l'onore e il coraggio, l'amicizia e la vendetta. Nel corso del XII e del XIII secolo questa tradizione poetica si affina e assume i caratteri di una vera e propria letteratura, non solo orale, ma anche scritta.

Nel Duecento la corte non indica più soltanto il gruppo di aristocratici che vive nel castello del signore in campagna, ma anche il seguito del signore, del vescovo o del ricco mercante che si incontra nelle loro residenze di città: insomma la "cortesia" diventa fenomeno urbano.

La celebrazione dell'"amor cortese" è un aspetto della crescita della cultura laica in volgare che vede, come autori, esponenti dei ceti urbani di maggior prestigio. Si vuole prendere le distanze dalla vecchia cultura signorile-feudale e scalzare il monopolio culturale in latino detenuto dalla Chiesa.

L'arte gotica è anch'essa legata alla dinamica civiltà urbana e dunque la cattedrale, costruita con il contributo economico della classe borghese, riflette l'ottimismo e il realismo dei ceti urbani emergenti.

Una chiesa che definisce lo stile gotico nei suoi elementi essenziali è la cattedrale francese di Chartres che si sviluppa in altezza, a sottolineare lo slancio del fedele verso Dio. Questo cambiamento nella struttura architettonica è reso possibile dal miglioramento delle tecniche costruttive. Per esempio, l'arco a tutto sesto è sostituito dall'arco a sesto acuto, le pareti, portanti nelle chiese romaniche, diventano semplici riempitivi, così ininfluenti per la stabilità dell'edificio da potere essere sostituite da grandi vetrate; queste hanno una funzione pratica e simbolica: pratica perché consentono la massima luminosità, simbolica perché esprimono la vittoria della luce, cioè del divino, sul buio, simbolo del peccato.

Chartres, Cattedrale di Notre-Dame (1194-1225).

Verifica immediata

1. Quali sono i centri propulsori della rinascita economica medievale dopo il Mille?
2. Su che cosa si basa la nuova economia?
3. Che cos'è la *Magna Charta libertatum*?
4. Quali nuovi ordini religiosi nascono e con quali finalità?
5. Quale trasformazione si attua nell'assetto dell'istruzione a partire dal Duecento?
6. Quali tipi di scuole prevalgono nel Duecento?
7. Che cosa si indica con il termine «università»?
8. Quali sono le prime quattro facoltà universitarie?

Nuove prospettive e l'aristotelismo cristiano

I luoghi e i destinatari

1. Gli *studia* di Parigi e di Oxford

1.1 La rinascita della filosofia in Occidente

Nell'**Occidente latino** la ripresa delle città (sul piano generale, politico, produttivo, commerciale, culturale) e la **ripresa del dibattito filosofico** vanno di pari passo, mentre nelle regioni di civiltà greco-bizantina, islamica e giudaica con la fine del XII secolo si cessa sostanzialmente di «filosofare». L'area occidentale, proprio allora, riceve dalla filosofia uno degli impulsi culturali più forti ed essenziali per l'elaborazione e l'innovazione: sul piano teologico e su quello delle teorie politiche e scientifiche.

Intorno al 1100, dopo quasi cinquecento anni di dominio indiscusso della cultura filosofica e teologica di elaborazione monastica, entra in concorrenza e in conflitto con essa una cultura teologica e filosofica cittadina. Tuttavia, la filosofia rimane ancora saldamente legata agli studi teologici.

La produzione filosofica e teologica del Basso Medioevo è definita **Scolastica** poiché, come suggerisce il termine, si tratta di un pensiero che si sviluppa nel legame con l'insegnamento (in particolare quello universitario). *Scolasticus* è, in un primo momento, l'**insegnamento delle arti liberali** del trivio e del quadrivio e poi, proprio nella scuola urbana, indica il **docente di filosofia e di teologia** che tiene le sue lezioni presso le cattedrali e anche presso le università.

Lezione di teologia in una classe parigina. Miniatura francese del XIV secolo.

1.2 La scuola di Parigi e quella di Oxford

Nel XII secolo è soprattutto l'**area parigina** (comprende anche le vicine Chartres e Orléans) il luogo in cui si formano le principali scuole cittadine e le principali "correnti" filosofiche, individuabili, talvolta, dalle coordinate geografiche: la scuola di Chartres, quella della *Cité* e della collina di Sainte Geneviève, quella del monastero parigino di S. Vittore, per citarne alcune.

La **scuola capitolare di Chartres**, fondata alla fine del X secolo, diventa nel XII secolo un punto di incontro internazionale per studiosi e chierici. In essa non solo l'indagine filosofica cerca una sua autonomia dalla teologia, ma mostra un grande interesse per le scienze della natura e per uno studio attento e approfondito dei classici della letteratura latina. Il primo grande maestro di filosofia della scuola è Bernardo di Chartres.

A Parigi tutte le scuole sorte nei vicoli della *Cité* e sulla collina di Sainte Geneviève gradualmente si fondono e assumono il carattere di un'istituzione collegiale e corporativa: lo ***Studium parisiense*** (cioè l'Università di Parigi). Si sviluppa in un ambiente scolastico fiorente già nel XII secolo e si giova di una duplice protezione, quella dei re di Francia e quella dei pontefici che, come Innocenzo III, la ritengono un potente strumento per diffondere le verità teologiche nella cristianità. Parigi ai chierici secolari appare come la nuova "dimora della sapienza", nella quale abbonda il nutrimento per il corpo e per lo spirito: la Chiesa trionfa per grandezza e autorevolezza, ma godono di fama e di rispetto anche i chierici secolari, mentre è pregevole la varietà degli studi dei maestri. Con i suoi *magistri* Parigi definisce la nuova linea della teologia cristiana e diventa il maggiore centro del sapere filosofico e teologico.

Prestigiosissima è anche l'università di **Oxford**, legata alla tradizione teologica agostiniana e attenta più alle scienze del quadrivio che alla filosofia.

Nelle facoltà di **Parigi** e di **Oxford** a coronare le facoltà profane di *artes*, di medicina e di diritto è la scienza di Dio che costituisce il fondamento, il fine e l'unità di tutto il sapere. L'autorità pontificia impone a tutti e due gli *Studia* la superiorità e il predominio della teologia.

Mentre Parigi diventa il centro della ripresa della filosofia aristotelica come strumento di interpretazione delle verità della fede cristiana, l'Università inglese rimane, grazie ai suoi maestri fondatori, legata alla tradizione agostiniana e platonica. Il relativo isolamento dell'Inghilterra dal continente, la minore pressione dell'autorità ecclesiastica, contenuta fortemente dall'autorità regia, permettono una **maggiore autonomia** di elaborazione dottrinale e il diffondersi di un vivace interesse per la scienza.

1.3 Il pubblico della filosofia

Arnaldo da Brescia, condannato al rogo come eretico.

L'aumento dell'interesse per la filosofia è testimoniato dalle vicende esemplari del chierico itinerante **Abelardo** (1079-1142), il più importante maestro di dialettica e filosofia del XII secolo. Costui, fondata una scuola prima a Melun, poi a Corbeil e infine a Parigi nel Chiostro di Sainte Geneviève, vede aumentare la propria fama e il proprio pubblico. Al Maestro Palatino, così è chiamato Abelardo, viene offerta la cattedra di Notre-Dame, dove le sue lezioni di filosofia e di teologia attirano **studenti da tutta Europa**. Il successo ottenuto è grande, come testimoniano le parole del monaco priore del monastero di Deuil: «Nulla, né le alte cime dei monti, né la profondità delle valli, né i rischi dei viaggi sulle strade pericolose e infestate dai briganti potevano impedire ai discepoli di correre a te. Il mare e le tempeste non spaventavano i giovani inglesi, che anzi correvano a te numerosi. La remota Bretagna ti inviava i suoi rozzi figli a imparare. Gli abitanti dell'Anjou, mandavano i propri figli al tuo seguito. Il Poitou, la Guascogna, la Spagna, la Normandia, la Fiandra, la Germania e la Svezia, gareggiavano nel lodarti e nel lodare il tuo ingegno».

Pare che Abelardo abbia avuto nelle diverse scuole da lui fondate più di cinquemila discepoli, tra cui tre futuri pontefici, abati e cardinali nonché importanti filosofi e teologi come Giovanni di Salisbury, Ugo di San Vittore e **Arnaldo da Brescia**, condannato come eretico nel 1155. Tra gli allievi privati troviamo anche una ragazza, **Eloisa**, una delle fanciulle più colte di Francia, che è profondamente affascinata dalle doti intellettuali e dalla cultura del maestro, che sposerà segretamente.

Verifica immediata

1. Quali sono i due maggiori centri filosofico-teologici del XII secolo?
2. A quali filosofie del passato si ispirano?

Il metodo della filosofia

2. Logica e teologia

2.1 Un problema, le sue possibili soluzioni e la disputa dialettica

Il metodo scolastico, praticato in ogni facoltà, ma più specificatamente proprio dell'argomentare filosofico-teologico, ha come fine l'educazione al corretto e rigoroso discutere, utilizzando i diversi modelli di insegnamento.

Un primo metodo di insegnamento si avvale della ***lectio*** («lezione»), già praticata nella *schola* monastica. Fondamentale per la Scolastica è il ricorso a modelli insuperabili, le cosiddette ***auctoritates***, fonti di verità indiscutibili che "illuminano" il cammino della ricerca e indicano la retta via da seguire nella spiegazione delle verità di fede. *Auctoritas* per eccellenza è la parola di Dio contenuta nei libri sacri, ma anche i padri della Chiesa come Agostino e Gerolamo e, naturalmente, la Chiesa stessa che guida gli uomini a Dio. Un'altra *auctoritas* è Boezio.

Un secondo metodo si avvale della ***quaestio*** («questione»): il maestro individua nelle dottrine o nei testi un problema, un dubbio che viene sottoposto a uno stringente esame. La *quaestio* è costituita da parti ben definite, che comprendono: l'enunciato; l'elencazione delle ragioni a favore di una tesi; l'elencazione delle ragioni a favore della tesi opposta; l'enunciazione della tesi scelta come valida, chiamata *conclusio* (conclusione); l'illustrazione delle motivazioni che hanno fatto adottare la conclusione appena presentata.

Secondo questo metodo il maestro produce le cosiddette ***quaestiones disputatae*** o ***ordinariae*** («questioni discusse» o «ordinarie», cioè temi di grande rilievo, oggetto sempre di riflessione). Le ***quaestiones quodlibetales*** («questioni qualsiasi») sono le raccolte delle questioni che gli studenti, aspiranti alla laurea in teologia, devono discutere due volte l'anno, prima di Natale e prima di Pasqua, su temi vari.

Un terzo metodo di insegnamento è la ***disputatio*** («dibattito»), un confronto dialettico che si svolge tra due studenti sotto la presidenza di un maestro. Uno di questi propone l'argomento (il cosiddetto *respondens*, «colui che risponde»), l'altro gli replica (l'*opponens*, «colui che si oppone»). Ogni studente deve sostenere le *disputationes* per essere ammesso agli esami; in particolare, la partecipazione a una disputa pubblica è necessaria per ottenere il titolo di baccelliere.

L'attività didattica avviene in **latino**, la lingua comune tra le diverse nazioni e la lingua del sapere.

2.2 Aristotele, l'*auctoritas* per eccellenza

Quando Aristotele, accompagnato dai commenti del filosofo islamico Averroè, irrompe sulla scena cristiana occidentale, genera reazioni di rifiuto radicale, con minaccia di scomunica da parte della Chiesa per chi intenda fare oggetto di insegnamento i libri *naturales* (su fisica e metafisica) recentemente tradotti. Tuttavia, abbastanza rapidamente si stabilisce **una solidarietà tra filosofia peripatetica e cristianesimo**. I concetti chiave della filosofia aristotelica divengono gradualmente gli strumenti adeguati a comprendere (*intelligere*) e chiarire la fede.

La filosofia di Aristotele, una volta accettata, fornisce la **nuova impalcatura teorica**

Allegoria della Teologia, affresco di Raffaello (Stanza della Segnatura dei Musei Vaticani, 1508-1511).

alla teologia. La filosofia prima e la fisica geocentrica costituiscono il materiale e gli strumenti per costruire la nuova teologia come scienza. La logica elabora il metodo per costruire il discorso scientifico; la metafisica, o filosofia prima, che studia l'essere in quanto essere, è introduttiva al discorso sull'**Essere primo**, su Dio. Si deve distinguere accuratamente, distinzione mancante nel maestro greco, tra l'essere necessario, Dio, per il quale essenza ed esistenza coincidono, e l'**essere contingente** la cui essenza non contiene l'esistenza, ma che per esistere necessita dell'intervento creativo di Dio. In questo modo la metafisica aristotelica si concilia perfettamente con la teologia cristiana.

Aristotele per tutta la Scolastica diventa l'*auctoritas* filosofica per eccellenza, l'***ipse dixit*** («egli lo ha detto»). Aristotele, il Filosofo per antonomasia, spesso non ha bisogno di essere nominato, essendo la più alta incarnazione dell'intelletto umano.

2.3 La conoscenza della filosofia aristotelica

In Occidente, almeno fino al XV secolo, essendo pochissimo diffusa la conoscenza del greco, è essenziale che le opere di Aristotele vengano tradotte nella lingua della cultura europea, il latino.

Le **traduzioni latine** del fondatore del Liceo vengono effettuate prevalentemente nelle diverse aree di confine fra i Paesi cristiani e quelli islamici, in particolare l'**area iberica**, dove per decenni è attiva la scuola più attrezzata di traduttori cristiani ed ebrei, quella di Toledo, e la **Sicilia**, dove convivono da secoli cristiani, islamici ed ebrei. In queste aree le traduzioni vengono effettuate prevalentemente dall'arabo o dall'ebraico in latino. A Venezia, da secoli in contatto diretto con il mondo bizantino, le traduzioni sono effettuate invece direttamente dal greco.

Miniatura celebrativa (XIII sec.) della consegna del *Decretale*, una raccolta di disposizioni giuridiche e teologiche, da parte di papa Gregorio IX.

Vengono dapprima tradotti gli **scritti logici aristotelici**, inaugurando una fortunata stagione di studi logici. In un secondo momento vengono tradotti, oltre che una parte della ***Metafisica***, i cosiddetti ***libri naturales***, cioè quelli sulla fisica e quelli relativi a tutti gli aspetti della natura. Durante l'ultima fase, ancora più importante, all'incirca dal 1210 al 1230, vengono tradotti i libri di Aristotele ancora mancanti (quelli di **etica**, **politica**, **retorica** e **poetica**), con i ricchissimi commenti di Averroè.

2.4 Il dibattito suscitato dalla riscoperta di Aristotele

La cultura del XIII secolo accoglie questa mole imponente di scritti e apre un nuovo dibattito a proposito dei rapporti tra sapere profano, filosofico e sapere sacro, teologico.

A partire dagli anni Cinquanta del Duecento la maggior parte delle opere di Aristotele si conquista un posto nel *curriculum* della Facoltà delle Arti di Parigi, per poi passare anche nella Facoltà di Teologia.

L'ingresso di Aristotele nella cultura filosofica e teologica cristiana è **contrastato dalla Chiesa** e dai suoi rappresentanti ufficiali fin dall'inizio del Duecento, con un sinodo a Parigi che vieta, pena la scomunica, l'insegnamento pubblico e privato delle opere fisiche di Aristotele (quelle logiche erano obbligatorie). Nel 1231 papa Gregorio IX, con una Bolla pontificia, invita in particolare i maestri della facoltà di teologia a «non fare i filosofi» ma solo i teologi. Attenua però il divieto per le opere di fisica e di metafisica di Aristotele, istituendo una commissione che ne valuti l'utilizzabilità. Aristotele però, proprio in quegli anni, viene insegnato nelle diverse facoltà di Parigi e dal 1255 le sue opere diventano letture obbligatorie per gli studenti.

I maggiori protagonisti del dibattito filosofico e teologico provocato dalla riscoperta della filosofia aristotelica sono i francescani e i domenicani.

I **francescani**, nel complesso, restano fedeli alla **tradizione neoplatonica** e ad Agostino, Boezio, Dionigi, Anselmo, così come ai più recenti pensatori di orientamento platonico del XII secolo.

I **domenicani**, con Alberto Magno e Tommaso d'Aquino, accettano il pensiero di **Aristotele**, operandone un'audace conciliazione con la dottrina cristiana: nasce un **aristotelismo cristiano**.

I maestri secolari del XIII secolo, operanti perlopiù nella Facoltà delle Arti di Parigi, come Sigieri di Brabante e Boezio di Dacia, non solo accettano Aristotele, ma anche il suo commentatore Averroè. Verranno condannati come eretici nel 1277.

Affresco di Giotto che ritrae l'approvazione della Regola francescana da parte di papa Innocenzo III. Assisi, Basilica superiore di san Francesco.

Verifica immediata

1. **Quali sono i principali metodi di insegnamento nel XIII secolo?**
2. **Quale filosofia greca diventa lo strumento concettuale della teologia?**
3. **Completa inserendo opportunamente i termini mancanti.**

Le opere di Aristotele vengono conosciute in Occidente tramite la traduzione operata da .... Aristotele diventa l' ...., il Filosofo per eccellenza. Le sue opere vengono tradotte in area ...., in .... e a .... Dapprima vengono tradotti gli scritti di .... e poi quelli di .... La filosofia di Aristotele è contrastata dalla Chiesa ma viene ripresa soprattutto dai ....

3. Le *summae*

3.1 Le tipologie testuali

La produzione filosofica e teologica è collegata all'attività di insegnamento dei maestri e si articola prevalentemente in ***summae*** («sommari») ***commentari*** («commenti») e ***quaestiones*** («questioni», «problemi»).

Le *summae* sono opere di carattere generale, che espongono la dottrina in maniera complessiva e abbracciano la totalità del sapere sacro. Nel XII secolo con questo termine si indica inizialmente una breve trattazione sistematica di un complesso di conoscenze relative a un dato argomento.

Le grandi opere sistematiche del Duecento si intitolano, perlopiù, *Summa de*... Le questioni che si affrontano non sono semplicemente enunciate, ma discusse per arrivare a una soluzione. A dare la soluzione definitiva è il maestro, che coincide con l'autore. Esse sono essenzialmente destinate all'insegnamento o a istruire destinatari scelti dallo scrivente. Per esempio, la celebre *Summa contra gentiles* (*Sommario contro i gentili*) di Tommaso d'Aquino (1225-1274) è destinata a difendere i capisaldi della religione cristiana contro i gentili, ossia i pagani (certamente i musulmani).

I *commentarii* sono analisi di un testo aristotelico, biblico, agostiniano, o di altro autore.

Nelle *quaestiones* il maestro riproduce in forma organica una discussione realmente avvenuta o ne simula una su un quesito specifico.

Pagina della *Summa de viciis et virtutibus* di Guido Fava (XIII secolo).

3.2 I manuali

Rinnovata importanza assume il **libro**, fornito dalle stesse università, che non posseggono proprie biblioteche e perciò adottano una precisa consuetudine: personale autorizzato della facoltà si procura un esemplare dei testi usati nelle lezioni e una commissione esamina la fedeltà della copia al modello e alla parola del maestro, autorizzandone, eventualmente, l'adozione. Lo studente può, pagando una tariffa stabilita dall'università, prendere in prestito il manuale e farlo trascrivere da un copista o copiarlo egli stesso. Per la Facoltà delle Arti, la più frequentata, i testi sono i classici latini pagani di grammatica e di retorica e le opere logiche, fisiche, etiche e in parte metafisiche di Aristotele; per la Facoltà di Diritto sono quelli del diritto romano, riorganizzato fra l'XI e il XII secolo, e quelli di diritto canonico, anch'esso messo in ordine nel XII secolo; per la Facoltà di Medicina sono quelli classici, in particolare le opere di Galeno tradotte dall'arabo o dal greco e, soprattutto, il *Canone di Medicina* di Avicenna, che per circa mezzo millennio costituisce il più organico e completo testo di studio per la medicina.

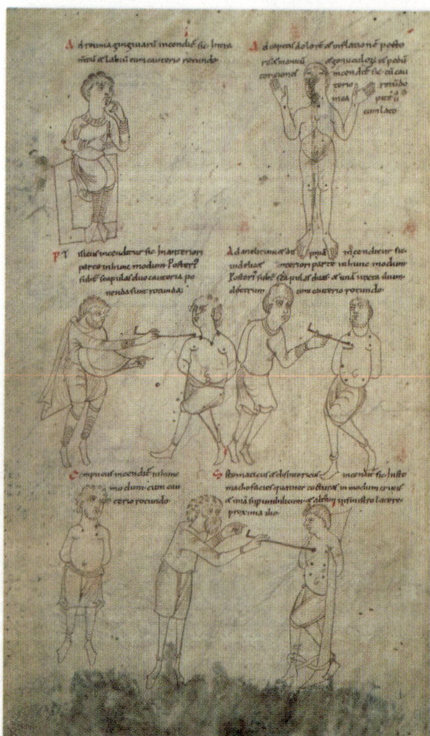

Scene di guarigioni; manoscritto del XII secolo sulla vita di Ippocrate e di Galeno.

Un discorso più complesso riguarda i **testi** per la **Facoltà di Teologia**. I testi biblici costituiscono la base fondamentale dell'insegnamento e così pure la raccolta delle ***Sentenze*** messa insieme da **Pietro Lombardo** intorno al 1155 e resa obbligatoria negli studi teologici dal 1215. La raccolta di Pietro Lombardo è suddivisa in maniera tematica, secondo un disegno che diventerà definitivo nell'insegnamento teologico: i suoi quattro libri raccolgono le sentenze, cioè le tesi bibliche e patristiche, relative alla Trinità (natura di Dio), alla creazione (rapporto di Dio con il mondo, struttura e funzionamento di quest'ultimo), all'Incarnazione (natura e ruolo salvifico di Cristo), ai Sette Sacramenti (dal battesimo all'estrema unzione). L'importanza dell'opera di Pietro Lombardo è tanto grande da sostituire, sembra, verso la metà del XIII secolo, la stessa *Bibbia* come testo utilizzato nell'insegnamento della teologia.

Frati cistercensi; particolare di polittico del XV secolo.

Verifica immediata

1. **Quali sono le principali tipologie testuali del XII secolo?**
2. **Per la Facoltà di Teologia qual è il testo fondamentale oltre a quello biblico?**

4. Una lettura più corretta delle *auctoritates*

I problemi della filosofia

4.1 I principali temi trattati dalla filosofia "cittadina" nel XII secolo

Nell'ambito della svolta "cittadina" della cultura troviamo, sul piano filosofico e teologico, tre principali direzioni di lavoro in filosofia e in teologia: quella rappresentata dal massimo e più audace esponente dei nuovi indirizzi, **Abelardo**; quella rappresentata dalla **scuola di Chartres**, con nuovi interessi per la natura; infine quella di tendenze mistiche, rappresentata dal **monastero di San Vittore** di Parigi.

A tendenze mistiche è riconducibile anche la figura di **Bernardo di Chiaravalle** (1090-1153), rappresentante delle nuove spinte riformatrici monastiche legate al movimento cistercense e fustigatore instancabile della cultura "cittadina" e del suo più noto personaggio, Abelardo.

I contributi teorici, le novità di contenuto, provenienti da queste diverse direzioni di lavoro non sono, complessivamente, molto grandi. Non compaiono grandi opere sistematiche, ma quel che conta è l'emergere da diverse parti di un **nuovo tipo di approccio ai problemi teologici e filosofici** rispetto a quello prevalente nella cultura monastica. Non domina più ora l'uso esclusivo delle Scritture e degli scritti dei padri della Chiesa, accompagnato da critiche contro i pericoli dell'uso dei testi dei "filosofi" e dei "dialettici".

Con Abelardo la **logica**, così criticata dai maggiori esponenti della cultura monastica, compare in primissimo piano come disciplina "filosofica"; con la scuola di Chartres la **natura** comincia a essere studiata nella sua autonomia e non più solo come "orma", "segno" o "velo" di Dio; con la scuola di San Vittore il **rapporto con Dio** appare **più diretto e personale**, senza di necessità la presenza di intermediari rappresentati dalle gerarchie ecclesiastiche. Tutti costoro pretendono di scalzare la plurisecolare pratica teologica monastica fondata sulla centralità del rituale, delle cerimonie, esclusivo appannaggio di chi è qualificato (cioè l'ecclesiastico) ad avere rapporti privilegiati con la parola di Dio, al di sopra delle grandi masse che è meglio tenere, invece, nell'ignoranza.

4.2 Capire e credere

Nella cultura della città si fa strada la convinzione che non tutto ciò che già si conosce sia in grado di esaurire il campo dello scibile umano: forse la scienza può progredire, forse la ragione ha qualcosa da dire anche in campo religioso. Perciò problema fondamentale di tutta la filosofia scolastica è il **rapporto tra ragione e fede**, fra credere e capire, fra il dilemma *crede ut intellegas* («credi per capire») o quello dell'*intellige ut credas* («capisci per credere»). È necessario sempre partire dalla fede per giungere alla comprensione razionale? Se non si è illuminati da Dio, che si rivela all'uomo che lo cerca, non si può giungere con la sola ragione a Dio come unico principio infallibile di verità? Oppure il cammino della fede e quello della ragione procedono separatamente? Se la fede trionfa assoluta nel campo della verità religiosa, la ragione, sentendosi più libera dall'impegno gravoso della comprensione possibile della verità rivelata, può dedicarsi ad altre ricerche e intraprendere un lungo e faticoso cammino da sola, contando solo sulle sue forze?

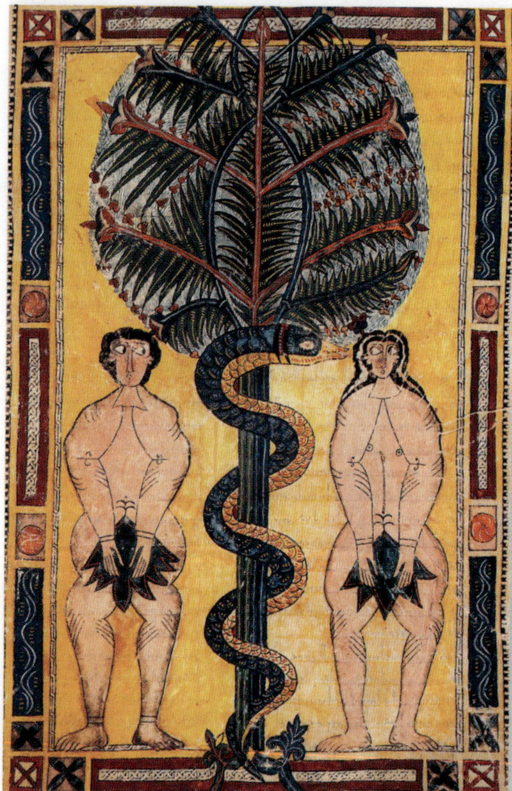

Adamo ed Eva, miniatura dal *Commento dell'Apocalisse* del Beato di Liébana (X sec.): il dibattito teologico coinvolge anche il ruolo del libero arbitrio nel peccato originale.

Queste le domande fondamentali a cui risponde in modi molto diversi la filosofia scolastica. Tutta la speculazione medievale si è confrontata con la problematica relativa ai rapporti tra Dio, mondo naturale e ragione vagliandone i nessi, le concordanze e approdando a soluzioni diverse.

Intorno a questo nucleo problematico ruotano le altre tematiche, da quelle relative all'esistenza di Dio, al dibattito sugli universali (i concetti universali di genere e di specie, le determinazioni della logica, i predicati necessari), dalla condanna del peccato alle norme morali, dall'ammissione della libertà umana all'individuazione della responsabilità, dall'origine del potere politico alle sue finalità nella città terrena.

4.3 Abelardo: la ragione precede la fede

ANTOLOGIA FILOSOFICA
Abelardo, *Sic et non*

Anselmo è stato il più importante dei dialettici dell'XI secolo: per lui la ragione procede all'interno della fede, è chiamata a giustificare razionalmente un contenuto di verità non prodotto dalle capacità dell'intelletto umano, ma dovuto alla rivelazione. Questo procedimento di ricorso alla sola ragione e non alle scritture e alla tradizione serve a dimostrare che non esiste contraddizione alcuna tra la parola di Dio e lo strumento più valido in possesso dell'essere umano, creatura di Dio.

Esempio di questo **consenso tra ragione e fede** è anche **Pietro Abelardo** (1079-1142); la ragione acquista però nella sua speculazione un ruolo di primo piano e gode di una nuova autonomia. Abelardo è un maestro libero, molto noto anche per la sua travolgente storia d'amore con Eloisa, una giovane colta, che gli darà un figlio. Dopo l'oltraggio subito (la mutilazione dei genitali), per volere dello zio della giovane donna, Abelardo e la sua innamorata si ritireranno in due diversi monasteri.

Per Abelardo l'*intelligere* («comprendere») precede il credere poiché «non si può credere ciò che prima non si è capito».

Con Abelardo la logica, così criticata dai maggiori esponenti della cultura monastica, compare in primissimo piano come disciplina filosofica; nei suoi scritti di logica egli, proponendo commenti a testi di Porfirio, di Boezio e di Aristotele, prende posizione nei confronti dei suoi maestri sulla **questione degli «universali»**, molto discussa in quei decenni.

Abelardo ed Eloisa, in un dipinto dell'Ottocento.

La questione era stata resa più acuta dalla posizione molto radicale di **Roscellino di Compiègne** (1050-1120) sul **problema degli universali**, cioè quei termini o concetti («uomo», «cavallo» ecc.) che si distinguono dai particolari («Socrate», «Platone» ecc.); egli rifiutava la concezione secondo la quale gli universali erano i "modelli" ai quali Dio si era ispirato per la creazione delle cose individuali.

Per Roscellino gli universali non esistono ma esistono soltanto i particolari, cioè i singoli individui. Gli universali esistono soltanto come «**emissioni di voce**» (*flatus vocis*), come suoni fisici nel momento in cui li pronunciamo; quindi, come tali, sono anch'essi fatti individuali. La posizione di Roscellino venne chiamata **nominalismo** (gli universali sono soltanto nomi, suoni, voce).

Abelardo mette in discussione le tesi di Roscellino, ma anche quella opposta di **Guglielmo di Champeaux** (esponente del **realismo**), secondo cui gli universali, già presenti nella mente divina (*ante rem*, «prima delle cose» create), sono presenti negli individui singoli (*in re*, cioè «nelle cose») e ne costituiscono l'essenza non solo formale ma anche materiale. Gli individui singoli, i singoli esseri umani, si distinguono fra di loro per gli «accidenti»; la realtà vera dei singoli esseri umani è infatti l'universale «uomo», che viene conosciuto dalla mente umana (*post rem* cioè dopo essere stato nella cosa).

Le parole della filosofia

Universali: sono i concetti di genere e di specie; per esempio «animale» (genere) e «razionale» (specie).

Nominalismo: è la la posizione di chi, nei confronti della disputa sugli universali, sostiene che i concetti di genere e di specie sono semplici suoni, *flatus vocis*, segni convenzionali elaborati dall'uomo per indicare più soggetti.

Realismo: è la posizione di chi, nei confronti della disputa sugli universali, sostiene che i concetti di genere e specie hanno il loro referente in realtà ontologicamente esistenti.

4.4 Abelardo: l'universale come parola significante

Abelardo respinge le posizioni teoriche in campo e propone una soluzione distinguendo, intanto, fra gli universali presenti nella mente di Dio come modelli della realtà da creare, e gli universali quali vengono usati nel nostro comune parlare e pensare.

Egli **distingue tra *vox* e *sermo***: quando usiamo la *vox* «uomo» non ci limitiamo a emettere un suono fisico, ma usiamo questo suono fisico come *sermo*, cioè come **portatore di un «concetto»** che è frutto di una serie di passaggi conoscitivi che lo "costruiscono" a partire dalla conoscenza più bassa, quella sensibile. I processi conoscitivi più elevati ci portano a cogliere aspetti simili fra individui diversi, e astraendo questi aspetti simili costruiamo quello che chiamiamo un **universale**, cioè un semplice concetto che trova poi espressione in una parola su cui gli esseri umani di una determinata area linguistica concordano.

La posizione di Abelardo separa radicalmente il "lavoro" della mente umana, che costruisce da sola concetti e termini universali, da quello della mente divina, che gli universali li possiede dall'eternità e li "comunica" al mondo nella creazione, lasciandone delle tracce, che la ragione umana può cogliere.

La **mente umana**, per Abelardo, conquista la sua **autonomia** riconoscendo di essere lei a "creare" gli universali; i quali però non sono gli stessi della mente di Dio.

ANTOLOGIA FILOSOFICA
Abelardo, *Dialogo tra un filosofo, un giudeo e un cristiano*

4.5 Abelardo: il rispetto reciproco come metodo

Tra le opere di Abelardo spiccano due testi, molto significativi per l'audacia delle tesi proposte, che sottolineano l'importanza dell'analisi razionale e della sua capacità critica: l'opera *Sic et non* del 1140 su un insieme di *auctoritates* teologiche e il *Dialogo tra un filosofo, un giudeo e un cristiano* del 1142.

Il *Sic et non* è una raccolta di testi biblici e cristiani "ufficiali", anche di santi, nella quale Abelardo presenta in maniera sistematica, su singoli temi della dottrina cristiana, **posizioni opposte** formulate da autori considerati "autorità indiscusse". Nel *Prologo* alla raccolta spiega i motivi di tale iniziativa: è necessario **usare gli strumenti della ragione** umana **per districarsi fra queste posizioni contrastanti** e talora opposte; posizioni che talvolta possono risalire a trascrizioni errate dei testi, ma altre volte dipendono dal fatto che quelle posizioni erano «fondate sull'opinione più che sulla verità» e che «gli stessi apostoli e profeti non pare siano stati del tutto alieni dall'errore».

Figure di profeti, dal rosone sud della cattedrale di Notre-Dame a Parigi.

Aggiunge ancora Abelardo che in questi casi i padri della Chiesa non vanno certo tacciati di menzogna, ma solo di ignoranza, poiché se hanno detto cose diverse dalla verità lo hanno fatto non certo per doppiezza, ma poiché non sapevano. Atteggiamento di Abelardo, questo, di assoluta novità nei confronti delle "autorità" bibliche e patristiche indiscusse, verso le quali l'unico atteggiamento ammesso era quello della più assoluta venerazione.

Nel *Dialogo tra un filosofo, un giudeo e un cristiano*, aprendo al confronto i tre monoteismi, Abelardo sottolinea la volontà del filosofo di **confrontarsi con due grandi tradizioni religiose**. In esso racconta di una visione in cui questi tre personaggi si presentano a lui, noto per l'intelligenza e la serenità di giudizio, perché valuti la differenza fra le rispettive posizioni. Il filosofo risulta essere un musulmano e ha come punto di riferimento la ragione e la legge naturale; queste vengono prima della rivelazione e delle Scritture, cui si ispira il giudeo, e della Grazia, successiva alla rivelazione, cui si ispira il cristiano. Abelardo non nasconde la sua simpatia per le argomentazioni razionali, pur non prendendo nettamente posizione. Quel che più conta nel dialogo, oltre alle argomentazioni e alle esemplificazioni, è lo **spirito di rispetto reciproco**. Abelardo indica, in questa sua ultima opera, quello spirito di discussione serena che nel secolo successivo si avrà ai livelli più alti di elaborazione filosofica nell'Occidente latino.

4.6 I platonici naturalisti della scuola di Chartres

Un altro esempio del modo di impostare il rapporto tra ragione e fede, con una certa preminenza e autonomia della prima, lo propongono i membri della **scuola di Chartres** grazie ai quali la natura comincia a essere guardata e studiata in se stessa e non come puro "segno" di Dio.

Anzitutto la scuola di Chartres, attiva nella prima metà del XII secolo, ha una **ricca biblioteca** fornita di testi "insoliti" di astrologia, astronomia e medicina, che provengono dalla Spagna islamica e dall'Università di Salerno; essa è retta da grandi personalità, abati di alta cultura ed è meta di traduttori e dotti dell'islam.

Riprendendo il filone platonico, la *schola* cattedrale costruisce una teoria fisica della natura. Questo **platonismo** presenta un riferimento privilegiato al *Timeo* platonico, il che testimonia non solo un rinnovato interesse per la tradizione platonica, che la cultura monastica aveva messo ai margini per dare la priorità assoluta alla "sacra pagina", ma costituisce anche una svolta importante che ha fatto parlare di «rinascita del XII secolo» a proposito di questo periodo prevalentemente "cittadino" della cultura cristiana.

La ripresa platonica si traduce nel dare maggiore importanza alla ragione, alla lettura e interpretazione dei testi pagani e cristiani piuttosto che all'autorità dei padri. Ricorrente, in alcuni autori del periodo, è questo contrasto tra ragione e autorità.

La **natura** ha una **complessa e ricca architettura**; ogni sua parte svolge una funzione specifica nell'intero organismo. Questo universo è un insieme di parti ordinate razionalmente e retto da leggi. Il piano armonico è opera di Dio che, supremo architetto, ha costruito in sei giorni il mondo, come racconta il libro della *Genesi*. Il **Creatore** è **causa prima** e le leggi da lui costituite sono le cause seconde garantite nella loro autonomia dal loro stesso ideatore. La grande dimora è stata così approntata per **il suo Signore**, creato alla fine dei sei giorni, **l'essere umano**, essere razionale, capace di intendere il piano organico che regge l'intero creato.

La creazione degli animali, miniatura dalla *Bibbia* di Souvigny (XII sec.).

L'uomo al centro dell'universo, affresco dell'inizio del XIII secolo (cattedrale di Santa Maria ad Anagni).

Allegoria della retorica, particolare dagli affreschi della sala delle Arti liberali e dei Pianeti di palazzo Trinci a Foligno (XV sec.).

Non bisogna pensare che questi autori mettano in dubbio le verità cristiane, tutt'altro. Essi cercano di dar loro un fondamento non più basato sull'autorità (la tradizione dogmatica e scritturale con i commenti e le interpretazioni tradizionali), ma sulla ragione.

L'essere umano è il **centro dell'universo**, la creatura alla quale Dio ha assegnato il mondo, il fine stesso della creazione divina. Grande dignità va riconosciuta all'uomo che grazie alla ricerca e allo studio da lui compiuti è il creatore della cultura. La ragione, secondo gli studiosi della scuola di Chartres, è lo strumento dato ad Adamo per regnare sull'universo; essa è "brama" di sapere poiché: «L'ignoranza è l'esilio dell'uomo, la sua dimora è il sapere».

Bernardo di Chiaravalle (1090-1153), maestro e reggente a Chartres dal 1119 al 1124, dice che il punto di partenza di ogni *sapientia* sono gli *Antiqui*, che bisogna imitare: infatti noi siamo **nani *super humeros gigantum*** («sopra le spalle dei giganti»). I giganti sono i filosofi del passato, tradizione da conoscere, ma dalla quale occorre procedere.

4.7 I mistici del monastero di san Vittore a Parigi

L'interesse verso il filone platonico avvicina ai dotti di Chartres gli studiosi della **scuola di san Vittore di Parigi**, più orientati in senso mistico. Anche per i membri di questa comunità religiosa la ripresa del platonismo si accompagna a un più profondo interesse per i filosofi della tradizione pagana e soprattutto a una **rinnovata fiducia nella ragione umana**, strumento fondamentale per la conoscenza e l'interpretazione dei testi sacri.

Guglielmo di Champeaux, uno dei principali interlocutori della questione sugli universali, avversario di Abelardo, fonda presso la cappella parigina di San Vittore una *domus* in cui alcuni chierici canonici vivono secondo una regola semimonastica detta «di sant'Agostino». Questa istituzione rappresenta una novità in quanto cerca di conciliare la tradizione e la nuova cultura cittadina: nasce un **monastero** non più isolato nella campagna, ma **in città**.

La sintesi teorica più originale è quella di **Ugo di san Vittore** (1096-1141) che, nella sua opera *Didascalicon*, propone un'originale definizione della filosofia. Adamo con il peccato ha perduto tre beni fondamentali: conoscenza, virtù e immortalità. Tutta la vita di ogni individuo è **ricerca dei beni perduti**: la filosofia è sforzo di ricostruire la felicità perduta. Essa comprende tre aspetti: è **teoria** in quanto tentativo di conoscere, è **pratica** in quanto volontà di fare il bene ed è **tecnica** in quanto ricerca di beni per il corpo.

La ***philosophia*** comprende in sé tutto ciò che gli uomini fanno e perciò, come attività umana, essa rappresenta il **migliore sforzo possibile per amare e onorare Dio**. Tutti possono filosofare, non solo gli specialisti. Le arti meccaniche rappresentano il cibo del corpo, come le arti liberali sono il nutrimento dell'anima. Al di sopra di queste sta la ***sancta philosophia*** che è la *scientia* divina, la **teologia**.

4.8 Il cuore e l'intelletto secondo i francescani e i domenicani

Per il **francescanesimo**, soprattutto delle origini, si tratta perlopiù di ripensare la dottrina di Francesco, che non fu mai maestro di filosofia: pochi francescani dalle cattedre di Oxford o di Parigi costruiscono un impianto dottrinale teologico, rifiutato dalla maggioranza dei loro confratelli perché l'uso dell'intelletto è considerato un lusso superfluo.

Com'è possibile dedurre dal *Cantico delle creature* di Francesco, **l'amore**, e non l'ordine razionale, **è la legge del cosmo**, l'amore per il creatore di ogni cosa; davanti al Signore tutte le cose sono uguali e l'acqua è sorella della pietra e il sole è fratello dell'uomo. Si tratta di educare gli uomini a riconoscere e accettare questa **uguaglianza universale**; la predicazione di questi frati "mendicanti", attività che si affianca al lavoro manuale e alla cura degli infermi, si deve rivolgere più al cuore che all'intelletto e deve puntare non solo a convincere, ma soprattutto a far operare una scelta di vita. La **povertà** è il **supremo valore** del cristianesimo, il fine, poiché tutto ciò che esiste appartiene unicamente a Dio.

Coppo di Marcovaldo, tavola raffigurante Francesco d'Assisi e alcuni episodi della vita del santo (1240-1245). Basilica si Santa Croce, Firenze.

La concezione filosofica del francescano **Bonaventura da Bagnoregio** (1220-1274) è alternativa a quella dell'aristotelico Tommaso e riprende la tradizione neoplatonica alimentata da Agostino.

La teologia, in quanto scienza di Dio e sapienza della pagina sacra, è sovrana e attribuisce alle altre discipline e arti i fini e gli ideali da perseguire. La ***theologia*** è ***domina, regina scientiarum***.

La filosofia, sia teoretica sia pratica, è al servizio della teologia. Nella sua opera *De reductione omnium artium ad theologiam* (*La riduzione delle arti alla teologia*) tutte le scienze e le arti sono subordinate al sapere sacro, che solo permette alla mente di ascendere al traguardo della conoscenza della verità salvifica. La filosofia è solo un mezzo che ha bisogno dell'illuminazione e della rivelazione divina. Per Bonaventura vengono prima di tutto la fede, la rivelazione, il messaggio e l'azione di Cristo.

L'ordine dei **domenicani** si confronta invece quotidianamente con la complessità crescente della realtà cittadina e intende perseguire un'attività intellettuale indipendente di analisi e di risoluzione razionale dei problemi. Questi frati costituiscono un ben disciplinato e piccolo esercito, dotato di una vasta e profonda cultura, che deve combattere con le armi della ragione un nemico agguerrito come l'eretico o l'infedele. La predicazione per la conversione e la lotta agli errori è l'attività principale dei seguaci di Domenico e si rivolge non al cuore, ma all'intelletto. Essa va preparata accuratamente con **studi severi e rigorosi** e deve tener conto sempre dell'uditorio a cui si rivolge, adeguando il proprio registro alla diversità di ceto, di cultura e di mentalità degli uditori.

Nel convento domenicano gli studi e quindi la *schola* sono di casa: dapprima l'autorità tradizionale più importante è **Agostino**, poi gli si accodano **Alberto Magno** e **Tommaso d'Aquino**. Aristotele diventa il maestro per eccellenza. La ragione è in grado da sola di raggiungere una scienza vera e allora basta l'intelletto per commentare ciò che è prodotto dall'intelletto. L'autonomia della ricerca riflette l'autonomia di ogni parte del reale.

4.9 Il rapporto tra ragione e fede in Tommaso d'Aquino

Anche in **Tommaso d'Aquino** (1225-1274), il più importante commentatore medievale della filosofia aristotelica, problema di fondamentale rilievo è il **rapporto tra fede e ragione**.

Secondo Tommaso l'uomo ha ricevuto da Dio **due strumenti per arrivare a conoscere la verità**: la **ragione** e la **fede**. La filosofia di Tommaso si impegna a trovare i rapporti e le differenze tra queste due modalità di conoscenza.

Il filosofo domenicano possiede una grande fiducia nella ragione umana e nelle sue capacità di scoperta. L'essere umano, come afferma Aristotele, è un animale razionale. La certezza dell'universale capacità umana di ragionare fa di Tommaso un **grande sostenitore del dialogo**, capace di accogliere senza pregiudizio qualunque contributo di riflessione possa avvicinare alla verità, da qualunque ambiente esso provenga: cristiano o musulmano, ebreo o pagano. Questo si vede bene in un'opera come la *Summa contra gentiles*.

La cristianità deve portare **argomenti**, e non dogmi, nei confronti di quelli che non sono cristiani e che vuole conquistare alla "vera fede". Fra i non cristiani, infatti, «alcuni, quali i maomettani e i pagani, non accettano come noi l'autorità della Scrittura, perciò è necessario ricorrere alla ragione naturale, cui tutti sono costretti a piegarsi» (*Summa contra gentiles*). Il terreno comune sul quale gli esseri umani possono dialogare è dunque la **ragione naturale**, che ha una sua autonomia rispetto alla teologia. La ragione naturale è quella che, in misura eminente, si è espressa nella filosofia aristotelica.

A. di Bonaiuto, *Trionfo di san Tommaso*, chiesa di Santa Maria Novella a Firenze (1365-1367).

La grazia della fede – afferma Tommaso – non sostituisce la ragione che appartiene alla natura umana, ma ne completa le acquisizioni. Nella ricerca della verità vanno utilizzati tutti gli strumenti che Dio ha donato agli uomini, compresa la ragione.

La capacità razionale serve alla fede in diversi modi: prima di tutto a dimostrare con argomentazioni di carattere filosofico alcune delle verità rivelate e, in secondo luogo, a difendere la vera fede dalle eresie e dalle contestazioni dei pagani.

La ragione può dimostrare innanzitutto i cosiddetti ***preambula fidei***, le «verità preliminari della fede», vale a dire può dimostrare che Dio esiste e che è uno.

In secondo luogo la conoscenza razionale fornisce, mediante il **ricorso all'analogia** (attraverso similitudini), chiarimenti circa i misteri della fede.

In terzo luogo la **dialettica** è un'arma potente per dimostrare l'infondatezza delle obiezioni degli infedeli che negano le verità del cristianesimo.

4.10 Il confronto con gli autori pagani e con i filosofi islamici

Avendo la ragione grande valore ed efficacia, occorre perciò confrontarsi con gli autori della classicità pagana e del mondo islamico che hanno portato al massimo livello la ricerca razionale, pur senza essere illuminati dal dono della grazia. Tra i sapienti pagani, un posto di rilievo spetta ad **Aristotele**; ma anche filosofi islamici come **Averroè** e **Avicenna** sono spesso presenti nelle pagine di Tommaso, accanto ai testi sacri e ai pensatori della cristianità.

Tuttavia, precisa Tommaso, occorre saper mettere in discussione criticamente le conquiste della ragione e indagarne i **limiti**: in particolare, la ragione umana trova i suoi limiti quando si occupa di Dio.

La ragione, pur efficace, è limitata rispetto al compito di illuminare il mistero di Dio. In caso di conflitto tra quel che ci dice la fede e quanto sostiene la ragione, il primato spetta alla fede, la cui autorità si fonda sulle parole con le quali Dio stesso ha deciso di rivelarsi all'umanità. Per giungere alla pienezza della verità su Dio, per esempio per conoscere le tesi concernenti la Trinità e l'Incarnazione, dobbiamo fare ricorso a una superiore fonte di conoscenza, la rivelazione, alla quale aderiamo tramite la fede.

Verifica immediata

1. **Nella Scolastica rimane fondamentale il problema del rapporto tra ragione e fede: sono realtà conciliabili?**
2. **Che cosa sono per Abelardo gli universali?**
3. **Che cosa studia la scuola di Chartres?**
4. **A quale filosofia classica si rifanno i monaci di san Vittore a Parigi e che cosa sostengono?**
5. **Che cosa sostiene Tommaso d'Aquino nella *Summa contra gentiles* in merito al rapporto tra fede e ragione?**
6. **Che cosa sono per Tommaso i *preambula fidei*?**

C'è contraddizione tra filosofia e fede? Il primato spetta alla fede?

Capitolo 1

Tommaso d'Aquino, l'Aristotele cristiano

La vita e le opere

Tommaso nasce, nel 1224 o 1225, nel castello di Roccasecca, nei pressi di Cassino, di proprietà della sua famiglia. Studia prima nell'abbazia di Montecassino e, in seguito, nello *Studium* fondato a Napoli dall'imperatore Federico II.

Entrato nell'ordine dei domenicani a vent'anni, e vinta l'opposizione della sua nobile famiglia, soggiorna a Parigi dal 1245 al 1248. Dopo gli studi a Colonia Tommaso insegna teologia a Parigi dal 1252 al 1259, negli anni in cui si apre, anche per sua iniziativa, il dibattito filosofico e teologico su alcuni temi aristotelici e averroistici. Nel decennio successivo è a Roma, impegnato sia in problemi pratici legati al suo ordine, sia nella stesura di alcune sue opere. Ritorna a insegnare a Parigi negli anni del più acceso dibattito intorno alle tesi di quelli che vengono chiamati polemicamente «averroisti». Risiede anche a Viterbo, presso la curia papale. Nonostante le precarie condizioni di salute, viene inviato al Concilio di Lione, indetto con l'obiettivo di portare alla riconciliazione la Chiesa d'Oriente e la Chiesa di Roma, ma durante il viaggio muore nel 1274, all'abbazia di Fossanova.

Autore prolifico, le sue opere sono divenute testi fondamentali di riferimento della teologia e della filosofia cattoliche, soprattutto dopo che, nel 1879, le sue tesi («tomismo») sono state accolte come dottrina ufficiale della Chiesa cattolica.

All'insegnamento parigino degli anni Cinquanta risalgono alcune delle sue opere più significative: il breve trattato *Sull'ente e sull'essenza*, in cui precisa le sfumature di significato di questi due concetti, il *Commento alle Sentenze di Pietro Lombardo*, impegno obbligatorio per qualsiasi maestro di teologia, nel quale sostiene che non è possibile dimostrare razionalmente la creazione o l'eternità del mondo; inizia anche la stesura di una delle due sue opere più importanti, la *Summa contra gentiles* (la raccolta delle dottrine filosofiche e teologiche cristiane da usare in maniera argomentata per "convincere" i non credenti).

Nel decennio successivo, 1259-1268, termina questa *Summa* e inizia la stesura di un'opera monumentale, la *Summa theologiae*, diretta a un uso interno alla cristianità; scrive diversi opuscoli di materia teologica, oltre che commenti ad alcune opere di Aristotele e ad alcuni testi biblici. Agli ultimi anni parigini risalgono alcuni importanti testi legati al dibattito accesissimo contro le tesi degli averroisti; a questi anni risale anche il completamento della *Summa theologiae*, come pure un gruppo di commenti a opere di Aristotele.

1. Tommaso, il filosofo cristiano per eccellenza

1.1 Tommaso dà all'aristotelismo una forma cristiana «definitiva»

Tommaso d'Aquino è senza alcun dubbio il massimo esponente del pensiero cristiano medievale e il più attento fra i lettori e commentatori sia di Aristotele sia di Averroè.

Tommaso ritiene il pensiero di Aristotele espressione della ragione naturale

Tommaso aspira ad **assimilare alla visione cristiana** del mondo il **pensiero di Aristotele**, concepito come la più elevata espressione della razionalità naturale. Il contenuto della filosofia aristotelica e i suoi strumenti logico-dimostrativi sono fondamentalmente in accordo, sicuramente non in disaccordo, con gli articoli della fede.

La condizione di questa conciliazione è la **"depurazione" della ragione naturale**, cioè del pensiero aristotelico, **dalle interpretazioni errate di Averroè**, cioè da tutte le teorie incompatibili con le verità rivelate della dottrina cristiana. Compito di Tommaso sarà quindi, in tutte le sue opere, di dimostrare che il pensiero di Aristotele è compiutamente compatibile con le verità rivelate della dottrina cristiana. Tommaso sottolinea la distinzione tra filosofia e teologia, l'una affidata alla ragione, la seconda fondata sulla fede.

T1 Filosofia e fede

Diverso è il punto di vista delle dottrine teologiche e delle filosofie umane. Giacché la filosofia umana considera le creature in quel che sono, e così secondo gli aspetti del reale abbiamo le diverse parti della filosofia, la fede cristiana invece le considera non in quanto sono, come per esempio il fuoco in quanto fuoco, ma in quanto esso indica la perfezione divina ed è ordinato in qualche modo allo stesso Dio [...].Pertanto i lati che il filosofo studia nelle creature sono diversi da quelli che considera il credente; il filosofo considera infatti i caratteri costitutivi delle cose come per il fuoco il portarsi in su; il credente considera la creatura in rapporto con Dio, come l'essere creata da Dio, l'essere soggetta a Dio e simili [...]. Se l'oggetto d'indagine è talvolta comune al filosofo e al credente, i princìpi sono diversi. Poiché il filosofo argomenta da cause immanenti alle cose, il credente argomenta dalla Causa prima, come quando si fonda sulla rivelazione o guarda alla gloria o alla potenza infinita di Dio [...]. E per questo a essa, come avente il primato, è subordinata la filosofia umana.

(Tommaso d'Aquino, *Summa contra gentiles*, II, Q. 4, *passim*)

Che cosa studia la filosofia?

Che cosa studia la teologia?

La filosofia è subordinata alla ....

1.2 Il problema dell'essere e la metafisica

ANTOLOGIA FILOSOFICA
Tommaso d'Aquino, *L'ente e l'essenza*

La **filosofia** si distingue aristotelicamente in **tre scienze**: la **fisica**, la **matematica** e la **metafisica** o **teologia naturale**. La fisica studia i caratteri generali della materia, la matematica gli aspetti quantitativi della realtà e la metafisica l'essere in quanto essere. Quest'ultima è la scienza più alta e astratta.

La metafisica di Tommaso riproduce quella aristotelica, ma nello stesso tempo la modifica per poterla rendere compatibile con la dottrina cristiana.

Distinzione tra essenza ed esistenza

Sin dall'opera giovanile *De ente et essentia* (*Sull'ente e sull'essenza*) Tommaso si è posto il problema di che cosa significhi «essere»: l'essere di un certo soggetto è sia la sua essenza o natura o definizione, sia il suo esistere. L'**ente** come sostanza determinata è un **certo qualcosa** (**essenza**) **che è** (**esiste**).

L'**essenza** o natura (*quidditas*, «quel che è») esprime la **definizione di una cosa**, è ciò che una cosa propriamente è, quindi è ciò che distingue un ente da tutti gli altri.

L'esistenza delle cose è in potenza

Ma l'essenza, che ci dice come è una certa cosa, non ci dice che quella cosa è: da essa si distingue perciò l'**esistenza**. Essenza ed esistenza stanno per le cose, ma non per Dio, in rapporto di **potenza ed atto**. L'atto è il reale essere, esistere di un'essenza.

In Dio essenza ed esistenza coincidono

Ma come possono le sostanze del mondo passare dalla potenza all'atto? Grazie all'**intervento creativo di Dio**. Mentre in Dio essenza ed esistenza necessariamente coincidono, perché **Dio** è ciò che è, ossia **è**, **per essenza**, **Atto puro**, nelle altre sostanze le due determinazioni non sono intrinsecamente congiunte e l'essere viene aggiunto all'essenza solo dall'intervento creativo divino. Questo vale anche per le **sostanze angeliche** prive di materia che, essendo create, non esistono per essenza. Tutto "ciò che è" deriva il suo essere dall'Ente che esiste necessariamente e la creazione si configura come trasmissione partecipativa di essere da Dio alle creature.

ANTOLOGIA FILOSOFICA
Tommaso d'Aquino, *Summa theologiae*

1.3 L'universo creato esiste per partecipazione

Mai Aristotele avrebbe accettato nella sua metafisica il concetto di creazione! L'opera in cui Tommaso presenta, in maniera più organica e con motivazioni e argomentazioni filosofiche oltre che teologiche, l'utilizzazione e interpretazione "cristiane" di Aristotele è la *Summa contra gentiles*. In essa Tommaso afferma esplicitamente la **distinzione** fra le ragioni della **filosofia** e quelle della **teologia** e della **fede**. Egli tiene conto del fatto che la cristianità non è identificabile con l'umanità; che deve portare argomenti e non dogmi nei confronti di quelli che non sono cristiani e che vuole conquistare alla vera fede.

Distinzione tra le verità razionali e le verità rivelate

Alle **verità oggetto della ragione naturale**, come l'esistenza di un Dio unico, motore immobile e Causa finale, sono dedicati i primi tre libri dell'opera. Il quarto libro si occupa invece del dominio della fede o della teologia: le **verità rivelate**, dalla essenza trinitaria di Dio all'Incarnazione in Cristo, dai sette sacramenti come mezzi di salvezza al destino che ci aspetta nell'aldilà (resurrezione dei morti, giudizio finale, beatitudine o punizione eterne). Queste verità non sono raggiungibili attraverso la ragione naturale, ma sono per l'appunto rivelate, e presuppongono, per essere riconosciute come tali, la fede. Esse, però, non sono contrarie a quelle raggiunte con la ragione naturale: sono delle specificazioni di queste, non ne alterano il valore. Verità di ragione e verità di fede, quindi, per Tommaso si integrano e non si oppongono.

Filosofia e teologia sono discipline autonome e distinte

La ragione trova la giustificazione delle sue affermazioni razionali nella loro dimostrabilità e sta alla base della filosofia; la fede trae le sue certezze dall'autorità di Dio e sta alla base della teologia. Le due discipline assolutamente **autonome** hanno **oggetti diversi** e usano procedimenti diversi. Risultano esservi pertanto **due teologie distinte**: l'una **sacra o rivelata**, che considera Dio nella sua divinità soprannaturale ed è fondata sul dogma; l'altra **razionale o naturale**, che è propriamente una parte della filosofia e in particolare della metafisica che studia l'essere, che ha il compito di provare i "preamboli della fede"; cioè quelle verità di fede dimostrabili razionalmente e condizioni del credere medesimo. Il secondo compito della teologia naturale è la chiarificazione, mediante similitudini, degli insegnamenti della fede; il terzo e ultimo consiste nella difesa della fede dalle filosofie a essa contrarie.

1.4 L'esistenza di Dio preambolo della fede

La ragione dimostra l'esistenza di Dio

Tommaso ritiene necessario in via preliminare **dimostrare l'esistenza di Dio**. Egli rifiuta infatti sia le tesi di chi afferma che non c'è bisogno di tale dimostrazione perché l'idea dell'esistenza di Dio è una verità per sé nota (rifiuta anche l'argomento "ontologico" di Anselmo), sia le tesi di chi afferma che l'esistenza di Dio non è dimostrabile ma accettabile soltanto per fede. Egli ritiene invece che **con la ragione naturale**, senza ricorrere a dogmi di fede, sia possibile dimostrare l'esistenza di Dio. A tal fine, e riferendosi soprattutto ad Aristotele, mostra come ci siano almeno cinque vie tramite le quali è possibile dimostrare l'esistenza di Dio, muovendo da concetti che ci suggerisce la nostra conoscenza della realtà naturale.

Le cinque vie

Tommaso elabora **cinque vie** aventi in comune lo stesso procedimento dimostrativo «a posteriori», ossia procedente dall'effetto limitato e contingente al Principio assoluto e necessario.

Ex motu

La **prima via** è quella definita ***ex motu*** («dal movimento») già in Aristotele: tutto ciò che si muove è mosso da altro. Si deve, non potendo procedere all'infinito, ammettere un Primo Motore Immobile, un primo ente che muova gli altri motori intermedi.

Ex causa

La **seconda via** è basata sulla ricerca ***ex causa*** («dalla causa»). Il ragionamento fatto per il movimento vale anche per la ricerca della causa efficiente; infatti, se non ci fosse una causa prima, non ci potrebbero essere né le cause intermedie derivate né l'ultima e la stessa catena causale non potrebbe sussistere.

Ex possibili et necessario

La **terza via** giunge a Dio dalla differenza fra l'**accidentale e il necessario** (***ex possibili et necessario***). Tutte le realtà appartenenti al mondo esistono ma potrebbero anche non esistere, non sono necessarie ma possibili o contingenti. Il contingente non ha in sé la ragione d'essere della propria esistenza, che gli deriva da altro: ora se tutto ciò che è fosse contingente non esisterebbe nulla, perché tutti gli enti possibili non avrebbero avuto alcunché di diverso da cui trarre la propria esistenza. Occorre ammettere quindi che **esiste qualcosa di necessario**, differente dal contingente: non potendo risalire all'infinito bisogna riconoscere che esiste un ente necessario per sé, un Dio causa dell'esistenza degli altri.

Ex gradibus

La **quarta via** è tratta dalla considerazione dei **diversi gradi di perfezione** presenti nella realtà (***ex gradibus***). Ci sono enti più o meno belli, buoni, veri e dotati di molte altre perfezioni in grado minore o maggiore. Una gerarchia presuppone l'esistenza di un valore assoluto, di un ente dotato di tutte le perfezioni delle quali gli enti finiti partecipano più o meno.

Ex gubernatione mundi

La **quinta via** si fonda sull'**ordine presente nella realtà** (***ex gubernatione mundi***): ogni ente naturale, anche se non intelligente, è volto verso un proprio fine, la sua vita è inquadrata in un preciso ordine naturale. Ammesso questo, non si può non ammettere l'esistenza di un ordinatore della natura, Dio, che fornisce agli enti le loro finalità a seconda della loro specie di appartenenza.

Tutti i concetti presenti nelle cinque vie rinviano, tramite ragionamenti puramente razionali, a un principio primo identificabile con Dio, poiché non si può risalire all'infinito nel cercare la fonte di quei fenomeni ai quali fanno riferimento quei concetti.

Seguiamo l'argomentare di Tommaso in riferimento alla prima prova a posteriori dell'esistenza di Dio.

T2 La prima via

Ciò che è mosso è in potenza o in atto?

Ciò che muove è in atto o in potenza?

La prima e più manifesta via si deduce dal moto. È certo infatti, e consta ai sensi, che in questo mondo alcune cose si muovono. Ma tutto ciò che si muove, è mosso da altro. Nulla infatti si muove se non è in potenza rispetto al termine del movimento; invece ciò che muove, muove in quanto è in atto. Infatti muovere non significa altro che trarre qualcosa dalla potenza all'atto; d'altro canto, nulla può essere ridotto dalla potenza all'atto, se non mediante un essere in atto. Così, per esempio, il fuoco, caldo in atto, rende caldo in atto il legno, che è caldo in potenza, e così lo muove e lo altera. Ma non è possibile che una stessa cosa sia nello stesso tempo in atto e in potenza sotto il medesimo aspetto, ma solo sotto diversi aspetti: infatti, ciò che è caldo in atto non può nello stesso tempo essere caldo in potenza, ma è invece freddo in potenza.

È dunque impossibile che sotto il medesimo aspetto e nella medesima condizione, una cosa sia movente e mossa, cioè che muova se stessa. Dunque tutto ciò che si muove è necessario che sia mosso da altro. Se dunque l'essere che muove è anch'esso mosso, bisogna che sia mossa da altro, e questo da un altro ancora. Ma qui non si può procedere all'infinito, poiché in questo caso non vi sarebbe un qualcosa che muove per primo, e di conseguenza neppure qualcosa che muove qualcos'altro, poiché ciò che muove per secondo non muove se non in quanto mosso da un primo motore, così come il bastone non muove se non in quanto mosso dalla mano. Dunque è necessario arrivare a un primo motore che non sia mosso da altri, e tutti comprendono che questo è Dio.

(Tommaso d'Aquino, *Summa theologiae*, I, Q. 2, a. 3)

Le prove dell'esistenza di Dio vengono trattate anche nella *Summa theologiae*, in cui Tommaso affronta il problema fondamentale della teologia: se essa sia o meno una scienza. La risposta è affermativa, in quanto la teologia è scienza subalterna alla fede nella rivelazione.

Le cinque vie di Tommaso d'Aquino

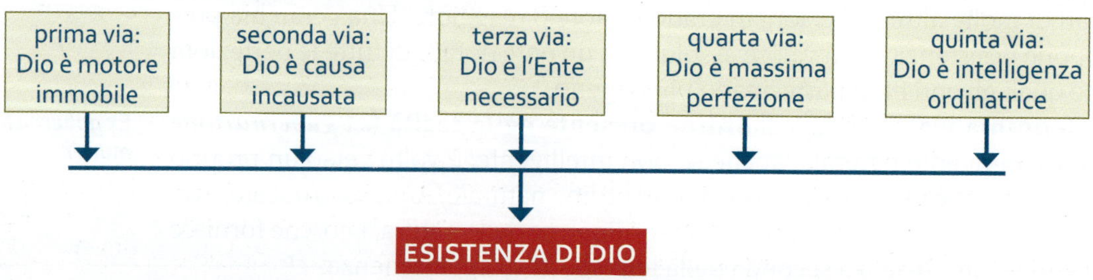

1.5 L'essere umano e la sua facoltà intellettiva

Per Tommaso esistono delle **sostanze intellettive**, create da Dio, incorporee e incorruttibili, dotate di volontà e di libero arbitrio, identificate con le **creature angeliche** nelle loro gerarchie e nelle loro individualità, che animano le sfere celesti e gli astri e che sono separate sia da Dio sia dal mondo corporeo.

La conoscenza dai sensi all'intelletto è conformità della cosa e dell'intelletto

Nel corpo umano, infuse da Dio, esistono le anime intellettive. L'unione dell'anima con il corpo, propria dell'essere umano, spiega il percorso della **conoscenza**, la quale parte dai sensi non potendo prescindere da essi. **Sensi e intelletto** sono i due momenti di un unico processo conoscitivo. Il senso percepisce entità individuali, l'intelletto conosce forme universali. Le forme intellegibili sono potenzialmente nelle cose (*in re*), non esistono di per sé, ma preesistono come modelli solo nella mente di Dio (solo in questo senso sono *ante rem*). Gli universali sono conosciuti dall'intelletto per astrazione. Conoscendo la forma, l'intelletto comprende l'essenza dell'oggetto e la verità è da Tommaso definita come **adeguazione della cosa e dell'intelletto** (*adaequatio rei et intellectus*). L'uomo è nella verità quando l'idea o forma universale del suo intelletto si conforma alla cosa.

L'anima è immortale, tende a Dio e, per mezzo della grazia, si unisce a Lui

Tommaso, riferendosi ora alla dottrina cristiana, ribadisce il concetto chiave dell'**immortalità dell'anima** nella sua parte intellettiva. L'anima individuale è immortale e si riunirà al corpo al momento della resurrezione finale. L'anima dell'uomo tende alla verità e trova in essa la sua felicità. Il disegno divino infatti, immettendo nell'essere umano la sostanza intellettiva, ha posto in lui il desiderio naturale di rivolgersi alla natura più alta, quella divina. Ma questo desiderio non può essere soddisfatto con le sole forze naturali in possesso dell'essere umano. Dio ha dato all'umanità un dono ulteriore: la **grazia**. È soltanto tramite questo dono che l'essere umano, ammesso che nella vita se ne renda degno, può percorrere fino in fondo il cammino della ricerca della felicità più alta, che si può trovare solo in Dio.

2. La teologia negativa e la teologia rivelata

2.1 La natura di Dio e la teologia negativa

Dimostrata l'esistenza di Dio, Tommaso è ora in grado di esporre le «verità sulle cose divine» con argomenti razionali e senza il ricorso ai dogmi. Il primo libro della *Summa contra gentiles* è dedicato alla realtà di Dio, alla sua natura, per definire la quale «si deve ricorrere soprattutto alla via della negazione. La realtà divina infatti sorpassa con la sua immensità qualsiasi idea che l'intelletto nostro sia capace di raggiungere». Possiamo cioè **dire di Dio «quello che non è»** piuttosto che «quello che è». Possiamo quindi attribuire a lui il contrario di quello che attribuiamo alle cose o a noi. Tommaso, a questo punto, elenca e argomenta una serie di **attributi "negativi"** di Dio: poiché le cose sono mutevoli, Dio è **immutabile**; poiché le cose hanno inizio e fine, Dio è **eterno**; poiché le cose passano dalla potenza all'atto, Dio è **atto puro**; poiché le cose hanno la materia, Dio non ce l'ha; poiché le cose hanno un corpo, Dio non ce l'ha; poiché le cose sono composte, Dio non è composto.

La ragione argomenta di Dio solo attributi negativi

Incommensurabilità tra Dio e l'essere umano

Da queste e altre "assenze di attributi" in Dio si può anche passare ad attribuirgli dei nomi, purché, osserva Tommaso, ci si renda conto della **incommensurabilità esistente fra Dio e noi**. Dall'analisi del rapporto tra l'essere di Dio e

L'essere umano giunge per via analogica all'essere di Dio

l'essere delle creature è possibile risalire sia alla dottrina della creazione sia a quella dell'**analogicità dell'essere** o *analogia entis*. Il termine «essere» si usa sia per Dio sia per gli enti creati, ma il significato che ha in riferimento a Dio è diverso dal significato che ha in riferimento alle creature. Infatti, come già si è visto, il primo si identifica con l'essenza e quindi è necessario, i secondi sono separabili dall'essenza e quindi sono creati. Questi **due significati** non sono equivoci, cioè diversi, né univoci, cioè identici, sono invece **analoghi**, cioè simili ma di proporzioni diverse. Anche tutti i predicati attribuibili a Dio e alle sue creature sono usati in modo analogico, nel senso che al Creatore vengono attribuiti al massimo grado (per esempio Dio è il «sommo» Bene) mentre nel caso delle creature sono adeguati alla loro limitatezza. Quando diamo a Lui dei nomi, pertanto, dobbiamo tener conto di questa abissale differenza.

Un'ulteriore integrazione, aggiunta alla concezione aristotelica, e che nel secondo libro verrà utilizzata per spiegare la creazione e negare l'eternità del mondo, è quella della **volizione o volontà di Dio**, che affianca la sua intelligenza. Dio ha in sé, secondo Tommaso, la **necessità** e la **libertà**. Per necessità Dio pensa e vuole se stesso. Ma la presenza in lui della libertà, del libero arbitrio, consente di pensare in lui atti di volontà che vadano oltre se stesso.

ANTOLOGIA FILOSOFICA
Tommaso d'Aquino, *La potenza di Dio*

2.2 Necessità e volontà nel Dio della filosofia: la creazione libera, il mondo

Il mondo creato per un atto libero della volontà divina

Questo passaggio dalla necessità alla volontà viene spiegato nel secondo libro della *Summa contra gentiles*, in cui si considera Dio come causa efficiente, nel senso che Dio opera **liberamente** e **volontariamente**, e non per necessità, nel creare l'universo che, per Tommaso, non è preesistente ed è incapace di crearsi da solo.

È il **passaggio**, se vogliamo, **dal Dio aristotelico**, che è pura intelligenza e non volontà che agisce al di fuori di sé, **al Dio-Demiurgo platonico** che opera dando forma al mondo (materia preesistente in Platone, creato dal nulla nella successiva tradizione neoplatonica e cristiana).

Nel mondo agisce la Provvidenza divina

Tommaso parla inoltre di un Dio che dà non solo l'esistenza alle cose, ma che anche le conserva e le governa. Compare il tema della **Provvidenza divina** nel mondo, tema comune a tutta la tradizione cristiana.

Esclusa ogni necessità nell'atto creativo divino che dal nulla ha dato origine al mondo, Tommaso attribuisce quell'atto a un eccesso di bontà in Dio, che decide liberamente di dare esistenza alle cose. La creazione è per lui frutto di un atto volontario che mette in pratica un preciso disegno divino. Non c'è quindi casualità nell'ordine e nel funzionamento dell'universo.

2.3 Il Dio del credente e la visione diretta di Dio

La rivelazione di Cristo non consente la piena conoscenza di Dio

A questo punto il filosofo lascia il posto al credente, al teologo. Si passa al quarto e ultimo libro della *Summa contra gentiles*; Tommaso affronta il discorso sulle **verità divine**, non raggiungibili tramite la ragione ma "donate" da Dio con la rivelazione come promessa di un mondo dell'aldilà in cui sarà possibile la completa perfezione e beatitudine. Subentra la **rivelazione** di Cristo, che però non è sufficiente, da sola, a consentire all'essere umano la piena conoscenza o "intellezione" di Dio, perché la visione completa è possibile solo dopo la morte.

Le verità della rivelazione di Cristo sono: la **Trinità**, che associa alla prima persona divina, in un'unica sostanza, le persone del Figlio e dello Spirito Santo; l'**Incarnazione**, cioè la venuta di Dio nella persona di Cristo; i **sette Sacramenti**, quali mezzi con i quali i singoli individui possono accompagnare la loro fede con atti pratici che facilitano la loro ascesa verso Dio.

Verità rivelate: Trinità, Incarnazione, sette Sacramenti

La parte finale dell'opera è dedicata all'ultimo livello di «conoscenza» delle cose divine: quella che si realizza direttamente, in maniera «visiva» e non più «discorsiva», dopo la morte, e limitatamente ai credenti che sono stati buoni in questa vita terrestre. Al momento del Giudizio finale, è prevista la resurrezione dei corpi, cioè il recupero, da parte di ogni singola anima, del corpo al quale era stata unita nella vita terrestre.

Dopo il Giudizio finale ci saranno soltanto i beati e i dannati per l'eternità, mentre il mondo cesserà di essere.

3. L'etica e la politica

3.1 Libertà e condotta morale

Nella seconda parte della *Summa theologiae* Tommaso affronta il problema dell'etica. Tenendo presente che l'essere umano è fatto a immagine e somiglianza di Dio, occorre ricordare che è dotato di **ragione** e di **libero arbitrio**. La facoltà intellettiva offre motivi per fare o non fare una determinata cosa e offre percorsi diversi per giungere a quel fine. Il fine naturale di ogni ente è inscritto nella sua natura. Il **fine** che Dio ha prescritto all'uomo è la **visione beatifica di Dio**. La libertà dell'uomo sta nel poterlo conseguire o nel perderlo. Solo se si raggiunge tale visione si realizza la propria perfezione. Sono buone tutte le azioni volte a raggiungere il fine perfetto, sono moralmente cattive quelle che non si rivolgono al suo conseguimento.

L'essere umano è libero e tende alla contemplazione di Dio

La legge divina eterna non si limita a prescrivere la necessità di raggiungere il mondo ultraterreno, ma diventa legge naturale che prescrive a ogni ente l'autorealizzazione di sé. Nell'essere umano la **legge naturale** funge da **legge morale**. Il fondamento del valore morale di un'azione consiste nella sua volontarietà rivolta verso il bene, mentre il male, che agostinianamente Tommaso considera non sostanziale, è insito nel non voler compiere il bene.

Un'azione è morale grazie all'intenzione di fare il bene

Tommaso inserisce la **politica** all'interno della filosofia morale, denominandola **morale sociale** e ponendola accanto alla morale individuale e familiare. Se la politica tratta dei princìpi necessari per conseguire il bene pubblico non ci può essere contrasto tra questo e il bene individuale.

La politica è la morale sociale

3.2 Il fondamento del diritto positivo è la legge naturale

ANTOLOGIA FILOSOFICA
Tommaso d'Aquino, *Il governo dei sovrani*

La trattazione politica tomistica prende le mosse dal riferimento alla **naturale socievolezza umana**. Ogni essere umano ha bisogno dell'altro per soddisfare i suoi bisogni e migliorare la propria esistenza. Tommaso sostiene la **necessità di un ordinamento** che disciplini il comportamento umano nella sua convivenza con gli altri. Nella società naturale esiste la legge naturale che lo Stato trasforma in legge positiva. Anche per Tommaso esistono diversi regimi politici, la monarchia, l'aristocrazia e la politìa, a seconda che a comandare sia uno solo, pochi o tutti.

L'essere umano è animale sociale

L'ordinamento giuridico esige un'**autorità** che ne garantisca l'applicazione e il rispetto, ma se tale autorità, monarchica per analogia con la potestà divina, non

I sovrani sono subordinati al papa

badasse al bene comune, ma agisse per il suo proprio interesse, verrebbe meno al suo dovere e perderebbe ogni legittimità. Anche i **sovrani** devono essere **soggetti al vicario di Cristo** in Terra, poiché il fine ultimo di tutti è l'eterna beatitudine. Il cittadino è sciolto dal dovere di obbedire alla legge positiva, qualora questa violi la legge naturale.

Sintesi

Tommaso d'Aquino, l'Aristotele cristiano

Ragione e fede

Il compito che Tommaso si assume è dimostrare che il pensiero di Aristotele è pienamente compatibile con le verità rivelate della fede cristiana. Verità di ragione e verità di fede non sono mai in contrasto tra loro; la fede non interferisce nel dominio della ragione che, a sua volta, non può sostituirsi alla rivelazione divina.

Tre scienze compongono la filosofia: fisica, matematica e teologia naturale (o metafisica). Quest'ultina studia l'essere in quanto essere. L'ente è qualcosa che «è», l'essenza è «ciò che una cosa è». Dall'essenza si distingue l'esistenza. Essenza ed esistenza stanno in rapporto di potenza e atto. Mentre in Dio essenza ed esistenza coincidono, le sostanze finite passano dalla potenza all'atto grazie all'intervento creativo di Dio.

Le ragioni del filosofo e quelle del teologo

Nella *Summa contra gentiles*, Tommaso presenta le ragioni della filosofia. Nel quarto libro si occupa della fede, della teologia rivelata. Le verità razionali sono, per esempio, che Dio esiste, che è Uno; quelle non raggiungibili dalla ragione sono, per esempio, la Trinità e l'Incarnazione. Esiste dunque una teologia naturale o razionale che ha il compito di provare i «preamboli della fede», chiarire con similitudini le verità di fede e difendere la verità cristiana.

Le cinque vie per la dimostrazione dell'esistenza di Dio

Tommaso dimostra l'esistenza di Dio con cinque vie «a posteriori», che procedono cioè dall'effetto finito al Principio Assoluto. La prima via è definita dal movimento alla causa di esso; la seconda dalla causa efficiente alla causa prima; la terza dal contingente al necessario; la quarta dai diversi gradi delle perfezioni all'essere perfetto; la quinta si basa sull'ordine finalistico.

Solo per via negativa si può definire la natura di Dio. Occorre tenere presente la sua incommensurabilità rispetto a noi. Tutti gli attributi spettano a Dio al massimo grado. Anche l'essere di Dio non è né equivoco né univoco rispetto al significato che ha per le creature, ma è analogo, simile, ma di proporzioni diverse. Dio come causa efficiente è volontà: opera quindi liberamente e volontariamente.

La facoltà intellettiva umana

Il mondo è composto di sostanze incorporee, angeliche, incorruttibili, dotate di libero arbitrio e di sostanze corporee che sono fornite da Dio di anima intellettiva, oltre a quella sensitiva e vegetativa. La conoscenza parte dai sensi, che percepiscono entità individuali, mentre l'intelletto conosce forme universali. La verità è l'adeguazione della cosa e dell'intelletto. L'anima intellettiva è immortale nella sua individualità e si ricongiunge al corpo dopo la resurrezione dei corpi.

Le verità sulla Trinità, sull'Incarnazione e sui Sette Sacramenti donati da Dio con la rivelazione integrano la conoscenza dell'uomo.

L'etica e la politica

Nella seconda parte della *Summa theologiae* Tommaso affronta il problema etico. Il fine che Dio ha stabilito per l'essere umano è la sua visione beatifica.

Un'azione è buona se è volontariamente rivolta al bene, mentre il male è insito nel non voler compiere il bene.

La politica è inserita nella morale come morale sociale. Infatti essa ha come scopo il bene pubblico che non può essere in contrasto con quello individuale. Il fondamento della legge umana è la legge naturale impressa da Dio nella ragione.

Verifica. Verso le competenze

Conoscenze

1. Indica se le seguenti affermazioni a proposito di Tommaso d'Aquino sono vere o false.

1. Scrive la *Summa contra gentiles* per combattere gli errori dei non credenti. V F

2. Scrive un commento alle opere di Averroè. V F

3. Ritiene che la filosofia non sia una scienza. V F

4. Cerca di cristianizzare la filosofia di Aristotele. V F

5. Rifiuta la concezione neoplatonica di Agostino. V F

6. La ragione è in grado di comprendere le verità soprannaturali. V F

7. Esistono due teologie, una sacra o rivelata, l'altra razionale o naturale. V F

2. Illustra quali compiti Tommaso affida alla ragione in relazione alle verità cristiane.

3. Completa inserendo opportunamente i termini mancanti.

Secondo Tommaso, la conoscenza parte dai sensi. Sensi e intelletto .... sono i due momenti del processo .... Il senso percepisce entità .... e l'intelletto conosce forme .... Le forme intellegibili sono nelle cose .... e preesistono nella .... di Dio. Gli universali sono conoscibili per ....

Abilità (lavoro sui testi)

T3 L'essere di Dio e quello delle creature

Nel trattato Sull'ente e l'essenza *Tommaso analizza i concetti filosofici basilari di ente, essenza, esistenza (o essere), grazie ai quali distingue gerarchicamente gli esseri a partire da sé e poi alle intelligenze angeliche e infine all'uomo.*

Si trova nelle sostanze un triplice modo di avere l'essenza. Vi è qualcosa infatti, come Dio, la cui essenza è il suo stesso essere; e perciò vi sono alcuni filosofi che dicono che Dio non ha quiddità o essenza, perché la sua essenza non è altro che il suo essere. E da questo segue che egli non sia nel genere, perché tutto ciò che è nel genere bisogna che abbia la quiddità oltre al suo essere, giacché la quiddità o natura del genere o della specie non è distinta in ragione della natura in quegli enti di cui è genere o specie, ma l'essere è diverso nei diversi enti.

Né se diciamo che Dio è soltanto essere, è necessario che cadiamo nell'errore di coloro i quali dissero che Dio è quell'essere universale per cui qualsiasi cosa è formalmente. Poiché questo essere che è Dio è tale che nessuna aggiunta può essergli fatta, per cui a causa della sua stessa purezza, è un essere distinto da ogni essere. [...]

Similmente, benché sia soltanto essere, non è necessario che gli manchino le altre perfezioni o nobiltà; anzi, egli possiede tutte le perfezioni che si trovano in tutti i generi, e perciò è chiamato semplicemente perfetto, come il filosofo e il Commentatore dicono nel V libro della Metafisica; ma egli le possiede in modo più eccellente di tutti gli altri enti, perché in Lui sono una cosa sola, ma negli altri enti sono diverse. E questo perché tutte quelle perfezioni convengono a lui secondo il suo essere semplice: come se qualcuno con un'unica qualità potesse realizzare le operazioni di tutte le qualità; possiederebbe in quell'unica qualità tutte le qualità: così Dio nel suo stesso essere possiede tutte le perfezioni.

In un secondo modo l'essenza si trova nelle sostanze intellettuali create, nelle quali l'essere è altro dalla loro essenza; benché l'essenza sia senza materia. Perciò il loro essere non è assoluto, ma ricevuto; ma la loro natura o quiddità è assoluta, non ricevuta in alcuna materia. E perciò si dice nel libro *De causis* che le intelligenze sono infinite inferiormente, e finite superiormente: sono infatti finite quanto al loro essere e che ricevono dall'alto; tuttavia non sono finite riguardo all'inferiore, perché le loro forme non sono limitate alla capacità di una materia che le riceve. E perciò in tali sostanze non si trova pluralità di individui in una unica specie, come si è detto se non nell'anima umana, a motivo del corpo a cui si unisce. E sebbene la sua individuazione dipenda occasionalmente dal corpo, quanto al suo inizio, poiché non si acquista da sé l'essere individuato se non nel corpo in cui è atto; tuttavia non è necessario che, sottratto il corpo, abbia a cessare l'individuazione, perché avendo un essere assoluto, dal quale essa ha acquisito l'essere individuato, per il fatto che è diventato forma di questo corpo, quell'essere rimane sempre individuato. E perciò dice Avicenna che l'individuazione e la moltiplicazione delle anime dipende dal corpo quanto al suo inizio, ma non quanto al suo termine. [...]

In un terzo modo l'essenza si trova nelle sostanze composte di materia e forma, nelle quali l'essere è ricevuto e finito per il fatto che hanno l'essere da un altro: e inoltre la loro natura o quiddità è ricevuta nella materia segnata. E perciò sono finite sia superiormente sia inferiormente; e in esse già per la divisione della materia segnata è possibile la moltiplicazione degli individui in un'unica specie.

(Tommaso d'Aquino, *Sull'ente e l'essenza*, a cura di di A. Lobato, Città Nuova 1998)

Lettura guidata

Tommaso si riferisce al filosofo Avicenna quando ribadisce che in Dio essenza ed esistenza sono tutt'uno. Mentre Dio non appartiene a un genere, Socrate sì.

Tutto ciò che fa parte di un genere ha in comune una certa essenza o quiddità, mentre un ente si distingue da un altro per il suo stesso essere.

Dio si distingue per purezza e perfezione da ogni altro essere, perciò non è la forma, cioè l'essere di tutto ciò che è; il che comporterebbe un certo panteismo.

Dio ha tutte le perfezioni, che in lui si identificano l'una con l'altra dal momento che egli è assolutamente semplice. Il filosofo a cui si riferisce è Aristotele e il suo commentatore Averroè.

Qui si parla delle intelligenze angeliche, che ricevono l'essere da Dio. Esse sono finiti relativamente a ciò che è loro superiore, cioè Dio, essendo invece prive dei limiti che hanno le creature dotate di corpo, a loro inferiori.

L'anima è individuata dal corpo come diceva Aristotele, ma solo inizialmente perché alla morte del corpo essa rimane distinta dalle altre mantenendo la sua individualità come ha detto Avicenna.

Le sostanze composte create da Dio sono composte di materia e forma, la loro essenza ha il principio di individuazione nella materia signata, ossia determinata da certe dimensioni. Esse sono finite e limitate sia superiormente sia inferiormente.

Controllo della comprensione

1. **Perché in Dio essenza ed esistenza coincidono?**
2. **In che rapporto sono essenza ed esistenza per ogni altro essere?**
3. **Che cosa vuole affermare Tommaso con la distinzione tra essenza ed esistenza riferita alle creature?**
4. **Prova a ricostruire che cosa intende Aristotele per essenza ed esistenza e a che cosa riferisce questi due termini.**

«Chi ama con tutte le sue forze una cosa, in modo da non provare gioia in nessun'altra, non desidera che quella e assolutamente null'altro [...]; egli trova in ogni cosa l'immagine di ciò che egli ama tanto più presente, quanto più forte diviene il suo amore. Un tale uomo non cerca la quiete, giacché nessun tormento lo turba.»

Meister Eckhart

Unità 10

La filosofia nell'autunno del Medioevo

CIVILTÀ IONICA MAGNA GRECIA (VIII secolo a.C.): Eraclito, Scuola pitagorica, Scuola eleatica, Empedocle, Democrito, Anassagora

ETÀ DELLE *PÓLEIS* (V-IV sec. a.C.): Sofisti, Socrate, Platone, Aristotele

ETÀ ELLENISTICA (IV-I sec. a.C.): Epicuro, Stoicismo, Scetticismo

CIVILTÀ ROMANA (I-V sec. d.C.): Epicureismo romano, Stoicismo romano, Neoplatonismo, Eclettismo, Plotino, Cristianesimo, Agostino

ALTO MEDIOEVO (V-X sec.): Scoto Eriugena, Anselmo d'Aosta

BASSO MEDIOEVO (XI-XIV sec.): Pietro Abelardo, Tommaso d'Aquino, Duns Scoto, Marsilio da Padova, Guglielmo di Ockham

La crisi del Medioevo e le culture nazionali

1. La crisi della società medievale

All'inizio del XIV secolo si viene a creare uno squilibrio tra l'aumento demografico e la disponibilità delle risorse alimentari; per quanto si sia estesa la superficie coltivabile, il problema alimentare, data la scarsa resa della terra, non è certo risolto. Si susseguono anni di cattivo raccolto, si verificano pesanti carestie e diminuisce il patrimonio zootecnico; rallenta il ritmo dei dissodamenti e non nascono nuovi significativi insediamenti urbani. Si apre una fase di depressione nell'agricoltura e i prezzi dei prodotti agricoli, dei cereali soprattutto, calano.

La popolazione diminuisce: il declino è brusco e grave intorno alla metà del secolo anche per le gravi epidemie di peste. La «peste nera» devasta l'Italia, la Francia, la Germania e l'Inghilterra e raggiunge i Paesi scandinavi, dimezzando la popolazione europea.

La crisi del Trecento, a differenza di quelle precedenti, rivela caratteri ben più radicali e segna la fine dell'economia feudale, almeno nell'Europa occidentale. Attraverso questa erosione del sistema, che ha esaurito le sue potenzialità di sviluppo, si affermano nuove realtà economiche, sociali e culturali e nuove istituzioni politiche si sostituiscono ai poteri universalistici dell'impero e della Chiesa.

La crisi colpisce anche l'economia e, in particolare, diminuisce in tutta Europa la produzione di manufatti, ristagna la circolazione monetaria, il commercio rallenta, anche in seguito all'interruzione di grandi vie di traffico (per esempio, quelle di terra verso l'Oriente a causa dell'avanzata dei Turchi ottomani, che nel 1366 sbarcano sul suolo europeo, stanziandosi sul Bosforo) e delle guerre per la definizione dei confini nazionali dei principali Stati europei (guerra dei Cento anni tra Francia e Inghilterra; contrasti tra Aragona e Castiglia poi unite col matrimonio tra Ferdinando d'Aragona e Isabella di Castiglia nel 1469). Cresce la tensione sociale e in moltissime città scoppiano feroci rivolte urbane, sedate dai signori e dai gruppi di magnati che detengono il potere.

Le terribili conseguenze della «peste nera» in Europa in una miniatura veneta del XIV secolo.

Contadini armati assalgono una nobildonna a colpi di spada e pugnale (XV sec.).

Bonifacio VIII viene catturato ad Anagni; miniatura del XIV secolo.

2. La crisi dei poteri universali

Alle due autorità "universali" del Medioevo, impero e papato, succedono le nuove realtà nazionali o territoriali che rivendicano e intendono affermare la loro potenza. Impero e papato non scompaiono, ma vengono "declassati" a Stati come gli altri. Emergono le nuove realtà nazionali, Francia, Inghilterra, Spagna, Portogallo; sopravvivono, ma per poco, gli Stati della penisola italiana (ad eccezione di Venezia e dello Stato pontificio, gli altri vengono riassorbiti, direttamente o indirettamente, nell'orbita di altre realtà nazionali, dalla Spagna alla Francia).

In un'Europa economicamente e socialmente mutata, le nuove realtà nazionali e le autonomie comunali non intendono sottostare al controllo né della Chiesa né dell'impero.

Papa Bonifacio VIII, salito al soglio pontificio nel 1294, cerca di ristabilire il primato del successore di Pietro nel governo della Chiesa e sul potere temporale delle autorità civili. Una contesa molto violenta oppone il papa al sovrano francese Filippo IV il Bello: Bonifacio VIII non comprende che la concezione universalistica medievale e le due supreme potestà che la incarnavano sono ormai al tramonto. Nella Bolla *Unam sanctam* (1302) il pontefice esprime la più intransigente concezione teocratica del potere, secondo la quale la Chiesa e il suo rappresentante in Terra hanno ricevuto direttamente da Dio il potere spirituale e temporale.

Ma l'autorità del pontefice, a differenza di un tempo, non è più indiscussa. Il sovrano francese Filippo IV, incurante di una scomunica papale, sostiene quanto deliberato dagli Stati generali, un'assemblea rappresentativa del regno francese, che stabiliscono che nelle questioni temporali, il re non ha sopra di sé altra autorità che quella di Dio. Bonifacio viene addirittura fatto prigioniero, ad Anagni, da un inviato del sovrano e, liberato dal popolo, si ritira a Roma, dove muore poco dopo. Il papato deve prendere atto del tramonto del suo primato politico e dell'universalismo rivendicato nel corso del Medioevo.

La sede pontificia viene trasferita dal papa francese Clemente V a Avignone (1309), dove rimane per circa settant'anni, in completa subordinazione alla monarchia francese.

3. Le monarchie nazionali in Europa e gli Stati regionali

Francia e Inghilterra si affermano come le prime e le più importanti monarchie nazionali. Esse si affrontano sul campo di battaglia per risolvere i rispettivi problemi territoriali e di supremazia, inaugurando una lunga fase di belligeranza che prenderà il nome di guerra dei Cento anni (1337-1453), in cui la lotta non è più contro gli infedeli o i barbari, ma vede schierarsi l'un contro l'altro due Stati cristiani. La soluzione della guerra, che vede la nascita di uno Stato nazionale francese libero da ogni pretesa inglese, lascia stremati i due Paesi e gravemente compromessa la situazione economica dell'intera Europa.

Nella penisola italiana, nel Trecento, non si forma un unico Stato nazionale, ma prevalgono le signorie locali. Si assiste, infatti, a una progressiva concentrazione del potere nelle mani di alcune prestigiose famiglie; molte città perdono la loro indipendenza, altre allargano i loro confini e si formano pochi grandi Stati regionali: Venezia, che conquista una vasta porzione di entroterra, il Ducato di Savoia e quello dei Visconti di Milano che consolidano il proprio dominio. Si intensificano le lotte e i conflitti tra le potenze italiane più importanti, che terminano con la pace di Lodi del 1454.

Venezia, qui rappresentata dalla sua massima autorità, il doge, è tra i maggiori Stati regionali del Trecento (pagina miniata dalla *Cronica di Venezia*, XV sec.).

4. Verso la conquista della laicità

Sul finire del Medioevo uno dei fenomeni più rilevanti è l'emergere dello spirito laico. La crisi profonda nel XIV secolo scuote alle radici la società medievale e mette in discussione le certezze della fede tradizionale che avevano costituito il più saldo ancoraggio di fronte a mutamenti profondi della realtà. Fra il Duecento e il Trecento si moltiplicano le opere, filosofiche e non, che hanno come destinatari i laici, per i quali scrivono personaggi illustri come lo stesso Tommaso d'Aquino. Cresce la domanda di traduzioni affinché sia possibile leggere in volgare opere importanti come il *De consolatione philosophiae* di Boezio e i testi di Aristotele. Per quanto nel tardo Medioevo le università (e quindi il mondo culturale controllato dagli ordini religiosi e dalla Chiesa in generale) non cessino di essere i centri propulsivi della vita intellettuale, non mancano intellettuali autodidatti ed estranei all'ambiente accademico, in grado di scrivere testi filosofici, come Raimondo Lullo (1235-1316), che dimostra una straordinaria libertà di interessi e che raggiunge una notevole competenza nella più profana delle arti, l'alchimia. Nuove figure di intellettuali si pongono fuori dall'università e talvolta la rifiutano.

Un significativo indice della laicizzazione del sapere è fornito dal moltiplicarsi dei centri di cultura pubblici non legati al mondo ecclesiastico. Molte corti divengono luoghi di studi e di ricerca: dopo quella di Federico II a Palermo, quella di Roberto d'Angiò a Napoli e quella di Carlo V a Parigi. Un vero e proprio circolo filosofico si costituisce intorno all'imperatore Ludovico il Bavaro, dove brilla l'ingegno prestigioso di Guglielmo di Ockham (1288-1349).

I re di Castiglia promuovono la nascita di università "statali" in concorrenza con le vecchie università clericali. Le sovvenzioni concesse ai collegi, le borse di studio e i sussidi dati ai maestri e agli studenti poveri sono aspetti delle politiche culturali per mezzo delle quali le autorità laiche cercano sia di favorire sia di tenere sotto controllo l'attività culturale.

Boezio tiene una lezione ai suoi allievi, capolettera miniato da un'edizione del 1385 del *De consolatione philosophiae*.

5. L'uso del volgare e l'allargamento del pubblico Nel XIV secolo si afferma un nuovo modo di intendere la vita intellettuale. Il poeta mette a nudo i propri conflitti interiori e le proprie inquietudini: aspira alla gloria, ma desidera anche il ritiro e la solitudine. La nuova figura d'intellettuale è quella del solitario. Il fuggire dal mondo non lo porta, però, al convento, ma alla letteratura: la sua solitudine è popolata dai grandi autori classici. Grazie alle opere del passato egli può compiere un viaggio nella propria interiorità alla ricerca della verità che lo conduca a un profondo rinnovamento di sé.

Contro le sottigliezze dialettiche degli scolastici e l'ozioso verbalismo praticato nelle università, Francesco Petrarca (1304-1374), servendosi dei testi degli antichi, polemizza aspramente e propone un'analisi interiore profonda per scoprire la ricchezza dell'anima.

L'uso del volgare in tutte le letterature nazionali si sviluppa e annovera tra le opere prodotte nel Trecento grandi capolavori. Il latino rimane lingua per gli uomini di Chiesa, per i dotti, mentre negli scrittori "profani" cresce la consapevolezza di dover individuare e scegliere un pubblico diverso, molto più allargato rispetto al passato. Rimanendo nell'ambito culturale italiano, Dante definisce, all'inizio del suo trattato il *Convivio*, coloro ai quali si rivolge, ascoltatori di buona condizione economica, ma non istruiti nel latino, in grado di imparare, grazie all'autore-mediatore, le tematiche di solito riservate agli specialisti. Dante ribadisce che il volgare italiano, tanto quanto la lingua *d'oc*, sviluppatasi nel Sud della Francia, è una lingua di alta cultura e scrive la *Divina Commedia* proprio in volgare per dimostrare le potenzialità di tale lingua.

Sono le donne il pubblico a cui Giovanni Boccaccio (1313-1375) – così dice lui stesso nel *Proemio* del *Decameron* – dedica le sue novelle: l'interlocutore femminile viene da lui scelto per sottolineare che la sua opera è destinata a un vasto pubblico. La novella è un genere di intrattenimento, non destinata ai dotti, ma a un lettore attratto dal piacere della lettura.

6. Nuove esigenze religiose Il pensiero religioso al tramonto del Medioevo esprime nuovi bisogni e la Chiesa appare sempre più inadeguata a soddisfarli e da più parti si alzano voci critiche contro l'istituzione ufficiale.

La prima giornata del *Decameron* di Boccaccio illustrata in un'edizione del XV secolo.

Una profonda lacerazione si apre anche all'interno dell'ordine francescano: lo scontro tra spirituali, che rifiutano qualsiasi forma di proprietà per restare fedeli all'imperativo della povertà e della semplicità, e i conventuali, che sostengono che i conventi, l'ordine, non i singoli fraticelli, possono possedere proprietà e devono ancorarsi all'organizzazione ecclesiastica, diventa durissimo. Entrano in conflitto il principio della povertà e quello dell'obbedienza alla Chiesa. Papa Giovanni XXII prende misure molto severe contro gli spirituali; la risposta ufficiale della Chiesa è il rogo per i disobbedienti, dal momento che non vuole rinunciare a essere una grande forza economica in un mondo che ha iniziato una nuova corsa all'arricchimento.

Dall'università esce una grande figura di riformatore religioso, quella di John Wyclif (1324-1384) che studia e insegna a Oxford. Nelle sue opere sostiene la tesi della fallibilità papale nelle questioni di natura temporale e che la salvezza dipende unicamente dalla predestinazione divina, poiché Dio, sin dalla creazione dell'uomo, ha distinto i dannati dai salvati. La vera Chiesa è soltanto quella dei predestinati alla salvezza e perciò essa non coincide con la Chiesa storica che ha a capo il papa. Alla vera Chiesa basta la parola di Dio e il riformatore promuove la traduzione della *Bibbia* in inglese affinché la sua lettura sia accessibile a tutti. Il papa condanna le sue idee, mentre Wyclif predica con molti seguaci, "preti poveri", contro la corruzione dell'istituzione ecclesiastica e per il ritorno alla povertà e all'uguaglianza della Chiesa primitiva. I seguaci di Wyclif fondano il movimento dei lollardi che sfocia in una rivolta dei contadini-servi contro i loro signori. La ribellione viene soffocata nel sangue e il suo promotore mandato al confino in una piccola cittadina. Le sue idee saranno riprese dal boemo Jan Hus (1371-1415), promotore di un grande movimento di rivolta, il moto hussita, che, all'inizio del XV secolo, insanguina la Boemia.

Gli hussiti chiedono la totale abolizione della proprietà ecclesiastica e un ruolo più incisivo dei laici nella vita della comunità cristiana. Hus sarà condannato al rogo dal Concilio di Costanza (1415).

Il rogo di Jan Hus illustrato nella *Spiezer Chronik* di Diebold Schilling (1485).

Verifica immediata

1. A che cosa è dovuta la crisi del Trecento?
2. Quali nuove realtà politiche si sostituiscono ai poteri universali dell'impero e del papato?
3. Lo scontro tra Bonifacio VIII e Filippo il Bello oppone due diverse mentalità e concezioni: quali?
4. Qual è il fenomeno culturale più rilevante alla fine del Medioevo?
5. Da quali riformatori si diffondono e sono raccolte le nuove esigenze religiose?
6. Elenca i punti fondamentali della predicazione di John Wyclif.

L'inconciliabilità di fede e ragione

1. Nuovi centri del dibattito

I luoghi e i destinatari

1.1 Le città tedesche

Nel Trecento Parigi e Oxford rimangono i centri più importanti dove si studiano filosofia e teologia e dove insegnano i più importanti filosofi-teologi del tempo, Duns Scoto (1265-1308) e Guglielmo di Ockham (1288-1349, vedi p. 416 e ss.). Il **controllo esercitato dalla Chiesa** sull'aderenza delle tesi elaborate all'ortodossia cristiana è in queste sedi particolarmente attento e rigido e finisce per imbrigliare la libertà della ricerca.

Giovanni Duns Scoto (perché nativo della Scozia), costretto a lasciare Parigi per un decreto reale, essendosi schierato dalla parte di Bonifacio VIII nella contesa con Filippo il Bello, insegna a Oxford e poi si reca a Colonia a esercitare come maestro di teologia presso lo *Studium* francescano, da poco fondato. A Colonia, città commerciale in forte espansione, che ha vivaci relazioni con Parigi, si forma anche **Meister** («Maestro») **Eckhart** (1260-1327), domenicano, esponente della corrente mistica, condannato per eresia.

Un'altra città tedesca, Monaco, accoglie **Ockham** e **Michele da Cesena** (1270-1342), costretti a fuggire da Avignone dopo la condanna papale, e **Marsilio da Padova** (1275-1342), rifugiatosi lì dopo che era stato individuato come l'autore del *Defensor pacis*.

Il nuovo protettore dei filosofi e dei teologi, colpiti dalle accuse di eresia emesse dal papa, è l'imperatore **Ludovico di Baviera** (1282-1347), egli stesso in rotta con il supremo capo della Chiesa d'Avignone. È a lui che si deve il forte sviluppo della cultura in Germania e la spinta alla fondazione dei nuovi atenei di Vienna, Heidelberg, Lipsia e Tubinga.

1.2 I nuovi uditori

Queste università finiscono per coltivare una **filosofia scolastica** un po' standardizzata e **di medio livello**, poiché devono servire a formare le classi dirigenti di un principato, perdendo di vivacità speculativa.

L'imperatore protegge gli intellettuali dai quali riceve non solo lustro e prestigio, ma teorie utili a legittimare il suo rifiuto di subordinarsi al potere papale. L'area a est del Reno è particolarmente ricca di fermenti religiosi e culturali che hanno origine nei conventi domenicani, ma anche nelle città grazie ai ceti emergenti della Turingia, della Sassonia e della Westfalia.

Nuovi settori della società – i laici e le donne – vengono raggiunti dalla cultura filosofica. Le parole di Meister Eckhart, il quale sostiene che la nobiltà dell'uomo non deriva dai suoi natali, ma dalla volontà e dall'intelletto umano, trovano uditori attenti tra i "borghesi" delle città. Le donne odono dalle parole del predicatore che, esse, create dalla costola d'Adamo, sono uguali ai maschi, né inferiori né superiori.

Verifica immediata

1. **Quali sono i nuovi centri della filosofia, libera dal controllo papale?**
2. **Quale sovrano si distingue nell'opera di protezione di filosofia e teologia condannati dalla Chiesa?**

Le forme della trasmissione

2. Codici e biblioteche

2.1 L'aumento della produzione e della circolazione dei libri

Lo sviluppo delle scuole laiche porta con sé una più **pressante richiesta di libri**. Le opere maggiormente diffuse continuano, come nell'Alto Medioevo, ad avere carattere enciclopedico: infatti rimane molto comune l'opinione che la compilazione enciclopedica sia lo strumento migliore per compendiare e trasmettere un sapere filosofico e teologico che si va sempre più differenziando. Non si rinuncia all'idea che l'ordine sistematico di esposizione di un unico libro rispecchi una realtà ordinata, un sistema-mondo dotato dal suo creatore di regole eterne. Si moltiplica il numero di testi in circolazione e crescono i luoghi dove si riproducono i manoscritti.

L'interno della casa del Petrarca ad Arquà con alcuni volumi della sua celebre biblioteca.

In moltissime città dell'Italia (come Firenze, Padova e Napoli) ci sono botteghe in cui si ricopiano le opere del passato, ma soprattutto quelle di recente stesura; così anche in Francia (ad Avignone, per esempio), in Germania e in Boemia (a Monaco e a Praga).

Accanto alle **copie prodotte dagli scrittoi conventuali** ci sono le **trascrizioni fatte da laici**, talora amanuensi irregolari, scrivani per passione. Segno della maggiore diffusione dei libri è l'esistenza di biblioteche di privati, talvolta ecclesiastici, talvolta mercanti, spesso letterati. Molto nota è la **biblioteca di Francesco Petrarca**, la più ricca e fornita del XIV secolo, in cui sono conservate opere di Platone, Aristotele e altri classici greci e latini, insieme a testi della Patristica e della Scolastica.

Verifica immediata

1. Quale carattere comune continuano ad avere le opere scritte nel XIV secolo?
2. Da che cosa è testimoniato l'accresciuto interesse verso i libri?

3. La ragione si libera dalla fede

I problemi della filosofia

3.1 La distinzione tra fede e ragione

Anche i filosofi e i teologi subiscono le conseguenze degli scontri tra il potere politico e il papato. Duns Scoto, per esempio, si rifiuta, insieme ad altri docenti dell'Università di Parigi, di aderire all'appello del re di Francia per un concilio che metta sotto accusa il papa e sarà espulso, insieme ad altri dall'università. Guglielmo di Ockham e Meister Eckhart vanno incontro a diversi processi a causa delle loro idee e trovano un loro spazio di manovra sotto la protezione imperiale.

Nel Trecento viene **messa in crisi la centralità della teologia**: la filosofia si riappropria della sua libertà e si ricostituisce come scienza a sé, non subordinata a nessun altro sapere.

Il tomismo continua a dominare nelle università controllate dall'ordine domenicano, ma è il francescanesimo a produrre le nuove grandi personalità del secolo, che sembrano rifiutare una troppo ossequiente osservanza aristotelica, e soprattutto una visione troppo intrisa di razionalismo, nella convinzione che l'uomo, con le sue sole forze, non possa attingere al soprannaturale.

Contro un eccesso di razionalismo assistiamo a una vera rivincita della fede. Se la Scolastica del Duecento ha proposto con forza la sintesi di ragione e fede, il pensiero del XIV secolo propone la separazione tra le due.

La riflessione filosofica dell'autunno del Medioevo non cerca più tratti che uniscano o convergenze che rendano complementari la filosofia e la teologia. L'obbiettivo della filosofia e della teologia del Trecento è chiarire una volta per tutte la **distinzione** e talora l'**incompatibilità, tra la *ratio naturalis*** («ragione naturale») **e la *revelatio*** («rivelazione»). A seconda degli ambiti di verità – relativa alla realtà naturale, o relativa al divino e alla salvezza eterna – l'uomo deve cercare strumenti differenti di conoscenza, metodi e procedure di approccio nettamente distinte.

La filosofia rifiuta il ruolo subordinato di *ancilla theologiae*, di mero strumento al servizio dell'unica verità.

Dichiarare l'impossibilità della ragione di accedere al campo del trascendente significa riportare questa facoltà alle sue dimensioni umane, sottrarle la possibilità di raggiungere Dio, ma significa altresì offrirle il dominio della realtà naturale e della realtà sociale costruita per il benessere terreno.

La ragione, affrancata da una plurisecolare subordinazione, conquista una nuova libertà e si prepara a riformulare lo statuto stesso del sapere con l'apertura, grazie all'Umanesimo e al Rinascimento, di **nuovi orizzonti conoscitivi**.

L'equilibrio tra filosofia e teologia vacilla, la ragione e la fede si separano: il terreno sul quale agisce l'uomo con i suoi strumenti conoscitivi si allarga. Il Dio dei teologi e il Dio dei filosofi non è più lo stesso.

3.2 Duns Scoto e la teologia come scienza pratica

Le tesi più significative del pensiero di **Duns Scoto** (1281-1304) riguardano la questione dei rapporti tra filosofia e teologia. Entrato nell'ordine francescano intorno al 1281, studia a Oxford e a Parigi, dove insegna fino a che viene scacciato dalla Francia dal re Filippo il Bello; morirà a Colonia nel 1304.

Filosofia e teologia hanno per Duns Scoto, che segue qui la tradizione agostiniana e francescana, ruoli essenzialmente differenti. La **filosofia** ha **scopi eminentemente conoscitivi**, e limitati alla natura; la **teologia** ha **scopi eminentemente pratici**, riguardanti la salvezza umana e il destino nell'aldilà. Non è la conoscenza filosofica che porta alla felicità o alla beatitudine, ma la fede, la rivelazione.

Paradiso e inferno, scuola bolognese del XV secolo.

L'esame intrapreso da Duns Scoto sui metodi propri della filosofia e su quelli propri della teologia giunge alla conclusione che i primi non solo non chiariscono il contenuto della rivelazione, ma addirittura danno esiti incompatibili con essa. Le verità della fede costituiscono un sapere che, se cercato attraverso gli strumenti della ragione, si oscura, si annulla. I metodi seguiti dalla filosofia non possono essere trasferiti alla teologia. **Le dimostrazioni**, **il procedimento deduttivo non funzionano in teologia** e non si possono fornire prove dell'onnipotenza divina. L'uomo non può, con le sue forze naturali, raggiungere il soprannaturale: solo ciò che è a sua volta sovrannaturale come la rivelazione può farci attingere il divino.

Attraverso l'**illuminazione** compiuta attraverso la **fede** il cristiano è in grado di raggiungere ciò che è al di sopra e al di là della natura. Il soprannaturale, per quanto sfugga alla comprensione razionale, si rivela come una possibilità aperta all'uomo; arricchisce l'esistenza della creatura di Dio con un mondo di valori e con una finalità etica altrimenti irraggiungibile.

La **teologia** dunque non è scienza teoretica, cioè sapere il cui fine è la conoscenza, ma **scienza pratica**, che indica i comportamenti eticamente corretti per ottenere la salvezza eterna.

3.3 La filosofia come scienza dell'essere secondo Duns Scoto

Psalterium Beatae Elisabeth, miniatura con allegoria della fede (XIII sec.).

Alcuni temi fondamentali della religione cristiana, che sino a allora si pensava potessero essere chiariti con le capacità razionali, sono rimandati all'ambito della pura fede e per questo non perdono affatto di valore. Per esempio l'unità e la Trinità divina non sono accertabili tramite la ragione, ma sono postulabili allo scopo di far intendere quale deve essere l'oggetto del nostro amore: **amare è l'atto più importante** e più degno della vita di ogni uomo. Senza la fede nella natura trinitaria di Dio, che con infinita generosità comunica a tre persone la sua perfezione, il nostro amore sarebbe imperfetto e incompleto. Allo stesso modo **non è dimostrabile la libertà di Dio**, ma a essa dobbiamo credere perché è la condizione della nostra stessa libertà.

La filosofia non ha nulla in comune con la teologia, anzi percorre una strada ben diversa che conduce a mete naturali, non soprannaturali. Tuttavia essa può perseguire i suoi fini, del tutto legittimi, aprendosi alla conoscenza di verità necessarie che hanno aristotelicamente per oggetto l'essere in quanto tale.

La filosofia, nella sua parte chiamata metafisica, affronta i problemi dell'essenza e dell'origine del mondo. Duns Scoto ritiene che la **metafisica**, con procedimenti dimostrativi, **debba necessariamente pervenire al concetto generalissimo di ente**. Gli oggetti della nostra esperienza, infatti, appaiono contingenti, come ognuno di noi può osservare nel suo comportamento quotidiano. Ma tutti gli oggetti o gli eventi, in qualche modo, sono, cioè partecipano della "qualità" di essere qualcosa; dalla constatazione, raggiunta tramite ragionamento dimostrativo, che **tutti gli oggetti** o eventi possibili **hanno in comune l'essere**, si ricava in maniera dimostrativa il concetto generale di «essere» o «ente». Ma questo concetto, al quale si perviene mediante l'intelletto, corrisponde a qualcosa che esiste realmente oppure rinvia a qualcosa che è soltanto possibile?

La conclusione è che se l'essere primo e possibile non esiste ci deve essere una causa di questa non esistenza; ma questa causa, a sua volta, "sarebbe", cioè avrebbe l'essere, e quindi sarebbe lei stessa l'**essere primo**; il quale, quindi, **deve necessariamente esistere**, se non vogliamo cadere nella più palese e grossolana contraddizione.

3.4 L'impossibile conciliazione fra fede e ragione secondo Guglielmo di Ockham

L'altro grande francescano del Trecento è **Guglielmo di Ockham**. Nato intorno al 1280 nella contea di Surrey, studia logica e teologia; diviene docente e scrive le sue opere di commento ad Aristotele e a Pietro Lombardo e alcune *Summae* e raccolte di *Quaestiones*. Viene **accusato di eresia** dal cancelliere dell'Università di Oxford ed è convocato ad Avignone dal papa. A Monaco di Baviera, protetto dall'imperatore, vive fino alla morte avvenuta nel 1349.

Ockham ritiene doveroso chiarire una volta per tutte che non è più lecito dissimulare l'impossibile conciliazione fra fede e ragione. Il filosofo francescano afferma, nel *Prologo* della sua opera *Commento alle Sentenze di Pietro Lombardo*, che **la teologia non è una scienza** perché le sue verità appartengono al dominio della fede. Questa affermazione ha importanti conseguenze non solo per la "scienza" di Dio, ma anche per la filosofia.

Illustrazione di Toros de Taron per un'edizione miniata del *Vangelo* (XIV sec.).

Quest'ultima, infatti, perde il ruolo che per tutta la Scolastica ha svolto e non è più al servizio del sapere del soprannaturale, ma acquista una sua specifica autonomia. La distinzione tra teologo e filosofo introduce una **specializzazione dei compiti**; lo studioso del divino può fare a meno del contributo delle tecniche elaborate dalla filosofia. L'autorità dell'uomo di Chiesa, che interpreta la parola rivelata, è pienamente sancita, anzi è accresciuta. Il teologo sa che ciò di cui parla ha il suo fondamento nelle Sacre Scritture e riconosce che il suo oggetto di studio è la trascendenza. Al teologo come a ogni cristiano è necessaria soltanto la fede, non è prescritto alcun uso della ragione.

Il filosofo può anche occuparsi di teologia, ma non è in grado di fornire alcun contributo utile. Non sono sottili argomentazioni razionali e dimostrazioni dell'esistenza di Dio che convertono l'infedele, c'è bisogno di un atto di fede. Il filosofo, infatti, non ha strumenti commensurabili all'infinità e alla perfezione di Dio.

Bisogna che ogni credente riconosca l'assoluta novità rappresentata dalla rivelazione, vera e propria violenza fatta alla ragione. Dio si conosce solo attraverso la *Bibbia* e i *Vangeli*, parola e verità divine custodite dalla Chiesa.

3.5 I limiti della ragione secondo Meister Eckhart

ANTOLOGIA FILOSOFICA
Meister Eckhart, *Sermoni tedeschi*

Nella prima metà del Trecento, nell'area di Colonia, opera **Giovanni Eckhart** (1260-1327) detto «Meister». Domenicano eterodosso, riprende la tradizione neoplatonica indirizzandola verso teorizzazioni mistiche.

L'obiettivo che si propone di conseguire Eckhart è di condurre l'uomo di fede al suo punto d'arrivo più alto, cioè all'**esperienza mistica**. Per giungere a tale traguardo è necessaria anche la comprensione filosofica e teologica del fondamento di tale slancio di annullamento di sé in Dio. Per questa commistione di filosofia e di teologia il suo **misticismo** è detto **«speculativo»**.

Nel *Commento al Vangelo di Giovanni* Eckhart chiarisce i propri intenti: esporre attraverso le "ragioni naturali" (*rationes naturales*) dei filosofi ciò che è affermato dalla santa fede cristiana e dalle Scritture. Si tratta di interpretare la *Bibbia*, di unire teologia e filosofia, ma dando larga parte alla filosofia. Il suo programma è dimostrare con argomentazioni filosofiche temi come la creazione del mondo da parte di Dio, la relazione tra l'uomo e il divino, le dottrine della Trinità e dell'Incarnazione, argomenti che Tommaso e la scuola domenicana ritengono appartenenti al soprannaturale e quindi solo alla teologia. Anziché separare ragione e fede Eckhart vuole **unire filosofia e teologia**. Per il Maestro il genere umano si divide in due gruppi: quello dei rozzi e quello degli illuminati. Le prediche in tedesco hanno come scopo la trasformazione di tutti in illuminati. Nella sua interpretazione della *Bibbia* sostiene che non si deve accettare nulla che non sia fondato su un argomento filosofico. Tuttavia per l'intelletto umano non è possibile comprendere, costruire un sapere e una scienza.

3.6 L'assoluta trascendenza di Dio secondo Eckhart

ANTOLOGIA FILOSOFICA
Meister Eckhart, *Sermoni tedeschi*

Tutto ciò che è la realtà creata da Dio lo è solo in virtù del suo Artefice, altrimenti, in sé, è puro nulla. **Dio è trascendenza assoluta**, priva di qualsiasi determinazione finita. Nessuna teologia può spiegare e descrivere questa assolutezza. La **teologia come scienza** è sempre e soltanto **negativa**: cioè l'unica sua possibilità è di negare di Dio qualsiasi attributo e predicato effettivo. Bisogna abbandonare ogni pretesa di definire chi è Dio, che cos'è Dio e com'è Dio; attribuire a Dio una natura, delle determinazioni significa costruire un'immagine assurda di Lui come qualcosa di finito, definito e limitato. Di Dio non si può nemmeno affermare che è l'Essere, poiché Egli viene ancora **prima dell'essere**, ne è la causa. Per esprimerne l'assolutezza si può definirlo come la «**negazione della negazione**».

La creazione dell'uomo; miniatura dell'XI secolo.

Come sovrabbondanza di perfezione Dio è la negazione di ogni finitezza. Come creatore per un atto della sua libera volontà ha creato il mondo dal nulla senza che ciò abbia aggiunto nulla alla sua perfezione. Dio è trascendente rispetto al mondo, ma nello stesso tempo ne è il fondamento. L'uomo è stato fatto da Dio a sua immagine e somiglianza, ma questo Dio non si rivela, anzi si nasconde nell'abisso infinito che lo separa dalla sua creatura. Il nostro intelletto, capace di analizzare, dedurre, dimostrare, va scavalcato e occorre dimenticare di averlo. **Ogni scienza è vanità**, follia; nessuna torre è mai tanto alta da permetterci di vedere ciò che è altro da noi.

La via per avvicinarci a Dio è il distacco da tutte le cose e da se stessi: si tratta di far morire in noi tutto ciò che è altro da Lui, staccarsi da ciò che è finito e particolare e quindi puro nulla, per consentire in sé la nascita del divino. Lo slancio mistico consiste nello **smarrirsi in Dio**, immergersi nella «caligine oscura» dove Dio vive. Questo processo di *deificatio* («deificazione», nel senso di identificazione con Dio) avviene solo a patto di riconoscere che tutto, sia la natura sia la società, sono un puro assoluto nulla. Per perdersi in Dio l'uomo deve morire come altro da Dio stesso e negare qualsiasi significato a ciò che si chiama "io".

3.7 Il rinnovamento della filosofia politica

ANTOLOGIA FILOSOFICA
Marsilio da Padova, *Defensor pacis*

La differenza radicale tra teologia e filosofia, tra fede e ragione, occupa uno spazio molto grande anche nelle idee politiche di Ockham, consegnate ad alcuni scritti, fra i quali spicca il *Dialogo sull'impero e sul potere pontificio*. Secondo Ockham non devono esserci rapporti gerarchici e di potere all'interno della comunità dei cristiani, che deve rendere conto soltanto a Dio. Il papa non deve porsi, quindi, come un potere di questo mondo terreno, autonomo rispetto agli altri poteri terreni. La legge che ha dato Cristo non è legge di questa terra, che è di esclusiva pertinenza dei poteri civili.

Le posizioni teoriche di Ockham, nel suo pensiero politico, sono abbastanza vicine a quelle proposte nel 1324 da **Marsilio da Padova**, un altro teologo perseguitato dall'autorità papale e rifugiatosi subito dopo quell'anno presso l'imperatore Ludovico il Bavaro.

Capolettera da *Vangelo* francese con Cristo che abbraccia la sua Chiesa.

Marsilio nell'opera *Defensor pacis* espone la tesi secondo la quale **lo Stato nasce naturalmente dalla famiglia e dalla comunità**, sottolineando che la sovranità risiede nel popolo, nella sua parte più significativa.

La legge umana come quella divina comanda in modo imperativo ed essa è totalmente indipendente dalla norma religiosa. Marsilio assume una posizione molto forte nei confronti della Chiesa, che definisce come la comunità dei fedeli, nella quale non c'è sostanziale differenza tra laici e sacerdoti salvo che per la funzione unicamente spirituale che questi ultimi svolgono. L'autore del *Defensor pacis* **nega qualsiasi superiorità gerarchica del papa** e abbraccia la tesi che attribuisce al concilio il potere supremo nella dottrina e nel governo dell'istituzione ecclesiastica. Fonte di sovversione e quindi minaccia alla pace è la volontà papale di imporre la propria supremazia.

Verifica immediata

1. **Indica se le seguenti affermazioni sono vere o false.**
   1. Nel XIV secolo viene ribadita l'incompatibilità tra ragione naturale e rivelazione. V F
   2. La ragione viene subordinata alla fede e la filosofia alla teologia. V F
   3. Secondo Duns Scoto, filosofia e teologia hanno ruoli diversi. V F
   4. Scopo della metafisica, secondo Duns Scoto, è giungere al concetto di ente. V F
   5. Per Ockham è possibile conciliare fede e ragione. V F
2. **Che tipo di scienza è, per Duns Scoto, la teologia e perché?**
3. **Secondo Duns Scoto qual è l'oggetto della filosofia?**
4. **Qual è l'unica scienza che secondo Ockham l'uomo è in grado di costruire?**
5. **Qual è l'esponente più importante della filosofia politica e in quale opera espone la tesi sulla sovranità popolare?**

Il metodo della filosofia

4. Deduzione e sensazione

4.1 Il ragionamento deduttivo come metodo dell'argomentare

Il filosofo riscopre, secondo Duns Scoto, la **purezza del sapere metafisico**, ossia la scienza dell'essere in quanto essere, dell'essere privo di determinazioni empiriche. L'oggetto della metafisica è costituito solo da **verità necessarie** che non possono essere diversamente da come sono. Invece le conoscenze empiriche che provengono dall'esperienza, e quindi a posteriori, non possono fondare la metafisica come scienza.

Duns Scoto ritiene che la metafisica debba utilizzare il **metodo dimostrativo**. Per "dimostrazione" Duns Scoto intende il procedimento deduttivo proprio della logica aristotelica. La vera conoscenza è sempre di carattere logico-discorsivo, cioè sempre frutto dell'intelletto, ottenuta per via dimostrativa.

Compito della filosofia è svolgere per via deduttiva tutto ciò che è contenuto implicitamente nella nozione di essere. Scienza è deduzione e la metafisica ha quindi come modello di scientificità il modello della **geometria euclidea**: il filosofo parte da un'intuizione intellettuale non sensibile, quella dell'essere puro, dalla quale discende per via rigorosamente deduttiva sino a giungere alle realtà fisiche.

Il vero regno della scienza è comunque quello dell'essere "a priori", dell'essere primo, identico a se stesso, comune a tutto e superiore a tutto, come totalità univocamente predicabile di tutto ciò che è, totalità semplice e povera, ma in realtà ricchissima poiché in essa tutto è contenuto.

4.2 L'evidenza sensibile di Guglielmo di Ockham

Secondo Ockham il mondo reale, creato da Dio, è composto di cose, eventi tutti quanti assolutamente unici e individuali: l'unico modo di conoscerlo è attraverso il contatto diretto, immediato con la nostra sensibilità. Noi possiamo conoscere soltanto attraverso l'intuizione sensibile; **conoscere è intuire**. La fonte unica della scienza è l'evidenza sensibile: ***scientia***, come **conoscenza vera**, è quella che consiste nella diretta intuizione dell'evidenza manifesta della "cosa" quale è, quando e come è realmente dinanzi al soggetto conoscente. Essendo reale solo ciò che è individuale, solo dell'individuale si ha conoscenza vera.

L'***experientia***, intesa come **osservazione dell'individuale** e non più come la *ratio* e l'*auctoritas*, costituisce il momento essenziale della costruzione della scienza. Essendo l'esperienza sia la fonte sia il campo di verifica della validità della nostra conoscenza è possibile parlare, a proposito di tale teoria occkhamiana, di **empirismo**.

Come non esistono essenze universali e non esiste una gerarchia nella realtà, sempre e solo particolare, così non esiste una scienza che riconduca tutto a un unico principio da cui siano deducibili tutte le altre affermazioni l'una dall'altra. L'esperienza non ci permette di fare affermazioni "a priori" dotate di assoluta necessità, ma ci fornisce un **sapere** puramente **probabile**. Questo sapere è perciò **in continua crescita** grazie all'esperienza che si arricchisce sempre più.

La conoscenza empirica intuitiva, che si realizza nel momento stesso del nostro sperimentare, è l'unica in grado di fornire la certezza dell'esistenza della realtà percepita. La conoscenza astrattiva, invece, non rifacendosi a qualcosa che si è intuito in modo evidente, è quella che prescinde dalla constatazione dell'esistenza o meno dell'oggetto.

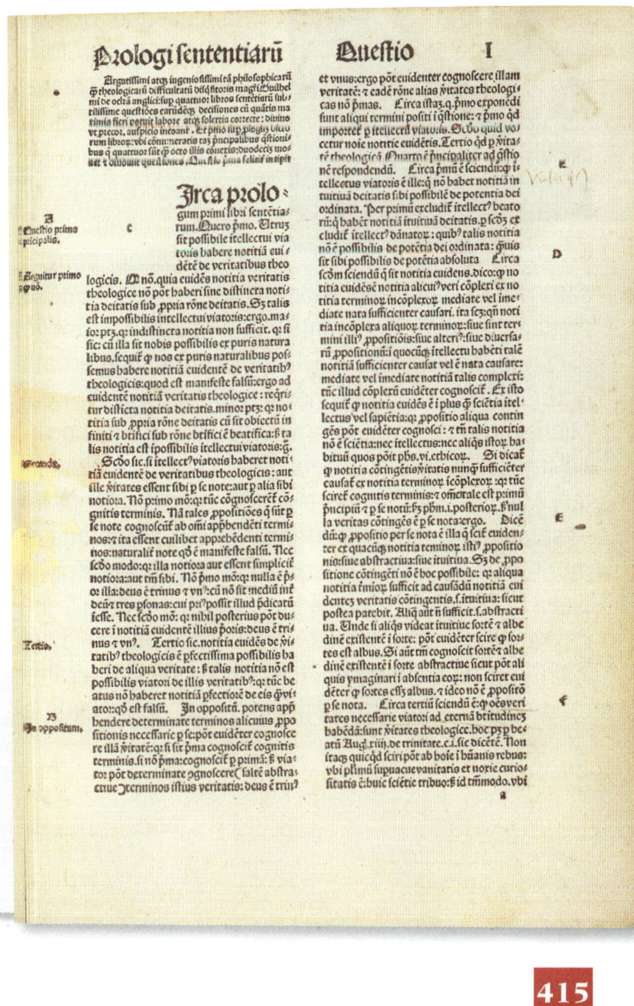
Prologi sententiarū

Questio I

Circa prolo

Pagina di un'edizione lionese delle opere di Guglielmo di Ockham (XV sec.).

Verifica immediata

1. Per Duns Scoto la metafisica come scienza dell'essere quale procedimento metodico deve seguire?
2. Qual è la fonte unica della scienza per Ockham?
3. Che cosa sostiene l'empirismo?

Qual è l'oggetto della nostra conoscenza e quale quello della nostra fede?

Capitolo 1

Guglielmo di Ockham: nominalismo e individualismo

La vita e le opere

Guglielmo nasce nel 1288 nel villaggio di Ockham, nella contea di Surrey, e studia nel convento francescano di Oxford, dove approfondisce, in particolare, la conoscenza della logica. In seguito alla pubblicazione di alcune opere, nel 1323 viene convocato presso la commissione pontificia avignonese poiché il suo insegnamento viene ritenuto passibile di condanna. Dal 1324 al 1328 Ockham è internato in un convento, dove conosce altri inquisiti, tra cui Michele da Cesena, che era stato generale dell'ordine francescano e aveva fondato il "partito michelita". Michele da Cesena e i micheliti aderiscono al *Testamentum* scritto da Francesco d'Assisi prima di morire che ribadiva la necessità della povertà e ripudiava la *Regula* che aveva fatto del movimento francescano un ordine regolare. Il processo ritarda, e nel 1328, nel pieno del conflitto fra il papa e l'imperatore Ludovico il Bavaro, Guglielmo scappa insieme a Michele da Cesena, rifugiandosi a Pisa presso l'imperatore. Il papa Giovanni XXII decreta che la sottomissione alla Chiesa è più importante della povertà e coloro che non accettano tale responso saranno condannati al rogo.

Alla fine del 1339 Guglielmo di Ockham segue l'imperatore a Monaco di Baviera, e qui vive fino alla morte, avvenuta nel 1349, forse a causa della peste. Negli anni Quaranta scrive importanti opere di filosofia politica che mettono radicalmente in discussione le funzioni e i poteri del pontefice nella comunità dei cristiani.

Le sue opere si possono dividere in due gruppi. Il primo gruppo comprende le opere di filosofia e di logica scritte nel periodo trascorso a Oxford: *Commento alle* Sentenze *di Pietro Lombardo, Summulae in libros physicorum o Philosophia naturalis* (*Compendio di fisica o Filosofia naturale*), *Expositio super octo libros physicorum* (*Esposizione su otto libri di fisica*), *Summa totius logicae* (*Compendio di logica*). Il secondo comprende opere di carattere politico ed ecclesiale scritte a Monaco: *Opus nonaginta dierum* (*Opera dei novanta giorni*), *Breviloquium de potestate papae* (*Breve trattato sul potere del papa*), *Allegationes de potestate imperiali* (*Trattato sul potere imperiale*), *De imperatorum et pontificum potestate* (*Sul potere degli imperatori e dei papi*), e la *Epistola ad fratres minores* (*Lettera ai frati minori*).

1. La realtà individuale e la conoscenza sensibile

1.1 La logica come scienza

Il pensiero di Ockham ha una **fortissima ispirazione volontaristica e individualistica**, che trova conferma sia nelle sue opere logiche sia in quelle teologiche. Le conclusioni alle quali perviene Ockham portano a una radicale semplificazione della realtà rispetto a tutte le concezioni precedenti.

La logica è scienza preliminare a tutte le discipline

La **logica** è per Ockham **scienza filosofica per eccellenza**: a essa devono fare riferimento tutte le discipline, compresa la teologia, se vogliono costruirsi come scienze.

Ogni discorso che pretenda di essere scientifico deve rifarsi a modi e a regole dettate dalla logica, **scienza delle scienze**, che non si riferisce a nessuna realtà effettiva, ma solo alla modalità di costruzione degli enunciati. Anche la teologia, come ogni discorso (*sermo*), deve riconoscere la **supremazia della logica**, arte delle arti. Solo nel regno del linguaggio e delle scienze, in quanto costruzione linguistica, l'essere umano può dettare regole e metodi. Al di là di questo campo tutto umano, stanno cose, fatti, realtà di cui l'unico e assoluto signore è Dio. Tutto ciò che esiste risponde alla volontà divina, unica norma del creato. Purtroppo si è fatta una grave confusione tra le parole, il discorso e le cose reali, che stanno di fronte alle nostre facoltà. I termini vocali o scritti non sono realtà oggettive; non si deve identificare la **scienza della logica** con la **metafisica**: la prima si riferisce a parole, concetti, operazioni razionali; la seconda a realtà, esseri esistenti creati da Dio.

L'essere umano detta regole e metodo al linguaggio

La logica è ***scientia de vocibus*** («scienza di suoni») non ***scientia de rebus*** («scienza di cose»). I termini linguistici sono prodotti dell'essere umano e non vanno contrabbandati come cose, altrimenti corriamo il rischio di costruire vuote realtà "reificando", cioè trasformando in *res* («cose»), puri nomi.

1.2 Il "rasoio" di Ockham e il suo nominalismo

ANTOLOGIA FILOSOFICA
Guglielmo di Ockham, *Summa totius logicae*

Ockham spazza via in maniera radicale, come con un rasoio, tutte le impalcature che ingombrano, secondo lui, la teologia, la metafisica, la logica e la politica. Lo strumento per questi tagli è il suo **nominalismo**.

Concezione nominalistica dei concetti

Del mondo sovrappopolato di concetti, enti, esseri Ockham individua: i singoli esseri umani, con la loro libertà irrinunciabile; Dio, nella sua assoluta semplicità e libertà; gli esseri e oggetti (o eventi) della natura che si offrono alla nostra conoscenza e azione.

Occorre eliminare gli enti non necessari

Quello che viene chiamato comunemente il **"rasoio" di Ockham**, cioè il "taglio" operato rispetto a tante sovrastrutture superflue, è il risultato di quell'orientamento radicale occamiano che viene riassunto da una celebre frase: «Non si devono moltiplicare gli enti oltre il necessario» (*Entia non sunt multuplicanda praeter necessitatem*). I primi enti che Ockam "elimina", usando il suo rasoio, sono gli universali, cioè le idee di tipo platonico che da secoli erano state trasformate, tramite il neoplatonismo, in «idee di Dio».

Gli universali sono semplici segni

La filosofia come critica del linguaggio è in particolare critica del "realismo", posizione assunta nel dibattito sugli universali da Guglielmo di Champeaux e anche da Tommaso d'Aquino. Le parole e **i concetti universali sono semplici nomi**, puri segni che stanno per altri segni linguistici. Per esempio il termine «umanità» sta al posto di nomi come Pietro, Maria, Giovanni ecc. che indicano le uniche vere realtà (i concreti soggetti umani) in quanto individui concreti. **Il reale è**, per sé, **individuale**, sicché non esiste l'umanità, ma solo i singoli uomini. Per Ockham esistono soltanto gli individui, quelli in carne e ossa, ed essi non rinviano a nulla di "universale" di cui sarebbero una copia.

1.3 Conoscenza sensibile

La conoscenza avviene attraverso i sensi di realtà individuali

La nostra **conoscenza** è sempre e solo **di individui** e avviene **tramite i sensi**. Noi usiamo nomi o termini che rinviano sempre, nonostante le apparenze e le abitudini consolidate, a individui. **Nominalismo logico** e **individualismo ontologico** sono per Ockham due facce della stessa medaglia. Le cose singole sono le sole esistenti, l'universale risiede solo nell'anima. Le individualità sono l'unico vero oggetto, la cui esistenza è testimoniata dalla conoscenza sensibile diretta e intuitiva. Se ogni conoscenza deriva dalla percezione sensibile, è necessario studiare con attenzione tale fonte. Ockham è consapevole della fallibilità della nostra sensibilità, ma è altrettanto certo che solo sull'esperienza sensibile si fondano le nostre possibilità conoscitive.

Unica fonte di conoscenza è l'esperienza, anche se non è infallibile

La conoscenza degli oggetti singoli è il punto di partenza e la scienza deve esporre in modo critico il percorso che da essi conduce ad astrazioni dotate di senso. La scienza si fonda sull'esperienza: è l'osservazione che, unica, garantisce l'edificazione del sapere. Ockham sostiene che **l'unica conoscenza certa è quella intuitiva**, grazie alla quale sappiamo se una cosa esiste o no. Nessuna essenza contiene la nozione di esistenza. Nemmeno dal concetto di Dio è possibile dedurre l'esistenza di Dio. L'esistenza può essere solo intuita direttamente. Mediante la conoscenza astrattiva non si possono formulare giudizi di esistenza, ma affermazioni che si riferiscono agli oggetti conosciuti intuitivamente e che non sono più davanti ai propri occhi. **Ogni conoscenza astrattiva fa riferimento a quella intuitiva**. L'unica conoscenza certa è perciò fondata sull'esperienza di cose ed eventi individuali.

Il sapere è costruzione umana

Si afferma così una nuova consapevolezza, che il **sapere** non è lo specchio dell'ordine divino del mondo, ma **ricerca e costruzione umana**. La scienza che studia la realtà è un sapere in evoluzione e condizionato dai limiti delle capacità conoscitive dell'uomo. Comunque è un sapere **perfettibile** che cerca di affinare il proprio procedimento di indagine.

1.4 La logica terministica e la supposizione

Teoria della supposizione: ogni termine «sta al posto di»

Nella sua **logica terministica** Ockham spiega con grande chiarezza le ragioni per le quali è sbagliato parlare di universali al di là dei nomi o termini. Egli analizza la struttura del discorso e del suo elemento base, la proposizione, nei cui termini costitutivi indica la proprietà denominata **supposizione** (*suppositio* in latino): il termine «supposizione» significa letteralmente «stare al posto di».

Tre tipi di supposizione

Ockham esemplifica in maniera molto semplice **tre tipi di supposizione**. Per esempio, se dico: «"uomo" è una parola bisillaba», la parola «uomo» sta al posto di un termine di due sillabe, e questa è una **supposizione materiale**; se dico: «l'uomo dorme», la parola «uomo» non sta al posto di un termine ma di una persona in carne e ossa, e in questo caso abbiamo una **supposizione personale**; se dico: «l'uomo è una specie», il termine «uomo» non sta al posto di un termine e neppure di una persona ma sta al posto di qualcosa di comune a tutti quelli che chiamo «uomini» e in questo caso abbiamo una **supposizione semplice**.

L'ultimo tipo di supposizione, quella semplice, sembra fare riferimento a qualcosa di universale, dato che parla di qualità comuni a diversi oggetti. Ockham respinge nettamente questa conclusione. Indicare con un solo nome (che svolge, sì, una funzione universale) qualità comuni a diversi oggetti non significa affatto costruire da quelle qualità un «universale» nel senso dell'idea platonica. **La parola** che usiamo **è universale**, ma **le qualità sono** sempre e soltanto **negli oggetti o esseri individuali**, non esistono per conto loro, nel mondo delle «idee».

Gli universali sono solo qualità

I nomi, anch'essi universali, che si possono predicare di più cose, sono strumenti, segni, che si usano per designare fatti o oggetti individuali che hanno tra di loro una somiglianza. Al di là del linguaggio, con i suoi termini che svolgono funzioni universali, non ci sono, quindi, che individui (oggetti, persone, eventi). Come il fumo è segno del fuoco, come il lamento è segno del dolore, così il termine universale «uomo» è segno non di una presunta entità universale «uomo» o «umanità», ma di Socrate, Platone, Aristotele a altri singoli individui.

Questo è, molto schematicamente, il **nominalismo occamiano**: la tesi, cioè, che l'universalità esiste soltanto nei nomi, non nelle idee o nella realtà. Una posizione che è vicina a quella di Abelardo e che Ockham ritiene vicina anche a quella di Aristotele, il quale non credeva negli universali di tipo platonico.

Il nominalismo e l'individualismo ontologico

La logica terministica e nominalistica

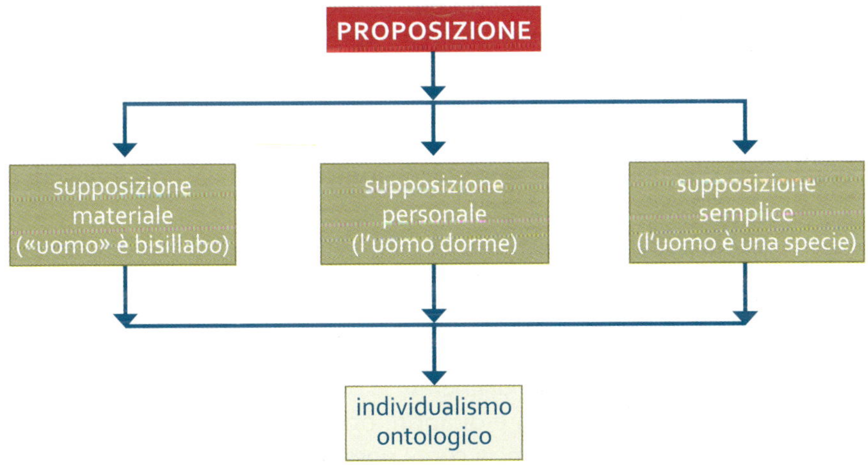

1.5 La realtà è fatta di individui

Al di là del linguaggio, e del pensiero che crea e usa il linguaggio, non esistono che individui; ecco in cosa consiste l'individualismo ontologico di Ockham.

Il mondo è costituito da individui, oggetti ed eventi singoli. Essi rinviano a un essere primo, loro creatore, che secondo Ockham non ha bisogno alcuno di intermediari per creare il mondo. Un'ulteriore semplificazione metafisica, quindi, proviene dalla concezione di un Dio che è semplicità e unità assoluta e che, come in Duns Scoto e nella tradizione francescana, è soprattutto volontà assolutamente libera. **Dio è necessario, il mondo è contingente**. Nella contingenza viviamo noi, con la nostra precarietà e con i nostri limiti.

Necessità di Dio e contingenza del mondo

Ockham abbatte tutto l'orizzonte metafisico tradizionale e **spazza via anche i concetti di sostanza e di causa finale**. La sostanza, in quanto struttura fondamentale, costitutiva degli enti, non è evidente perché sfugge all'esperienza, alla quale si danno solo aspetti particolari o accidentali **senza che si possa risalire al substrato**. Neppure si può dimostrare l'**esistenza di alcuna causa finale** che muoverebbe gli esseri naturali attraendoli a sé, poiché il fatto che una finalità qualsiasi sia desiderata da qualcuno non significa la sua esistenza, né che essa, ammesso che esista, eserciti di per sé un'influenza diretta su altro. Anche qui si deve operare una semplificazione: usare il "rasoio" per eliminare concetti e affermazioni superflue perché indimostrabili.

La critica ai concetti di sostanza e di causa finale

1.6 La fede distinta dalla ragione: la teologia non è scienza

Al di là di tutto questo insieme di conoscenze, raggiungibile tramite i sensi e la ragione umana, c'è il mondo della fede e della rivelazione. Ma si tratta di un altro mondo, nel quale non possono esserci pretese di conoscenza o di scienza. Anche su questi punti la posizione di Ockham continua la tradizione francescana e scotista che poneva **la sapienza al di sopra della scienza** e da essa del tutto distinta; al contrario di Tommaso, che vedeva una continuità fra scienza e sapienza, tra filosofia e teologia, reciprocamente integrantisi.

La teologia al di sopra della filosofia

Cade così la possibilità di costruire un sapere che abbia per oggetto Dio. Non solo la ragione non può penetrare nella natura di Dio, ma deve anche riconoscere l'impossibilità di dimostrarne l'esistenza. Infatti, poiché l'esistenza può essere accertata solo tramite l'intuizione, **di Dio non si dà esperienza sensibile** e perciò nemmeno si può affermare che esista. Non valgono né la prova ontologica di Anselmo né le prove a posteriori di Tommaso. Per esempio, la prova causale risale a Dio causa prima, ma nel principio di causalità non c'è niente di necessario né di evidente perché tra ciò che si dice causa e ciò che si dice effetto non si può constatare nessuna dipendenza, ma solo successione e vicinanza, trattandosi di due entità o eventi separati.

La ragione non può conoscere Dio

Essendo indimostrabile l'esistenza di Dio, a maggior ragione sono indimostrabili i suoi attributi e tutte le verità rivelate, compresa la creazione, che sono puri articoli di fede.

La **separazione netta tra il piano della scienza e quello della teologia**, tra la ragione e la fede, ha la funzione di liberare la ricerca naturale dalle implicazioni metafisico-teologiche tradizionali e di aprire orizzonti inesplorati. Tra le ipotesi più interessanti che Ockham enuncia come possibilità c'è quella della **molteplicità dei mondi**. Dio di fatto ha scelto questo mondo, ma sul piano teorico rimane possibile per lui creare altri mondi con leggi diverse da quelle da noi conosciute. L'agire di Dio non è limitato, Dio potrebbe avere creato mondi infiniti e il mondo creato potrebbe essere infinito, non finito come sostiene Aristotele.

2. La politica e la polemica contro la Chiesa

2.1 Il distacco della sfera politica dalla sfera religiosa

ANTOLOGIA FILOSOFICA
Guglielmo di Ockham, *Lettera ai frati minori*

La differenza radicale tra fede e ragione occupa uno spazio molto grande anche nelle idee politiche di Ockham, consegnate ad alcuni scritti degli anni Quaranta, fra i quali spicca il *Dialogo sull'impero e sul potere pontificio*. Secondo Ockham **non devono esserci rapporti gerarchici e di potere** all'interno della comunità dei cristiani, che, legata dai vincoli di fede, deve render conto soltanto a Dio: deve guardare, cioè, non a questo mondo ma a quello dell'aldilà. Il papa non deve porsi, quindi, come un potere di questo mondo terreno, autonomo rispetto agli altri poteri terreni, perché questo significa rovesciare il suo ruolo, che è di **servizio dentro la comunità dei cristiani** e non di ***imperio*** su di essa.

Autonomia del potere politico; il papa ha potere solo sulla Chiesa

La legge che ha dato Cristo non è legge di questa terra, che è di esclusiva pertinenza dei poteri civili, di re e imperatori. La legge di Cristo è accettata individualmente da ogni membro della comunità dei fedeli, all'interno della quale ognuno di essi deve vivere in una condizione paritaria con gli altri. Ockham aggiunge anche, in questa sua concezione della comunità cristiana proiettata verso un altro mondo, **esigenze derivanti dalla tradizione francescana**: la povertà, l'umiltà, l'amore e la fratellanza.

I valori del cristianesimo: povertà, umiltà, amore

Proprio queste tematiche, fra il 1322 e il 1324, sono al centro di un acceso dibattito, teologico e politico, nel quale i francescani prendono posizione contro il papa di Avignone e i suoi teologi. Ockham si colloca, pertanto, nell'ambito dei diversi movimenti (per esempio il conciliarismo che afferma la superiorità del concilio sul papa) che andavano chiedendo una riforma dei costumi della Chiesa e della sua organizzazione interna.

La pretesa superiorità del papa sull'imperatore è assolutamente illegittima. Secondo Ockham **il ministero del vescovo di Roma è puramente spirituale**; la sua missione deve mirare alla salvezza degli uomini e alla loro liberazione dalla servitù del peccato. Se il papa possedesse il potere temporale e avesse giurisdizione sui governanti potrebbe, imponendo la sua volontà, precipitare gli esseri umani in una schiavitù anche peggiore dell'antica.

T1 I limiti dell'autorità papale

Se il papa per comando e disposizione di Cristo, possedesse tale indiscriminata pienezza di potestà, da poter di diritto disporre delle cose spirituali e di quelle temporali senza eccezione, purché non agisca contro la legge naturale e divina, dovremmo dire che la legge cristiana comporta un'orrenda servitù, assai peggiore di quella della legge antica. Infatti tutti i cristiani, gli imperatori e i re, come i loro sudditi, sarebbero servi del papa, nel significato più rigoroso del termine; poiché non è mai esistito né mai esisterà un uomo che abbia su qualsiasi persona una potestà più grande di quella di poter imporre tutto quanto non è contrario al diritto naturale e alla legge divina.

Il papa, potrebbe, per esempio, di diritto, privare il re di Francia o altro del suo regno, senza nessuna causa o colpa da parte sua, allo stesso modo che il padrone può senza motivo né colpa togliere al suo schiavo una cosa che prima gli aveva concessa; cosa questa evidentemente assurda. E potrebbe ancora il papa, se fosse tale la pienezza della sua potestà sulle cose temporali e spirituali, imporre ai cristiani leggi cerimoniali assai più numerose di quelle prescritte dalla legge antica: in tal caso la legge evangelica non solo non sarebbe legge di libertà, ma, all'opposto, sarebbe una legge di intollerabile schiavitù.

Perciò la predetta asserzione bisogna ritenerla eretica. Oltretutto anche pericolosa per tutto il popolo cristiano, poiché se il papa avesse tale pienezza di potestà nelle cose temporali, potrebbe spogliare tutti i re e tutti i principi dei loro regni e principati e distribuirli ai suoi parenti o altre persone dappoco, come meglio gli piacesse, o ritenerli per sé. Ed allora con pericolosa facilità il popolo cristiano sarebbe ogni momento minacciato da scismi, discordie e guerre.

(Guglielmo di Ockham, *Breviloquium de potestate papae*, II, 3
in *Grande antologia filosofica*, Marzorati 1971)

Sintesi

Guglielmo di Ockham: nominalismo e individualismo

La logica

La logica è scienza delle scienze, in quanto scienza dei termini, prodotti convenzionali dell'essere umano e quindi passibili di uno studio scientifico, mentre gli eventi naturali, umani, storici e le cose divine sono oggetti di cui è legislatore solo Dio.
Celebre è l'immagine del "rasoio" di Ockham che, metaforicamente, gli serve per tagliare tutti gli enti inutili come gli universali, semplici nomi («gli enti non si devono moltiplicare oltre il necessario»).
Centrale è la teoria della supposizione, cioè l'analisi del potere significativo dei termini, che sono in grado di «supporre per» (cioè di «stare al posto di») una qualsiasi cosa distinta da essi.

La conoscenza sensibile

Tutta la nostra conoscenza deriva dalla sensibilità, talvolta soggetta all'errore. Grazie alla conoscenza intuitiva diretta noi sappiamo se una cosa esiste o no, perciò del concetto di Dio non è dimostrabile l'evidenza.
Esistono solo cose individuali e la realtà, conoscibile attraverso l'esperienza, è composta solo da individui (estremo nominalismo, individualismo). I nomi sono semplici segni.
L'analisi della struttura della proposizione evidenzia la presenza di termini la cui funzione è "stare al posto di", cioè la supposizione. Esistono tre tipi di *suppositio*: materiale, personale, semplice. Ockham nega anche l'esistenza della sostanza e della causa finale.

La teologia

La teologia non è scienza: la ragione non può dimostrare né l'esistenza né la natura di Dio.
Ockham afferma l'assoluta separazione tra potere politico e potere spirituale e la superiorità del concilio rispetto al papa.

Verifica. Verso le competenze

Conoscenze

1. **Che cosa significa nominalismo?**
2. **Quali sono gli enti che Ockham elimina con il suo "rasoio"?**
3. **Che cosa significa il termine «supposizione» e quali tipi di supposizioni esistono secondo Ockham?**
4. **Che cosa significa l'espressione «individualismo ontologico»?**
5. **Quali sono le funzioni che deve esercitare il papa?**

Abilità (lavoro sui testi)

T2 Conoscenza intuitiva e conoscenza astrattiva

Nel Prologo *del* Commento alle *Sentenze* di Pietro Lombardo *Ockham riprende la distinzione tra conoscenza intuitiva e conoscenza astrattiva. Esse non si distinguono per i rispettivi oggetti, dal momento che tutta la realtà è fatta di cose individuali, ma per il fatto che l'una considera tali individui nella loro esistenza e presenza attuale l'altra no. Il primato spetta a quella intuitiva, mentre quella astrattiva può aver luogo solo se c'è stata precedentemente conoscenza intuitiva delle cose prese in esame.*

La conoscenza apprensiva è duplice: una può essere intuitiva e l'altra astrattiva [...] . Ma l'intuitiva si distingue dall'astrattiva per questo: che la cognizione intuitiva di una cosa è tale che in virtù di essa si può sapere se la cosa esiste o no. [...] E in generale ogni cognizione semplice di un termine o di più termini, di una cosa o di più cose, in virtù della quale si può sapere con evidenza una qualche verità contingente, specialmente di una cosa presente, è una conoscenza intuitiva.

Astrattiva è invece quella conoscenza in virtù della quale di una cosa contingente non si può sapere con evidenza se esista o no; per questo [si dice che] la conoscenza astrattiva prescinde dall'esistenza e dalla non esistenza; per il fatto cioè che con essa di una cosa esistente non si può sapere con evidenza che esiste; e di una cosa non esistente che non esiste, al contrario di quel che avviene per la conoscenza intuitiva. Analogamente per la conoscenza astrattiva non si può conoscere con evidenza nessuna verità contingente, specialmente intorno a una cosa presente.

(Guglielmo di Ockham, *Commento alle* Sentenze *di Pietro Lombardo*, Prologo, q.1, Z in *Grande antologia filosofica*, cit.)

Lettura guidata

Verità contingenti sono proposizioni vere riguardanti entità presenti. La conoscenza intuitiva ci permette di sapere una cosa oppure no e, in generale, ogni conoscenza intuitiva ci permette di conoscere con evidenza una verità relativa a una cosa presente. La conoscenza astrattiva, invece, né ci rivela l'evidenza di una realtà, né ci permette di cogliere alcuna verità relativa a una cosa presente.

Controllo della comprensione

1. **Qual è la differenza tra conoscenza intuitiva e conoscenza astrattiva?**
2. **La conoscenza astrattiva può conoscere verità contingenti?**

L'immagine della donna nella filosofia del Medioevo

TESTI ANTOLOGICI

La vestizione di una bambina destinata al convento. Miniatura dal *Decreto di Graziano* (XII sec.).

1. La concezione della donna secondo la Chiesa

Nel Medioevo la concezione della donna e della società si ricava da pochi testi di un numero ristretto di autori (Paolo, e i grandi padri della Chiesa, Agostino, Gerolamo).

Spetta al clero e ai monaci, di sesso maschile, il monopolio della cultura e la formulazione della dottrina seguendo le *auctoritates*. Le donne sono infatti escluse dal sacerdozio e solo in un secondo tempo, nel corso degli anni, vengono fondati monasteri femminili, in genere amministrati da religiose provenienti dalle grandi famiglie feudali che, in tal modo, riescono ad assicurare alle loro parenti una condizione di privilegio evitando di sperperare il patrimonio familiare in "doti" matrimoniali.

I monasteri femminili, inizialmente, mancano di Regole create *ad hoc*, in quanto quelle in vigore nei monasteri sono state predisposte per gli uomini. Se ne lamenterà, nel XII secolo, Eloisa, badessa del monastero del Paracleto (presso Troyes, nella Champagne), istituito per lei da Abelardo, suo maestro e marito, al quale chiederà di formulare una Regola che riguardi specificamente le monache.

La documentazione sull'immagine della donna non è molto ricca e non presenta novità sostanziali rispetto alla concezione della donna tramandata dai primi secoli del cristianesimo. Con alcune importanti differenze. Per la prima volta, all'interno della cultura dominata dal clero e dai monaci (e più tardi, dal XIII secolo, dai professori delle università e dai predicatori degli ordini mendicanti, francescani e domenicani), troviamo delle donne che parlano, che scrivono, che propongono le loro idee, non sempre concordi con quelle dell'autorità costituita.

2. Donne e cultura nell'Alto Medioevo

Nell'Alto Medioevo sono pochissime le donne note per la loro cultura, da Amalasunta, figlia del re ostrogoto Teodorico e autrice di lettere, a Lutgarda, moglie di Carlo Magno, che frequenta la Scuola palatina. Nei monasteri femminili esistono anche alcune donne amanuensi e biblioteche ben fornite e molto frequentate.

La prima donna, nell'ambito della cultura monastica, a cui si può conferire l'appellativo di «filosofa» è Rosvita (935-974), badessa del convento di Gandersheim, in Sassonia, che compone alcune opere in lingua latina. Il suo è un monastero di nobildonne, di parenti di re e grandi feudatari di area germanica. Rosvita scrive alcuni poemetti ispirati a vite di santi e sante, alcuni componimenti su temi contemporanei e, soprattutto, sei brevi drammi, ispirati allo stile di Terenzio (che afferma esplicitamente di imitare) ma con argomenti religiosi e finalità didattiche e celebrative.

Xilografia di A. Dürer (colorata successivamente) con Rosvita di Gandersheim che consegna le sue opere a Ottone il Grande e all'arcivescovo di Magonza (1501).

Rosvita è una donna, una monaca, che ha introiettato l'ideale femminile tramandato dalla cultura monastica, facendosene portatrice convinta nelle sue opere. In esse il tema principale è quello della purezza e della verginità della donna, che vanno difese a costo del martirio, al quale alcune vergini hanno preferito andare incontro piuttosto che cedere alle lusinghe dei sensi o a comandi superiori che imponevano loro di sposarsi.

Nei due drammi, *Abramo* e *Pafnuzio* (come si vede, l'autrice dà i titoli ai protagonisti maschili, anche quando le vere protagoniste sono le donne), dai colloqui tra gli uomini eremiti e le giovani donne cadute nella condizione di prostitute, emerge chiaramente il valore supremo della verginità, ma anche la possibilità di salvezza garantita persino alla donna che vive nella condizione più bassa e peccaminosa, purché si redima e si penta. In entrambi i drammi, però, l'iniziativa della salvezza non è attribuita alla donna, ma all'eremita. Rosvita, come si può vedere, accetta, senza discuterne alcun aspetto, la concezione cristiana, palesemente maschilista, della donna. La donna è peccatrice nell'atto sessuale legato alla sua professione di prostituta; degli uomini che l'hanno compiuto con lei, nulla si dice; la totale responsabilità della pena e della colpa ricade solo sulla donna. La purezza verginale è richiesta solo alla donna, condizione essenziale se vuole conformarsi all'ideale più alto della perfezione femminile cristiana.

Come filosofa Rosvita ha una concezione neoplatonica, coniugata a una forte componente mistica. Il cosmo è unità dialettica di opposti, Dio è il sommo Bene e il garante dell'armonia del mondo.

3. La teologia mistica di Ildegarda di Bingen

Ildegarda di Bingen (1098-1179), badessa del monastero di Rupertsberg da lei stessa fondato, possiede sin dall'infanzia il dono della profezia e delle visioni mistiche. Mantiene relazioni epistolari con sovrani e pontefici per i quali interpreta passi biblici. Tra le sue opere ricordiamo il trattato di teologia *Scivias* (in latino, *sci vias* significa «conosci le vie»), il *Liber divinorum operum* (*Il libro delle opere divine*) e il *Liber vitae meritorum* (*Il libro dei meriti della vita*).

Straordinari sono i suoi testi di storia naturale dedicati alla biologia, alla botanica, all'astronomia e alla medicina tutti basati sull'esperienza e l'osservazione

Ildegarda di Bingen ritratta nell'atto di ricevere una visione (XIII sec.).

Miniatura dal *Liber divinorum operum* di Ildegarda di Bingen (XII sec.).

dell'autrice, come *Subtilitatis diversarum naturarum Libri novem* (*Nove libri sulla sottigliezza delle diverse nature*), *Simphonia armoniae celestium revolutionum* (*Sinfonia dell'armonia delle rivoluzioni celesti*, che comprende un dramma musicale e alcuni inni liturgici) e *Lingua ignota* (*Lingua sconosciuta*), un dizionario di novecento lemmi di erbe e piante.

Le sue visioni e l'estasi da lei spesso sperimentate trasfigurano il contenuto della sua teologia e filosofia. Ritorna molto insistentemente il tema agostiniano dell'illuminazione: la filosofa invoca la Luce divina come fonte della sua sapienza. Ildegarda, riconoscendo alla Luce il merito di averle fornito le sue più profonde conoscenze, mantiene, a differenza di molti mistici, una distanza consapevole tra sé e la Verità ineffabile, senza mai raggiungere quella fusione e perdita di sé propria di altre visioni estatiche. Scrive Ildegarda: «A causa dell'immensa potenza della divinità non è possibile vedere direttamente lo splendore divino che non può essere guardato da nessun uomo se non è oscurato».

Il suo misticismo trascrive i concetti razionali in immagini simboliche e disegna un grandioso affresco poetico del mondo e del suo creatore. Dio è come «un uomo alato, immerso nell'etere»; un'enorme forza che, come sostiene il neoplatonismo molto diffuso in quegli anni, emana dal «midollo delle sue gambe» e vivifica il mondo, infondendo nel creato calore, umori e rigoglio. Dio ha il volto di un uomo anziano che porta in braccio un agnello; la sua figura, poi, si muta in una figura femminile (l'Amore o *Caritas*), scintilla di fuoco che tutto accende di vita e che è anche Ragione come *Verbum* (Verbo, Parola) risuonante nel «vento della parola».

4. Le donne nel tardo Medioevo

Nel corso del XIII secolo, nel periodo d'oro della civiltà e della cultura comunale e borghese, le istituzioni chiesastiche corrono ai ripari non tanto e non solo contro le teorie eterodosse della cultura cortese e cavalleresca, ma soprattutto contro le nuove pratiche sociali e le conquiste delle donne, in particolare di quelle cittadine, "borghesi". Tuttavia, le opere letterarie e quelle artistiche (in particolare pittoriche) continuano a documentare con crescente ricchezza, negli ultimi secoli del Medioevo, i valori e gli ideali di una nuova cultura. Si pensi, nella prima metà del Trecento, a un dipinto come gli *Effetti del buon governo* di Ambrogio Lorenzetti (1290-1348) nel palazzo pubblico di Siena: le belle e giovani donne ritratte, riccamente abbigliate, che danzano, cantano e suonano in gruppo per le stra-

A. Lorenzetti, *Effetti del buon governo*, particolare (1337-1343).

de della città di Siena sono quasi una bestemmia nei confronti delle dottrine etiche imposte dal cristianesimo da un Millennio. E che dire delle giovani donne che, insieme a giovani uomini, vanno a divertirsi "in villa" invece che fare penitenza o aiutare i propri simili a Firenze durante la terribile peste del 1348, come si legge nelle novelle "libertine" del *Decameron* di Boccaccio? Non sono anch'esse una bestemmia rispetto alla morale cristiana tradizionale? E non lo sono anche le tante poesie d'amore di Guinizelli, Dante e Petrarca, indirizzate alle donne ritratte nella loro bellezza tutta mondana?

5. Il ruolo delle donne secondo francescani e domenicani

Di fronte alle nuove pratiche sociali, alla nuova considerazione della donna nelle sue diverse collocazioni sociali, da parte dei settori più innovativi della cultura, la Chiesa risponde con un grande tentativo di "riconquista", affidato soprattutto alle sue nuove milizie prevalentemente cittadine: gli ordini mendicanti nati nei primi decenni del Duecento, francescani e domenicani, dediti soprattutto alla predicazione attiva e all'impegno nel mondo.

Dalle sedi universitarie parigine discendono le nuove dottrine e proposte di predicazione, organizzate fra il 1260 e il 1270 in due manuali destinati ai predicatori dei due ordini mendicanti: quello francescano, scritto da Gilbert de Tournai, *Sermones ad omnes status* (*Prediche su tutte le condizioni*), e quello domenicano, scritto da Humbert de Romans, *De eruditione praedicatorum* (*Sulla istruzione dei predicatori*).

C'è qualche differenza nelle posizioni dei due autori e quindi dei due ordini. Quella francescana appare più legata alla tradizione, in quanto considera la condizione della donna secondo una concezione vecchia di un millennio, collocando al vertice della "gerarchia" femminile la vergine (e tra le vergini, le monache).

La posizione domenicana è maggiormente legata ai nuovi tempi e predispone le prediche indirizzandole alle donne dei diversi ceti sociali, mettendo in secondo piano la gerarchia di valori tradizionale.

Il domenicano Humbert de Romans insiste sulle speciali "prerogative" concesse da Dio alla donna rispetto all'uomo e sembra affermare la superiorità della donna derivante dall'atto della creazione. Dopo aver indicato una serie di virtù che tutte le donne dovrebbero praticare (pudore, modestia, tacere e comunque evitare la loquacità, non oziare, pregare e altro), l'autore passa in rassegna le donne in base alla posizione sociale che occupano. Le donne nobili, in cima alla scala sociale, hanno anche maggiori doveri; le ricche "borghesi" sono trattate con maggiore attenzione e ricchezza di dettagli, prova della crescita del loro prestigio: si raccomanda loro di stare lontane dal denaro e dall'usura, dallo sfarzo e dall'ornamento, di privilegiare l'amore religioso anche rispetto all'amore per i figli, di fare l'elemosina, di non essere legate eccessivamente alla ricerca della felicità terrena e di non amare troppo il piacere.

Una giovane aristocratica accompagnata dalla sua domestica (XV sec.).

Un discorso specifico è rivolto alle domestiche dei ricchi, che, dovendo restare in casa a servire i padroni, hanno molte occasioni di frequentare uomini e ragazzi e sono, pertanto, particolarmente esposte alle tentazioni carnali.

L'autore passa quindi alle «donne povere nei piccoli villaggi», accusate di esercitare sortilegi e, in secondo luogo, di prostituirsi quando, come nei villaggi piccoli, «le pubbliche meretrici non si trovano». Del peccato dei maschi non si fa alcun cenno.

«Alle donne dal corpo peccaminoso, cioè alle meretrici» è dedicato il capitolo successivo. Qui la condanna è ancora più severa; tuttavia, persino a queste donne, le più maledette, è comunque aperta la via della salvezza.

Gli ultimi due capitoli sono dedicati alle religiose, cioè alle monache in generale e a quelle di clausura in particolare. A queste ultime si indicano i vantaggi della clausura: il primo è che si segue l'esempio della Vergine e di altre sante, il secondo è che si evita il pericolo di essere violentate.

Soltanto sul finire del XIV secolo incontriamo la prima voce di donna indipendente, che, rimasta vedova a venticinque anni con tre figli nel 1390, dedicherà la sua vita alla scrittura. Si tratta di Cristina de Pizan (o de Pisan), che metterà al servizio della cultura e in difesa delle donne le sue grandi competenze di giovane colta.

6. Cristina de Pizan esalta le donne

Cristina de Pizan (1362-1431) è una scrittrice francese di origini italiane, infatti nasce a Venezia ma si trasferisce ancora bambina a Parigi.

Questa donna scrive e pubblica per una cerchia ristrettissima e privilegiata: la famiglia del re di Francia, entro la quale il padre medico e il marito notaio avevano lavorato, e le famiglie più vicine al re e alla corte. Provvede non solo a comporre ma anche a far copiare e illustrare con miniature (lei stessa appare in alcune di esse) le sue opere in codici raffinati e molto costosi. Da vedova sceglie una vita indipendente. Poco prima di morire, scrive anche un poema in lode della donna più famosa del Quattrocento, la «pulzella di Orléans», la giovane guerriera Giovanna d'Arco che con il suo comportamento smentisce e rovescia l'immagine della donna codificata dal cristianesimo.

La sua opera più importante è *La Città delle Dame* (1405), scritta, fatto nuovo, in francese, che diverrà modello per la produzione filosofica in volgare nel suo Paese. L'autrice rivendica una posizione di difesa delle donne al fine di contrastare le tradizionali posizioni che all'interno e anche all'esterno della Chiesa presentano la natura e la condotta della donna in termini sprezzantemente negativi.

Cristina, nella sua opera, racconta di essere nella sua stanza e, mentre scorre le pagine di un volume, le capita di leggere alcuni giudizi sprezzanti sulla natura e la condotta delle donne:

«In generale, in ogni trattato, filosofi e poeti, predicatori e la lista sarebbe lunga, sembrano tutti parlare con la stessa bocca, tutti d'accordo nella medesima conclusione, che il comportamento delle donne è incline a ogni tipo di vizio».

(C. de Pizan, *La Città delle Dame*, a cura di P. Caraffi, Luni Editrice 1997)

Cristina de Pizan al lavoro nel suo studio.

La riflessione spinge Cristina a esaminare se stessa, la sua condotta, quella di altre donne, per capire se, effettivamente, può essere vero quanto hanno sostenuto e continuano a sostenere tanti autorevoli scrittori. La conclusione a cui perviene l'autrice è che quei giudizi così diffusi fra gli uomini non sono accettabili.

Ed ecco, a Cristina appaiono tre Dame, che risultano poi essere le personificazioni di Ragione, Rettitudine e Giustizia. La confortano e le comunicano che lei è stata predestinata per costruire una Città delle Dame, «affinché le dame e le donne di merito possano avere d'ora in avanti un luogo dove potersi rifugiare e difendere contro così tanti assalitori» (*Ibid.*).

Le Dame confortano Cristina e affermano che i giudizi negativi e sprezzanti contro le donne derivano da molte ragioni fra le quali l'odio per le donne dovuto a impotenza, invidia e altro. Gli uomini, precisa la Dama-Ragione, spinti e accecati dalla loro misoginia, hanno interpretato erroneamente le parole di Dio attribuendo a Lui e alla Sua creazione la pretesa, ma in realtà inesistente, inferiorità e subordinazione della donna rispetto all'uomo: «È il colmo della follia un'affermazione simile! [...] Non so se ti rendi conto: ella venne creata a immagine di Dio! Oh! Come osa una bocca parlare male di qualcosa che reca una così nobile impronta?». Ciò che è creato a immagine di Dio è l'anima: «E Dio creò l'anima così buona e nobile nel corpo femminile, come in quello maschile, senza differenze».

Più radicale ancora è l'analisi, con la valutazione, eccezionalmente positiva, di Eva e del suo peccato. «Grazie, Eva!» sembra voler dire l'autrice, perché proprio con il suo "peccato", la sua "colpa", ha avuto inizio la storia dell'umanità

Illustrazione con donne vestite alla moda dalla *Città delle Dame* di Cristina de Pizan (1404-1405).

che consente di arrivare, a chi lo merita, alla fine della propria vita, in un Paradiso più perfetto e felice di quello Terrestre ormai perduto, «poiché è grazie a una donna che un uomo può regnare insieme a Dio» (*ibid.*).

Uomini e donne (questo è il punto più alto di radicalità e anche di irriverenza rispetto alla tradizione) devono lodare quella colpa, grazie alla quale è seguito un tale onore, poiché «tanto più la natura umana cadde in basso per una creatura, quanto più è stata elevata dal Creatore» (*ibid.*).

L'autrice, poi, continua il racconto che porta alla costruzione della Città delle Dame. Nei tre libri dell'opera, prima la Ragione, poi la Rettitudine e infine la Giustizia popolano la Città con le donne del passato, del presente e del futuro: viene presentata una rassegna di biografie di donne che muove dall'antichità, recuperando in positivo figure storiche ma anche leggendarie e mitologiche come Semiramide (per la quale si "giustifica" anche il rapporto incestuoso con il figlio), Tisbe, Medea, Didone e altre celeberrime figure femminili (largo spazio è dedicato alle Amazzoni e al loro regno di sole donne durato ottocento anni). Poche sono le donne citate dall'Antico Testamento: Giuditta, Ester, Sara, Rebecca, Ruth; numerose le donne dei tempi vicini a quelli dell'autrice; nell'ultimo libro recupera ovviamente anche le sante, le martiri e le vergini cristiane note da un millennio di tradizione agiografica.

Nel 1429, poco prima di morire, compone un poemetto su Giovanna d'Arco, in tempo reale, nel momento del massimo successo dell'azione della giovane guerriera scelta da Dio – scrive Cristina – lei, donna, per salvare militarmente la Francia e il suo re. Giovanna d'Arco, poco dopo catturata e processata come eretica, sarebbe stata bruciata viva.

Nel corso della rassegna di donne l'autrice propone considerazioni di carattere generale dirette a dimostrare come le donne non abbiano nulla di inferiore, nelle loro capacità intellettuali e in quelle pratiche, rispetto agli uomini. La tesi della loro inferiorità è del tutto destituita di fondamento. È la condizione nella quale in molte aree e in molti periodi della storia esse vivono che le ha rese e le rende inferiori. La principale di queste condizioni è l'ignoranza, l'assenza di istruzione, nella quale esse in genere vengono volutamente tenute: «Se ci fosse l'usanza di mandare le bambine a scuola e di insegnare loro le scienze come si fa con i bambini, imparerebbero altrettanto bene e capirebbero le sottigliezze di tutte le arti, così come essi [i maschi] fanno» (*ibid.*).

Il pensiero di Cristina de Pizan costituisce una buona premessa rispetto alle nuove condizioni d'istruzione e di cultura che nell'età moderna, anche se con grandi difficoltà e gradualità, le donne conquisteranno in aree culturali inizialmente molto ristrette e poi sempre più ampie.

Amore sacro e amore profano

TESTI ANTOLOGICI

1. Il dibattito sulla sessualità tra Medioevo e Umanesimo

I teologi cristiani sono molto interessati al dibattito sulla sessualità e sul matrimonio, soprattutto nel periodo di maggior diffusione dell'eresia catara. I catari rifiutano con forza non solo il sesso ma anche, per i membri "puri" della loro comunità, il matrimonio e la procreazione.

Nel XII secolo i legislatori ecclesiastici elaborano la dottrina del matrimonio come sacramento e della procreazione come decreto divino; contemporaneamente la Chiesa ribadisce l'obbligo del celibato ecclesiastico.

Nel corso del Medioevo i filosofi sostengono opinioni diverse. Nel XII secolo Abelardo, personalmente coinvolto in una appassionata storia d'amore con Eloisa, sostiene che né l'atto sessuale né il desiderio che lo accompagna sono peccaminosi. All'altro estremo Uguccione da Pisa proclama che tutti i rapporti sessuali all'interno del matrimonio sono in qualche misura peccaminosi perché contaminati dalla lussuria. L'unico modo di evitare il peccato è, secondo questo pensatore, reprimere il piacere durante il rapporto ed evitare l'orgasmo. Tale amplesso controllato (detto *amplexus reservatus*) è molto citato nella letteratura cristiana successiva, soprattutto in quella ascetica.

G. D'Andrea, *Il matrimonio*. Miniatura tratta dai commenti ai libri delle Decretali papali (XIV sec.).

E. Fortescue-Brickdale, *Abelardo ed Eloisa*, 1918.

Tommaso d'Aquino (XIII secolo) assume una posizione intermedia: quando il rapporto sessuale, regolato dalla ragione nel giardino dell'Eden, è al servizio della procreazione esso è conforme alla «giusta ragione» e «l'abbondanza di piacere in un atto sessuale ben regolato» non è causa di peccato. Se ha come unico fine il piacere, il sesso costituisce un peccato veniale, che la benedizione del matrimonio stessa può perdonare.

2. Il romanzo d'amore di Abelardo ed Eloisa

La più celebre storia d'amore del Medioevo, che costituisce anche un famoso caso letterario è quella che nasce tra il celebre filosofo Pietro Abelardo, negli anni della sua massima fama, ed Eloisa, un'adolescente, una tra le fanciulle più colte di Francia. Si tratta di un amore non teorizzato filosoficamente, ma vissuto con un'intensità travolgente dal 1116 in poi e conclusosi tragicamente.

Il maestro palatino, canonico della cattedrale di Notre-Dame, si dedica all'istruzione della giovane; la loro passione si accende grazie ai libri "galeotti" dei classici latini e greci: l'amore sensuale li travolge, l'amore intellettuale li unisce. La loro passione fa esplodere lo scandalo. Eloisa dà alla luce un figlio e Abelardo, temendo che il matrimonio pubblico di un chierico, quale egli è, possa nuocere alla sua fama, la sposa in segreto. Poi, per mettere a tacere le voci che circolano sulla loro relazione, Abelardo convince Eloisa a ritirarsi in monastero. Eloisa accetta e mantiene intatto il suo amore, fatto di profonda ammirazione intellettuale e di dedizione assoluta al suo maestro. Lo zio di Eloisa, credendo che Abelardo l'abbia ripudiata, per vendetta fa evirare il filosofo, il quale per l'umiliazione si rifugia in convento nell'abbazia di Saint-Denis. Le vite dei due innamorati si dividono: Abelardo fonda, in un eremo, una nuova scuola frequentata da studenti di tutta Europa; Eloisa passa il resto della sua vita a intrecciare i ricordi e le nostalgie del suo cuore di donna con la dedizione solitaria a Dio. Consola se stessa e il suo amante perduto con un dolce e vibrante scambio epistolare. Nelle sue lettere Eloisa proclama il suo amore, negando anche la sincerità della sua vocazione religiosa; ne emerge un mondo di passioni consapevolmente posto su un piano di maggiore importanza rispetto all'amore per Dio. Nelle lettere di Abelardo, che tanto carnalmente l'ha amata, troviamo invece la volontà di spingere l'amante verso un vero e proprio eroismo spirituale, vissuto nel silenzio e consacrato a Dio. Nella prima lettera, nota come *Historia calamitatum mearum* (*Storia delle mie disgrazie*), Abelardo racconta in dettaglio, nel 1133, tutta la vicenda in un contesto autobiografico ancora oggi di estremo interesse.

3. Eloisa e l'amore come sentimento supremo

Le lettere di Eloisa, scritte in latino, e indirizzate ad Abelardo sono di una radicalità straordinaria, eccezionale e quasi incredibile per quei tempi. Se si pensa che la scala di valori attraverso cui si giudica la donna vede al primo posto la vergine (molto meglio se anche monaca), al secondo la vedova, al terzo la coniugata e agli ultimi posti, i più bassi, l'amante e la prostituta, si può vedere subito, da alcune frasi della prima lettera, il rovesciamento consapevole e argomentato di questa gerarchia. Eloisa, infatti, afferma più volte di preferire, rispetto ad Abelardo, alla condizione di moglie quella di amante e addirittura di prostituta. Certo, Eloisa argomenta le sue ragioni affermando ripetutamente che considera Abelardo superiore a lei, non in quanto è uomo, bensì in quanto è più colto rispetto a lei.

Nella sua prima lettera, scritta nel 1134 in risposta ad Abelardo che le narrava la storia delle sue sventure, Eloisa è molto chiara nel rievocare il suo comportamento:

«In te ho cercato e amato solo te, Dio mi è testimone; ho desiderato te, non i tuoi beni o le tue ricchezze. Non ti ho chiesto patti nuziali né dote alcuna; non ho voluto soddisfare la mia volontà e il mio piacere, ma te e il tuo piacere, lo sai bene. E anche se il nome di sposa può parere più santo e più decoroso, per me fu sempre più dolce quello di amica, perfino quello di amante, se non ti offendi, o di prostituta. Nella lettera sulle tue sventure hai taciuto la maggior parte delle ragioni che mi facevano preferire l'amore al matrimonio, la libertà al vincolo nuziale».

(Abelardo, *Storia delle mie disgrazie. Lettere d'amore di Abelardo e Eloisa*, a cura di F. Ronconi, Garzanti 1974)

Il punto cardinale della visione morale di Eloisa è la concezione del matrimonio sostenuta da san Gerolamo e da Gregorio Magno, che vedevano nel vincolo matrimoniale un limite insostenibile per chi volesse dedicarsi alla filosofia. Per i filosofi era meglio, al limite, una prostituta che una moglie, che li avrebbe sviati dalla contemplazione e turbati nell'animo.

Eloisa non si ferma nelle sue audaci dichiarazioni e argomentazioni. Ha accettato di entrare in monastero perché l'ha chiesto Abelardo, ma a lei della vita monastica non importa nulla:

«Ho accettato di sacrificare la mia giovinezza nell'austerità della vita monastica non per vocazione ma solo per ubbidienza a un tuo preciso ordine. [...] Da Dio non mi aspetto alcuna ricompensa, perché so che per amore di lui finora non ho fatto assolutamente nulla»

(*ibid.*)

Ciò che ha fatto, dirà spesso, l'ha fatto per amore di Abelardo, per lei più importante dell'amore di Dio.

Seguendo le tesi del *De amicitia* di Cicerone, Eloisa concepisce il suo amore come una passione pura e assoluta, sacra e sublimata, colpevole nei fatti, ma innocente nelle intenzioni.

Eloisa sa di affermare cose inaccettabili per la morale e la religione dominanti, ma le dice e le ripete e confessa che anche durante la messa fa qualcosa

Particolare di miniatura del Maestro dei Libri di preghiera: Eloisa, in monastero, parla con un allievo e un gruppo di donne (XVI sec.).

di sacrilego: pensa alle esperienze sessuali con il suo amato Abelardo e non riesce a concentrarsi sul sacro rito, né lo desidera.

In altre lettere rivendica, per le donne che vivono nei monasteri femminili, regole più adatte alla loro specifica natura e personalità e rifiuta come inadatte le regole istituite per i monasteri maschili.

Eloisa auspica, contro le gerarchie di valore indiscusse e dominanti da secoli, una gerarchia di valori alternativa che dia spazio alla spontaneità e alle libertà affettive e anche sessuali, che riconosca la superiorità dell'amore rispetto al vincolo matrimoniale (ricordiamo che il matrimonio in genere non aveva nulla a che fare con l'amore, semmai con interessi materiali delle famiglie di genitori che decidevano i matrimoni dei loro figli e delle loro figlie).

Questa posizione di Eloisa è, ovviamente, eccezionale, al di fuori della norma per i suoi tempi. È però molto significativo che sia stata conservata, anche se poco diffusa nei secoli medievali, e riscoperta nell'età moderna e contemporanea.

4. Nuove concezioni dell'amore: l'amor cortese

Mentre in tutta la teologia scolastica medievale, dall'XI al XIII secolo, la concezione dell'amore come *agápe* («carità»), virtù fondamentale di chi appartiene alla comunità cristiana, rimane invariata, nella nascente letteratura in volgare sono rilevabili nuove e originali riflessioni sull'esperienza amorosa. Nel corso del XII secolo, presso le corti francesi, compare il modello dell'"amor cortese": è una passione che sconvolge l'animo legando, con il desiderio, un uomo "nobile", non per nascita, ma perché raffinato, colto e sensibile, a una donna spesso irraggiungibile (talora colei che suscita il sentimento è sposata con un altro) ma non per questo meno desiderata. L'etica del cavaliere cantata dai poeti comporta valori e modelli di vita in cui l'aristocrazia guerriera si riconosce: il cavaliere deve non solo difendere i deboli e combattere i nemici della fede cristiana, ma anche dimostrare il proprio ossequio e la propria subordinazione sentimentale alla donna, che nella realtà sociale del tempo è perlopiù completamente subordinata all'uomo e solo negli ambienti più aristocratici sta conquistando un qualche rilievo nella cultura come ispiratrice degli scrittori.

Un cavaliere in compagnia di due dame (*Codice Manesse*, XIV sec.).

Oltre che della lirica, l'amore diventa l'oggetto di trattati d'amore come il *De amore* del letterato Andrea Cappellano (1150-1220 ca) in cui troviamo questa definizione: «L'amore è una passione innata che procede per visione e per incessante pensiero di persona d'altro sesso, per cui si desidera soprattutto godere l'amplesso dell'altro, e nell'amplesso realizzare concordemente tutti i precetti d'amore». L'amore che l'autore descrive è fonte di perfezionamento morale, conduce verso la virtù, ma è anche sensuale, fonte di turbamento dei sensi e animato dal desiderio del possesso fisico:

«Questo è l'effetto d'amore: poiché il vero amante non può peccare d'avidità, l'amore dà bellezza all'uomo incolto e rozzo, dà nobiltà anche ai più umili, rende umili anche i superbi, e l'innamorato è generalmente molto compiacente con tutti. Che cosa meravigliosa è l'amore che fa splendere l'uomo di tante virtù e gli insegna ad avere tanti buoni costumi.

C'è nell'amore un altro merito, degno di lunga lode: l'amore rende l'amante quasi casto perché chi è illuminato dal raggio di un solo amore, difficilmente pensa di fare l'amore con un'altra anche se bella. Finché pensa esclusivamente al suo amore, orrida e brutta gli appare alla mente qualsiasi altra donna».

(Andrea Cappellano, *De amore*, libro I, trad. di J. Insana, Es 1992)

L'amore "cortese" non ha nulla a che fare con il matrimonio, che in epoca feudale è solo funzionale all'interesse del casato.

Anche il poeta Francesco Petrarca (1304-1374) attribuisce all'amore un significato laico e terreno. Nelle liriche del suo *Canzoniere* l'amore è un'esperienza psicologica concreta ed è rivolta a una donna reale.

La relazione d'amore vive di emozioni contrastanti, di sentimenti opposti, fonte di dolcezza e di riconoscenza, ma anche di pena, di sofferenza e di dolore.

L'amore è desiderio e come tale deve rimanere insoddisfatto: il poeta «d'amor pensoso» è legato da nodi e lacci, da emozioni, sentimenti e ricordi che agitano il suo cuore. La mancanza di soddisfacimento genera un forte desiderio di solitudine del poeta che cerca di nascondere a chiunque il proprio stato d'animo malinconico e il suo intimo tormento.

L'amore, come per i trovatori, è suscitato dalla visione dell'oggetto da amare e la vista ha un ruolo prevalente tra tutti i sensi che la passione amorosa sollecita. Quando l'occhio si fissa sull'amata o ne ricorda le fattezze, il desiderio si alimenta, diventando sempre più ardente, e l'immaginazione sempre più fervida. La fascinazione ferisce l'occhio e poi seduce il cuore.

Il Petrarca in una miniatura del *Canzoniere* (XIV sec.).

5. L'amor cortese rivolto a Dio: Marguerite Porete, condannata al rogo

Di amor cortese si può anche morire, e tragicamente, se ci si azzarda a rivolgerlo e a teorizzarlo nei confronti di Dio. È il caso della «beghina» (il termine, oggi sinonimo di «bigotta», indicava le donne che appartenevano a comunità religiose pur restando laiche) Marguerite Porete che, nel 1310, pubblica lo *Speculum simplicium animarum* (*Specchio delle anime semplici*). Viene sottoposta immediatamente a diversi processi; il suo libro viene condannato alla distruzione e al rogo (con l'aiuto di una ventina di teologi della Sorbona). Anche lei subisce la stessa condanna, subito eseguita. Il libro, dopo la sua morte, avrà ampia diffusione (in diverse traduzioni, anche italiane) nelle comunità di beghine e affini. In un efficace stile, teorizza e descrive il «darsi» dell'anima fino all'annientamento, come suprema felicità nell'immedesimazione mistica con Dio: un Dio non estraneo, ma «nostro simile» perché così ci ha creati.

Negli ultimi decenni, la figura di Marguerite Porete, soprattutto negli studi sul pensiero delle donne, tradizionalmente ignorate ed emarginate, ha livelli di apprezzamento molto alti. Rappresenta un ulteriore esempio dell'intransigenza e, talvolta, della crudeltà con cui la Chiesa ha condannato i tentativi di contatto diverso – cioè senza la sua intermediazione – tra l'essere umano e il suo Dio.

Filosofia e cittadinanza. Parole chiave

- Cittadinanza
- Democrazia
- Diritti umani e mondo classico
- Pace
- Politica
- Umanità

Cittadinanza

Enrico Grosso

da *Diritti umani, cultura dei diritti e dignità della persona nell'epoca della globalizzazione*
direzione scientifica di Marcello Flores, UTET 2007

La cittadinanza come "appartenenza allo stato"

La cittadinanza è generalmente definita dai giuristi come la condizione del soggetto che appartiene alla popolazione costitutiva di uno stato. Da tale *status* discendono specifici diritti e doveri, riconosciuti e imposti dall'autorità, la quale provvede, attraverso la propria legislazione, alla definizione dei "modi di acquisto" della cittadinanza, vale a dire delle condizioni giuridiche (nascita, filiazione, adozione, matrimonio, residenza) in base a cui un soggetto può essere definito cittadino, ossia legato allo stato cui appartiene da un particolare vincolo di tipo *verticale*. Le norme che disciplinano il possesso, l'acquisto, la perdita, il riacquisto della cittadinanza hanno dunque lo scopo di dividere l'umanità in due grandi categorie: i cittadini-appartenenti e i non cittadini-estranei. Ogni singolo stato ha una sua legge sulla cittadinanza, che definisce il rapporto di appartenenza. [...]

Elemento essenziale della cittadinanza così intesa è la stabile sottoposizione all'autorità dello stato del soggetto cui è attribuita. Il potere statale di qualificare determinati individui come propri cittadini rappresenta in questo senso una forma di esercizio della sovranità, in relazione, e in rispettiva delimitazione, con la sfera di sovranità degli altri stati. Lo stato identifica i propri cittadini e stabilisce le conseguenze giuridiche (diritti, doveri, poteri, facoltà ecc.) che dipendono dal possesso di tale attributo. È la legge che, in funzione delle esigenze storiche del momento, stabilisce i requisiti per il possesso e le regole per l'acquisto della cittadinanza; è sulla base della legge che si determina il cosiddetto "rapporto di esclusione" tra cittadini e stranieri; è la legge che, dal possesso della cittadinanza, fa derivare questa o quella conseguenza giuridica sul piano dei diritti e dei doveri del singolo individuo.

A ben vedere, una simile nozione nulla dice sul *contenuto effettivo* della cittadinanza, poiché a seconda dei momenti storici il concetto di "appartenenza" può essere interpretato in maniera differente, e tale interpretazione può a sua volta confluire in una nuova legislazione che ne definisce i confini. [...]

Sono le ideologie che, in ogni epoca storica, stanno alla base dell'elaborazione giuridica a fornire di volta in volta a tale concetto un diverso contenuto. All'idea di appartenenza allo stato possono quindi essere ricondotte molte diverse nozioni di cittadinanza, a seconda che la si voglia combinare con una particolare concezione dello stato (per esempio lo stato *assoluto*, lo stato *nazionale*), ovvero con una particolare concezione dei diritti e dei doveri dell'individuo (diritti *dell'uomo*, diritti *del cittadino*, diritti *universali*, diritti *particolari*). [...]

La cittadinanza come appartenenza a una comunità (politica)

Secondo un'accezione completamente diversa, si usa talvolta il termine cittadino per riferirsi a colui che, indipendentemente da un esplicito riconoscimento legislativo e al limite indipendentemente dall'esistenza di un'autorità costituita in stato, è legato ad altri individui, suoi *con* cittadini, da un comune vincolo di identità, che può essere politica, sociale, etnica, religiosa, culturale ecc. Tale vincolo, a differenza del precedente, non presuppone necessariamente l'esistenza di un legame verticale con lo stato, ma si esaurisce in un insieme di rapporti di tipo *orizzontale*. Tale seconda nozione, di sicuro più risalente nel tempo (affondando le sue radici nell'antichità greca), intende il cittadino come colui che gode di una serie di requisiti *sostanziali* che lo legano a un gruppo di altri cittadini. [...]

Particolarmente significativa, a tale proposito, è la nozione di cittadinanza fondata sulla partecipazione attiva dell'individuo alla vita *politica* della comunità cui appartiene, frutto dell'interpretazione neoclassica del repubblicanesimo greco e romano, maturata essenzialmente nel secolo XVIII a opera dei filosofi illuministi, e la cui realizzazione concreta è uno dei principali obiettivi della rivoluzione francese. I rivoluzionari si propongono infatti di spezzare i legami particolari che caratterizzavano la società dell'Ancien régime, fondata sull'ineguaglianza e sulla distinzione per ceti, e di creare una nuova identità collettiva che unisca tutti gli individui sulla

Particolare dei mosaici della Basilica di San Vitale (VI sec.).

base della comune adesione a un nuovo tipo di virtù: la virtù politica dei rivoluzionari, che sono tutti cittadini perché partecipi a comuni valori di libertà, uguaglianza e fratellanza.

La cittadinanza rivoluzionaria si propone come radicalmente alternativa agli *status* e agli *ordini* che caratterizzavano l'età dell'assolutismo. È intesa come un vincolo *orizzontale*, che lega non ogni cittadino al sovrano, bensì tutti i cittadini tra di loro. Un legame che non deriva da ragioni obiettive, quali lingua, religione, etnia, bensì dalla volontà di condividere gli ideali rivoluzionari e di affermare il diritto di partecipare alla sovranità politica. Tra i diritti del cittadino rivoluzionario spiccano pertanto i diritti politici, al riconoscimento dei quali fa da contraltare la sottomissione a precisi *doveri* del cittadino, i quali si distinguono anch'essi dai doveri del suddito dell'Ancien régime per il loro carattere astratto, non legato all'esistenza di vincoli feudali o privilegi odiosi in capo a singoli individui o comunità. [...]

A una nozione tutta incentrata su elementi giuridico-formali, che affida alla legge la definizione di uno *status* dal quale dipende la riferibilità a un soggetto di determinate situazioni giuridiche soggettive, si contrappone una nozione tutta sostanziale, che qualifica il cittadino come l'"uomo virtuoso", il solo ad avere il diritto, ma per ciò stesso il dovere, di far parte della comunità.

La cittadinanza neutralizzata dello stato liberale

In aperta ed esplicita contrapposizione con gli ideali universalizzanti e cosmopoliti dell'età illuministica, l'individualismo romantico abbandona l'idea della cittadinanza come strumento di integrazione politica di tutti gli uomini ed elabora una nuova ideologia unificatrice, incentrata sul "principio di nazionalità". Il particolarismo dello stato liberale ottocentesco si contrappone all'universalismo rivoluzionario attraverso la valorizzazione dello specifico di ogni nazione[1]. Il principio di nazionalità nasce come strumento di individuazione di un popolo, attraverso la valorizzazione delle sue specificità storiche, culturali, etniche, ma diventa strumento di giustificazione della sovranità statale: la cittadinanza in senso verticale viene fatta *artificialmente* coincidere con la nazionalità, che assume il significato di individuare un certo numero di soggetti come appartenenti allo stato; nonché di distinguere i cittadini dagli stranieri, cioè di distinguere i singoli individui sulla base dello stato cui appartengono; e infine di selezionare e identificare i diritti individuali che lo stato riconosce ai propri cittadini, e quelli che eventualmente possano essere estesi anche ai non-cittadini. La legge sulla cittadinanza diventa così lo strumento che deve sancire la tendenziale coincidenza tra cittadinanza verticale e cittadinanza orizzontale, tra appartenenza allo stato e appartenenza alla comunità (che non è più la comunità "politica" ma diventa la comunità "nazionale").

In tale contesto, la cittadinanza non appare mai come uno strumento di integrazione politica, che consenta al singolo di riconoscersi come parte attiva della comunità nazionale cui appartiene. Il principio nazionale, insomma, non è in grado di sviluppare e di far emergere immediatamente accanto a sé un autonomo "principio democratico". La democrazia, intesa come uguaglianza politica dei cittadini, non è un valore che appartenga naturalmente allo stato nazionale, il quale ne acquisterà i contenuti con estrema lentezza e soltanto grazie alla mediazione delle costituzioni del Novecento[2]. Nello stato liberale, il soggetto politico è la nazione, dotata di propria individualità. La cittadinanza non è altro che un attributo giuridico *artificiale* che consente al singolo di essere individuato come appartenente alla nazione. [...]

Il principio di nazionalità sovrappone e rende non più distinguibili il concetto verticale di cittadinanza come legame del suddito al sovrano e quello orizzontale di comune appartenenza alla medesima comunità politica. La comunità viene infatti a coincidere con la nazione, mentre l'ideale della partecipazione politica si stempera e si relativizza nella comune soggezione di tutti i cittadini alla sovranità di uno stato che ammette solo alcuni alla formazione della volontà politica. [...]

Attraverso la cittadinanza, neutralizzata e depurata della sua valenza politica, lo stato liberale ha l'ambizione di realizzare l'integrazione nazionale delle etnie, il superamento delle appartenenze particolari (di tipo biologico o sociale o culturale) e delle specificità religiose. Ogni stato, attraverso la propria legislazione sull'acquisto della cittadinanza, attribuisce una specifica (ed uguale) qualificazione giuridica a tutti gli individui a esso appartenenti, soggetti alla sua autorità, titolari della protezione che esso riconosce loro nei confronti degli altri stati. [...]

Il cittadino è colui che è soggetto alla sovranità dello stato, in quanto appartenente alla nazione di cui lo stato è espressione. I diritti fondamentali, da

---

[1] F. Chabod, *L'idea di nazione*, Laterza, Bari 1961.

[2] J. Habermas, *Cittadinanza politica e identità nazionale. Riflessioni sul futuro dell'Europa* (1991), in Id., *Morale diritto politica*, Einaudi, Torino 1992.

parte loro, non sono più diritti "del cittadino", ma vengono perlopiù enunciati nelle costituzioni come "diritti dell'uomo", che lo stato, in quanto espressione della società borghese che ha contribuito a elaborarli, riconosce, garantisce e tutela. [...]

Cittadinanza e costituzioni del Novecento

L'identificazione tra cittadinanza e nazionalità è un elemento della tradizione ottocentesca che lo stato costituzionale del Novecento ha conservato. Fino a oggi, nonostante una vera e propria rivoluzione nel rapporto tra cittadinanza e diritti politici, che ha portato all'estensione del suffragio in senso (quasi) universale, e dunque a un forte recupero della dimensione politica della cittadinanza, si è continuato a identificare nei confini nazionali i limiti *naturali* al riconoscimento della cittadinanza in senso giuridico. In tutti i paesi del mondo, si continua a diventare cittadini dentro e attraverso una storia e una cultura di tipo nazionale. Paradossalmente, l'avvento delle costituzioni rigide del Novecento – che pure è alla base di una rivoluzione copernicana nel rapporto tra individuo e stato e nella qualificazione dei diritti fondamentali[3], affiancando e sovrapponendo ai tradizionali diritti civili e politici nuove categorie di diritti che ridefiniscono il ruolo del cittadino nella società e nello stato (dai cosiddetti "diritti all'uguaglianza sostanziale", che si manifestano in nuove forme di protezione sociale dell'individuo a carico dello stato, ai diritti delle formazioni sociali e delle comunità, ai cosiddetti "nuovi diritti" economici e sociali) – non ha portato alcuna novità nell'elaborazione giuridica del concetto di cittadinanza. [...]

La cittadinanza europea e le sue conseguenze sulla cittadinanza nazionale

Il trattato di Maastricht nel 1992 ha istituito la cittadinanza europea, sotto la forma di una "cittadinanza duale": è considerato cittadino dell'Unione «chiunque abbia la cittadinanza di uno stato membro» (art. 17 TCE). In questo modo il Trattato ha operato, sotto il profilo giuridico-formale, un collegamento inscindibile tra due diversi *status*, quello di cittadino nazionale e quello di cittadino europeo. Apparentemente non vi è stata alcuna innovazione dal punto di vista dell'inquadramento concettuale della cittadinanza. La cittadinanza europea si definisce per somma a partire dalle singole cittadinanze nazionali. [...]

Eppure, pur con i limiti innegabili che la nozione di cittadinanza europea inevitabilmente denuncia, non si possono sottacere alcuni elementi che vanno nella direzione di un ripensamento delle strutture tradizionali della cittadinanza. Il Trattato, per esempio, apre una breccia nell'apparente inossidabilità della corrispondenza esclusiva tra cittadinanza nazionale e suffragio, consentendo ai cittadini europei residenti in uno stato diverso da quello di cui abbiano la cittadinanza nazionale di votare alle elezioni comunali e alle elezioni europee nello stato in cui risiedono.

Il possesso di una cittadinanza europea, accanto alla cittadinanza nazionale, permette quindi di immaginare la possibilità di sganciare il concetto di appartenenza nazionale da quello di partecipazione. [...]

Coloro che fanno parte di una comunità, e fanno valere in quella sede i loro diritti costituzionali di partecipazione, sarebbero dunque titolari di uno *status* di cittadinanza che non deriverebbe loro dall'appartenenza alla *nazione*. [...]

Tutto ciò, naturalmente, non sarà in grado di acquistare un compiuto significato fino a quando la politica si rifiuterà di affrontare seriamente la questione dell'estensione di tale principio a *tutti* coloro che legalmente risiedono sul territorio dello stato, siano essi cittadini europei o extraeuropei. Le difficoltà che incontra, nel mondo politico, la tematizzazione del problema concernente i diritti elettorali dei cittadini extracomunitari, costituiscono un'ulteriore dimostrazione di quanto sia dura a morire quella impostazione di derivazione ottocentesca, tendente a far coincidere il significato dei termini "cittadinanza" e "nazionalità".

L'ambiguità dell'espressione "diritti di cittadinanza"; le potenzialità della cittadinanza di fronte alle nuove domande di integrazione politica e sociale

Nonostante le irreversibili novità che l'introduzione della Costituzione repubblicana ha recato con sé, e al di là delle suggestioni suscitate dalla proclamazione della cittadinanza europea o che si ricavano dai progetti di estensione dei diritti politici agli stranieri, occorre riconoscere che l'impostazione tradizionale della cittadinanza in senso nazionale è ancora largamente radicata. [...] Oggi la "comunità dei cittadini" è, nuovamente, "politica", tuttavia la

[3] G. Zagrebelsky, *Il diritto mite*, Einaudi, Torino 1992.

cittadinanza continua a essere considerata, dai più, come lo *status* di appartenenza allo stato. Da questo status dipende sempre meno il riconoscimento dei diritti fondamentali, i quali, se si escludono i diritti più direttamente connessi alla partecipazione politica in senso stretto, sono in genere garantiti dalla Costituzione e da numerose convenzioni internazionali, a tutti gli esseri umani, siano essi cittadini o stranieri in senso giuridico. [...]

La tendenza di fondo sembra essere quella di un lento processo di superamento della nazione sia verso l'alto, attraverso la creazione di organismi politici sovranazionali dotati di fette consistenti di sovranità, sia verso il basso, attraverso il riconoscimento di dimensioni locali di governo che si rendono autonome nel quadro dell'applicazione del principio di sussidiarietà. In questo scenario, anche le strutture tradizionali della cittadinanza dovranno essere ripensate. La società complessa in cui viviamo è in effetti sempre meno in grado di esprimere grandi fedeltà (appartenenze) come quelle che scaturivano dal mito della nazione, e sarebbe forse da recuperare e attualizzare la vecchia considerazione di Ernest Renan, secondo il quale la cittadinanza sarebbe uno strumento per identificare la propria "patria d'elezione", corrisponda essa, nell'epoca contemporanea, a una dimensione territoriale il proprio borgo, la propria regione, l'Europa o il mondo intero ovvero a una dimensione culturale, politica o ideale in genere, alla quale aderire spiritualmente e della quale condividere i destini. [...]

Vi è infine da chiedersi chi siano, oggi, gli "stranieri" dai quali distinguere eventualmente i cittadini, e quali strumenti giuridici vadano approntati per promuovere la necessaria integrazione di nuovi cittadini in una società sempre più indirizzata al multiculturalismo. Non può quindi essere ulteriormente ritardato un complessivo ripensamento sulla struttura e sulla funzione della cittadinanza, istituto che, se pensato esclusivamente o prevalentemente in termini tradizionalmente "nazionali", avrà probabilmente sempre meno da dire.

Una marcia per la pace di ragazzi cittadini d'Europa.

Democrazia

Leonardo Morlino

da *Diritti umani, cultura dei diritti e dignità della persona nell'epoca della globalizzazione* direzione scientifica di Marcello Flores, UTET 2007

Definizione generale

Al termine "democrazia", letteralmente "potere del popolo", sono stati attribuiti significati e referenti empirici assai diversi: sono state chiamate democrazie l'Atene di Pericle e gli Stati Uniti di oggi, la Gran Bretagna del XIX secolo e la Polonia degli anni Cinquanta, la Svizzera contemporanea e l'Unione Europea.

Oggi, tuttavia, è ampiamente riconosciuto che per democrazia si debba intendere più precisamente la *liberal-democrazia di massa* sviluppatasi e affermatasi nell'esperienza occidentale. In questo senso, sono democrazie tutti i regimi contraddistinti dalla garanzia reale di ampia partecipazione politica della popolazione adulta maschile e femminile e dalla possibilità di dissenso e opposizione. In questo termine, però, si possono trovare riferimenti ideali e reali al tempo stesso, come si evince dalla definizione di Sartori[1] per il quale democrazia è «un sistema etico-politico nel quale l'influenza della maggioranza è affidata al potere di minoranze concorrenti che l'assicurano attraverso il meccanismo elettorale». O, meglio, in una formulazione successiva e più articolata: è democratico «il meccanismo che genera una poliarchia aperta la cui competizione nel mercato elettorale attribuisce potere al popolo, e specificamente impone la responsività degli eletti nei confronti dei loro elettori». In questa definizione più complessa non vi è solo partecipazione e dissenso, già considerati da Dahl[2], ma anche l'accento su valori liberali e democratici, come competizione e pluralismo, il riferimento ai meccanismi elettorali, la sottolineatura del rapporto tra eletti ed elettori che prevede la "responsività" dei primi, ovvero che essi rendano conto ai propri elettori. Le due definizioni presentano una differenza sostanziale dietro la quale vi è, innanzi tutto, una diversa prospettiva di analisi. Dahl vuole giungere a una definizione empirica. Sartori prende atto della connessione tra elementi empirici ed elementi normativi. Soprattutto, mentre partecipazione e opposizione sono caratteri centrali e ineliminabili delle liberal-democrazie di massa, competizione e responsività sono aspetti centrali di una definizione normativa.

Fermando la propria attenzione sulla definizione empirica, bisogna chiedersi quali siano le regole e le istituzioni che contraddistinguono un regime democratico. Si possono indicare almeno i seguenti aspetti: l'insieme di regole formali o procedure che disciplinano il voto a suffragio universale; le elezioni libere, corrette, competitive, periodiche; una struttura decisionale e di controllo eletta con le norme già menzionate, corrispondente di solito a un'assemblea parlamentare; un primo ministro e un governo responsabili verso il parlamento o risultato di elezione diretta da parte del corpo elettorale; un insieme di strutture di intermediazione rappresentate dai partiti e dalle organizzazioni di interesse; a parte tutte le strutture burocratiche (amministrazione, magistratura, esercito, polizia e altri organi) che, pur non caratterizzando il regime democratico, con le strutture democratiche in senso stretto interagiscono continuamente. Tali istituzioni e norme presuppongono, anche se in misura diversa, la garanzia reale dei diritti politici e della libertà e, quindi, anche l'esistenza di altre norme e di un apparato burocratico che garantiscano tali diritti. [...]

La democrazia necessita dell'esistenza di un qualche accordo di fondo sulle regole e al tempo stesso deve accettare il dissenso e il conflitto sui contenuti. Deve ammettere l'incertezza dei risultati decisionali, ma ha bisogno della certezza delle regole in modo tale che quella stessa incertezza sia relativa e limitata: non può, per esempio, eliminare il diritto alla proprietà privata. Deve applicare la regola di maggioranza, come regola decisionale principale ai fini del funzionamento concreto dei suoi organi decisionali, ma deve proteggere i diritti delle minoranze e, dunque, in certi casi ha bisogno di ricorrere a maggioranze più ampie o anche all'unanimità. Si deve caratterizzare per la più ampia rappresentanza degli interessi e identità nelle sedi decisionali opportune, come il parlamento e le assemblee regionali o locali, ma al tempo stesso non può rinunciare a un qualche grado di efficacia decisionale e funzionalità, che sono molto più difficili se

---

[1] G. Sartori, *Democrazia: cosa è*, Rizzoli, Milano 1993.

[2] R.A. Dahl, *After the Revolution? Authority in a Good Society*, Yale University Press, New Haven 1970.

non impossibili quando si vuole una presenza rappresentativa di tutte le componenti di società frammentate e complesse. Infine, per colmo di paradosso, una democrazia può sopportare tanto più conflitto quanto più forte è il consenso di fondo su di essa; le sue istituzioni di governo possono fare un ricorso tanto maggiore al principio di maggioranza quanto meno consistenti e maggiormente integrate sono le minoranze; tanto maggiore può essere l'efficacia decisionale quanto minore è la complessità delle articolazioni politiche.

Definizione minima

[...] È importante dare una definizione *minima*, che indichi cioè quali siano i pochi aspetti, più immediatamente controllabili ed essenziali a livello empirico, che consentono di stabilire una *soglia* al di sotto della quale un regime non possa venire considerato democratico. In questa prospettiva vanno considerati democratici tutti i regimi che presentano almeno: suffragio universale, maschile e femminile; elezioni libere, competitive, ricorrenti, corrette; la candidatura di più di un partito; diverse e alternative fonti d'informazione. Questa definizione alla fine richiama l'essenzialità della garanzia reale almeno dei diritti civili e dei diritti politici, assumendo che vi sono quei diritti se effettivamente vi è suffragio universale, espressione del diritto politico per eccellenza, cioè vi è il diritto di voto esteso a tutto il *demos*[3] adulto, se vi sono conseguentemente elezioni libere, corrette e ricorrenti come espressione dell'esistenza effettiva anche di libertà di parola e pensiero, se vi è più di un partito effettivamente in competizione, come manifestazione dell'esistenza di un reale e praticato diritto di associazione, se ancora vi sono diverse fonti d'informazione appartenenti a proprietà diverse come prova dell'esistenza di quelle libertà sopra indicate.

Un aspetto importante di una tale definizione è che se non vi fosse oppure venisse a mancare anche uno solo di questi aspetti non si sarebbe più in una democrazia, ma in un altro assetto politico-istituzionale, magari intermedio e caratterizzato da incertezza e ambiguità, diversamente accentuate. [...]

Definizione massima o ideale

La definizione minima implicherebbe logicamente che vi possa essere anche una definizione *massima*. Se si ricorda che democrazia ha la caratteristica di essere contemporaneamente un termine descrittivo e un termine prescrittivo, la definizione massima deve partire necessariamente dagli ideali ovvero dai principi, piuttosto che dalle istituzioni concrete, come fa la definizione minima. Una tale definizione sarebbe particolarmente utile proprio per quelle analisi che vedono un'ulteriore fase del processo complessivo di democratizzazione nella crescita della qualità democratica. Infatti, sulla base di tale definizione, si potrebbe capire sia la distanza delle singole democrazie reali da quella massima, sia il grado di democraticità dei regimi che abbiano superato la soglia minima sopra indicata.

Una definizione massima in senso proprio, però, *non* esiste. Infatti, non è possibile né opportuno fissare il punto o i punti di arrivo di principi e ideali che sono anche continuamente in divenire. Più limitatamente, anche allo scopo di servire gli obiettivi sopra indicati, si può dare una definizione che indichi le possibili direzioni di sviluppo delle democrazie contemporanee, tenendo presenti i principi ovvero gli ideali che le informano nella realizzazione relativamente più compiuta del "potere del popolo". Per giungere a una definizione di democrazia, meglio indicata come *ideale* o *normativa*, sembrano poco utili gli sforzi di diversi autori di ordinare e misurare le democrazie reali ed esistenti. Muovendo da questa prospettiva, si troveranno, infatti, numerose democrazie compiute o "perfette", in grado di conseguire il punteggio massimo, corrispondenti di solito ai paesi dell'Europa occidentale e del mondo anglosassone, mentre diventerà difficile individuare i problemi di limitata e scarsa democraticità che si incontrano proprio in quei paesi oppure riconoscere le direzioni di accrescimento della loro qualità democratica. Altrettanto inutili sono quelle definizioni più distanti dalla realtà, che riprendono le convinzioni filosofiche degli studiosi che le propongono, e non sono in alcun modo traducibili empiricamente. [...]

Se dunque per definire una democrazia ideale occorre partire dai principi che la fondano, una pur rapida ricognizione della letteratura sul tema porterebbe a concludere che i due valori che dovrebbe realizzare una democrazia contemporanea sono libertà e uguaglianza. [...] Tale democrazia può essere meglio caratterizzata come «il regime che deve creare le opportunità istituzionali migliori per realizzare libertà e uguaglianza». Senza entrare nel dibattito su che cosa significhino anche questi due principi, brevemente si può ricordare che il perseguimento dell'uguaglianza comporta, comunque, l'accettazione di tutte le inevitabili diversità della persona e che è ormai acquisito, secondo l'insegnamento di Bobbio (1955) e numerosi altri autori, che la garanzia delle libertà è l'indispensabile premessa per la

[3] *demos*: in greco, «popolo».

realizzazione di qualsivoglia maggiore eguaglianza.

Dal punto di vista della democrazia che si pone l'obiettivo di assicurare libertà e uguaglianza, i problemi maggiori riguardano i livelli a cui ci si riferisce e gli ambiti che si stanno considerando. Ovvero, l'affermazione dei due principi deve avvenire a livello locale, comunale o regionale, a livello nazionale del paese intero e a livello sovranazionale con tutte le implicazioni e soprattutto i limiti che così si aggiungono inevitabilmente[4], ma deve riguardare anche i diversi ambiti della vita quotidiana, dal lavoro alla scuola, alle attività associative. Di conseguenza, per una corretta definizione ideale, la prospettiva che parte dall'individuo e dalla società, piuttosto che dalle istituzioni di governo, è semplicemente ineliminabile, insuperabile. Per assicurare una maggiore democrazia il primo riferimento non può che riguardare la maggiore affermazione e l'espansione dei diritti individuali o di comunità. Se è così, il passo ulteriore è che la realizzazione di libertà e uguaglianza, pur concepibili diversamente, deve necessariamente fondarsi su un insieme sempre più ricco e ampio di diritti individuali.

Dahl[5], Beetham[6] e altri autori aiutano a enucleare il passaggio ulteriore che porterà alla fine del percorso alla precisazione e formulazione dei diritti. Infatti, suggeriscono alcuni principi più specifici che sono anche mezzi per offrire le opportunità istituzionali migliori per assicurare libertà e uguaglianza. Tali principi comprendono non solo aspetti come il riconoscimento dell'inclusione politica per tutti gli individui adulti, l'uguaglianza del voto, la promozione della partecipazione effettiva di tutti i cittadini, la promozione di un'informazione chiara e corretta per tutti; ma anche, ricordando ancora Dahl e Sartori, la promozione della responsabilità o *accountability* dei governanti e della capacità di risposta o "responsività" (*responsiveness*) degli stessi alle domande dei cittadini o delle comunità, anche attraverso il controllo dell'agenda decisionale e dei risultati decisionali da parte dei cittadini stessi o nei diversi altri modi che si riusciranno a mettere a punto.

Per l'effettivo perseguimento di questi aspetti essenziali alla realizzazione di libertà ed eguaglianza le democrazie contemporanee non possono non aggiungere: la protezione dell'ambiente, il diritto alla salute, l'assistenza alla vecchiaia e invalidità, il diritto al lavoro, il sostegno alla disoccupazione e a livelli dignitosi di vita, il diritto all'educazione più ampia e diffusa, e anche la promozione dell'equità nelle controversie private o tra interessi pubblici e privati (diritto al giusto processo). [...]

L'affermazione e la protezione dei valori e dei diritti appena menzionati per essere concretamente intese necessitano di un terzo passo, l'indicazione degli strumenti istituzionali che li realizzano meglio. Qui, di nuovo Dahl[7] è utile con il suo richiamo a necessità di avere le seguenti otto garanzie istituzionali: libertà di associazione e organizzazione; libertà di pensiero (ed espressione); diritto di voto; diritto dei leader politici di competere per il sostegno (elettorale); fonti alternative di informazione; possibilità di essere eletti a pubblici uffici (elettorato passivo); elezioni libere e corrette; esistenza di istituzioni che rendono le politiche governative dipendenti dal voto e da altre espressioni di preferenza. A questi strumenti istituzionali, però, va aggiunto l'essenziale riferimento alla legalità, che comprende non solo il rispetto delle leggi esistenti, ma anche la realizzazione di un'amministrazione efficiente, l'esistenza di una magistratura indipendente e di un sistema funzionante di risoluzione dei conflitti privati e pubblici, l'assenza di corruzione e di criminalità diffusa sul territorio, la presenza di un sistema di informazione pluralista e diffuso.

La centralità dei diritti postula la possibilità che essi possano essere estesi e approfonditi e, dunque, il loro stesso godimento concreto possa essere ulteriormente soddisfatto. Per esempio, a proposito del diritto di voto, una sua espansione, peraltro già realizzata in diversi casi, comporta che insieme alla preferenza per un candidato o un partito si esprima, contemporaneamente, la preferenza per un governo: così il cittadino vede o vedrebbe potenziata la sua espressione di volontà politica; oppure, una più approfondita affermazione del principio dell'inclusione, e ancora del voto, comporterebbe per esempio il riconoscimento della cittadinanza politica ai residenti immigrati da altri paesi. [...]

Quali che siano principi intermedi e diritti garantiti, per essere effettivamente promosse, libertà e uguaglianza hanno, comunque, bisogno di quel cittadino attivo, pronto a interagire all'interno di collettività diverse e interessato a informarsi e a partecipare, magari in quanto mosso dall'adesione a un'etica pubblica che lo spinge a fare ciò.

---

4 R.A. Dahl, *The new American Political (Dis)Order*, Institute of Governmental Studies, Berkeley 1994.

5 R.A. Dahl, *On Democracy*, Yale University Press, New Haven 1998.

6 D. Beetham, *Democracy and Human Rights*, Polity Press, Cambridge 1999.

7 R.A. Dahl, *Poliarchia. Partecipazione e opposizione*, Franco Angeli 1980.

Diritti umani e mondo classico

Maurizio Bettini

da *Diritti umani, cultura dei diritti e dignità della persona nell'epoca della globalizzazione*
direzione scientifica di Marcello Flores, UTET 2007

La Dichiarazione del 1948 e il pensiero classico

L'espressione "diritti umani" (*human rights*) sembra ricalcare sintagmi greci del tipo *tá koiná tón anthrópon díkaia,* "i diritti comuni agli uomini" (Polibio); e soprattutto sintagmi romani come *ius humanum*[1] (Livio, Seneca, Plinio il vecchio ecc.). A questo proposito vale la pena di notare che, nei testi latini, l'espressione *ius humanum*[1] è generalmente usata in contesti di *violazione* di tale diritto: pene brutali, [...] maltrattamenti inflitti al nemico, torture. In questo senso, sembra essere verificabile anche nel mondo antico l'osservazione di Doctorow[2], secondo cui «quello che si intende più comunemente con il termine "diritti umani" si riferisce agli standard di trattamento che speriamo di ricevere dal nostro oppressore (*oppressor*) dopo che costui ci abbia privato di tutti i nostri diritti [...], il diritto di non essere torturati, mutilati, resi schiavi o uccisi per capriccio». Un interessante esempio antico di questo contesto di relazioni, ci è dato dal discorso che Livio (9, 1, 8-10) attribuisce al comandante Sannita Ponzio, allorché, nel 322 a. C., denuncia il comportamento ingiusto dei romani nei confronti del suo popolo dopo la conclusione della guerra. Abbiamo fatto di tutto per soddisfare le richieste di riparazione dei vincitori, si rammarica Ponzio, restituendo ai romani i beni sottratti, consegnando loro i responsabili della guerra e i beni di costoro, ma non è bastato. A questo punto Ponzio esclama: «se nei confronti del più potente (*potentiori*) non resta al debole (*inopi*) alcun diritto umano (*nihil* [...] *iuris humani*), io mi rivolgerò agli dei castigatori della superbia smoderata». Come si vede, lo *ius humanum* viene evocato al momento in cui esiste un *potentior* che sta privando un *inops* di tutti i suoi diritti.

I rapporti fra la Dichiarazione del 1948 e il pensiero classico sono poi evidenti nell'impostazione del preambolo, in cui la definizione dell'umanità in termini di "famiglia" («tutti i membri della famiglia umana») si rifà chiaramente alla concezione universalistica dello stoicismo: è Seneca (*Lettere a Lucilio*: 95, 52) che afferma «la natura ci ha generato parenti (*cognati*)». Procedendo nel nostro rapido inventario, l'affermazione della "libertà di parola" ricalca sia il modello greco della *parrhésia*, letteralmente "la possibilità di dire tutto" («che i miei figli possano abitare nella gloriosa città di Atene, fieri della loro *parrhésia*»: Euripide, *Ippolito*: 422), sia il modello romano della stretta interdipendenza fra *libertas* ed *eloquentia* (Seneca, *Consolazione a Marcia*: 1, 4): da notare anzi che, a Roma, solo a partire da Augusto e Tiberio si cominciò a punire la diffamazione (precedentemente «i fatti venivano puniti, ma vi era libertà di parola»: Tacito, *Annali*: 1, 722; Bauman, 2000: 101-108). Di derivazione sicuramente classica è poi l'idea che la promozione dei diritti umani debba avvenire «attraverso l'insegnamento e l'educazione»: il termine *humanitas*, che veniva spesso usato dai romani in ambiti affini a quello occupato dal moderno tema dei diritti umani, contiene tanto il significato di "comportamento umano", nel senso della mitezza e del rifiuto della brutalità, quanto quello di "cultura", "educazione". Vale infine la pena di segnalare le somiglianze che intercorrono fra il testo della Dichiarazione del 1948 e il celebre discorso tenuto dal Pericle di Tucidide (*Guerra del Peloponneso*: 2, 34 ss.) per onorare i primi caduti: in esso viene ribadito che nella democratica Atene «la povertà e la modestia del rango sociale non costituiscono impedimento per chiunque abbia la capacità di operare nell'interesse dello stato» (art. 21: «ogni individuo ha il diritto di partecipare al governo del proprio paese»), ed è ricordata perfino l'attenzione che gli Ateniesi avevano dedicato «a creare un gran numero di momenti di riposo per ricreare lo spirito» (art. 24, «ogni individuo ha diritto al riposo e allo svago»). Naturalmente, occorre tener presente che i principi enunciati da Pericle non valevano per gli uomini in generale, ma solo per i cittadini ateniesi.

Un semplice sguardo agli articoli della Dichiarazione universale dei diritti dell'uomo, comunque, mette immediatamente a nudo anche le forti divergenze che, sul terreno dei diritti umani, separano la società classica dalla cultura moderna. Il rifiuto della

---

1 *ius humanum*: «diritto umano».

2 E.L. Doctorow, *Selected Essays 1977-1992*, Random House, New York 1993.

discriminazione fra i sessi (Preambolo: art. 2), contrasta evidentemente con il ruolo di marginalità sociale e politica stabilmente attribuito alla donna sia in Grecia sia a Roma; l'affermazione secondo cui «tutti gli esseri nascono liberi ed eguali in dignità e diritti», e quella ancora più esplicita secondo cui «nessun individuo può essere tenuto in stato di schiavitù o servitù» (art. 1 e 4), non avrebbero avuto corso in una società che non solo praticava regolarmente la schiavitù, ma all'occorrenza la giustificava come prodotta dalla stessa "natura" (Aristotele, *Politica*, 1254a, 18; 1254b, 25) e classificava lo schiavo fra gli "strumenti" agricoli, sia pure definendolo come «strumento dotato di voce» (*instrumenta vocalia*; Varrone, *La coltivazione dei campi*, 23, 2, 5-6). La voce critica che, nell'antichità classica, si è levata più nettamente contro la schiavitù, è certamente quella di Seneca (*Lettere a Lucilio*, 47, 1): «Sono schiavi ma so-

Combattimento tra gladiatori. Presso i Romani la "professione" di gladiatore era riservata agli schiavi. Mosaico del IV sec. d.C.

no uomini; sono schiavi ma sono compagni di abitazione; sono schiavi ma sono umili amici!». Dichiarazione che, peraltro, non implica che Seneca fosse un abolizionista. Prese di posizione critiche nei confronti della schiavitù si riscontrano poi nella giurisprudenza dell'età dei Severi, in concomitanza con l'enunciazione del principio secondo cui «tutti gli uomini nascono uguali secondo la legge della natura» (Ulpiano, *Digesto*, 50. 17. 32).

Anche il rifiuto della tortura (art. 5) avrebbe avuto risposte oscillanti da parte di una cultura in cui, se la tortura era normalmente rifiutata, almeno a Roma essa costituiva prassi ordinaria nei confronti degli schiavi, che si riteneva non potessero testimoniare il vero se non sottoposti a essa. Né dobbiamo infine dimenticare la legittimazione della morte e della violenza, intese come forma di intrattenimento popolare, praticata a Roma nei giochi del circo. In definitiva, possiamo affermare che se alcuni fondamenti della Dichiarazione del 1948 derivano dalla cultura classica, la medesima Dichiarazione nel suo complesso non sarebbe stata applicabile al mondo greco e romano. [...]

I "diritti umani" secondo le categorie culturali del mondo classico

[...] La riflessione giuridica antica aveva già individuato l'esistenza di uno *ius gentium* (l'insieme di norme e istituti comuni agli appartenenti a tutte le comunità), distinto dallo *ius civile* (il diritto proprio ed esclusivo dei cittadini). Nella formulazione di Cicerone, «lo *ius civile* non si identifica interamente con lo *ius gentium*, ma lo *ius gentium* è interamente presente nello *ius civile*», intendendo con questo che lo *ius gentium* costituisce il serbatoio comune da cui attingono i diritti propri delle singole comunità (Cicerone, *Sui doveri*, 3, 17, 69; Gaio, *Istituzioni*, 1, 1); formulazioni di questo genere lasciano intendere che lo *ius gentium* gode di uno statuto superiore rispetto allo *ius civile*. [...]

Una prima differenza relativamente a questo tema, fra concezioni antiche e concezioni moderne, consiste nella prospettiva di carattere *religioso* in cui si collocano i "diritti umani" nel mondo classico. [...]

Per illustrare il contesto religioso in cui si collocavano i "diritti umani" nel mondo classico, non vi è niente di meglio che ricorrere a un caso esemplare. Nel libro XXIV dell'*Iliade* Priamo si reca al campo di Achille per ottenere la restituzione del corpo straziato di suo figlio Ettore, al fine di dargli giusta sepoltura. Priamo sta dunque chiedendo il rispetto di ciò che, all'interno della cultura greca, era considerato un dovere umano fondamentale (non lasciare un corpo insepolto). Per sostenere la sua richiesta, però, Priamo non fa appello agli obblighi imposti dai "diritti umani", come farebbe un moderno, ma esorta piuttosto Achille «ad aver rispetto per gli dei» e a non violare il comandamento di Zeus (cfr. 502, 570, 576). Ci accorgiamo insomma che nel mondo antico esiste una garanzia religiosa per la salvaguardia di diritti ritenuti inviolabili. Quando si compiono atti particolarmente ingiusti, o crudeli, verso altri uomini, non si dice tanto che si violano i loro diritti fondamentali, quanto piuttosto che si compie empietà verso gli dei (*asébeia* in greco, *impietas* in latino). Ecco perché si può essere "maledetti" da un sacerdote se si trasgrediscono questi obblighi. [...]

Anche i testi latini fanno ricorso al concetto di *impius* e *impietas* per sanzionare comportamenti che, secondo i nostri parametri, corrispondono alla violazione di diritti umani per crudeltà, ferocia o tradimento dei patti (Valerio Massimo, *Fatti e detti memorabili*, 5, 1). [...]

Vediamo adesso i principali termini usati, in Grecia e a Roma, per designare nozioni simili a quella, moderna, di "diritti umani". Si ritiene che, in Grecia, fosse impiegato a questo scopo il termine *philanthropía*, inteso come "affetto per gli uomini" (Veyne[3]). Questa nozione diviene frequente nei testi greci soprattutto nel IV secolo a. C., particolarmente nelle opere di Senofonte (che, parlando di Socrate, unisce *philánthropos* a *demotikós*, "democratico" : *Memorabili*, 1, 2, 58-60) e Demostene. Si tratta di un composto di *phílos*, che possiamo provvisoriamente tradurre con "caro" o "che ama", e *ánthropos*, "uomo". Come hanno mostrato gli studi di Emile Benveniste (1976), però, in Omero *phílos* indica una relazione di carattere sociale, non sentimentale. In particolare quella di ospitalità, la *philótes*, che come l'*aidós*, ossia la "vergogna", il "pudore", impedisce di compiere azioni sconvenienti, regola i rapporti fra gli appartenenti a uno stesso gruppo sociale o i rapporti fra ospiti. In *phílos* dunque il contenuto affettivo ("caro") è secondario, derivante dal fatto che erano *phíloi* gli appartenenti allo stesso gruppo sociale (figli, moglie, parenti ecc.), ovvero erano *phíloi* oggetti come la casa, i vestiti che si indossano, le parti del corpo, e così via: e verso di essi, ovviamente, si provavano anche dei "sentimenti". Se si tiene presente l'analisi di Benveniste, si può pensare che anche nel caso di *philánthropos* in gioco ci sia più una

[3] P. Veyne, *Humanitas: Romani e no*, in *L'uomo romano*, a cura di A. Giardina, Laterza, Bari 1989.

questione di rapporti sociali che non di affetto. *Philánthropos* non è propriamente "colui che ama l'uomo", ma colui che riconosce l'uomo, in generale, come l'appartenente al suo stesso gruppo sociale (*phíloi*): e con l'uomo, in generale, intende stabilire le stesse relazioni "strette" che intrattiene con sua moglie, i suoi figli, l'ospite o la sua casa. Se il *philéllenos* è colui che identifica negli *Héllenes*, "i greci" il gruppo con cui concepisce di avere relazioni privilegiate, il *philánthropos* identifica questo gruppo direttamente con gli "uomini".

Per i romani, l'equivalente di *philanthropía* è *humanitas*, "umanità", un termine che comincia a circolare a Roma a partire dal I secolo a.C., e implica sia il comportamento "umano" sia l'educazione e la cultura. Per questo Aulo Gellio (*Notti Attiche*, 13, 17), evidenziando il secondo significato del termine, lega la nozione romana di *humanitas* non tanto a *philanthropía* quanto a *paidéia*, ossia alla educazione e alla cultura: con l'argomento che l'amore per la conoscenza è l'unico tratto veramente "umano", quello che distingue l'uomo dagli altri esseri animati. Dietro questa stretta interconnessione fra comportamento mite da un lato, cultura ed educazione dall'altro, sta l'idea ricorrente (ma non sempre verificabile) che la cultura renda l'uomo più uomo, ossia migliore. [...]

Come la *philanthropía* dei greci, la *humanitas* romana stabilisce una stretta connessione fra la nozione di "uomo" da un lato, e quella di "comportamento mite, equo, comprensivo" dall'altro: si tratta di una connessione piuttosto profonda, che si instaura direttamente nel "linguaggio", dove espressioni che partono dalla nozione di "uomo" (*phil-anthropía, humanitas*), sono direttamente usate per indicare "equità", "generosità", "mitezza" nel comportamento. Si tratta di un passaggio culturale molto rilevante. In pratica, la nozione di "uomo" viene resa direttamente "traducibile" in quella di "equità, mitezza", per conseguenza, l'uomo può dirsi veramente tale solo quando applica comportamenti ispirati a principi di mitezza e generosità verso i suoi simili. Sono proprio presupposizioni linguistiche e culturali di questo genere che costituiscono il terreno preparatorio per configurazioni giuridiche come quella, moderna, di "diritti umani".

Quando si affrontano temi che oggi ascriveremmo, in generale, alla problematica dei diritti umani (brutalità, sevizie, massacri, ingiuste condanne, persecuzioni e così via) oltre a *humanitas* nei testi latini compaiono anche espressioni come *clementia* e *indulgentia*. È la presenza, ovvero l'assenza, di queste virtù che corrisponde al rispetto, o alla violazione, di ciò che noi oggi definiremmo "diritti umani". Come si vede, in questo modello l'accento non batte tanto sui "diritti" posseduti da chi è in posizione di debolezza (e sulla loro violazione da parte di un oppressore) ma sulle *qualità morali* del più forte, che abusa o meno della sua posizione. La differenza rispetto alle nostre concezioni è molto netta. Semplificando potremmo dire che, per i romani, il comportamento ispirato alla *humanitas*, così come per i greci quello ispirato alla *philanthropía*, è lodevole, ma non è obbligatorio: e comunque non promana direttamente da "diritti" posseduti dalle eventuali vittime, ma dalla generosa e nobile disposizione d'animo del più forte. [...]

La "scatola cinese" delle società secondo Cicerone, il "prossimo" del «Vangelo», la "parentela universale" di Seneca

Nei *Doveri* (1, 50-58), Cicerone descrive le caratteristiche che accomunano gli uomini fra loro e ne fanno una sola *societas* naturale: il cui vincolo è costituito dalla "ragione" e dal "linguaggio". Quando passa però a indicare i doveri che debbono intercorrere fra gli uomini a questo livello, egli si limita a indicare quei servizi che «possiamo fare senza nostro danno anche a uno sconosciuto»; e soprattutto, nel seguito dell'argomentazione, egli elenca le singole società parziali che legano fra loro gli uomini, secondo il parametro della *vicinanza* («più vicina [...] più intima [...] più stretta»), in una sorta di gioco delle scatole cinesi: prima la società costituita da coloro che parlano la stessa lingua e hanno origini comuni; poi quella creata dallo stato; poi quella costituita dalla famiglia e, infine, quella costituita dagli amici. La conclusione è la seguente: «volendo considerare quelli verso i quali si hanno maggiori obblighi, i primi siano la patria e i genitori [...], subito dopo i figli e il resto della famiglia [...], poi i parenti», e infine gli amici. [...]

In questo senso, diventa interessante analizzare un passo del *Vangelo* di Marco (12, 28 ss.: 31) che illustra il medesimo problema, fondamentale, del rapporto fra "gruppo ristretto" e "umanità": e testimonia anzi uno dei paradossi interpretativi più singolari della fortuna del Nuovo Testamento. Gesù viene interrogato da uno scriba, che gli pone questa domanda: «Quale comandamento è al primo posto tra tutti?». Gesù risponde citando un passo del *Deuteronomio* sull'amore per il Signore, poi aggiunge: «E questo è il secondo: "Amerai chi ti sta vicino come ami te stesso" (Levitico 19, 18). Non esiste coman damento più importante di questo». Tradizionalmente, questo passo viene tradotto con «amerai il tuo prossimo come ami te stesso», e nella percezione usuale questo "prossimo" viene inteso come «gli altri, l'umanità in genere». In realtà si tratta di una forzatura del testo greco, che usa l'espressione *ho plesíon* nel senso di "il vicino", l'appartenente alla stessa comunità di colui che parla. L'invito di Gesù, dunque, non ha affatto carattere universale, ma riguarda solo gli appartenenti al popolo di Israele, conformemente al senso che questo invito ha nel testo originale del *Levitico* (19, 8: «non serberai rancore contro i figli del tuo popolo, ma amerai il tuo vicino come te stesso»).

Anche in questo caso, come nell'argomentazione di Cicerone, il criterio di "vicinanza" risulta fondamentale nel definire i doveri fra gli uomini. Non è l'uomo, in generale, che è per me fonte di obbligazione, ma il membro della mia stessa comunità. [...]

Ancora più interessante, però, risulta il fatto che il passo relativo al comandamento sull'amore verso il "vicino" venga ripreso dal Vangelo di *Luca* (posteriore a quello di *Marco*, che è il primo nonché la base degli altri due sinottici) in una prospettiva che tende a proiettare quel "vicino" in una direzione più generalmente umana. In questo contesto (*Luca* 10, 30 ss.) l'episodio risulta notevolmente ampliato. Dopo aver ricevuto la risposta di Gesù relativa al comandamento più importante («amerai il tuo vicino come ami te stesso») l'interlocutore, che stavolta è un dottore della legge, chiede: «e chi è il mio vicino?». La domanda è interessante. Evidentemente, nella prospettiva di Luca la comune appartenenza al popolo di Israele non è più sufficiente a definire, da sola, chi è fonte di obblighi nei miei confronti. Per rispondere a questa domanda, Gesù racconta allora la parabola del Samaritano, ossia quella del viandante spogliato e ferito dai briganti che chiede aiuto sul ciglio della strada: passa un sacerdote, passa un levita, ma nessuno di loro si cura del ferito; passa infine un samaritano, che si muove a compassione del malcapitato, lo medica e lo trasporta in una locanda, prendendosi cura di lui anche nei giorni successivi. A questo punto Gesù chiede al suo interlocutore: «chi di questi tre ritieni dunque che sia "il vicino" della vittima?», «Colui che ha compiuto l'atto di misericordia» risponde l'altro, ricevendo l'approvazione di Gesù.

Il senso di questo ampliamento compiuto da Luca sul testo di Marco, con la domanda "chi è il mio vicino?" e la parabola del Samaritano, è chiaro: i doveri verso gli altri si definiscono non in base alla comune appartenenza etnica (tant'è vero che né il sacerdote né il levita, entrambi giudei, si prendono cura del ferito), ma in base a un atteggiamento di tipo filantropico. Il "vicino" di Marco sta veramente diventando il "prossimo" della ricezione del Vangelo. La scelta operata da Luca risulta particolarmente interessante se si tiene presente la profonda ostilità che i giudei nutrivano nei confronti dei samaritani, ritenuti assolutamente estranei al popolo di Israele. Fare del "vicino" proprio un samaritano, semplicemente in base al suo comportamento verso chi soffre, significa voler cancellare le barriere etniche in nome di una diversa scala di valori.

Nel panorama del pensiero antico, il passo forse più significativo nella creazione di una dimensione spiccatamente "umana" dei rapporti fra gli uomini, in termini di reciproci doveri, è segnato dallo stoicismo. Se Diogene Cinico, la volta in cui gli fu chiesto «di dove sei?», non aveva esitato a rispondere «cittadino del mondo», affermando così il proprio cosmopolitismo (Diogene Laerzio, *Vite dei filosofi*: 6, 63), lo stoico Zenone aveva scritto che la costituzione degli stoici non mirava a far vivere gli uomini «raggruppati in città o in comunità, ciascuna separata da leggi proprie: perché noi stimiamo che tutti gli uomini siano abitanti della stessa comunità e della stessa pólis». Seneca, però, andrà anche oltre (*Lettere a Lucilio*: 95, 51-53): «Ecco un altro problema: come dobbiamo comportarci con gli uomini? [...] Quali precetti diamo? Che si risparmi il sangue umano? Quanto piccola cosa è non nuocere a chi dovresti giovare. Certamente è un gran merito, se l'uomo è benevolo verso un altro uomo. Gli prescriveremo di porgere la mano al naufrago, di indicare la via a chi è smarrito, di dividere il suo pane con l'affamato? E quando mai riuscirò a esporre tutto ciò che si deve fare ed evitare? Mentre posso fornire questa breve formulazione dell'*humanum officium* (il "dovere dell'uomo verso l'uomo"): [...] siamo le membra di un grande corpo. La natura ci ha generati parenti (*cognati*) fra noi, perché siamo stati generati dagli stessi elementi e tendiamo verso lo stesso fine. [...] Ci stia sempre nel cuore e sulle labbra quel verso famoso: *homo sum, humani nihil me alienum puto*[4]. Convinciamoci di questo, che siamo nati per stare insieme (*in commune*). La nostra società è come una volta di pietre, che sta su solo perché le pietre si sostengono l'un l'altra, altrimenti cadrebbe». Nell'età dei Severi, allorché al cosmopolitismo filosofico farà riscontro un autentico cosmopolitismo politico, la riflessione giuridica punterà decisamente sui tre principi di «libertà, uguaglianza e dignità».

---

[4] *homo... puto*: «sono un uomo e ritengo che niente di umano mi sia estraneo».

Pace

Giuliano Pontana

da *Diritti umani, cultura dei diritti e dignità della persona nell'epoca della globalizzazione* direzione scientifica di Marcello Flores, UTET 2007

Pace e conflittualità

Il termine "pace" e corrispondenti in altre lingue, come *peace* in inglese, *paix* in francese, *paz* in spagnolo, *frieden* in tedesco, *fred* in svedese, norvegese e danese, *shalom* in ebraico, *sala'am* in arabo, *shanti* nella cultura indiana è un termine che ricorre in vari contesti: si parla di pace interiore, mentale, spirituale, con la propria coscienza, di pace della natura, di pace in famiglia, con i propri vicini, di pace sindacale, sociale, internazionale, globale. Non è chiaro che vi sia un significato comune all'uso di "pace" (e corrispondenti in altre lingue) in tutti questi contesti. Si potrebbe pensare che la nozione generale sottesa sia quella di armonia e assenza di conflitto. Ma anche questo è dubitabile in quanto, di regola, affermare che in una famiglia, in un gruppo, in una società, a livello internazionale o globale regna la pace è compatibile col riconoscere che tali sistemi sociali sono attraversati da conflittualità, talora anche profonde.

Vi è però un nesso molto stretto tra pace e conflittualità, specie a livello intersoggettivo, che è quello sul quale qui si focalizza il discorso: parlare di pace presuppone l'esistenza di sistemi sociali nei quali vari soggetti (individui o collettività) si trovano in relazioni interattive che possono dare adito a conflitti. Tra soggetti che non hanno relazioni interattive di sorta, non ha senso parlare di pace. Così, per esempio, tra Europa e America, quando nessuna delle popolazioni dei due continenti aveva alcuna conoscenza dell'esistenza dell'altra e non esistevano rapporti interattivi di alcun tipo, non esistevano nemmeno rapporti pacifici. La pace può dunque essere vista come una proprietà di sistemi sociali conflittuali. [...]

La nozione lata di pace

Tanto nell'uso comune, quanto nel linguaggio della scienza politica tradizionale, prevale una nozione lata per cui in un sistema sociale conflittuale vi è, per

Guerrieri sanniti. Pittura funeraria proveniente da Paestum (IV sec. a.C.).

definizione, pace quando i conflitti che sorgono in seno a esso sono condotti senza ricorrere alla lotta armata, o, più in generale, a metodi di lotta cruenti. Un metodo di lotta cruento è definito come ogni metodo che comporta l'inflizione intenzionale della morte o di gravi sofferenze (fisiche o psichiche) contro la volontà di coloro contro cui è diretto. Questa definizione lascia aperto il problema normativo se e quando il ricorso a metodi cruenti di lotta sia giustificabile.

A livello di rapporti intrasocietari, gli studi antropologici hanno corroborato la tesi che vi sono società stabilmente pacifiche, con un tasso molto basso di aggressività distruttiva e permeate da una cultura che favorisce la conduzione dei conflitti in modi incruenti: per esempio, la società buid nelle Filippine e la società semai in Malaysia[1]. Nel sistema internazionale vi sono esempi di stati che hanno a lungo goduto della pace. La Svezia ne è un esempio: dopo il 1814, quando invase la Norvegia, non è mai stata in guerra o conflitto armato con alcun altro stato. Altra è la situazione a livello mondiale: secondo il *Human Security Report* (2005), dal 1816 al 2002 il mondo è stato teatro di 199 guerre internazionali, ivi incluse guerre coloniali e di liberazione, e di 251 guerre civili (il *Rapporto* definisce, operazionalmente, la guerra come scontro armato in cui sono uccisi "in battaglia" più di mille esseri umani l'anno).

La pace perpetua: possibilità e desiderabilità

Il preambolo della Carta delle Nazioni Unite addita come fine sommo la liberazione delle future generazioni dal "flagello della guerra", l'instaurazione di una pace universale stabile e duratura. Rispetto alla realizzazione di questo fine si può essere fatalisti. Per i fatalisti il futuro è inesorabilmente segnato e nulla possiamo fare per cambiarlo. [...]

Per altri, una pace universale e perpetua è irrealizzabile in quanto la guerra, uso massiccio e organizzato della violenza armata, è vista come un fenomeno "naturale" ineliminabile dalla storia (anche da una storia in cui non esistono più gli stati nazionali). Tra costoro, i pessimisti ritengono che vi saranno guerre sempre più distruttive, ivi compresa una guerra termonucleare, magari scatenata per sbaglio: gli ottimisti ritengono che, pur alternandosi fasi di pace e fasi di guerra, l'umanità riuscirà a scongiurare una guerra di distruzione di se stessa, magari per ragioni di sopravvivenza della specie dettate dalle leggi dell'evoluzione. Altri ancora, facendo valere che nel corso della storia molte guerre sono state evitate, alcune "all'ultimo momento", sostengono che la guerra è un fenomeno sociale, un'istituzione che, come ogni altra istituzione, a determinate condizioni può essere abolita. E se può essere abolita è desiderabile che lo sia e venga instaurata una pace universale perpetua.

L'idea di pace perpetua, intesa come possibile stato del mondo stabilmente liberato dalla guerra, dall'uso massiccio della violenza armata, è, almeno nella storia della cultura politica occidentale, relativamente recente. Essenzialmente essa può essere fatta risalire all'illuminismo e ai vari "progetti" di pace perpetua proposti in quel periodo, a partire da quello avanzato nel 1623, mentre era in corso la guerra dei Trent'anni, da Emeric Crucé nell'opera *Nouveau Cyneé,* nella quale è prefigurato un modello di stato mondiale. A siffatti progetti si ispirano in un modo o nell'altro i vari contemporanei modelli di pace universale, o attraverso una Confederazione mondiale di stati sovrani a costituzione democratica, o attraverso una Federazione mondiale nell'ambito della quale i singoli stati hanno trasferito parte della loro sovranità a un governo centrale che detiene il monopolio della forza, o attraverso un vero e proprio stato e governo mondiale. La caratteristica comune a tutti questi modelli è quella di vedere, hobbesianamente, la causa principale della guerra nell'anarchia di un sistema internazionale composto da stati (più o meno) sovrani, i cui rapporti non sono regolati da alcuna superiore autorità internazionale o sovranazionale. L'obiezione più spesso mossa ai sostenitori di tale teoria è quella di non tenere dovutamente in conto il discorso sulle cause economiche, sociali, culturali e psicologiche della guerra e della pace.

Il valore della pace

Nel corso della storia, accanto ai progetti di pace perpetua vi sono le concezioni di quei pensatori che hanno esaltato la guerra come strumento di progresso, o addirittura denigrato la pace e glorificato la guerra e la violenza in quanto tali: variamente, Eraclito, Nietzsche, Hegel, De Maistre, Papini, i Futuristi, i teorici del nazismo, tanto per fare alcuni esempi presi dalla storia occidentale.

Altri, pur considerando una pace stabile e duratura un valore decisamente positivo, sostengono che, in determinate condizioni, il ricorso alla lotta armata nella forma della guerra o della guerriglia è giustificabile, come *ultima ratio,* in vista di obiettivi quali l'autodifesa da patenti aggressioni violente, il mantenimento dell'ordine internazionale, o per opporsi all'ingiustizia, all'oppressione, alla tirannide, alla violazione massiccia di diritti umani. Per tutti costoro, la pace non ha un valore assoluto.

---

[1] B. Bonta, *Peaceful Peoples: An Annotated Bibliography*, Scarecrow Press, Metuchen 1993.

Per contro, di fronte alla guerra moderna condotta con armi di distruzione di massa che obliterano ogni distinzione tra combattenti e civili innocenti, e il cui impiego può sfociare in una guerra termonucleare di proporzione distruttive terrificanti, certe forme di pacifismo contemporaneo considerano la pace come un valore che ha precedenza assoluta su ogni altro valore con cui può venire in conflitto. [...]

Nell'ambito di questa forma di pacifismo assumono un'importanza centrale lo sviluppo di quella che è stata chiamata "una coscienza atomica", l'appoggio alle politiche di disarmo, anche unilaterale, a cominciare da quello nucleare, il potenziamento delle istituzioni, tanto a livello nazionale quanto a livello internazionale, che favoriscono la conduzione pacifica dei conflitti, la ricerca di metodi di lotta non violenta, l'elaborazione e diffusione di un'adeguata cultura della pace, nonché le iniziative per il riconoscimento effettivo di un "Diritto dei popoli alla pace", propugnato come "sacro" nella *Dichiarazione del diritto dei popoli alla pace*, approvata dall'Assemblea generale delle Nazioni Unite nella Risoluzione 39 (XI) del 12 novembre 1984. Tale diritto si legge nella *Dichiarazione* implica la rinuncia da parte di ogni stato all'uso della forza nei conflitti interstatali i quali dovranno invece essere condotti mediante mezzi pacifici in conformità alla Carta delle Nazioni Unite. Ma si tratta di un diritto rimasto sino a oggi sulla carta, anche a causa della opposizione a un suo riconoscimento da parte di varie potenze.

La nozione stretta di pace

Nell'ambito della *Peace research*, la definizione lata di pace, caratterizzata come "pace negativa", è stata più volte messa in questione in forza dell'argomento che in base a essa troppo poco viene rifiutato quando la pace è posta come valore positivo o ideale guida. La pace in senso lato è compatibile con ordini sociali inaccettabili, e la *Peace research* che si focalizza sulla pace così intesa tende a perdere di vista le enormi ingiustizie sociali ed economiche, lo sfruttamento sistematico e l'oppressione culturale che esistono nel mondo, e in ultima analisi favorisce il mantenimento dello *status quo*.

In conseguenza di tali considerazioni, nell'ambito della *Peace research* è stata avanzata una definizione *più stretta* di pace: in base a tale proposta, la pace è pur sempre definita come assenza di violenza, ma la nozione di violenza viene dilatata in modo tale da comprendere sotto di essa non solo la guerra, e più in generale ogni mezzo di lotta cruenta, caratterizzati come forme di violenza diretta, bensì anche distribuzioni di potere e risorse connesse a istituzioni e strutture che causano morti e sofferenze evitabili caratterizzate a loro volta come forme di *violenza strutturale*. A questi due tipi di violenza ne viene aggiunto un terzo, la cosiddetta *violenza culturale*, termine sotto il quale sono compresi tutti quei fattori culturali, ideologici, dottrinali, linguistici che si prestano a operazioni volte a mascherare o a giustificare le violenze dei primi due tipi. Di conseguenza, la pace è definita, in senso stretto, come assenza di violenza di tutti e tre i tipi. A siffatta concezione della pace ci si riferisce spesso con il termine "pace positiva". Tale concezione è oggi largamente condivisa anche nell'ambito di vari movimenti per la pace.

Pace a tutti i costi?

Si ritorni ora alla nozione di pace in senso lato. Come rilevato, in base a essa, le esigenze della pace possono venire in conflitto con esigenze basilari di giustizia e di libertà, onde si pone il problema delle relazioni empiriche tra le prime e le seconde e quello normativo se ricorrere alla lotta armata, e sacrificare la pace, possa in determinate condizioni essere giustificato al fine di abbattere strutture inique, diminuire quelle che sono considerate profonde ingiustizie e difendere libertà ritenute fondamentali. In base alla nozione stretta di pace un simile conflitto si configura all'interno, per così dire, della nozione come conflitto tra violenza diretta e violenza strutturale, onde si pone il duplice problema dei nessi empirici che intercorrono tra le due e se il ricorso alla prima possa in determinate situazioni essere giustificato al fine di diminuire la seconda, o viceversa. Gli interrogativi rimangono gli stessi, anche se formulati in linguaggio diverso. Ci si può quindi chiedere che cosa si è guadagnato introducendo la definizione stretta di pace "positiva".

Al di là della discussione sulle definizioni, rimangono i grandi problemi concreti che travagliano oggi il mondo e che in un modo o nell'altro ruotano tutti attorno a tre interrelate questioni di vitale importanza: l'eliminazione della guerra, e in particolar modo della minaccia di una guerra termonucleare; l'eliminazione, o quantomeno la diminuzione di quelle che, secondo le più comuni concezioni della giustizia (da quella utilitaristica, a quella ugualitaria, da quella fondata sull'idea di basilari diritti umani, a quella meritocratica), risultano essere distribuzioni profondamente ingiuste di risorse e potere, intervenendo in primo luogo sulle strutture che stanno alla radice della povertà estrema in cui a tutt'oggi vive circa un sesto della popolazione mondiale; la prevenzione di un ulteriore degrado dell'ambiente, dovuto, tra l'altro, agli enormi inquinamenti prodotti dalle guerre e dalla grande industria bellica, prima che si arrivi a disastrose conseguenze irreversibili.

Monumento alla pace nei pressi di Togoville (Togo).

Politica

Noberto Bobbio

da N. Bobbio, N. Matteucci, G. Pasquino, *Dizionario di politica*, UTET Libreria 2004

Il significato classico e moderno di politica

Derivato dall'aggettivo di *polis* (*politikós*), significante tutto ciò che si riferisce alla città, e quindi cittadino, civile, pubblico, e anche socievole e sociale, il termine politica è stato tramandato per influsso della grande opera di Aristotele, intitolata *Politica*, che è da considerare il primo trattato sulla natura, le funzioni, le partizioni dello Stato, e sulle varie forme di governo, prevalentemente nel significato di arte o scienza del governo, cioè di riflessione non importa se con intenti meramente descrittivi o anche prescrittivi sulle cose della città. [...]

Per secoli il termine politica è stato impiegato prevalentemente per indicare opere dedicate allo studio di quella sfera di attività umana che ha in qualche modo un riferimento alle cose dello Stato.

Nell'età moderna il termine ha perduto il suo significato originario, via via sostituito da altre espressioni come "scienza dello Stato", "dottrina dello Stato", "scienza politica", "filosofia politica" ecc., e viene impiegato ormai comunemente per indicare l'attività o l'insieme di attività che hanno in qualche modo come termine di riferimento la polis, cioè lo Stato. Di questa attività la polis è talora il soggetto, onde appartengono alla sfera della politica atti come il comandare (o proibire) alcunché con effetti vincolanti per tutti i membri di un determinato gruppo sociale, l'esercizio di un dominio esclusivo su un determinato territorio, il legiferare con norme valevoli *erga omnes* (verso tutti), l'estrarre e il distribuire risorse da un settore all'altro della società e così via; talora l'oggetto, onde appartengono alla sfera della politica azioni come il conquistare, il mantenere, il difendere, l'ampliare, il rafforzare, l'abbattere, il rovesciare il potere statale ecc. [...]

Vi sono varie forme del potere dell'uomo sull'uomo: il potere politico è soltanto una di queste. Nella tradizione classica risalente specificamente ad Aristotele, venivano considerate soprattutto tre forme di potere, il potere paterno, il potere dispotico e il potere politico. I criteri di distinzione sono stati nei diversi tempi diversi. In Aristotele si adombra una distinzione in base all'interesse di colui in favore del quale viene esercitato il potere: il paterno viene esercitato nell'interesse dei figli, quello dispotico nell'interesse del padrone, quello politico nell'interesse di chi governa e di chi è governato (peraltro soltanto nelle forme corrette di governo, dal momento che le forme corrotte sono contraddistinte proprio dall'essere il potere esercitato nell'interesse del governante). Ma il criterio che finì poi per prevalere nella trattatistica dei giusnaturalisti fu quello del fondamento o del principio di legittimazione che si trova formulato con chiarezza nel cap. XV del *Secondo trattato sul governo* di Locke. Il fondamento del potere paterno è la natura, del potere dispotico il castigo per un delitto commesso (la sola ipotesi in questo caso è quella del prigioniero di guerra, che ha perduto una guerra ingiusta), del potere civile il consenso. [...]

Che il potere politico sia caratterizzato rispetto al paterno e al dispotico dall'essere rivolto all'interesse dei governanti o dall'essere fondato sul consenso è un carattere distintivo non di qualsiasi governo ma solo del buon governo: non è una connotazione del rapporto politico in quanto tale ma del rapporto politico corrispondente al governo quale dovrebbe essere. Nella realtà infatti sono sempre stati riconosciuti dagli scrittori politici sia governi paternalistici sia governi dispotici, ovvero governi in cui il rapporto fra sovrano e sudditi viene assimilato ora al rapporto fra padre e figli ora al rapporto fra padrone e schiavi, i quali non sono di fatto meno governi di quelli che agiscono per il bene pubblico e sono fondati sul consenso.

La tipologia moderna delle forme di potere

Allo scopo di rinvenire l'elemento specifico del potere politico sembra più conveniente il criterio di classificazione delle varie forme di potere che si fonda sui mezzi di cui si serve il soggetto attivo del rapporto per condizionare il comportamento del soggetto passivo. In base a questo criterio si possono distinguere tre grandi classi nell'ambito del concetto latissimo di potere. Queste classi sono: il potere economico, il potere ideologico e il potere politico. Il primo è quello che si vale del possesso di certi beni, necessari o ritenuti tali, in una situazione di scarsità, per indurre coloro che non li posseggono a tenere una certa condotta, consistente principalmente nell'esecuzione di un certo tipo di lavoro. Nel pos-

La vita politica a Roma: l'aula del Senato. Tavola di F. e F. Niccolini (1896).

sesso dei mezzi di produzione risiede un'enorme fonte di potere da parte di coloro che li possiedono nei riguardi di coloro che non li possiedono: il potere del capo di un'impresa deriva dalla possibilità che il possesso o la disponibilità dei mezzi di produzione gli dà di ottenere la vendita della forza-lavoro in cambio di un salario. In genere, chiunque possegga abbondanza di beni è in grado di condizionare il comportamento di chi si trova in condizioni di penuria, attraverso la promessa e l'attribuzione di compensi. Il potere ideologico si fonda sulla influenza che le idee formulate in un certo modo, emesse in certe circostanze, da una persona investita da una certa autorità, diffuse con certe procedure, hanno sulla condotta dei consociati: da questo tipo di condizionamento nasce l'importanza sociale in ogni gruppo organizzato di coloro che sanno, dei sapienti, siano essi i sacerdoti delle società arcaiche, siano gl'intellettuali o gli scienziati delle società evolute, perché attraverso essi, e i valori che essi diffondono o le conoscenze che essi impartiscono, si compie il processo di socializzazione necessario alla coesione e all'integrazione del gruppo. Il potere politico infine si fonda sul possesso degli strumenti attraverso i quali si esercita la forza fisica (le armi di ogni specie e grado): è il potere coattivo nel senso più stretto della parola. Tutte e tre le forme di potere istituiscono e mantengono una società di diseguali, divisa cioè fra ricchi e poveri in base al primo, fra sapienti e ignoranti in base al secondo, fra forti e deboli in base al terzo: genericamente, fra superiori e inferiori.

In quanto potere il cui mezzo specifico è la forza, [...] che è il mezzo di gran lunga più efficace per condizionare i comportamenti, il potere politico è in ogni società di diseguali il potere supremo, cioè il potere cui tutti gli altri sono in qualche modo subordinati: il potere coattivo infatti è quello cui ricorre ogni gruppo sociale (la classe dominante di ogni gruppo sociale), in ultima istanza, per difendersi da attacchi esterni o per impedire con la disgregazione del gruppo la propria eliminazione. Nei rapporti fra i membri di uno stesso gruppo sociale, nonostante lo stato di subordinazione che l'espropriazione dei mezzi di produzione crea negli espropriati verso gli espropriatori, nonostante l'adesione passiva ai valori di gruppo da parte della maggior parte dei destinatari dei messaggi ideologici emessi dalla classe dominante, solo l'impiego della forza fisica serve, se pure soltanto in casi estremi, a impedire l'insubordinazione o la disobbedienza dei sottoposti come l'esperienza storica prova in abbondanza. Nei rapporti fra gruppi sociali diversi, nonostante l'importanza che possono avere la minaccia o l'esecuzione di sanzioni economiche per indurre il gruppo avverso a desistere da un certo comportamento (nei rapporti inter gruppo ha meno rilevanza il condizionamento di natura ideologica), lo strumento decisivo per imporre la propria volontà è l'uso della forza, la guerra. [...]

Il potere politico

Che la possibilità di ricorrere alla forza sia l'elemento distintivo del potere politico dalle altre forme di potere non vuoi dire che il potere politico si risolva nell'uso della forza: l'uso della forza è una condizione necessaria ma non sufficiente per l'esistenza del potere politico. Non qualunque gruppo sociale in grado di usare anche con una certa continuità la forza (un'associazione a delinquere, una ciurma pirata, un gruppo sovversivo ecc.) esercita un potere politico. Ciò che caratterizza il potere politico è l'esclusività dell'uso della forza rispetto a tutti i gruppi che agiscono in un determinato contesto sociale, esclusività che è il risultato di un processo svolgentesi in ogni società organizzata verso la monopolizzazione del possesso e dell'uso dei mezzi con cui è possibile esercitare la coazione fisica. Questo processo di monopolizzazione va di pari passo con il processo di criminalizzazione e di penalizzazione di tutti gli atti di violenza che non siano compiuti da persone autorizzate dai detentori e beneficiari di questo monopolio. [...]

Il fine della politica

[...] Rispetto al fine della politica l'unica cosa che si può dire è che, se il potere politico è, proprio in ragione del monopolio della forza, il potere supremo in un determinato gruppo sociale, i fini che vengono perseguiti attraverso l'opera dei politici sono i fini considerati di volta in volta preminenti per un dato gruppo sociale (o per la classe dominante di quel gruppo sociale): per fare qualche esempio, in tempi di lotte sociali e civili, l'unità dello Stato, la concordia, la pace, l'ordine pubblico ecc.; in tempi di pace interna ed esterna, il benessere, la prosperità o addirittura la potenza; in tempi di oppressione da parte di un governo dispotico, la conquista dei diritti civili e politici; in tempi di dipendenza da una potenza straniera, la indipendenza nazionale. Ciò vuoi dire che non si danno fini della politica una volta per sempre stabiliti, e tanto meno un fine che tutti li comprenda e che possa essere considerato il fine della politica: i fini della politica sono tanti quante sono le mete che un gruppo organizzato si propone, secondo i tempi e le circostanze. [...]

Questa rimozione del giudizio teleologico non toglie peraltro che si possa parlare correttamente per lo meno di un fine minimo della politica: l'ordine pubblico nei rapporti interni e la difesa della integrità nazionale nei rapporti di uno Stato con gli altri Stati. Questo fine è minimo, perché è la *conditio sine qua non* per il raggiungimento di tutti gli altri fini, ed è quindi compatibile con essi. Anche il partito che vuole il disordine, lo vuole non come obiettivo finale ma come momento obbligato per mutare l'ordine esistente e creare un nuovo ordine. Oltretutto è lecito parlare dell'ordine come fine minimo della politica perché esso è, o dovrebbe essere, il risultato diretto dell'organizzazione del potere coattivo, perché, in altre parole, questo fine (l'ordine) fa tutt'uno con il mezzo (il monopolio della forza): in una società complessa, fondata sulla divisione del lavoro, sulla stratificazione di ceti e di classi, in taluni casi anche sulla sovrapposizione di genti e razze diverse, solo il ricorso in ultima istanza alla forza impedisce la disgregazione del gruppo, il ritorno, come avrebbero detto gli antichi, allo stato di natura. [...]

Chi consideri le tradizionali definizioni teleologiche di politica non tarderà ad accorgersi che alcune di esse sono definizioni non descrittive ma prescrittive, nel senso che non definiscono ciò che è concretamente e normalmente la politica ma indicano come dovrebbe essere la politica per essere una buona politica; altre differiscono soltanto a parole (le parole del linguaggio filosofico sono spesso volutamente oscure) da quella qui data. Tutta la storia della filosofia politica trabocca di definizioni prescrittive, a cominciare da quella aristotelica: com'è noto, Aristotele afferma che il fine della politica non è il vivere ma il vivere bene (*Politica*, 1278 b). Ma in che cosa consiste la vita buona? Come si distingue dalla cattiva? E se una classe politica tiranneggia i suoi sudditi dannandoli a una vita grama e infelice, forse che non fa politica, e il potere che essa esercita non è un potere politico? Lo stesso Aristotele distingue le forme pure di governo dalle forme corrotte (e prima di lui Platone e dopo di lui molti altri scrittori politici per una ventina di secoli): sebbene ciò che contraddistingue le forme corrotte dalle pure sia che in esse la vita non è buona, né Aristotele né tutti gli scrittori che l'hanno seguito hanno mai negato ad esse il carattere di costituzioni politiche. Non ingannino altre teorie tradizionali che attribuiscono alla politica fini diversi da quello dell'ordine, come il bene comune (lo stesso Aristotele e dietro di lui l'aristotelismo medioevale) o la giustizia (Platone): un concetto come quello di bene comune, qualora lo si voglia liberare dalla sua estrema genericità, per cui può significare tutto e nulla, e se ne voglia indicare un significato plausibile, non può designare se non quel bene che tutti i membri di un gruppo hanno in comune, il quale bene altro non è che la convivenza ordinata, in una parola l'ordine; quanto alla giustizia in senso platonico, se la s'intende come il principio in base al quale è bene che ciascuno faccia ciò che gli spetta nell'ambito della società come tutto (*Repubblica*, 433 a), giustizia e ordine sono la stessa cosa. Altre nozioni di fine, come felicità, libertà, eguaglianza, sono troppo controverse, e anch'esse interpretabili nei modi più disparati, perché se ne possa trarre utili indicazioni per individuare il fine specifico della politica. Altro modo di sfuggire alle difficoltà di una definizione teleologica di politica è quella di definirla come quella forma di potere che non ha altro fine che il potere medesimo (onde il potere è insieme mezzo e fine, o, come si dice, fine in se stesso). [...]

Il potere per il potere è la forma degenerata dell'esercizio di ogni forma di potere, che può avere per soggetto tanto chi esercita quel potere in grande che è il potere politico quanto chi esercita un piccolo potere, come può essere il potere del padre di famiglia, o di un caporeparto che sorveglia una dozzina di operai. La ragione per cui può sembrare che il potere come fine a se stesso sia caratteristico della politica (ma sarebbe più esatto dire di un certo uomo politico, dell'uomo politico machiavellico) sta nel fatto che non esiste un fine così specifico della politica come esiste invece un fine specifico del potere che il medico esercita sull'ammalato, o del ragazzo che impone un gioco ai suoi compagni. Se il fine della politica (e non dell'uomo politico machiavellico) fosse davvero il potere per il potere, la politica non servirebbe a nulla. Probabilmente la definizione della politica come potere per il potere deriva dalla confusione fra il concetto di potere e quello di potenza: non c'è dubbio che fra i fini della politica vi sia anche quello della potenza dello Stato (quando viene in considerazione il rapporto del proprio Stato con gli altri Stati). Ma altro è una politica di potenza altro il potere per il potere. E poi, la potenza non è che uno dei fini possibili della politica, un fine che solo alcuni Stati possono ragionevolmente perseguire.

La politica come rapporto amico-nemico

Tra le più note e discusse definizioni della politica va considerata quella di Carl Schmitt[1] (ripresa e sviluppata da Julien Freund[2]), secondo cui la sfera della

[1] Carl Schmitt: (1888-1985) giurista e filosofo tedesco.

[2] Julien Freund: (1921-1993) sociologo e filosofo francese.

politica coincide con la sfera del rapporto amico-nemico. In base a questa definizione il campo di origine e di applicazione della politica sarebbe l'antagonismo e la sua funzione consisterebbe nell'attività di aggregare e difendere gli amici e di disaggregare e combattere i nemici. Per dar forza alla sua definizione fondata su una contrapposizione fondamentale (amico-nemico), Schmitt la paragona alle definizioni di morale, di arte ecc., fondate anch'esse su contrapposizioni fondamentali, come buono-cattivo, bello-brutto ecc. «La specifica distinzione politica alla quale è possibile ricondurre le azioni e i motivi politici, è la distinzione di *amico* e *nemico*... Nella misura in cui non è derivabile da altri criteri, essa corrisponde, per la politica, ai criteri relativamente autonomi delle altre contrapposizioni: buono e cattivo per la morale, bello e brutto per l'estetica e così via»[3]. Drasticamente Freund si esprime in questi termini: «Sino a che ci sarà politica, essa dividerà la collettività in amici e in nemici»[4]. E commenta: «Quanto più un'opposizione si sviluppa nella direzione della distinzione amico-nemico, tanto più essa diviene politica. La caratteristica dello Stato è di sopprimere all'interno del suo ambito di competenza la divisione dei suoi membri o gruppi interni in amici e nemici, allo scopo di non tollerare se non le semplici rivalità agonistiche o le lotte dei partiti, e di riservare al governo il diritto di designare il nemico esterno ... È dunque chiaro che l'opposizione amico-nemico è politicamente fondamentale»[5].

Nonostante la pretesa di valere come definizione globale del fenomeno politico, la definizione di Schmitt, considera la politica secondo una prospettiva unilaterale, ancorché importante, che è quella del particolare tipo di conflitto che contraddistinguerebbe la sfera delle azioni politiche. In altre parole, Schmitt e Freund sembrano essere d'accordo su questi punti: la politica ha a che fare con la conflittualità umana; vi sono vari tipi di conflitti, soprattutto vi sono conflitti agonistici e conflitti antagonistici: la politica copre il campo in cui si sviluppano conflitti antagonistici. Che questa sia la prospettiva da cui si pongono gli autori citati non pare dubbio. Così Schmitt: «La contrapposizione politica è la più intensa ed estrema di tutte e ogni altra contrapposizione concreta è tanto più politica quanto più si avvicina al punto estremo, quello del raggruppamento in base ai concetti amico-nemico»[6]. Così Freund: «Ogni divergenza d'interessi può in ogni momento trasformarsi in rivalità o in conflitto, e questo conflitto, dal momento che assume l'aspetto di una prova di forza fra i gruppi che rappresentano questi interessi, vale a dire dal momento che si afferma come lotta di potenza, diventa politico»[7]. Come si vede bene dai passi citati, ciò che hanno in mente questi autori quando definiscono la politica in base alla dicotomia amico-nemico è che esistono conflitti fra gli uomini e fra i gruppi sociali, e che fra questi conflitti ve ne sono alcuni diversi da tutti gli altri per la loro particolare intensità; a questi ultimi essi danno il nome di conflitti politici. Sennonché, non appena si cerca di capire in che cosa consista questa particolare intensità, e quindi in che cosa il rapporto amico-nemico si distingua da tutti gli altri rapporti conflittuali non di pari intensità, ci si accorge che l'elemento distintivo sta nel fatto che sono conflitti che non possono essere risolti in ultima istanza se non con la forza, o per lo meno che giustificano da parte dei contendenti l'uso della forza per porre termine alla contesa. Il conflitto per eccellenza da cui tanto Schmitt quanto Freund hanno estrapolato la loro definizione di politica è la guerra, il cui concetto comprende tanto la guerra esterna quanto quella interna: ora se una cosa è certa, è che la guerra è quella specie di conflitto che viene caratterizzato in modo eminente dall'uso della forza. Ma se questo è vero, la definizione di politica in termine di amico-nemico non è affatto incompatibile con quella data in precedenza che fa riferimento al monopolio della forza. Non solo non è incompatibile ma ne è una specificazione e quindi in ultima analisi una conferma. Proprio in quanto il potere politico è contraddistinto dallo strumento di cui si serve per raggiungere i propri fini, e questo strumento è la forza fisica, esso è quel potere cui, si fa appello per risolvere i conflitti la cui non soluzione avrebbe per effetto la disgregazione dello Stato o dell'ordine internazionale, e sono appunto i conflitti in cui, ponendosi i contendenti l'uno di fronte all'altro come nemici, la *vita mea* è la *mors tua*.

Il politico e il sociale

Contrariamente alla tradizione classica secondo cui la sfera della politica, intesa come sfera di tutto ciò che è attinente alla vita della *polis*, include ogni specie di rapporti sociali, sì che il "politico" viene a coincidere col "Sociale", la trattazione che qui si è fatta della categoria della politica è certamente riduttiva: risolvere, come si è detto, la categoria della

3 C. Schmitt, *Le categorie del politico*, Il Mulino, Bologna 1972, p. 105.
4 J. Freud, *L'essence du politique*, Sirey, Parigi 1965, p. 448.
5 Ibid., p. 445.
6 C. Schmitt, *Le categorie del politico*, cit., p. 112.
7 J. Freud, *L'essence du politique*, cit., p. 479.

politica nell'attività che ha direttamente o indirettamente una relazione con l'organizzazione del potere coattivo significa restringere l'ambito del "politico" rispetto al «sociale», respingere la piena coincidenza del primo col secondo. Questa riduzione ha una ben precisa ragione storica. Da un lato, il cristianesimo ha sottratto alla sfera della politica il dominio sulla vita religiosa dando origine alla contrapposizione del potere spirituale al potere temporale che era ignota al mondo antico. Dall'altro, la nascita dell'economia mercantile borghese ha sottratto alla sfera della politica il dominio sui rapporti economici dando origine alla contrapposizione (per esprimerci con la terminologia hegeliana, ereditata da Marx, e diventata ormai di uso comune) della società civile alla società politica, della sfera privata o del borghese alla sfera pubblica o del cittadino, che era anch'essa ignota al mondo antico. Mentre la filosofia politica classica è imperniata sullo studio della struttura della *polis* e delle sue varie forme storiche o ideali, la filosofia politica postclassica è caratterizzata dalla continua ricerca di una delimitazione di ciò che è politico (il regno di Cesare) rispetto a ciò che non è politico (sia questo il regno di Dio o quello di Mammona), da una continua riflessione su ciò che distingue la sfera della politica dalla sfera della non-politica, lo Stato dal non-Stato, ove per sfera della non-politica o del non-Stato s'intende a volta a volta sia la società religiosa (l'*ecclesia* contrapposta alla *civitas*) sia la società naturale (il mercato come luogo in cui gl'individui s'incontrano indipendentemente da ogni imposizione, contrapposto all'ordinamento coattivo dello Stato). Il tema fondamentale della filosofia politica moderna è il tema dei confini, ora più arretrati ora più avanzati secondo i vari autori e le varie scuole, dello Stato come organizzazione della sfera politica sia rispetto alla società religiosa sia rispetto alla società civile (nel senso di società borghese o dei privati). [...]

Rispetto a questa duplice delimitazione di confini del territorio della politica emergono nella filosofia politica moderna due tipi ideali di Stato: lo Stato assoluto e lo Stato liberale, il primo tendente a estendere, il secondo tendente a restringere la propria ingerenza nei riguardi della società economica e della società religiosa. Nella filosofia politica dell'Ottocento il processo di emancipazione della società rispetto allo Stato va tanto innanzi che per la prima volta da più parti viene ipotizzata addirittura la scomparsa in un futuro più o meno lontano dello Stato e di conseguenza l'assorbimento del politico nel sociale, o la fine della politica. Conformemente a quello che si è detto sin qui sul significato restrittivo di politica (restrittivo rispetto al concetto più ampio di "sociale"), fine della politica significa esattamente fine di una società per la cui coesione siano necessari rapporti di potere politico, cioè rapporti di dominio fondati in ultima istanza sull'uso della forza. Fine della politica non significa, beninteso, fine di una qualsiasi forma di organizzazione sociale. Significa puramente e semplicemente fine di quella forma di organizzazione sociale che si regge sull'uso esclusivo del potere coattivo.

Politica e morale

Al problema del rapporto fra politica e non-politica, si ricollega uno dei problemi fondamentali della filosofia politica, il problema del rapporto fra politica e morale. La politica e la morale hanno in comune il dominio su cui si estendono, che è il dominio dell'azione o della prassi umana. Si ritiene che si distinguano fra loro in base al diverso principio o criterio di giustificazione, e di valutazione delle rispettive azioni, con la conseguenza che ciò che è obbligatorio in morale non è detto sia obbligatorio in politica, e ciò che è lecito in politica non è detto sia lecito in morale; o che vi possano essere azioni morali che sono impolitiche (o apolitiche) e azioni politiche che sono immorali (o amorali). La scoperta della distinzione che viene attribuita, a torto o a ragione, a Machiavelli, onde il nome di machiavellismo a ogni teoria della politica che sostiene e difende la separazione della politica dalla morale, viene di solito trattata come problema dell'autonomia della politica. Il problema procede di pari passo con la formazione dello Stato moderno e con la sua graduale emancipazione dalla chiesa, che giunge nei casi estremi anche alla subordinazione della chiesa allo Stato e di conseguenza alla supremazia assoluta della politica. In realtà ciò che si chiama autonomia della politica non è altro che il riconoscimento che il criterio in base al quale si considera buona o cattiva un'azione politica (e non si dimentichi che per azione politica s'intende, secondo quel che è stato detto sin qui, un'azione che abbia o per soggetto o per oggetto la *polis*) è diverso dal criterio in base al quale si considera buona o cattiva un'azione morale. Mentre il criterio in base al quale si giudica un'azione come moralmente buona o cattiva è il rispetto di una norma il cui comando è considerato come categorico, indipendentemente dal risultato dell'azione («fa quel che devi e avvenga quel che può»), il criterio in base al quale si giudica un'azione come politicamente buona o cattiva è puramente e semplicemente il risultato («fai quel che devi perché avvenga quel che vuoi»). I due criteri sono incommensurabili. Questa incommensurabilità viene espressa mediante l'affermazione che in politica vale la massima «il fine giustifica i mezzi»: massima che ha trovato in Machiavelli una delle sue più forti espressioni: «... e nelle azioni di tutti gli uomini, e massime de' principi, dove non è indizio a chi reclamare, si guarda al fine. Facci dunque uno principe di vincere e mantenere lo stato: e mezzi saranno sempre iudicati onorevoli e da ciascuno laudati» (*Principe*, XVIII). Al contrario, in morale la massima machiavellica non vale, giacché un'azione per essere giudicata moralmente buona deve essere compiuta con nessun altro fine che quello di compiere il proprio dovere.

Una delle più convincenti interpretazioni di questa contrapposizione è la distinzione weberiana[8] fra l'etica della convinzione e l'etica della responsabilità: «V'è una differenza incolmabile tra l'agire secondo la massima dell'etica, della convinzione, la quale in termini religiosi suona: «Il cristiano opera da giusto e rimette l'esito nelle mani di Dio», e l'agire secondo la massima dell'etica della responsabilità, secondo la quale bisogna rispondere delle conseguenze (prevedibili) delle proprie azioni» (M.Weber, *La politica come professione*, in *Il lavoro intellettuale come professione*, Torino, 1948, p. 142). L'universo della morale e quello della politica si muovono entro l'ambito di due sistemi etici diversi anzi contrapposti. Più che di immoralità della politica o di impoliticità della morale si dovrebbe più correttamente parlare di due universi etici che si muovono secondo princìpi diversi secondo le diverse situazioni in cui gli uomini si trovano ad agire. Di questi due universi etici sono rappresentanti due personaggi diversi che agiscono nel mondo su vie destinate quasi sempre a non incontrarsi: da un lato, l'uomo di fede, il profeta, il pedagogo, il saggio che guarda alla città celeste, dall'altro l'uomo di Stato, il condottiero di uomini, il creatore della città terrena. Ciò che conta per il primo è la purezza delle intenzioni e la coe-

[8] *weberiana*: Max Weber (1864-1920) fu un economista, filosofo, sociologo e storico tedesco.

L'esercizio della forza da parte dello Stato. Scontro tra carabinieri e dimostranti a Milano nel 1898. Stampa da un disegno di A. Beltrame.

renza dell'azione all'intenzione, per il secondo la certezza e la fecondità del risultato. La cosiddetta immoralità della politica si risolve a ben guardare in una morale diversa da quella del dovere per il dovere: è la morale per cui si deve fare tutto quello che è in nostro potere per realizzare lo scopo che ci siamo proposti, perché sappiamo sin dall'inizio che saremo giudicati in base al successo. Vi corrispondono due concetti di virtù, quella classica, per cui "virtù" significa disposizione al bene morale (contrapposto all'utile), e quella machiavellica per cui la virtù è la capacità del principe forte e avveduto che usando insieme della "golpe" e del "lione", riesce nell'intento di mantenere e di rafforzare il proprio dominio.

La politica come etica del gruppo

Chi non voglia arrestarsi alla constatazione della incommensurabilità di queste due etiche e voglia cercare di capire la ragione per cui ciò che è giustificato in un certo contesto non è giustificato in un altro, deve porsi ancora la domanda, dove risieda la differenza di questi due contesti. La risposta è la seguente: il criterio dell'etica della convinzione viene impiegato di solito per giudicare azioni individuali, mentre il criterio dell'etica della responsabilità viene impiegato di solito per giudicare azioni di gruppo, o comunque compiute da un individuo in nome o per conto del proprio gruppo, sia esso il popolo, o la nazione, o la chiesa, o la classe, o il partito ecc. In altri termini si può dire che alla differenza fra morale o politica, o tra etica della convinzione ed etica della responsabilità, corrisponde anche la differenza fra etica individuale ed etica di gruppo. La proposizione iniziale, secondo cui ciò che è obbligatorio in morale non è detto sia obbligatorio in politica, può essere ritradotta in quest'altra formula: ciò che è obbligatorio per l'individuo non è detto sia obbligatorio per il gruppo di cui quell'individuo fa parte. Si pensi alla profonda differenza nel giudizio di filosofi, teologi, moralisti, intorno alla violenza, secondoché l'atto di violenza sia compiuto da un individuo singolo o dal gruppo sociale di cui quello stesso individuo fa parte, secondoché, con altre parole, si tratti di violenza personale, generalmente, salvo casi eccezionali, condannata, o di violenza delle istituzioni, generalmente salvo casi eccezionali, giustificata. Questa differenza trova la sua spiegazione nella considerazione che, nel caso della violenza individuale, non si può quasi mai fare ricorso al criterio di giustificazione dell'*extrema ratio* (tranne nel caso della legittima difesa), mentre nei rapporti fra gruppi il ricorso alla giustificazione della violenza come *extrema ratio* è abituale. Orbene, la ragione per cui la violenza individuale non è giustificata sta proprio nel fatto che essa è per così dire protetta dalla violenza collettiva, tanto che diventa sempre più raro, al limite impossibile, il caso in cui l'individuo singolo si venga a trovare nella situazione di dover ricorrere alla violenza come *extrema ratio*. Se questo è vero, ne viene una conseguenza importante: la ingiustificazione della violenza individuale riposa in ultima istanza sul fatto che è accettata, perché giustificata, la violenza collettiva. In altre parole non c'è bisogno della violenza individuale perché basta la violenza collettiva: la morale può permettersi di essere così severa con la violenza individuale perché riposa sull'accettazione di una convivenza che si regge sulla pratica continua della violenza collettiva.

Il contrasto fra morale e politica così inteso, come contrasto fra etica individuale ed etica di gruppo, serve anche a fornire un'illustrazione e una spiegazione della secolare disputa intorno alla "ragion di Stato". Per "ragion di Stato" s'intende quell'insieme di princìpi e di massime in base alle quali azioni che non sarebbero giustificate se compiute da un individuo singolo, sono non solo giustificate ma addirittura in taluni casi esaltate e glorificate se compiute dal principe, o da chiunque eserciti il potere in nome dello Stato. Che lo Stato abbia le sue ragioni che l'individuo non ha o non può far valere è un altro modo di mettere in evidenza la differenza fra politica e morale, in quanto questa differenza venga riferita al diverso criterio in base al quale sono giudicate come buone o cattive le azioni nei due diversi ambiti. L'affermazione che la politica è la ragione dello Stato trova una perfetta corrispondenza nell'affermazione che la morale è la ragione dell'individuo. Sono due ragioni che quasi sempre non s'incontrano: anzi, dal loro contrasto si alimenta la secolare storia del conflitto fra morale e politica. Quel che se mai occorre ancora aggiungere è che la ragion di Stato non è che un aspetto dell'etica di gruppo, se pure il più clamoroso, se non altro perché lo Stato è la collettività nel suo più alto grado di espressione e di potenza. Ma ogni qual volta un gruppo sociale agisce per la propria difesa contro un altro gruppo si appella a un'etica diversa da quella generalmente valevole per gl'individui, a un'etica cioè che risponde alla stessa logica della ragion di Stato. Così accanto alla ragion di Stato la storia ci addita secondo i tempi e i luoghi, ora una ragion di partito, ora una ragion di classe o di nazione, che ripresentano sotto altro nome ma con la stessa forza e con le stesse conseguenze il principio dell'autonomia della politica, intesa come autonomia dei princìpi e delle regole di azione che valgono per il gruppo come totalità rispetto a quelle che valgono per l'individuo nel gruppo.

Umanità

Giacomo Marramao

da *Diritti umani, cultura dei diritti e dignità della persona nell'epoca della globalizzazione* direzione scientifica di Marcello Flores, UTET 2007

Umanità e ragione: l'"ideologia europea"

Il termine "umanità" [...] presenta sin dalle origini una duplice accezione. Per un verso esso sta a indicare la *natura umana*, l'essenza dell'uomo intesa come suo tratto costitutivo e peculiare; per l'altro la *totalità del genere umano* come entità non statica ma dinamica, non meramente naturale ma storico-evolutiva.

La celebre definizione aristotelica dell'uomo come *zoon logon echon* o *animale razionale* trova illustri antecedenti tanto nei presocratici quanto nella grande sofistica. Ma è solo a partire da Socrate che viene compiuto il passo decisivo: allorché quella nuova forma di pratica e di ricerca incessante del sapere per via dialogica (e non iniziatico-sapienziale) che prende il nome di "filosofia" viene assegnata alla *polis* intesa come spazio proprio dell'uomo. Solo alla luce di queste premesse acquista un senso compiuto la celebre definizione aristotelica dell'uomo come *zoon politikon*, come animale politico: chi vive fuori della *polis* o è una bestia o un dio.

Il nesso che stringe l'umano al *logos* filosofico e alla *polis* ha tuttavia, anche nelle sue espressioni più elevate, una pesante implicazione ideologica, ravvisabile in quella che Norberto Bobbio ha chiamato "ideologia europea": nell'assunto, cioè, che l'*homo europaeus* rappresenti l'Umanità intera e che la Ragione occidentale costituisca l'autentica matrice e culla della Libertà, a fronte del "particolarismo", "localismo", "irrazionalismo" delle altre civiltà.

Da Erodoto in poi la nostra grammatica della politica è abituata a lavorare con un operatore fondamentale: l'opposizione tra Occidente libero e Oriente dispotico. Ma questo schema dualistico ha segnato nel profondo il nostro modo di intendere e praticare la celebre tipologia tripartita delle forme sane o corrotte di governo (monarchia/tirannide, aristocrazia/oligarchia, democrazia/oclocrazia): per la semplice ragione che, stando all'antitesi di Oriente e Occidente, di "barbari" ed "europei" (termine che nelle *Storie* di Erodoto funge da sinonimo di greci), la tirannide si configura come una forma di governo illegittima perché esercitata su un popolo di liberi, laddove invece il dispotismo si configura come una forma di dominio legittima perché esercitata su una massa di non-liberi.

Il carattere essenzialmente discriminatorio di questa "antitesi asimmetrica" è stato sottoposto negli ultimi anni a una serrata critica da parte di un'influente corrente di pensiero facente capo ai *postcolonial studies*. Alla base di questa critica troviamo la categoria di "orientalismo" di Edward Said[1]. Secondo Said, l'orientalismo non è altro che l'effetto della proiezione stereotipica sui popoli extraoccidentali del costrutto logico "etnocentrico" soggiacente al dualismo Oriente-Occidente. Il tema non è nuovo, essendo stato a suo tempo affrontato, con un apparato categoriale prettamente filosofico, da un influente pensatore europeo della crisi come Karl Jaspers[2]. In un testo sul concetto di storia apparso all'indomani della seconda guerra mondiale (e adoperato successivamente da diversi sociologi comparatisti per la celebre tesi dell'"età assiale"), Jaspers (1965) aveva a chiare note argomentato, anticipando di diversi decenni la tesi di Said, che l'antitesi Oriente-Occidente è un dualismo interno all'Occidente stesso, in tutto e per tutto funzionale alla sua dinamica di autoidentificazione simbolica: in nessuno dei popoli asiatici troviamo alle origini tale dualismo, e quindi la comprensione di se stessi come "orientali". Solo con l'espandersi del colonialismo in età moderna assistiamo all'affiorare in alcune aree del continente asiatico della tendenza ad appropriarsi di quello stereotipo, rovesciandolo secondo un classico meccanismo di ritorsione contro l'Occidente. Di qui l'atto di nascita della categoria di "valori asiatici", con cui le élite dei paesi del Sudest asiatico intendono contrapporre polemicamente l'ethos soggiacente al proprio modello di sviluppo socio-economico ai "valori occidentali". [...]

"Humanitas" e "universitas"

Già in Cicerone la nozione di *humanitas* si delinea come un modello normativo che include in sé le prerogative virtuose dell'*ethos*[3] repubblicano, escludendo così dalla sua orbita coloro che non siano in grado di conseguirle: non tutti gli uomini sono di conse-

[1] Edward Said: (1935-2003) scrittore palestinese naturalizzato statunitense.

[2] Karl Jaspers: (1883-1969) filosofo e psichiatra tedesco.

[3] *ethos*: in greco, «carattere».

guenza in grado di meritare l'appellativo di *humani*. Nella temperie culturale ellenistica, l'ideale ciceroniano tende a saldare in una unità l'elemento della *paidèia*[4], attinto dalla grecità classica, con la dimensione stoica della solidarietà fraterna (*Ad Quintum fratrem*, 31). Nell'assumere il duplice significato di "erudizione e cultura" e di attitudine "educata e civile" (*De oratore*, II, 56) in grado di conferire alla persona un alto "senso di dignità" (*De officiis*, II, 40), l'*humanitas* viene pertanto a caratterizzarsi come un processo di formazione in grado di proiettare il singolo verso la dimensione di un universale umano. Sul versante cristiano, la tensione tra *humana conditio* e *divina potestas*[5], declinata da Paolo tramite il nesso di amore e carità e risolta da Agostino in un viaggio verso il "foro interiore", in cui il singolo scopre che Dio è «intimo a me più di quanto non lo sia io stesso», conosce una svolta decisiva solo con il *De Monarchia* di Dante: allorché la nozione collettiva di *humanitas* viene resa indipendente dalla categoria di *christianitas*. Se a partire da Petrarca la riscoperta della *humanitas* dei classici viene vista come non più contraddittoria ma complementare al senso più genuino e profondo dell'esperienza cristiana, la portata "secolarizzante" della svolta si dispiega nella sua pienezza con l'"umanesimo civile" di Coluccio Salutati, Poggio Bracciolini e Leonardo Bruni. Con questi autori, gli *studia humanitatis* assolvono alla decisiva funzione civica ed etico-politica di formare l'*humanitas* nella sua secolare autonomia, come *virtus atque doctrina*: sintesi delle facoltà morali e intellettuali dell'uomo. [...]

L'"altrove"

[...] Messa a confronto con una realtà culturale radicalmente diversa, la civiltà europea malgrado i nuovi orizzonti dischiusi dalla riscoperta dell'antico e dalla nuova indagine naturale adottò i mezzi della colonizzazione violenta e della conversione. Furono proprio i due elementi dell'assoluta novità della situazione e dell'atrocità della violenza esercitata nei confronti delle popolazioni indigene a dar luogo a una lunga disputa teologica sulla natura degli indios e sulla legittimità della conquista. A onta dei progressi fino ad allora registrati dal diritto naturale e dall'idea di *humanitas*, la questione che allora si pose ai dotti di Salamanca (i domenicani Francisco de Vitoria e Domingo de Soto) fu proprio quella della definizione dello statuto umano degli americani nativi. Occorre tuttavia considerare che nel 1537 la chiesa cattolica, con la bolla *Sublimis Deus* di papa Paolo III, aveva riconosciuto agli indios lo status di esseri umani razionali (*veri homines*), e di conseguenza di soggetti di diritto naturale detentori del diritto alla libertà e alla proprietà. Venivano così recepite, da parte della suprema autorità ecclesiastica, le tesi avanzate da Vitoria: il quale, sulla scorta di un'interpretazione dinamica delle dottrine aristoteliche e tomiste, veniva ricavando i principi del moderno diritto internazionale da un'idea universalistica di *humanitas*. [...] Nella sua celebre *Relectio de Indis* del 1539, tuttavia, il giurista-teologo di Salamanca teneva rispetto alla questione della natura degli indios un atteggiamento ambivalente: per un verso, riconoscendo a questi ultimi tutte le prerogative di diritto naturale, contestava la validità dei titoli autoassegnatisi dai *conquistadores* per assoggettarli con la forza e convertirli con metodi coattivi alla religione cristiana; per l'altro, affermando l'incapacità delle popolazioni indigene di autogovernarsi, finiva per legittimare il dominio spagnolo, purché esercitato in funzione "civilizzatoria".

Una posizione decisamente più avanzata era invece riscontrabile in Bartolomé de Las Casas: il quale [...] non aveva esitato ad affermare il dovere degli spagnoli di rispettarne usi, costumi e tradizioni anche religiose. Per avere un quadro sia pure approssimativo delle dispute teologiche accese dalla nuova fase apertasi con la "conquista dell'America", va ricordato che alle tesi dei teologi di Salamanca reagirono altri dotti aristotelici, come per esempio il retore Juan Ginés de Sepulveda, il quale si riallacciò alla dottrina aristotelica della schiavitù naturale per giungere alla conclusione che gli indios erano appunto schiavi per natura e, in quanto barbari dediti ai sacrifici umani, incapaci di governarsi da sé. [...] La colonizzazione, come si sa, fu ripresa, riproducendo in forme ancora più accese i termini della disputa: come è ampiamente documentato dalla vicenda delle insurrezioni degli Indios in Paraguay, capeggiate dai gesuiti e destinate a durare fino al XVIII secolo.

Dobbiamo attendere ancora un trentennio perché, con gli *Essais* di Michel de Montaigne, la crisi di valori determinata dalla svolta copernicana, dalla scoperta dell'alterità antropologica e dalla frattura prodottasi nel cuore della *res publica christiana* con le guerre civili di religione, fornisca lo spunto per una radicale revoca in questione della centralità dell'uomo europeo e del suo diritto di connotare come "barbarie" tutto ciò che dal costume europeo si discosta. [...] Lo scetticismo montaignano rappresenta, agli albori del mondo moderno, un compendio ma anche un paradossale rovesciamento dell'umanismo: in una prospettiva che dopo le idee di Umanità e di Storia consegnateci dall'illuminismo e dal romanticismo sembra rinviare direttamente alle questioni e ai dilemmi cruciali della nostra modernità-mondo.

---

[4] *paidèia*: per i Greci, indicava l'intero processo educativo.

[5] *humana ... potestas*: «condizione umana», «potenza divina».

Abitanti dell'isola di Pasqua (Cile) con costumi e tatuaggi tradizionali.

Le parole della filosofia

VERSIONE AUDIO
ITALIANO-INGLESE

Il presente glossario è la raccolta delle *Parole della filosofia* che compaiono nei capitolli dedicati agli Autori dei tre volumi.

A priori / A posteriori: «a priori» è ogni conoscenza che non deriva dall'esperienza, quindi universale e necessaria; «a posteriori» è ogni conoscenza che deriva dall'esperienza. (Kant)

Agnosticismo: è la posizione di chi afferma di non poter esprimere nulla in merito a ciò che ritiene non possa essere conosciuto. L'agnostico sul piano religioso è colui che sostiene di non poter dimostrare o negare l'esistenza di Dio.

Alienazione: per Hegel indica il divenire altro da sé dell'Idea, che si disperde nella Natura.
Per Feuerbach l'alienazione è la proiezione dell'essenza umana in altro da sé, in Dio, cui l'uomo attribuisce le perfezioni alle quali aspira.
Secondo Marx la fonte dell'alienazione è il lavoro di tipo capitalistico che, anziché realizzare l'uomo, lo rende estraneo a se stesso.

Angoscia: per Kierkegaard l'angoscia è il «sentimento della possibilità». A differenza della paura (che è sempre paura di qualcosa), l'angoscia non ha un oggetto preciso. L'angoscia sorge dal peccato che mostra la finitezza e la precarietà dell'individuo, solo di fronte alla possibilità e all'infinito. Non va nascosta ma va scelta «consapevolmente» come principio per l'analisi dell'esistenza del singolo.
Per Sartre la libertà della scelta causa l'angoscia di fronte alle possibilità e alle responsabilità che esse implicano.

Anima: è il principio della vita, della sensibilità e delle attività intellettuali e costituisce un'entità a se stante. Tutte le manifestazioni cosiddette spirituali, psichiche sono dunque l'espressione di un principio autonomo, irriducibile, che è appunto l'anima.
Per Platone l'anima si muove da sé e perciò è definibile in base a questa caratteristica; è causa della vita e perciò immortale, è semplice e incorporea.

Apollineo / Dionisiaco: per Nietzsche «apollineo» è lo spirito che si manifesta nell'ordine e nella misura, caratterizzato da armonia ed equilibrio, che nasconde la realtà come essa è per offrire un'immagine sopportabile della vita (da Apollo, dio del Sole). «Dionisiaco» è lo spirito che si manifesta nell'ebbrezza, nell'esaltazione e che rivela la realtà come essa è: divenire continuo, caos, dolore, irrazionalità (da Dioniso, il dio del vino e della danza).

Aponìa: con questo termine Epicuro indica l'assenza di dolore del corpo.

Arché: principio, origine, causa, legge e ordine del cosmo, l'*arché* è il punto di partenza di qualsiasi processo. Per i fisiologi (Talete, Anassimandro e Anassimene) è l'elemento costitutivo delle cose ed è il principio vivificatore del cosmo.

Arte: l'opera d'arte riflette l'identità di Spirito e Natura, di libertà e necessità, di soggettivo e oggettivo, di coscienza e inconscio. Essa consente di intuire l'unità del tutto. Come tale l'arte diventa l'organo di intuizione dell'Assoluto, permette di conoscere intuitivamente quel che la filosofia espone razionalmente. (Schelling)

Assioma: dal greco *axíoma*, «dignità». In Aristotele e in Euclide è la proposizione evidente che, in quanto tale, non è dimostrabile e serve come fondamento per giustificare altre proposizioni.

Assoluto: è la totalità del reale, l'unica realtà della quale gli eventi storici e gli oggetti individuali sono una manifestazione parziale. Dunque l'Assoluto è il tutto, l'intero, lo Spirito che non può essere raggiunto con l'intuizione, ma soltanto mediante un lungo cammino di crescita di autoconsapevolezza attraverso le sue varie manifestazioni storiche. Esso è il risultato, il tutto raggiunto alla fine del cammino dello Spirito. Solo in questo senso l'Assoluto è lo Spirito. L'Assoluto è l'unità di soggetto e oggetto, l'Idea, la ragione, è lo Spirito che si conosce e che ritorna a sé nelle forme dell'arte, della religione e della filosofia. (Hegel)

Astratto / Concreto: Hegel utilizza questi due termini con un significato opposto a quello usuale. Ciò che è isolato, singolo, materiale (le cose che per noi sono «concrete») è l'astratto, in quanto non ha realtà. Ciò che è riferito al tutto, all'intero, dunque la totalità che può essere vista solo dalla ragione, che è oggetto del pensiero (l'Idea) è concreto, in quanto è la sola realtà. Il mondo visto attraverso gli occhi della ragione, considerato nel suo insieme, è concreto, mentre attraverso gli occhi dell'intelletto è astratto.

Atarassìa: significa «assenza di turbamento dell'anima».

Attributo, Modo: gli attributi sono le caratteristiche essenziali della sostanza e sono infiniti. Gli esseri umani possono concepirne due soli, che sono pensiero ed estensione; i modi sono le articolazioni o determinazioni finite degli attributi: idee o pensieri determinati da una parte, corpi o cose determinate dall'altra. (Spinoza)

Autocoscienza: per autocoscienza si intende la coscienza che l'individuo acquisisce di se stesso, e dunque riconosce il proprio ruolo nella conoscenza della realtà fenomenica (Kant) o nella creazione della realtà assoluta (Idealismo di Fichte). Dopo che Kant ha portato la ragione a riflettere su se stessa e sui propri limiti e possibilità, l'autocoscienza entra come tema centrale nel dibattito filosofico.
Per Hegel l'autocoscienza è la coscienza che si avvia a riconoscere di essere l'intera realtà.

Canonica: il termine, in Epicuro, è sinonimo di logica, di teoria della conoscenza, in quanto ricerca del «canone» o criterio di verità.

Criticismo: con il termine «criticismo» si intende la dottrina filosofica di Kant, che consiste nel valutare le possibilità e i limiti della conoscenza stessa e in genere della ragione umana. La critica risponde alle domande: «Che cosa posso conoscere?», «Come posso conoscere?». Il metodo critico è esteso ai campi della morale e del gusto. Per Kant occorre portare la ragione di fronte al «tribunale di se stessa», dove la ragione è presente sia come giudice sia come imputato.

Cura: per Heidegger la Cura è l'insieme delle strutture dell'Esserci e costituisce la sua esistenza: è un essere-nel-mondo caratterizzato dal prendersi cura delle cose esistenti in esso e un aver cura degli altri Esserci.

Deduzione: per Aristotele è il tipo di ragionamento che fa derivare una conclusione da una o più premesse. Tipico esempio di deduzione aristotelica è il sillogismo.
Sinonimo di «dimostrazione», per Galileo la deduzione è un ragionamento che procede dall'universale al particolare.

Deduzione trascendentale: Kant trae questo termine dal lessico giuridico, dove indica la determinazione della legittimità di una pretesa, la giustificazione. Nella *Critica della ragion pura* la domanda specifica suona: con quale legittimità i concetti a priori del nostro intelletto si possono riferire agli oggetti dell'esperienza?

Deismo: il credere nell'esistenza di un Dio basata su ragioni puramente razionali, che rifiuta la rivelazione, l'autorità religiosa, il culto, i misteri e giunge alle sue verità attraverso la ragione e l'osservazione della natura. (Rousseau)

Dialettica: è per Platone lo strumento della conoscenza delle idee, la forma di conoscenza più elevata. Essa prevede due momenti: il primo consiste nell'unificazione in un'unica idea delle idee disperse, il secondo nella suddivisione. Il primo momento è riconducibile alla sintesi, il secondo all'analisi.
Per Aristotele la dialettica è il procedimento razionale non dimostrativo, la logica del probabile.
Per Kant la dialettica è la logica dell'apparenza; la dialettica trascendentale ha per oggetto le tre idee di Dio, Io, Mondo.
Per Hegel la dialettica è la legge del pensiero che è realtà.
In Marx la dialettica si identifica con la legge della storia che è lotta di classe.

Dovere: azione compiuta in conformità a una legge morale o giuridica. Il concetto viene introdotto nella storia della filosofia dagli stoici, i quali chiariscono che il dovere va inquadrato all'interno di un ordine razionale e naturale che è il *lógos*-provvidenza. (Stoicismo)

Durata: si tratta del tempo della vita come fluida e continua corrente che non presenta separazioni nette, e in quanto tale si contrappone al tempo scandito da una successione di «istanti». (Bergson)

Egemonia: è la supremazia di una classe sul resto della società mediante una direzione morale, intellettuale, culturale. A differenza del dominio coercitivo realizzato per mezzo della forza politica ed economica del gruppo dirigente, l'egemonia passa attraverso istituzioni quali la scuola, la Chiesa, la stampa, i partiti, i sindacati. (Gramsci)

Entelechìa: il termine è stato creato da Aristotele per indicare l'atto finale, la piena realizzazione della potenza.

Empirismo: il termine deriva dal greco *empirìa*, che significa «esperienza». È usato per quelle concezioni filosofiche che sostengono che l'origine, la fonte della nostra conoscenza è l'esperienza. Quest'ultima costituisce, inoltre, il luogo dove verificare la validità delle affermazioni conoscitive.

Epoché: è l'atteggiamento tipico degli scettici, che consiste nella sospensione del giudizio e prevede l'astensione dall'affermazione o negazione in merito a qualsiasi cosa. Constatata l'equivalenza della forza di tesi contrapposte, è impossibile decidere a favore dell'una o dell'altra. Discende dalla convinzione dell'impossibilità per qualsiasi soggetto razionale di arrivare a conoscenze assolutamente certe, complete, incontestabili.
Per Husserl è la sospensione del giudizio che «mette tra parentesi» quanto non è dato con evidenza immediata: la nostra visione abituale del mondo basata su pregiudizi, abitudini e sulla convinzione che esista una realtà indipendente dalla coscienza.

Ermeneutica: teoria filosofica dell'interpretazione. Il termine «ermeneutica» è utilizzato già da Schleiermacher con il significato di «svelamento del senso nascosto» di un testo.
Per Heidegger il compito dell'Ermeneutica è la comprensione analitica dell'«Esserci», cioè del singolo essere umano esistente.
Per Gadamer è l'analisi delle strutture che rendono possibile l'interpretazione e il modo in cui l'uomo comprende se stesso; essa afferma che la comprensione è la dimensione costitutiva di tutta l'esistenza umana.

Esperienza: per Galilei l'esperienza è la via per la quale la natura si rivela all'uomo, attraverso l'osservazione e l'esperimento.

Essenza: per Husserl le essenze (*eidos*) sono le forme pure dell'esperienza, come risultano dall'*epoché*, concetti universali delle cose materiali e spirituali. L'essenza è ciò che si trova nell'essere proprio di un individuo come suo *quid*.

Essere: per Heidegger l'essere non è presenza, ma è ciò che rende possibile la presenza, è «evento», è la «luce» in cui gli enti appaiono.

Essere in sé / Essere per sé: per Sartre l'essere in sé è l'oggetto esterno alla coscienza, opaco, impenetrabile; l'essere per sé è invece la coscienza.

Esserci: in Heidegger *Esserci* traduce il termine tedesco *Dasein*, che significa allo stesso tempo «essere là», «essere determinato» ed «esistenza». *Esserci* è il termine con cui il filosofo tedesco indica l'uomo, l'ente che ha l'esistenza come suo modo specifico di essere.

Estetica: in generale significa «scienza della conoscenza sensibile». Il termine viene usato per la prima volta dal filosofo tedesco Baumgarten nel 1735 per indicare il giudizio critico sul bello.
Nella *Critica della ragion pura* di Kant l'estetica trascendentale studia i fondamenti della possibilità della conoscenza sensibile (dal greco *aìsthesis*, «sensazione»), lo spazio e il tempo. Successivamente, nella *Critica del giudizio*, il termine «estetica» viene invece utilizzato nel senso individuato da Baumgarten e oggi corrente: riflessione filosofica sul bello e il sublime, sia nella natura sia nell'arte, quindi critica del gusto.

Etica: è la disciplina che studia le regole del comportamento umano.

Fenomeno: letteralmente «ciò che appare», «ciò che si manifesta» (dal verbo greco *pháinestai*, «apparire», «manifestarsi»). In generale indica ciò che appare ai sensi.
In Kant assume il significato particolare di dato della conoscenza sensibile conosciuto mediante l'intuizione empirica che avviene attraverso le forme a priori della sensibilità (lo spazio e il tempo) e dell'intelletto (le categorie).

Fenomenologia: in generale il termine indica la «scienza di ciò che si manifesta».
Per Hegel la Fenomenologia dello Spirito è la storia romanzata della coscienza, che dal suo primo apparire nelle manifestazioni sensibili giunge alla consapevolezza della sua natura infinita e universale, come creatrice del sapere e come protagonista della storia.
Per Husserl la fenomenologia è la scienza eidetica che ha come compito la descrizione delle «essenze».

Fideismo: credenza nell'esistenza di Dio per pura fede senza ricorrere alla ragione. (Hume)

Figure: per Hegel sono entità ideali e storiche che esprimono tappe significative della storia della coscienza che, diventata autocoscienza, si realizza poi come Spirito con il raggiungimento del sapere assoluto.

Filosofia analitica: corrente di pensiero anglosassone che concepisce la filosofia come metodo scientifico e pone in primo piano l'analisi e la classificazione del linguaggio scientifico e di quello quotidiano.

Filosofia della prassi: l'espressione – in Gramsci – sta a indicare come l'analisi speculativa della realtà sociale e storica non possa essere disgiunta dall'azione rivoluzionaria di trasformazione della realtà stessa.

Funzione proposizionale: la funzione proposizionale è una funzione di più variabili indipendenti, sostituendo le quali con i simboli denotati, si ottengono proposizioni. Ad es. «Socrate è mortale» è la proposizione della funzione proposizionale «X è mortale». Le funzioni proposizionali esprimono in forma logica, mediante simboli matematici, proprietà o relazioni tra le variabili e consentono di eseguire operazioni logiche. (Russell)

Idea: concetto cardine della teoria della conoscenza, per Platone è ente razionale, criterio di giudizio, causa delle cose naturali, forma unica del molteplice e modello della realtà.
Per gli antichi, e sino al XVII secolo circa, il termine «idea» conserva il significato tipico del platonismo di ente razionale, oggetto della conoscenza razionale, ma non prodotto della nostra facoltà intellettiva.
Con Descartes il termine «idea» perde il significato platonico di modello per acquisire quello di realtà mentale, atto del pensiero, significato che possiede ancora oggi.
Per Kant l'idea è un concetto a cui nessuna intuizione è adeguata, cioè a cui non corrisponde alcun oggetto dell'esperienza; è principio regolativo che serve a estendere e unificare l'esperienza.
Per Hegel l'Idea è il vero in sé e per sé, cioè l'unità di concetto e di oggettività, la realtà.
Schopenhauer considera l'idea come la prima oggettivazione della volontà.

Idealismo: il termine è stato introdotto nel linguaggio filosofico a metà del XVII secolo e dapprima viene riferito alla dottrina platonica delle idee.
Per Berkeley significa ridurre la realtà a spirito. È in questo senso Idealismo metafisico, perché afferma il carattere spirituale della realtà.
Kant, con il suo Idealismo trascendentale o formale, afferma l'idealità trascendentale dello spazio e del tempo, ma anche la loro realtà empirica.
I romantici e Hegel affermano, per vie diverse, che il finito è ideale, non ha piena realtà, mentre la realtà è propria dell'Assoluto.

Ideologia: per Marx le idee non sono all'origine della realtà materiale, bensì la realtà materiale determina il sistema di idee; altresì le idee non possono spiegare la realtà materiale, bensì questa può spiegare le idee. Le idee costituiscono sempre un'ideologia, un sistema prodotto dalla classe dominante a proprio beneficio, e che non può essere combattuto con idee ma solo cambiando i rapporti di produzione.

Imperativo categorico: per Kant è il comando attraverso cui si manifesta in noi la legge morale. Mentre gli imperativi ipotetici ordinano qualcosa in vista del raggiungimento di un fine, l'imperativo categorico prescrive un'azione indipendentemente dal risultato, dunque ha valore incondizionato.

Impressione: per «impressione» Hume intende tutte le nostre sensazioni, passioni, emozioni quando esse ci colpiscono.

Inconscio: la psiche umana non si identifica con la coscienza. Nella parte inconscia della mente trovano sede i ricordi e le esperienze rimosse (perché troppo traumatici e scomodi da sopportare) e le pulsioni di origine sessuale che ci spingono a vivere e ad agire. (Freud)

Induzione: per Aristotele (come per la filosofia successiva) è il procedimento che dal particolare porta all'universale.
Per Bacon, attraverso l'analisi dei vari casi particolari, raccolti e classificati in apposite «*tabulae*», è possibile giungere alla conoscenza dell'essenza dei fenomeni.
Per Mill è un procedimento conoscitivo che da osservazioni particolari conduce alla formulazione di leggi generali e si basa sul principio dell'uniformità delle leggi della natura.

Intelletto: secondo Kant l'intelletto è la facoltà di pensare mediante concetti.
Per Hegel l'intelletto è la facoltà dell'individuo di pensare in modo statico e astratto. Esso risponde al principio di identità e di non contraddizione e procede per opposizioni. L'intelletto per comprendere una cosa la immobilizza e la contrappone al suo opposto, senza cogliere l'unità del tutto, il divenire, il vero, l'intero come invece viene concepito dalla ragione.

Intenzionalità: concetto che Husserl riprende dalla psicologia di Brentano, ma sottraendolo all'ambito psicologico. La coscienza è sempre intenzione, tensione verso qualcosa che non è lei stessa, che è al di là di sé. Ogni atto di coscienza è sempre rivolto a un oggetto distinto dall'atto stesso.

Intuizione: per Aristotele è l'atto dell'intelletto che "afferra" in modo diretto e immediato i princìpi primi.

Per Kant l'*intuizione sensibile* equivale alla sensazione, cioè al rapporto immediato tra la sensibilità e il fenomeno.
Per Fichte l'*intuizione intellettuale* è la facoltà di cogliere immediatamente e senza l'ausilio di argomentazioni razionali una realtà o un dato intelligibile, al di fuori della portata della sensibilità e della ragione argomentativa.
Per Croce l'intuizione è l'arte come espressione in immagini di un sentimento.

Io: Descartes usa il termine «Io» come riflessione su di sé. L'Io è il soggetto pensante, base di ogni certezza.
Per Kant l'«Io penso» è unità formale dell'appercezione o autocoscienza che «deve poter accompagnare tutte le mie rappresentazioni». Come tale esso è la condizione ultima di ogni conoscenza.
Per Fichte l'Io pone se stesso e si realizza come libertà ponendo un non Io come ostacolo da superare.

Io penso: per Kant l'«io penso» è l'unità formale e sintetica dell'appercezione o autocoscienza che «deve poter accompagnare tutte le mie rappresentazioni». Come tale è la condizione ultima della conoscenza.

Io, Es e Super Io: l'Io costituisce la coscienza o la parte organizzata e consapevole della nostra personalità; l'Es è la parte (o l'istanza) inconscia che nasconde le pulsioni e i desideri e risponde al principio del piacere; il Super Io è il filtro o l'istanza di censura o di difesa che limita le pulsioni dell'Es, costituendo così la coscienza morale. L'Io è il teatro della continua lotta tra Es e Super Io e risponde al principio di realtà. (Freud)

Ipostasi: significa letteralmente «ciò che sta sotto», ovvero sostegno, appoggio, fondamento e per i neoplatonici la sostanza. Il termine classico per indicare la sostanza è *ousía*. (Plotino)

Logica: è la disciplina che studia le forme, le strutture proprie del ragionamento.
Per Aristotele è l'*organon*, lo strumento tramite il quale si costruisce la conoscenza nei vari campi del sapere.

Lógos: il termine indica sia la ragione umana, sia il discorso attraverso cui essa si esprime; come discorso è la manifestazione del pensiero attraverso i suoni articolati di una lingua.
Per Eraclito e per gli stoici è anche la legge, il principio animatore dell'universo.
Nei teologi cristiani il *lógos* viene identificato con Cristo, figlio di Dio.

Materialismo storico: visione della storia secondo la quale le manifestazioni storiche dell'umanità come la morale, il diritto, la politica, la religione, la filosofia stessa sono determinate dalle condizioni materiali che ne stanno alla base. (Marx)

Metafisica: per Aristotele è la «filosofia prima», come scienza dell'essere in quanto essere. Il termine è mutuato dalla catalogazione delle opere aristoteliche di Andronìco da Rodi (I sec. a.C.), il quale collocò la trattazione della «filosofia prima» dopo (*metá*, in greco) quella sulla natura.
Per Kant la metafisica non può essere una scienza, ma rimane un'esigenza della ragione umana. Le idee trascendenti della metafisica, per quanto prive di contenuto conoscitivo, stimolano la possibilità di conoscenza e regolano l'azione umana. La metafisica dunque non è possibile come scienza, perché scienza ci può essere soltanto nel campo della matematica e della fisica, ma è ineliminabile nella natura umana, in quanto ci evita di cadere nell'esclusiva accettazione delle conoscenze scientifiche, che porterebbero al materialismo, al Naturalismo e al fatalismo. Essa ci prepara la strada per il campo della vita morale, in cui i valori e i concetti non hanno nulla di «scientifico», ma non sono, per questo, meno validi.

Monade: il principio della realtà non è né estensione, né movimento, ma è la monade (dal greco «unità») come principio spirituale. Inestesa, immateriale, direttamente creata e distrutta da Dio, comunica solo con Dio e non con altre monadi. (Leibniz)

Mondo: il mondo è costituito non dagli oggetti, bensì dalle relazioni tra gli oggetti, vale a dire da fatti. (Wittgenstein)

Natura: la Natura è lo Spirito inconscio che attraverso l'intuizione dell'uomo diventa cosciente. (Schelling)

Nominalismo: è la posizione di chi, nei confronti della disputa sugli universali, sostiene che i concetti di genere e di specie sono semplici suoni (*flatus vocis*), segni convenzionali elaborati dall'uomo per indicare più soggetti. (Roscellino)

Noùmeno: letteralmente «cosa pensata» (dal greco *noùmenon*, «pensato»). Chiamato anche «cosa in sé», ossia «cosa pensata» al di fuori della sua manifestazione nelle intuizioni di spazio e tempo. Il noùmeno è l'oggetto intelligibile contrapposto all'oggetto sensibile, inconoscibile dall'intelletto umano, essendo quest'ultimo vincolato alle intuizioni pure di spazio e tempo. Poiché l'uomo può intuire soltanto mediante i sensi, il noùmeno rimane un concetto limite, posto oltre il confine dell'esperienza possibile. (Kant)

Oblio dell'essere: l'oblio dell'essere per Heidegger è il risultato del pensiero metafisico che ha ridotto l'essere a ente, cioè a cosa, dimenticando la differenza ontologica tra essere e ente.

Ontologia: è la dottrina dell'essere e delle sue forme. Il termine è stato introdotto nel XVII secolo e indica quella disciplina definita da Aristotele «filosofia prima», ovvero ricerca sull'essere in quanto essere.

Pensiero: per Wittgenstein il pensiero è l'immagine logica dei fatti, una serie di proposizioni fornita di senso; la totalità dei pensieri si identifica con il mondo.

Pensiero debole: così è stata definita la corrente di pensiero che, sulla base della critica heideggeriana alla metafisica, non considera l'essere come presenza e stabilità, ma sostiene che la caducità è costitutiva dell'essere. La filosofia come pensiero dell'essere non deve cercare una spiegazione logica o metafisica della realtà, ma deve farsi «ascolto» dell'essere nella sua caducità, «rammemorare», interpretare le sue tracce.

Percezione: il termine designa la conoscenza empirica, cioè la conoscenza immediata di un oggetto reale. Talora è utilizzato per indicare la conoscenza in senso generico.

Phýsis: il termine designa l'insieme delle cose e degli esseri esistenti nell'universo. La *phýsis* è il principio di vita e di movimento di tutte le cose esistenti. Il termine indica altresì ciò che è proprio di ogni cosa, l'elemento che contraddistingue ogni essere affinché esso sia ciò che è e non possa essere diverso da come è. Spesso si traduce *phýsis* con «natura», tuttavia mentre «natura» designa comunemente ciò che è diverso dall'uomo o dalla cultura, *phýsis* abbraccia la totalità del reale. (Anassimandro)

Piacere: il piacere, in greco *edoné*, è, assieme al dolore, una delle due emozioni fondamentali dell'uomo. In generale, può essere legato sia alla vita del corpo, sia a quella della mente o dell'anima. (Epicuro)

Plusvalore: per Marx il plusvalore ha origine dalla quantità di lavoro non retribuito al lavoratore di cui si appropria il capitalista e contribuisce alla formazione del capitale. Il capitalista corrisponde al lavoratore solo il salario sufficiente alla sua sopravvivenza.

Positivo: per i positivisti il termine *positivo* significa «concreto» contrapposto ad «astratto», significa «reale» contrapposto a «fantasioso» e ancora «costruttivo», «utile», «basato su fatti». I dati positivi sono quelli misurabili propri delle scienze. La filosofia positiva deve limitarsi a indagare oggetti accessibili a un tale sapere basato sui fatti, l'unico in grado di migliorare le nostre condizioni di vita, e abbandonare ogni curiosità metafisica attorno a oggetti inconoscibili e che non porterebbero un vantaggio concreto alla vita.

Possibilità: per Heidegger è la caratteristica fondamentale dell'Esserci o uomo: l'Esserci è la propria possibilità, in quanto deve sempre scegliere che cosa essere e non ha un'essenza data.

Postmoderno: per Lyotard è la posizione filosofica che afferma la fine dei «grandi racconti» (o sistemi quali marxismo e psicoanalisi) della modernità, capaci di giustificare e spiegare la realtà.

Processione (o emanazione): è il processo di derivazione o di causazione da una realtà prima a progressive realtà gerarchicamente inferiori. (Plotino)

Progresso: la fiducia nel progresso propria dell'età del Positivismo indica la convinzione di una continua e necessaria trasformazione del sapere, della società e della condizione umana verso il meglio grazie alle scoperte della scienza e agli strumenti messi a disposizione dalla tecnica.

Protocolli: per il Circolo di Vienna i protocolli sono fatti espressi da proposizioni elementari che non hanno bisogno di essere verificati.

Provvidenza: è il governo divino del mondo. In Platone la provvidenza coincide con l'attività del Demiurgo che per la sua bontà dà forma alla materia passiva e caotica seguendo il modello delle idee.
Per gli stoici coincide con il *lógos*, è la ragione divina immanente al cosmo che dà una finalità al divenire delle cose. Questa legge è la causa necessaria di tutto: il saggio la riconosce e sceglie di armonizzarsi con essa.

Puro: Kant definisce «puro» ciò a cui non è commisto nulla di empirico.

Quantitativo / Qualitativo: quantitativo è l'aspetto della realtà che si può ridurre a una misurazione espressa in termini matematici; qualitativo è l'aspetto della realtà che esprime l'essenza o qualità delle cose.

Ragione: nell'uso che ne fa Hegel, la ragione, in senso stretto, non è solo la facoltà dell'individuo, ma la realtà stessa in quanto unità di pensiero e di essere. La ragione è anche la facoltà umana di pensare in grado di cogliere tale unità di pensiero e di essere; dunque la realtà nel suo divenire e nella sua totalità, al di là delle rigide distinzioni poste dall'intelletto.

Ragion sufficiente: il principio di ragion sufficiente è il principio – già enunciato da Leibniz – secondo cui nessun fatto potrebbe esistere e nessuna enunciazione essere vera senza una «ragione sufficiente» perché sia così e non altrimenti.
In Schopenhauer questo principio si mostra nella natura come causalità, nella conoscenza come razionalità, nell'essere come relazione tra tempo e spazio e nell'agire come relazione tra movente e azione.

Rappresentazione: è la realtà (o il mondo) in quanto oggetto di conoscenza da parte di un soggetto conoscente. Corrisponde al «fenomeno» di Kant, ma, a differenza di questo, esiste solo per la coscienza del soggetto conoscente. La rappresentazione inoltre presenta la connotazione negativa di «inganno», di «velo di Maya» che nasconde la vera realtà delle cose. (Schopenhauer)

Realismo: è la posizione di chi, nei confronti della disputa sugli universali, sostiene che i concetti di genere e di specie trovano il loro referente in realtà ontologicamente esistenti. (Guglielmo di Champeaux)

Relativismo culturale: è la teoria di chi afferma la pluralità dei modi di vivere e di pensare e l'assenza di un "modello" culturale universale, valido per tutti. (Protagora)

Res cogitans / Res extensa: la *res cogitans* è il pensiero, che non presenta estensione. La *res extensa* è la materia, che a differenza del pensiero non è pensabile senza una estensione. (Descartes)

Rimozione: per Freud, la rimozione consiste nello spostamento per opera del Super Io di ricordi, desideri e pulsioni intollerabili dalla parte conscia (Io) a quella inconscia (Es) della psiche, in modo da rendere la vita accettabile.

Segno: dal greco *semeîon*, il termine indica qualsiasi evento o oggetto usato come richiamo di un evento o oggetto; nella logica il termine fu impiegato per la prima volta dagli stoici.
Questa parola assume un'importanza fondamentale nella riflessione sul linguaggio del Novecento ed è intesa come unione arbitraria e convenzionale di significante e significato.

Semantica: disciplina che studia il rapporto dei segni con gli oggetti cui si riferiscono. Il termine deriva etimologicamente dal verbo *semaínein* introdotto da Aristotele per indicare la specifica funzione del segno linguistico che "designa" o "indica" qualche cosa.

Sensibilità: la sensibilità per Kant è la capacità di ricevere sensazioni che provengono dagli oggetti del mondo dell'esperienza.

Sillogismo: è, per Aristotele, il modello del ragionamento deduttivo, formato da tre proposizioni, di cui due premesse, dalle quali si deduce necessariamente, grazie al termine medio presente in entrambe, la conclusione.
Per gli stoici esiste un altro tipo di sillogismo, il sillogismo apodittico e ipotetico.

Slancio vitale: per Bergson lo «slancio vitale» è la forza spirituale che pervade la materia e che la porta, attraverso vari gradi di realizzazione, all'intelligenza umana.

Sostanza: il termine indica ciò che sta sotto, il substrato, ciò che permane in un ente che muta. In Aristotele viene a significare innanzitutto il soggetto determinato, l'individuale, il substrato ultimo, ciò che non si predica mai di altra cosa, ma del quale si predicano le altre cose. Significa anche ciò che è necessariamente ciò che è, l'essenza necessaria, la definizione che è oggetto della conoscenza scientifica.
Per Spinoza la sostanza è ciò che per esistere non ha bisogno di altro che di se stesso (*causa sui*) e che per essere definito non ricorre ad altre definizioni che a quella di se stesso; sostanza è tanto Dio quanto la natura.

Spirito: in Hegel lo Spirito è il tutto, l'Idea realizzata che, alienata nella Natura, ritorna a sé nel mondo dell'uomo e come tale è «risultato», Assoluto.

Spiritualismo: è la dottrina che intende la filosofia come analisi della coscienza. Si contrappone al Positivismo giudicandolo incapace di cogliere la vera natura dei valori morali e religiosi, della libertà e della vita spirituale. La coscienza è il perno fondamentale della ricerca filosofica spiritualistica.

Storia degli effetti: il testo non è un sistema chiuso che contiene la verità in sé, ma, data la sua essenza storica, è nello stesso tempo gli effetti che produce, quindi le interpretazioni che suscita e dalle quali è impossibile distinguerlo. Il testo implica dunque una verità aperta, di cui l'interprete è necessariamente parte. (Gadamer)

Superuomo: la traduzione più fedele di *Übermensch* è «oltre-uomo», cioè «l'uomo che è oltre quello che conosciamo, l'uomo che verrà». È l'uomo che saprà dire «sì» alla vita, che saprà accettare l'eterno ritorno delle cose e che saprà attuare la trasvalutazione dei valori, non seguendo la morale tradizionale imposta da Dio o dall'alto, ma scelta di volta in volta e rispondente alle necessità della vita. (Nietzsche)

Teofanìa: dal greco *theopháneia*, il termine significa «visione, manifestazione di Dio». Teofanìa può essere ogni opera della Creazione che manifesta l'essenza divina.

Teologia: dalla prima Patristica alla Scolastica i termini «teologia» e «filosofia» sostanzialmente coincidono e indicano la disciplina che studia il Dio cristiano, sommando conoscenza razionale e rivelazione.

Teoria critica: con tale espressione si intende l'analisi compiuta dai membri della Scuola di Francoforte tesa a smascherare i meccanismi del dominio capitalistico sulle masse. La teoria critica si propone di superare il sapere frammentato e settoriale della società contemporanea e, attraverso Hegel, Marx e Freud, presenta la connessione tra fenomeni economici, politici, culturali, ecc. con intenti di emancipazione.

Trascendentale: per «trascendentale» Kant intende ogni conoscenza che non si riferisce agli oggetti (cioè alla realtà di cui abbiamo esperienza), ma al nostro modo di conoscere gli oggetti stessi, cioè alle «strutture conoscitive» o forme pure a priori della sensibilità dell'intelletto umano.

Trascendente: Kant mette in guardia dal confondere «trascendente» con «trascendentale». Trascendente indica ciò che oltrepassa ogni possibilità d'esperienza. L'uso della ragione nell'ambito dell'esperienza empirica dicesi «immanente», il tentativo di sorpassare i limiti dell'esperienza comporta invece un uso «trascendente» che non può fornire conoscenze certe.

Universali: sono i concetti di genere e di specie; ad esempio «animale» (genere) e «razionale» (specie). (Abelardo)

Valore: è ciò che è oggetto di una scelta preferenziale. Il concetto viene introdotto nella filosofia dagli stoici, che lo interpretano come contributo a una vita secondo ragione.

Verificazione: la verificazione è il procedimento che consente di stabilire la verità o falsità di un enunciato fattuale. Per il Circolo di Vienna la verità degli enunciati dipende dalla loro verifica empirica.

Verità di ragione / Verità: per Leibniz le *verità di ragione* dipendono unicamente dal principio di non contraddizione e sono indipendenti da esperienze determinate. Le *verità di fatto* sono contingenti e devono essere sottoposte all'accertamento empirico.

Virtù: per Socrate la virtù è la condotta conforme al bene. La virtù (fare ciò che è bene) si identifica con il sapere ciò che è bene fare. Non esistono molte virtù, bensì una sola: sapere che cosa fare nelle diverse situazioni.
Per Platone è la capacità di svolgere bene il proprio compito.
Per Aristotele è l'"abito" o abitudine come disposizione razionale costante.
Per Epicuro è il calcolo utilitario dei piaceri.

Volontà: è il principio metafisico della realtà, l'essenza nascosta delle cose, la loro realtà autentica mascherata dall'«apparenza» della rappresentazione. Non è la volontà individuale, ma piuttosto la cosa in sé o «noùmeno» kantiano. È una forza cieca che, sottraendosi al principio di ragion sufficiente, è unica, infinita, eterna, irrazionale.

Volto: per Lévinas è la modalità in cui si manifesta l'altro e rappresenta la maniera in cui l'infinito appare nel finito; il volto ha un valore etico.

Indice degli Autori